児童・青少年
レファレンスブック

日外アソシエーツ

Reference Books
of
Children and Young People

Compiled by

Nichigai Associates, Inc.

©2015 by Nichigai Associates, Inc.

Printed in Japan

本書はディジタルデータでご利用いただくことができます。詳細はお問い合わせください。

●編集担当● 立木 茉梨
装 丁：赤田 麻衣子

刊行にあたって

　本書は最近25年間に日本国内で刊行された「児童」「青少年」に関する年表、事典、辞典、便覧、法令集、白書、統計集などの参考図書をまとめたレファレンスブックである。

　児童や青少年に関する事象は多岐にわたり、調査する際の基本となる参考図書にも事典・辞書はもちろん、年鑑や統計集、ハンドブックなど多様な種類があるが、それらの中から目当てのものを探すのは難しい。本書は、児童や青少年に関する参考図書を素早く探し出すことを目的とした図書目録である。

　小社では、参考図書を分野別に収録したツールとして、『福祉・介護 レファレンスブック』、『「食」と農業 レファレンスブック』、『動植物・ペット・園芸 レファレンスブック』、『児童書 レファレンスブック』、『環境・エネルギー問題 レファレンスブック』、『学校・教育問題 レファレンスブック』、『美術・文化財 レファレンスブック』、『歴史・考古 レファレンスブック』、『文学・詩歌・小説 レファレンスブック』、『図書館・読書・出版 レファレンスブック』、『事故・災害 レファレンスブック』を刊行した。本書はそれらに続くタイトルで、1,584点の参考図書を収録した。全体を「児童・青少年」「家庭」「受験・進学」「社会と児童・青少年」「経済・労働」「心理・意識」「生活・文化」「非行・犯罪」「保健・体育」に分け、それぞれを参考図書のテーマに沿ってわかりやすく分類している。さらに書誌・事典・年表・法令集・白書など形式ごとに分けて収録した。また、できる限り内容解説あるいは目次のデータを付記し、どのような調べ方ができるのかわかるようにした。巻末の索引では、書名、著編者名、主題（キーワード）から検索することができる。

　インターネットでの検索で、必要最低限のことがらをすぐに得られるようになった昨今だが、専門の年鑑や統計、事典に掲載されている詳細な情報が、より高い信頼性を持っていることは言うまでもない。本書が、児童や青少年についての参考図書を調べるツールとして、既刊と同様にレファレンスの現場で大いに利用されることを願っている。

2015年9月

　　　　　　　　　　　　　　　　　　　　日外アソシエーツ編集部

凡　例

1. 本書の内容

　　本書は、児童・青少年に関する書誌、事典、ハンドブック、法令集、年鑑、統計集など参考図書の目録である。収録した図書には、できる限り内容解説あるいは目次を付記し、どのような参考図書なのかがわかるようにした。

2. 収録の対象

　　1990年（平成2年）から2014年（平成26年）に日本国内で刊行された、児童・青少年に関する参考図書1,584点を収録した。必要に応じて、複数の見出しの下に収録した図書もある。

3. 見出し

　(1) 全体を「児童・青少年」「家庭」「受験・進学」「社会と児童・青少年」「経済・労働」「心理・意識」「生活・文化」「非行・犯罪」「保健・体育」に大別し、大見出しを立てた。

　(2) 上記の区分の下に、各参考図書の主題によって分類し、85の中見出し・小見出しを立てた。

　(3) 同一主題の下では、参考図書の形式別に分類し「書誌」「年表」「事典」「辞典」「名簿・人名事典」「ハンドブック」「法令集」「図鑑・図集」「雑誌目次総覧」「年鑑・白書」「統計集」の小見出しを立てた。

4. 図書の排列

　　同一主題・同一形式の下では、書名の五十音順に排列した。

5. 図書の記述

　　記述の内容および記載の順序は以下の通りである。

　　書名／副書名／巻次／各巻書名／版表示／著者表示／出版地（東

京以外を表示)／出版者／出版年月／ページ数または冊数／大きさ／叢書名／叢書番号／注記／定価(刊行時)／ISBN（Ⓘで表示）／NDC（Ⓝで表示）／目次／内容

6．索　引
　(1) 書名索引
　　　各参考図書を書名の五十音順に排列し、所在を掲載ページで示した。
　(2) 著編者名索引
　　　各参考図書の著者・編者を姓の五十音順、名の五十音順に排列し、その下に書名と掲載ページを示した。機関・団体名は全体を姓とみなして排列、欧文のものは五十音順の後にＡＢＣ順に配列した。
　(3) 事項名索引
　　　本文の各見出しに関するテーマなどを五十音順に排列し、その見出しと掲載ページを示した。

7．典拠・参考資料
　　　各図書の書誌事項は、データベース「bookplus」およびJAPAN/MARC に拠った。内容解説はできるだけ原物を参照して作成した。

目　次

児童・青少年

児童・青少年一般 …………………… 1
　意識調査 …………………………… 6
児童・青少年問題 …………………… 7

家庭

家庭一般 ……………………………… 9
家庭環境 ……………………………… 10
家庭教育 ……………………………… 11
　しつけ ……………………………… 13
　障害児の家庭教育 ………………… 14
家庭の病理 …………………………… 17
　家庭内暴力 ………………………… 18
　児童虐待 …………………………… 18
　治療行動・カウンセリング ……… 20

受験・進学

受験・進学一般 ……………………… 22
幼稚園 ………………………………… 31
小学校 ………………………………… 33
中学校 ………………………………… 40
　首都圏 ……………………………… 49
高校 …………………………………… 66
　首都圏 ……………………………… 99
　通信制高校 ………………………… 99
専修学校・各種学校 ………………… 86
　医療・看護・福祉系 ……………… 89
短期大学 ……………………………… 99
大学 …………………………………… 105
大学院 ………………………………… 122
私塾 …………………………………… 123
フリースクール ……………………… 123
帰国子女 ……………………………… 126

社会と児童・青少年

社会と児童・青少年一般 …………… 128
社会環境 ……………………………… 128
　少子化 ……………………………… 129
　子どもの人権 ……………………… 132
現代社会の諸問題 …………………… 133
　不登校・ひきこもり ……………… 134
　いじめ ……………………………… 136
社会参加 ……………………………… 137
　地域社会 …………………………… 137
　ボランティア ……………………… 138
地域教育・青少年教育 ……………… 139
　国際交流 …………………………… 140
青年運動 ……………………………… 141
　学生運動 …………………………… 141
　反戦運動・平和運動 ……………… 141
青少年対策 …………………………… 142
　青少年白書 ………………………… 143
　子ども白書 ………………………… 146
　青少年健全育成 …………………… 151
　児童福祉 …………………………… 152
　障害児教育 ………………………… 159
児童史 ………………………………… 170

経済・労働

経済・労働一般 ……………………… 171
経済 …………………………………… 171
　消費・市場 ………………………… 171
労働 …………………………………… 174
　心理・意識 ………………………… 180
　就職 ………………………………… 182
　　就職活動 ………………………… 186
　　非正規雇用 ……………………… 197

心理・意識

心理・意識一般 ……………… 200
子どもの心 ……………… 200
　教育心理学 ……………… 202
発達心理学 ……………… 203
青年心理学 ……………… 204
価値観・人生観 ……………… 204
対人意識・対人関係 ……………… 205
精神衛生 ……………… 205

生活・文化

生活・文化一般 ……………… 209
　生活意識・実態調査 ……………… 210
子どもの文化 ……………… 215
　学童保育 ……………… 220
青少年文化 ……………… 220
　ライフスタイル ……………… 221
　メディア・テクノロジー ……………… 222
　若者言葉 ……………… 223

非行・犯罪

非行・犯罪一般 ……………… 225
少年司法 ……………… 226
　少年法 ……………… 227
　少年審判・少年保護事件 ……………… 228

保健・体育

保健・体育一般 ……………… 229
性問題 ……………… 229
健康 ……………… 231
　安全教育 ……………… 235
　食生活 ……………… 236
　食育 ……………… 239
体育・スポーツ ……………… 241

書名索引 ……………… 243

著編者名索引 ……………… 269

事項名索引 ……………… 305

(7)

児童・青少年

児童・青少年一般

＜事　典＞

図解 子ども事典　普及版　林邦雄監修，谷貝公昭責任編集　一藝社　2005.6　400p　21cm　4800円　①4-901253-60-3

(目次)第1章 生活（発達，生活時間，生活習慣，親子・きょうだい関係，社会生活），第2章 文化（玩具・映像，読書，メディア，児童文化財，児童文化施設，遊び），第3章 環境（子どもと人口，保育，地域活動，社会教育，社会問題），第4章 福祉（制度，子どもの福祉 ほか），第5章 教育（教育制度，教科・授業 ほか）

(内容)子どもの置かれている状況や諸相を視覚で捉える事典。生活、文化、環境、福祉、教育に分けて、図表化し解説を付けた。

統計図表レファレンス事典 児童・青少年　日外アソシエーツ編　日外アソシエーツ，紀伊國屋書店〔発売〕　2014.8　406p　21cm　8800円　①978-4-8169-2493-4

(内容)調べたいテーマについての統計図表が、どの資料の、どこに、どんなタイトルで掲載されているかをキーワードから調べられる。1997年（平成9年）から2013年（平成25年）までに日本国内で刊行された白書・年鑑・統計表496種を精査。児童・青少年に関する表やグラフなどの形式の統計図表9,437点を収録。

＜ハンドブック＞

日本の教育・学習データ総覧　2006　日本能率協会総合研究所編　生活情報センター　2005.11　318p　30cm　14800円　①4-86126-223-2

(目次)第1章 官庁の基本統計，第2章 学校経営，第3章 教育システム・制度，第4章 学習実態・教育費，第5章 学校生活，第6章 産業界との連携，第7章 海外との交流・国際比較

(内容)教育関係者・研究者、子育てに関心を持つ多くの方々必読の最新統計資料集。各種データを広範に収録。ビジネス、各種の調査研究に最適の一冊。

＜雑誌目次総覧＞

明治新聞雑誌文庫所蔵雑誌目次総覧　第6巻（73‐78）　子供・青年編　大空社　1995.9　6冊（セット）　26cm　100000円　①4-7568-0085-8

(内容)東京大学法学部附属明治新聞雑誌文庫が所蔵する子供・青年関係の雑誌の目次ページを発行年月日順に復刻収録したもの。原則、原寸で収録する。各雑誌とも原誌表紙写真一葉を付す。各巻末に雑誌別著者名索引、雑誌別発行月日一覧がある。

＜年鑑・白書＞

激変する日本の子ども 子どもデータバンク　村山士郎，大東文化大学文学部教育学科村山ゼミナール編　桐書房　2000.1　127p　21cm　1300円　①4-87647-465-6

(目次)1 ムカつく子どもと暴力行為・いじめ・不登校・逸脱行為（子どものイラダチ・ムカツキ・不安感，学級崩壊の現状，暴力行為・いじめ・不登校，新しいピークに向かう少年犯罪），2 子どものからだ・運動能力・病気・食（子どものからだ，子どもの体力と運動能力，子どもの病気，子どもと食），3 子どもの生活と遊び（生活時間，子どもの生活体験，人間関係，遊びと読書，規範意識と自己像），4 学校・学力（子どもの授業の理解度と学習時間，塾と子ども，学校と子ども，日本で暮らす外国人の子どもたち）

図でみる生活白書　平成8年版　安全で安心な生活の再設計　経済企画庁国民生活局国民生活調査課編　大蔵省印刷局　1997.2　86p　19cm　631円　①4-17-270971-0

(目次)日本の子供の学力は国際的にみて非常に高いといわれていますが、どうなのでしょうか。国際化の時代と言われていますが、日本人の英語力はアジアの中でどのような地位にあるのでしょうか。子供が学校で教わる内容は難しくなってきているといわれていますが、実際はどうなのでしょうか。、日本の子供は登校日数や授

業時間が長いといわれていますが、国際的に見てどうなのでしょうか。日本人は中学、高校で6年間も英語の勉強をしているのに英語が話せないといわれていますが、他の国はどのくらいの時間、外国語の授業を行っているのでしょうか。現在いじめ問題は深刻な社会問題となっていますが、日本の子供たちのいじめにはどんな特徴があるのでしょうか．、大学へ進学する目的はいろいろありますが、経済的側面からみたメリットはどうですか。今の大学生は、大学についてどのような要望を持っているのでしょうか。我が国の雇用環境は、国際的に見てどのように良好だったのでしょうか。いわゆる日本的雇用慣行は大企業ホワイトカラー層の労働者だけに適用されているとの議論がありますが、本当でしょうか。〔ほか〕

データからみる日本の教育　2004　文部科
学省編　国立印刷局　2004.4　89P　30cm　900円　①4-17-283000-5
(目次)1 学校教育(学校数、在学者数、進学率等、学卒者の進路、学力、教育課程、生徒指導、教職員等、国際化、情報化、学校施設)、2 社会教育、スポーツ、文化(社会教育施設、子どもの体格と健康、子どもの体力・運動能力、国際競技力、国民の余暇・学習活動、文化・文化財)、3 教育費(国と地方の教育費、子どもの教育費)、資料編

データからみる日本の教育　2005　文部科
学省編　国立印刷局　2005.7　92p　30cm　1100円　①4-17-283001-3
(目次)1 学校教育(学校数、在学者数、進学率等ほか)、2 社会教育、スポーツ、文化(社会教育施設、子どもの体格と健康、子どもの体力・運動能力 ほか)、3 教育費(国と地方の教育費、子どもの教育費)、資料編
(内容)昭和から平成の今日に至るまでの教育関係の基礎的な統計データについて、学校教育、社会教育を中心に、スポーツ・文化、教育費も含めて再編・整理。編集に当たっては、グラフを多用して視覚的にも分かりやすく配慮するとともに、他府省庁や国際機関などの統計データも用いて、戦後の教育の流れと現状・特色などを、経年的に、また、国際比較も交えて、できるだけ多面的に把握できるようにした。

データからみる日本の教育　2006　文部科
学省編　国立印刷局　2006.11　86p　30cm　1048円　①4-17-283002-1
(目次)1 学校教育(学校数、在学者数、進学率等ほか)、2 社会教育、スポーツ、文化(社会教育施設、子どもの体格と健康、子どもの体力・運動能力 ほか)、3 教育費(国と地方の教育費、子どもの教育費)、資料編

日本子ども資料年鑑　1991‐92　日本総合
愛育研究会編　中央出版　1991.1　438,46,9p　26cm　8800円　①4-924814-11-3　Ⓝ367.6
(目次)これからの家庭と子ども、1 人口動態と子ども、2 家族、3 発育・発達、4 保健・医療、5 栄養・食生活、6 家族と子どもの福祉、7 教育、8 保育・健全育成、9 子どもの生活・文化、10 子どもの行動問題、11 子どもをめぐる生活環境、参考資料(子ども昭和史年表、児童の権利に関する条約)

日本子ども資料年鑑　第3巻　日本総合愛育
研究所編　(名古屋)KTC中央出版　1992.10　563p　26cm　11000円　①4-924814-24-5
(目次)1 人口動態と子ども、2 家族、3 発育・発達、4 保健・医療、5 栄養・食生活、6 家族と子どもの福祉、7 教育、8 保育・健全育成、9 子どもの生活・文化、10 子どもの行動問題、11 子どもをめぐる生活環境

日本子ども資料年鑑　第4巻　恩賜財団母子
愛育会日本総合愛育研究所編　(名古屋)KTC中央出版　1994.10　576,9p　26cm　11000円　①4-924814-50-4
(目次)1 人口動態と子ども、2 家族、3 発育・発達、4 保健・医療、5 栄養・食生活、6 家族と子どもの福祉、7 教育、8 保育・健全育成、9 子どもの生活・文化・意識と行動、10 子どもの行動問題、11 子どもをめぐる生活環境
(内容)子供と家庭をめぐる動向を収めた年鑑。発刊以来第4巻にあたる。人口動態と子ども、家族など全11編で構成する。巻頭に五十音順索引、巻末に参考資料一覧、子ども年表を付す。

日本子ども資料年鑑　第5巻　恩賜財団母子
愛育会 日本総合愛育研究所編　(名古屋)KTC中央出版　1996.10　572,6p　26cm　11000円　①4-924814-84-9
(目次)1 人口動態と子ども、2 家族・家庭、3 発育・発達、4 保健・医療、5 栄養・食生活、6 家族と子どもの福祉、7 教育、8 保育・健全育成、9 子どもの生活・文化・意識と行動、10 子どもの行動問題、11 子どもをめぐる生活環境

日本子ども資料年鑑　第6巻　恩賜財団母子
愛育会日本子ども家庭総合研究所編　(名古屋)KTC中央出版　1998.10　568,6p　26cm　11000円　①4-87758-119-7,ISSN1344-5596

(目次)1 人口動態と子ども，2 家族・家庭，3 発育・発達，4 保健・医療，5 栄養・食生活，6 子どもと家族の福祉，7 教育，8 保育・健全育成，9 子どもの生活・文化・意識と行動，10 子どもの行動問題，11 子どもをめぐる生活環境

(内容)子どもと家庭の保健と福祉と教育に関わる資料をまとめたもの。

日本子ども資料年鑑　2001　恩賜財団母子愛育会日本子ども家庭総合研究所編　(名古屋)KTC中央出版　2001.1　396p　26cm　〈付属資料：CD-ROM〉　9000円　①4-87758-197-9　Ⓝ367.6

(目次)1 人口動態と子ども，2 家族・家庭，3 発育・発達，4 保健・医療，5 栄養・食生活，6 子どもと家族の福祉，7 教育，8 保育・健全育成，9 子どもの生活・文化・意識と行動，10 子どもの行動問題，11 子どもをめぐる生活環境

(内容)子どもと家庭の保健と福祉と教育に関わる資料をまとめた年鑑。

日本子ども資料年鑑　2002　日本子ども家庭総合研究所編　(名古屋)KTC中央出版　2002.1　396p　26cm　〈付属資料：CD-ROM1〉　9000円　①4-87758-232-0　Ⓝ367.6

(目次)人口動態と子ども，家族・家庭，発育・発達，保健・医療，栄養・食生活，子どもと家族の福祉，教育，保育・健全育成，子どもの生活・文化・意識と行動，子どもの行動問題，子どもをめぐる生活環境

(内容)子どもと家庭の保健と福祉と教育に関わる資料をまとめた年鑑。厚生労働省が10年に1度実施する「乳幼児身体発育調査」の結果や、それと並行して行われた「幼児健康度調査」など、最新の資料データを掲載。今版の特集記事「幼児健康度調査」では、子どもの健康や親の養育態度など、子育てをめぐる時代の変化を映し出す資料を掲載。本編は11章に分けてデータを収録する。巻末に資料一覧、「健やか親子21」概要、子ども年表(2000年1月～2001年6月)がある。

日本子ども資料年鑑　2003　恩賜財団母子愛育会日本子ども家庭総合研究所編　(名古屋)KTC中央出版　2003.1　396p　26cm　9000円　①4-87758-284-3,ISSN1344-5596

(目次)巻頭特集 子育て支援と母子健康手帳の改正，1 人口動態と子ども，2 家族・家庭，3 発育・発達，4 保健・医療，5 栄養・食生活，6 子どもと家族の福祉，7 教育，8 保育・健全育成，9 子どもの生活・文化・意識と行動，10 子どもの行動問題，11 子どもをめぐる生活環境

(内容)近年は、子どもをめぐる環境や社会が実にめまぐるしく変わるため、官公庁から民間まで実に様々な子どもに関する調査が行われている。本書は、そのような多くの資料から、子どもたちをめぐる約680タイトルものデータを掲載。今回は、14年度からの母子健康手帳の改正を巻頭特集にし、経年的なデータはもちろん、出会い系サイト・週5日制・学力の国際比較等、最近の話題についても幅広くデータを収集し編集。

日本子ども資料年鑑　2004　恩賜財団母子愛育会日本子ども家庭総合研究所編　(名古屋)KTC中央出版　2004.2　397p　26cm　〈付属資料：CD-ROM1〉　9000円　①4-87758-319-X

(目次)10巻目記念特集 子どもと社会の変化をみつめて，1 人口動態と子ども，2 家族・家庭，3 発育・発達，4 保健・医療，5 栄養・食生活，6 子どもと家族の福祉，7 教育，8 保育・健全育成，9 子どもの生活・文化・意識と行動，10 子どもの行動問題，11 子どもをめぐる生活環境

(内容)この10数年間の子どもをめぐる"多様な変化"を、11の分野からキーワードを特集として取り上げて各章別に解説。主なキーワードは、在日外国人、性別役割分業、性、救急医療、児童虐待、ゆとりと学力、保育メニューと供給システム、所有物と不安・悩み、就職形態の変化とITなど、子どもをめぐる変化と課題について、データをもとにまとめた。

日本子ども資料年鑑　2005　恩賜財団母子愛育会日本子ども家庭総合研究所編　KTC中央出版　2005.2　397p　26cm　〈付属資料：CD-ROM1〉　9000円　①4-87758-336-X,ISSN1334-5596

(目次)子どもデータマップ，人口動態と子ども，家族・家庭，発育・発達，保健・医療，栄養・食生活，子どもと家族の福祉，教育，保育・健全育成，子どもの生活・文化・意識と行動，子どもの行動問題，子どもをめぐる生活環境

(内容)子どもに関する膨大な調査・統計データをまとめて掲載。

日本子ども資料年鑑　2006　恩賜財団母子愛育会日本子ども家庭総合研究所編　KTG中央出版　2006.2　397p　26cm　〈付属資料：CD-ROM1〉　9000円　①4-87758-355-6,ISSN1344-5596

(目次)1 人口動態と子ども，2 家族・家庭，3 発育・発達，4 保健・医療，5 栄養・食生活，6 子

児童・青少年一般　児童・青少年

どもと家族の福祉，7 教育，8 保育・健全育成，9 子どもの生活・文化・意識と行動，10 子どもの行動問題，11 子どもをめぐる生活環境

日本子ども資料年鑑　2007　恩賜財団母子愛育会日本子ども家庭総合研究所編　KTC中央出版　2007.2　397p　26cm　〈付属資料：CD-ROM1〉　9000円　Ⓘ978-4-87758-356-9

(目次)家庭で今，何が起きているか，人口動態と子ども，家族・家庭，発育・発達，保健・医療，栄養・食生活，子どもと家族の福祉，教育，保育・健全育成，子どもの生活・文化・意識と行動，子どもの行動問題，子どもをめぐる生活環境

(内容)子どもに関する多岐にわたる膨大な調査・統計データをまとめた。

日本子ども資料年鑑　2008　恩賜財団母子愛育会日本子ども家庭総合研究所編　KTC中央出版　2008.2　397p　26cm　〈付属資料：CD-ROM1〉　9000円　Ⓘ978-4-87758-358-3　Ⓝ367.6

(目次)社会的養護のもとに育つ子どもたち　社会的養護の現状と課題，人口動態と子ども，家族・家庭，発育・発達，保健・医療，栄養・食生活，子どもと家族の福祉，教育，保育・健全育成，子どもの生活・文化・意識と行動，子どもの行動問題

日本子ども資料年鑑　2009　恩賜財団母子愛育会日本子ども家庭総合研究所編　KTC中央出版　2009.2　397p　26cm　〈付属資料：CD-ROM1〉　9000円　Ⓘ978-4-87758-360-6, ISSN1344-5596　Ⓝ367.6

(目次)子どもたちを脅かすもの・育むもの，人口動態と子ども，家族・家庭，発育・発達，保健・医療，栄養・食生活，子どもと家族の福祉，教育，保育・健全育成，子どもの生活・文化・意識と行動，子どもの行動問題，子どもをめぐる生活環境

日本子ども資料年鑑　2010　日本子ども家庭総合研究所編　KTC中央出版　2010.2　397p　26cm　〈付属資料：CD-ROM1〉　9000円　Ⓘ978-4-87758-362-0, ISSN1344-5596　Ⓝ367.6

(目次)1 人口動態と子ども，2 家族・家庭，3 発育・発達，4 保健・医療，5 栄養・食生活，6 子どもと家族の福祉，7 教育，8 保育・健全育成，9 子どもの生活・文化・意識と行動，10 子どもの行動問題，11 子どもをめぐる生活環境

日本子ども資料年鑑　2011　恩賜財団母子愛育会日本子ども家庭総合研究所編　KTC中央出版　2011.2　397p　26cm　〈付属資料：CD-ROM1〉　9000円　Ⓘ978-4-87758-363-7

(目次)巻頭特集　データから見る学校保健の今とこれから，人口動態と子ども，家族・家庭，発育・発達，保健・医療，栄養・食生活，子どもと家族の福祉，教育，保育・健全育成，子どもの生活・文化・意識と行動，子どもの行動問題，子どもをめぐる生活環境

日本子ども資料年鑑　2012　母子愛育会日本子ども家庭総合研究所編　KTC中央出版　2012.2　397p　26cm　〈付属資料：CD-ROM1〉　9000円　Ⓘ978-4-87758-364-4

(目次)巻頭特集「幼児健康度調査」からひも解く，幼児の生活・実態の変化，人口動態と子ども，家族・家庭，発育・発達，保健・医療，栄養・食生活，子どもと家族の福祉，教育，保育・健全育成，子どもの生活・文化・意識と行動，子どもの行動問題，子どもをめぐる生活環境

日本子ども資料年鑑　2013　恩賜財団母子愛育会日本子ども家庭総合研究所編　KTC中央出版　2013.2　397p　26cm　〈付属資料：CD-ROM1〉　9000円　Ⓘ978-4-87758-366-8

(目次)巻頭特集　新しい母子健康手帳―改正の背景とこれからの活用について，人口動態と子ども，家族・家庭，発育・発達，保健・医療，栄養・食生活，子どもと家族の福祉，教育，保育・健全育成，子どもの生活・文化・意識と行動，子どもの行動問題，子どもをめぐる生活環境

日本子ども資料年鑑　2014　恩賜財団母子愛育会日本子ども家庭総合研究所編　KTC中央出版　2014.2　397p　26cm　〈付属資料：CD-ROM1〉　9000円　Ⓘ978-4-87758-369-9

(目次)1 人口動態と子ども，2 家族・家庭，3 発育・発達，4 保健・医療，5 栄養・食生活，6 子どもと家族の福祉，7 教育，8 保育・健全育成，9 子どもの生活・文化・意識と行動，10 子どもの行動問題，11 子どもをめぐる生活環境

(内容)巻頭特集：次世代へ羽ばたく子どもたち―時代・社会の変化から見る子どもを取り巻く環境。巻末資料：東日本大震災と子ども2，子ども年表（2012年11月～2013年10月）。

<統計集>

教育アンケート調査年鑑　1996年版　上　「教育アンケート調査年鑑」編集委員会編

創育社　1996.6　1214p　30cm　22000円
⓵4-916004-05-1

(目次)1 意識・実態(幼・小・中・高校生)，2 意識・実態(大学生・社会人)，3 家庭教育(しつけ)，4 親子関係(家族関係)，5 家庭環境(生活費用)，6 地域環境(地方自治体)，7 福祉活動(余暇活用)，8 将来・就職(就業観・仕事観)，9 企業(ビジネスマン・OL)

教育アンケート調査年鑑　1998年版　上
「教育アンケート調査年鑑」編集委員会編
創育社　1998.9　1,213p　30cm　21000円
⓵4-916004-09-4

(目次)巻頭 緊急課題―いじめ・非行・虐待等，1 意識・実態(幼・小・中・高校生)，2 意識・実態(大学生・若者・独身者)，3 意識・実態(一般消費者・社会人)，4 家庭教育―しつけ・子育て観，5 親子関係―家族関係・夫婦関係，6 家庭環境―生活意識・生活費用，7 地域環境―地域活動・福祉活動，8 職業・就職環境―仕事観・ジェンダー

教育アンケート調査年鑑　2008年版　上
「教育アンケート調査年鑑」編集委員会編
創育社　2008.6　1215p　31cm　21000円
⓵978-4-916004-60-4

(内容)2008年度・2007年度に発表されたアンケート調査を中心に，情報教育・問題行動等，意識・実態，家庭教育，親子関係，家庭環境，地域環境，就職・職場環境に分けて収録する。

教育アンケート調査年鑑　2008年版　下
「教育アンケート調査年鑑」編集委員会編
創育社　2008.10　1215p　31cm　21000円
⓵978-4-916004-61-1

(内容)2008年度・2007年度に発表されたアンケート調査を中心に，巻頭課題「健全育成・人権教育等」ほか，生活指導，子育て環境，学校教育，心身の健康，保健・体育，食生活，職場の人間関係，社会環境に分けて収録する。

教育アンケート調査年鑑　2009年版　上
「教育アンケート調査年鑑」編集委員会編
創育社　2009.6　1215p　31cm　21000円
⓵978-4-916004-62-8

(内容)2008年度・2009年度に発表されたアンケート調査を中心に，巻頭課題「ICT利用・問題行動等」ほか，意識・実態，家庭教育，親子関係，家庭環境，地域環境，就職・職場環境に分けて収録する。

教育アンケート調査年鑑　2009年版　下
「教育アンケート調査年鑑」編集委員会編
創育社　2009.10　1215p　31cm　21000円
⓵978-4-916004-63-5　Ⓝ372.107

(目次)巻頭 下巻(逸脱行為・虐待防止等)，9 生活指導(学校外教育・ICT利用等)，10 子育て協力(支援・少子化・人権問題等)，11 園教育・学校教育(制度・教育実践・進路等)，12 心身の健康(ストレス・医療環境等)，13 保健・体育(スポーツ・安全教育等)，14 食生活(食行動・栄養意識等)，15 職場の人間関係(仕事意識・仕事環境等)，16 社会環境(生活環境・環境保全等)

教育アンケート調査年鑑　2010年版　上
「教育アンケート調査年鑑」編集委員会編
創育社　2010.6　1215p　31cm　21000円
⓵978-4-916004-64-2

(内容)2009年度・2010年度に発表されたアンケート調査を中心に，巻頭課題「児童虐待・心の健康等」ほか，意識・実態，家庭教育，家族関係，家庭環境，地域環境，就職・職場環境に分けて収録する。

教育アンケート調査年鑑　2010年版　下
「教育アンケート調査年鑑」編集委員会編
創育社　2010.10　1215p　31cm　21000円
⓵978-4-916004-65-9　Ⓝ372.107

(目次)巻頭課題／下巻(いじめ・DV等)，9 生活指導(健全育成・行動意識等)，10 子育て協力(支援・共同参画・地育力等)，11 園教育・学校教育(制度・教育実践・進路等)，12 心身の健康(メンタルヘルス・医療環境等)，13 保健体育(健康意識・生活習慣等)，14 食生活(食行動・栄養意識等)，15 職場の人間関係(仕事意識・キャリア形成等)，16 社会環境(生活環境・高齢化社会等)

教育アンケート調査年鑑　2011年版　下
「教育アンケート調査年鑑」編集委員会編
創育社　2011.10　1冊　30cm　21000円
⓵978-4-916004-67-3

(目次)巻頭課題／下巻(DV・虐待防止，環境整備等)，9 行動意識(健全育成・生活指導等)，10 子育て協力(支援・共同参画・地育力等)，11 園教育・学校教育(制度・教育実践・指導観等)，12 心身の健康(メンタルヘルス・医療環境等)，13 保健・体育(健康意識・生活習慣等)，14 食生活(食行動・栄養意識等)，15 職場の人間関係(仕事意識・キャリア形成等)，16 社会環境(震災復興・生活環境・高齢社会等)

教育アンケート調査年鑑　2012年版　下

児童・青少年一般　　　児童・青少年

「教育アンケート調査年鑑」編集委員会編
創育社　2012.10　1215p　30cm　21000円
①978-4-916004-69-7

(目次)巻頭課題—いじめ・児童虐待等，9 行動意識—生活意識・健全育成等，10 子育て環境—支援・連携，地育力等，11 園・学校教育—教科・進路・学校運営等，12 心身の健康—メンタルヘルス・医療環境等，13 保健・体育—スポーツ・健康意識等，14 食生活—食行動・栄養意識等，15 職場の人間関係—仕事意識・仕事環境等，16 社会環境—生活環境・高齢社会等

子育て・教育・子どもの暮らしのデータ集
2001年版　食品流通情報センター編　食品流通情報センター　2001.6　629p　26cm　(情報センターBOOKs)　14800円　①4-915776-46-8　Ⓝ370.59

(目次)第1章 人口・世帯数，生徒数に関するデータ，第2章 子育て・しつけに関するデータ，第3章 学校教育・教育費に関するデータ，第4章 子どもの暮らし意識に関するデータ，第5章 健康・食生活に関するデータ，第6章 遊び・余暇に関するデータ

(内容)子どもの教育と生活に関する統計資料集。各種機関・企業・団体などが実施した，幼児・小学生から中学生・高校生までの子育て・教育関連意識調査，子どもが回答者，親が回答者のアンケート調査、教育費をはじめとする「子ども」関連データを収録。

子育て・教育・子どもの暮らしのデータ集
2002年版　生活情報センター編　生活情報センター　2002.10　559p　26cm　14800円　①4-915776-74-3　Ⓝ370.59

(目次)第1章 人口・世帯・生徒数，健康等に関するデータ，第2章 子育て・しつけに関するデータ，第3章 学校教育・教育費に関するデータ，第4章 子どもの暮らし意識に関するデータ，第5章 健康・食生活に関するデータ，第6章 遊び・余暇に関するデータ

(内容)子育てに関するデータ集。幼児・小学生から中学生・高校生までの子育て・教育関連の意識調査，子どもが回答者，親が回答者のアンケート調査、教育費をはじめとする「子ども」関連データを収録する。

子育て・教育・子どもの暮らしのデータ集
2004年版　生活情報センター編集部編　生活情報センター　2004.5　313p　30cm　14800円　①4-86126-117-1

(目次)第1章 官庁統計によるデータ，第2章 子育て・しつけに関するデータ，第3章 学校・教育費に関するデータ，第4章 子どもの暮らし意識に関するデータ，第5章 健康・食生活に関するデータ，第6章 遊び・余暇に関するデータ

(内容)教育関係者・研究者，子育てに関心を持つ多くの方々必読の最新統計資料集。各種データを広範に収録。ビジネス、各種の調査研究に最適の一冊。

子育て・教育・子どもの暮らしのデータ集
2005年版　生活情報センター編集部編　生活情報センター　2005.10　333p　30cm　〈他言語標題〉：Statistical data of childcare and education〉　14800円　①4-86126-218-6　Ⓝ370.59

◆意識調査

＜年鑑・白書＞

国民生活選好度調査　平成4年度　少子化の背景と国民の意識　結婚、家族、教育
経済企画庁国民生活局編　大蔵省印刷局　1993.3　169p　21cm　1300円　①4-17-191067-6

(目次)1 国民生活選好度調査について，2 調査結果の概要(少子化の現状と評価，結婚について、女性の職場進出と家族，子供の教育に対する期待と養育費負担)

(内容)平成4年度の国民生活選好度調査は、結婚、女性の職場進出や家族のあり方、教育などに関する国民の意識、考え方、要望などを調査した。

国民生活白書　平成13年度　家族の暮らしと構造改革　内閣府編　ぎょうせい　2002.3　232p　30cm　〈付属資料：CD-ROM1〉　1800円　①4-324-06809-7　Ⓝ365.5

(目次)第1章 家族を巡る潮流変化(生活の糧を得る機能に関する変化—家族における働き方の変化，婚姻や子どもを生み育てる機能に関する変化—少子化，高まる離婚率 ほか)，第2章 家族の働き方の現状と課題(夫婦の働き方の現状、顕在化する家族の働き方の選択を巡る問題 ほか)，第3章 次代を担う子どもと家族(子育て支援の必要性の高まり、子育て支援の現状と課題 ほか)，第4章 ITの普及と家族(ITの現状、ITによる働き方の変化 ほか)，補論 構造改革による「暮らしの改革」へ向けて

(内容)国民生活に関する重要な課題とその対応の方向について考察する白書。2002年版は「家族の暮らしと構造改革」という副題のもとに、

「家族」を切り口として、国民のライフスタイルに関する検討を行っている。巻末に用語等索引、調査名索引がある。

国民生活白書　平成17年版　子育て世代の意識と生活　内閣府編　国立印刷局　2005.8　300p　30cm　（「暮らしと社会」シリーズ）　1400円　Ⓘ4-17-190477-3

㊤（目次）第1章　結婚・出生行動の変化（最近の出生率低下の要因、結婚するという選択、子どもを持つという選択　ほか）、第2章　子育て世代の所得をめぐる環境（子育て世代の所得と結婚・出生行動、子育て世代内の所得格差、子育て世代への私的な所得移転）、第3章　子育てにかかる費用と時間（子育てにかかる費用、教育にかかる費用、良好な子育て環境のための費用）、むすび：子育てをしたいと思える社会の構築に向けて

（内容）国民生活白書は、生活の実態や社会の変化について、人々の意識面も含めて多面的に分析してきた。近年では、「家族」、「若年」、「地域」などの視点から暮らしの現状や課題を考察している。48回目の刊行となる今回の白書は、子育てを担う世代の意識と生活について取り上げた。

世界の青年との比較からみた日本の青年　第5回世界青年意識調査報告書　総務庁青少年対策本部編　大蔵省印刷局　1994.2　144p　30cm　1500円　Ⓘ4-17-230911-9

（目次）第1部　調査実施の概要、第2部　調査結果の概要（家庭関係、学校関係、職業関係、友人、余暇、地域社会関係、国家・社会関係、人生観関係）、第3部　資料編

世界の青年との比較からみた日本の青年　第6回世界青年意識調査報告書　総務庁青少年対策本部編　大蔵省印刷局　1999.1　158p　30cm　1300円　Ⓘ4-17-230912-7

（目次）第1部　調査実施の概要、第2部　調査結果の概要（家庭関係、学校関係、職業関係、友人、地域社会、余暇関係、国家・社会関係、人生観関係）、第3部　資料編

（内容）日本、アメリカ、イギリス、ドイツ、フランス、スウェーデン、韓国、フィリピン、タイ、ブラジル、ロシアの計11か国において、18歳から24歳までの青少年を対象として、1998年に実施された「第6回世界青年意識調査」の結果をまとめたもの。

世界の青年との比較からみた日本の青年　第7回世界青年意識調査報告書　内閣府政策統括官編　国立印刷局　2004.8　509p　30cm　2700円　Ⓘ4-17-230913-5

（目次）第1部　調査実施の概要、第2部　調査結果の概要（家庭関係、学校関係、職業関係、友人関係、地域社会・余暇関係、国家・社会関係、人生観関係、その他）、第3部　調査の分析結果、第4部　資料編

（内容）本調査は、我が国の青少年の意識の特徴及び問題状況を的確に把握し、今後の青少年に関する施策の樹立に資するとともに、諸外国の青少年との相互理解の促進に必要な基礎資料を得ることを目的としている。そのために、我が国を含む世界各国の青少年の各生活領域における意識や人生観等を調べ、これらを相互に比較し、また調査結果の経年変化をみるものである。

<統計集>

社会階層調査研究資料集　2005年SSM調査報告書　別冊2　佐藤嘉倫監修　日本図書センター　2013.4　1冊　26cm　〈複製〉　Ⓘ978-4-284-50332-7　Ⓝ361.8

（目次）2006年SSM若年層郵送調査コード・ブック（2008年刊）、2006年SSM若年層郵送調査基礎集計表（2008年刊）、2005年SSM韓国調査コード・ブック（2008年刊）、2005年SSM韓国調査基礎集計表（2008年刊）

（内容）SSM調査研究会（研究代表・佐藤嘉倫）が、国内外100名の研究者と共に行った、SSM研究成果報告書『2005年SSM調査シリーズ』（全15巻・別冊6）を再編集し、『社会階層調査研究資料集―2005年SSM調査報告書』として復刻するシリーズ。

児童・青少年問題

<書誌>

学校・教育問題レファレンスブック　日外アソシエーツ株式会社編集　日外アソシエーツ　2013.9　391p　21cm　〈索引あり　発売：(東京)紀伊国屋書店〉　9200円　Ⓘ978-4-8169-2432-3　Ⓝ370.31

（目次）教育全般、家庭教育、幼児教育・保育、学校教育、大学教育、社会と教育、書名索引、著編者名索引、事項名索引

（内容）1990（平成2）年から2012（平成24）年までに刊行された、学校・教育問題に関する参考図書を網羅。昭和期の主要な参考図書も収録。事典、ハンドブック、法令集、年鑑、白書、統計

集など2,381点を収録。目次・内容解説も掲載。巻末に書名、著編者名、事項名の索引を完備。

最新文献ガイド 荒れる10代 ひきこもり・ネット中毒・凶悪犯罪から少年法改正論議まで 日外アソシエーツ編 日外アソシエーツ，紀伊國屋書店〔発売〕 2001.5 233p 21cm 5300円 Ⓣ4-8169-1665-2 Ⓝ367.6

⟨目次⟩少年論，少年事件，家庭，学校，いじめと不登校，海外事情，事項名索引

⟨内容⟩10代の青少年をめぐる様々な問題に関する文献の書誌。1997年以降に発行された雑誌記事・論文3776点、図書798点を収録する。テーマ別に構成し、雑誌記事、図書の順に発行年月により排列。雑誌記事は記事タイトル、著者名、掲載誌名、巻号・通号、発行年月、掲載頁を記載し、図書は書名、著者名、版表示、出版地、出版者、発行年月、頁数・冊数、大きさ、叢書名・叢書番号、注記、定価、ISBN、NDC分類、内容を記載する。巻末に五十音順の事項名索引付き。

児童教育の本全情報 70-92 日外アソシエーツ編 日外アソシエーツ，紀伊国屋書店〔発売〕 1993.1 300p 21cm 12000円 Ⓣ4-8169-1151-0 Ⓝ370.31

⟨内容⟩児童教育に関する図書をテーマ別に収録した図書目録。1970～1992年に刊行された約5800点を収録する。対象テーマは、親子関係、性教育、いじめ、PTAなど。巻末に著者名索引、事項索引を付す。

児童教育の本全情報 1992-2005 日外アソシエーツ編 日外アソシエーツ 2006.1 1066p 21cm 23800円 Ⓣ4-8169-1960-0

⟨目次⟩家庭，学校，社会

⟨内容⟩児童教育に関する図書13443点を収録。1992年～2005年に刊行された図書を316のテーマに分類。ゆとり教育、不登校、フリースクール、学級崩壊、ジェンダー・フリー教育、障害児教育など幅広い分野を収録。巻末に便利な「著者名索引」「事項名索引」付き。

<事 典>

子ども問題事典 日本子ども社会学会研究刊行委員会編 （西東京）ハーベスト社 2013.7 255p 26cm 〈文献あり 索引あり〉 2800円 Ⓣ978-4-86339-045-4 Ⓝ371.45

⟨内容⟩日本子ども社会学会が総力をあげて刊行する事典。児童精神医学から児童福祉学、保育学、児童臨床心理学まで多岐な研究領域から、子どもの問題を基本から洗い出し、112項目をそれぞれの分野に精通している研究者が解説する。

図解 子ども事典 林邦雄監修，谷田貝公昭責任編集 一藝社 2004.1 463p 21cm 9524円 Ⓣ4-901253-38-7

⟨目次⟩第1章 生活，第2章 文化，第3章 環境，第4章 福祉，第5章 教育，第6章 中国の事例，第7章 韓国の事例

⟨内容⟩すぐ切れる子・親離れできない子・陰湿ないじめをする子・学校に行けない子・引きこもりの子・虐待される子——このような子どもの存在は、これまでの"子ども像"では問題の解決は見出せない。"図表"に"ワンポイント解説"を加えた特色ある編集で、子どもの"現実"をそのまま映し出した問題解決の一書。

家庭

家庭一般

<書誌>

育児・保育をめぐって　待機児童問題から児童虐待まで　日外アソシエーツ株式会社編集　日外アソシエーツ、紀伊国屋書店（発売）　2013.3　325p　21cm　〈現代を知る文献ガイド〉　〈索引あり〉　5700円　①978-4-8169-2403-3　Ⓝ599.031

[目次]育児問題、育児ストレス・トラブル、子ども虐待、育児環境、育児と労働、育児分担、保育施設・保育サービス、早期教育

[内容]2010年以降に発行された育児・保育に関連する問題についての雑誌記事・論文3,783点、図書1,079点をテーマ別に分類。巻末に「事項名索引」つき。

最新文献ガイド 育児をめぐって　育児不安・幼児虐待からお受験・保育園不足まで　日外アソシエーツ編　日外アソシエーツ、紀伊國屋書店〔発売〕　2001.5　280p　21cm　5600円　①4-8169-1666-0　Ⓝ599.031

[目次]育児問題、育児ストレス、子ども虐待、育児環境、育児と女性労働、育児分担、保育施設・保育サービス、早期教育

[内容]育児・保育に関連する文献を収録する書誌。1998年以降に発行された雑誌記事・論文3720点、図書1270点を収録。構成は文献のテーマ別で、雑誌記事、図書の順に発行年月により排列。雑誌記事は記事タイトル、著者名、「掲載誌名」、巻号・通号、発行年月、掲載頁を記載し、図書は書名、著者名、版表示、出版地、出版者、発行年月、頁数・冊数、大きさ、叢書名・叢書番号、注記、定価、ISBN、NDC分類、内容を記載する。巻末に五十音順の事項名索引付き。

<ハンドブック>

育児の事典　平山宗宏、中村敬、川井尚編　朝倉書店　2005.5　520p　21cm　14000円　①4-254-65006-X

[目次]育児の歴史と理念、少子化社会の中の育児、妊娠の成立から出産まで、新生児、子どもの成長・発達、乳児期の子育て、幼児期の子育て、学童期の子育て、思春期の子育て、母子関係、父子関係、子どもと生活、子どもと食事（栄養）、子どもの健康と環境、子どもの発達障害、親と子の精神保健、子どもの病気、感染症と免疫、予防接種、小児歯科、子どもの事故、救急治療の必要性の判断と応急手当、保育所と幼稚園、障害のある子の育児（障害児・者福祉）、育児支援、育児と情報、子どものしつけ、外国の育児、子どもと勉強、子どもと行事、社会経済と育児、子どもと運動（スポーツ）、多彩な子育て形態、子どもと大人、子どものサポーター、子どもと社会病理、虐待とその対策、子どもと人権、21世紀における子どもの心身の健康

[内容]医学的な側面からだけではなく、心理的・社会的側面、また文化的側面など多様な観点から「育児」をとらえ解説した事典。38テーマ、139項目を収録。巻末に索引を収録。

<年鑑・白書>

21世紀出生児縦断調査　第3回 平成15年度　厚生労働省大臣官房統計情報部編　厚生統計協会　2005.5　478p　30cm　7500円　①4-87511-242-4,ISSN1348-2742

[目次]1 調査の概要、2 結果の概要、3 統計表（子どもの属性、同居者等の状況、父母の職業、労働時間、保育者の状況、子育て費用・保育料ほか）、4 用語の説明

21世紀出生児縦断調査　第4回 平成16年度　厚生労働省大臣官房統計情報部編　厚生統計協会　2006.5　429p　30cm　7500円　①4-87511-281-5

[目次]1 調査の概要、2 結果の概要、3 統計表（子どもの属性、きょうだい、同居者の状況、住環境等、保育者の状況、父母の就業状況等、子育て費用・保育料、健康に関して意識して行っていること、しつけの状況、悪いことをしたときの対応、就寝時間・起床時間 ほか）、4 用語の説明

[内容]平成16年8月と平成17年2月に実施した「第

4回21世紀出生児縦断調査」の結果をとりまとめた。

ハイライト 子ども家庭白書 子どもと親のウェルビーイングの促進をめざして　高橋重宏, 網野武博, 柏女霊峰編著　川島書店　1996.5　272p　26cm　2884円　Ⓘ4-7610-0592-0

(目次)第1部 国際家族年と児童の権利に関する条約(国連・国際家族年の理念と子ども家庭サービス構築の課題, 子どもの権利条約と日本の子ども家庭サービス, 英米法・ローマ法に見る子ども・親・国の法的関係と日本の家族法 ほか), 第2部 21世紀の子ども家庭施策のあり方(新しい児童家庭福祉の構築, 日本の子ども人口の動向, 日本の子どもと家庭―家族, 家庭, 家庭機能 ほか), 第3部 子どもと親のウェルビーイングを増進するプログラムの現状と課題(日本の子どもと家庭―経済政策(1) 子育てに関する経済的保障, 日本の子どもと家庭―経済政策(2) 子どもと貧困, 児童の健全育成 ほか)

(内容)子どもと親(家庭)のよりよきあり方をめざして, 本書はわが国のこれからの子ども家庭福祉施策を考えるために24章にわたってさまざまな問題や課題を検討している。各章の冒頭にはハイライトとしてその章の重要なキーワードや事実を要約した。児童福祉制度見直しのための必携書。

<統計集>

超少子化時代の家族意識 第1回人口・家族・世代世論調査報告書　毎日新聞社人口問題調査会編　毎日新聞社　2005.1　426, 136p　21cm　5714円　Ⓘ4-620-90654-9

(目次)超少子化時代の家族観, 家族観の変化と超少子化, 現代女性の結婚・家族形成の実態と意識, 日本における同棲の現状, 女性の就業と子育て支援策に関する分析―育児休業取得と保育サービス利用の視点から, 女性の就業と子育てコスト―ヨーロッパ4カ国との比較で見た日本の特徴, 「妊娠先行型結婚」の周辺, 現代女性の性と妊娠・出産の行動およびその伝承について, ジェンダーに関する意識と実態, 女性の就労と夫婦の勢力関係, 少子化の背景にある家庭内性別役割分業―ジェンダー格差の存続, 老親扶養をめぐって―人口転換の先駆と国際的貢献, 世論調査による女性の結婚と出産に関する意識, 概要報告, 調査の方法と結果, 第25回全国家族計画世論調査の結果

(内容)全国の女性4000人を対象に行われた「人口・家族・世代に関する世論調査」(2004年)の結果報告と, その結果をもとにした研究者による分析結果をまとめた。英文を併記している。

家庭環境

<ハンドブック>

子どもに会いたい親のためのハンドブック　青木聡, 蓮見岳夫, 宗像充, 共同親権運動ネットワーク編著　社会評論社　2013.1　170p　21cm　1700円　Ⓘ978-4-7845-1489-2

(目次)1 もしも子どもに会えなくなったら, 2 片親疎外とは, 3 裁判所で気をつけること, 4 子どもと会うためにできること, 5 養育プラン, 6 共同養育・面会交流の実際

(内容)夫とケンカした際家を追い出され, その後子どもと会わせてもらえなくなった。子どもを連れて妻が実家に帰ったきり戻ってこず, 子どもとも会わせてもらえない。夫婦間の関係はどうあれ, それを理由に親子関係を絶つ権限が子どもを見ている親にあるわけではありません。離婚後も, 双方の親が子どもの養育の責任を引き続き担っていくことをめざして, 共同養育を模索するための本。

<年鑑・白書>

家庭と子育ての指標　厚生省児童家庭局企画課監修　中央法規出版　1990.5　142p　21cm　1700円　Ⓘ4-8058-0736-9

(目次)第1章 社会経済の変化(人口, 産業・経済, 労働・余暇, 社会資本・生活関連資本, 教育, 国際), 第2章 児童と家庭の変化(家庭の形態, 婚姻制度, 地域・社会参加活動, 健康, 児童の生活, 親子・夫婦関係), 第3章 児童家庭行政

(内容)家庭と子育ての問題について考える場合に重要と思われる指標を幅広く収集・整理し, 若干の解説を付したもの。

子供と家族に関する国際比較調査報告書　総務庁青少年対策本部編　大蔵省印刷局　1996.4　448p　30cm　3500円　Ⓘ4-17-196320-6

(内容)総務庁青少年対策本部では, 平成六年度に, 日本, アメリカおよび韓国における〇歳から一五歳までの子供を持つ父親または母親を対象として, 家庭の実態, 家庭に関する親の意識, 子供に対する養育態度等を調査し, それらを相互比較することにより, わが国の子供と家族の諸特徴および問題状況を明らかにし, 今後の家

庭機能の充実および青少年関連施策の樹立に必要な基礎資料を得ることを目的として、「子供と家族に関する国際比較調査」を実施した。本書は、この調査結果をとりまとめたものである。

住宅白書 1994年版 家族・子どもとすまい 日本住宅会議編 ドメス出版 1993.12 332p 21cm 3090円 ①4-8107-0377-0

(目次)第1部 現代日本の家族・子どもと住まい、第2部 家族・子どもと住環境(家族・子どもの居住実態、自立と共生のための社会と住まいの権利)、第3部 住宅事情・住宅政策・住宅運動、第4部 資料篇

中学生の母親 アメリカの母親との比較「青少年の校外活動と家庭に関する国際比較調査」報告書 総務庁青少年対策本部編 大蔵省印刷局 1992.1 305p 26cm 1700円 ①4-17-262505-3

(目次)第1部 調査の概要、第2部 調査の結果(母親の姿、母親の子どもについての認識、母親の家庭教育)、第3部 調査結果の分析(母親の意識の日米比較、コミュニケーション行動の視点から見た母親の家庭教育の現状と課題、校外活動と家庭における学業指向と社会指向、性別役割 親と母親のタイプ)、第4部 資料

家庭教育

<ハンドブック>

家庭教育手帳 文部省編 大蔵省印刷局 1999.4 56p 15cm 200円 ①4-17-153303-1

(目次)1 家庭とは?(安らぎのある楽しい家庭をつくる、親がまず幸せになる、会話を増やし、家族の絆を深める、夫婦で一致協力して子育てをする、家族一緒の食事を大切にする、いつも自身を持って子育てをする)、2 しつけ(間違った行いはしっかり叱る、我が家の生活の約束事やルールをつくる、子どもに我慢を覚えさせる、責任感や自立心がある子に育てる、テレビやテレビゲームに浸らせない、子ども部屋を閉ざさせない、子どもの身体や行動に現れるサインを見逃さない、子どもが愛されていると実感できるコミュニケーションをする)、3 思いやり(まず、親が率先して人助けをする、差別をしない偏見を持たない子に育てる、子どもに命の大切さを実感させる、幼児には親が本を読んで聞かせる)、4 個性と夢(過保護や過干渉はやめる、良いところを見つけてほめる、子どもの夢や希望に耳を傾ける、他の子との比較にとらわれない、偏った早期教育を考え直す、完璧主義にとらわれない)、5 遊び(子供はのびのび遊ばせる、子供の生活に時間とゆとりを与える、子どもは自然の中で遊ばせる、地域の活動などで年の違う集団に参加させる、家庭内の年中行事や催事を見直す、より良い社会をつくる努力を子どもに見せる)、記録編(新しい命が宿りました、誕生したときの様子、子どもの名前、初めての体験、家族での決まり)

(内容)本書は、乳幼児期の子どもを持つお父さん・お母さんが、親子の絆を深め、心豊かな子どもを育てていくことを応援するためにつくられました。家庭での教育やしつけに関して、それぞれの家庭で考え、実行していただきたいことが書かれています。是非、お父さん・お母さんにお読みいただき、子育てのヒントにしてください。また、記録スペースに、成長していく子どもの様子や親としての思いなどを綴っていただければ、子どもにとって、世界に一つのかけがえのない手帳ができあがることでしょう。

家庭教育ノート 小・中学生を持つ親のために 文部省編 大蔵省印刷局 1999.4 58p 15cm 200円 ①4-17-153304-X

(目次)1 家庭とは?(安らぎのある楽しい家庭をつくる、親がまず幸せになる ほか)、2 しつけ・子どもの非行(間違った行いはしっかり叱る、「いきなり型」非行の前にあるサインを見逃さない ほか)、3 家庭でのルール(我が家の生活の約束事やルールをつくる、子どもに我慢を覚えさせる ほか)、4 思いやり(まず、親が率先して人助けをする、差別をしない偏見を持たない子に育てる ほか)、5 個性と夢(過保護や干渉はやめる、他の子との比較にとらわれない ほか)、6 ゆとり(子どもはのびのび遊ばせる、子どもの生活に時間とゆとりを与える ほか)

(内容)本書は、小・中学生の子どもを持つお父さん・お母さんに向けて、家庭での教育やしつけに関して、それぞれの家庭で考えていただきたいことをまとめたもの。

現代っ子版子育て安心ハンドブック 子どものこころがよくわかる 石川功治著 幻冬舎ルネッサンス 2010.3 172p 19cm 〈絵:堀口ミネオ〉 1200円 ①978-4-7790-0553-4 Ⓝ599

(目次)第1章 けが?お熱?ママは子どものレスキュー隊、第2章 体のサイン、ママが気づいてあげて!、第3章 それは成長ですよ!喜んであげましょう、第4章 ウンチのサインもきちんと見ま

しょう，第5章 子どもの生活時間，大人とは違います，第6章 子どもの本心が出るこんな行動，第7章 きょうだいができるとどうなるの?，第8章 アレルギー症状あれこれ

子どもの活力 いのちの本源から育む 「愉しい倶楽部ライフ」と「家庭・地域が活きる」結ぶ共同子育てハンドブック 佐野豪彦 不昧堂出版 2011.7 124p 21cm 1400円 ①978-4-8293-0488-4

〔目次〕第1章 みずは，おともだち―水との原体験が活力を育む(水で育む人間の活力は生まれる前から，家族で愉しむ水とのふれあい ほか)，第2章 なんでもやってみよう―興味・欲求から活動力を育む(赤ちゃんの時の『活力』に学ぶ，全ては興味から始まる ほか)，第3章 たのしくやろう―愉しみながら自立・自立育む(子どもの目の輝きは，自立期の愉しい環境こそ大切 ほか)，第4章 おともだちとなかよし―仲間と表現力・協調性を育む(一人の活動から協同活動へ，群がっていく活動への進展 ほか)，第5章 ママ・パパとせんせいはおともだち―保護者・スタッフとの『共同子育て』(子育てを愉しく，親同士の仲間観こそ大切 ほか)

子どもの習いごとガイド・SAITAMA埼玉 (さいたま)幹書房 2003.2 199p 21cm 1429円 ①4-944004-90-7

〔目次〕サッカー，テニス，野球，ラグビー，体操，水のスポーツ，冬のスポーツ，武道，舞踊，乗馬〔ほか〕

〔内容〕地元のお母さんが，探して，選んで，取材した。とっておきの教室，クラブ，サークル，150団体。「習いごとの費用って，どのくらい?」etc…お母さん100人に聞いたアンケート結果を公開。子どもの力を伸ばすポイントから，ちょっと困ったお母さん事情まで，スポーツの指導者による本音座談会。埼玉県内のベビー・ジュニアスイミングスクールを一覧表で掲載。

子どものための頭がよくなる読み薬 よみがえる子どもたちハンドブック版 その2 武田利幸著 日教，声の教育社〔発売〕 2003.10 144p 19cm 762円 ①4-7715-6279-2

〔目次〕第1章 頭がよいとは?すばらしい人とは?，第2章 大切なのは反復と集中力，第3章 心と頭を開く!，第4章 15分のがまんで成績アップ!，第5章 必ずできる!覚えられる!，最終章 ウソみたいにできてしまう学習法，付録 ほほえみ診断(生徒用)

首都圏 小学生の英会話スクールガイド 晶文社出版編集部編 晶文社出版，晶文社〔発売〕 2000.12 161p 21cm 1400円 ①4-7949-9341-2

〔目次〕東京，神奈川，千葉，埼玉

〔内容〕初めて習う時から本物の英語に触れさせるために外国人講師から正しい発音とイントネーションを学ぶことのできる英会話教室を紹介したガイド。子どもの個性やニーズにぴったり合った英会話教室が選べるように，教室選びのポイントとなる，指導法の特色，カリキュラム，1クラスの定員，授業回数・時間，費用など最新情報を収録している。地域からの教室選びに便利なように，最寄り駅を中心とした「スクール最寄り駅一覧」を掲載している。

小中学生からとれる資格と検定大事典! オバタカズユキ，斎藤哲也編 学習研究社 2005.12 273p 21cm 1500円 ①4-05-302124-3

〔目次〕1 国語にトライ!，2 数学にトライ!，3 外国語にトライ!，4 理科・自然にトライ!，5 歴史・地理にトライ!，6 食べ物・ファッションにトライ!，7 パソコンにトライ!，8 福祉・医療にトライ!，9 スポーツにトライ!

〔内容〕「学校の勉強」にも，「進路発見」にも役立つ。小中学生が今すぐトライできる50資格&検定を徹底紹介。

飛び出せ!お父さん お父さんのための子育てハンドブック 渡部平吾著 文芸社 1999.10 122p 19cm 1000円 ①4-88737-404-6

〔目次〕第1章 お父さんの出番，第2章 育ちきれない子供達，第3章 人間になる，第4章 遊んでお父さん，第5章 巣立ち，第6章 あの父この母，第7章 これからの新生活思考

〔内容〕お父さんの出番ですよ!子供と戯れて遊んで下さい。現代の子供を取り巻く諸問題について，育児の原点である家族の在り方，とりわけ核家族化が進んだ現代において，夫婦に絞って考察し，お父さんの役割の重要性，子供とのふれあい方をまとめました。

やってみよう!こどもの資格&コンクールガイド 2000年度版 PHP研究所編 PHP研究所 2000.3 287p 21cm 1400円 ①4-569-68218-9

〔目次〕勉強にチャレンジ，すきなことにチャレンジ，エコ&ボランティアにチャレンジ，アートにチャレンジ，ことばにチャレンジ，スポー

ツにチャレンジ
⑩「なにかおもしろいこと，ないかな」この本は，そんな小学生と中学生がチャレンジできるものばかりをあつめました。この本は，うごきだすための情報の本。親子でできる資格や，最新の資格，めずらしいコンクール，学校のみんなでチャレンジできるものもあるよ。ページをめくりチャレンジをはじめれば，チョット人とちがう自分を見つけられるはず。

やってみよう！こどもの資格＆コンクール
　ガイド　2001年度版　PHP研究所編
　　PHP研究所　2001.3　287p　21cm　1400円
　　①4-569-68282-0　⑩K375.036
⑩勉強にチャレンジ，すきなことにチャレンジ，エコ＆ボランティアにチャレンジ，アートにチャレンジ，ことばにチャレンジ，スポーツにチャレンジ，コンピュータにチャレンジ
⑩小・中学生向けの，資格とコンクルールのガイドブック。珠算能力検定，国内旅行地理検定，家庭料理技能検定，子ども写真コンテストなど，小学生と中学生がチャレンジできる，イベント，コンクール，コンテスト，資格などについての詳しい情報を掲載。

やってみよう！こどもの資格＆コンクール
　ガイド　2002年度版　PHP研究所編
　　PHP研究所　2002.3　287p　21cm　1400円
　　①4-569-68329-0　⑩K317
⑩チャレンジ拝見!，勉強にチャレンジ，すきなことにチャレンジ，エコ＆ボランティアにチャレンジ，アートにチャレンジ，ことばにチャレンジ，スポーツにチャレンジ，コンピュータにチャレンジ
⑩小中学生対象の資格＆コンクールガイドブック。勉強関連，写真・編物等の特技，エコ＆ボランティア，アート，ことば，スポーツ，コンピュータの7つの分野に分けて，小中学生がチャレンジできる資格試験・コンクール・イベントについて，2002年度の開催予定日，問合せ先，対象，試験内容と練習問題等の情報を紹介している。賞品等チャレンジすることによって獲得できる特典の情報も紹介。チャレンジの仕方についてはマンガで説明し，その他，検定試験の練習問題や勉強法アイディアも紹介している。巻頭にチャレンジの実例を紹介する。

やってみよう！こどもの資格＆コンクール
　ガイド　2003年度版　PHP研究所編
　　PHP研究所　2003.3　287p　21cm　1600円
　　①4-569-68388-6

⑩勉強にチャレンジ，すきなことにチャレンジ，エコ＆ボランティアにチャレンジ，アートにチャレンジ，ことばにチャレンジ，スポーツにチャレンジ，コンピュータにチャレンジ
⑩「なにかおもしろいこと，ないかな」この本は，そんな小学生と中学生がチャレンジできるものばかりをあつめた。うごきだすための情報の本。親子でできる資格や，最新の資格，めずらしいコンクール，学校のみんなでチャレンジできるものもある。ページをめくり，チャレンジをはじめれば，チョット人とちがう自分をみつけられるはず。

＜統計集＞

日本人の子育て・教育を読み解くデータ総覧　2004　生活情報センター編集部編　生活情報センター　2004.1　315p　30cm　14800円　①4-86126-110-4　⑩370.59

◆しつけ

＜事典＞

しつけ事典　乳幼児期から青年期まで　谷田貝公昭，村越晃監修，高橋弥生編集代表
　一芸社　2013.9　702p　21cm　8800円
　①978-4-86359-055-7　⑩379.91
⑩第1部　幼児期のしつけ（幼児期を育む親の姿勢，子どもの生活に沿ったしつけ　ほか），第2部　児童期のしつけ（児童期を育む親の姿勢，子どもの性格に沿ったしつけ　ほか），第3部　青年期のしつけ（青年期を育む親の姿勢，社会性を育むしつけ　ほか），第4部　しつけの基礎理論（しつけの理論，しつけに参考となる理論　ほか）
⑩家庭・幼稚園・保育所・学校などに必備の「しつけ指南書」。「しつけ」に不安を感じたとき頼りになる一冊!!

＜図鑑・図集＞

生活の基本図鑑　3　地域　都筑二郎著，井上正治絵　大日本図書　1999.3　63p　26cm　2800円　①4-477-00975-5
⑩電車の乗り方・降り方，電話のかけ方，方角を知ろう，小学生がすぐに使える敬語，郵便局の使い方，手紙を書く，きっぷの買い方，自転車の乗り方，訪問のしかた，体の不自由な人に出会ったら〔ほか〕
⑩家庭・学校・地域社会の各場面で，子ども自身に知ってほしいルール，身につけてほし

いマナー、危険予知能力（自分自身の身のまもり方）などを、わかりやすく解説。

◆障害児の家庭教育

<書　誌>

「自閉」の本九十九冊　増補　阿部秀雄編
　学苑社　1990.6　308,10p　19cm　〈「自閉」の本リスト：p287〜308〉　2233円　Ⓘ4-7614-9005-5　Ⓝ493.937
Ⓣ内容Ⓣ障害児について語るにあまりに饒舌過ぎてはならないという柔らかい視点にたって編集。様々な理論を洗い直し、他の理論とつき合わせて多面的に検討する。

<事　典>

イラスト手話辞典　2　丸山浩路著　ダイナミックセラーズ出版　1998.4　925,138p　19cm　3800円　Ⓘ4-88493-273-0

保育者・教師のための障害児医学ケア相談事典　1　病名別・症状別にみる医学ケア　学習研究社　1991.2　458p　26cm　6200円　Ⓘ4-05-102439-3
Ⓣ目次Ⓣ第1部 診断理解の基礎知識、第2部 病名別にみるケアの実際、第3部 部位別症状とケア、巻末資料 訓練法・技法一覧
Ⓣ内容Ⓣ保育・教育現場から寄せられた医学的な質問に、医師または医療現場従事者が回答したもの。従って医学体系に基づく専門書としてでなく、保育・教育実践の中で求められる医学知識や心得を、保育・教育関係者の質問に答えて解説した指導書的性格をもつ。

保育者・教師のための障害児医学ケア相談事典　2　保育・教育活動の中の医学ケア　学習研究社　1991.2　517p　26cm　6800円　Ⓘ4-05-102440-7
Ⓣ目次Ⓣ第1部 症候群別にみる医学ケア、第2部 健康な生活をおくるための医学ケア、第3部 日常生活動作（ADL）に関する医学ケア、第4部 言語指導に関する医学ケア、第5部 保育・学習活動の中の医学ケア、第6章 問題行動に対する医学ケア、第7部 発作に関する医学ケア、第8部 性に関する医学ケア、巻末付録 学校生活ヘルスケアの重点12か月

<ハンドブック>

医療的ケアハンドブック　子育てと健康シリーズ〈21〉　横浜「難病児の在宅療育」を考える会編　大月書店　2003.12　140p　21cm　〈子育てと健康シリーズ 21〉　1400円　Ⓘ4-272-40321-4
Ⓣ目次Ⓣ1 食事（嚥下障害、経管栄養 ほか）、2 呼吸（呼吸リハビリ（肺理学療法）、口腔・鼻腔吸引 ほか）、3 排泄（排尿障害（導尿・手圧排尿）、下痢 ほか）、4 与薬（服薬、坐薬）、5 生活の中で（生活リズム（睡眠・覚醒）、筋緊張の異常と変形・拘縮 ほか）
Ⓣ内容Ⓣ生活のあらゆる場面で医療的ケアの適切な対応を。

共同治療者としての親訓練ハンドブック　上　Charles E.Schaefer,James M.Briesmeister編、山上敏子、大隈紘子監訳　（大阪）二瓶社　1996.11　332p　23×16cm　〈原書名：HANDBOOK OF PARENT TRAINING〉　3708円　Ⓘ4-931199-41-0
Ⓣ目次Ⓣ第1部 性癖障害（睡眠障害のマネジメントのための親訓練、随伴させた負の練習によるチックと吃音の家庭治療、一次性遺尿症の家庭治療）、第2部 行為障害（注意欠陥―多動障害の子どものための親訓練プログラム、反抗―挑戦的な幼児のための親訓練、問題行動がある言語遅滞児の親のための家族システムに基づいた訓練プログラム）、第3部 不安抑うつ障害（暗闇恐怖症児の家庭での治療、家族スキルトレーニング（FST）と子どものうつ病、学校恐怖症児治療への親の参加）
Ⓣ内容Ⓣ本書は、心理学、ソーシャルワーク、精神医学、カウンセリング、教育、保育、小児科の領域など多くの異なる分野の実践家のための、実際的で包括的な指針を提供するものである。各章は、親たちを共同治療者として訓練することを目的にした系統的研究と理論的なアプローチを提供する。困難をもつ子どもやその親や家族を援助する全ての専門家に対して、有用で特異的な指針を与えることを試みている。

共同治療者としての親訓練ハンドブック　下　Charles E.Schaefer,James M.Briesmeister編、山上敏子、大隈紘子監訳　（大阪）二瓶社　1996.11　p333〜648　23×16cm　〈原書名：HANDBOOK OF PARENT TRAINING〉　3708円　Ⓘ4-931199-42-9
Ⓣ目次Ⓣ第4部 発達障害（精神病の子どもとその親のために遊びを治療的に用いること、発達障害児の指導者として親を訓練すること、医学的身

体的ハンディキャップをもつ子どもの親訓練，自閉症児に対する共同治療者としての親），第5部 親子関係障害（成長不全（FTT）子どもの親訓練，愛着行動に失敗した子どもをもつ親の訓練，被虐待児の親訓練，里子や養子の子どもたちへの，子どもらしさ治療の代理治療者となるための親訓練）

子育て応援BOOK 滋賀 障害をもつ子どものための生活ガイド やさしいまちをつくり隊編 （京都）クリエイツかもがわ，（京都）かもがわ出版〔発売〕 2002.7 147p 26cm 1800円 ①4-87699-689-X ⓃN369.49

(目次)グラビア，あそぶ・たべる，ユニバーサルデザイン，サークル・ボランティア，理美容，医療，余暇支援，ホリデーサービス事業，学校教育，生活教育，生活支援

(内容)障害をもつ子どもとその親のために、学童保育、五日制事業、ホリデー事業支援センター、学校教育一覧、自習サークルボランティアなどを紹介するガイドブック。

自閉症児のためのTEACCHハンドブック 佐々木正美著 学習研究社 2008.4 206p 21cm （学研のヒューマンケアブックス） 〈『講座・自閉症療育ハンドブック』の改訂新版 文献あり〉 2200円 ①978-4-05-403153-1 Ⓝ378

(目次)第1章 TEACCHの基本理念と哲学，第2章 コミュニケーションへの指導と援助，第3章 学習指導の方法・構造化のアイディア，第4章 就労と職場での支援，第5章 余暇活動・社会活動の指導と援助，第6章 高機能自閉症・アスペルガー症候群とTEACCH，第7章 不適応行動への対応

(内容)日本で最初にTEACCHプログラムを紹介した『講座 自閉症療育ハンドブック』をもとに大幅加筆・修正したハンドブック。TEACCHとは、自閉症の子どもの療育や成人の生活・就労支援に大きな成果を上げているプログラム。新版では高機能自閉症・アスペルガー症候群とTEACCH、就労、職場での支援など最新のテーマを加え、日本国内でのTEACCHの実践事例を紹介している。

自閉症ハンドブック モーリーン・アーロンズ，テッサ・ギッテンズ著，石井哲夫監修，春日井晶子訳 明石書店 2002.10 208p 19cm 1600円 ①4-7503-1628-8

(目次)第1章 自閉症のさまざまな症例，第2章 自閉症の歴史，第3章 自閉症の要因，第4章 診断に関する諸問題，第5章 自閉症の子どもの理解と診断，第6章 実用面―子育てとカウンセリング，第7章 ことば―自閉症の子どもにおけるコミュニケーションの発達，第8章 自閉症の子どもの教育，第9章 成長とその後，第10章 自閉症のさまざまな治療法

障害児早期療育ハンドブック 東京発・発達支援サービスの実践 船越知行編著 学苑社 1996.3 277p 19cm 2500円 ①4-7614-9601-0

(目次)1 施設の役割とは？，2 専門家の役割，3 指導と評価，4 地域サービス

(内容)障害児が生まれると、親は悲嘆の涙が乾く間もなく、障害のある子の将来のことや教育プランについて思い悩まなければならない。とりわけ早期療育は重要で、その選択いかんによってはその子の将来が大きく左右される。本書は、東京における実践の中で培われてきた、発達支援のためのシステムやノウハウについて、あますところなく語る。

子育てに活かすABAハンドブック 応用行動分析学の基礎からサポート・ネットワークづくりまで 三田地真実，岡村章司著，井上雅彦監修 日本文化科学社 2009.1 146p 26cm 2200円 ①978-4-8210-7342-9 Ⓝ378

(目次)第1部 ABAをベースにした指導ステップ―「やりとり上手」への道（ミニレクチャー―ABAの基礎の基礎，ABAの原理をもとにした指導プロセス―ステップ・バイ・ステップで進めよう！），第2部 ペアレント・トレーニングの勧め―ファシリテーションを応用して（ペアレント・トレーニングで目指すもの（その1）―仲間と共にABAの理解・実践を行う，ペアレント・トレーニングで目指すもの（その2）―仲間同士のサポート・ネットワークをつくる ほか），第3部 ABAを学ぶためのペアレント・トレーニングの実際―リアル追体験してみよう！（第3部のはじめに―実際のペアレント・トレーニングの場面から，具体的なケース集 ほか），付録 記録フォーム集（プチステップの一覧チェック表，ABCフレーム ほか）

ダウン症ハンドブック 池田由紀江監修，菅野敦，玉井邦夫，橋本創一編 日本文化科学社 2005.3 236p 21cm 2200円 ①4-8210-7325-0

(目次)第1部 ダウン症の医学・心理特性（健康と医療，発達と心理），第2部 療育・教育支援の方

法（療育・教育システム，支援技法・方法，支援プログラム），第3部 生涯発達支援プログラムの実際（生涯発達支援プログラム―幼児・児童編，生涯発達支援プログラム―青年期・成人期編），第4部 家族・福祉・地域支援・ネットワーク（地域福祉・支援，地域ネットワーク・セルフヘルプ活動，青年期・成人期支援，家族）

知的障害をもつ人の地域生活支援ハンドブック あなたとわたしがともに生きる関係づくり
高橋幸三郎編著 （京都）ミネルヴァ書房 2002.6 228p 21cm 2500円 ①4-623-03621-9

[目次] 1 地域での生活をつくる営みについて学ぶ（障害のあるきょうだいとともに生きる，親として子どもの生活を支える，ボランティア活動と地域参加 ほか），2 地域支援の活動について学ぶ（援助者の自己理解―感情・価値・スタイルについて，自閉症の世界，卒業後の暮らし―一人ひとりのニーズに応えた応援について ほか），3 知的障害をもつ人の福祉について学ぶ（知的障害者福祉施設創設者の生涯と思想，教育的保護の展開―滝乃川学園の歩みについて，福祉的保護―入所施設を中心とした対応について ほか）

[内容] 知的な障害をもつ人たちに対する援助は，能力訓練からQOLを重視した生活支援へと大きく流れを変えようとしています。知的障害者の地域生活と自己決定を支える家族・地域・行政の活動の展開のしかた，利用のしかたハンドブック。

はじめての料理ハンドブック 弱視・全盲の子どものために
鈴木文子，福田美恵子著 大活字 1998.12 144p 26cm 2000円 ①4-925053-23-X

[目次] 指導編（お子さんは次のことをどのくらい知っていますか?，今，日常生活のなかでどんなことができますか?，調理の基本，お手伝い／調理への参加 ほか），実習編（火を使わないで作る料理，電子レンジを使った料理，炊飯器でご飯を炊く，オーブントースターを使った料理）

はじめての料理ハンドブック ハンディキャップをサポートする指導と実習 改訂版
鈴木文子，福田美恵子著 大活字 2007.7 142p 26cm 2000円 ①978-4-86055-379-1

[目次] 指導編（お子さんは次のことをどのくらい知っていますか?，今，日常生活のなかでどんなことができますか?，お手伝い／調理への参加，調理の基本，包丁操作，まな板の扱い，熱源の扱い，調理器具・用具），実習編（火を使わないで作る料理，電子レンジを使った料理，炊飯器でご飯を炊く，オーブントースターを使った料理）

発達障害親子支援ハンドブック 保護者・先生・カウンセラーの連携
杉村省吾編著 （京都）昭和堂 2013.6 233,6p 19cm 1800円 ①978-4-8122-1310-0

[目次] 第1章 発達障害ってなに?―発達障害の基礎知識，第2章 もしかして発達障害? と感じたら―発達障害の早期発見，第3章 相談するところってどんなところ?―相談機関，第4章 発達障害の子のこころ―どんなことを感じているの?，第5章 発達障害の子を育てる―発達障害をもつ子の親として，第6章 発達障害の子とかかわる―保育園・学校のなかで，第7章 発達障害の子への支援と連携―保護者・学校・行政・医師との連携，第8章 発達障害とこれからの社会―発達障害と非行少年

[内容] あなたのお子さんが，もし「発達障害児?」と言われたときの必読書。発達障害の基礎知識から、30の事例と専門家による解説。発達障害をもつ子、疑いのある子を育てる人の悩みを軽くする1冊。

発達障害がある子どもの進路選択ハンドブック
月森久江監修 講談社 2010.8 98p 21cm （健康ライブラリーイラスト版）〈文献あり〉 1200円 ①978-4-06-259447-9 Ⓝ378

[目次] 1 子どもの将来をみすえた進学先を考える（進路を考える―適切な教育が子どもの能力を伸ばす，進路を考える―進路選びは子どもまかせにしない ほか），2 幼少時代から子どもを療育する（幼少時―健診で発達障害があるとわかったら，幼少時―早期療育機関に相談する ほか），3 小・中学校への進学の道筋を示す（小学校―小学校選びにも幅が出てきている，小学校―通常学級、特別支援学級、通級指導教育から選べる ほか），4 高校への進学がもっとも重要（中学校―思春期の三年間は将来に大きな影響力をもつ，中学校―中学校での進路面談を上手に活用する ほか），5 就労につながる生活習慣を身につける（大学―自由度があがり、困惑する子どももいる，大学―就労のために、より専門的な内容を学ぶ ほか）

[内容] 就学から就労まで将来への不安を解消。納得できる進路の選び方がわかる決定版。子どもの能力を伸ばすためのポイント満載。就学相

談や特例申請の活用法，入試に利用できるシステム，新しいタイプの高校，大学や職場での支援態勢など徹底解説．

問題行動解決支援ハンドブック 子どもの視点で考える ロバート・E.オニール，ロバート・H.ホーナー，リチャード・W.アルビン，ジェフリー・R.スプラギュー，キース・ストーレイ，J.ステファン・ニュートン著，茨木俊夫監修，三田地昭典，三田地真実監訳 学苑社 2003.4 170p 26cm 〈原書第2版 原書名：Functional Assesment and Program Development for Problem Behavior A Practical Handbook,second edition〉 2500円 ①4-7614-0303-9

(目次)序論(このハンドブックの目的，誰がこのハンドブックを使うべきか?，機能的アセスメント，機能的アセスメントとは何か?，機能的アセスメントの三つのアプローチ，なぜ，機能的アセスメントを行うのか?，機能的アセスメントを行なう前に一考えなければならない，いくつかの付加項目，根底にある三つの価値観)，機能的アセスメントとその分析方略(機能的アセスメントインタビュー，対象にかかわる個人を参加させる一生徒に直接行なう機能的アセスメントインタビュー，直接観察，機能分析の操作)，行動支援計画の立案(行動支援計画を立案するときの四つの配慮事項，介入手続きの選択一競合行動バイパスモデル)，行動支援計画を文書にする(なぜ行動支援計画書を書かなければならないのか?，行動支援計画に必要な要素)

(内容)子どもは問題行動を示すことで何かを相手に訴えようとしている．本書は機能的アセスメントを用いることで，その「何か」を解き明かし，さらに問題行動を解決する介入プラン立案までのプロセスを分かりやすく解説する．専門用語の使用を最小限にとどめており，行動分析を学んだことのない家族，教師，支援スタッフなどにも理解しやすい内容となっている．

やさしい予防と対応 発達障害療育訓練ハンドブック〈第3集〉 日本知的障害福祉連盟編 〔武蔵野〕フィリア，星雲社〔発売〕 2004.4 166p 21cm （発達障害療育訓練ハンドブック 第3集） 1714円 ①4-7952-3025-0

(目次)第1部 日常生活における予防と対応(皮膚疾患，呼吸器疾患，心臓疾患，感染症 ほか)，第2部 いろいろな行動への対応(水や砂でばかり遊ぶ子ども，じっとして動かない子ども，人に依存しがちな子ども，人見知りの強い子ども

ほか)，第3部 用語解説(五十音順)

わたしのきょうだいは自閉症 きょうだいとうまくやっていくためのハンドブック キャロライン・ブロック著，林恵津子訳 田研出版 2013.7 54p 26cm 〈原書名：I'm a Teenager…Get Me Out of Here!〉 1600円 ①978-4-86089-043-8 Ⓝ493.9375

(目次)自閉症とは?，あなたはどのタイプ?，きょうだいの行動を友だちに説明する，一触即発!―怒りのツボ，あなたはどんなふうに感じてる?，きょうだいとうまくやっていくために―10の秘けつ，きょうだいと一緒にできること，友情のレベル，言動に気をつけよう，口論を避け，爆発に対処する，ストレスへの対処，親とうまくやっていくために，よくある質問，いじめ，相談コーナー，自閉症ばかりを責められない―きょうだいにムカつく10の理由，あなたが出合うかもしれない専門用語

(内容)主に10代の自閉症のある子のきょうだいに向けて，自閉症に関する疑問や相談，対処法などを，数々のエピソードを交えて紹介する．書き込み式のワークシートあり．

家庭の病理

<ハンドブック>

家族のきずなを考える 少年院・少年鑑別所の現場から 法務省矯正局編 大蔵省印刷局 1999.11 155p 21cm 700円 ①4-17-154350-9

(目次)第1章 少年院・少年鑑別所の現場から家族問題を考えることの意義について，第2章 少年鑑別所から見た現代の家族(鑑別実務を通して見る家族像，観護処遇を通して見る家族像，非行の子どもに見られる家族画)，第3章 少年院処遇と家族問題(家族に対する少年院の働きかけ，家族問題を見つめて)，第4章 少年院からの処遇実践報告(役割交換書簡法を通して家族関係を見つめる，SSTの指導を通して見た家族の一断面，家族への思いをせりふや歌に乗せて，親子合宿の実践)

サバイバーズ・ハンドブック 性暴力被害回復への手がかり 性暴力を許さない女の会編 新水社 1999.10 203p 21cm 1400円 ①4-88385-006-4

(目次)1 FIRST AID―すぐに必要な知識(あなたの生活の安全は守られていますか?，一人で悩まないで，病院へ行こう ほか)，2 ACTION―

行動のための知識(何のための法律?―あなた自身のために!, 弁護士を探そう!, ザ・刑事 ほか), 3 CARE／SUPPORT―心をいやし, 回復するために(自分ひとりで悩まないで…心理的サポートの必要性, 周囲の人たちへ), 4 ADDITION―その他のお役立ち情報(ケース別対応策, 心とからだのケア, 女性のための護身法 ほか)

〔内容〕あらゆる性暴力(強姦, 児童虐待, セクハラ, キャンパス・セクハラ, 痴漢, ストーカー, ドメスティク・バイオレンス, など)の被害から立ち直り, 回復するサバイバーへ。サバイバーをサポート／ケアするパートナーや周囲の人たちへ。懇切ていねいなアドヴァイスと実践情報たっぷりの便利帖。

◆家庭内暴力

<ハンドブック>

ドメスティック・バイオレンス防止法律ハンドブック 妻への暴力、子どもへの虐待の根絶に向けて 日本弁護士連合会編 明石書店 2000.2 427p 21cm 4800円 ①4-7503-1252-5

〔目次〕第1部 家族の中での暴力(家族の中の暴力, 思春期の対親暴力―子殺しに至った事例の分析を中心に ほか), 第2部 夫から妻への暴力(暴力の実態, 背景と原因 ほか), 第3部 子どもへの虐待(定義・概念, 子どもへの虐待の実態 ほか), 第4部 妻への暴力, 子どもへの虐待の問題の共通点(加害者の被害者に対する支配意識, 社会的な許容 ほか), 第5部 妻への暴力, 子どもへの虐待をなくすための提言

〔内容〕本書は, 1998年9月に札幌市で開催された日本弁護士連合会第41回人権擁護大会のシンポジウム第3分科会の基調報告書である。妻への暴力と子どもへの虐待という家族の中の暴力の典型的形態の研究に関しての最新の成果が結実しており, 両者を総合的な視点からとらえて, 各別の法的救済システムをわかりやすく解説している。

◆児童虐待

<事典>

子ども虐待問題百科事典 ロビン・E.クラーク, ジュディス・フリーマン・クラーク, クリスティン・アダメック編著, 門脇陽子, 萩原重夫, 森田由美訳 明石書店 2002.9 343p 21cm 〈原題名：Encyclopedia of child abuse, 2nd ed.〉 5000円 ①4-7503-1624-5 Ⓝ367.6

〔内容〕児童虐待についての総合的な事典。虐待の要因, 防止及び治療の方法, 虐待の及ぼす精神的・身体的影響及び虐待による疾患・症状, 国名及び地域名, 子ども保護に関する英米の法律, 国際条約・宣言, 虐待問題に関連する米連邦最高裁判決, 英米の子ども虐待防止団体について網羅する内容。排列は見出し項目のアルファベット順。見出し語の欧文表記と日本語訳, 関連項目, 参考文献, 解説文を記載。巻末に参考資料, 参考文献一覧, 五十音順の分野別索引, 欧文索引がある。

詳解子ども虐待事典 ロビン・E.クラーク, ジュディス・フリーマン・クラーク, クリスティン・アダメック編著, 門脇陽子, 森田由美訳, 小野善郎, 川﨑二三彦, 増沢高監修 福村出版 2009.12 409p 22cm 〈文献あり 原題名：The encyclopedia of child abuse.3rd ed.〉 8000円 ①978-4-571-42026-9 Ⓝ369.4

〔内容〕虐待とネグレクトの問題を定義し, 防止, 対処するためのテーマを, 法学, 医学, 心理, 社会学, 経済学, 歴史学, 教育学など多岐に渡る学問領域からかりやすく解説。本文排列は見出し語の50音順。巻末に原著の英語見出し語一覧を収録し, 英語見出しからも検索できる。巻末には日本の子ども虐待問題における重要事項の解説と, 本文の補足説明を「用語集」として加えた。

<ハンドブック>

Q&A児童虐待防止ハンドブック 児童虐待問題研究会編著 ぎょうせい 2008.1 141p 21cm 1524円 ①978-4-324-08280-5 Ⓝ369.4

〔目次〕第1章 よくある質問(児童虐待防止法ができた背景, 児童虐待とは ほか), 第2章 虐待されている子ども(虐待の兆候―これまで見過ごされてきた数々の事例, 虐待の兆候―子どもの様子 ほか), 第3章 虐待する保護者(虐待する保護者の背景, 「暴力ではなく, しつけである」という言い分の問題点 ほか), 第4章 虐待に気づいたら(虐待された子どもを守る仕組み, 虐待が疑われる場合の相談先 ほか), 第5章 今後の課題(改正児童虐待防止法等の概要, 早期発見に向けた試み ほか), 資料編(児童虐待の防止等に関する法律, 児童福祉法抜粋 ほか)

〔内容〕現場で実務に携わってきた視点からまと

めた，児童虐待問題に関するQ&A。2007（平成19）年6月の「児童虐待の防止等に関する法律（児童虐待防止法）」改正（2008（平成20）年施行）にともなう最新情報を盛り込んでいる。

Q&A児童虐待防止ハンドブック　改訂版
児童虐待問題研究会編著　ぎょうせい
2012.8　154p　21cm　1905円　Ⓘ978-4-324-09517-1
(目次)第1章 よくある質問，第2章 虐待されている子ども，第3章 虐待する保護者，第4章 虐待に気づいたら，第5章 民法等の改正，資料編

子ども虐待対応ハンドブック　通告から調査・介入そして終結まで　ハワード・ドゥボヴィッツ，ダイアン・デパンフィリス編著，庄司順一監訳　明石書店　2005.9　713p　21cm　〈原書名：HANDBOOK FOR CHILD PROTECTION PRACTICE〉　6800円　Ⓘ4-7503-2177-X
(目次)第1部 通告とスクリーニング，第2部 関与，第3部 面接，第4部 初期のアセスメント，第5部 家族のアセスメント，第6部 サービス計画，第7部 介入，第8部 経過の評価と終結，第9部 法律問題と倫理問題，第10部 子ども保護の実務

子どもの虐待とネグレクト　臨床家ハンドブック　Christopher J.Hobbs,Helga G.I.Hanks,Jane M.Wynne著，稲垣由子，岡田由香監訳　日本小児医事出版社　2008.7　386p　30cm　〈原書名：Child Abuse and Neglect—A Clinician's Handbook〉　10000円
Ⓘ978-4-88924-179-2　Ⓝ367.6
(目次)序論：論理的概論，児童虐待とネグレクト：歴史的展望，発育不全，身体的虐待，火傷と熱傷，ネグレクト，情緒的マルトリートメント，性的虐待：問題点，性的虐待の臨床像，障害児に対する虐待，胎児の問題，中毒，窒息，虚偽性疾患，子どもの性的虐待，児童虐待への取り組み，心理学的介入と治療，虐待やネグレクトされた子どもたちが実家を出た後のケア―子どもの声に耳を傾けて，子どもの虐待における法律的領域について，致死的な児童虐待
(内容)子ども虐待に関わる小児科医必携の書。児童虐待の関わり方と対応について，医療・福祉・心理・教育・司法の領域まで幅広く知識を習得できる。被虐待児の身体所見やレントゲン写真を32頁に及ぶカラー頁で例示した。

児童虐待とネグレクト対応ハンドブック　発見，評価からケース・マネジメント，連携までのガイドライン　マリリン・ストラッチェン・ピーターソン，マイケル・ダーフィー編，ケビン・コルターメディカルエディター，太田真弓，山田典子監訳，加藤真紀子訳　明石書店　2012.2　690p　21cm　〈原書名：Child Abuse and Neglect：Guidelines for Identification,Assessment, and Case Management〉　9500円　Ⓘ978-4-7503-3542-1
(目次)危険信号：養育者歴，家族歴，養育者と子どもの行動，虐待発見とスクリーニング検査，子どもへの面接，サインと症状の評価，児童マルトリートメントに関連する特殊な問題，付随するリスクファクター，社会的孤立により増強されるリスクファクター，宗教的問題，評価と治療，家庭内措置と家庭外措置の子ども〔ほか〕

性犯罪・児童虐待捜査ハンドブック　田中嘉寿子著　立花書房　2014.1　303p　21cm　1905円　Ⓘ978-4-8037-0720-5
(目次)第1章 性犯罪捜査の意義，第2章 性犯罪捜査における一般的留意点，第3章 被害者の特性に応じた性犯罪捜査における留意点，第4章 罪名ごとの性犯罪捜査における留意点，第5章 不起訴，第6章 児童虐待の捜査・公判における留意点，第7章 検察庁の被害者支援，第8章 弁護人及び裁判所の被害者対応，第9章 性犯罪者の再犯防止施策
(内容)著者は，女性検事として，男性を畏怖することが多い女性・子供の被害者の取調べを不可欠とする性犯罪事件を担当することが多く，被害者やその家族のトラウマ（精神的外傷）の深刻さに触れてきた。本書では，被害者に与える二次被害を最小限に留める配慮のある捜査・公判手続とは何かを模索することにより，暗数の多い性犯罪の立件，適正な捜査，処分，科刑そして被害者の回復の一助とした。

防げなかった死　虐待データブック　2001
子どもの虐待防止ネットワーク・あいち編（名古屋）キャプナ出版，（立川）ほんの本出版〔発売〕　2000.12　251p　21cm　2000円
Ⓘ4-938874-19-9　Ⓝ367.61
(目次)第1章 子どもの虐待死の現状，第2章 成人の家族間の事件，第3章 進む虐待防止対策，第4章 CAPNAからの発信，第5章 子どもの虐待死事件一覧
(内容)子供の虐待死の現状，事件データ，対策などをまとめた資料集。子どもの虐待防止ネットワーク・あいち（CAPNA）の発足した1995年か

ら1999年までの虐待死事件の464件563人のデータ分析を基にまとめている。

民生委員・児童委員のための子ども・子育て支援実践ハンドブック　児童虐待への対応を中心とした60のQ&A　小林雅彦著　中央法規出版　2014.3　168p　21cm　1200円　①978-4-8058-3985-0

(目次)第1編 総論編(子ども・子育て支援の全体像を知る),第2編 制度編(子ども・子育て支援と児童虐待防止に関連する法制度,子ども・子育て支援と児童虐待防止にかかわる行政機関等),第3編 実践編(子どもをめぐるさまざまな問題の現状と対応の原則—児童虐待を中心として,児童委員として取り組む児童虐待防止と相談支援活動),資料編

<法令集>

一問一答平成23年民法等改正　児童虐待防止に向けた親権制度の見直し　飛沢知行編著　商事法務　2011.11　121p　21cm　(一問一答シリーズ)　〈索引あり〉　2200円　①978-4-7857-1932-6　Ⓝ324.64

(目次)第1章 総論,第2章 各論―民法(離婚後の子の監護に関する事項の定め等,15歳未満の者を養子とする縁組,親権の効力,親権の喪失,未成年後見),第3章 各論―家事審判法,第4章 各論―戸籍法,第5章 各論―その他

(内容)立案担当者が新しい親権停止制度の内容を他法令の改正もふまえ詳解する。

児童虐待防止法等関係法令通知集　虐待防止法研究会編　中央法規出版　2007.11　844p　21cm　3800円　①978-4-8058-4777-0

(目次)第1章 児童虐待防止対策の概要(児童虐待防止法の概要,児童虐待の防止への取り組みの沿革),第2章 法令・通知(基本法令,通知),第3章 関係資料(関係法令等,資料)

(内容)児童虐待防止等に関係する法律・通知を予防・発見・対応とカテゴリーごとに整理した法令通知集。

児童虐待防止法令ハンドブック　平成21年版　児童虐待防止法令編集委員会編　中央法規出版　2009.9　950p　21cm　4200円　①978-4-8058-4898-2　Ⓝ369.4

(目次)第1章 児童虐待防止対策の概要,第2章 法令・通知(基本法令,通知),第3章 関係資料(関係法令等,資料)

(内容)児童虐待防止に必要な法令・通知をすべて収載。虐待の予防,早期発見,虐待を受けた子どもとその家族の支援という実際の流れに沿って通知を収載。

<年鑑・白書>

子ども性虐待防止白書　子どもポルノ・子ども買春・家庭での性虐待・スクールセクハラ・痴漢　子ども性虐待防止市民ネットワーク・大阪編　(京都)松香堂書店　1997.7　111p　21cm　(ウイメンズブックスブックレット3)　840円　①4-87974-971-0

(目次)言葉の定義,第1章 子どもの商業的性搾取,第2章 家庭における性虐待,第3章 痴漢,第4章 学校における子ども性虐待(スクールセクハラ),第5章 提言

<統計集>

東京都内区市町村における児童虐待対応及び予防に関するアンケート報告書　東京都社会福祉協議会　2006.3　226p　30cm　952円　①4-903290-26-3

(目次)1 実施のあらまし,2 調査項目ごとのあらまし,3 調査集計結果(区市町村別),4 まとめにかえて,5 調査表,6 地域福祉推進に関する提言2006,7 資料編

◆治療行動・カウンセリング

<事典>

スクールカウンセリング事典　国分康孝監修,石隈利紀,井上勝也,茨木俊夫,上地安昭,金沢吉展,木村周,田上不二夫,福島脩美編　東京書籍　1997.9　573p　21cm　6800円　①4-487-73322-7

(目次)第1部 基礎編(スクールカウンセリングの基礎学,スクールカウンセリングの隣接領域,スクールカウンセリングの基礎理論,スクールカウンセリングの方法,スクールカウンセリングの技法),第2部 実践編(気になる子ども,予防・開発,いじめ,不登校への援助,教育指導に生かすカウンセリング,進路と生き方,保護者への援助,教師への援助,他機関との連携,子ども理解,援助ニーズの大きい子ども),第3部 条件編(スクールカウンセリングの諸問題,スクールカウンセリングとマネジメント,リサーチ,スクールカウンセリングの研修),資料編

(内容)現実の問題解決に役立つ,カウンセリ

グの理論・技法の基礎についての448項目を基礎編、実践編、条件編に分けて解説。

<ハンドブック>

子どもと親のための心の相談室　2003年度版　須田諭一編，NPO法人21世紀教育研究所協力　本の泉社　2003.8　303p　19cm　1500円　①4-88023-812-0

(目次)不登校(登校拒否)についての相談室，ひきこもりについての相談室，学習や進路についての相談室，対人関係についての相談室，個人的な悩みについての相談室，子育て・子どもの発達・障がいについての相談室，性や身体・健康・病気・生活習慣についての相談室，子どもの非行・犯罪・問題行動についての相談室，依存(薬物・アルコールほか)・摂食障がいについての相談室，自傷行為・自殺願望・自殺未遂についての相談室，学校や行政との関係についての相談室，留学・帰国子女についての相談室，制度・法律(子どもの権利や人権に関することを含む)についての相談室，国際交流、国際理解、在日外国人支援についての相談室，情報を求める方法についての相談室，その他の相談室

(内容)相談室を"選定しやすい"ように、不登校・ひきこもり・学習や進路・対人関係など相談の内容から、分類。実際に相談室に電話をするときの参考例を掲載した。自分の相談内容がより明確になるように、学習障がい・対人不安・子捨て・注意欠陥多動障がいなど"用語解説"を充実させた。家族の気持ちに立ったガイドブック。

子どもの相談・治療ハンドブック　全国情緒障害児短期治療施設協議会編　日本評論社　2008.7　239p　21cm　〈文献あり〉　1800円　①978-4-535-56266-0　Ⓝ378.8

(目次)1 変貌する子どもの問題(親と子のこころの風景、子どもの自殺 ほか)，2 相談を受けるにあたって(子どものこころの発達と現状、症状や問題行動の成り立ちとその意味 ほか)，3 相談Q&A(視線が合わない、弟をいじめる ほか)，4 相談をすすめるなかで(相談・治療が進展しない(停滞している)とき、混乱状況への対応 ほか)，5 参考資料(向精神薬の基礎知識、児童虐待における親子分離のめやす ほか)

(内容)問題行動にどう対応するか。典型的な相談事例を、理解、配慮、見通しの3つの視点からQ&A形式でわかりやすく解説した援助者必携マニュアル。

子どもの面接ガイドブック　虐待を聞く技術　W.ボーグ，R.ブロドリック，R.フラゴー，D.M.ケリー，D.L.アービンほか著，藤川洋子，小沢真嗣監訳　日本評論社　2003.10　167p　21cm　〈原書名：A CHILD INTERVIEWER'S GUIDEBOOK〉　1900円　①4-535-56203-2

(目次)面接場面の設定、適切な質問、言葉の使い方、質問の繰り返し、アナトミカル・ドールなどの道具の使用、面接の終結、面接記録の作成、記憶と被暗示性、子どもの申告のなかの誤り、虐待を打ち明けない子ども、特別な配慮が必要な子ども、親権や面接交渉との関係、アメリカにおける司法面接の実際

(内容)虐待が疑われるとき、当の子どもから何をどう聞き出せばよいのか…。"虐待先進国"アメリカで広範な支持を得ている司法警察関係者、児童臨床家のための面接技法エッセンス。

遊戯療法ハンドブック　リネット・マクマホン著，鈴木聡志，鈴木純江訳　ブレーン出版　2000.2　345p　21cm　〈原書名：The Handbook of Play Therapy〉　6800円　①4-89242-639-3

(目次)第1章 遊びの発達，第2章 治療的な遊びへのアプローチ，第3章 子どもに治療的な遊びを用いる前に，第4章 就学前児童とファミリーワークにおける遊び，第5章 不幸な家庭にいる子どものための遊戯療法，第6章 病気や障害や学習障害をもつ子どものための遊び，第7章 家族を亡くした子どもと両親が離婚した子どものための遊び，第8章 性的虐待を受けた子どもの援助における遊びの使用，第9章 養護児童との活動における遊びの使用

(内容)本書は遊戯療法の包括的な入門書であり、遊戯療法をこれから学ぼうとしている人や、すでに現場に出ているが、子どもとどう関わったらいいか悩んでいる人向きの内容となっている。遊びのアイディアがふんだんに盛り込まれているので是非参考にしてほしい。

受験・進学

受験・進学一般

<名簿・人名事典>

音楽大学・学校案内 短大・高校・専修・大学院 音楽之友社編 音楽之友社 2014.11 825,36p 26cm 3000円 ①978-4-276-00910-3

[目次]国公立大学,私立大学,短期大学,高等学校,中学校,専門学校,大学院

学費免除・奨学金で行く大学・大学院 進学休学・留学ガイド 笠木恵司著 ダイヤモンド社 2007.3 551p 21cm 2500円 ①978-4-478-97073-7

[目次]1 奨学金の概要と利用法(まず、学費不要の「授業料免除」から考えてみよう、スポーツだけではない「特待生」制度、最もポピュラーで規模の大きい「日本学生支援機構」の奨学金、教育費不足なら「あしなが育英会」も利用可能、交通事故で保護者死亡・後遺障害なら「交通遺児育英会」、返済不要の奨学金と給料が得られる「新聞奨学生」ほか)、2 大学別データページー大学独自の学費免除・奨学金、留学奨学金、休学制度

[内容]「格差社会」で学費が不安でも、大学・大学院に行ける、奨学金&学費免除の全ガイド。留学だって奨学金で実現可能。いざとなったら休学して資金を貯める方法も。受験生とその親、中学・高校教員、現役大学生、社会人で大学・大学院を目指す人も必読。

私立中学校・高等学校受験年鑑 東京圏版 (1995年度版) 大学通信 1994.7 667p 26cm 1500円 ①4-88486-608-8

[目次]解説編(私立校大研究―私立校進学をめざす親子に贈る)、学校案内編(私立中学校・高校案内、公立高等学校一覧)、資料編('94東京圏全高校の大学合格者数一覧、習熟度別クラス編成一覧、大学・短大への指定校推薦枠のある高等学校一覧、94年度中・高入試結果一覧、94年度面接試験の形態・内容一覧、94年度推薦入試実施高等学校一覧、95年度私立中学校・高等学校予測偏差値一覧 ほか)

<ハンドブック>

音楽大学・短大・高校音楽科入試問題集 2007年度 音楽之友社 2008.1 918p 26cm 6500円 ①978-4-276-00951-6 Ⓝ376.8

[目次]国公立大学(北海道教育大学旭川校、北海道教育大学岩見沢校 ほか)、私立大学(札幌大谷大学音楽学部、宮城学院女子大学学芸学部ほか)、短期大学(札幌大谷大学短期大学部音楽科、郡山女子大学短期大学部音楽科 ほか)、高等学校(北星学園女子高等学校音楽科、札幌大谷高等学校音楽科 ほか)

[内容]2008年度入試の対策に直接役立つ、国公立35、私立29、短大18、高校51校の'07年度入試問題を一挙掲載。主要校の'08年度課題曲を追加掲載(東京芸大・愛知県芸大・京都市芸大・東京都立芸術高校など)。巻頭に、各校所在地・問合先、URL、各種講習会・説明会日程一覧。すべての楽典出題校に解答例・解説付き。英語(一部)と邦楽事典にも解答例・解説を付している。

学校説明会 中学・高校入試 全イベントの日程&(得)情報 2012年受験用 首都圏版 学研教育出版,学研マーケティング(発売) 2011.7 237p 26cm 〈付(35p):2012学校説明会便利ノート 索引あり〉 900円 ①978-4-05-303439-7

[目次]カラーグラフ(2012入試「説明会」シーズン開幕!! 志望校はどう選ぶ?、出かける前にシミュレーション「学校説明会」はこう行なわれます、先輩たちのいっしょが楽しい! オープンスクールで"在校生"気分に、学校の個性や在校生の雰囲気がわかるよ! 文化祭&体育祭、学校選びの"新常識"合同進学相談会をフル活用しよう!)、どう探す? どこを見る? 入学してから後悔しない! 「学校選び」教科書(受験のプロからのメッセージー本当に「いい学校」を見つけるには、学校訪問3つのアプローチ&5つのポイントー積極的な参加で志望校の見極めを!、先輩ご父母&受験生の役立ちヒント集ー目と耳と肌

で感じて入学後がイメージできればOK!, 行く前/当日/行った後 不安&疑問を解決—説明会これでバッチリ!Q&A, 中高受験最新情報—速報・首都圏2012年度入試はここが変わる!), 話題校&注目校をプレ訪問! 誌上学校説明会, 私立中学・高校 首都圏全イベントの日程&マル得情報—学校説明会・文化祭・体育祭etc.(国立中学・高校・高専, 公立中高一貫校の学校説明会・文化祭・体育祭, 学校選びの第一歩! 完全ガイド 合同進学相談会に行こう!, メリット&活用術!—合同進学相談会を「学校選び」に役立てよう!, 2011年度イベント全スケジュール), 公立高校・高専 東京・神奈川・千葉・埼玉全イベントの日程&マル得情報—学校説明会・文化祭・体育祭etc.

看護・医療 大学・短大・専門・各種学校ガイド　2014年度用　晶文社学校案内編集部編　晶文社　2013.2　737p　21cm　2000円　①978-4-7949-9814-9

〔目次〕'13年度看護・医療系私立大学入試難易ランキング, '13年度看護・医療系国公立大学入試難易ランキング, '13年度看護・医療系専門学校の入試難易度予想データ, 看護・医療の仕事をめざす人になり方ガイド, 大学, 短期大学, 専門学校ほか(看護師, 医療技術, 歯科医療, リハビリテーション, 東洋医学, カイロ・整体, 医療事務・予備校)

〔内容〕18の国家資格に対応。学校の特色をはじめ, 選考方法, 入試競争率, 学費, 取得可能な国家資格&合格率, 就職状況も。全国の看護・医療系オールガイド。

看護・医療 大学・短大・専門・各種学校ガイド　2015年度用　晶文社学校案内編集部編　晶文社　2014.2　727p　21cm　2000円　①978-4-7949-9815-6

〔目次〕大学, 短期大学, 専門学校ほか(看護師), 専門学校ほか(医療技術), 専門学校ほか(歯科医療), 専門学校ほか(リハビリテーション), 専門学校ほか(東洋医学), 専門学校ほか(カイロ・整体), 専門学校ほか(医療事務・予備校)

看護・医療 大学・短大・専門・各種学校ガイド　2014年度用　晶文社学校案内編集部編　晶文社　2013.2　737p　21cm　2000円　①978-4-7949-9814-9

〔目次〕'13年度看護・医療系私立大学入試難易ランキング, '13年度看護・医療系国公立大学入試難易ランキング, '13年度看護・医療系専門学校の入試難易度予想データ, 看護・医療の仕事を

めざす人になり方ガイド, 大学, 短期大学, 専門学校ほか(看護師, 医療技術, 歯科医療, リハビリテーション, 東洋医学, カイロ・整体, 医療事務・予備校)

〔内容〕18の国家資格に対応。学校の特色をはじめ, 選考方法, 入試競争率, 学費, 取得可能な国家資格&合格率, 就職状況も。全国の看護・医療系オールガイド。

看護・医療 大学・短大・専門・各種学校ガイド　2015年度用　晶文社学校案内編集部編　晶文社　2014.2　727p　21cm　2000円　①978-4-7949-9815-6

〔目次〕大学, 短期大学, 専門学校ほか(看護師), 専門学校ほか(医療技術), 専門学校ほか(歯科医療), 専門学校ほか(リハビリテーション), 専門学校ほか(東洋医学), 専門学校ほか(カイロ・整体), 専門学校ほか(医療事務・予備校)

The チャレンジャー　2015～2016　さんぽう編　さんぽう, 星雲社〔発売〕　2014.9　102p　26cm　417円　①978-4-434-19686-7

〔目次〕巻頭特別インタビュー法政大学 尾木直樹教授からのスペシャルメッセージ学びのスタイルを豊かにする, 情報発信の場をつくる, この2つが重要です, やりたいことからチョイス!"進路変更"チャート, 特集1 巻頭スペシャルインタビュー最前線に立つ先生からのメッセージ(東京国際学園高等部・学園長荒井裕司先生), 特集2 スクールライフの最前線, 特集3 通信制高等学校・通信制サポート校制服コレクション, 特集4 不登校への行政の取り組み／東京都教育相談センター・千葉県子どもと親のサポートセンター, 特集5 学校教育の今を知る!最新ニュース, 通信制高等学校 自分のペースで勉強でき, 自由な時間も作れる, 通信制サポート校 通信制高等学校卒業を目指し, しっかり支えてくれる, 高等専修学校 実務中心に幅広い分野から専門知識を学べる, 技能連携校 実社会ですぐに役立つ知識と技術を学ぶ, 高卒認定試験 合格すると, 高校卒業者と同等に認められる, 海外留学 留学を経験し, 文化・語学を学び視野を広げる

〔内容〕通信制高校から通信制サポート校, 専修学校高等課程, 技能連携校, 高卒認定試験予備校まで一挙公開!

首都圏私立中学・高校受験ガイド THE私立　平成5年度版　東京学参　1992.7　587p　26cm　1500円　①4-8080-0015-6

首都圏私立中学・高校受験ガイド THE私立　平成6年度版　東京学参　1993.4

588p　26cm　2000円　Ⓘ4-8080-0016-4

[目次]めざせ!学校見学の達人，女子校制服ヌーボー，文化祭に行こう!，注目のスクール研究，沿線別スーパーインデックス，私立中学・高校ガイド，国立中学・高校ガイド，首都圏私立中学・高校入試日程・学費一覧，首都圏公立高等学校応募状況，総合インデックス

首都圏私立中学・高校受験ガイド THE私立　平成7年度版　東京学参　1994.5
588p　26cm　2000円　Ⓘ4-8080-0017-2

[目次]特集〈魅力総チェック女子校制服ヌーボー，注目のスクール研究〉，私立校ガイド(学校の特性が一目でわかる沿線別スーパーインデックス，私立中学・高校ガイド)，参考 国立中学・高校ガイド，受験に役立つデータ集 平成6年度首都圏私立中学・高校入試資料，総索引 50音順の学校名索引総合インデックス

首都圏私立中学・高校受験ガイド THE私立　平成16年度版　東京学参　2003.5
697p　26cm　2000円　Ⓘ4-8080-0006-7

[目次]特集 魅力総チェック最新制服事情，クローズアップ スクール研Q所，名物先生 こんな先生ウチの先生，受験に役立つデータ集 平成15年度首都圏私立中学・高校入試資料，私立校ガイド 学校の特性が一目でわかる沿線別スーパーインデックス，私立中学・高校ガイド，参考 国立中学・高校ガイド，総索引 50音順の学校名索引総合インデックス

[内容]学校の特徴や個性を詳しく説明し，ポイントが一目でわかるインデックスをつけている。貴重な3年あるいは6年を後悔しないためのガイド。

首都圏私立中学・高校受験ガイド THE私立　平成17年度版　東京学参　2004.6
685p　26cm　2000円　Ⓘ4-8080-0007-5

[目次]特集 魅力総チェック最新制服事情，クローズアップ スクール研Q所，受験に役立つデータ集 平成16年度首都圏私立中学・高校入試資料，私立校ガイド 学校の特性が一目でわかる沿線別スーパーインデックス，私立中学・高校ガイド，参考 国立中学・高校ガイド，総索引 50音順の学校名索引オールインデックス

[内容]学校の特徴や個性を群しく説明し，ポイントが一目でわかるインデックスを収録。

首都圏私立中学・高校受験ガイド THE私立　平成18年度版　東京学参　2005.4
677p　26cm　2000円　Ⓘ4-8080-0008-3

[目次]特集 魅力総チェック 最新制服事情，クローズアップ スクール研Q所，受験に役立つデータ集 平成17年度首都圏私立中学・高校入試資料，私立校ガイド(学校の特性が一目でわかる沿線別スーパーインデックス，私立中学・高校ガイド)，参考 国立中学・高校ガイド，総索引 50音順の学校名索引 オールインデックス

首都圏私立中学・高校受験ガイド THE私立　平成19年度版　特集 最新制服事情・スーパーインデックス・最新入試データ　東京学参　2006.5　671p　26cm　2000円　Ⓘ4-8080-0009-1

[目次]特集 魅力総チェック 最新制服事情，クローズアップ スクール研Q所，受験に役立つデータ集 平成18年度首都圏私立中学・高校入試資料，私立校ガイド(学校の特性が一目でわかる沿線別スーパーインデックス，私立中学・高校ガイド)，参考 国立中学・高校ガイド，総索引 50音順の学校名索引 オールインデックス

首都圏私立中学・高校受験ガイド THE私立　平成20年度版　特集 最新制服事情・スーパーインデックス・最新入試データ　東京学参　2007.6　673p　26cm　2200円　Ⓘ978-4-8080-0768-3

[目次]特集 魅力総チェック最新制服事情，クローズアップ スクール研Q所，受験に役立つデータ集 平成19年度首都圏私立中学・高校入試資料，私立校ガイド(学校の特性が一目でわかる沿線別スーパーインデックス，私立中学・高校ガイド)，参考 国立中学・高校ガイド

首都圏私立中学・高校受験ガイド THE私立　平成21年度版　東京学参　2008.6
669p　26cm　2200円　Ⓘ978-4-8080-0818-5
Ⓝ376.8

[目次]特集 魅力総チェック最新制服事情，クローズアップ スクール研Q所，受験に役立つデータ集 平成20年度首都圏私立中学・高校入試資料，私立校ガイド 学校の特性が一目でわかる沿線別スーパーインデックス，私立中学・高校ガイド，参考 国立中学・高校ガイド

首都圏私立中学・高校受験ガイド THE私立　平成22年度版　東京学参　2009.5
669p　26cm　2200円　Ⓘ978-4-8080-1342-4
Ⓝ376.8

[目次]特集 魅力総チェック最新制服事情，クローズアップ スクール研Q所，受験に役立つデータ集 平成21年度首都圏私立中学・高校、入試資料，私立校ガイド(学校の特性が一目でわかる

沿線別スーパーインデックス，私立中学・高校ガイド），参考 国立中学・高校ガイド，総索引 50音順の学校名索引―オールインデックス

(内容)全484校+国公立16校。海外校も掲載。進学に有利，併設校あり，芸術＆特殊学科，資格＆技術系，施設が充実，スポーツが強い，クラブが活発，情操教育を重視，国際人を養成，自由な校風，10のタイプ別インデックス。

首都圏私立中学・高校受験ガイド THE私立 平成24年度版 東京学参 2011.6
669p 26cm 2200円 ①978-4-8080-4275-2

(目次)特集 魅力総チェック 最新制服事情，クローズアップ スクール研Q所，受験に役立つデータ集 平成23年度首都圏私立中学・高校入試資料，私立校ガイド(学校の特性が一目でわかる沿線別スーパーインデックス，私立中学・高校ガイド），参考 国立中学・高校ガイド，総索引 50音順の学校名索引 オールインデックス

首都圏私立中学・高校受験ガイド THE私立 平成25年度版 東京学参 2012.6
671p 26cm 2200円 ①978-4-8080-5006-1

(目次)特集 魅力総チェック最新制服事情，クローズアップ スクール研Q所，受験に役立つデータ集 平成24年度首都圏私立中学・高校入試資料，私立校ガイド 学校の特性が一目でわかる沿線別スーパーインデックス，私立中学・高校ガイド，参考 国立中学・高校ガイド，総索引 50音順の学校名索引オールインデックス

首都圏私立中学・高校受験ガイド THE私立 平成26年度版 東京学参 2013.6
671p 26cm 2200円 ①978-4-8080-6126-5

(目次)(魅力総チェック 最新制服事情クローズアップ，スクール研Q所―受験に役立つデータ集，平成25年度 首都圏私立中学・高校入試資料），私立校ガイド 学校の特性が一目でわかる沿線別スーパーインデックス私立中学・高校ガイド(東京，神奈川，千葉，埼玉，茨城，栃木，群馬，海外)，参考 国立中学・高校ガイド

奨学金制度オールカタログ 学資がなくても大学・短期大学に進学できる！ '91年版 私大蛍雪編集部編 旺文社 1991.5
364p 26cm 1700円 ①4-01-009063-4

(目次)奨学金制度のアウトラインと学生生活費の実態，奨学金制度オールカタログ，進学教育ローンオールカタログ―進学ローン＆カードの上手な利用法

進学サクセス 中学受験資料・高校受験資料 受験校決定最終データ "合格の秘訣"はこの一冊から!! 1997年 （大阪）翔文社書* 1996.10 297,141p 26cm 1300円 ①4-88333-015-X

(内容)本書は，97年入試重要事項が網羅された，私立高校受験，国立・私立中学校受験への案内書です。国立・公立・私立高校，国立・私立中学の志望動向などの受験対策をはじめ，入試期日，合格発表，手続締切日，入試科目と配点，面接の注意点，二次募集校，入試の心がまえ等，最新の入試情報が満載されています。

進路決定オール・ガイド 高校生のための"なりたい職業"マルチリサーチ '99 旺文社編 旺文社 1999.2 257p 26cm 952円 ①4-01-033061-9

(目次)あなたの"夢"を育む!職業・資格インフォメーション（文化を高める，余暇を充実させる，暮らしをよくする，生命を尊ぶ，企業をリードする，公務・法務に捧げる），"夢"がかなえられる進路を探そう!―進路インフォメーション（国公立大，私立大ともに選抜方法は多様化!セ試は6教科31科目。私立大も半数の大学でセ試を利用―大学入試のアウトライン，一般入試は「英語」と「国語」がキー教科!推薦入試の出願は11月1日以降が中心―短大入試のアウトライン，人気の医療系は相変わらず高難易!学科選び=職業選び!明確な目的が必要―専門学校入試のアウトライン，全大学のおよそ70%が設置している「大学院」ってどんなところ?―大学を選ぶとき，ぜひ調べておきたい，間違いのない針路選定のキーワードは「5K&1L」―21世紀をリードする職業の研究)，学科内容をよく研究して志望校を決定―大学の学科インフォメーション（学部系統別学科リサーチ（法学部系，経済学部系，経営学・商学・経営情報学部系，社会学部系，国際関係学部系，文学部系，外国語学部系，教育学部系，教員養成学部系，理学部系，工学部系，商船学部系，農・獣医畜産・水産学部系，医学部系・歯学部系，薬学部系，保健・栄養学部系，家政・生活科学部系，芸術学部系，体育学部系，人文・教養・総合科学部系))

すぐに役立つ 通信教育オールガイド '99年版 成美堂出版編 成美堂出版 1998.3 319p 21cm 1400円 ①4-415-08642-X

(目次)通信教育のあらまし，大学・短期大学通信教育の現状，高等学校通信教育の現状，文部省認定社会通信教育の要点，民間通信教育の要点，大学・短期大学・高等学校通信教育，文部省認定社会通信教育，民間通信教育，実施団体

受験・進学一般

別各種通信教育
〈内容〉学校通信教育、文部省認定社会通信教育、民間通信教育についての情報を掲載した通信教育ガイド。

大学進学をめざす人のための中学・高校受験案内 '91 学習研究社 1990.6 799p 21cm 1500円 ①4-05-104801-2
〈目次〉入試情報編—中学入試から大学入試まで(中学入試の現状と今後、高校入試の現状と今後、大学入試の現状と今後、受験校の選び方、決め方)、学校紹介編—志望校選びにバッチリ役立つ!(私立中学・高校編、公立高校編、国立中学・高校編)、中学・高校入試データ編(大学進学について考える参考データ、平成2年度中学・高校入試結果データ、中学・高校の実態研究データ)、中学・高校所在地マップ、学校の難易ランク一覧

大検ガイドブック 受検手続きと試験問題 平成8年度版 文部省内生涯学習振興研究会編 日本加除出版 1996.7 461p 21cm 2500円 ①4-8178-2154-X
〈目次〉第1 大学入学資格検定とは、第2 大学入学資格検定について一問一答、第3 通信制高等学校、第4 定時制高等学校、第5 単位制高等学校、第6 平成7年度問題と解答
〈内容〉本書は、義務教育を終えて、全日制の高等学校や高等専門学校に進学しない人たちが、大学入学資格を得るための、勉学の手びきとして作られたものです。内容の中心となっているのは、毎年、文部省が全国で実施している大学入学資格検定についての解説です。また、検定のほか、定時制高校、通信制高校や単位制高校についても、紹介してあります。更に、検定の合格者や高等学校の卒業者で、働きながら大学、短期大学への進学を目指す人のために、大学、短期大学の通信教育並びに夜間部の制度の案内もあります。

大検合格ガイド 平成5年度版 第一高等学院、(千代田区)池田書店〔発売〕 1993.1 167p 21cm 1200円 ①4-7525-0085-X
〈目次〉1 オリジナルな青春、2 大検の利用方法、3 ゆれる10代、4 希望の灯—大検、5 大検ってなに?、6 第一高等学院、7 ジェームス・三木を囲んで 座談会、8 大検への思い—手記、9 最新問題と解答・解説

中学・高校受験用・学校説明会ガイド 2004年 栄光ゼミナール、栄光〔発売〕 2003.7 224p 26cm 〈「私立中高進学通信」別冊〉 700円 ①4-87293-262-5
〈目次〉1 説明会攻略編(学校選びのステップ、学校を観に行こう! ほか)、2 中学校受験編(中学受験にチャレンジしよう!、私立中学校の選び方 ほか)、3 高等学校受験編(充実した高校生活を送ろう!、高校受験のしくみを知る ほか)、4 注目校クローズアップ編(注目校インデックスマップ、注目校268校クローズアップ ほか)、2003年度大学現役合格者実績
〈内容〉東京・神奈川・埼玉・千葉・茨城・栃木他 中学303校・高校510校の学校公開行事を掲載。注目の私立中学・高校268校を地図入りで紹介。

中高入試全資料集 この1冊で中学・高校入試のすべてがわかる 平成9年度受験用 中高入試情報センター編 ワイエム出版、星雲社〔発売〕 1996.11 136p 26cm 550円 ①4-7952-4933-4
〈目次〉こうなる!!'97国・私立中・高入試、こうなる!!'97公立高校入試、合格への必勝テクニック、知って得する入試情報

入試情報確定版 近畿編 平成12年度 教育事業社 〔1999.12〕 16p 37cm 500円 ①4-906325-69-6
〈目次〉平成12年度私立中学校入試要項、ここが変わる12年度私立中学入試、平成12年度私立高等学校入試要項、ここが変わる12年度私立高校入試、近畿の公立高校入試要項、知ってますか、こんなこと
〈内容〉近畿のほぼ全私立と公立の入試日程、入試科目が一覧でき、共学になる学校や、入試科目や学科・コースの変更点、そして、各学校のちょっといい話までわかってしまう情報満載の一冊。私立中学校は近畿2府4県、私立高校は近畿2府4県と三重にわたる地域を収録しています。

有名私立女子校&共学校 首都圏 中学・高校受験ガイド 2000年度用 学習研究社 1999.4 496p 21×17cm 1900円 ①4-05-300680-5
〈目次〉掲載校333校 最新制服大図鑑、いま人気のおしゃれな通学BAGが大集合〜!!、おめあて校の身だしなみ校則おしゃれ指数、スクールカラーで"自由度"は大ちがい!、この学校からこんな有名人卒業生が!、女のコにうれしい!スクールライフ大研究、すてきなスクールテレカを大プレゼント!、食堂派vsお弁当派、エンブレム最新コレクション、ぜったいおいでよ!学園祭、うちの校章はこれです。どこよりも詳しい!受験役だち情報源、中学・高校あこがれ260校、あな

たが受けられる首都圏私立中・高全ガイド，学校名総さくいん

内容 女子のための中学・高校受験ガイド。学校名総さくいん付き。

有名私立女子校&共学校　首都圏　中学・高校受験ガイド　2004年度用　学習研究社
編　学習研究社　2003.4　486p　21×17cm　1900円　①4-05-301478-6

目次 355校掲載 最新制服大図鑑，女のコのための学校選び最新事情，受験役だち情報源，中学・高校あこがれ260校，首都圏私立中・高全ガイド

有名私立女子校&共学校　首都圏中学・高校受験ガイド　2006年入試用　学研編
学習研究社　2005.4　467p　21cm　〈付属資料：CD-ROM1〉　2000円　①4-05-301958-3

目次 357校掲載最新制服大図鑑，女のコのための学校選び最新事情，受験役だち情報源，あこがれ240校，首都圏私立中・高全ガイド

有名私立女子校&共学校　首都圏中学・高校受験ガイド　2007年入試用　学習研究社編　学習研究社　2006.4　459p　21×17cm　〈付属資料：CD-ROM1〉　2000円　①4-05-302242-8

目次 モデルチェンジ速報もいっぱいです!最新制服大図鑑，毎日着るスクールウエアのこと今から予習しとこ!カワイイ制服大研究!!，合格の「お守り」にしてね!スクールカード700名にBIGプレゼント，あこがれはおしゃれなスクールライフ!女の子にうれしい校舎&施設で夢もふくらむ!，くわしさNo.1!学校別にパーフェクト調査!あなたの行きたい学校の身だしなみ校則おしゃれ度は?，気になる「校則」マルチ研究 先パイ教えて!身だしなみ校則ってキビシーの!?，首都圏の交通新しい路線が次々に開通 通学がますます便利に!，2色企画 そこが知りたい!スクールライフ，お弁当いらずでママも大助かり!GO!GO!スクールランチ，在校生の素顔がわかる人気No.1イベント!キラリ!!学園祭をチェック!，本誌だけの特別ガイド 女のコのための学校選び最新事情，どこよりも詳しい!受験役立ち情報源，"個性""特色"がよくわかる学校ガイド!あこがれ245校，あなたが受けられる首都圏私立中・高全ガイド

内容 女のコのための唯一の中学・高校受験ガイド。

有名私立女子校&共学校　首都圏中学・高校受験ガイド　2008年入試用　学研編　学習研究社　2007.4　452p　21×17cm　2000円　①978-4-05-302437-4

目次 新登場の制服も一挙に紹介しちゃいます!最新制服大図鑑363校掲載!!，スクールライフおしゃれ塾2008 制服であなたにピッタリの学校選びしちゃお!，合格の「お守り」にしてね!スクールカード500名にBIGプレゼント，くわしさNo.1!首都圏389校学校別にパーフェクト調査!おめあて校の身だしなみ校則おしゃれ度は?，校則アンケートってい分析 身だしなみ校則のことがとっても気になりま～す!!，「首都圏の交通」新しい路線の開業や直通運転で学校選びのはばが広がる!，コレが私立校お姉さんの1日です 6時半には起きて朝食は必ずとりま～す!!，女の子にうれしい!注目のスタディ・タイム，お弁当いらずでママも大助かり!在校生のお楽しみ「ハッピーランチタイム」をのぞいちゃおう!，在校生の素顔が見えるスーパーイベント「学園祭」100%活用法，本誌だけの特別ガイド 女のコのための学校選び最新事情，どこよりも詳しい!受験役立ち情報源，"個性""特色"がよくわかる学校ガイド!あこがれ245校，あなたが受けられる首都圏私立中・高全ガイド

内容 女の子のための中学・高校受験ガイド。2008年首都圏用。

有名私立女子校&共学校　首都圏・中学・高校受験ガイド　2009年入試用　学習研究社　2008.4　448p　21cm　2000円　①978-4-05-302653-8　Ⓝ376.8

目次 最新制服大図鑑，めざせ!!おしゃれ1年生制服のチェックポイント教えます!，ぜったい楽しい!女の子のトキメキ行事大集合!!，おめあて校の身だしなみ校則おしゃれ度は?，身だしなみ校則はスクールカラーでこんなに違う!，ランチタイムめちゃうまレポート，先パイ私立校生お姉さん500人にリサーチ!私たちの1日をちゃんと紹介しま～す!，うちの学校はここがスゴ!，女のコのための学校選び最新事情，どこよりも詳しい!受験役だち情報パック，"個性""特色"がよくわかる学校ガイド!中学・高校あこがれの240校，あなたが受けられる首都圏 私立中・高全ガイド

有名私立女子校&共学校　首都圏・中学・高校受験ガイド　2010年入試用　学習研究社　2009.4　448p　21cm　〈索引あり〉　2000円　①978-4-05-302857-0　Ⓝ376.8

目次 着てみたい制服がいっぱい!最新制服大図鑑(あなたに似合うのは、どんなデザイン!?制服調査隊が行く!!，合格の「お守り」にしてね!スクールカード300名にBIGプレゼント ほか)，

本誌だけの特別ガイド2010 女のコのための学校選び最新事情（なぜ「私立」に進学するのか？, 女子校&共学校はどんどん変化している ほか）, どこよりも詳しい!受験役だち情報パック（実際に「学費」はいつ, いくらかかる？, 大学付属校最新事情女子大の付属校のほとんどが「半付属校」に ほか）, "個性" "特色" がよくわかる学校ガイド!あこがれ240校中学・高校（女子校編, 共学校編）, あなたが受けられる首都圏私立中・高全ガイド

㊞内容㊞女のコのための唯一の中学・高校受験ガイド。

有名私立女子校&共学校　首都圏☆中学・高校受験ガイド　2011年入試用　学研教育出版, 学研マーケティング（発売）　2010.4　448p　21cm　〈2010年入試用までの出版者：学習研究社　索引あり〉　2000円
①978-4-05-303071-9　Ⓝ376.8

㊞目次㊞カワイイ制服で過ごしたい!最新制服大図鑑, 学校選びのヒントにしてね!制服おしゃれレッスン, おしゃれなスクールライフは, 女の子のあこがれ!夢いっぱいの「校舎&施設」, くわしさNo.1!あなたのおめあて校の身だしなみ校則おしゃれ度は?, 気になる校則もっと教えて!身だしなみ校則はスクールカラーでこんなに違う!, 食堂・給食・お弁当…あなたのお好みは?ランチタイムグルメレポート, 先輩たちが教えてくれたよ!女子のあこがれスクール行事!, 先パイ500人にリサーチ!!私たち私立校女子の24時間をご覧くださいさい!, 女の子にうれしいスーパー授業, あこがれのクラブで入学後が楽しみ!女子に魅力の人気&ユニーククラブ!, 本誌だけの特別ガイド2011 女のコのための学校選び最新事情, どこよりも詳しい!受験役だち情報パック, "個性" "特色" がよくわかる学校ガイド!あこがれ240校 中学・高校, あなたが受けられる首都圏私立中・高全ガイド

㊞内容㊞女のコのための唯一の中学・高校受験ガイド。372校の制服も掲載

有名私立女子校&共学校　首都圏☆中学・高校受験ガイド　2012年入試用　学研教育出版, 学研マーケティング（発売）　2011.4　448p　21cm　〈索引あり〉　2000円
①978-4-05-303301-7

㊞目次㊞新しい制服もたくさんご紹介しま～す!376校掲載!! 最新制服大図鑑, 気になるあの学校のお昼事情! ランチタイムめちゃうまレポート, 先輩たちイチ押し 女子が熱くなるスクール行事!, おしゃれなオリジナル・グッズが大集合!

スクールカード&グッズBIGプレゼント, くわしさNo.1! 首都圏395校・学校別に完ペキ調査! あなたのおめあて校の身だしなみ校則 おしゃれ度は?, 先パイ教えて 私立校の校則ってどんな感じ? 最近身だしなみ校則が進化してるってホント?, 先パイ500人にリサーチ!! 私たち私立校女子のリアル24時間 その中身を教えちゃう!, 女子にうれしいスーパー授業, 学校生活をエンジョイする! 魅力的なクラブがいっぱい!, 本誌だけの特別ガイド2012 入学してから後悔しない女のコのための学校選び最新事情, どこよりも詳しい! 受験役だち情報パック, "個性" "特色" がよくわかる学校ガイド 中学・高校あこがれ240校, あなたが受けられる 首都圏私立中・高全ガイド

有名私立女子校&共学校　首都圏中学・高校受験ガイド　2013年入試用　学研教育出版編　学研教育出版, 学研マーケティング（発売）　2012.4　446p　21×17cm　2000円
①978-4-05-303586-8

㊞目次㊞『有名私立女子校&共学校』NAVI女子が知りたいスクールライフがよ～くわかる!, 夏服や組み合わせ例もたくさん紹介します 最新制服大図鑑, 昼食事情を先取りチェック! ランチタイムにおじゃましま～す!, 女子が燃える! 先輩たちおススメのスクール行事!, オリジナル・アイテムでミニ学校紹介! スクールカード&グッズHAPPYプレゼント, おしゃれな学校生活を演出! 夢がふくらむ「校舎&施設」, くわしさダンゼンNo.1! 首都圏393校・学校別にパーフェクト調査! あなたの気になる学校身だしなみ校則おしゃれ度は?, 在校生に聞いちゃおう! 最近の身だしなみ校則事情 先パイ教えて! 私立の身だしなみ校則ってやっぱりキビシ～のかな?, 先輩500人にリサーチ! 私たち私立校女子の24時間をご紹介しま～す, 女子にうれしいスーパー授業〔ほか〕

有名私立女子校&共学校　首都圏中学・高校受験ガイド　2014年入試用　学研教育出版編　学研教育出版, 学研マーケティング（発売）　2013.4　426p　21×17cm　2100円
①978-4-05-303824-1

㊞目次㊞夏服や組み合わせ例もたくさん紹介します 新登場の制服もいっぱい 最新制服大図鑑─掲載校368校!!, 気になる昼食事情を先取りチェック! ランチタイムを訪問レポート!, 春入してま～す! 先輩たちイチ押しのスクール行事!, 髪型OK? 服装OK?―気になるアノ学校の身だしなみ校則パーフェクトガイド―首都圏382校を完

全調査，すっごく気になる私立の身だしなみ校則―私，だいじょうぶかな…，先輩500人にリサーチ！あこがれの私立校女子 私たちのリアル24時間はこんな感じで〜す，女子にうれしいスーパー授業，感動や友情を生む！クラブはやっぱり楽しい!，スペシャルガイダンス2014 女のコのための学校選び最新事情，どこよりも詳しい！受験役だち情報パック〔ほか〕

＜年鑑・白書＞

私立中学校・高等学校受験年鑑　2015年度版　大学通信　2014.8　983p　21cm　1500円　Ⓘ978-4-88486-181-0

(目次)解説編，学校案内編，寮のある学校編，海外校編，国公立中高編，大学案内編，データ編

全国大学・短期大学AO入試年鑑　2015年度入試：高校進路指導用　2014年発行版　エイビ進学ナビAO入試年鑑編集部編　栄美通信，双文社〔発売〕　2014.7　612p　19×26cm　1800円　Ⓘ978-4-915477-33-1

(目次)2015AO入試情報INDEX,2015AO入試情報の見方と注意点，2015AO入試の現状と動向，2015AO入試合格対策 実践編，AO入試実例集，2015AO入試情報

全国短大&専修・各種学校受験年鑑　2004年入試用　旺文社著　旺文社　2003.8　600p　26cm　2095円　Ⓘ4-01-009078-2

(目次)平成16(2004)年度短大入試ガイド編(センター試験利用入試を行う短大一覧，まもなく本番!合格までのサクセスガイド16年度入試はどうなるの？ほか)，短期大学入試要項完全ガイド編(「短期大学入試要項完全ガイド編」の利用法，短大別50音順INDEX ほか)，短期大学入試データ編(平成16年度新設短大・増設学科情報，平成15年度／短大・学科・専攻別一般入試・推薦入試競争率一覧 ほか)，専門学校&各種学校・各種の教育機関ガイド編(専門学校平成16年入試ガイド，各種学校平成16年入試ガイド ほか)

全国短大&専修・各種学校受験年鑑　2006年（平成18年）入試用　旺文社編　旺文社　2005.8　551p　26cm　2190円　Ⓘ4-01-009095-2

(目次)短大入試合格ガイド，2006（平成18）年度全国短大入試要項ガイド，短期大学入試データ，2006（平成18）年度専門学校&各種学校・各種の教育機関入試ガイド

全国短大&専修・各種学校受験年鑑　2007年（平成19年）入試用　旺文社編　旺文社　2006.8　549p　26cm　2190円　Ⓘ4-01-009057-X

(目次)短大入試合格ガイド(平成19年度センター試験利用入試実施短大一覧，まもなく本番!!短大合格へのサクセスガイド)，2007（平成19）年度全国短大入試要項ガイド（公立短期大学，私立短期大学，文部科学省所管外の学校，その他の短期大学校），短期大学入試データ（平成19年新設短大，増設学科情報，平成18年度短大・学科・専攻別入試競争率一覧，平成18年度短大学費一覧），2007（平成19）年度専門学校&各種学校・各種の教育機関入試ガイド（専門学校，各種学校，各種の教育機関）

全国短大&専門学校受験年鑑　2008年（平成20年）入試用　旺文社編　旺文社　2007.8　557p　26cm　2286円　Ⓘ978-4-01-009000-8

(目次)短大入試合格ガイド(平成20年度センター試験利用入試実施短大一覧，本番まであとわずか!!短大合格へのサクセスガイド)，2008（平成20）年度全国短大入試要項ガイド（公立短期大学，私立短期大学，文部科学省所管外の学校，その他の短期大学校），短期大学入試データ（平成20年新設短大，新設学科情報，平成19年度短大・学科・専攻別入試競争率一覧，平成19年度短大学費一覧），2008（平成20）年度専門学校入試ガイド（専門学校，各種学校，各種の教育機関）

全国短大&専門学校受験年鑑　2009年（平成21年）入試用　旺文社編　旺文社　2008.8　537p　26cm　2286円　Ⓘ978-4-01-009009-1　Ⓝ376.8

(目次)巻頭特集 本番まであとわずか!!短大合格へのサクセスガイド（2009年度入試はどうなるの?，出願から当日までこれで安心!!合格マニュアル），全国短大入試要項ガイド（公立短期大学，私立短期大学，文部科学省所管外の学校，その他の短期大学校），専門学校入試ガイド（専門学校，各種学校，各種の教育機関）

ライセンス&キャンパスライフ 私立短期大学・専門学校ガイド　2000　大学通信　1999.4　339p　21cm　1000円　Ⓘ4-88486-521-9

(目次)専門学校 解説編(専門学校をめざす皆さんへ，スペシャリストたちが支える職場，スペシャリストに変身，ライセンス取得・適正チェックチャート，ライセンスガイド，Q&Aで

受験・進学一般

わかる!専門学校ってどんなとこ?!, SCHOOL WATCHING, いろんな「学び」の道がある, 専門学校TOPICS1・2), 学校案内編(工業分野, 医療分野, 衛生分野, 教育・社会福祉分野, 商業実務分野, 服飾・家政分野, 文化・教養分野, 各種学校・その他の学校), データ編(99年春の就職先一覧, 体験入学&学校見学, 選考方法一覧, 99年度学費一覧, 独自の奨学金制度), 短期大学 解説編(短期大学をめざす皆さんへ, 短期大学ライセンスガイド, キャンパスライフウォッチング〜系統別「学べること」カタログ, 受験生の疑問にこたえるQ&A, 学校案内編(学校案内の見方, 東京都, 埼玉県, 千葉県, 神奈川県, 栃木県, 群馬県, 山梨県), データ編(短期大学学科カタログ, 99年度入試科目一覧, 99年度推薦入試状況, 99年度学費一覧, 東京圏私立短期大学一覧)

<統計集>

子どもの学習費調査報告書　平成6年度
　大蔵省印刷局　1997.3　78p　30cm　583円
　①4-17-196340-0
(目次)1 調査の概要(調査の目的, 調査対象と抽出方法, 調査の構成及び調査する費用の範囲, 調査の対象期間, 調査方法, 都道府県別調査対象校数, 回収状況等, 標準誤差及び標準誤差率, 子どもの学習費調査 項目別定義), 2 結果の概要(概観, 学校教育費, 学校外活動費, 幼稚園から高等学校卒業までの14年間の学習費総額), 3 統計表(学校種別の学習費, 学年別, 市町村の人口規模別の学習費, 学校外活動の項目別年間支出額の金額分布), 4 附属資料

子どもの学習費調査報告書　平成8年度
　文部省編　大蔵省印刷局　1998.3　82p　30cm　600円　①4-17-196341-9
(目次)1 調査の概要(調査の目的, 調査対象と抽出方法, 調査の構成及び調査する費用の範囲, 調査の対象期間, 調査方法, 都道府県別調査対象校数, 回収状況等, 標準誤差及び標準誤差率, 子どもの学習費用調査 項目別定義)2 調査結果の概要(学習費総額, 学校教育費, 学校外活動費, 幼稚園からの高等学校卒業までの14年間の学習費総額), 3 統計表(学校種別の学習費, 学年(年齢)別, 所在市町村の人口規模(学科)別の学習費, 学年(年齢)別の学習費支出状況, 学校外活動の項目別経費の金額段階別幼児・児童・生徒の構成比), 附属資料(調査票様式, 記入の手引き等)

子どもの学習費調査報告書　平成10年度
　文部省著　大蔵省印刷局　2000.4　82p　30cm　660円　①4-17-196342-7　⑱373.4
(目次)1 調査の概要(調査の目的, 調査対象と抽出方法, 調査の構成及び調査する費用の範囲, 調査の対象期間 ほか), 2 調査結果の概要(学習費総額, 学校教育費, 学校外活動費, 幼稚園から高等学校卒業までの14年間の学習費総額), 3 統計表(学校種別の学習費, 学年(年齢)別, 所在市町村の人口規模(学科)別の学習費, 学年(年齢)別, 所在市町村の人口規模(学科)別の学習費支出状況, 学校外活動の項目別経費の金額段階別幼児・児童・生徒の構成比), 4 附属資料

子どもの学習費調査報告書　平成12年度
　文部科学省著　財務省印刷局　2002.3　94p　30cm　700円　①4-17-196343-5　⑱373.4
(目次)1 調査の概要, 2 調査結果の概要(学習費総額, 学校教育費, 学校外活動費, 幼稚園から高等学校卒業までの14年間の学習費総額), 3 統計表(学校種別の学習費, 学年(年齢)別, 所在市町村の人口規模(学科)別の学習費, 学年(年齢)別, 所在市町村の人口規模(学科)別の学習費支出状況, 学校外活動の項目別経費の金額段階別幼児・児童・生徒の構成比), 4 附属資料

子どもの学習費調査報告書　平成14年度
　文部科学省生涯学習政策局調査企画課著　国立印刷局　2004.3　94p　30cm　700円　①4-17-196344-3
(目次)1 調査の概要(調査の目的, 調査対象と抽出方法 ほか):2 調査結果の概要(学習費総額, 学校教育費 ほか), 3 統計表(学校種別の学習費, 学年(年齢)別, 所在市町村の人口規模(学科)別の学習費 ほか), 4 附属資料

(内容)平成14年度に実施した「子どもの学習費調査」の結果をとりまとめた。この調査は, 子どもを公立又は私立の学校に通学させている保護者が, 子どもの学校教育及び学校外活動のために支出した経費の実態をとらえ, 教育に関する国の諸施策を検討・立案するための基礎資料を得ることを目的として, 平成6年度から隔年で実施しており, 今回で第5回目の調査となる。

子どもの学習費調査報告書　平成16年度
　文部科学省著　国立印刷局　2006.3　84p　30cm　800円　①4-17-196345-1
(目次)1 調査の概要(調査の目的, 調査対象と抽出方法, 調査の構成及び調査する費用の範囲 ほか), 2 調査結果の概要(学習費総額, 学校教育費, 学校外活動費 ほか), 3 統計表(学校種別の学習費, 学年(年齢)別, 所在市町村の人口規

模(学科)別の学習費,学年(年齢)別,所在市町村の人口規模(学科)別の学習費支出状況 ほか),4 附属資料

(内容)この調査は,子どもを公立又は私立の学校に通学させている保護者が,子どもの学校教育及び学校外活動のために支出した経費の実態をとらえ,教育に関する国の諸政策を検討・立案するための基礎資料を得ることを目的とし,平成6年度より隔年で実施している。

子どもの学習費調査報告書 平成18年度
文部科学省著 国立印刷局 2008.2 102p 30cm 1000円 ①978-4-17-196346-3 Ⓝ373.4

(目次)1 調査の概要,2 調査結果の概要(学習費総額,学校教育費,学校外活動費,幼稚園から高等学校卒業までの15年間の学習費総額,世帯の年間収入別の学習費),3 統計表(学校種別の学習費,学年(年齢)別,所在市町村の人口規模(学科)別の学習費,学年(年齢)別,所在市町村の人口規模(学科)別の学習費支出状況,項目別経費の金額段階別幼児・児童・生徒の構成比,世帯の年間収入段階別,項目別経費の金額段階別構成比),4 参考資料(学校種別支出項目の推移),5 附属資料

(内容)この調査は,子どもを公立又は私立の学校に通学させている保護者が,子どもの学校教育及び学校外活動のために支出した経費並びに世帯の年間収入の実態をとらえ,教育に関する国の諸施策を検討・立案するための基礎資料を得ることを目的とする。

子どもの学習費調査報告書 平成20年度
文部科学省著 エムア 2010.4 94p 30cm 1000円 ①978-4-9904174-7-5 Ⓝ373.4

(目次)1 調査の概要,2 調査結果の概要(学習費総額,学校教育費,学校外活動費,幼稚園から高等学校卒業までの15年間の学習費総額,世帯の年間収入別の学習費),3 統計表(学校種別の学習費,学年(年齢)別,所在市町村の人口規模(学科)別の学習費,学年(年齢)別,所在市町村の人口規模(学科)別の学習費支出状況,項目別経費の金額段階別幼児・児童・生徒の構成比,世帯の年間収入段階別,項目別経費の金額段階別構成比),4 参考資料(学校種別支出項目の推移),5 附属資料

子どもの学習費調査報告書 平成22年度
文部科学省生涯学習政策局調査企画課編 (竜ケ崎)エムア 〔2012.4〕 112p 30cm 1500円 ①978-4-9905222-8-5

(目次)1 調査の概要,2 調査結果の概要,3 統計表,4 参考資料,5 附属資料,6 考察

子供の学習費調査報告書 平成24年度 文部科学省生涯学習政策局調査企画課編 白橋 2014.4 96p 30cm 1500円 ①978-4-9907699-0-1

(目次)1 調査の概要(調査の目的,調査対象と抽出方法 ほか),2 調査結果の概要(学習費総額,学校教育費 ほか),3 統計表(学校種別の学習費,学年(年齢)別,所在市町村の人口規模(学科)別の学習費 ほか),4 年次統計(学校種別支出項目の推移),5 附属資料

幼稚園

<ハンドブック>

ザ・幼稚園 平成10年度版 ご両親に贈る幼稚園合格への参考書 小野忠男監修,渋谷勲編著 にっけん教育出版社,星雲社〔発売〕 1997.4 177p 26cm (にっけんの進学シリーズ) 3200円 ①4-7952-0197-8

(目次)お父さま,お母さまがたへ,系列小学校のある幼稚園一覧,入園試験の概要,受験準備について,願書・調査書記入のポイント,私立幼稚園(青山学院幼稚園,学習院幼稚園,上野毛幼稚園 ほか),国立幼稚園(お茶の水女子大学附属幼稚園,千葉大学教育学部附属幼稚園,東京学芸大学教育学部附属幼稚園小金井園舎,東京学芸大学教育学部附属幼稚園竹早園舎)

ザ・幼稚園 ご両親に贈る幼稚園合格への参考書 2001年度版 小野忠男監修 (国立)にっけん教育出版社,星雲社〔発売〕 2000.4 392p 26cm (にっけんの進学シリーズ) 3800円 ①4-7952-6529-1

(目次)第1部 首都圏幼稚園ガイド,第2部 どんな問題が出るのか,第3部 面接での質問と答え方のポイント,第4部 願書・調査書の書き方,巻末資料 お近くの幼稚園住所録(東京・神奈川・千葉・埼玉)

(内容)幼稚園入試のノウハウや有名私立幼稚園を紹介したガイド。有名私立幼稚園72園の各園沿革や概要,入試案内,面接の実例やポイント,願書・調査書の書き方指導を掲載。巻末資料として,お近くの幼稚園住所録つき。

ザ・幼稚園 ご両親に贈る幼稚園合格への参考書 2002年度版 小野忠男監修 (国立)にっけん教育出版社,星雲社〔発売〕

2001.4　396p　26cm　（にっけんの進学シリーズ）　3800円　①4-434-00978-8

〔目次〕第1部 首都圏幼稚園ガイド（最新版!）（首都圏幼稚園ガイド掲載幼稚園一覧），第2部 どんな問題が出るのか（入園試験について，入園試験の内容），第3部 面接での質問と答え方のポイント（面接試験とは，面接の心構え ほか），第4部 願書・調査書の書き方（受験手続きについて，記入の心構え ほか）

ザ・幼稚園　2003年度　小野忠男監修　（国立）にっけん教育出版社，星雲社〔発売〕
2002.4　396p　26cm　（にっけんの進学シリーズ）　3800円　①4-434-02034-X

〔目次〕第1部 首都圏幼稚園ガイド（最新版!），第2部 どんな問題が出るのか，第3部 面接での質問と答え方のポイント，第4部 願書・調査書の書き方，巻末資料 お近くの幼稚園住所録（東京・神奈川・千葉・埼玉）

〔内容〕面接試験の実例やポイント，願書・調査書の書き方などを解説．有名私立幼稚園76園を徹底分析．

なんでもわかる幼稚園受験の本　有名幼稚園に合格するために!!　平成13年度版　桐杏学園　2000.5　318p　26cm　2800円　①4-88681-121-3

〔目次〕受験準備について，受験当日の心得，首都圏有名国立・私立幼稚園一覧，入園試験の概要，入園願書の書き方とポイント，首都圏有名国立・私立幼稚園案内，親子でする模擬テスト，面接テスト回答例

なんでもわかる幼稚園受験の本　平成18年度版　桐杏学園企画・編　アンセス　2005.7　333p　21cm　2800円　①4-88681-150-7

〔目次〕幼稚園入試合格Point，受験準備について，受験当日の心得，首都圏有名国立・私立幼稚園一覧，入園試験の概要，入園願書の書き方とポイント，首都圏有名国立・私立幼稚園案内，親子でする模擬テスト，面接テスト回答例

なんでもわかる幼稚園受験の本　平成19年度版　桐杏学園幼児教室企画，桐杏学園編　アンセス　2006.5　325p　26cm　2800円　①4-88681-153-1

〔目次〕受験準備について，受験当日の心得，首都圏有名国立・私立幼稚園一覧，入園試験の概要，入園願書の書き方とポイント，首都圏有名国立・私立幼稚園案内，親子でする模擬テスト，面接テスト回答例

〔内容〕暁星幼稚園・日本女子大学附属豊明幼稚園・光塩女子学院幼稚園・学習院幼稚園・桐蔭学園幼稚部・白百合幼稚園・お茶の水女子大学附属幼稚園など，私立幼稚園30園，国立幼稚園3園．進学状況・入試データ・保護者の受験メモ，小集団テスト・個別テスト・面接テストについて，受験体験者から寄せられた，入試概要・注意・感想などのアンケートをもとに，特色などを把握できるように構成．

なんでもわかる幼稚園受験の本　平成20年度版　桐杏学園企画・編　学研クエスト　2007.6　317p　26cm　2800円　①978-4-88681-157-8

〔目次〕幼稚園入試合格Point，幼稚園入試そっくりテスト案内，受験準備について，受験当日の心得，首都圏有名国立・私立幼稚園一覧，入園試験の概要，入園願書の書き方とポイント，首都圏有名国立・私立幼稚園案内，夏期講習・公開模擬テストのご案内，親子でする模擬テスト，面接テスト回答例

〔内容〕首都圏の主な幼稚園の入試概要・注意・感想などのアンケートをもとに，特色などを紹介．

なんでもわかる幼稚園受験の本　有名幼稚園に合格するために　平成22年度版　桐杏学園編　学研クエスト　2009.6　319p　26cm　〈索引あり〉　2800円　①978-4-88681-175-2　Ⓝ376.8

〔目次〕受験準備について，受験当日の心得，入園試験の概要，幼稚園入試合格Point，入園願書の書き方とポイント，首都圏有名国立・私立幼稚園一覧，首都圏有名国立・私立幼稚園案内，親子でする模擬テスト，面接テスト回答例

なんでもわかる幼稚園受験の本　有名幼稚園に合格するために　平成23年度版　桐杏学園編　学研クエスト　2010.6　319p　26cm　〈索引あり〉　2800円　①978-4-88681-180-6　Ⓝ376.8

〔目次〕受験準備について，受験当日の心得，入園試験の概要，幼稚園入試合格Point，入園願書の書き方とポイント，首都圏有名国立・私立幼稚園一覧，首都圏有名国立・私立幼稚園案内，親子でする模擬テスト，面接テスト回答例

なんでもわかる幼稚園受験の本　平成24年度版　桐杏学園幼児教室企画，桐杏学園編　学研クエスト　2011.6　319p　26cm　2800円　①978-4-88681-184-4

〔目次〕受験準備について，受験当日の心得，入

受験・進学　　　　　　　　　　　　小学校

園試験の概要，幼稚園入試合格Point，入園願書の書き方とポイント，首都圏有名国立・私立幼稚園一覧，首都圏有名国立・私立幼稚園案内，親子でする模擬テスト，面接テスト回答例

(内容)首都圏有名国立・私立幼稚園案内—進学状況・入試データ・保護者の受験メモ，過去の試験問題の傾向—小集団テスト・個別テスト・面接テスト，入園願書の書き方とポイント—親子でする模擬テスト，面接テスト回答例．

小学校

＜名簿・人名事典＞

東京圏私立小学校情報・東京圏私立幼稚園情報　'97　大学通信　1996.8　119p　26cm　1030円　①4-88486-116-7

(内容)東京圏の私立小学校・幼稚園の入試ガイド。各学校・幼稚園の所在地・最寄り駅・教育方針・入試要項を掲載する。有名小学校・幼稚園の試験日一覧表を付す。

東京圏私立小学校情報・東京圏私立幼稚園情報　'99　大学通信　1998.8　118p　26cm　1000円　①4-88486-426-3

(目次)私立小学校情報（私立小学校の人気と特色，変わりゆく初等教育，合格へのアドバイス），有名小学校案内，東京圏私立小学校ガイダンス，私立幼稚園情報（知育偏重を排す，私立有名幼稚園をめざす，幼稚園入園のための要領，東京圏私立幼稚園名簿）

(内容)東京圏の私立小学校・幼稚園の入試ガイド。各学校・幼稚園の所在地・最寄り駅・沿革・教育目標・入試要項を掲載。有名小学校・幼稚園の試験日一覧表付き。

＜ハンドブック＞

お受験じょうほう　小学校受験を考える家族を応援する本　東京・神奈川・埼玉・千葉　2009年度版　ぶんか社　2008.3　337p　26cm　2381円　①978-4-8211-0989-0　Ⓝ376.8

(目次)私立小学校・国立小学校所在地マップ，ひと目でわかる2008年度入試カレンダー（2007年秋実施済み），制服図鑑80校，特集カラー　私立小学校徹底研究・私立小学校の四季24校，校長先生からのメッセージ71校，合格者受験体験談，2008年度入試の傾向と対策，私立小学校・国立小学校101校，幼児教室109教室，2008年度入試募集要項一覧（2007年秋実施済み）〔ほか〕

(内容)小学校受験を考える家族を応援する本。

お入学の本　首都圏版　平成9年度版　蔵書房，星雲社〔発売〕　1996.3　173p　21cm　1300円　①4-7952-0962-6

(目次)第1部　お母様方へのメッセージ，第2部　幼児教室ガイド，第3部　最新小学校入試データ

(内容)どの教室に入れたらいいか。入学金・授業料は，進学実績は。有名幼児進学教室・幼児英才教室・幼児各種教室一覧。学校選びの最新データ満載。

お入学の本　首都圏版　平成11年度版　蔵書房，星雲社〔発売〕　1998.5　195p　21cm　1300円　①4-7952-0969-3

(目次)第1部　幼児教室のトップが語るお母様方へのメッセージ，第2部　幼児教室ガイド（幼児進学教室・英才教室，音楽・英会話・スポーツ造形教室），第3部　最新小学校入試データ

(内容)小学校受験に関するハンドブック。幼児進学教室ガイドには，最寄りの駅からの所要時間，教育方針，教室所在地，生徒総数，進学実績，年間行事などのデータを掲載。

お入学の本　首都圏版　幼児教室ガイドブック　平成12年度版　蔵書房，星雲社〔発売〕　1999.4　253p　21cm　1300円　①4-7952-0971-5

(目次)第1部　幼児教室のトップが語るお母様方へのメッセージ（子どもを「自由に伸び伸び」と育てたら，とんでもないことになります，どの山（小学校）に，どうやって登るかを決めるのはご両親です，音感教育で身につけた自己主張力が驚異的な集中力，思考力を生み出します　ほか），第2部　幼児教室ガイド（幼児進学教室・英才教室，音楽・スポーツ・英会話教室），第3部　最新小学校入試データ（国立小学校の特色調べ，私立小学校の特色調べ，平成11年度国立小学校募集要綱　ほか）

お入学の本　首都圏版　平成14年度　蔵書房，星雲社〔発売〕　2001.2　267p　21cm　1500円　①4-7952-0975-8

(目次)第1部　小学校入試を目指すご両親へ（ブランド志向はほとんどありません。保護者は冷静に受験に取り組んでいます（「国私立小学校の入学志向に関する実態調査」より），出来ないことを出来るように指導するから，失敗するのです，親の目が届かなかった子，届きすぎた子，どちらもいけません，どんな世の中になっても，生き抜く逞しさ，心のやさしさを教えます　ほか），第2部　幼児教室ガイド（幼児進学教室・英

才教室,音楽・スポーツ教室),第3部 幼児教室のトップが語る合格の秘訣(アークエンジェル・リトルプリンス代表 吉田美南子,あすか会教育研究所所長 小池松次,英心幼児教育センター代表 木暮明夫,FA研トゥッティ幼児才能教室代表 田村英次 ほか)

(内容)幼児進学教室、英才教室、音楽教室、スポーツ教室など首都圏の主要幼児教室を収録。幼児教室トップが語る小学校受験合格の秘訣。小学校受験を目指すご両親へのメッセージ等々。

関西圏私立・国立小学校合格マニュアル 2015年度入試用 伸芽会教育研究所監修
　伸芽会　2014.8　247p　26cm　2800円
　①978-4-86203-463-2

(目次)入学準備ファイル―受験準備の基礎知識,合格準備ファイル―勝てる親子の準備講座,学校ガイド(私立大阪府,私立京都府・滋賀県・奈良県,私立兵庫県・和歌山県,国立関西圏,私立首都圏,国立首都圏)

(内容)最新入試日程(2014年秋冬実施予定)掲載。有名小学校のデータがひと目でわかる。エリア別厳選80校。

国立・私立小学校入試 はらはらドキドキ入試面接　第5版　桐杏学園幼児教室企画・編　アンセス　2006.9　293p　26cm　2500円　①4-88681-154-X

(目次)面接テストについて、男子校(暁星小学校,立教小学校),女子校(川村小学校,光塩女子学院初等科 ほか),共学校(青山学院初等部,浦和ルーテル学院小学校 ほか),国立校(お茶の水女子大学附属小学校,埼玉大学教育学部附属小学校 ほか)

ザ・願書・面接　平成10年度版　ご両親に贈る小学校合格への参考書　赤堀秀利監修　にっけん教育出版社,星雲社〔発売〕
　1997.4　327p　26cm　(にっけんの進学シリーズ)　3800円　①4-7952-0198-6

(目次)国立小学校と私立小学校、入学願書の記入のコツ、国立小学校(お茶の水女子大学附属小学校,埼玉大学教育学部附属小学校,千葉大学教育学部附属小学校 ほか),私立小学校(青山学院初等部,小野学園小学校,学習院初等科 ほか),面接試験を受ける前に

ザ・願書・面接　ご両親に贈る小学校合格への参考書　平成12年度版　赤堀秀利監修　(国立)にっけん教育出版社,星雲社〔発売〕　1999.5　346p　26cm　(にっけんの進学シリーズ)　3800円　①4-7952-7149-6

(目次)国立小学校と私立小学校、入学願書の記入のコツ、国立小学校(五十音順)、私立小学校(五十音順)、面接試験を受ける前に

(内容)国立・私立小学校63校を収録した受験ガイド。掲載項目は、学校名、住所、交通、沿革、特色、関連校、上級学校への進学、試験についてなど。

ザ願書・面接　ご両親に贈る小学校合格への参考書　2001年度版　赤堀秀利監修
　(国立)にっけん教育出版社,星雲社〔発売〕　2000.5　503p　26cm　(にっけんの進学シリーズ)　3800円　①4-7952-6530-5

(目次)第1部 小学校選びのポイントと願書の書き方(小学校選びのポイント、受験手続について、願書記入の心構え、項目別願書の書き方)、第2部 どんな問題がでるのか(入学試験の概要、入試問題の分野別解説と家庭での準備)、第3部 面接での質問と答え方のポイント(面接試験とは、面接の心構え、面接会場のようす、面接試験の質問(Q&A))、第4部 首都圏国立・私立有名小学校ガイド

ザ願書・面接　2002年度版　赤堀秀利監修
　(国立)にっけん教育出版社,星雲社〔発売〕　2001.4　415p　26cm　(にっけんの進学シリーズ)　3800円　①4-434-01026-3

(目次)第1部 首都圏国立・私立有名小学校ガイド(2002年度新入生募集要項、小学校案内 ほか)、第2部 面接での質問と答え方のポイント(面接試験とは、面接の心構え ほか)、第3部 志望校選びと願書の書き方(小学校選びのポイント、受験手続について ほか)、第4部 どんな問題がでるのか(入学試験の概要、分野別・有名小学校入試問題の実例)

(内容)ご両親に贈る小学校合格への参考書。国立・私立小学校66校徹底分析。面接試験の実例とポイント付き。

ザ 願書・面接　2003年度版　(国立)にっけん教育出版社,星雲社〔発売〕　2002.4　407p　26cm　(にっけんの進学シリーズ)　3800円　①4-434-01997-X

(目次)特集! 早稲田実業学校初等部開校、第1部 首都圏国立・私立有名小学校ガイド(2003年度新入生募集要項、小学校案内 ほか)、第2部 面接での質問と答え方のポイント(面接試験とは、面接の心構え ほか)、第3部 志望校選びと願書の書き方(小学校選びのポイント、受験手続について ほか)、第4部 どんな問題がでるのか(入

受験・進学　　　　　　　　小学校

学試験の概要，分野別有名小学校入試問題の実例）
(内容)面接試験の実例やポイント，願書の書き方などを解説。国立・私立小学校91校徹底分析。

首都圏・関西圏私立・国立小学校進学ガイド　2008年度入試準備用　理英会編　理英会，栄光〔発売〕　2007.3　324p　26cm　2800円　①978-4-87293-454-0
(目次)巻頭カラー　私立小学校情報フェア，小学校受験特集（年中・年少から知っておきたい!小学校受験の基礎知識，校長メッセージ），首都圏・関西圏私立・国立小学校138校ガイド（私立小学校，国立小学校）
(内容)主要138校を徹底紹介。教育の特色と入試のポイント。

首都圏私立・国立小学校合格マニュアル　2015年度入試用　伸芽会教育研究所監修　伸芽会　2014.5　407p　26cm　3200円　①978-4-86203-461-8
(目次)2014考査別出題傾向分析，入学準備ファイル―受験準備の基礎知識，合格準備ファイル―勝てる親子の準備講座，学校ガイド（私立東京都，私立神奈川県，私立埼玉県・千葉県・茨城県，国立首都圏）
(内容)考査ガイド・面接ガイド主要97校。実況!学校説明会ダイジェスト全23校。帰国生の編入学情報全65校。

首都圏私立・国立小学校合格マニュアル入試直前号　2015年度　伸芽会教育研究所監修　伸芽会　2014.9　261p　26cm　2500円　①978-4-86203-466-3
(目次)入学準備ファイル―受験準備の基礎知識，合格準備ファイル―勝てる親子の準備講座，学校ガイド（私立東京都，私立神奈川県，私立埼玉県・千葉県・茨城県，国立首都圏）

首都圏・西日本　小学受験情報　2 合格ノウハウ・受験資料編（1993）　向学社，星雲社〔発売〕　1992.5　218p　21cm　2400円　①4-7952-6700-6
(内容)学校別92入試説明会リポート。92入試の面接・筆答・実技詳細。父母の合格体験記他情報満載。特別企画　先生からのメッセージ。

首都圏版　小学校受験ガイド　2003年度用　エスジーエヌ　2002.4　330p　26cm　3000円　①4-87249-169-6
(目次)有名小学校制服セレクション／ワンショット・メモリー，小学校受験の手引き，出願書類に見る学校の特色，本年度の入試を振り返って，小学校受験質問箱，首都圏国立・私立小学校案内図，学校案内編（国立大学附属小学校，私立小学校），私立・国立小学校一覧，募集要項配布期間一覧，系列に小学校のある幼稚園一覧，入試問題―分野別頻出問題ランキング
(内容)国・私立小93校の耳より情報を満載。

首都圏版　小学校受験ガイド　2004年度用　エスジーエヌ　2003.4　300p　26cm　3000円　①4-87249-178-5
(目次)学校案内編（国立大学附属小学校，私立小学校），私立・国立小学校一覧，募集要項配布期間一覧，系列に小学校のある幼稚園一覧，入試問題―分野別頻出問題ランキング

首都圏版　小学校受験ガイド　2005年度用　エスジーエヌ　2004.4　388p　26cm　3200円　①4-87249-185-8
(目次)巻頭写真特集―有名小学校制服セレクション／スクールライフ，小学校受験の手引き，出願手続き書類に見る学校の特色，本年度の入試を振り返って，小学受験質問箱，首都圏国立・私立小学校案内図，学校案内編（国立大学附属小学校，私立小学校），小学受験「総合知識事典」，私立・国立小学校一覧，募集要項配布期間一覧〔ほか〕

首都圏版　小学校受験ガイド　2006年度用　エスジーエヌ　2005.4　374p　26cm　3200円　①4-87249-186-6
(目次)巻頭写真特集　有名小学校制服セレクション／スクールライフ，小学校受験の手引き，出願手続き書類に見る学校の特色，本年度の入試を振り返って，小学受験質問箱，願書の書き方7つのポイント，失敗しない面接の受け方，首都圏国立・私立小学校案内図，学校案内編，小学受験「総合知識事典」，募集要綱配布期間一覧，系列に小学校のある幼稚園一覧，入試問題―分野別頻出ランキング
(内容)国立・私立97校収録。小学校入学考査「これが出た!」総合知識事典付き。

首都圏版　小学校受験ガイド　2007年度用　エスジーエヌ　2006.3　408p　26cm　3200円　①4-87249-189-0
(目次)巻頭写真特集　有名小学校制服セレクション／スクールライフ，本書の使い方，小学校受験の手引き，出願手続き書類に見る学校の特色，本年度の入試を振り返って，小学校受験質問箱，願書の書き方7つのポイント，失敗しない面接

の受け方，首都圏国立・私立小学校案内図，学校案内編〔ほか〕

小学入試情報　2003　教育図書21，星雲社
〔発売〕　2002.2　336p　26cm　3000円
①4-434-01798-5
(目次)小学入試情報コーナー(小学入試をとりまく状況，正しい志望校選び，受験準備にあたって，小学入試の実際とその対策 ほか)，首都圏国立私立小学校案内(国立小学校，私立小学校，東京，神奈川 ほか)
(内容)本書は，首都圏の主要な国立・私立小学校の概要・募集要項・入試情報・中学進学状況などをできるだけ詳しく記載している。

小学入試情報　2004　教育図書21，星雲社
〔発売〕　2003.2　383p　26cm　3000円
①4-434-02923-1
(目次)特集・有名校校長に聞く，入試情報コーナー(入試をとりまく状況，正しい志望校選び，受験準備にあたって，小学入試の実際とその対策 ほか)，国立・私立小学校案内(国立小学校，私立小学校，東京，神奈川県 ほか)
(内容)本書は，全国の主要な国立小学校と首都圏ならびに近畿・中部などの私立小学校の概要・募集要項・入試情報・中学進学状況などをできるだけ詳しく記載している。

小学入試情報　2005　教育図書21，星雲社
〔発売〕　2004.2　431p　26cm　3200円
①4-434-04223-8
(目次)入試をとりまく状況，正しい志望校選び，受験準備にあたって，小学入試の実際とその対策，入試直前の幼児と父母の過ごし方，国立・私立小学校案内(国立小学校・私立小学校，東京，神奈川，埼玉，千葉，全国，インターナショナルスクール)
(内容)全国の主要な国立小学校と首都圏ならびに近畿・中部などの私立小学校の概要・募集要項・入試情報・中学進学状況などをできるだけ詳しく記載している。

小学校受験案内　国立・私立入試用(平成4年度)　旺文社　1991.3　264p　26cm　2800円　①4-01-009553-9
(目次)私立小学校制服ガイド，親子面接の合格ファッション，合格は親子面接で決まる!，親子面接のチェックポイント 自信をもって面接にのぞむためには，質問テーマ別回答のポイント じょうずに答えられますか，お母さん，国立10校，私立78校学校ガイド＆進学必勝データ，入

学テスト問題10の必修パターン，親子で解く質戦模擬問題，私立中学・高学・大学入試データ一覧

小学校受験案内　東京・神奈川・埼玉・千葉　2000年度入試用　旺文社編，大堀秀夫監修　旺文社　1999.3　219p　26cm　2762円　①4-01-008901-6
(目次)私立小学校制服ガイド，親子面接のファッション，いまなぜ私立，国立小学校受験なのか?，合格は親子面接で決まる!，親子面接のチェックポイント 自信をもって面接にのぞむためには，質問テーマ別回答のポイント じょうずに答えられますか，お母さん!，国立10校，私立81校学校ガイド＆進学必勝データ，入学テスト問題必修パターン10
(内容)東京都，神奈川・千葉・埼玉各県の国立・私立小学校の受験ガイド。国立10校，私立81校について所在地，電話番号，教員数，児童数，交通，沿革，特色・教育方針，入試日程，入試情報等を掲載する。

小学校受験案内　東京・神奈川・埼玉・千葉　2001年度入試用　旺文社編　旺文社　2000.3　219p　26cm　2760円　①4-01-010601-8
(目次)私立小学校制服ガイド，親子面接のファッション，いまなぜ私立、国立小学校受験なのか，親子面接のチェックポイント 自信をもって面接にのぞむためには，質問テーマ別回答のポイント じょうずに答えられますか，お母さん!，国立10校，私立81校学校ガイド＆進学必勝データ
(内容)私立・国立小学校受験のためのガイドブック。国立10校，私立81校を収録。各学校の掲載データは所在地と学校の沿革，特色・教育方針、入試日程と考査・面接等の入試情報，上級学校への進学状況など。ほかに受験の手引きと系列高校大学合格状況を掲載。

小学校受験案内　2003年度入試用　旺文社編　旺文社　2002.3　221p　26cm　2762円　①4-01-009697-7
(目次)私立小学校制服ガイド，親子面接のファッション，いまなぜ私立、国立小学校受験なのか?，合否は親子面接で決まる!，質問テーマ別回答のポイント じょうずに答えられますか，お母さん!，国立10校，私立82校 学校ガイド＆進学必勝データ(国立，東京／私立，神奈川／私立，埼玉／私立，千葉／私立)

小学校受験案内　2004年度入試用　旺文社編　旺文社　2003.3　219p　26cm　2762円

ⓘ4-01-009080-4

(目次)私立小学校制服ガイド，親子面接のファッション，いまなぜ私立，国立小学校受験なのか?，合否は親子面接で決まる!，じょうずに答えられますか，お母さん!，学校ガイド&進学必勝データ，系列高校2001・2002年の大学合格状況

小学校受験案内 2005年度入試用 旺文社編 旺文社 2004.3 227p 26cm 2762円 ⓘ4-01-009090-1

(目次)私立小学校制服ガイド，親子面接のファッション，いまなぜ私立，国立小学校受験なのか?，合否は親子面接で決まる!，じょうずに答えられますか，お母さん!，学校ガイド&進学必勝データ，系列高校2003・2002年の大学合格状況

(内容)学校ガイド&進学必勝データ—国立10校・私立85校を紹介。質問テーマ別回答のポイント。系列高校の大学合格状況（2002年・2003年）。私立小学校制服ガイド。親子面接のファッション。ホームページアドレス・交通ガイド付。

小学校受験案内 2006年度入試用 旺文社編 旺文社 2005.3 227p 26cm 2762円 ⓘ4-01-009097-9

(目次)私立小学校制服ガイド，親子面接のファッション，いまなぜ私立，国立小学校受験なのか?，合格は親子面接で決まる!，質問テーマ別回答のポイント，じょうずに答えられますか，お母さん!，学校ガイド&進学必勝データ，系列高校2004・2003年の大学合格状況

(内容)国立10校・私立86校を紹介。学校ガイド&進学必勝データ。

小学校受験ガイド 首都圏版 平成9年度受験用 エスジーエヌ 1996.5 312p 26cm 2800円 ⓘ4-87249-086-X

(目次)小学校受験の手引き，出願書類に見る学校の特色，本年度の入試を振り返って，宗教系の学校一覧・外国語教育を行っている学校一覧，小学校受験質問箱，首都圏国立・私立小学校案内図，学校案内編（国立大学附属小学校，私立小学校），入試問題—分野別頻出問題ランキング

小学校受験ガイド 首都圏版 平成10年度 エスジーエヌ 1997.4 282p 26cm 2800円 ⓘ4-87249-099-1

(目次)巻頭写真特集，本書の使い方，小学校受験の手引き，出願書類に見る学校の特色，本年度の入試を振り返って，宗教系の学校一覧・外国語教育を行っている学校一覧，小学校受験質問箱，首都圏国立・私立小学校案内図，学校案内編，入試問題—分野別頻出問題ランキング

小学校受験ガイド 首都圏版 平成11年度受験用 エスジーエヌ 1998.4 280p 26cm 2800円 ⓘ4-87249-113-0

(目次)巻頭写真特集（有名小学校制服セレクション，ワンショット・メモリー），小学校受験の手引き，出願書類に見る学校の特色，本年度の入試を振り返って，小学校受験質問箱，首都圏国立・私立小学校案内図，学校案内編（国立大学附属小学校，私立小学校），入試問題—分野別頻出問題ランキング

(内容)考査内容・系列校への進学・入試説明会日程他。巻頭特集—制服、写真でつづる各小学校の素顔。小学受験必読コーナー—小学校受験の手引き・受験質問箱，'98年度の小学校入試を振り返って。国立・私立91校収録。最近の入試傾向を分析した入試問題出題ランキング。とじ込み付録・模擬試験問題付。

小学校受験ガイド 首都圏版 平成12年度受験用 エスジーエヌ 1999.4 312p 26cm 2800円 ⓘ4-87249-130-3

(目次)小学校受験の手引き，出願書類に見る学校の特色，本年度の入試を振り返って，小学校受験質問箱，首都圏国立・私立小学校案内図，学校案内編（国立大学附属小学校，私立小学校），入試問題—分野別頻出問題ランキング

(内容)国立・私立の小学校91校を収録した受験ガイド。国立大学付属小学校・私立小学校とも、東京・神奈川・千葉・埼玉の各都県に分かれ、それぞれ男子校・共学校・女子校の順番で50音順に配列。掲載データは、校長、教員数、児童数、所在地、電話、交通、校歴、特色、募集人員、出願期間、応募資格、選考日、合格発表、学費、応募者数／合格者数、過去の出題例など。さくいん付き。

小学校受験事典 2010年度版 小学校受験対策研究所バレクセル企画制作 ぶんか社 2009.3 354p 26cm 2381円 ⓘ978-4-8211-4234-7 Ⓝ376.5

(目次)ひと目でわかる2009年度入試カレンダー（2008年秋実施済み），制服図鑑80校，特集カラー 私立小学校の四季23校，校長先生からのメッセージ72校，合格者受験体験談（暁星・慶応・聖心・東洋英和），私立小学校・国立小学校学校基本情報101校，速報!学校説明会・募集要項一覧（2010年度入試用），小学校受験のまるわかりガイド，ランキング（学費・倍率・志願者数），最新版私立・国立小学校入試出題内容の解説，小学校受験に強い幼児教室情報9教室，給食あり・土曜登校・英語授業などアイコンでわ

小学校　　　　　　　　　　　　受験・進学

かる私立小学校・国立小学校スーパーインデックス

小学校受験情報　2006年度版　東京・神奈川・埼玉・千葉　小学校受験対策研究所企画制作　碧天舎　2005.3　289p　26cm　1600円　④4-88346-975-1

(目次)有名私立・国立小学校編(特集 有名私立・国立小学校の制服図鑑—61校掲載, 特集 有名小学校の四季13校, インタビュー(1)特集 有名私立・国立小学校に通う子どもの保護者に聞きました, 学校基本データ 私立小学校編83校 ほか), 幼児教室編(インタビュー(2)特集 お受験奮闘体験談, インタビュー(3)特集 受験指導をどう考える・幼児教室に通う子どもの保護者に聞きました, 特集 幼児教室一覧370教室, スーパーインデックス)

小学校受験情報　2007年度版　東京・神奈川・埼玉・千葉　小学校受験対策研究所企画制作　碧天舎　2006.3　303p　26cm　1600円　①4-7789-0473-7

(目次)特集 有名私立・国立小学校の制服図鑑75校掲載 どんな制服なんだろう?, 特集 有名私立小学校徹底研究18校, インタビュー(1)特集 私立小学校が求める子ども・家庭像とは?有名私立小学校の校長先生に聞きました, インタビュー(2)特集 今年はどうだったの?来年は?ズバリ, その傾向と対策—2006年度を振り返って, インタビュー(3)特集 有名私立小学校に通う子どもの保護者に聞きました, ランキング 2006年度入試志願者数・志願倍率トップ10, インタビュー(4)特集 有名私立小学校合格者受験体験談, 小学校基本データ私立88校／国立9校, 学費データ一覧「東京編」, 幼児教室特集9教室, 幼児教室一覧220教室, INDEX有名私立・国立小学校97学校生活ピクト一覧, 学費データ一覧(神奈川・埼玉・千葉編), INDEX有名私立・国立小学校50音順一覧

小学校受験情報　2008年度版　東京・神奈川・埼玉・千葉　小学校受験対策研究所バレクセル企画制作　ぶんか社　2007.3　337p　26cm　1905円　①978-4-8211-0930-2

(目次)特集 私立・国立小学校の制服図鑑78校, 特集 私立小学校徹底研究24校, 特集1 私立小学校が求める子ども・家庭像とは?, 特集2 私立・国立小学校の今 保護者が語るわが子が通う小学校, 特集3 私立小学校合格者 受験体験談, 特集4 2007年度入試の傾向と分析, 小学校基本情報 私立91校／国立10校, 幼児教室情報13教室

(内容)私立・国立小学校101校。受験準備のための幼児教室103教室。

小学校入試情報 首都圏　2000　教育図書21, 星雲社〔発売〕　1999.4　312p　26cm　2700円　④4-7952-8878-X

(目次)巻頭特集 入試情報コーナー—小学校受験準備のすべて(小学入試を取りまく状況, 正しい志望校選び ほか), 国立・私立小学校各校の概要と入試関連データ(国立大学附属小学校編, 私立小学校), 小学校を訪ねて—スクールレポート(東洋英和女学院小学部, 目黒星美学園小学校 ほか), 98年度実施済分実物入試問題縮小コピー(川村小学校, 宝仙学園小学校 ほか)

(内容)首都圏の主な国立、私立小学校約100校の概要、募集状況、入試情報、中学校進学状況などを掲載した小学校受験ガイド。付録として、面接設問集、願書・面接時アンケート、巻末に索引を付す。

小学校・幼稚園受験用語ハンドブック　金田一秀穂, 伸芽会教育研究所監修　伸芽会　2012.4　127p　19cm　1200円　①978-4-86203-347-5

(目次)1 入学準備ファイル(入学準備のための自己診断Sheet30, 小学校受験とは?, 私立・国立小学校の特色, 共学・別学と進路パターン, 入学テストと考査の種類, 求められる子ども像, 歓迎されない親のタイプ), 2 敬語の使い方基本ファイル(敬語の基本, 敬語の注意点, 敬語基本ワード, よく使う敬語のポイント), 3 正しい表現と漢字を覚える(誤りやすい用字用語・慣用句, 同音異義語・同訓異義語, 書き間違えやすい漢字), 4 短所を長所に言い換える(性格編, 行動編), 5 お悩み相談室

なんでもわかる小学校受験の本　平成14年度版　桐杏学園幼児教室企画, 桐杏学園編　桐杏学園　2001.3　433p　26cm　3300円　①4-88681-128-0

(目次)願書・面接資料の書き方と具体例(願書の書き方, 資料の書き方), 面接の受け方と注意(面接で何を知りたいか, 面接試験の形式 ほか), 学校案内, 校名・校章ものがたり

(内容)本書は、毎年多数のお子様の成長を見守り続け、輝かしい実績を出し続けている桐杏学園幼児教室の豊富な経験をもとに、小学校受験についてのすべてを網羅し、わかり易く紹介しています。

なんでもわかる小学校受験の本　有名小入試対策　平成15年度版　桐杏学園幼児教

受験・進学　　　　　　　　　　　　　　　　小学校

室企画, 桐杏学園編　アンセス　2002.4　398p　26cm　3300円　①4-88681-137-X

⑬願書・面接資料の書き方と具体例, 面接の受け方と注意, 学校案内

⑭本書は、毎年多数のお子様の成長を見守り続け、輝かしい実績を出し続けている桐杏学園幼児教室の豊富な経験をもとに、小学校受験についてのすべてを網羅し、わかり易く紹介している。

なんでもわかる小学校受験の本　願書と面接資料の書き方・記入例付　面接試験の受け方と心得　〔平成16年版〕　桐杏学園企画・編　アンセス　2003.4　443p　26cm　3300円　①4-88681-142-6

⑬願書・面接資料の書き方と具体例（願書の書き方, 資料の書き方）, 面接の受け方と注意（面接で何を知りたいか, 面接試験の形式 ほか）, 学校案内（私立, 国立）, 関西圏主要私立中学校入試案内

⑭本書は、毎年多数のお子様の成長を見守り続け、輝かしい実績を出し続けている桐杏学園幼児教室の豊富な経験をもとに、小学校受験についてのすべてを網羅し、わかり易く紹介している。

なんでもわかる小学校受験の本　平成18年度版　桐杏学園編　アンセス　2005.4　453p　26cm　3300円　①4-88681-149-3

⑬入試情報講演会レポート, 小学校受験は親子の受験, 合格体験記, 願書・面接資料の書き方と具体例, 面接の受け方と注意, 学校案内

なんでもわかる小学校受験の本　平成20年度版　桐杏学園編　学研クエスト　2007.4　441p　26cm　3300円　①978-4-88681-156-1

⑬願書・面接資料の書き方と具体例, 面接の受け方と注意, 学校案内（私立, 国立）

⑭願書と面接資料の書き方・記入例付。面接試験の受け方と心得。入試問題掲載。首都圏有名国立・私立小学校案内。

なんでもわかる小学校受験の本　有名小に合格するために　首都圏版　平成21年度版　桐杏学園編　学研クエスト　2008.4　474p　26cm　3300円　①978-4-88681-162-2　Ⓝ376.8

⑬「小学校受験は親子の受験」, 願書・面接資料の書き方と具体例（願書の書き方, 資料の書き方）, 面接の受け方と注意（面接で何を知りたいか, 面接試験の形式, 面接の心構え, おも

な質問事項と答えの例）, 学校案内―私立68校・国立9校／沿革・教育目標・学費・学校の特色・入試内容

なんでもわかる小学校受験の本　有名小に合格するために　平成24年度版　桐杏学園編　学研クエスト　2011.4　448p　26cm　〈索引あり〉　3300円　①978-4-88681-183-7

⑬「小学校受験は親子の受験」, 願書・面接資料の書き方と具体例, 面接の受け方と注意, 学校案内―私立71校・国立9校／沿革・教育目標・学費・学校の特色・入試内容

⑭願書と面接資料の書き方・記入例付。面接試験の受け方と心得、学校は何を知りたいか？面接の心構え／おもな質問事項と答え方。最新の試験内容を掲載。首都圏有名国立・私立小学校案内。関西圏重要私立小学校入試概要。教育目標・学校の特色・進学状況・入試情報・面接試験の概要、役に立つお母様の受験メモ。

なんでもわかる小学校受験の本　首都圏版　平成26年度入試対策用　桐杏学園出版, 市進綜合研究所〔発売〕　2013.4　420p　26cm　3300円　①978-4-906947-03-4

⑬願書・面接資料の書き方と具体例, 面接の受け方と注意, 学校案内―私立75校・国立9校／沿革・教育目標・学費・学校の特色・入試内容, 関西主要私立小学校入試概要

⑭願書と面接資料の書き方・記入例付面接試験の受け方と心得―学校は何を知りたいか？／面接の心構え／おもな質問事項と考え方。入試問題掲載、首都圏有名国立・私立小学校案内―教育目標・学校の特色・進学状況・入試情報・面接試験の概要。

なんでもわかる小学校受験の本　首都圏版・平成27年度入試対策用　桐杏学園出版, 市進綜合研究所〔発売〕　2014.3　436p　26cm　3300円　①978-4-906947-05-8

⑬「小学校受験は親子の受験」, 願書・面接資料の書き方と具体例, 面接の受け方と注意, 学校案内―私立76校・国立10校／沿革・教育目標・学費・学校の特色・入試内容

はらはらドキドキ入試面接　国立・私立小学校入試　桐杏学園幼児教室企画・編　桐杏学園　2000.7　234p　26cm　2500円　①4-88681-124-8

⑬私立小学校索引―男・女・共学別五十音順（男子校, 女子校, 共学校）, 国立小学校索引―五十音順

〔内容〕過去3年間にわたる首都圏有名小学校の面接テスト内容と受験者の入試感想。

有名小学校幼稚園に合格する本 2016 教育図書21, 星雲社〔発売〕 2014.11 247p 26cm 1400円 ①978-4-434-19989-9

〔目次〕巻頭特集 2015年度小学校入試速報, 有名小学校校長インタビュー(学習院初等科, 東京女学館小学校, LCA国際小学校), 新設校スクールレポート(開智望小学校), 有名校に合格する入試対策講座(学校側の選考ポイント, 入試対策・準備, 子どもの将来進むべき道や個性を考えて選ぶ小学校, 小学校受験を原点から考える, 身につけてほしい基本的なことがら, お母さんといっしょに遊びながら学ぶ, 入試直前の効果的な過ごし方, 入試当日の注意点と面接の受け方, 面接対策実践編)

〔内容〕有名幼児教室からの学校別アドバイス。入試準備の注意点・面接対策。首都圏幼児教室検索ページ。

中学校

<名簿・人名事典>

合格へのパスポート 中学校案内関西版 '99年度受験用 第3版 受験情報システム編 (大阪)ユーデック 1998.10 1冊 26cm 1800円 ①4-946541-97-7

〔目次〕'98年度関西中学入試の検証(入試総括—大阪の日程前倒しによる入試の多様化, 教科別入試問題の出題傾向と対策), '99年度関西地区の入試展望(基本構造の踏襲 入試の多様化による二極分化), 学校案内('99年度入試要項総覧)

〔内容〕関西地区を中心に124校の私立中学校を対象とした受験ガイド。沿革から教育方針・学校行事や説明会の日程・過去3年間の入試状況, 来年度の募集要項などを掲載。

中学進学ガイド 全国版 '98年度 翔文社書店 〔1997.7〕 485p 26cm 1700円 ①4-88333-016-2

〔目次〕本書の特色と利用法, 受験相談 "Q&A", 98年度中学入試の対策法, 97年度国立・私立中学校入試状況, 全国入試状況, 合格のめやす・試験時間・配点, 面接試験について, 調査書について, 『特集』6ヶ年一貫教育とは, エスカレーターの学校一覧, 資料「入試要項見本・寮生活について・読書」; 先輩たちが使った参考書・問題集, 海外子女募集・編入転入試験, 全国主要寄宿学校一覧, 有名大学合格者—高校別ランキング, 合格体験記 "がんばれ!後輩諸君"

〔内容〕近畿圏と全国の私立中学校と国立中学校を合わせて約340校収録。収録項目は, 各学校の所在地, 沿革, 特色と教育方針, 97年度入試要項, 学費, 入試分析レポート, 試験日の注意点, 交通ガイド, 出題傾向と対策法, 入試実質倍率等。

ポスターで見る私立中学入試ガイド みくに出版編 みくに出版 2001.10 168p 26cm 〈「中学受験進学レーダー」臨時増刊号〉 1000円 ①4-8403-0129-8

〔目次〕ここと思う学校が見つかったら学校説明会に行ってみよう, 自分に合う学校が見つかったら積極的に受験しよう, 男子校, 共学校, 女子校, 2002年中学入試日一覧(男子, 女子), 学校説明会カレンダー, 掲載65校注目ポイント集

〔内容〕厳選65校の2002年入試要項・これからの学校説明会・行事日程, 学校の特色がすぐわかる。

<ハンドブック>

親子で選ぶ難関大学に強い中高一貫校 Z会小学生コース編 (長泉町)Z会 2007.7 112p 30cm 1200円 ①978-4-86290-000-5

〔目次〕巻頭特集 人気校・伝統校に聞くゆるぎない「学力」を養成する方法, 失敗しない学校選び 難関大学に強い中高一貫校, 難関中高一貫校の先生が語る「わが校の魅力」, 中学受験保護者のホンネ, 全国主要中学校学校データ集, 先輩ママに聞きました!—わたしたちの中学受験, 志望校選び, はじめの一歩, コメント100 受験勉強と中学校生活のホンネ, Z会が教えます!小学3・4年生からできる家庭学習のコツ

〔内容〕本書は, 中学受験を検討し始めたご家族を対象にした, 中学校選びの「入門書」です。全国の国立・私立の難関中高一貫校, 計86校の教育, 生徒, 施設, 進学実績, 入試分析などのデータ集や, 有名校の先生へのインタビューなど, 学校選びのために必要な情報をまとめました。また, Z会指導部による小学3・4年生向けの家庭学習のポイントや, 中学受験を経験した親子のホンネなど, Z会オリジナル情報が満載の一冊です。

親子でみる中学受験面接ブック 16年度用 声の教育社編集部著 声の教育社 2003.10 96p 26cm 〈付属資料:別冊1〉 1300円 ①4-7715-6274-1

〔目次〕基本, 準備, 実際, 質問例(受験生編, 保

受験・進学　　　　　　　　　　　　　　　　　　　　　　　　　　　　　中学校

護者編）
(内容)初めての面接でも、もうこわくない。目指すは志望校合格。

この学校に行ってみよう　受験校選び中学受験パーフェクトガイド　2001　みくに出版編　みくに出版　2000.7　174p　26cm　〈「中学受験合格レーダー」臨時増刊号〉
1000円　①4-8403-0083-6
(目次)特集 こんな学校あったらいいな―もっとよく見る私立中高ガイド、『合格レーダー』の選ぶ注目の100校、学校説明会の活用法、行ってみてわかった!学校説明会、2000年学校行事日程一覧、『合格レーダー』どうぶつ編集部座談会―いざ、中学入試密林探検 こうして宝物を見つけよう、中学入試「人気トレンド」変遷物語、公開テストで力試し!3大テストの予想80%偏差値、私立中高一貫校は15年で一流校になる!2001年新設校紹介、はりきりインタビュー／新・校長先生に聞く!、カラーグラビア 私立中学校のカシコイ選び方、夏休みから秋の体調管理法、夏から入試直前までの受験準備スケジュール

私立国立公立中学受験学校案内　関西・中国・四国・九州版　2009年入試用　日能研関西, 日能研九州, 日能研進学情報室企画・編集　(横浜)日能研, みくに出版(発売)
2008.6　36,364p　26cm　(日能研ブックス)
1500円　①978-4-8403-0345-3　Ⓝ376.8
(目次)本編(関西圏の私立中学校, 関西・中国地方の国立大学附属中学校, 関西の公立中高一貫校, 中国・四国地方の私立中学校, 九州地区の国立大学附属中学校・公立中高一貫校, 東海地方・その他の私立中学校, その他 関西・中国・四国・九州・沖縄・東海地方の私立・国立公立中学校) 資料編(関西・西日本ほかの帰国子女受け入れ中学校一覧, 全国の寮のある主な学校一覧, 関西・中国・四国・九州地方の国立大学附属中学校の通学区域)
(内容)関西109校、中国・四国26校、九州58校、東海その他12校。中高6年間一貫校の個性的な教育内容と特色をクローズ・アップ。学校生活のさまざまな場面をアイコンでわかりやすく表現。全国中学入試センター模試偏差値で見る合格率グラフを掲載。205校の学校訪問マップ、路線図付き。入試問題の出題分野から志望校の出題傾向を探る。

私立国立公立中学受験学校案内　関西・中国・四国・九州版　2010年入試用　日能研関西, 日能研九州, 日能研進学情報室企画・編集　(横浜)日能研, みくに出版(発売)
2009.6　364p　26cm　(日能研ブックス)
1500円　①978-4-8403-0374-3　Ⓝ376.8
(目次)本編(関西圏の私立中学校, 関西・中国地方の国立大学附属中学校, 関西の公立中高一貫校, 中国・四国地方の私立中学校, 九州地方の私立中学校, 九州地区の国立大学附属中学校・公立中高一貫校, 東海地方・その他の私立中学校, その他関西・中国・四国・九州・沖縄・東海地方の私立・国公立中学校), 資料編
(内容)関西112校、中国・四国26校、九州57校、東海その他13校。中高6年間一貫校の個性的な教育内容と特色をクローズ・アップ!学校生活のさまざまな場面をアイコンでわかりやすく表現!全国中学入試センター模試偏差値で見る合格率グラフを掲載!203校の学校訪問マップ、路線図付き!入試問題の出題分野から志望校の出題傾向を探る。

私立国立公立中学受験学校案内　関西・中国・四国・九州版　2011年入試用　日能研関西, 日能研九州, 日能研進学情報室企画・編集　(横浜)日能研, みくに出版(発売)
2010.6　376p　26cm　(日能研ブックス)
1500円　①978-4-8403-0410-8　Ⓝ376.8
(目次)本編(関西圏の私立中学校, 関西・中国地方の国立大学附属中学校, 関西の公立中高一貫校, 中国・四国地方の私立中学校, 九州地方の私立中学校, 九州地方の国立大学附属中学校・公立中高一貫校, 東海地方・その他の私立中学校, その他関西・中国・四国・九州・沖縄・東海地方の私立・国公立中学校), 資料編
(内容)関西111校、中国・四国26校、九州58校、東海その他13校を掲載。入試問題の出題分野から志望校の出題傾向を探る。

私立国立公立中学受験学校案内　関西・中国・四国・九州版　2012年入試用　日能研関西, 日能研九州, 日能研進学情報室企画・編集　日能研, みくに出版(発売)
2011.6　364p　26cm　(日能研ブックス)
1500円　①978-4-8403-0445-0
(目次)本編(関西圏の私立中学校, 関西・中国地方の国立大学附属中学校, 関西の公立中高一貫校, 中国・四国地方の私立中学校, 九州地方の私立中学校, 九州地方の国立大学附属中学校・公立中高一貫校, その他の私立中学校, その他関西・中国・四国・九州・沖縄の私立・国公立中学校), 資料編
(内容)関西110校、中国・四国26校、九州59校、

児童・青少年レファレンスブック　　41

東海その他2校を紹介。

私立国立公立中学受験学校案内 関西・中国・四国・九州版 2013年入試用 （横浜）日能研，みくに出版（発売） 2012.6 368p 26cm （日能研ブックス） 1500円 ⓘ978-4-8403-0473-3

〔目次〕本編（関西圏の私立中学校，関西・中国地方の国立大学附属中学校，関西の公立中高一貫校，中国・四国地方の私立中学校，九州地方の私立中学校，九州地方の国立大学附属中学校・公立中高一貫校，その他の私立中学校，その他，関西・中国・四国・九州・沖縄の私立・国公立中学校），資料編（関西・西日本ほかの帰国子女受け入れ中学校一覧，全国の寮のあるおもな学校一覧，関西・中国・四国・九州地方の国立大学附属中学校の通学区域）

〔内容〕関西112校，中国・四国26校，九州59校，東海その他2校。中高6年間一貫校の個性的な教育内容と特色をクローズ・アップ。学校生活のさまざまな場面をアイコンでわかりやすく表現。全国中学入試センター模試偏差値で見る合格率グラフを掲載。199校の学校訪問マップ，路線図付き。入試問題の出題分野から志望校の出題傾向を探る。

私立・国立・公立中学受験学校案内 関西・中国・四国・九州版 2014年入試用 日能研関西，日能研九州，日能研企画・編 （横浜）日能研，みくに出版（発売） 2013.6 335p 26cm 1500円 ⓘ978-4-8403-0513-6

〔目次〕関西圏の私立中学校，関西・中国地方の国立大学附属中学校，関西の公立中高一貫校，中国・四国地方の私立中学校，九州地方の私立中学校，九州地方の国立大学附属中学校・公立中高一貫校，その他の私立中学校，その他関西・中国・四国・九州・沖縄の私立・国立・公立中高一貫校

〔内容〕関西110校／中国・四国27校／九州55校／東海その他2校，194校を大紹介！

私立・国立・公立中学受験学校案内 関西・中国・四国・九州版 2015年入試用 日能研関西，日能研九州，日能研企画・編 （横浜）日能研，みくに出版〔発売〕 2014.6 344p 26cm 1500円 ⓘ978-4-8403-0551-8

〔目次〕関西圏の私立中学校，関西・中国地方の国立大学附属中学校，関西の公立中高一貫校，中国・四国地方の私立中学校，九州地方の私立中学校，九州地方の国立大学附属校・

公立中高一貫校，関西、中国・四国・九州地方の国立大学附属中学校の通学区域

〔内容〕関西112校／中国・四国25校／九州55校／東海その他2校，194校を大紹介！

私立・国立中学受験学校案内 関西・中国・四国・九州版 2004年入試用 日能研関西，日能研九州，日能研進学情報センター企画・編 （横浜）日能研，みくに出版〔発売〕 2003.6 309p 26cm 1500円 ⓘ4-8403-0183-2

〔目次〕関西圏の私立中学校，関西・中国地方の国立大学附属中学校，中国・四国地方の私立中学校，九州地方の私立中学校，東海地方・その他の私立中学校，その他 関西・中国・四国・九州・沖縄・東海地方の私立・国立中学校

〔内容〕本書は日能研が，進学塾・予備校という立場から編さんした，関西・中国・四国・九州地方を中心とする西日本（一部，東海地方・北海道を含む）の私立・国立中学校『学校案内』であり中学受験に関する「データ・情報集」である。

私立・国立中学受験学校案内 関西・中国・四国・九州版 2005年入試用 日能研関西，日能研九州，日能研進学情報センター企画・編 （横浜）日能研，みくに出版〔発売〕 2004.6 324p 26cm （NICHINOKEN BOOKS） 1500円 ⓘ4-8403-0214-6

〔目次〕本編（関西圏の私立中学校，関西・中国地方の国立中学校，中国・四国地方の私立中学校，九州地方の私立中学校，東海地方・その他の私立中学校，その他関西・中国・四国・九州・沖縄・東海地方の私立・国立中学校），資料編（関西・西日本ほかの帰国子女受け入れ中学校一覧，全国の寮のある主な学校一覧，関西・中国・四国・九州地方の国立大学附属中学校の通学区域）

〔内容〕中高6年間一貫校の個性的な教育内容と特色をクローズ・アップ。学校生活のさまざまな場面をアイコンでわかりやすく表現。日能研公開模試偏差値で見る合格率グラフを掲載。165校の学校訪問マップ，路線図付き。入試問題の出題分野から志望校の出題傾向を探る。

私立・国立中学受験学校案内 関西・中国・四国・九州版 2006年入試用 日能研関西，日能研九州，日能研進学情報センター企画・編 （横浜）日能研，みくに出版〔発売〕 2005.6 320p 26cm （日能研ブックス） 1500円 ⓘ4-8403-0241-3

〔目次〕関西圏の私立中学校（関西学院中学部，甲南中 ほか），関西・中国地方の国立大学附属校

（大阪教育大学附属池田中，大阪教育大学附属天王寺中 ほか），中国・四国地方の私立中学校（修道中，広島学院中 ほか），九州地方の私立中学校（久留米大学附設中，泰星中 ほか），東海地方・その他の私立中学校（東海中，名古屋中 ほか），その他 関西・中国・四国・九州・沖縄・東海地方の私立・国立中学校（暁中，海星中 ほか）

(内容)中高6年間一貫校の個性的な教育内容と特色をクローズ・アップ。学校生活のさまざまな場面をアイコンでわかりやすく表現。日能研公開模試偏差値で見る合格率グラフを掲載。171校の学校訪問マップ、路線図付き。入試問題の出題分野から志望校の出題傾向を探る。

私立・国立中学受験学校案内 関西・中国・四国・九州版 2007年入試用
日能研関西企画・編 （横浜）日能研，みくに出版〔発売〕 2006.6 20,328p 26cm 1500円
①4-8403-0275-8

(目次)本編（関西圏の私立中学校，関西・中国地方の国立中学校，関西の公立中学校，中国・四国地方の私立中学校，九州地方の私立中学校，東海地方・その他の私立中学校，その他 関西・中国・四国・九州・沖縄・東海地方の私立・国公立中学校），資料編

(内容)関西104校，中国・四国23校，九州49校，東海その他11校を紹介。

私立・国立中学受験学校案内 関西・中国・四国・九州版 2008年入試用
日能研関西，日能研九州，日能研進学情報室企画・編 （横浜）日能研，みくに出版〔発売〕 2007.6 335p 26cm （日能研ブックス） 1500円
①978-4-8403-0311-8

(目次)本編（関西圏の私立中学校，関西・中国地方の国立大学附属中学校，関西の公立中高一貫校，中国・四国地方の私立中学校，九州地方の私立中学校，九州地区の国立大学附属中学校・公立中高一貫校，東海地方・その他の私立中学校，その他関西・中国・四国・九州・沖縄・東海地方の私立・国公立中学校），資料編（関西・西日本ほかの帰国子女受け入れ中学校一覧，全国の寮のある主な中学校一覧，関西・中国・四国・九州地方の国立大学附属中学校の通学区域）

(内容)中高6年間一貫校の個性的な教育内容と特色をクローズ・アップ。学校生活のさまざまな場面をアイコンでわかりやすく表現。全国中学入試センター模試偏差値で見る合格率グラフを掲載。188校の学校訪問マップ、路線図付き。入試問題の出題分野から志望校の出題傾向を探る。

私立・国立中学受験学校案内 東海版 2010年入試用
日能研東海，日能研進学情報室企画・編集 （横浜）日能研，みくに出版（発売） 2009.7 198p 26cm （日能研ブックス）〈並列シリーズ名：Nichinoken books〉 2000円 ①978-4-8403-0375-0 Ⓝ376.8

(目次)中学受験の基礎知識（入試科目は，どうなっているの？，中学入試の準備はいつから始めるの？ ほか），志望校を正しく選ぶために（学校を選択するうえでの2つのポイント，私立中学の特色 ほか），東海地区2009年度入試状況（2009年度入試結果報告—愛知県・岐阜県・三重県，2009年度入試状況一覧—愛知県・岐阜県・三重県 ほか），学校紹介（愛知県—私立中学，岐阜県—私立中学 ほか）

(内容)東海43校・その他6校。中高6年間一貫校の個性的な教育内容と特色をクローズ・アップ。

私立・国立中学受験学校案内 東海版 2011年入試用
日能研東海，日能研進学情報室企画・編集 （横浜）日能研，みくに出版（発売） 2010.7 216p 26cm （日能研ブックス）〈並列シリーズ名：NICHINOKEN BOOKS〉 2000円 ①978-4-8403-0411-5 Ⓝ376.8

(目次)中学受験の基礎知識，志望校を正しく選ぶために，出願時のポイント，東海地区2010年度入試状況，学校紹介（愛知県私立中学，岐阜県私立中学，三重県私立中学，東海地区外私立中学，愛知県国立中学）

(内容)東海42校・その他6校。中高6年間一貫校の個性的な教育内容と特色をクローズ・アップ。

私立・国立中学受験学校案内 東海版 2012年入試用
日能研東海，日能研進学情報室企画・編集 日能研，みくに出版（発売） 2011.7 216p 26cm （日能研ブックス）〈並列シリーズ名：NICHINOKEN BOOKS〉 2000円 ①978-4-8403-0446-7

(目次)中学受験の基礎知識，志望校を正しく選ぶために，出願時のポイント，東海地区2011年度入試状況，学校紹介（愛知県私立中学，岐阜県私立中学，三重県私立中学，東海地区外私立中学，愛知県国立中学）

(内容)東海42校・その他6校。中高6年間一貫校の個性的な教育内容と特色をクローズ・アップ。

私立・国立中学受験学校案内 東海版 2013年入試用
（横浜）日能研，みくに出

版(発売) 2012.7 216p 26cm 2000円 ①978-4-8403-0474-0

(目次)中学受験の基礎知識, 志望校を正しく選ぶために, 出願時のポイント, 東海地区2012年度入試状況, 学校紹介(愛知県私立中学, 岐阜県私立中学, 三重県私立中学, 東海地区外私立中学, 愛知県国立中学)

(内容)東海42校・その他6校。中高6年間一貫など個性的な教育内容と理念をクローズアップ。

私立・国立中学受験学校案内 東海版 2014年入試用
日能研東海企画・編 (横浜)日能研, みくに出版〔発売〕 2013.7 218p 26cm 2000円 ①978-4-8403-0514-3

(目次)1 志望校を選ぶポイント, 2 志望校の特色を知るポイント, 3 中学受験の基礎知識, 4 出願時のポイント, 5 東海地区2013年度入試状況, 学校紹介(愛知県私立中学 21校, 岐阜県私立中学 8校, 三重県私立中学 10校, 東海地区外私立中学 7校, 愛知県国立中学 3校), 私立・国立中学所在地略図

(内容)東海42校・その他7校。中高6年間一貫校の個性的な教育内容と特色をクローズ・アップ!。

私立・国立中学受験学校案内 東海版 2015年入試用
日能研東海企画・編 (横浜)日能研, みくに出版〔発売〕 2014.7 217p 26cm 2000円 ①978-4-8403-0552-5

(目次)学校紹介(愛知県私立中学21校, 岐阜県私立中学8校, 三重県私立中学10校, 東海地区外私立中学7校, 愛知県国立中学3校), 私立・国立中学所在地略図

私立・国立中学受験 中学入学案内 西日本版 平成12年度
駸々堂出版事業部編 (大阪)駸々堂出版 1999.7 367p 26cm 2400円 ①4-397-10121-3

(目次)中学入試の準備と実際(中学入試の準備, 志望校の選び方, 入試問題の傾向と学習のすすめ方), 学校案内(西日本私立中学校, 全国の有名私立中学校, 近畿圏国立大学附属中学校, エスカレーター進学校一覧, 私立高校の指定推薦校一覧 ほか)

(内容)西日本の私立・国立中学校の入学ガイド。大阪・兵庫・京都・滋賀・奈良・和歌山等の私立・国立中学校の所在地・交通・生徒数・学校紹介・入試要項・学費・交通・クラブ活動, 進学状況等を紹介する。

私立中学への進学 愛知県版 2006
(大阪)教育・出版ユーデック 2005.11 79p 26cm 476円 ①4-903332-00-4

(目次)中学受験, キホンのキ。(ちゃんと知ればコワクナイ中学受験のホントのところ, mini CONTENTS1 やっぱり役立つ?読書, mini CONTENTS2 受験生のキミたちへ健康面でのアドバイス ほか), 私にピッタリな学校, 見つけた!(愛知中学校, 愛知工業大学附属中学校, 愛知産業大学三河中学校 ほか), 使える!巻末資料集(クラブ活動一覧(運動部編), クラブ活動一覧(文化部編), 学校行事一覧 ほか)

私立中学への進学学校案内 関西版('94)
(大阪)第一プロジェ 1993.6 366p 21cm 1200円 ①4-924920-00-2

(内容)近畿2府4県+岐阜・福井県版。国立中学校データも掲載。志願者が増加する私立中学入試を突破するための入試データ集。面接試験・競争率・教育の特色・入試難易度等情報掲載。

私立中学への進学 関西版 近畿圏の国立中学校データも掲載 中学受験用学校案内 97
(大阪)第一プロジェ 1996.6 464p 26cm (合格へのパスポートシリーズ) 1500円 ①4-88739-057-2

(目次)中学入試の現状, 私立人気はどうして?, 志望校はこうして決めよう—アドバイス編, 志望校はこうして決めよう—ここに注意編, 親子で取り組む中学受験, 教科別受験勉強のポイント(算数, 国語, 理科, 社会), 面接試験の上手な受け方, ケアレスミスが合否を決める, 有名大学合格ランキング, 学校データの見方と注意点

(内容)大阪・兵庫・京都・奈良・和歌山・滋賀・岐阜の私立中学校の受験ガイド。各校の所在地・交通・沿革・教育方針・施設・併設校・学校説明会の時期・科目や結果などの入試データ・学費・最近5か年の入試応募者推移と倍率などを掲載する。排列は大阪府・兵庫県など地域ごと。

私立中学への進学 関西版 99 中学受験用
(大阪)教育出版ユーデック 1998.6 366p 26cm (合格へのパスポートシリーズ) 1700円 ①4-946541-93-4

(目次)大阪府データ編, 兵庫県データ編, 京都府・滋賀県データ編, 奈良県・和歌山県データ編, 岡山県・広島県の有名私立中データ編, 四国・九州の有名私立中データ編, 岐阜県・三重県データ編

(内容)近畿圏の私立・国立中学校を中心に、西日本とその他地域の中学校を含め掲載した進学ガイド。掲載データは、府県名・男女別・校章・学校名、沿革、教育方針と特色、施設、修学旅

行、制服、学校五日制、公開行事、併設校、カリキュラム、平成10年度の入試要項・入試結果・入試科目・学費、入試難易度、内部進学条件、進学状況、主な大学進学先、指定校推薦、最近5ヵ年の入試応募者推移と倍率など。

私立中学への進学 関西版 2008 (大阪)
　教育出版ユーデック　2007.6　393p　26cm　1700円　Ⓘ978-4-903332-16-1
　㊁私立中学校誌上説明会, 大阪府データ編, 兵庫県データ編, 京都府データ編, 滋賀県データ編, 奈良県データ編, 和歌山県データ編, 岡山県・広島県の有名私立中学データ編, 四国・九州の有名私立中学データ編, 岐阜県・愛知県の有名私立中学データ編, 巻末資料
　㊂教育の特色・カリキュラム・大学合格実績・最近5ヵ年の応募状況推移と競争倍率など役立つ情報満載。

私立中学への進学 関西版 2009 (大阪)
　ユーデック　2008.6　399p　26cm　(合格へのパスポートシリーズ)　1700円　Ⓘ978-4-903332-24-6　Ⓝ376.3
　㊁私立中学校誌上説明会, 大阪府データ編, 兵庫県データ編, 京都府データ編, 滋賀県データ編, 奈良県データ編, 和歌山県データ編, 岡山県・広島県の有名私立中学データ編, 四国・九州の有名私立中学データ編, 岐阜県・愛知県の有名私立中学データ編, 巻末資料
　㊂大阪・兵庫・京都・滋賀・奈良・和歌山の国・私立中学全校&公立中高一貫校全校と西日本の有名私立中学校を掲載。教育の特色・カリキュラム・大学合格実績・最近5ヵ年の応募状況推移と競争倍率など役立つ情報満載。入試難易度をわかりやすく表示。ホームページURL掲載。

私立中学への進学 関西版 2010 (大阪)
　ユーデック　2009.6　407p　26cm　1700円　Ⓘ978-4-903332-33-8　Ⓝ376.3
　㊁私立中学校誌上説明会, 大阪府データ編, 兵庫県データ編, 京都府データ編, 滋賀県データ編, 奈良県データ編, 和歌山県データ編, 岡山県の有名私立中学データ編, 広島県の有名私立・国立中学データ編, 鳥取県の有名私立・国立中学データ編, 四国・九州の有名私立中学データ編, 岐阜県・愛知県・富山県の有名私立中学データ編, 巻末資料
　㊂大阪・兵庫・京都・滋賀・奈良・和歌山の国・私立中学全校&公立中高一貫校全校と西日本の有名私立中学校を掲載。教育の特色・カ

リキュラム・大学合格実績・最近5ヵ年の応募状況推移と競争倍率など役立つ情報満載。

私立中学への進学 関西版 2011 (大阪)
　ユーデック　2010.6　393p　26cm　1700円　Ⓘ978-4-903332-41-3　Ⓝ376.3
　㊁私立中学校誌上説明会, 大阪府データ編, 兵庫県データ編, 京都府データ編, 滋賀県データ編, 奈良県データ編, 和歌山県データ編, 岡山県の有名私立中学データ編, 四国・九州の有名私立中学データ編, 岐阜県・愛知県・富山県の有名私立中学データ編, 巻末資料
　㊂大阪・兵庫・京都・滋賀・奈良・和歌山の国・私立中学全校&公立中高一貫校全校と西日本の有名私立中学校を掲載。教育の特色・カリキュラム・大学合格実績・最近5ヵ年の応募状況推移と競争倍率など役立つ情報満載。

私立中学への進学 関西版 2013 (大阪)
　ユーデック　2012.6　383p　26cm　1700円　Ⓘ978-4-903332-59-8
　㊁大阪府データ編, 兵庫県データ編, 京都府データ編, 滋賀県データ編, 奈良県データ編, 和歌山県データ編, 岡山県の有名私立中学データ編, 四国・九州の有名私立中学データ編, 岐阜県・愛知県・富山県の有名私立中学データ編, 巻末資料
　㊂大阪・兵庫・京都・滋賀・奈良・和歌山の国・私立中学全校&公立中高一貫校全校と西日本の有名私立中学校を掲載。教育の特色・カリキュラム・大学合格実績・最近5ヵ年の応募状況推移と競争倍率など役立つ情報満載。

私立中学への進学 関西版 中学受験用学校案内 〔2015〕 (大阪) ユーデック
　2014.6　391p　26cm　(合格へのパスポートシリーズ)　1700円　Ⓘ978-4-903332-84-0
　㊁私立中学校誌上説明会, 大阪府データ編, 兵庫県データ編, 京都府データ編, 滋賀県データ編, 奈良県データ編, 和歌山県データ編, 岡山県の有名私立中学データ編, 四国・九州の有名私立中学データ編, 岐阜県・愛知県・富山県の有名私立中学データ編
　㊂大阪・兵庫・京都・滋賀・奈良・和歌山の国・私立中学全校&公立中高一貫校全校と西日本の有名私立中学校を掲載!教育の特色・カリキュラム・大学合格実績最近5ヵ年の応募状況推移と競争倍率など役立つ情報満載。入試難易度を★マークでわかりやすく表示。

私立中学への進学 東海版 2007 (大阪)
　ユーデック　2006.8　85p　26cm　762円

中学校　受験・進学

Ⓘ4-903332-10-1
(目次)中学受験、キホンのキ。(ちゃんと知ればコワクナイ 中学受験のホントのところ，mini CONTENTS1 やっぱり役立つ?読書，mini CONTENTS2 受験生のキミたちへ健康面でのアドバイス ほか)，私にピッタリな学校、見つけた!(愛知中学校，愛知工業大学附属中学校，愛知産業大学三河中学校 ほか)，使える!巻末資料集(クラブ活動一覧(運動部編)，クラブ活動一覧(文化部編)，学校行事一覧 ほか)

私立中学への進学 東海版　2010　(大阪)
　　ユーデック　2009.7　182p　26cm　1200円
　　Ⓘ978-4-903332-35-2　Ⓝ376.3
(目次)岐阜県データ編，静岡県データ編，愛知県データ編，三重県データ編，東京都データ編，神奈川県データ編，富山県データ編，京都府データ編，兵庫県データ編，奈良県データ編，岡山県データ編
(内容)静岡県・愛知県・岐阜県・三重県の私立中学校全校の情報を掲載。教育の特色・カリキュラム・大学合格実績・最近5カ年の応募状況推移と競争倍率など役立つ情報満載。

私立中学への進学 東海版　2011　(大阪)
　　ユーデック　2010.7　182p　26cm　1200円
　　Ⓘ978-4-903332-42-0　Ⓝ376.3
(目次)岐阜県データ編，静岡県データ編，愛知県データ編，三重県データ編，東京都データ編，神奈川県データ編，富山県データ編，京都府データ編，兵庫県データ編，奈良県データ編，岡山県データ編
(内容)教育の特色・カリキュラム・大学合格実績・最近5カ年の応募状況推移と競争倍率など役立つ情報満載。ホームページURL掲載。

私立中学受験案内 大学進学で選ぶ　2007年入試用　学習研究社編　学習研究社
　　2006.4　700p　21cm　〔付属資料：CD-ROM1〕　1900円　Ⓘ4-05-302240-1
(目次)志望校合格のためにはこれだけはおさえておきたい中学受験AtoZ，くわしい!見やすい!学校案内編―都県別・五十音別の配列で探しやすい!，制服の最新情報から行事日程まで 役立つ情報がいっぱい!

私立中学受験校を決める!　2004年　中学入試どこを受ける?　学研編　学習研究社
　　2003.10　163p　26cm　1100円　Ⓘ4-05-301481-6
(目次)1 これでもう迷わない!受験校選びの最終情報&対策(「サンデーショック」を乗り切る!2004年入試流受験校選び成功の8か条，2004年入試・日別予測 この学校が難しくなる、やさしくなる，お子さんの力が発揮できる組み合わせを探せ!2004年入試『おすすめ併願作戦パターン34』ほか)，2 先輩ご父母たちが語る合格への道 ラスト100日で成功をつかむ親・逃す親(先輩ご家族の悩み体験レポート わが家の受験戦争／も～タイヘンのラスト100日間，うちではこれで成功しました!! 後半戦の不安を救う『父母のチエ』)，3 受験校決定の注目ポイント ぜひ見極めたい!「学校の実力」(「学習指導力」を徹底リサーチ!『学力UP』対策わが子を伸ばす学校はここ!，本当の「大学進学力」をチェック 6年後の"成長"が期待できる学校はここ!，やっぱり気になる"お金"の問題 節約じょうずのかしこい受験作戦!)，4 いまからでも間に合う!親が伸ばせるわが子の「得点力」(後半戦勉強のメインテーマ「過去問」への取り組みが合否を左右する，これからの得点ポイント「時事問題」攻略は親子のサポートで差をつけよう!，受験勉強の「悩み」をプロが解決!Q&Aうちの子ホントにだいじょうぶ?)

私立中学受験校を決める!　2006年　中学入試どこを受ける?　学研編　学習研究社
　　2005.10　164p　26cm　1100円　Ⓘ4-05-302042-5
(目次)1 いちばん役に立つ!先輩父母の実感体験 ラスト100日間のSOSーわが子はこうして乗り切りました!(先輩ご父母の悩み・実感体験レポート「わが家の受験 ハラハラドキドキのラスト100日間」，後半戦のピンチはこれで乗り切ろう!先輩ご父母の「最強ヒント54」ほか)，2 2006年中学入試これでもう迷わない!受験校決定の「最終情報&対策」(厳しい2006年入試で満足な結果を勝ち取る!「受験校最終決定」成功の7方程式，2006年―入試日別予測 この学校が難しくなる、やさしくなる ほか)，3 中学受験成功の決め手!お子さんの合格を勝ち取る!「併願」大作戦(この組み合わせならお子さんの力を引き出せる!2006年入試「併願作戦」おすすめ34パターン，併願校選びはここにも注目したい!「大学進学力」で見つけるねらい目校 ほか)，4 "これから"がモノをいう!親が伸ばせるわが子の「得点力」(後半戦のメインテーマ「過去問」対策はこれでカンペキ!，これからの得点ポイント「時事問題」攻略は親子でマスターがカギ! ほか)
(内容)あと100日から本番まで、親としてこれをやれば合格。入学手続時納入金の延納・返金制もひと目でわかる。'06年入試要項最新情報。

私立中高進学通信 関西版　2007 No.27
　　(大阪)エデュケーショナルネットワーク，

（大阪）栄光〔発売〕　2007.6　106p　29×21cm　619円　①978-4-87293-426-7

〔目次〕MANABI画報，自慢のキャンパス・スポット，私立学校制服図鑑，創立者の肖像―甲南，教・育・問・答―灘中学・高等学校校長・和田孫博先生，特集1 中学受験生の"脳力"の鍛え方，特集2 中学合格から大学卒業までのマネープラン，大学改革の今を知る，Hot News，学校生活まるごとwatching〔ほか〕

中学受験資料 進学サクセス　2000年度
（大阪）翔文社書店　1999.10　178p　26cm　1300円　①4-88333-026-5

〔目次〕今年の入試からの主要変更事項一覧，中学受験受験期をひかえて，2000年度近畿圏私立中学校入試要項，最近3ヵ年受験生のうごき，先輩が使った参考書・問題集，首都圏主要中学校入試要項，全国主要中学校入試要項，試験時間・科目別配点・合格のめやす，2000年度の対策法　国語・算数・理科・社会，面接について，海外帰国生の受け入れについて，各学校別交通ガイド，学校FAX番号とホームページアドレス，中学入試Q&A，入試にそなえて，がんばれ後輩諸君!!合格体験記

中学受験絶対合格・親子の受験ハンドブック　"現在"から"直前45日"の過ごし方　2015年度　受験情報研究会著　ごま書房新社　2014.5　180p　19cm　1250円　①978-4-341-08584-1

〔目次〕1章 中学受験の常識―「塾」選びから「志望校」選びまで（中学受験のための勉強は小学校四年生から，小学校の成績は中学受験の参考にならない ほか），2章 中学受験・親子の常識―受験生＋家族力で受験突破（六年生の夏までは成績に一喜一憂しない，模擬テストを受ける目的を誤解していませんか ほか），3章 中学受験・間違った勉強の常識―国語力が合否を左右する（配点が高い科目・国語，国語力はすべての科目の基礎になる ほか），4章 親子で中学受験を乗り切る―"現在"から"直前45日"までの過ごし方（"現在"から"直前45日"までの過ごし方　志望校の出題傾向を調べる，直前45日ラストスパートでやるべきこと）

〔内容〕本書は科目毎ごとの参考書ではありません。「受験日までどう過ごしたらいいか」を，"親子の基本知識"としてまとめたものです。

中学受験入試直前パーフェクトガイド　2000　みくに出版　1999.11　196p　26cm　〈「中学受験合格レーダー」臨時増刊号（第11巻17号）〉　1200円　①4-89524-997-2

〔目次〕入試直前データ編 編集部が勧める注目の220校，入試直前アドバイス編（進学塾・テスト会の先生に聞いた!こうなる!首都圏・関西地区入試，この勉強法で「合格」を勝ち取ろう! ほか），トピックス 2000年入試気になる新設校（立教新座，専修大学松戸），カラーグラビア（出願→入試→発表それぞれの1日を追う!!，もうすぐ楽しい6年間だ! ほか）

中学受験 はなマルな学校選び　みくに出版　2006.7　183p　26cm　〈「進学レーダー」2006年夏別冊〉　1200円　①4-8403-0281-2

〔目次〕1 体育祭!文化祭!はなマルな私学のイベントマンガでルポ（麻布の文化祭，光塩女子学院の光塩祭），2 はなマルな学校選び（はなマルな学校選び10の常識・非常識，先輩保護者400人の生声より―わが家の「学校選び」ゆずれなかった3つのポイント，はなマルな，志望校決定までの3ステップ，先輩保護者400人の生声より―これで成功!わが家のはなマルな志望校選び，先輩保護者400人の生声より―いまだから話せる…志望校選びの反省点），3 はなマルな学校行事の見方・歩き方（先輩保護者400人の生声より―学校訪問の前に知っておきたいこと，先輩保護者400人の生声より，私学250校のデータより―学校に足を運ぶと，こーんな「はなマル＝お得」が! ほか），4 はなマルな夏からの過ごし方（行動編 7月からのはなマルな行動スケジュール，学習編 学年別／夏休み，何をどこまでやればいいの? ほか），5 首都圏・関西・西日本 学校説明会&学校イベントガイド

中学受験面接合格ガイド　2000　みくに出版『合格レーダー』編集部編　（横浜）日能研，みくに出版〔発売〕　1999.10　248p　26cm　1600円　①4-89524-990-5

〔目次〕第1部 基礎知識編，第2部 実践編，第3部 学校別面接ガイド，第4部 学校別実技試験ガイド，第5部 準備編

〔内容〕首都圏を中心とした私立国立中学230校のデータを収録した受験ガイド。合格者1800人のアンケート回答による実践的アドバイス，面接の意義や心構え願書の書き方なども。掲載巻頭綴じ込みに私立・国立160校／男子・女子・共学校別面接ガイドさくいんがある。

中学受験面接合格ガイド　2001　みくに出版『合格レーダー』編集部企画・編　（横浜）日能研，みくに出版〔発売〕　2000.9　224p　26cm　1600円　①4-8403-0087-9

中学校　受験・進学

〔目次〕第1部 基礎知識編，第2部 実践編，第3部 私立・国立中学校面接ガイド，第4部 私立・国立中学校実技試験ガイド，第5部 出願準備編

中学受験面接合格ガイド 〔2008〕 みくに出版編　みくに出版　2007.9　235p　26cm　〈「進学レーダー」2007年・別冊〉　1200円　①978-4-8403-0321-7

〔目次〕第1部 学科以外の入試疑問と不安をすべて解消!(面接＆実技編，公立中高一貫校の適性検査編，新しい形態の入試編)，第2部 学校別面接・実技データ集

中学入試のためのチャレンジデータ 愛知県・三重県・岐阜県・西日本難関 2002 学校紹介編　河合塾小学グリーンコース編　河合出版　2002.6　252p　26cm　1600円　①4-87725-840-X

〔目次〕1 中学入試の基礎知識，2 志望校を正しく選ぶために，3 2002年度中学入試結果報告，4 学校紹介，5 合格へのアドバイス

中学入試のためのチャレンジデータ 2003　河合塾小学グリーンコース編　河合出版　2003.6　256p　26cm　1800円　①4-87725-929-5

〔目次〕1 中学入試の基礎知識(私立中学への進学状況，私立中学に注目したい理由 ほか)，2 志望校を正しく選ぶために(子供の適性・将来の希望にあった学校選択，子供の実力にあった学校選択 ほか)，3 2003年度中学入試結果報告(受験者数にみる入試動向，愛知県，三重県，岐阜県入試状況 ほか)，4 学校紹介(愛知，愛知工業大学附属 ほか)，5 合格へのアドバイス(予習・授業・復習の学習サイクルの確立，河合塾年間学習スケジュール ほか)

〔内容〕本書は、受験生と保護者の方が中学入試やそれぞれの国・私立中学校について理解を深め、しっかりとした目的をもって入試に臨み、進学していただけることを目的に編集している。

中学入試のためのチャレンジデータ 2004　河合塾小学グリーンコース編　河合出版　2004.6　253p　26cm　1800円　①4-7772-0092-2

〔目次〕1 中学入試の基礎知識(私立中学への進学状況，私立中学に注目したい理由 ほか)，2 志望校を正しく選ぶために(子供の適正・将来の希望にあった学校選択，子供の実力にあった学校選択 ほか)，3 2004年度中学入試結果報告(受験者数にみる入試動向，愛知県，三重県，岐阜県入試状況 ほか)，4 学校紹介(愛知，愛知工業大学附属 ほか)，5 合格へのアドバイス(予習・授業・復習の学習サイクルの確立，河合塾年間学習スケジュール ほか)

中学入試のためのチャレンジデータ 2005　学校紹介編 愛知県・三重県・岐阜県・西日本難関　河合出版　2005.6　264p　26cm　1800円　①4-7772-0247-X

〔目次〕1 中学入試の基礎知識(私立中学への進学状況，私立中学に注目したい理由 ほか)，2 志望校を正しく選ぶために(子供の適性・将来の希望にあった学校選択，子供の実力にあった学校選択 ほか)，3 2005年度中学入試結果報告(受験者数にみる入試動向，愛知県，三重県，岐阜県，県外難関入試状況 ほか)，4 学校紹介(愛知中学校，愛知工業大学附属中学校 ほか)，5 合格へのアドバイス(予習・授業・復習の学習サイクルの確立，河合塾年間学習スケジュール ほか)

中学入試のためのチャレンジデータ 2007　学校紹介編 愛知県・三重県・岐阜県・他地区難関　河合塾小学グリーンコース編　河合出版　2007.6　270p　26cm　2000円　①978-4-7772-0588-2

〔目次〕1 中学入試の基礎知識(私立中学への進学状況，私立中学に注目したい理由 ほか)，2 志望校を正しく選ぶために(子供の適性・将来の希望にあった学校選択，子供の実力にあった学校選択 ほか)，3 2007年度中学入試結果報告(受験者数にみる入試動向，愛知県，三重県，岐阜県，他地区難関入試状況 ほか)，4 学校紹介(愛知中学校，愛知工業大学附属中学校 ほか)，5 合格へのアドバイス(予習・授業・復習の学習サイクルの確立，河合塾年間学習スケジュール ほか)

有名中学合格事典 2015　関西・中部その他完全ガイド　小学館　2014.10　385p　26cm　(ドラゼミ・ドラネットブックス)　〈付属資料：DVD1〉　2300円　①978-4-09-253570-1

〔目次〕特集記事(平成26(2014)年度春入試関西・東海有名中学入試動向最新レポート，2015中学受験最新ニュース，中学受験Q&A，性格タイプ別勉強法，目指せ医学部!夢を叶えるための学校選びのポイントとは，合格者に聞きました!中学受験データバンク)，学校情報(関西，中部・その他)

有名中学 超・合格術　最新学校別情報からメンタルコントロールまで　スクール21

入試情報センター編　ニューウォーカー，河出書房新社〔発売〕　2002.10　184p　21cm　（スクール21ブックス）　1300円　Ⓘ4-309-90503-X

⦅目次⦆第1章 いまどきの「中学受験」事情（2002年教育改革ショック，「ゆとり教育」のさらなる推進?新学習指導要領の内容 ほか），第2章 中学受験は『親』の取れる最後の責任（中学受験する?しない?，受験における『親』の仕事と役割 ほか），第3章 親子コミュニケーションで子どもの将来を考えよう!!（学校選択は何を基準にしていますか，どれだけ『聴いて』いますか? ほか），第4章 ビギナー親子のための受験講座（中学受験にはコツがある，受験校選定…その時に ほか），第5章 オススメ中学校プロフィール

⦅内容⦆教育環境激変の時代，今，どんな教育機会を与えるかでお子様の将来が大きく左右されます。親の責任が，今まで以上に問われる時代になりました。あなたは子どもの可能性を拡大させられますか。それとも―。

◆首都圏

<名簿・人名事典>

首都圏国立・私立・公立一貫中学受験ガイド　2008年入試用　市進学院編　市進出版　2007.4　739p　26cm　1900円　Ⓘ978-4-903837-00-0

⦅目次⦆第1部 学校選びのポイント（学習指導要領の改訂と中学入試動向，国立・私立と公立中高一貫校，男子校・女子校と共学校 ほか），第2部 各校紹介編（都内男子校，都内女子校，都内共学校 ほか），第3部 資料編（面接のようす，作文のある学校，実技試験（運動機能検査など）のある学校 ほか）

⦅内容⦆首都圏（東京・神奈川・埼玉・千葉・茨城ほか）主要273校徹底リポート。志望校選択のポイント―受験生の視点に立ったアドバイス。知りたい，学校情報―先輩の校内リポート／部活／行事／学費／3年間の大学合格実績／カリキュラム／設備／交通／併設高校情報ほか。役立つ入試データ―合格有望圏・可能圏／3年間の合格最低ライン／実戦的併願作戦／選抜方法／入試結果・出題傾向分析ほかを収録。

首都圏国立・私立・公立一貫中学受験ガイド　2009年入試用　市進学院編　市進出版　2008.4　749p　26cm　1900円　Ⓘ978-4-903837-06-2　Ⓝ376.8

⦅目次⦆第1部 学校選びのポイント（学習指導要領の改訂と中学入試動向，国立・私立と公立中高一貫校，男子校・女子校と共学校 ほか），第2部 各校紹介編（私立中学校，国立中学校，公立中高一貫校），第3部 資料編（学費一覧，特待生・奨学金制度のある学校，東大合格ベスト50 ほか）

⦅内容⦆首都圏278校徹底リポート。

首都圏国立・私立・公立一貫中学受験ガイド　2010年入試用　市進学院編　市進出版　2009.4　743p　26cm　〈付（1枚）：中学マップ　索引あり〉　1900円　Ⓘ978-4-903837-12-3　Ⓝ376.8

⦅目次⦆第1部 学校選びのポイント（首都圏中学入試の動向，国立・私立と公立中高一貫校，男子校・女子校と共学校 ほか），第2部 各校紹介編（私立中学校，国立中学校，公立中高一貫校），第3部 資料編（学費一覧，特待生・奨学金制度のある学校，東大合格ベスト50 ほか）

⦅内容⦆首都圏（東京・神奈川・埼玉・千葉・茨城ほか）主要281校徹底リポート。

首都圏国立・私立・公立一貫中学受験ガイド　2011年入試用　市進学院編　市進出版　2010.4　741p　26cm　〈付（1枚）：中学マップ　索引あり〉　1900円　Ⓘ978-4-903837-18-5　Ⓝ376.8

⦅目次⦆第1部 学校選びのポイント（首都圏中学入試の動向，国立・私立と公立中高一貫校，男子校・女子校と共学校 ほか），第2部 各校紹介編（私立中学校，国立中学校，公立中高一貫校），第3部 資料編（学費一覧，特待生・奨学金制度のある学校，東大合格ベスト50 ほか）

⦅内容⦆東京・神奈川・埼玉・千葉・茨城ほか主要282校徹底リポート。

首都圏国立・私立・公立一貫中学受験ガイド　2012年入試用　市進学院編　市進出版　2011.4　739p　26cm　〈付（1枚）：中学マップ　索引あり〉　1900円　Ⓘ978-4-903837-24-6

⦅目次⦆第1部 学校選びのポイント（首都圏中学入試の動向，国立・私立と公立中高一貫校，男子校・女子校と共学校 ほか），第2部 各校紹介編（私立中学校，国立中学校，公立中高一貫校），第3部 資料編（学費一覧，特待生・奨学金制度のある学校，東大合格ベスト50 ほか）

⦅内容⦆東京・神奈川・埼玉・千葉・茨城ほか主要281校徹底リポート。志望校選択のポイント，受験生の視点に立ったアドバイス。知りたい! 学校情報，先輩の校内リポート／部活／行事／学費／3年間の大学合格実績／カリキュラム／設

中学校　　　　　　　　　　受験・進学

備／交通／併設高校情報ほか。役立つ入試データ，合格有望圏・可能圏／3年間の合格最低ライン／実戦的併願作戦／選抜方法／入試結果・出題傾向分析ほか。

首都圏国立・私立中学受験ガイド　'91年入試用　市進学院編　（市川）市進出版　1990.6　510p　26cm　1400円　④4-900478-14-8
（目次）第1部 学校選びのポイント，第2部 各校紹介，第3部 資料
（内容）実践向きの生きた進学情報を指導現場から報告。市進学院に蓄積された過去20年余の中学進学データを公開。大学進学まで考えた理想的な学校選択法を適切にアドバイス。首都圏主要中学に加え，西の名門灘・ラサール・愛光を併載。数字のみのデータブックではなく，実際の授業やクラブ活動，進路指導や併設高校のようすの生きた情報を提供。「写真による文化祭訪問」を掲載し，目で見る情報も提供。面接の様子・帰国子女受入校などの充実した資料を巻末併載。

首都圏国立・私立中学受験ガイド　'96年入試用　（市川）市進出版　1995.5　612p　26cm　1800円　④4-900478-39-3
（目次）第1部 学校選びのポイント，第2部 各校紹介，第3部 資料

首都圏国立・私立中学受験ガイド　'97年入試用　（市川）市進出版　1996.5　644p　26cm　1800円　④4-900478-44-X
（目次）第1部 学校選びのポイント（国立と私立，男子校・女子校と共学校 ほか），第2部 各校紹介（都内男子校，都内女子校 ほか），第3部 資料（おもな施設と設備，宗教教育のある学校 ほか）
（内容）首都圏の国立・私立中学校237校の受験用ガイド。都県別に男子校，女子校，共学校に分け，各校の所在地，生徒数，沿革，併設校，校風，交通，周辺の環境，授業やクラブ活動の様子，進路，入試情報等を紹介する。

首都圏国立・私立中学受験ガイド　2004年入試用　市進学院編　市進出版　2003.4　698p　26cm　1800円　④4-900478-79-2
（目次）第1部 学校選びのポイント（学習指導要領の改訂と中学入試動向，国立と私立，男子校・女子校と共学校 ほか），第2部 各校紹介（都内男子校，都内女子校，都内共学校 ほか），第3部 資料（東大合格ベスト50，週5・6日制，学期制，授業時数一覧，私立(国立)中学の主要5教科週あたり時間数 ほか）
（内容）市進学院が独自に収集・分析した最新情報。2004年度合格のめやす・入試問題傾向とアドバイス。併願作戦・主要大学合格実績・3年間の進路状況・授業時数と内容・部活動・学校行事・併設高校のようす・アイコンによる学校生活情報を表示。

私立・国立中学受験合格データハンドブック　首都圏版　1997年入試用　（横浜）日能研，みくに出版〔発売〕　1996.7　400p　26cm　3000円　④4-89524-640-X
（内容）首都圏の私立・国立中学校153校の入試データ・情報を各校見開き2ページで紹介するガイド。学校長名・所在地・交通・入試要項のほか，難易度や分野による出題数を紹介する入試問題攻略データ・入試関連データ・併設高校からの進学実績などを掲載する。排列は，男子・女子・共学校別かつ地域別で五十音順。巻頭に，学校名の五十音順索引がある。

私立中学合格事典　首都圏281校完全ガイド　2002　小学館　2001.8　656p　21×19cm　1800円　④4-09-253528-7
（目次）首都圏のオシャレな制服大集合，2002年入試参考資料，男子校，女子校，共学校

私立中学合格事典　2003　首都圏283校完全ガイド　小学館　2002.4　658p　21×19cm　（ドラゼミ・ドラネットブックス）　1800円　④4-09-253531-7
（目次）2003年入試参考資料（2003年首都圏中学入試の注目点を探る，学校選びのポイントは何か，中学受験の親のやるべきことは，偏差値を活用して合格奪取!，四谷大塚進学教室，首都圏中学模試センター2002年男女別偏差値表），男子校（東京都，神奈川県，埼玉県），女子校，共学校

進学相談会&学校説明会　首都圏学校選び全情報　声の教育社編集部編　声の教育社　2003.6　236p　26cm　〈付属資料：別冊1〉800円　④4-7715-6269-5
（目次）1 進学相談会，2 学校説明会，Q&A みんなが知りたいよくある質問─代表的な質疑応答例ベスト46，進学相談会に行こう!!イベント開催個別情報115，本年の私立・国立中学・高校の合格のめやす，学校説明会に行こう!!開催学校別情報1377（私立・国立中学・高校700校，首都圏公立高校677校）
（内容）平成16年度用首都圏進学イベント情報。

学校説明会1377校を収録。

中学受験学校ガイダンス　2001年入試用
栄光ゼミナール，栄光〔発売〕　2000.7　541p　26cm　（中学受験グリーンブック）　1800円　①4-87293-162-9

(目次)どうなる?2001年度入試，中学受験の進め方/学校の選び方―中学受験の基礎知識，私立中学校データ（男子校，女子校，共学校，国立大学附属校），学校選びのための資料集（主要高校大学合格実績，受験・入学の費用は?，施設・設備はどうなっている?，実力クラブは?，学校説明会日程）

(内容)志望校はどうなる?難度変動から展望する入試状況。行って，見て，知ろう!学校公開行事予定付き（説明会・文化祭・体育祭）。どんな大学にいってるの?大学合格実績。いくらかかるの?私立中学進学費用調査。私立・国立中学校，東京・神奈川・埼玉・千葉・栃木版。

中学受験リポート 志望校研究版　2002年
森上教育研究所監修　りいふ・しゅっぱん　2001.8　128p　26cm　1000円　①4-947689-33-1

(目次)有意義な学校生活を送るための上手な志望校の選び方10のポイント―データでみる志望校選択&経験者は語る，学校訪問体験シミュレーション―学校説明会はこう行われる!，学校説明会の効果的活用法―ベストな学校選びのために，来春入試をいち早く大胆予想!―2002年中学入試の最新動向を分析，2002年中学入試最新情報と2002年入試の募集要項変更点，大地新太が選ぶ34の注目校，2002年中学入試問題の出題予想&対策法―2002年中学入試でねらわれるのはココだ!，最新首都圏の国・私立中学校257校（男子校／女子校／男女校／国立校）学校説明会・文化祭・体育祭・学校見学・公開行事スケジュール一覧

(内容)来春入試の成功を導く，情報満載。志望校選びのガイドブック。

中学受験リポート 志望校研究版　2003年入試用
森上教育研究所監修　りいふ・しゅっぱん　2002.8　134p　26cm　1000円　①4-947689-61-7

(目次)2003年中学入試の最新分析と対策法を一挙紹介!(2003年中学入試の最新動向を分析，来春新設の4校を紹介，座談会／入試問題の解き方／答案作成上のヒント，大地新太が選ぶ34の注目校，2003年入試問題出題予想&対策法―2003年中学入試でねらわれるのはココだ!)，有意義な学校生活を送るための上手な志望校の選び方10のポイント，学校説明会に行こう!(誌上体験レポート／学校説明会はこう行われる!，学校説明会には，こんなに多くのメリットがある!，首都圏国・私立中学260校学校説明会・文化祭・体育祭・学校見学・公開行事スケジュール一覧)

＜ハンドブック＞

旺文社版 中学校受験案内 首都圏版（国立・私立）　2000年入試用　旺文社編
旺文社　1999.4　731p　15cm　1800円　①4-01-008911-3

(目次)女子制服ガイド，受験ガイド編，学校案内編（東京都私立中学校，神奈川県私立中学校，埼玉県私立中学校，千葉県私立中学校，茨城県・栃木県私立中学校，国立中学校），入試資料編

(内容)東京・神奈川・埼玉・千葉・茨城・栃木の国立・私立中学校の受験用ガイド。「受検ガイド編」「学校案内編」「入試資料編」からなる。「学校案内編」では各校の概要，所在地，交通，教育の特色，カリキュラム，進学・就職，平成11年募集要項等について見開き2頁で紹介する。都県別50音順配列。

カンペキ中学受験 首都圏版　1997　朝日新聞社　1996.7　358p　26cm　1800円　①4-02-330230-9

(内容)首都圏288の私立・国立中学校の受験用ガイド。各校の所在地・交通アクセス・沿革・教育の特色・合格ライン・応募状況推移・系列高校卒業生の進路状況・学校説明会の時期・1996年春の入試要項等を掲載する。巻末に五十音順の中学校名索引がある。

カンペキ中学受験　2004　出版本部事典編集部編　朝日新聞社　2003.9　363p　26cm　1900円　①4-02-222050-3

(目次)なるほど!だから子どもが伸びている 注目校の人気の秘密―豊島岡女子・桐朋女子・浦和明の星・渋谷幕張・暁星・駒込・公文国際，この塾で伸びる 塾ランキング―学校別・合格実績，あなたはどれが着てみたい? 制服スタイルブック，とことん学校を知る 学校説明会ガイド，私立・国立2004年春の入試要項最新版，首都圏中学297校&全国有名進学校10校全ガイド

カンペキ中学受験　2005　朝日新聞社事典編集部編　朝日新聞社　2004.8　363p　26cm　1900円　①4-02-222058-9

(目次)大切なのは6年間の成果 私立校だから可能な独自の教育，塾まかせ偏差値まかせにしな

中学校　　受験・進学

い子供のための学校の決め方，お父さん，お母さんのできること 子供のガンバリを支える家族の知恵，新設校を分析する 公立中高一貫校の出現で何が変わるか，あなたはどれが着てみたい？あこがれの制服スタイルブック，とことん学校を知る 学校説明会ガイド，首都圏300校完全ガイド―私立・国立2005年春の入試要項，2005年春の新設校，選択肢はまだある 寮のある学校・山村留学・海外留学ほか

カンペキ中学受験　2006　朝日新聞社編
　朝日新聞社　2005.4　373p　26cm　1900円
　⓵4-02-222062-7
〔目次〕スクールレポート ココが大好き！わたしの学校，特集 家族みんなで考える「中学進学」，もう一度「進学」の意味を考えてみませんか？，特別コラム 学校を判断できる親の目とは，中学受験の新しい動き―公立中高一貫校とは？，親と子で一緒に考えよう―家族みんなで志望校選び，子どもにムリを強いない―お父さん・お母さんができる「サポート法」，中学受験￥―合格までにこれだけかかる，かしこい塾の活用法，学校説明会100％活用術，あなたは，どれが着てみたい？―あこがれの制服スタイルブック，もっとよく知っておこう！―学校説明会ガイド，今，一番HOTなニュース！―学校のトップニュース，首都圏中学校MAP，難易度データ一覧表，首都圏300校完全ガイド 2005年入試速報，選択肢はまだある―寮のある学校，山村留学，海外留学ほか
〔内容〕首都圏300校完全ガイド。2005年入試速報。

カンペキ中学受験　2007　朝日新聞社編
　朝日新聞社　2006.4　389p　26cm　1900円
　⓵4-02-330365-8
〔目次〕巻頭カラー（私立だから華やか！面白い！学園祭横断ルポ2005秋，発掘！あの人の中学時代 膳場貴子（アナウンサー）（女子学院）・渡辺明（プロ棋士・竜王）（聖学院），ゴルフ，かるた，オーケストラ…公立とはひと味違う 中学生部活日記），特集（末はハカセかドクターか 理系教育の充実した学校，家庭教師，塾の上手な活用法，森上展安先生がアドバイス のびのび系，お嬢様系，面倒見系…選ぶならどっち？ ほか），ガイド 首都圏300校完全ガイド2006年入試速報
〔内容〕首都圏300校の完全ガイド。

カンペキ中学受験　2008　首都圏300校完全ガイド　朝日新聞社編　朝日新聞社
　2007.4　389p　26cm　1900円　⓵978-4-02-330378-2

〔目次〕名門中学文化祭アルバム，私立だからできるこんなユニークな競技 ウチの学校部活自慢，発掘！あの人の中高生時代（辛酸なめ子（女子学院），やくみつる（桐蔭学園）），進学校顔負け？大学への最短コース？変わる付属校の魅力大研究，受験の達人が教える 偏差値劇的なアップ学習法，森上展安さんに聞く ウチの子にぴったりの学校は？，ますます人気！進化する公立中高一貫校，男子校・女子校VS共学校，あこがれの制服スタイルブック，学校説明会ガイド〔ほか〕

カンペキ中学受験　2012　朝日新聞出版教育・ジュニア編集部編　朝日新聞出版
　2011.3　398p　26cm　〈2012のサブタイトル：首都圏329校完全ガイド　索引あり〉
　1900円　⓵978-4-02-330919-7
〔目次〕巻頭カラー（あこがれの学校の素顔をのぞこう 文化祭スナップ―品川女子学院・白ばら祭／明治大学付属明治・紫紺祭，発掘！あの人の中高生時代―タレント・乾貴美子さん（立教女学院出身），友情も根性も育ちざかり 熱中！部活動―豊島岡女子学園・桃李連（阿波踊り）／駒場東邦・アーチェリー部），特集（着てみたいのはどれ？ あこがれの制服スタイル，学校を知ろう！学校説明会ガイド2012，通学路を調べるのに便利！首都圏中学校MAP，併願校選びに大活躍 難易度データ一覧表，受験界のベテランが指南 中学受験の常識と裏ワザ教えます！，わが子に合った学校はどこ？ 親が気になる学校選びのお悩みQ＆A，私立との併願者が増加中 ますます注目される公立中高一貫校），ガイド 首都圏329校完全ガイド2011年度入試速報
〔内容〕スクールライフから学費，進路，公立中高一貫校情報まで首都圏329校完全ガイド。

カンペキ中学受験　2013　朝日新聞出版教育・ジュニア編集部編　朝日新聞出版
　2012.3　398p　26cm　1900円　⓵978-4-02-331052-0
〔目次〕中高生のパワー全開！文化祭へようこそ―東京女学館・創立記念祭／立教池袋・R.I.F.，聞きたい！あの人の中高生時代―トレンダーズ株式会社代表取締役・経沢香保子さん（桜蔭中学校・高等学校出身），わが校自慢のユニーク部活動―東京都市大学付属・自動車部／共立女子・太極拳部，スクールライフを彩るあこがれの制服スタイル，学校を知ろう！学校説明会ガイド2013，通学経路を通べるのに便利！首都圏中学校MAP，併願校選びに欠かせない難易度データ一覧表，受験界のベテランが教える中学受験合格をつかむための意外なコツ，志望校を

決める前に知っておきたい学校選びの素朴なギモンQ&A，私立受験の勉強も生かせる？人気の公立中高一貫校を併願するには，首都圏332校完全ガイド—2012年度入試速報

(内容)スクールライフから学費，進路，公立中高一貫校情報まで，首都圏332校完全ガイド。

カンペキ中学受験　2015　朝日新聞出版教育・ジュニア編集部編　朝日新聞出版　2014.3　405p　26cm　1900円　Ⓘ978-4-02-331281-4

(目次)聞きたい！あの人の中高生時代—麻布中学校・高等学校出身　日本テレビアナウンサー　桝太一さんインタビュー，我が校風ここにあり！自慢の部活動紹介，どうサポートし，どう乗り越えた？隣の家庭の合格ルポ，あこがれの制服スタイル2015，学校を知ろう！学校説明会ガイド2015，あこがれの学校の文化祭に行ってみよう！開成祭，早めに知って早めに対策！最新入試情報，首都圏難易度データ一覧表，ランキングで見る本当にお得な学校はどこだ！中高一貫校最前線，首都圏私立・国公立中学校MAP，いつどこでどのくらいかかる？先取り！マネー講座，首都圏337校完全ガイド

(内容)首都圏国公立・私立中学337校を網羅！偏差値，学費，卒業後の進路など必要情報を網羅した中学受験ガイドの最速保存版。

合格データ中学受験のすべて　2000　朝日新聞社編　朝日新聞社　1999.8　383p　26cm　1900円　Ⓘ4-02-222015-5

(目次)1 99年の入試結果を専門家が分析—入学は比較的ラクなのに大学進学実績がいい"狙い目の学校"はここだ！，2 これからでも間に合う直前の学習法—夏休み対策はこれでカンペキ！，3 気になるあの有名校2000年のテストはこれ！—入試の予想問題と模範解答，4 超難関校といわれる一貫校を卒業した生徒に直撃インタビュー—受験勉強にせり勝った"成功の秘訣"，5 親子で語る合格体験記—栄光をつかみとるまでの苦労と挫折，6 頭をよくする食事・睡眠のとり方があった！—医師・管理栄養士がすすめる「頭の良くなる方法」，7 不況の時代だからこそ，もう一度学費のことを学べてみよう—公立と私立 お金，大学合格実績などを考えると，どっちがトクでどっちがソン？，8 クラブに熱中している3校の生徒たち—こんなにおもしろいクラブ活動があったんだ！，9 学校別・合格実績の高い塾を一挙公開！—入学したい学校に応じて塾を選ぶのが賢いやり方，首都圏私立・国立2000年の入試要項速報！中学288校＆全国有名進学校9校全ガイド

(内容)東京・神奈川・千葉・埼玉・茨城・栃木の中学校受験ガイド。国立12校，私立285校を収録。掲載データは，所在地，電話，生徒数，教諭数，沿革，難易度，進路，カリキュラム，応募状況，2000年春の入試ガイドなど。索引付き。

首都圏中学受験案内　2000年度用　晶文社出版編集部編　晶文社出版，晶文社〔発売〕　1999.4　773p　15cm　1900円　Ⓘ4-7949-9730-2

(内容)合格の基準のみかた（学力10段階による合格の基準，学力10段階による合格の基準一覧表，四谷大塚進学教室合格の基準偏差値一覧表（男子・女子），試験日（'99年春）別の私立・国立中学学力段階表（男子・女子）），受験の手引（私立中学の魅力，大学付属校のいま，小6生の年間スケジュール，主要大学への合格状況），学校案内

(内容)東京・神奈川・千葉・埼玉・茨城・栃木・山梨各県別の私立・国立中学校の受験用学校ガイド。各校の所在地，交通，特色，併設校，入試要項，合格者の平均偏差値による10段階の合格基準等を掲載する。学校の排列は女子・男子共学別50音順配列。巻末に学校名の五十音順索引がある。

首都圏中学受験案内　2004年度用　晶文社出版編集部編　晶文社出版，晶文社〔発売〕　2003.4　743p　21cm　1900円　Ⓘ4-7949-9734-5

(内容)カラー版 私立・国立中学校制服一覧，受験の手引，学校案内（東京都私立中学校，神奈川県私立中学校，千葉県私立中学校，埼玉県私立中学校，茨城県私立中学校，栃木県私立中学校，群馬県私立中学校，山梨県私立中学校，国立中学校入試要項・特色，海外にある日本の私立学校），資料，主要大学への合格状況

(内容)2003年春の入試がどのように行われたかを中心に調査してまとめた。

首都圏中学受験案内　平成16年度入試用　声の教育社編集部編　声の教育社　2003.6　714p　26cm　〈付属資料：地図1〉　1700円　Ⓘ4-7715-6260-1

(目次)受験ガイダンス編（志望校突破のためのじょうずな偏差値利用講座，首都圏国・私立中学入試 今春の結果から来年度入試を予測する，志望校を選ぶ！決める！完全ポイントガイド，ココが知りたい！受験ホット情報），学校案内編（東京都（全私立174校），神奈川県（全私立59校），千葉

県（全私立23校），埼玉県（全私立など19校），茨城県・栃木県など（14校）、国立大附属（12校）），データ＆データ編（最新！大学合格者数高校別一覧，奨学金制度・特待生制度のある学校，各高校別大学・短大指定校推薦一覧）

首都圏中学受験案内　平成17年度入試用
　声の教育社編集部編　声の教育社　2004.5
　735p　26cm　1800円　①4-7715-6768-9
（目次）受験ガイダンス編（志望校突破のためのじょうずな偏差値利用講座，首都圏国立・私立中学入試，今春の結果から来年度入試を予測する，志望校を選ぶ！決める！完全ポイントガイドほか），学校案内編（東京都（全私立174校），神奈川県（全私立58校），千葉県（全私立23校）ほか），データ＆データ編（最新！大学合格者数高校別一覧，各高校別大学・短大指定校推薦一覧，奨学金制度・特待生制度のある学校 ほか）
（内容）学校紹介ページは，表組・グラフ・絵などを用いて，できるだけ見やすくしてある。左ページでは，授業の欄で，教育・授業内容を中1〜高3（学校により中3）まで系統だててのべてある点，学校の考え方，在校生の学校についての感想を，「学校からのメッセージ」「在校生からのメッセージ」として取り上げている点が特色。また，右ページでは，複雑化しつつある出願・選考方法や，学費，合格のめやす，併願校リスト，卒業後の進路などがひと目でわかるよう工夫をこらしてある。

首都圏中学受験案内　2006年度用　晶文社
　出版編集部編　晶文社出版，晶文社〔発売〕
　2005.4　791p　21cm　1900円　①4-7949-9736-1
（目次）東京都，神奈川県，千葉県，埼玉県，茨城県，栃木県，群馬県，山梨県，国公立中学校，資料，主要大学への合格状況

首都圏中学受験案内　平成18年度入試用
　声の教育社編集部編　声の教育社　2005.5
　743p　26cm　1800円　①4-7715-7284-4
（目次）受験ガイダンス編（志望校突破のためのじょうずな偏差値利用講座，首都圏国公立・私立中学入試 今春の結果から2006年度入試を予想する，志望校を選ぶ！決める！完全ポイントガイド ほか），学校案内編（東京都（全私立175校），神奈川県（全私立58校），千葉県（全私立23校）ほか），データ＆データ編（最新！大学合格者数高校別一覧，各高校別大学・短大指定校推薦一覧，奨学金制度・特待生制度のある学校 ほか）

首都圏中学受験案内　2007年度用　晶文社
　学校案内編集部編　晶文社　2006.4　797p
　21cm　1900円　①4-7949-9737-X
（目次）学校案内（東京都，神奈川県，千葉県，埼玉県，茨城県，栃木県，群馬県，山梨県，国公立中学校，海外にある日本の私立学校），資料，主要大学への合格状況

首都圏中学受験案内　2008年度用　晶文社
　学校案内編集部編　晶文社　2007.4　797p
　21cm　1900円　①978-4-7949-9738-8
（目次）東京都，神奈川県，千葉県，埼玉県，茨城県，栃木県，群馬県，山梨県，国公立中学校，海外にある日本の私立学校，資料

首都圏中学受験案内　平成20年度入試用
　声の教育社編集部編　声の教育社　2007.5
　767p　26cm　1900円　①978-4-7715-8316-0
（目次）受験ガイダンス編（志望校突破のためのじょうずな偏差値利用講座，首都圏国公立・私立中学入試 今春の結果から2008年度入試を予想する，志望校を選ぶ！決める！完全ポイントガイド ほか），学校案内編（東京都（全私立177校），神奈川県（全私立58校），千葉県（全私立23校）ほか），データ＆データ編（最新！大学合格者数高校別一覧，各高校別大学・短大指定校推薦一覧，奨学金制度・特待生制度のある学校 ほか）
（内容）東京・神奈川・千葉・埼玉・茨城・栃木ほか，私立・国公立中学のスクール情報を徹底リサーチ。

首都圏中学受験案内　2009年度用　晶文社
　学校案内編集部編　晶文社　2008.4　805p
　21cm　1900円　①978-4-7949-9739-5
　Ⓝ376.8
（目次）学校案内（東京都私立中学校，神奈川県私立中学校，千葉県私立中学校，埼玉県私立中学校，茨城県私立中学校，栃木県私立中学校，群馬県私立中学校，山梨県私立中学校，首都圏その他の中学校，国公立中学校，海外にある日本の私立学校），資料

首都圏中学受験案内　平成21年度入試用
　声の教育社編集部編　声の教育社　2008.5
　775p　26cm　〈付属資料：地図〉　1900円
　①978-4-7715-8851-6　Ⓝ376.8
（目次）受験ガイダンス編（志望校突破のためのじょうずな偏差値利用講座，首都圏国公立・私立中学入試 今春の結果から2009年度入試を予想する，志望校を選ぶ！決める！完全ポイントガイド，ココが知りたい！受験ホット情報），学校案内編（東京都，神奈川県，千葉県，埼玉県，

受験・進学　　中学校

茨城県・栃木県など），国公立中学校），データ＆データ編（最新!大学合格者数高校別一覧，各高校別大学・短大指定校推薦一覧，奨学金制度・特待生制度のある学校，首都圏で帰国生を受け入れる中学校）
(内容)私立・国公立中学のスクール情報を徹底リサーチ!ビジュアルでくわしさ抜群!各校2ページで紹介。

首都圏中学受験案内　平成22年度入試用
声の教育社編集部編　声の教育社　2009.5　787p　26cm　1900円　①978-4-7715-9392-3　Ⓝ376.8
(目次)受験ガイダンス編（志望校突破のためのじょうずな偏差値利用講座，首都圏国公立・私立中学入試 今春の結果から2010年度入試を予想する，志望校を選ぶ!決める!完全ポイントガイド ほか），学校案内編（東京都（私立177校），神奈川県（私立58校），千葉県（私立23校）ほか），データ&データ編（最新!大学合格者数高校別一覧，各高校別大学・短大指定校推薦一覧，奨学金制度・特待生制度のある学校 ほか）
(内容)東京・神奈川・千葉・埼玉・茨城・栃木ほか私立・国公立中学のスクール情報を徹底リサーチ。

首都圏中学受験案内　平成23年度入試用
声の教育社編集部編　声の教育社　2010.5　797p　26cm　1900円　①978-4-7715-9945-1　Ⓝ376.8
(目次)受験ガイダンス編（志望校突破のためのじょうずな偏差値利用講座，首都圏国公立・私立中学入試 今春の結果から2011年度入試を予想する，志望校を選ぶ!決める!完全ポイントガイド，ココが知りたい!受験ホット情報），学校案内編（東京都（私立180校），神奈川県（私立58校），千葉県（私立22校），x埼玉県（私立23校），茨城県・栃木県など（16校），国公立中学校（30校）），データ＆データ編（最新!大学合格者数高校別一覧，各高校別大学・短大指定校推薦一覧，奨学金制度・特待生制度のある学校，首都圏で帰国生を受け入れる中学校）
(内容)私立・国公立中学のスクール情報を徹底リサーチ。各校2ページで紹介。

首都圏中学受験案内　平成24年度入試用
声の教育社編集部編　声の教育社　2011.5　805p　26cm　1900円　①978-4-7715-9977-2
(目次)受験ガイダンス編（志望校突破のためのじょうずな偏差値利用講座，首都圏国公立・私立中学入試 今春の結果から2012年度入試を予想する，志望校を選ぶ!決める!完全ポイントガイド，ココが知りたい!受験ホット情報），学校案内編（東京都（私立180校），神奈川県（私立58校），千葉県（私立24校），埼玉県（私立24校），茨城県・栃木県など（16校），国公立中学校（30校）），データ＆データ編（最新!大学合格者数高校別一覧，各高校別大学・短大指定校推薦一覧，奨学金制度・特待生制度のある学校，首都圏で帰国生を受け入れる中学校）

首都圏中学受験案内　2013年度用　晶文社
学校案内編集部編　晶文社　2012.4　895p　21×15cm　1900円　①978-4-7949-9773-9
(目次)東京都私立中学校，神奈川県私立中学校，千葉県私立中学校，埼玉県私立中学校，その他の地区私立中学校，国公立中学校，最新主要大学への合格状況（2012〜2010年春）

首都圏中学受験案内　2014年度用　晶文社
学校案内編集部編　晶文社　2013.4　923p　21cm　1900円　①978-4-7949-9774-6
(目次)巻頭特集 新校舎におじゃまします，カラー版 制服コレクション，学校案内（東京都，神奈川県，千葉県，埼玉県，その他の地区，国公立中学校），最新 主要大学への合格状況（2013〜2011年春）

首都圏中学受験案内　2015年度用　晶文社
学校案内編集部編　晶文社　2014.4　927p　21cm　1900円　①978-4-7949-9775-3
(目次)巻頭特集 新校舎におじゃまします!，カラー版制服コレクション（スクールカウンセラーが答える保護者の悩みQ&A，中学受験対策教科別学習方法アドバイス，公立中高一貫校徹底ガイド，国際バカロレア教育ってどんなもの?），受験の手引き，学校案内，最新主要大学への合格状況（2014〜2012年春），最新大学・短大へ優先入学ができる高校一覧（2014年春合格状況）
(内容)東京，神奈川，千葉，埼玉，茨城，栃木，群馬，山梨。私立・都公立・国立363校。中高一貫校選びの決定版!志望校選びに役立つ，試験日別偏差値表。堅実・最適・挑戦校をピックアップ，併願校の例。

首都圏中学受験ガイド　2006年入試用　市進学院編　市進出版　2005.4　719,81p　26cm　1900円　①4-900478-89-X
(目次)第1部 学校選びのポイント（学習指導要領の改訂と中学入試動向，国立と私立，男子校・女子校と共学校 ほか），第2部 各校紹介編（私立中学校，国立中学校，都立中学校），第3部 資料編（東大合格ベスト50，週5・6日制，学期制，

中学校　　　　　　　　　　　　　　　受験・進学

授業時数一覧，主要5教科週あたり時間数 ほか）
(内容)変動する中学入試に対応。正確さをどこまでも追求して首都圏主要262校をリポート。市進学院が独自に収集・分析した最新情報。2006年度合格のめやす・入試問題傾向とアドバイス。併願作戦・主要大学合格実績・3年間の進路状況。授業時数と内容・部活動・学校行事・併設高校のようす。アイコンによる学校生活情報を表示。

首都圏版 中学受験案内　平成14年度用　私立・国立全校のスクール情報を徹底リサーチ　声の教育社編集部編　声の教育社　2001.5　719p 26cm 〈付属資料，地図1〉　1700円　Ⓘ4-7715-5012-3
(目次)受験ガイダンス編（志望校突破のためのじょうずな偏差値利用講座，首都圏国・私立中学入試 今春の結果から来年度入試を予測する，志望校を選ぶ！決める！完全ポイントガイド ほか），学校案内編（東京都（全私立177校），神奈川県（全私立57校），千葉県（全私立22校） ほか），データ＆データ編（最新！大学合格者数高校別一覧，奨学金制度・特待生制度のある学校，公立学校の完全週5日制実施にともなう各校の対応 ほか）
(内容)本書の学校紹介ページは，表組・グラフ・絵などを用いて，見やすくしてある。授業の欄で，教育・授業内容を中1～高3（学校により中3）まで系統だててのべてある。学校の考え方，在校生の学校についての感想を，「学校からのメッセージ」「在校生からのメッセージ」として取り上げている。複雑化しつつある出題・選考方法や，学費，合格のめやす，併願校リスト，卒業後の進路などがひと目でわかるよう工夫をこらしている。

首都圏版 中学受験案内　平成25年度用　声の教育社編集部編　声の教育社　2012.5　815p 26cm 1900円　Ⓘ978-4-7996-0529-5
(目次)受験ガイダンス編（志望校突破のためのじょうずな偏差値利用講座，首都圏国公立・私立中学入試 今春の結果から2013年度入試を予想する，志望校を選ぶ！ 決める！ 完全ポイントガイド ほか），学校案内編（東京都（私立182校），神奈川県（私立58校），千葉県（私立24校） ほか），データ＆データ編（最新！ 大学合格者数高校別一覧，各高校別大学・短大指定校推薦一覧，奨学金制度・特待生制度のある学校 ほか）

首都圏版 中学受験案内　2014年入試用　学研，市進共編　学研教育出版，学研マーケティング（発売）　2013.4　807p 26cm　1900円　Ⓘ978-4-05-303860-9
(目次)しっかり押さえよう！ 中学受験のキホン（2013首都圏中学入試動向 受験者数微減続く…学校による人気格差より顕著に，さあ，中学受験…どうする？ 学校選び，知らないとソンする偏差値の活用術，どこを受けるか，どの順で受けるか…併願作戦はこう立てよう！），学校案内編（私立中学東京，私立中学神奈川，私立中学千葉，私立中学埼玉，私立中学茨城，国立中学，公立中高一貫校），巻末資料編

首都圏版 中学受験案内　平成27年度用　声の教育社編集部編　声の教育社　2014.5　839p 26cm 1900円　Ⓘ978-4-7996-1631-4
(目次)受験ガイダンス編（志望校突破のためのじょうずな偏差値利用講座，首都圏国公立・私立中学入試今春の結果から2015年度入試を予想する，志望校を選ぶ！決める！完全ポイントガイド ほか），学校案内編（東京都（私立181校），神奈川県（私立58校），千葉県（私立24校） ほか），データ＆データ編（最新！大学合格者数高校別一覧，各高校別大学・短大指定校推薦一覧，奨学金制度・特待生制度のある学校 ほか）

私立・国立中学受験学校案内 首都圏版　1998年入試用　日能研，みくに出版〔発売〕　1997.4　628p 26cm 1900円　Ⓘ4-89524-674-4
(目次)男子校，女子校，共学校，東日本の私立・国立中学校，面接の4つの形式を知っておこう，資料編

私立・国立中学受験学校案内 首都圏版　2004年入試用　日能研進学情報センター編（横浜）日能研，みくに出版〔発売〕　2003.4　376p 26cm 1700円　Ⓘ4-8403-0179-4
(目次)中学受験をしよう!!と思ったら，本編（私立・男子校編，私立・女子校編，私立・共学校編，国立大学附属校編，その他の東日本の私立・国立中学校），資料編（首都圏・2003年入試結果DATA一覧，首都圏・国立大学附属中学校の通学区域，2003年中学入試・日能研公開模試受験生合格データ件数抜粋）
(内容)中高6年間一貫校の個性的な教育内容と特色をクローズ・アップ。学校生活のさまざまな場面をアイコンでわかりやすく表現。2003年入試結果にもとづく日能研公開模試偏差値を掲載。272校の学校訪問マップ，路線図付き。独自の取材による「この学校のここがポイント」で魅力を紹介。

私立中学合格辞典 首都圏273校完全ガイド 平成11年度版 小学館 1998.10 653p 21×19cm （ドラゼミ・ドラネットブックス） 1800円 ⓘ4-09-310401-8

(目次)'99年入試参考資料（シビチェック受験の常識・非常識，1999年首都圏中学入試はどこへ行く，中学受験3大プロの薦める ここが来春入試での一押し校だ!，首都圏中学入試成功のカギかならず成功する併願戦略とは，面接試問ここだけは!! 失敗しない受け方教えます，中学生活をエンジョイ），男子校，女子校，共学校

(内容)首都圏の私立中学273校の受験ガイド。掲載データは，沿革・教育方針・校風・先生ほか，教育方針クローズアップ，偏差値と分析，入試問題の傾向と合格対策と分析，99年入試要項，見学チャンス，6年後の大胆予想と分析など。

私立中学受験案内 首都圏版 2006年受験用 学習研究社 2005.4 698p 21cm 〈付属資料：CD-ROM1〉 1900円 ⓘ4-05-301978-8

(目次)志望校合格のためにはこれだけはおさえておきたい中学受験AtoZ（なぜ『私立中学』なのか?，私立中学タイプ別ここが個性だ!，中学受験はゴールじゃない…あらためて振り返る6年間 一貫教育が私に残してくれたもの，本番までにしっかり押さえたい重要事項14，2005年入試レポート 過去最高の受験率更新，さらに過熱する私立人気 ほか），学校案内編（東京都私立中学，神奈川県私立中学，千葉県私立中学，埼玉県私立中学，近県私立中学，首都圏国立大学附属中学）

(内容)中・高一貫教育の私立をめざすなら，入試情報，学校案内，この1冊。

私立中高一貫校中学校ガイド 首都圏版 2001年受験用 旺文社編 旺文社 2000.6 332p 26cm 2000円 ⓘ4-01-020852-X

(目次)知っておきたい私立中高一貫校の「ここがポイント」（「なぜ中学入試なのか」私立中学人気4つのポイント，小学校の成績は関係なし。入学試験で何点とれるかが勝負，中学受験は親と子と塾の協力態勢が絶対不可欠，どの中学をどう選ぶ?志望校選びの重大ポイント，6年先のこと（大学進学）を見越して中学入試を考えるほか），私立中高6年一貫校267校オール情報（東京・私立一貫校，神奈川・私立一貫校，埼玉・私立一貫校，千葉・私立一貫校，茨城・私立一貫校）

(内容)東京・神奈川・埼玉・千葉・茨城267校の私立中高一貫校の特色&入試データ。

私立中高6年一貫校中学受験ガイド 首都圏版 2000年受験用 旺文社編 旺文社 1999.6 328p 26cm 2000円 ⓘ4-01-008921-0

(目次)知っておきたい私立中高一貫校の「ここがポイント」（「なぜ中学入試なのか」私立中学人気4つのポイント，小学校の成績は関係なし。入学試験で何点とれるかが勝負，中学受験は親と子と塾の協力態勢が絶対不可欠 ほか），合格アプローチ特集（塾の選び方・利用法で「合否が決まる」―失敗が許されない塾選び，成功させる塾通い，2000年受験用〔都県別・50音順配列〕―「入試（学校）説明会」「学校見学会」，「公開行事」日程一覧），私立中高6年一貫校263校オール情報（東京・私立一貫校，神奈川・私立一貫校，埼玉・私立一貫校 ほか）

(内容)私立中高6年一貫校の特色と入試データを収録した受験ガイド。首都圏の263校を都県別50音順に配列し収録。巻末に，所在地別・男女共学別の合格可能性がわかる索引がある。

センス・オブ・サクセス 東京圏版 （1996） 大学通信 1995.10 190p 26cm 550円 ⓘ4-88486-063-2

(目次)1 解説編（私立学校の時代，'96入試の動向と展望 ほか），2 実践編（併願プランの完全対策，三者面談活用法 ほか），3 資料編（'95入試結果一覧，'95学費一覧，'96学校説明会一覧）

(内容)親と子のための中・高受験情報通信。

センス オブ サクセス 親と子のための中・高受験情報通信 東京圏版 1997 大学通信 1996.10 184p 26cm 550円 ⓘ4-88486-123-X

(目次)1 情報編（私立学校の魅力，'97入試動向と展望，推薦入試必勝法 ほか），2 実践編（万全の併願対策，三者面談活用法 ほか），3 資料編（'96入試結果一覧，中学入試データ，高校入試データ ほか）

(内容)本書は受験に関する情報を満載，学校選びのための十分な資料として役立つように編集してあります。

センス オブ サクセス 親と子のための中・高受験情報通信 東京圏版 1999 大学通信 1998.10 182p 26cm 600円 ⓘ4-88486-433-6

(目次)1 情報編（私立学校の魅力―なぜ私学は人気があるのか徹底解剖，'99入試動向と展望―難

関校合格をめざす君へ，推薦入試に挑戦しよう―第一志望合格への最短距離 ほか），2 実践編（万全の併願対策―私立中学併願プランの立て方，'99東京圏私立中学校試験日一覧，親と子の受験心得―「合格」の日をめざして ほか），3 データ編（'98入試結果一覧，'98学費一覧，'99学校説明会一覧）

中学受験案内　平成7年度用　東京・埼玉・千葉・神奈川・茨城・栃木　声の教育社編集部編　声の教育社　1994.5　1冊　26cm　1200円　⊕4-7715-1884-X

(目次)学校の選び方，併願受験について，面接試験について，国・私立中学入試94年度の総括と95年度の展望，〈私立・国立〉応募状況一覧表（前半），私立中学校案内（東京都，併設高校が外部募集を行わない中学校，埼玉・千葉・神奈川・茨城・栃木），国立中学校案内（国立，併設高校のない国立中学校，〈私立・国立〉応募状況一覧表〈後半〉，平成6年度私立中学校学費一覧），資料編（首都圏 高校別大学合格者ベスト校，大学合格者数一覧表，併設・系列大学への内部進学状況と条件）

(内容)合格情報…入試アドバイス，応募状況。一目でわかる合格基準・棒グラフ。併設大学への詳しい内部進学状況。併設高校の主な大学進学状況。

中学受験案内　平成10年　声の教育社　1997.5　1冊　26cm　1400円　⊕4-7715-3316-4

(目次)受験校を決めよう，成功する併願受験作戦，これが面接だ，平成9年度首都圏中学確定報今年の入試と来年の展望!!，併設高校のない国立中校，併設高校が外部募集を行わない中学校，私立中学校案内，国立中学校案内，資料編

中学受験案内　平成11年入試用　東京都・千葉県・神奈川県・埼玉県・茨城県・栃木県　声の教育社編集部編　声の教育社　1998.6　335p　26cm　1500円　⊕4-7715-3787-9

(目次)志望校突破のためのじょうずな偏差値利用法，首都圏国・私立中学入試 今春の結果から来年度の入試を予測する，志望校を選ぶ!決める!完全ポイントガイド，ココが知りたい!受験ホット情報，私立中学校案内，国立中学校案内

(内容)首都圏の中学校受験ガイド。項目として，学校名，所在地図，キャッチフレーズ，合格予想分布グラフ，過去3年間の応募状況，合格最低点，アドバイス，主な併願校，高校への進学状況，大学進学状況，学校のようす，マル特情報，カリキュラム，入試日程，学費，土曜日の授業・出願時の提出書類などを掲載。私立・国立中学校の学校さくいん付き。

中学受験案内　首都圏版 平成12年度用　声の教育社　1999.6　656p　26cm　1700円　⊕4-7715-4296-1

(目次)受験ガイダンス編（志望校突破のためのじょうずな偏差値利用講座，首都圏 国・私立中学入試 今春の結果から来年度入試を予測する，志望校を選ぶ!決める!完全ポイントガイド，ココが知りたい!受験ホット情報），学校案内編，データ&データ編

(内容)首都圏の私立国立全中学の受験データを収録した学校ガイド。巻末に索引，付録として首都圏／私立中学早わかりマップを付す。

中学受験案内　2004年入試用　旺文社編　旺文社　2003.4　681,119p　21cm　1900円　⊕4-01-009081-2

(目次)受験ガイド編，学校案内編，入試インフォメーション，資料編

(内容)中学受験に必要な情報を，『受験ガイド編』，『学校案内編』，『資料編』の3部に分けて構成。入試の資料はいずれも2003年春の入試のものを収録。

中学受験案内　2006年度用　旺文社編　旺文社　2005.4　701,115p　21cm　1900円　⊕4-01-009098-7

(目次)中学校制服ガイド，受験ガイド編（大学進学までを考えた「中学校選び」をしてますか?，中学入試はどう行われるのか?），学校案内編，入試インフォメーション，資料編（巻末）

中学受験案内　東京・神奈川・埼玉・千葉・茨城・栃木　2007年度入試用　旺文社編　旺文社　2006.4　722,119p　21cm　1900円　⊕4-01-009058-8

(目次)巻頭折込（国立・私立合格ライン偏差値表（合格可能性80%「四谷大塚／首都圏中学模試センター」），中学校案内地図（東京・神奈川・埼玉・千葉），最新制服コレクション，受験ガイド編（保護者のみなさまへ，この本の使い方 ほか），学校案内編（私立中学校／東京都，私立中学校／神奈川県 ほか，資料編（巻末）（首都圏高校別過去3年間の大学への合格状況（2003年～2005年））

(内容)中学受験に必要な情報を，「受験ガイド編」「学校案内編」「資料編」の3部に分けて掲

載。私立・国立中学校・公立中高一貫教育校を完全収録。

中学受験案内 2008年度入試用 旺文社編
旺文社 2007.4 745,123p 21cm 1900円
①978-4-01-009187-6
（目次）最新制服コレクション，受験ガイド編（保護者のみなさまへ，受験をするとは？ほか），学校案内編（私立中学校／東京都，私立中学校／神奈川県 ほか），入試インフォメーション（帰国生を受け入れる中学校一覧，転入のできる中学校一覧 ほか），資料編（首都圏高校別過去3年間の大学への合格状況（2004年～2006年））

中学受験案内 東京・神奈川・埼玉・千葉・茨城・栃木 2009年度入試用 旺文社編 旺文社 2008.4 753,121p 21cm 1900円 ①978-4-01-009189-0 ⓃL376.8
（目次）最新制服コレクション，受験ガイド編（保護者のみなさまへ，中学受験の基礎知識，「学校案内編」の見方，この本の使い方），学校案内編（私立中学校／東京都，私立中学校／神奈川県，私立中学校／埼玉県，私立中学校／千葉県，私立中学校／茨城県・栃木県，国立大学附属中学校／首都圏，公立中高一貫教育校／首都圏），入試インフォメーション（帰国生を受け入れる中学校一覧，転入のできる中学校一覧，学寮のある中学校一覧，学寮のある首都圏外の中学校一覧）
（内容）知りたいこと全部解決!私立・国立中学校・公立中高一貫教育校を完全収録。

中学受験案内 大学進学で選ぶ! 首都圏版 2009年入試用 学習研究社 2008.4 712p 21cm 1900円 ①978-4-05-302693-4 ⓃL376.8
（目次）志望校合格のためにはこれだけはおさえておきたい 中学受験の基礎知識（中学入試にいま何が起こっている?これからどうなる?中学入試，めざそう!偏差値で失敗しない学校選び，2008年入試レポート 過去最高の受験率…でも一転「安全志向」?「読めない」入試に5万人の受験生が大苦戦!，首都圏100校抽出!伸びも一目瞭然!（大学合格実績7年間推移，中高一貫6年間気になる学費全調査）），（四谷大塚・首都圏模試）入試日別（平成20年度）80%偏差値表，くわしい!見やすい!学校案内編（東京都 私立中学，神奈川県 私立中学，千葉県 私立中学，埼玉県 私立中学，近県 私立中学，首都圏 国立大学附属中学・公立中高一貫校）

中学受験案内 東京・神奈川・千葉・埼

玉・茨城・栃木・群馬・山梨 **2010年度用** 晶文社学校案内編集部編 晶文社 2009.4 795p 21cm 〈奥付・背のタイトル：首都圏中学受験案内 索引あり〉 1900円 ①978-4-7949-9770-8 ⓃL376.8
（目次）カラー版 中学校制服一覧，合格の基準のみかた，受験の手引き，学校案内（東京都，神奈川県，千葉県，埼玉県，茨城県 ほか），資料

中学受験案内 東京・神奈川・埼玉・千葉・茨城・栃木 2010年度入試用 旺文社編 旺文社 2009.4 766,125p 21cm 〈『蛍雪時代』特別編集 索引あり〉 1900円 ①978-4-01-009283-5 ⓃL376.8
（目次）最新制服コレクション，受験ガイド編（保護者のみなさまへ，中学受験の基礎知識，「学校案内編」の見方 ほか），学校案内編（私立中学校／東京都，私立中学校／神奈川県，私立中学校／埼玉県 ほか），入試インフォメーション（帰国生を受け入れる中学校一覧，転入のできる中学校一覧，学寮のある中学校一覧 ほか）

中学受験案内 大学進学で選ぶ! 首都圏版 2010年入試用 学習研究社 2009.4 732p 21cm 〈索引あり〉 1900円 ①978-4-05-302880-8 ⓃL376.8
（目次）志望校合格のためにはこれだけはおさえておきたい中学受験の基礎知識，巻末資料編，（四谷大塚・首都圏模試）入試日別（平成21年度）80%偏差値表，くわしい!見やすい!学校案内編，制服の最新情報から行事日程まで役立つ情報がいっぱい!，私立中学「通学圏」MAP

中学受験案内 首都圏版 2011年入試用 学研教育出版，学研マーケティング（発売） 2010.4 744p 21cm 〈2010年入試用までの出版者：学習研究社 索引あり〉 1900円 ①978-4-05-303097-9 ⓃL376.8
（目次）学校案内編（東京都私立中学，神奈川県私立中学，千葉県私立中学，埼玉県私立中学，近県（茨城・栃木）私立中学，首都圏国立中学，公立一貫校），学校の比較・検討にゼッタイ役立つ!巻末資料編
（内容）東京，神奈川，千葉，埼玉の全私立中学・国立中学を都県別・五十音順に掲載した中学受験案内。

中学受験案内 東京・神奈川・千葉・埼玉・茨城・栃木・群馬・山梨 2011年度用 晶文社学校案内編集部編 晶文社 2010.4 805p 21cm 〈奥付・背のタイト

中学校　　　　　　　受験・進学

ル：首都圏中学受験案内　索引あり〉　1900円　Ⓘ978-4-7949-9771-5　Ⓝ376.8

⦿目次⦿カラー版中学校制服一覧，学校案内（東京都，神奈川県，千葉県，埼玉県，その他の地区，国公立中学校），資料

⦿内容⦿東京，神奈川，千葉，埼玉，茨城，栃木，群馬，山梨の中学受験ガイド。中高一貫校の特色をくわしく紹介。

中学受験案内　東京 神奈川 千葉 埼玉 茨城 栃木 群馬 山梨 2012年度用　晶文社
学校案内編集部編　晶文社　2011.4　847p　21cm　〈奥付・背のタイトル：首都圏中学受験案内　索引あり〉　1900円　Ⓘ978-4-7949-9772-2

⦿目次⦿カラー版制服コレクション，学校案内（東京都私立中学校，神奈川県私立中学校，千葉県私立中学校，埼玉県私立中学校，その他の地区私立中学校，国公立中学校），最新主要大学への合格状況―2011～2009年春，最新大学・短大へ優先入学ができる高校一覧―2011年春合格状況

⦿内容⦿解説・中学受験に勝つ方法。志望校選びに役立つ試験日別偏差値表。堅実・最適・挑戦校をピックアップ，併願校の例。学力10段階でわかりやすいグラフで見る合格の基準。併設高校の大学合格状況2011年春+過去3年分。情報いろいろ，見学ガイド，保護者メモ，併設大学への優先入学etc.。

中学受験案内　東京・神奈川・埼玉・千葉・茨城・栃木 2012年度入試用　旺文社編　旺文社　2011.4　790,111p　21cm　〈『蛍雪時代』特別編集　索引あり〉　1900円　Ⓘ978-4-01-009287-3

⦿目次⦿最新制服コレクション，受験ガイド編（保護者のみなさまへ，中学受験の基礎知識，中学入試の最新動向＆入試対策 2012年度入試の必勝大作戦を公開!! ほか），首都圏学校案内編（私立中学校／東京都，私立中学校／神奈川県，私立中学校／埼玉県 ほか），入試インフォメーション（帰国生を受け入れる中学校一覧，転入のできる中学校一覧，学寮のある中学校一覧 ほか）

中学受験案内　首都圏版 2012年入試用
学研教育出版，学研マーケティング（発売）　2011.4　750p　21cm　〈索引あり〉　1900円　Ⓘ978-4-05-303345-1

⦿目次⦿制服の最新情報から行事日程まで役立つ情報がいっぱい! スクールウェアで楽しく学校選びしてみよう! 最新制服カタログ273校掲載（『学校説明会』予定日先取り情報，『体育祭＆文化祭』予定日先取り情報 ほか），（平成23年度）80％偏差値表，志望校をじっくり比較検討できるデータが満載!（教育・授業の特色，主要5教科時間数 ほか），くわしい! 見やすい! 学校案内編（東京都私立中学，神奈川県私立中学 ほか），巻末資料編（首都圏100校抽出! 伸びも一目瞭然! 大学合格実績7年間推移，中高一貫6年間気になる学費全調査 ほか）

中学受験案内　2013年度入試用　旺文社編　旺文社　2012.3　806,111p　21cm　1900円　Ⓘ978-4-01-009289-7

⦿目次⦿最新 制服コレクション，受験ガイド編（中学受験マニュアル―知っておきたい中学受験の基礎知識と保護者のこころがまえ），首都圏学校案内編（私立中学校／東京都，私立中学校／神奈川県 ほか），入試インフォメーション（帰国生を受け入れる中学校一覧，転入のできる中学校一覧 ほか），学校データ（安全対策・防災への取り組み一覧，学校独自の奨学金情報）

中学受験案内　2014年度入試用　旺文社編　旺文社　2013.3　866,99p　21cm　1900円　Ⓘ978-4-01-009306-1

⦿目次⦿最新制服コレクション，受験ガイド編（中学受験マニュアル―知っておきたい中学受験の基礎知識と保護者のこころがまえ，もう一度確認しましょう中学受験をする理由，「中高一貫教育校」とは? ほか），首都圏学校案内編（私立中学校／東京都，私立中学校／神奈川県，私立中学校／埼玉県 ほか），入試インフォメーション（帰国生を受け入れる中学校一覧，転入のできる中学校一覧，学寮のある中学校一覧 ほか）

中学受験案内　首都圏版 平成26年度用
声の教育社　2013.5　831p　26cm　1900円　Ⓘ978-4-7996-1073-2

⦿目次⦿受験ガイダンス編（志望校突破のためのじょうずな偏差値利用講座，首都圏国公立・私立中学入試 今春の結果から2014年度入試を予想する，志望校を選ぶ! 決める! 完全ポイントガイド，ココが知りたい! 受験ホット情報），学校案内編，データ＆データ編（最新! 大学合格者数高校別大学・短大指定校推薦一覧，奨学金制度・特待生制度のある学校，首都圏で帰国生を受け入れる中学校）

⦿内容⦿東京・神奈川・千葉・埼玉・茨城・栃木ほか，私立・国公立中学のスクール情報を徹底リサーチ。

中学受験案内　2015年度入試用　旺文社編　旺文社　2014.3　882,99p　21cm　1900円

①978-4-01-009308-5

〔目次〕最新制服コレクション，受験ガイド編 中学受験マニュアル—知っておきたい中学受験の基礎知識と保護者のこころがまえ（もう一度確認しましょう中学受験をする理由，「中高一貫教育校」とは?，比べてわかる!中高一貫教育校 ほか），首都圏学校案内編（私立中学校／東京都，私立中学校／神奈川県，私立中学校／埼玉県 ほか），入試インフォメーション（帰国生を受け入れる中学校一覧，転入のできる中学校一覧，学寮のある中学校一覧 ほか）

中学受験案内 2015年入試用 学研教育出版編 学研教育出版，学研マーケティング〔発売〕 2014.4 705p 26cm 2000円 ①978-4-05-304073-2

〔目次〕平成26年度入試用80%偏差値一覧 首都圏模試センター四谷大塚，中学生になったらキミが着るのは?最新制服カタログ掲載287校!，しっかり押さえよう!中学受験のキホン（2014首都圏中学入試動向 受験者数微減が続く…学校による人気格差より拡大，さあ，中学受験…どうする?学校選び，知らないとソンする偏差値の活用術，どこを受けるか，どの順で受けるか 併願作戦はこう立てよう），学校案内編（私立中学東京，私立中学神奈川，私立中学千葉，私立中学埼玉，私立中学茨城，国立中学，公立中高一貫校），巻末資料編（学費一覧，併設大学・短大の推薦状況，特進クラスのある学校，首都圏会場入試を実施している学校，各校紹介欄に掲載していない学校）

中学受験 学校選びパーフェクトガイド 2000 みくに出版 1999.7 184p 26cm 〈「合格レーダー」臨時増刊〉 1000円 ①4-89524-988-3

〔目次〕特集・秋からの本格的志望校選択へ向けて一志望校は，こう選ぶ!，進学塾の先生に聞いた2000年入試注目校，激動の2000年入試を徹底展望!来春，中学入試はこうなる!，2000年入試を素早く予測!3大テストの予想80%偏差値，秋以降の本格的な志望校選択の指針に!2000年入試・首都圏100校，進学塾のベテラン教師がアドバイス—秋以降こうやって勉強する，10年間を見通した受験校選びのために—ここに行けばここに入れる!

中学受験学校完全ガイド! 2011 みくに出版 2010.4 344,135p 26cm 〈「進学レーダー」特別号1〉 1900円 ①978-4-8403-0407-8 Ⓝ376.8

〔目次〕1 人気90校の学校比較編（首都圏男子憧れの難関校，安定した人気の自由派男子校，個性が際立つ男子進学校 ほか），2 はじめての中学受験編（中学受験事情，私立中高一貫校の魅力と志望校の探し方，人には聞けない!?ギモンと用語について），3 中高一貫校学校紹介編（首都圏，北海道・東北，東海・その他東日本），4 データ編（10年の入試要項&入試結果データ一覧，09年春大学合格実績，09年春併設大学への内部推薦進学率 ほか）

〔内容〕私立・国立・公立中高一貫校495校を大紹介。東京・神奈川・千葉・埼玉の大人気90校の「学校比較」。特待生・奨学金などの詳細データも満載。とじこみ・センター模試10年結果R4偏差値表，首都圏私学へのアクセスをコンパクトに集めた首都圏338校学校歩きマップ。

中学受験この学校に入りたい! 中高一貫校受験スタートブック 首都圏版 2007 学研編 学習研究社 2006.9 149p 26cm 1500円 ①4-05-302381-5

〔目次〕巻頭特集 今，どうして中学受験なのか!?，先輩お母さんが語る 通わせてみてよくわかった中高一貫校は魅力がいっぱい!，中学受験サクセスカレンダー，私立中高一貫校へ行ってみよう!，家計に優しい学校選びのためのマル得学費大研究，首都圏私立中高一貫校限定 2006大学合格実績ランキング，私立の教育には魂がある!女子校・男子校・共学校，宗教教育に表れる教育理念，各教科の授業を徹底レポート 中高一貫だからこそ，カリキュラム・授業にこだわる!，私立ならではの最先端教育!国際化・情報化の時代を生きる教育，早く制服着てみたい!!，部活の世界をのぞいてみよう!，いろいろあるよ私立ならではの学校行事，はじめての中学受験Q&A

中学受験この学校に入りたい! 中高一貫校受験スタートブック 首都圏版 2008 学習研究社編 学習研究社 2007.9 159p 26cm 1500円 ①978-4-05-302559-3

〔目次〕今，どうして中学受験なのか!?，受験生・保護者は，合格までにいつ，何をすればいい? 中学受験サクセスカレンダー，私立中高一貫校へ行ってみよう!，家計に優しい学校選びのためのマル得学費大研究，首都圏私立中高一貫校限定2007大学合格実績ランキング，私立の教育には魂がある!女子校・男子校・共学校，宗教教育に表れる教育理念，各教科の授業を徹底レポート 中高一貫だからこそ，カリキュラム・授業にこだわる!，私立ならではの最先端教育!国際化・情報化の時代を生きる教育，早く制服着てみたい!!，部活の世界をのぞいてみよう!，いろ

いろあるよ私立ならではの学校行事，これだけ知っておけば，まずは安心!はじめての中学受験Q&A

中学受験この学校に入りたい! 私立中高一貫校受験スタートブック 首都圏版
2009 学習研究社 2008.9 151p 26cm 1500円 ⓘ978-4-05-302793-1 Ⓝ376.8
(目次)今，どうして中学受験なのか!?，受験生・保護者は，合格までにいつ，何をすればいい?中学受験サクセスカレンダー，私立中高一貫校へ行ってみよう!，家計に優しい学校選びのためのマル得学費大研究，首都圏私立中高一貫校限定2008大学合格実績ランキング，私立の教育には魂がある!女子校・男子校・共学校，宗教教育に表れる教育理念，各教科の授業を徹底レポート中高一貫だからこそ，カリキュラム・授業にこだわる!，中学ならではの最先端教育!国際化の時代を生きる教育，早く制服着てみたい!!，部活の世界をのぞいてみよう!〔ほか〕
(内容)私立中高一貫校独自の特色に焦点をあて，教育施設・設備，教育理念，カリキュラム，学校行事…といったテーマごとに分けて，写真入りでその魅力を紹介。

中学受験図鑑 首都圏全校＋全国有名校＝555校 森上展安著 ダイヤモンド・ビッグ社，ダイヤモンド社〔発売〕 2006.10 479p 21cm 1900円 ⓘ4-478-07949-8
(目次)1 総論 2007年入試の備えはこれで万全!(当たり前のものになった中学受験，2007年中学受験話題校の注目点，徹底解剖 私立中学高校の経営数字を読む)，2 初公開 ランク別首都圏(1都3県)全校の評判と事情(超難関大学・学部を狙える学校!首都圏Sランク，難関私大を狙える学校!首都圏Aランク，多様な進路があるユニーク私立一貫校)，3 関西有名中学の評判と学校事情(超難関大学・学部を狙える学校!関西圏Sランク，関関同立を狙える有名校!関西圏Aランク)，4 全国主要エリア中学受験事情(北海道・東北，北関東，甲信越・北陸，東海，中国・四国，九州・沖縄)
(内容)いまや当たり前のものになった中学受験。全国10万超の受験者に贈る中学・高校一貫校，初の全国版ガイドブック。

中学受験図鑑 2008 森上展安が注目する全国500校 森上展安著，森上教育研究所編 ダイヤモンド・ビッグ社，ダイヤモンド社〔発売〕 2007.9 495p 21cm 1900円 ⓘ978-4-478-07728-3
(目次)1 2008年中学入試はこう動く!(2007年の入試結果を分析する!，2008年の人気校を予測する!，徹底解剖私立中高の経営数字を読む)，2 全国エリア別中学受験事情(首都圏，関西圏，北海道・東北，北関東，甲信越・北陸，東海，中国・四国，九州・沖縄)
(内容)お父さん，お母さん，子供に本当に合った学校を選んでいますか?子どもの能力を引き出し，伸ばす学校がわかる，見つかる，全国版ガイドブック。

中学受験 入りやすくてお得な学校
〔**2006**〕 森上展安著 ダイヤモンド・ビッグ社，ダイヤモンド社〔発売〕 2005.11 284p 21cm 1800円 ⓘ4-478-07997-8
(目次)心得編(夢から現実へ 併願校選びで失敗しないために，中学入試のトレンドはこんなに変わった，お父さんの常識は非常識 ほか)，選択編(お得な学校とは「入りやすくて身につく学校」，いま注目すべき二〇校，寮制という選択 ほか)，データ編(学校データの見どころ解読法，入りやすくてお得な学校 首都圏八三校リスト，国公立を狙えるお得な学校 ほか)
(内容)中学受験は楽しいはず，という前提で本書は編纂されている。いまや父親の存在が不可欠の「ライフスタイルとしての中学受験」であり，父親がきちんと頑張れば，合格可能性は著しく向上する。お父さんの時代の常識はもはや通用しない。「学校選びの極意」を体得できる一冊。

中学受験 入りやすくてお得な学校 2007 首都圏 森上展安著 ダイヤモンド・ビッグ社，ダイヤモンド社〔発売〕 2006.12 284p 21cm 1800円 ⓘ4-478-07934-X
(目次)心得編(夢から現実へ 併願校選びで失敗しないために，中学入試のトレンドはこんなに変わった，お父さんの常識は非常識 ほか)，選択編(激変したお得な学校事情，お得な学校とは「入りやすくて身につく学校」，いま注目すべき学校 ほか)，データ編(国公立を狙えるお得な学校，早慶上智ICUを狙えるお得な学校，GMARCHを狙えるお得な学校)，座談会 父母が本音で語る中学受験と学校事情
(内容)いわゆる難関校ではない，比較的入りやすい偏差値30〜50台の学校を中心に，中高6年間で学力や個性がしっかりと身につくような私立中学を厳選。併願校選びもこの一冊で大丈夫。

中学受験 入りやすくてお得な学校 2008 首都圏 森上展安，中学受験父母の会著

ダイヤモンド・ビッグ社，ダイヤモンド社〔発売〕　2007.10　284p　21cm　1800円　①978-4-478-07729-0

（目次）心得編（夢から現実へ 併願校選びで失敗しないために，中学入試のトレンドはこんなに変わった，お父さんの常識は非常識 学校地図も様変わり，公立中高一貫校は果たして「お得」なのか？，現役東大生が語る中学受験学習法，プロが考える「損をしない併願パターン」の組み方，身につけたい選択の達人「上級の技」），選択編（様変わりしたお得な学校事情，お得な学校とは「入りやすくて身につく学校」，もうひとつの学校選び，タイプ別 お得な学校の選び方），データ編（旧七帝大クラス＆早慶上智ICUを狙えるお得な学校，GMARCHを狙えるお得な学校，存在感のあるお得な学校，座談会 父母が本音で語る中学受験と学校事情）

（内容）いわゆる難関校ではない，比較的の入りやすい偏差値30〜50台の学校を中心に，中高6年間で学力や個性がしっかりと身につくような私立中学を厳選。入学時には手が届かなかったような大学に進学できる率が高い学校を狙える。併願校選びもこの一冊で大丈夫。

中学受験はじめての学校ガイド　2015　森上教育研究所スキル研究会著　ユーキャン学び出版，自由国民社〔発売〕　2014.5　319p　21cm　1600円　①978-4-426-60598-8

（目次）第1章 東大・国立大医学部への進学者が多い中学校（男子・東京・私立 麻布中学校，男子・東京・私立 海城中学校，男子・東京・私立 開成中学校 ほか），第2章 早慶・国公立大への進学者が多い中学校（男子・東京・私立 暁星中学校，男子・東京・私立 攻玉社中学校，男子・東京・私立 芝中学校 ほか），第3章 有名私立大への進学者が多い中学校（男子・東京・私立 学習院中等科，男子・東京・私立 立教池袋中学校，男子・東京・私立 早稲田大学高等学院中学部 ほか）

（内容）首都圏の名門私立・国立中学70校の「入学試験」と「大学進学実績」の概要をわかりやすく紹介。「わが子に合った学校はどこか」「合格を勝ち取るために，どんな対策をすべきか」を考えるヒントになる，今までにない中学受験案内。

中学受験用学校説明会ガイド　2006年　栄光ゼミナール，栄光〔発売〕　2005.6　215p　26cm　〈「私立中高進学通信」別冊〉　700円　①4-87293-322-5

（目次）首都圏模試センター偏差値表（男子），四谷大塚偏差値表（男子），首都圏模試センター偏差値表（女子），四谷大塚偏差値表（女子），私立中高一貫／国立大学附属／公立中高一貫こんな違いがある！，私立中学の違いはここ！，私立中学のタイプはこんなにある！，中高6カ年一貫教育を選ぶ理由，学校選びカレンダー，学校説明会ではココをチェック！，学校へ行こう！，中学校 説明会・行事日程，これが中学生活だ！，2005年度大学合格実績

中学受験用学校説明会ガイド　2007年　栄光ゼミナール，栄光〔発売〕　2006.6　223p　26cm　〈「私立中高進学通信」別冊〉　700円　①4-87293-391-5

（目次）首都圏模試センター偏差値表（男子），四谷大塚偏差値表（男子），首都圏模試センター偏差値表（女子），四谷大塚偏差値表（女子），比べてみよう！私立中高一貫／国立大学附属／公立中高一貫，魅力たっぷり 私立中学はココが違う！，学校選びのカギ 私立中学校のタイプを知ろう！，子どもにベストな教育を選びたいから中高6カ年一貫教育！，志望校決定へ！学校選びカレンダー，ココをチェック！学校説明会のポイント，情報ツウになろう！学校へGO！，中学校 説明会・行事日程，これが中学生活だ！

中学受験用学校説明会ガイド　2008年　栄光ゼミナール，栄光〔発売〕　2007.6　231p　26cm　〈「私立中高進学通信」別冊〉　700円　①978-4-87293-458-8

（目次）首都圏中学模試センター偏差値表（男子），四谷大塚偏差値表（男子），首都圏中学模試センター偏差値表（女子），四谷大塚偏差値表（女子），ドコが違うの？私立中高一貫校／国立大学附属校／公立中高一貫校，人気の秘けつ 私立中学のこだわりはココに！，タイプ別に考える 学校選びのポイント，将来を見据えた中学受験 中高6カ年一貫教育が増える理由，スケジュール早わかり 学校選びカレンダー，ここが大事 学校説明会チェックポイント，ベストを選ぶ情報がたくさん 学校へ行こう！，説明会・行事日程，これが中学生活だ！，2007年度大学合格実績

（内容）東京，神奈川，千葉，埼玉，茨城，栃木，私立学校，国公立中高一貫校を全調査。

中学受験用学校説明会ガイド　2009年　栄光ゼミナール，栄光〔発売〕　2008.6　231p　26cm　700円　①978-4-87293-475-5　Ⓝ376.8

（目次）首都圏模試センター偏差値表（男子），四谷大塚偏差値表（男子），首都圏模試センター偏差値表（女子），四谷大塚偏差値表（女子），私

立中高一貫校・国立大学附属校・公立中高一貫校の違いを知ろう，人気の理由がひと目でわかる 私立中学の違いはココに，タイプ別に要チェック！志望校選択のポイント，年々中学受験生が増加中！中高6ヶ年一貫教育を選ぶ理由，バッチリおさえて情報収集！学校選びスケジュール，子どもに合った学校を選択するための学校説明会チェックポイント〔ほか〕

中学受験用学校説明会ガイド　2010年　栄光ゼミナール，栄光〔発売〕　2009.6　230p　26cm　〈「私立中高進学通信」別冊〉　700円　①978-4-87293-499-1　Ⓝ376.8

(目次)首都圏模試センター偏差値表(男子)，四谷大塚偏差値表(男子)，首都圏模試センター偏差値表(女子)，四谷大塚偏差値表(女子)，ココが違う！！私立中高一貫校・国立大学附属校・公立中高一貫校，高い人気の秘けつがわかる私立中学のココがポイント！，自分のタイプが見つかる学校選びのチェックポイント，将来へとつながる中学受験中高6カ年一貫教育の人気が高まる理由，気になる学校をよく知ろう！学校選びの年間スケジュール，事前に大事なポイントを押さえておこう学校説明会チェックポイント，実際に学びの場が見られるチャンス 積極的に学校を訪問してみよう，説明会・行事日程，これが中学生活だ！，2009年度大学合格実績

中学受験用学校説明会ガイド　2013年　栄光ゼミナール，栄光〔発売〕　2012.6　231p　26cm　700円　①978-4-87293-545-1

(目次)首都圏模試センター偏差値表(男子，女子)，四谷大塚偏差値表(男子，女子)，私立中高一貫校・国立大学附属校・公立中高一貫校の特色を知ろう!!，人気の理由をわかりやすく解説 私立中学のココに注目!!，タイプ別にチェックしよう！志望校選びのポイント!!，中高一貫校への進学トレンドがさらに拡大—中高6カ年の一貫教育に人気が集まる理由，気になる学校に足を運ぼう！志望校選びのスケジュール，大事なポイントを事前にチェック！学校説明会のチェックポイント，気になる学校が実際に見られるチャンス—学校を訪問してみよう，中学校 説明会・行事日程，これが中学生活だ！

(内容)学校説明会・文化祭・体育祭・入試説明会などの公開行事を掲載。東京・神奈川・埼玉・千葉・茨城・栃木，私立中高一貫校・国立大学附属校・公立中高一貫校を調査。

中学受験用学校説明会ガイド　2014年　栄光ゼミナール，栄光〔発売〕　2013.6　231p　26cm　700円　①978-4-87293-577-6

(目次)首都圏模試センター偏差値表(男子)，四谷大塚偏差値表(男子)，首都圏模試センター偏差値表(女子)，四谷大塚偏差値表(女子)，私立中高一貫校・国立大学附属校・公立中高一貫校の特色を知ろう!!，人気の理由をわかりやすく解説 私立中学のココに注目!!，タイプ別にチェックしよう！志望校選びのポイント!!，中高一貫校への進学トレンドがさらに拡大 中高6カ年の一貫教育に人気が集まる理由，気になる学校に足を運ぼう！志望校選びのスケジュール，大事なポイントを事前にチェック！学校説明会のチェックポイント，気になる学校が実際に見られるチャンス—学校を訪問してみよう，中学校 説明会・行事日程，これが中学生活だ！，2013年大学合格実績，50音インデックス

中学入試データ徹底ガイド　2001　東京・神奈川・千葉・埼玉・茨城・栃木　栄光ゼミナール，栄光〔発売〕　2000.10　196p　26cm　1300円　①4-87293-164-5

(目次)入試の日まで，いつどんなことをすればいい？受験までの準備シミュレーション・ガイド，入試データの意味を知ろう，大学合格実績から観る子供を伸ばす学校，併願作戦の立て方，2001年入試はどうなる？，学校別入試要項ガイド，スクール@ニュース，帰国生入試情報

(内容)本書は，中学主要校の入試ガイドとして入試までの準備のシミュレーションなどの情報を紹介する。

中学入試のための合格資料集　平成8年度 首都圏版　声の教育社　1995.11　144,75p　26cm　900円　①4-7715-2391-6

中学入試用合格資料集　平成9年度　首都圏版　声の教育社　1996.11　1冊　26cm　900円　①4-7715-2850-0

(目次)平成9年度 首都圏私立中学校入試日一覧，平成9年度入試で試験日・募集数・試験科目等を変更する学校，平成9年の中学入試をうらなう！(生徒減少下の私学入試の激戦)，平成9年度入試私立・国立中学校 学校説明会日程表，東京都内私立中学転編入試験実施校，国立大学付属中学校の抽選方法と応募資格，大特集 新しい中学校，出願時に調査書・報告書のいらない学校，週5日制をとり入れてる学校(魅力ある私学の土曜休み)，私立中学の習熟度別授業と少人数分割授業〔ほか〕

中学入試用合格資料集　平成13年度　声の教育社編集部編　声の教育社　2000.11　180p　26cm　1200円　①4-7715-4801-3

〔目次〕平成13年度首都圏私立・国立中学校入試日一覧, 平成13年度入試で試験日・募集数・試験科目等を変更する学校, 21世紀の幕開け, 新展開の中学入試 平成13年の中学入試はどう展開するか, 国立大学付属中学の抽選方法と応募資格, 気軽に出願できる中学がふえている!出願時に調査書・報告書のいらない学校, 大特集 魅力いっぱい!最近できた中学校と特色のある中学校, 平成13年度中学入試/学校説明会・学園祭・体育祭, 筆記試験のほかに実技試験のある学校, 魅力ある私学の土曜休み―週5日制をとり入れている学校, 私立中学の習熟度別授業と少人数分割授業〔ほか〕

中学入試用合格資料集 平成15年度 声の教育社編集部編 声の教育社 2002.11 188p 26cm 1200円 ①4-7715-5776-4

〔目次〕主要国・私立中学合格のめやす, 平成15年度首都圏私立・国立中学校入試日一覧, 平成15年度入試で試験日・募集数・試験科目等を変更する学校, 平成15年度の中学入試はどう展開するか, 気軽に出願できる中学がふえている!出願時に調査書・報告書のいらない学校, 一私立校の土曜対策―週5日制か, 週6日制か!, 大特集 魅力いっぱい!最近できた中学校と特色のある中学校, 平成15年度中学入試/学校説明会・学園祭・体育祭, あらかじめ知っておきたい国立大学附属中学の抽選方法と応募資格, 私立中学の習熟度別授業と少人数分割授業〔ほか〕

中学入試用合格資料集 平成16年度 声の教育社編集部編 声の教育社 2003.11 188p 26cm 1200円 ①4-7715-6276-8

〔目次〕平成16年度首都圏私立・国公立中学校入試日一覧, 平成16年度入試で試験日・募集数・試験科目等を変更する学校, 平成16年度の中学入試はどう展開するか, 気軽に出願できる中学がふえている!出願時に調査書・報告書のいらない学校, 私立校の土曜対策週5日制か, 週6日制か!, 2003年/東京大学合格者数高校別一覧, 大特集 魅力いっぱい!最近できた中学校と特色のある中学校, 平成16年度中学入試/学校説明会・学園祭・体育祭, あらかじめ知っておきたい国立大学附属中学の抽選方法と応募資格, 私立中学の習熟度別授業と少人数分割授業〔ほか〕

中学入試用合格資料集 平成17年度 声の教育社編集部編 声の教育社 2004.11 192,33p 26cm 1200円 ①4-7715-6788-3

〔目次〕平成17年度首都圏私立・国公立中学校入試日一覧, 平成17年度入試で試験日・募集数・試験科目等を変更する学校, 平成17年度の中学入試はどう展開するか, あらかじめ知っておきたい国立大学附属中学の抽選方法と応募資格, 私立校の土曜対策 週5日制か, 週6日制か!, 大特集 魅力いっぱい!最近できた中学校と特色のある中学校, 平成17年度中学入試学校説明会／公開行事日程, 気軽に出願できる中学がふえている!出願時に調査書・報告書のいらない学校, 私立中学の習熟度別授業と少人数分割授業, いったいどのくらいかかる?私立中学の初年度納入金〔ほか〕

中学入試用合格資料集 平成18年度 首都圏版 声の教育社編集部編 声の教育社 2005.11 191p 26cm 1200円 ①4-7715-7297-6

〔内容〕平成18年度の私立・国公立中学校入試日一覧, 平成18年度の中学入試はどう展開するか, プロが選ぶ併願サンプル152例, 私立中学の初年度納入金などについて収載。

中学入試用合格資料集 平成19年度 声の教育社編集部編 声の教育社 2006.11 196p 26cm 1200円 ①4-7715-7817-6

〔目次〕平成19年度首都圏私立・国公立中学校入試日一覧, 平成19年度入試で試験日・募集数・試験科目等を変更する学校, 大特集 魅力いっぱい!最近できた中学校と特色ある中学校, 学校説明会を活用する4つのポイント, 平成19年度の中学入試はどう展開するか, 平成19年度中学入試 学校説明会／公開行事日程, あらかじめ知っておきたい国立大学附属中学の応募資格と抽選方法, 気軽に出願できる中学がふえている!出願時に調査書・報告書のいらない学校, 私立校の土曜対策 週5日制か, 週6日制か!, いったいどのくらいかかる?私立中学の初年度納入金〔ほか〕

中学入試用合格資料集 平成20年度 首都圏版 声の教育社編集部編 声の教育社 2007.10 200p 26cm 1200円 ①978-4-7715-8329-0

〔目次〕平成20年度首都圏私立・国公立中学校入試日一覧, 平成20年度入試で試験日・募集数・試験科目等を変更する学校, 大特集 魅力いっぱい!最近できた中学校と特色ある中学校, 平成20年度の中学入試はどう展開するか, 平成20年度中学入試学校説明会／公開行事日程, あらかじめ知っておきたい国立大学附属中学の応募資格と抽選方法, 気軽に出願できる中学がふえている!出願時に調査書・報告書のいらない学校, 私立校の土曜対策 週5日制か, 週6日制か!, いったいどのくらいかかる?私立中学の初年度納入

金, あらかじめ知っておきたい寄付金・学債などを募集する学校〔ほか〕

部活で選ぶ!中学高校部活進学ガイド東京 2015 The部活!編集部編 ハンナ 2014.10 156p 26cm 1000円 ①978-4-907121-19-8
(目次)私立中学高校（共立女子第二高等学校, 駒場学園高等学校, 埼玉栄高等学校, 品川エトワール女子高等学校, 大成高等学校 ほか), 国立高校・都立高校（筑波大学附属高等学校, 東京学芸大学附属高等学校, 東京工業大学附属科学技術高等学校, 赤羽商業高等学校, 秋留台高等学校 ほか

6年一貫私立中学特色ガイド '94 首都圏版 旺文社 1993.6 317p 26cm 2500円 ①4-01-009494-X
(目次)学園生活をめいっぱい楽しむ コンニチハ 私・立・中・学・校, 私立6年一貫校受験知っておきたい重ポ・イ・ン・ト, 私立中高6年一貫235校オール情報, 私立中学に合格できる塾ガイド&'94私立中学入試説明会日程&学校見学情報〔ほか〕
(内容)小学生を持つ, お母さんお父さんのための私立中学入試がなんでもわかる本。

高校

<名簿・人名事典>

高校受験情報 全国版 (1991年度用) 向学社, 星雲社〔発売〕 1990.5 703p 21cm 1650円 ①4-7952-6643-3
(内容)志望校選定から入学試験に至るまで, 受験生にとってぜひとも必要と思われる資料を, 国立・私立高校を中心に主要地区の公立校も掲載。

私立高校受験案内 大学進学で選ぶ 学研版 平成10年版 学習研究社 1997.4 1014p 21cm 1900円 ①4-05-300421-7
(目次)高校受験と大学受験編―大学進学までを考える, 私立高校紹介編―受験校選びにズバリ役立つ!, 公立高校受験編―受験状況, 偏差値, 合格基準など, 高校進学データ編―役立つ情報がいっぱい

<ハンドブック>

あなたの知りたい高校受験～学校生活ガイド 高校生7000人に聞いた高校生活「こんなこと」「あんなこと」。 2000年

コーチング・スタッフ 1999.10 896p 26cm 2000円 ①4-907780-00-1
(目次)99年度入試はこんなだった―入試分析, 後悔しない学校の選び方HOWTO, 偏差値の落とし穴, 高校を選ぶための高校なんでもランキング大特集, 入試必勝直前アドバイス, 入試なんでもQ&A, 学校案内, 知っ得データ集(学校生活編, 入試編)

親と子の高校入試情報誌 The Green2001 ベストセレクション70首都圏版 2001年度入試用 河合塾高校受験コース編 河合出版 2000.9 241p 26cm 1000円 ①4-87725-628-8
(目次)1 2001年度首都圏高校入試の展望, 2 2000年度高校入試問題を追う, 3 高校入試のシステム, 4 高校入試問題の傾向と対策(5教科型, 3教科型, 公立)
(内容)本書では過去の入試問題の入念な分析による「傾向と対策」を掲載し, 皆さんをバックアップ。他にも, 来春高校入試を迎える皆さんが, 後半戦を志望校に向かって邁進できるように, 入試システムや入試動向, 予想難易度など, さまざまな情報を掲載している。

高校再受験レポート 浪人・中退者のための進学案内 '95年度版 聖進学院教育研究所編 聖進学院教育研究所, 教育史料出版会〔発売〕 1994.2 202p 21cm 1300円 ①4-87652-259-6
(内容)首都圏私立高校再受験に関するアンケート調査, 再受験を子どもたちはどう考えているか, 中学浪人生・再受験合格者の生の声, 合格のポイント等, 高校再受験を応援するデータブック。

高校再受験レポート 中学浪人・高校中退者・不登校生のための高校進学案内 '97年度版 聖進学院教育研究所, 教育史料出版会〔発売〕 1996.2 206p 21cm 1300円 ①4-87652-289-8
(内容)私立・公立・東京・神奈川・千葉・埼玉。

高校受験ガイドブック 私立校・公立校 11年度版 (大阪)大阪進研 1998.7 399p 26cm 1800円 ①4-900607-11-8
(目次)私立高校案内(大阪府, 海外, 京都府(南部), 奈良県, 和歌山県(北部), 兵庫県(明石市まで)), 公立高校案内(大阪, 京都, 奈良)
(内容)大阪を中心とした私立・公立高校受験ガイドブック。掲載データは, 創立年, 併設校, 設置学科, 在籍者数, 住所／電話, 交通案内,

カリキュラム、年間行事、過去の入試状況、主な公立受験校、入試教科・配点・時間、初年度納付金・検定料、大学短大別合格状況と卒業後の進路、制服イラストなど。

高校受験情報　全国版('95年版)　創隆社
1994.5　831p　21cm　1800円　①4-88176-302-4

高校受験情報　1 西日本編('94)　創隆社
1993.5　616p　21cm　1660円　①4-88176-269-9
(内容)脱偏差値をめざして「先生からの熱いメッセージ」収録。制服チェック、系列大学と寮の有無、ボーダーライン、学校行事日程、帰国子女受入、過去5年入試漢字問題他を掲載。

高校受験資料 進学サクセス　2000年度
翔文社書店編集部編　(大阪)翔文社書店
1999.10　216p　21cm　1300円　①4-88333-027-3
(目次)今年の入試からの主要変更事項一覧、受験をめざして心身の健康ケアレスミスはいかにのりこえるか、2000年度〈近畿圏〉私立高等学校入試要項、昼間定時制高等学校入試要項、「近畿圏」公立高等学校入試結果・2000年度入試に関する速報、全寮設置高等学校入試要項、2000年度の対策法国語・数学・英語・理科・社会、面接について、海外帰国生の受け入れについて〔ほか〕
(内容)国公立・私立高校の2000年入試要項を収録した学校案内。受験対策や入試期日、合格発表、手続締切日、入試科目と配点と配点、面接の注意点、二次募集校、入試の心構え、学校のFAX番号とホームページアドレス各学校別交通ガイド等を掲載。

高校受験用学校説明会ガイド　2005年　栄光ゼミナール，栄光〔発売〕　2004.7　214p　26cm　〈「私立中高進学通信」別冊〉　700円
①4-87293-301-X
(目次)私立／公立／国立、どんな違いがあるの?，高校の特色から志望校を選ぼう!，志望校選びカレンダー，学校へGO!，私立高校説明会・行事日程，これが高校生活だ!，高校入試のしくみ，国公立高校説明会・行事日程，資料編・大学合格実績一覧

高校受験用学校説明会ガイド　2006年　栄光ゼミナール，栄光〔発売〕　2005.6　207p　26cm　〈「私立中高進学通信」別冊〉　700円
①4-87293-323-0
(目次)私立／公立／国立、どんな違いがあるの?，高校の特色から志望校を選ぼう!，志望校選びカレンダー，説明会攻略法，私立高校説明会・行事日程，これが高校生活だ!，高校受験のしくみを知ろう!，国公立高校日程表・行事日程，2005年度大学合格実績

高校受験用学校説明会ガイド　2007年　栄光ゼミナール，栄光〔発売〕　2006.6　215p　26cm　〈「私立中高進学通信」別冊〉　700円
①4-87293-392-3
(目次)知ってる?私立・公立・国立の違い，特色いろいろ志望校の選び方，志望校決定までの早わかりスケジュール表，学校選びはココから!説明会の1,2,3，私立高校説明会・行事日程，これが高校生活だ!，高校受験のしくみを知ろう!，国公立高校説明会・行事日程，2006年度大学合格実績

高校受験用学校説明会ガイド　2008年　栄光ゼミナール，栄光〔発売〕　2007.7　230p　26cm　〈「私立中高進学通信」別冊〉　700円
①978-4-87293-459-5
(目次)確認しよう!私立・公立・国立の違い，志望校選択 キーポイントはこれ!，志望校決定に役立つ 公開行事カレンダー，ココだけ見れば大丈夫 説明会活用法，私立高校 説明会・行事日程，これが高校生活だ!，高校受験のしくみを知ろう!，国公立高校 説明会・行事日程，2007年度大学合格実績，さくいん 首都圏私立・国公立高等学校アクセスデータ・電話番号一覧

高校受験用学校説明会ガイド　2009年　栄光ゼミナール，栄光(発売)　2008.6　231p　26cm　700円　①978-4-87293-476-2　Ⓝ376.8
(目次)要チェック 私立・公立・国立の違い，必ず押さえておきたい 志望校選びの4ポイント，志望校の雰囲気を体験!学校行事カレンダー，いざ行く前のおさらい 説明会のすすめ，私立高校 説明会・行事日程，これが高校生活だ!，高校受験のしくみを総ざらい!，国公立高校説明会・行事日程，2008年度大学合格実績

高校受験用学校説明会ガイド　2010年　栄光ゼミナール，栄光(発売)　2009.6　231p　26cm　〈「私立中高進学通信」別冊〉　700円
①978-4-87293-525-7　Ⓝ376.8
(目次)理解しておこう!私立・公立・国立ってどう違うの?，4つのケースから考える 志望校選択のキーポイント，気になる学校に行ってみよう!学校行事年間スケジュール，事前の準備が大

切 説明会でのチェックポイント，私立高校説明会・行事日程，これが高校生活だ!，高校受験のしくみを理解しよう，国公立高校説明会・行事日程，2009年度大学合格実績，インデックス

高校受験用学校説明会ガイド　2012年　栄光ゼミナール，栄光（発売）　2011.6　231p　26cm　〈「私立中高進学通信」〉　700円
①978-4-87293-541-7

（目次）確認しておこう! 私立・国立・公立の違いを知ろう!!，自分に合った学校を選ぼう! 志望校選びの4つのポイント，志望校の雰囲気を体験しよう! 学校行事カレンダー，事前に準備しておこう! 説明会を上手に活用しよう，私立高校説明会・行事日程，これが高校生活だ!，高校受験のしくみを知ろう!，国公立高校説明会・行事日程，2011年大学合格実績，50音インデックス

（内容）学校説明会・文化祭・体育祭オープンキャンパスなどの公開行事を掲載。学校別公開行事日程一覧表。

高校受験用学校説明会ガイド　2014年　栄光ゼミナール，栄光（発売）　2013.6　231p　26cm　700円　①978-4-87293-578-3

（目次）確認しておこう! 私立・国立・公立の違いを知ろう!!，自分に合った学校を選ぼう! 志望校選びの4つのポイント，志望校の雰囲気を体験しよう! 学校行事カレンダー，事前に準備しておこう! 説明会を上手に活用しよう，私立高校説明会・行事日程，これが高校生活だ!，高校受験のしくみを知ろう!，国公立高校説明会・行事日程，2013年大学合格実績

高校進学ガイド　国立・公立・私立高校770余校の受験情報を満載　'98年度近畿版　翔文社書店企画・製作　（大阪）翔文社書店　1997.6　453p　26cm　1700円
①4-88333-017-6

（目次）「近畿圏」私立高等学校97年度入試結果・スクールガイド，国立大学附属高等学校97年度入試結果・スクールガイド，公立高等学校97年度入試結果

（内容）国立・公立・私立高校受験への案内書。受験対策，入試期日，合格発表日，手続締切日，入試科目と配点，面接の注意点，二次募集校，入試の心がまえ等の入試情報を収録。

高校新入学転編入総ガイド全国版　不登校・高校中退からの高校進学　06年度版
オクムラ書店編　オクムラ書店　2005.6　436p　21cm　2000円　①4-86053-039-X

（目次）第1章 高校新入学，第2章 高校転編入，第3章 都道府県別高校新入学・転編入データ，第4章 大学入学資格付与指定校への新入学・転編入，第5章 高卒資格取得サポート校，第6章 海外の高校への転編入，第7章 さまざまなスタイルの学校紹介

（内容）全国約5000の高校に実施したアンケート調査結果を見やすく編集。条件なし転編入受入れ高校の詳細な案内も収録。大学入学資格付与指定校や海外の高校への転編入も掲載。

高校入試面接必勝ガイド　高校入試問題研究会編著　（大阪）受験研究社　〔2007.10〕　127p　26cm　950円　①978-4-424-63262-7

（目次）1 入試面接の"いま"がわかるQ&A36（入学試験も，いろいろあるのです，推薦入学が，増えているのです，推薦入学では，面接はとても大事 ほか），2 準備から本番までのチェックポイント300（点検しよう，前日までには下見に行こう，当日はゆとりを持った行動を! ほか），3 よく出る質問100完全アドバイス（自分をアピールしよう，趣味や特技もはっきりと，志望の動機を明確に ほか）

（内容）高校入試での面接のポイントが楽しいマンガでよくわかる。面接の現状，準備のしかた，本番での応答を順序づけて構成。実際の面接での応答を想定したシミュレーションシートで模擬面接。

公立・私立高校への進学 関西版　2015高校受験用学校案内　（大阪）ユーデック　2014.6　445p　26cm　（がくあん 合格へのパスポートシリーズ）　2000円　①978-4-903332-85-7

（目次）大阪府編，兵庫県編，京都府編，滋賀県編，奈良県編，和歌山県編，その他の県の私立高等学校

（内容）大阪・兵庫・京都・滋賀・奈良・和歌山の国立・公立・私立高等学校と工業高等専門学校の学校紹介と入試情報満載!教育の特色・競争率・合格最低点など合否のめやす。多様な進路に対応する高等専修学校・サポート校情報掲載。入試難易度を★マークでわかりやすく表示。ホームページURL掲載。巻末資料・広域学校地図。カラー見開特集・データ以外にも見えるものがある誌上学校見学会。

国公立・私立高校受験用推薦入試・一般入試高校受験面接ブック　20年度用　声の教育社編集部著　声の教育社　2007.10　88p　26cm　〈付属資料：別冊〉　1000円

ⓘ978-4-7715-8328-3

〔目次〕巻頭カラー はじめての面接成功物語，面接データ・ルーム，面接準備これだけは！，面接トレーニング質問例BEST142問，面接担当官・先輩受験生に聞く面接試験の感想，面接トピックス，保護者面接―保護者面接質問例ベスト20，面接マスターカード，自己PR書の書き方

受験校決定最終データ 高校受験資料進学サクセス 2005年度版 翔文社書店編集部編 （大阪）翔文社書店 2004.10 269p 26cm 1500円 ⓘ4-88333-079-6

〔内容〕私立高校，国立・公立高校の合格に必要なアドバイス。在外教育施設要項や，高等専修学校要項などの内容。

総ガイド 高校新入学・転編入 不登校・高校中退からの高校進学 2000年度版 オクムラ書店編 オクムラ書店 1999.2 562p 21cm 2000円 ⓘ4-900320-99-4

〔目次〕第1章 高校新入学，第2章 高校転編入，第3章 都道府県別高校新入学・転編入データ，第4章 大学入学資格付与指定校への新入学・転編入，第5章 高卒資格取得サポート校，第6章 海外の高校への転編入校，第7章 さまざまな学校紹介大検予備校・サポート校など

〔内容〕全国の4826高校に実施したアンケート調査結果を収録した進学ガイド。

総ガイド 高校新入学・転編入 不登校・高校中退からの高校進学 '01年度版 オクムラ書店編集部編，教育研究所編集協力 オクムラ書店 2000.3 409p 21cm 2000円 ⓘ4-900320-47-1

〔目次〕第1章 高校新入学，第2章 高校転編入，第3章 都道府県別高校新入学・転編入データ，第4章 大学入学資格付与指定校への新入学・転編入，第5章 高卒資格取得サポート校，第6章 海外の高校への転編入校，第7章 さまざまな学校紹介大検予備校・サポート校など

総ガイド 高校新入学・転編入 不登校・高校中退からの高校進学 03年度版 オクムラ書店企画・編 オクラム書店 2002.6 483p 21cm 2000円 ⓘ4-86053-000-4 Ⓝ376.8

〔目次〕第1章 高校新入学，第2章 高校転編入，第3章 都道府県別高校新入学・転編入データ，第4章 大学入学資格付与指定校への新入学・転編入，第5章 高卒資格取得サポート校，第6章 海外の高校への転編入校，第7章 さまざまな学校紹介大検予備校・サポート校など

〔内容〕不登校生，高校中退生のための，高校新入学・転編入に関するガイドブック。全国全日制高校・単位制高校約5000校に実施したアンケート結果について，約4600校分を掲載。都道府県別，公立・私立別に排列。不登校生の新入学については，入学の許可の有無，何浪生まで受験できるか，出願時期と試験日程等，転編入については，実施の有無と実施時期，資格等の情報を紹介する。大学入学資格付与指定校への新入学・転編入，高卒資格取得，海外の高校への転編入，大検予備校・サポート校等の情報も紹介している。

総ガイド 高校新入学・転編入 不登校、高校中退からの高校進学 2004年度版 オクムラ書店企画・編 オクムラ書店 2003.6 495p 21cm 2000円 ⓘ4-86053-013-6

〔目次〕第1章 高校新入学，第2章 高校転編入，第3章 都道府県別高校新入学・転編入データ，第4章 大学入学資格付与指定校への新入学・転編入，第5章 高卒資格取得サポート校，第6章 海外の高校への転編入校，第7章 さまざまな学校紹介大検予備校・サポート校など

〔内容〕全国約5000の高校に実施したアンケート調査結果を見やすく編集。"条件なし"転編入受入れ高校の詳細な案内も収録。大学入学資格付指定校や海外の高校への転編入も掲載。

総ガイド 高校新入学・転編入 不登校・高校中退からの高校進学 05年度版 オクムラ書店編 オクムラ書店 2004.6 530p 21cm 2000円 ⓘ4-86053-026-8

〔目次〕第1章 高校新入学，第2章 高校転編入，第3章 都道府県別高校新入学・転編入データ，第4章 大学入学資格付与指定校への新入学・転編入，第5章 高卒資格取得サポート校，第6章 海外の高校への転編入，第7章 さまざまな学校紹介―大検予備校・サポート校など，教育研究所紹介

〔内容〕全国約5000の高校に実施したアンケート調査結果を見やすく編集。"条件なし"転編入受入れ高校の詳細な案内も収録。大学入学資格付指定校や海外の高校への転編入も掲載。

総ガイド 高校新入学・転編入 全国版 不登校・高校中退からの高校進学 08年度版 オクムラ書店編 オクムラ書店 2007.6 566p 21cm 2000円 ⓘ978-4-86053-061-7

〔目次〕第1章 高校新入学，第2章 高校転編入，第3章 都道府県別高校新入学・転編入データ，第

4章 大学入学資格付与指定校への新入学・転編入, 第5章 高卒資格取得サポート校, 第6章 海外の高校への転編入, 第7章 さまざまなスタイルの学校紹介, NPO法人教育研究所案内

(内容)不登校・浪人・高校中退でも高校に入れる。新入学・転編入の実施をはじめ詳しい学校情報満載。

楽しい高校教えて!! 私立高校特色&校風検索ブック 2005 学研編 学習研究社
2004.7 171p 26×21cm 1300円 ①4-05-301862-5

(目次)みんなの憧れの先輩にインタビュー!!中学生のとき高校生のときどうだった?, 在校生がそっと打ち明けるうちの制服のココが自慢!!, もうひとつの選択, 在校生にインタビュー うちの学校においでよ!, 部活で高校生活120%充実しちゃおう, 全部見せちゃう!うきうきの学校行事!, 注目の校舎・施設で高校生活を送ろう!, 制服のおしゃれな学校はどこ?, 海外に行ける学校, 将来の夢をかなえられる学校はどこ?, この学校なら私立でも学費が安くなる!, スクールライフ完全データ

ハイスクールレポート 私立・公立高校ガイド 関西版 2014 ハイスクールレポート編集委員会編 教育史料出版会 2013.7
500p 21cm 1900円 ①978-4-87652-525-6

(目次)大阪府私立高校, 兵庫県私立高校, 京都府私立高校, 奈良県私立高校, 滋賀県・和歌山県私立高校, 海外校(文部科学省認定在外教育施設)・インターナショナルスクール, 公立高校一大阪・兵庫・京都・奈良・滋賀・和歌山, 定時制・通信制高校, 高等専修学校

(内容)大規模校か小規模校か? 沿革や教育目標は?1クラスの人数は? 先生の年齢構成は? 制服や持ものの指定範囲は? どんな勉強をするのかな? 進路に対する取り組みは? しつけが厳しいか, 自由な雰囲気か? オートバイは? アルバイトは? タバコを喫ったら? 停学や退学の基準は? 独特な行事はあるのかな? 生徒の自主性はどの程度発揮できるのか? どんなクラブがさかんなのかな? 学校選びに役立つ情報満載!

不登校・高校中退からの高校進学 総ガイド高校新入学転編入 全国版 02年度版
オクムラ書店編集部編 オクムラ書店
2001.4 577p 21cm 2000円 ①4-900320-74-9 ◎376.8

(目次)第1章 高校新入学, 第2章 高校転編入, 第3章 都道府県別高校新入学・転編入データ, 第4章 大学入学資格付与指定校への新入学・転編入, 第5章 高卒資格取得サポート校, 第6章 海外の高校への転編入校, 第7章 さまざまな学校紹介大検予備校・サポート校など

(内容)不登校・高校中退からの入学・転編入について, 全国編5,000の高校に実施したアンケート調査結果を見やすく編集したもの。"条件なし"転編入受入れ高校の詳細な案内も収録。大学入学資格付指定校や海外の高校への転編入も掲載。

◆首都圏

<名簿・人名事典>

高校受験ガイド 平成3年版 技術書院編集部編 技術書院 1990.5 742p 21cm 1400円 ①4-7654-9013-0

(目次)選抜方法と合格基準目やす, 特別とじこみ・データ集, 選抜日別高校一覧/東京都私立高校案内図(男女別), 正しい進学の手びき一学力からみた受験校の選び方, 東京都私立高等学校ガイド, 神奈川・千葉・埼玉他私立高等学校ガイド, 国立高等学校・高等専門学校ガイド, 東京都立高等学校ガイド, 神奈川・千葉・埼玉公立高等学校ガイド, 高校別主要大学合格状況一覧

高校受験ガイド 神奈川・首都圏 '97年入試用 (市川)市進出版 1996.5 581p 26cm 1800円 ①4-900478-48-2

(目次)第1部 学校の選び方(高校はどう選んだらよいか, 具体的な学校選び, '96年春の入試状況 ほか), 第2部 各校紹介(神奈川県公立高校, 都内私立男子校, 都内私立女子校 ほか), 第3部 資料(推薦入学などのある私立高校一覧, 面接のある私立高校と面接のようす, 帰国子女受け入れ校一覧 ほか)

高校受験ガイド 埼玉・首都圏 '97年入試用 (市川)市進出版 1996.5 549p 26cm 1800円 ①4-900478-47-4

(目次)第1部 学校の選び方(高校はどう選んだらよいか, 具体的な学校選び, '96年春の入試状況 ほか), 第2部 各校紹介(埼玉県公立高校, 都内私立男子校, 都内私立女子校 ほか), 第3部 資料(推薦入学などのある私立高校一覧, 面接のある私立高校と面接のようす, 帰国子女受け入れ校一覧 ほか)

高校受験ガイド 千葉・茨城・首都圏 '97年入試用 (市川)市進出版 1996.5 529p 26cm 1800円 ①4-900478-46-6

受験・進学　　　　　　　　　　　　高校

(目次)第1部 学校の選び方(高校はどう選んだらよいか，具体的な学校選び，'96年春の入試状況 ほか)，第2部 各校紹介(千葉県公立高校，茨城県公立高校，都内私立男子校 ほか)，第3部 資料(推薦入学などのある私立高校一覧，面接のある私立高校と面接のようす，帰国子女受け入れ校一覧 ほか)

高校受験ガイド 東京・首都圏　'97年入試用　(市川)市進出版　1996.5　694p　26cm　1800円　①4-900478-45-8

(目次)第1部 学校の選び方(高校はどう選んだらよいか，具体的な学校選び，'96年春の入試状況 ほか)，第2部 各校紹介(東京都立高校，都内私立男子校，都内私立女子校 ほか)，第3部 資料(推薦入学などのある私立高校一覧，面接のある私立高校と面接のようす，帰国子女受け入れ校一覧 ほか)

＜ハンドブック＞

神奈川・近県 高校受験ガイド　2007年入試用　市進学院編　市進出版　2006.5　551p　26cm　2000円　①4-900478-98-9

(目次)第1部 学校の選び方(高校はどう選んだらよいか，具体的な学校選び，2006年春の入試状況 ほか)，第2部 各校紹介編(神奈川県公立高校，都内私立高校，神奈川県内私立高校 ほか)，第3部 資料編(東大合格ベスト50，大学別合格ベスト20・神奈川県内公・私立高校，週5・6日制，学期制，授業時数一覧 ほか)

神奈川・近県 高校受験ガイド　2008年入試用　市進学院編　市進出版　2007.5　539p　26cm　2000円　①978-4-903837-04-8

(目次)第1部 学校の選び方(高校はどう選んだらよいか，具体的な学校選び，2007年春の入試状況 ほか)，第2部 各校紹介編(神奈川県公立高校，都内私立高校，神奈川県内私立高校 ほか)，第3部 資料編(作文・小論文を実施した国私立高校，英語リスニングを実施した国私立高校，マークシート方式で試験を実施した高校 ほか)

神奈川・近県 高校受験ガイド　2009年入試用　市進学院編　市進出版　2008.5　531p　26cm　2000円　①978-4-903837-10-9　Ⓝ376.8

(目次)第1部 学校の選び方(高校はどう選んだらよいか，具体的な学校選び，2008年春の入試状況 ほか)，第2部 各校紹介編(神奈川県公立高校，東京都私立高校，神奈川県私立高校 ほか)，第3部 資料編(私立高校学費一覧，東大合格ベスト50，大学別合格ベスト20・神奈川県内公・私立高校 ほか)

(内容)変動する高校入試に対応。通学エリアの高校を普通科系中心に紹介。

神奈川・近県 高校受験ガイド　2010年入試用　市進学院編　市進出版　2009.5　515p　26cm　2000円　①978-4-903837-16-1　Ⓝ376.8

(目次)第1部 学校の選び方(高校はどう選んだらよいか，具体的な学校選び，2009年春の入試状況 ほか)，第2部 各校紹介編(神奈川県公立高校，東京都私立高校，神奈川県私立高校 ほか)，第3部 資料編(私立高校学費一覧，東大合格ベスト50，大学別合格ベスト20・神奈川県内公・私立高校 ほか)

(内容)変動する高校入試に対応。通学エリアの高校を普通科系中心に紹介。主要公立高+神奈川・近県国私立高徹底リポート。

神奈川・近県 高校受験ガイド　2011年入試用　市進学院編　市進出版　2010.5　515p　26cm　2000円　①978-4-903837-22-2　Ⓝ376.8

(目次)第1部 学校の選び方(高校はどう選んだらよいか，具体的な学校選び，2010年春の入試状況 ほか)，第2部 各校紹介編(神奈川県公立高校，東京都私立高校，神奈川県私立高校 ほか)，第3部 資料編(私立高校学費一覧，東大合格ベスト50，大学別合格ベスト20・神奈川県内公・私立高校 ほか)

(内容)変動する高校入試に対応。通学エリアの高校を普通科系中心に紹介。主要公立高+神奈川・近県国私立高徹底リポート。

神奈川・近県 高校受験ガイド　2013年入試用　市進学院編　市進出版　2012.5　479,18p　26cm　2000円　①978-4-903837-33-8

(目次)第1部 学校の選び方(高校はどう選んだらよいか，具体的な学校選び，2012年春の入試状況 ほか)，第2部 各校紹介編(神奈川県公立高校，東京都私立高校，神奈川県私立高校 ほか)，第3部 資料編(私立高校学費一覧，東大合格ベスト50，大学別合格ベスト20・神奈川県内公・私立高校 ほか)

(内容)変動する高校入試に対応。通学エリアの高校を普通科系中心に紹介。主要公立高+神奈川・近県国私立高徹底リポート。

神奈川・近県 高校受験ガイド　2014年入試用　市進学院編　市進出版　2013.5

451p 26cm 1800円 ①978-4-903837-38-3

(目次)第1部 学校の選び方(高校はどう選んだらよいか,具体的な学校選び,2013年春の入試状況 ほか),第2部 各校紹介編(神奈川県公立高校,東京都私立高校,神奈川県私立高校 ほか),第3部 資料編(私立高校学費一覧,東大合格ベスト50,大学別合格ベスト20・神奈川県内公・私立高校 ほか),特別収録 入試に出る基本漢字100

神奈川・近県 高校受験ガイド 2015年入試用 市進学院編 市進出版 2014.4

443p 26cm 2000円 ①978-4-903837-44-4

(目次)第1部 学校の選び方(高校はどう選んだらよいか,具体的な学校選び,2014年春の入試状況 ほか),第2部 各校紹介編(神奈川県公立高校,東京都私立高校,神奈川県私立高校 ほか),第3部 資料編(私立高校学費一覧,東大合格ベスト50,大学別合格ベスト20・神奈川県内公・私立高校 ほか)

神奈川・首都圏 高校受験ガイド '92年入試用 市進学院編 (市川)市進出版 1991.7

492p 26cm 1600円 ①4-900478-23-7

(目次)第1部 学校の選び方(高校はどう選んだらよいか,具体的な学校選び,今春の入試状況,効果的な学習を一志望校にあわせて,神奈川県公立高校入試問題分析),第2部 各校紹介(神奈川県公立高校,都内私立男子校,都内私立女子校,都内私立共学校,神奈川県内私立男子校,神奈川県内私立女子校,神奈川県内私立共学校,近県私立高校,国立高校・高等専門学校),第3部 資料(帰国子女受け入れ校一覧,芸術系・体育系の学校,私立高校学費一覧,面接のある私立高校と面接のようす,単願・推薦入学などのある私立高校一覧,二次募集を実施した私立高校一覧,寮のある学校,付属校のある大学・短大の所在地,ア・テスト傾向分析)

(内容)市進学院が独自に収集・分析した最新情報。'92年度合格ライン・単願・推薦基準。入試問題ワンポイント・アドバイス・ア・テスト問分析。併願作戦・大学合格実績最終集計etc.。進学後の学校生活を現場から報告。授業内容・クラブ活動・生活指導・学校行事。

神奈川・首都圏 高校受験ガイド '93年入試用 市進学院編 (市川)市進出版 1992.7

515p 26cm 1700円 ①4-900478-28-8

(目次)第1部 学校の選び方(高校はどう選んだらよいか,具体的な学校選び,今春の入試状況,効果的な学習を一志望校にあわせて,神奈川県公立高校入試問題分析),第2部 各校紹介,第3部 資料(帰国子女受け入れ校一覧,芸術系・体育系の学校,私立高校学費一覧,面接のある私立高校と面接のようす,単願・推薦入学などのある私立高校一覧,二次募集を実施した私立高校一覧,寮のある学校,付属校のある大学・短大の所在地,ア・テスト傾向分析)

神奈川・首都圏 高校受験ガイド '95年入試用 市進学院編 (市川)市進出版 1994.5

523p 26cm 1800円 ①4-900478-38-5

(目次)第1部 学校の選び方(高校はどう選んだらよいか,具体的な学校選び,'94年春の入試状況,効果的な学習を一志望校にあわせて,神奈川県公立高校入試問題分析),第2部 各校紹介,第3部 資料(帰国子女受け入れ校一覧,芸術系・体育系の学校,私立高校学費一覧,面接のある私立高校と面接のようす,推薦入学などのある私立高校一覧,二次募集を実施した私立高校一覧,寮のある学校,海外私立高校一覧,付属校のある大学・短大の所在地)

(内容)'95年度合格ライン・推薦基準、入試問題ワンポイント・アドバイス、併願作戦・大学合格実績集計etc.進学後の学校生活を現場から報告、授業内容・クラブ活動・生活指導・学校行事。

神奈川・首都圏 高校受験ガイド 2004年入試用 市進学院編 市進出版 2003.5

565p 26cm 1800円 ①4-900478-83-0

(目次)第1部 学校の選び方(高校はどう選んだらよいか,具体的な学校選び,2003年春の入試状況 ほか),第2部 各校紹介(神奈川県公立高校,都内私立高校,神奈川県内私立高校 ほか),第3部 資料(東大合格ベスト50,大学別合格ベスト20,週5・6日制,学期制,授業時数一覧 ほか)

(内容)学校選択と併願作戦に欠かせないオリジナル資料を提供。

神奈川・首都圏 高校受験ガイド 2005年入試用 市進学院編 市進出版 2004.5

549p 26cm 1857円 ①4-900478-88-1

(目次)第1部 学校の選び方(高校はどう選んだらよいか,具体的な学校選び,2004年春の入試状況 ほか),第2部 各校紹介(神奈川県公立高校,都内私立高校,神奈川県内私立高校 ほか),第3部 資料(東大合格ベスト50,大学別合格ベスト20,週5・6日制,学期制,授業時数一覧 ほか)

(内容)本文は「学校の選び方」「各校紹介」「資料」の3部構成。「学校の選び方」では,受験校決定の際に考えてほしいポイントを,国・公・私立の違いから試験日程を考えた実際の併願例

まで，現在の高校・大学入試情勢にふれながらわかりやすく解説。「各校紹介」のページでは，神奈川県にある高校，また都内・近県の通学可能な高校について，在校生のナマの声や各学校の雰囲気をじかに伝える記事を満載。「資料」には，推薦基準，面接の実際，2004年春に実施された2次募集のようすなどに加えて，帰国子女受け入れ校も紹介。

神奈川・首都圏 高校受験ガイド 2006年入試用 市進出版 2005.5 561p 26cm 1900円 ①4-900478-93-8

(目次)第1部 学校の選び方(高校はどう選んだらよいか，具体的な学校選び，2005年春の入試状況 ほか)，第2部 各校紹介編(神奈川県公立高校，都内私立高校，神奈川県内私立高校 ほか)，第3部 資料編(東大合格ベスト50，大学別合格ベスト20・神奈川県内公・私立高校，週5・6日制，学期制，授業時数一覧 ほか)

(内容)市進学院が独自に収集・分析した最新情報，2006年度合格のめやす・推薦基準・併願作戦，入試問題ワンポイント・アドバイス，3年間の主要大学合格実績と進路状況，普通科系主体に最新の学校生活・カリキュラム，新指導要領への対応策などを紹介。授業時数と内容・部活動・学校行事・国際交流・校則etc.アイコンによる学校生活情報を表示。

高校受験案内 平成4年度用 東京・埼玉・千葉・神奈川・茨城・栃木・山梨 声の教育社編集部編 声の教育社 1991.4 414p 26cm 1300円 ①4-7715-0125-4

(内容)合格情報，学校情報，入試アドバイスを満載。私立各高校と都立，県立各高校の偏差値グラフ及びその併願例。単願の合格めやす。併設大学内部進学状況と各高校の大学合格実績。

高校受験案内 平成7年度用 東京・埼玉・千葉・神奈川・茨城・栃木・群馬・山梨 声の教育社編集部編 声の教育社 1994.5 1冊 26cm 1500円 ①4-7715-1890-4

(目次)学校の選び方，併願受験について，平成6年度私立高校入試の総括，首都圏高等学校応募状況一覧(前半)，私立高校案内(東京都，埼玉県，千葉県，神奈川県，海外校，茨城・栃木・群馬・山梨)，国立高校国公立高専案内(国立高校，国公立高専，外部募集行なわなかった私立高校案内(入試要項，入試情勢，選抜のしくみ，推薦に基づく選抜について，平成6年度／入試応募状況 ほか)，資料編(首都圏高校別大学合格者ベスト校，大

学合格者数一覧表，併設・系列大学への内部進学状況と条件)

(内容)合格情報，学校情報，入試アドバイスを満載。私立各高校と都立，県立各高校合格基準グラフ及びその併願例。一般入試の合格めやす。併設大学内部進学状況と各高校の大学合格実績。

高校受験案内 平成9年 旺文社 1996.4 903p 21cm 1700円 ①4-01-009186-X

(目次)東京都，神奈川県，埼玉県，千葉県，茨城県・栃木県・山梨県，首都圏

(内容)東京・神奈川・埼玉・千葉・栃木・山梨の都県立・私立高校の受験用ガイド。「学校案内編」「入試資料編」から成り，「学校案内編」では各校の概要，所在地，交通，特色，入試要項，入試状況等について紹介する。排列は都県別に，学校名の五十音順。ほかに首都圏の国立大学付属・工業高等専門学校，私立定時制学校，私立通信制学校，私立海外設置校等の案内も掲載する。

高校受験案内 平成10年 声の教育社 1997.5 1冊 26cm 1500円 ①4-7715-3315-6

(目次)受験校の決め方・選び方，面接試験とは，作文の攻略法，平成9年度 首都圏私立高校入試，今年の総括と来年の展望!!，私立高校案内，国立高校・国公立高専案内，公立高校案内

高校受験案内 東京・神奈川・埼玉・千葉・茨城・栃木・山梨版 平成11年入試用 旺文社インタラクティブ編 旺文社インタラクティブ 1998.4 1293p 21cm 1800円 ①4-7570-2002-3

(内容)全私立高校2ページ完全紹介。11年入試の合格可能性ズバリ予想!これだけとれば合格できる都立高校入試内申・学力点情報。「単願・併願」「第1・第2志望」の内申基準マル秘データ。全高校の大学合格実績データ。女子制服カラーガイド。

高校受験案内 東京・神奈川・埼玉・千葉・茨城・栃木・山梨 2007年度入試用 旺文社編 旺文社 2006.4 1194,119p 21cm 2000円 ①4-01-009059-6

(目次)前／折込(私立高校「合格のめやす一覧表」「案内地図」(東京／神奈川／埼玉／千葉))，後／折込(都立高校「案内地図」，公立高校「合格のめやす一覧表」(東京／神奈川／埼玉／千葉))，最新制服コレクション，高校のことをもっと知ろう!入試突破のパスポート，巻末／資

高校　　　　　　　　　　　　受験・進学

料編(首都圏高校別「過去3年間の大学への合格状況」(2003年～2005年)),学校案内編(私立高校・国立高校・高専,公立高校─入試の仕組みと学校ガイド)

(内容)国公私立高校・高専を紹介。志望校決定に役立つ学校生活・卒業生の進路・入試情報がわかる。カリキュラム,クラブ活動,行事,進路の状況,競争率,学費など知りたい情報を完全収録。東京・神奈川・埼玉・千葉公立高校情報も充実。入試突破のパスポート─入試の特徴・受験までのスケジュールetc.。合格のめやす(偏差値)一覧表。

高校受験案内　東京・神奈川・埼玉・千葉・茨城・栃木・山梨　2009年度入試用　旺文社編　旺文社　2008.4　1211,121p　21cm　2000円　①978-4-01-009190-6　Ⓝ376.8

(目次)最新制服コレクション,高校のことをもっと知ろう!入試突破のパスポート(今年の入試はここが特徴!,「志望校選び」7つのポイント,自分にピッタリの学科・コースを探そう!,先取り!入試までのスケジュール,入試には,こんな種類がある!,「併願校」はこうやって決めよう!,この本の見方,そのほかのお役立ち情報),学校案内編(私立高校・国立高校・工業高専,公立高校)

(内容)志望校決定に役立つ!国公私立高校・工業高専を紹介。学校生活・卒業生の進路・入試情報がわかる!卒業生の進路,推薦の基準,入試競争率,学費など知りたい情報を完全収録。東京・神奈川・埼玉・千葉,充実の公立高校情報。

高校受験案内　東京・神奈川・埼玉・千葉・茨城・栃木・山梨　2010年度入試用　旺文社編　旺文社　2009.4　1196,127p　21cm　〈『蛍雪時代』特別編集　索引あり〉　2000円　①978-4-01-009284-2　Ⓝ376.8

(目次)最新制服コレクション,高校のことをもっと知ろう!入試突破のパスポート(高校受験注目の最新ニュース,「志望校選び」7つのポイント,自分に合った学科・コースを探そう! ほか),私立高校・国立高校・工業高専(東京都私立高校,神奈川県私立高校,埼玉県私立高校 ほか),公立高校(「教えて!公立高校にはどんな学校があるの?」,東京都立高校─入試の仕組み,神奈川県公立高校─入試の仕組み ほか)

高校受験案内　2011年入試用　学研教育出版,学研マーケティング(発売)　2010.4　1209p　21cm　〈2011年入試用のサブタイトル:首都圏版　2010年入試用までの出版者:

学習研究社　索引あり〉　2000円　①978-4-05-303065-8　Ⓝ376.8

(目次)高校受験入門編(受かるためにやるべきことはこれだ!受験校決定へのマストプロセス),336校一挙掲載!新登場モデルもいっぱい!最新制服カタログ,私立高校紹介編(東京都／全私立高校,神奈川県／全私立高校,千葉県／全私立高校,埼玉県／全私立高校,近県・全国・海外／全私立高校)

高校受験案内　2012年入試用　学研教育出版,学研マーケティング(発売)　2011.4　1211p　21cm　〈2012年入試用のサブタイトル:首都圏版　索引あり〉　2000円　①978-4-05-303347-5

(目次)高校受験入門編(受かるためにやるべきことはこれだ! 受験校決定へのマストプロセス),341校一挙掲載! 新登場モデルもいっぱい! 最新制服カタログ,私立高校紹介編(東京都／全私立高校,神奈川県／全私立高校 ほか),公立高校紹介編(東京都,神奈川県 ほか),資料編(私立高校の推薦基準・条件,公立高校受験者の国・私立高校併願例 ほか)

(内容)全校に直接取材し,最新の情報を掲載。関心のある学校について疑問をもったときのために,各校の問い合わせ先も掲載している。全普通科校について,特色や偏差値,進路状況などを詳しく紹介。入試制度や入試分析も,わかりやすく書かれている。巻末には私立高校との併願例も掲載した。

高校受験案内　東京・神奈川・埼玉・千葉・茨城・栃木・山梨　2015年入試用　旺文社編　旺文社　2014.4　1280,111p　21cm　2100円　①978-4-01-009309-2

(目次)最新制服コレクション,高校のことをもっと知ろう!入試突破のパスポート(高校受験注目の最新ニュース,「志望校選び」7つのポイント,自分に合った学科・コースを探そう!,先取り!入試までのスケジュール ほか),私立高校・国立高校・工業高専ガイド,公立高校ガイド,受験生応援企画(入試で活用できる検定優遇校一覧,高校独自の奨学金情報,各高校の安全対策・防犯への取り組み)

(内容)都立・公立高校(神奈川・埼玉・千葉),私立高校,国立高校。傾向がわかる大学合格実績(過去3年間)。特別企画・高校入試『でる順』漢字&英熟語310問にチャレンジ!!

高校推薦入試ガイド　東京・神奈川・千葉・埼玉・茨城・栃木・山梨　2010年度

用　晶文社学校案内編集部編　晶文社　2009.4　562p　21cm　〈奥付・背のタイトル：首都圏高校推薦入試ガイド　索引あり〉　1900円　Ⓣ978-4-7949-9380-9　Ⓝ376.8

㊤カラー版　高校制服ガイド，東京都，神奈川県，千葉県，埼玉県，その他の地区の私立高校，国立高校・国立高専

高校推薦入試ガイド　東京・神奈川・千葉・埼玉・茨城・栃木・山梨　2011年度用　晶文社学校案内編集部編　晶文社　2010.4　563p　21cm　〈奥付・背のタイトル：首都圏高校推薦入試ガイド　索引あり〉　1900円　Ⓣ978-4-7949-9381-6　Ⓝ376.8

㊤カラー版高校制服ガイド，東京都，神奈川県，千葉県，埼玉県，その他の地区，国立高校・国立高等専門学校

高校推薦入試ガイド　東京　神奈川　千葉　埼玉　茨城　栃木　山梨　2012年度用　晶文社学校案内編集部編　晶文社　2011.4　563p　21cm　〈奥付・背のタイトル：首都圏高校推薦入試ガイド　索引あり〉　1900円　Ⓣ978-4-7949-9382-3

㊤東京都，神奈川県，千葉県，埼玉県，その他の地区，国立高校・国立高等専門学校，資料

高校入試首都圏版高校受験決定ガイド　平成11年　旺文社編　旺文社　1998.11　323p　26cm　1300円　Ⓣ4-01-033056-2

㊤第1部　首都圏11年入試志望校合格マル重チェック・ポイント（11年私立高校入試の特徴＆変更点はこれだ!，私立に併願可能な「推薦入試」が増えた，私立「一般入試」はいっそう受験しやすくなる，11年入試を勝ち抜くためのQ&A），第2部　11年入試私立高校373校入試要項＆合格の条件（東京，神奈川，埼玉，千葉，茨城），第3部　首都圏公立高校11年入試はこう行われる!（東京・都立，神奈川・公立，埼玉・公立，千葉・公立），第4部　9年・10年首都圏私立・公立高校大学合格実績（東京・私立，東京・都立，神奈川・私立，神奈川・公立，埼玉・私立，埼玉・公立，千葉・私立，千葉・公立，茨城・私立）

高校入試データ徹底ガイド　2001　東京・神奈川・千葉・埼玉・茨城・栃木・山梨　栄光ゼミナール，栄光〔発売〕　2000.10　284p　26cm　1300円　Ⓣ4-87293-165-3

㊤受験のために，これだけは知っておこう，学校別入試要項ガイド，公立高校受験編—各都県別に入試の仕組みを解説，大学合格実績一覧，スクール＠ニュース，併設大への内部進学状況，帰国生入試情報

㊥本書は，高校主要校の入試ガイドとして高校入試の情報を紹介する。

高校入試用合格資料集　首都圏版　平成9年度　声の教育社　1996.11　1冊　26cm　1200円　Ⓣ4-7715-2849-7

㊤平成9年度　首都圏私立高等学校入試日一覧，平成9年度　私立高校入試で試験日・募集人員等を変更するおもな学校，平成9年度　首都圏高校入試の展望，平成8年度の作文課題の傾向と来年度入試の展望と対策，課題作文出題校調査，平成9年度入試　私立・国立高校学校説明会日程表，学費延納・返還制度のある学校，海外への修学旅行，ホームステイ・語学研修・留学制度のある学校，公立高校　イキイキハツラツ元気な学科アラカルト，運動部・スポーツ系クラブ〔ほか〕

高校入試用合格資料集　首都圏版　平成10年度　声の教育社編集部編　声の教育社　1997.11　152p　26cm　1300円　Ⓣ4-7715-3343-1

㊤平成10年度首都圏私立・国公立高等学校入試日一覧，平成10年度私立高校入試で試験日・募集人員等を変更するおもな学校，平成10年度首都圏高校入試の展望—あなたは推薦入試か？一般入試か?，平成9年度の作文課題の傾向と来年度入試の展望と対策!!，課題作文出題校調査，平成10年度入試私立・国立高等学校学校説明会日程表〔ほか〕

高校入試用合格資料集　首都圏版　平成11年度　声の教育社　1998.11　148p　26cm　1300円　Ⓣ4-7715-3821-2

㊤首都圏各国立・私立・公立高校合格のめやす，平成11年度首都圏私立高校入試日一覧，平成11年度私立高校入試生徒募集に関する変更点，長期不況下の高校進学　平成11年度首都圏高校入試の展望，平成10年度の作文課題の傾向と来年度入試の展望と対策!!，課題作文出題校調査，平成11年度入試私立・国立高等学校学校説明会日程表〔ほか〕

高校入試用合格資料集　平成13年度　声の教育社編集部編　声の教育社　2000.11　160p　26cm　1300円　Ⓣ4-7715-4802-1

㊤平成13年度首都圏私立・国公立高等学校入試日一覧，平成13年度私立高等学校入試生徒募集に関する主な変更点，併願校さがしに便利

な首都圏私立高校入試日早見表，少子化の中，優勢の私立と巻き返しをねらう公立 平成13年度首都圏高校入試の展望，平成12年度の作文課題の傾向と13年度入試の展望と対策!!，課題作文出題校調査，平成13年度高校入試／学校説明会・学園祭・体育祭，高校入試における面接の形式とウエート，おもな高校の面接会場のようす，公立高校発表日まで手続き金を延納できる学校〔ほか〕

(内容)入試に必要なデータ満載，受験者必携の資料集。

高校入試用合格資料集　平成16年度　声の教育社編集部編　声の教育社　2003.11
172p　26cm　1300円　①4-7715-6277-6

(目次)平成16年度首都圏私立・国公立高等学校入試日程一覧，平成16年度私立高校入試生徒募集に関する変更点，併願校さがしに便利な首都圏私立高校入試日早見表，平成16年度首都圏高校入試の展望，平成15年度の作文課題傾向と16年度入試の展望と対策!!，課題作文出題校調査，平成16年度高校入試／学校説明会・学園祭・体育祭，高校入試における面接の形式とウエート，おもな高等学校の面接会場のようす，公立高校発表日まで手続き金を延納できる学校〔ほか〕

高校入試用合格資料集　平成17年度　声の教育社編集部編　声の教育社　2004.11
152p　26cm　1300円　①4-7715-6789-1

(目次)平成17年度首都圏私立・国公立高等学校入試日程一覧，平成17年度私立高等学校入試生徒募集に関する変更点，併願校さがしに便利な首都圏私立高校入試日早見表，平成17年度首都圏高校入試の展望，平成16年度の作文課題傾向と17年度入試の展望と対策!!，課題作文出題校調査，高校入試における面接の形式とウエート，おもな高校の面接会場のようす，公立高校発表日まで手続き金を延納できる学校，公立高校イキイキハツラツ元気な学科アラカルト〔ほか〕

高校入試用合格資料集　首都圏版　平成18年度　声の教育社編集部編　声の教育社　2005.11　168p　26cm　1300円　①4-7715-7298-4

(目次)首都圏各国立・私立・公立高校合格のめやす，平成18年度首都圏私立・国立高等学校入試日程一覧，平成18年度私立高等学校入試生徒募集に関する変更点，併願校さがしに便利な首都圏私立高校入試日早見表，平成18年度首都圏高校入試の展望，平成17年度の作文・小論文課題傾向と18年度入試の展望と対策!!，課題作文・小論文出題校調査，高校入試における面接の形式とウエート，おもな高校の面接会場のようす，公立高校発表日まで手続き金を延納できる学校〔ほか〕

高校入試用合格資料集　平成19年度　声の教育社編集部編　声の教育社　2006.11
160p　26cm　1300円　①4-7715-7818-4

(目次)平成19年度首都圏私立・国立高校学校入試日程一覧，平成19年度私立高等学校入試生徒募集に関する変更点，併願校さがしに便利な首都圏私立高校入試日早見表，平成19年度首都圏高校入試の展望，平成18年度の作文・小論文課題傾向と19年度入試の展望と対策!!，課題作文・小論文出題校調査，高校入試における面接の形式とウエート，おもな高校の面接会場のようす，公立高校発表日まで手続き金を延納できる学校，公立高校イキイキハツラツ元気な学科アラカルト〔ほか〕

高校入試用合格資料集　平成20年度　首都圏版　声の教育社編集部編　声の教育社　2007.10　164p　26cm　1300円　①978-4-7715-8330-6

(目次)平成20年度首都圏私立・国公立高等学校入試日程一覧，平成20年度私立高等学校入試生徒募集に関する変更点，併願校さがしに便利な首都圏私立高校入試日早見表，平成20年度首都圏高校入試の展望，平成19年度の作文・小論文課題傾向と20年度入試の展望と対策!!，課題作文・小論文出題校調査，公立高校発表日まで手続き金を延納できる学校，公立高校イキイキハツラツ元気な学科アラカルト，Go abroad!高校発海外体験，データをもとに詳しく探る海外修学旅行〔ほか〕

埼玉・近県　高校受験ガイド　2008年入試用　市進学院編　市進出版　2007.5　541p　26cm　2000円　①978-4-903837-03-1

(目次)第1部 学校の選び方（高校はどう選んだらよいか，具体的な学校選び，2007年春の入試状況 ほか），第2部 各校紹介編（埼玉県公立高校，都内私立高校，埼玉県内私立高校 ほか），第3部 資料編（作文・小論文を実施した国私立高校，英語リスニングを実施した国私立高校，マークシート方式で試験を実施した高校 ほか）

埼玉・近県　高校受験ガイド　2009年入試用　市進学院編　市進出版　2008.5　541p　26cm　2000円　①978-4-903837-09-3　⑩376.8

(目次)第1部 学校の選び方（高校はどう選んだよ

らいか，具体的な学校選び，2008年春の入試状況 ほか），第2部 各校紹介編（埼玉県公立高校，東京都私立高校，埼玉県私立高校 ほか），第3部 資料編（私立高校学費一覧，東大合格ベスト50，大学別合格ベスト20・埼玉県内公・私立校 ほか）

内容 変動する高校入試に対応。通学エリアの高校を普通科系中心に紹介。

埼玉・近県 高校受験ガイド 2010年入試用　市進学院編　市進出版　2009.5　533p　26cm　2000円　①978-4-903837-15-4　Ⓝ376.8

目次 第1部 学校の選び方（高校はどう選んだらよいか，具体的な学校選び，2009年春の入試状況 ほか），第2部 各校紹介編（埼玉県公立高校，東京都私立高校，埼玉県私立高校 ほか），第3部 資料編（私立高校学費一覧，東大合格ベスト50，大学別合格ベスト20・埼玉県内公・私立校 ほか）

内容 変動する高校入試に対応。通学エリアの高校を普通科系中心に紹介。主要公立高+埼玉・近県国私立高徹底リポート。

埼玉・近県 高校受験ガイド 2011年入試用　市進学院編　市進出版　2010.5　529p　26cm　2000円　①978-4-903837-21-5　Ⓝ376.8

目次 第1部 学校の選び方（高校はどう選んだらよいか，具体的な学校選び，2010年春の入試状況 ほか），第2部 各校紹介編（埼玉県公立高校，東京都私立高校，埼玉県私立高校 ほか），第3部 資料編（私立高校学費一覧，東大合格ベスト50，大学別合格ベスト20・埼玉県内公・私立校 ほか）

内容 変動する高校入試に対応。通学エリアの高校を普通科系中心に紹介。主要公立高+埼玉・近県国私立高徹底リポート。

埼玉・近県 高校受験ガイド 2013年入試用　市進学院編　市進出版　2012.5　487，34p　26cm　2000円　①978-4-903837-32-1

目次 第1部 学校の選び方（高校はどう選んだらよいか，具体的な学校選び，2012年春の入試状況 ほか），第2部 各校紹介編（埼玉県公立高校，東京都私立高校，埼玉県私立高校 ほか），第3部 資料編（私立高校学費一覧，東大合格ベスト50，大学別合格ベスト20・埼玉県内公・私立校 ほか）

内容 変動する高校入試に対応。通学エリアの高校を普通科系中心に紹介。主要公立高+埼玉・近県国私立高徹底リポート。

埼玉・近県 高校受験ガイド 2014年入試用　市進学院編　市進出版　2013.5　467p　26cm　1800円　①978-4-903837-37-6

目次 第1部 学校の選び方（高校はどう選んだらよいか，具体的な学校選び，2013年春の入試状況 ほか），第2部 各校紹介編（埼玉県公立高校，東京都私立高校，埼玉県私立高校 ほか），第3部 資料編（私立高校学費一覧，東大合格ベスト50，大学別合格ベスト20・埼玉県内公・私立校 ほか）

内容 主要公立高+埼玉・近県国私立高。気になる学校のチェックポイント（大学合格実績、学費、部活動）。徹底分析! 合格へのナビゲート（合格基準、併願パターン、過去問分析）。進学塾ならではの特選オリジナル（難易度早見カレンダー、公立入試システム、先輩に聞く）。

埼玉・近県 高校受験ガイド 2015年入試用　市進学院編　市進出版　2014.4　463p　26cm　2000円　①978-4-903837-43-7

目次 第1部 学校の選び方（高校はどう選んだらよいか，具体的な学校選び，2014年春の入試状況 ほか），第2部 各校紹介編（埼玉県公立高校，東京都私立高校，埼玉県私立高校 ほか），第3部 資料編（私立高校学費一覧，東大合格ベスト50，大学別合格ベスト20・埼玉県内公・私立校 ほか）

埼玉・首都圏 高校受験ガイド '91年入試用　市進学院編　（市川）市進学院　1990.7　470p　26cm　1500円　①4-900478-16-4

内容 市進学院が独自に収集した最新の高校進学データを公開。合格基準には公立・私立それぞれのパターン別偏差値を表示。公立高・私立高併願にズバリ役立つ具体的な情報を紹介。単願や推薦・帰国子女入校などの充実した資料を巻末併載。埼玉県内主要公立高・私立高と埼玉から通える首都圏（東京・神奈川・千葉・栃木）の有名私立高を徹底紹介。

埼玉・首都圏 高校受験ガイド '92年入試用　市進学院編　（市川）市進出版　1991.7　481p　26cm　1600円　①4-900478-22-9

目次 第1部 学校の選び方（高校はどう選んだらよいか，具体的な学校選び，今春の入試状況，効果的な学習を一志望校にあわせて，埼玉県公立高校入試問題分析），第2部 各校紹介（埼玉県公立高校，都内私立男子校，都内私立女子校，都内私立共学校，埼玉県内私立男子校，埼玉県内私立女子校，埼玉県内私立共学校，近県私立

高校，国立高校），第3部 資料（帰国子女受け入れ校一覧，芸術系・体育系の学校，私立高校学費一覧，面接のある私立高校と面接のようす，単願・推薦入学などのある私立高校一覧，二次募集を実施した私立高校一覧，寮のある学校，付属校のある大学・短大の所在地）

⦿内容 市進学院が独自に収集・分析した最新情報。'92年度合格ライン・単願・推薦基準。入試問題ワンポイント・アドバイス。併願作戦・大学合格実績最終集計etc.。進学後の学校生活を現場から報告。授業内容・クラブ活動・生活指導・学校行事。

埼玉・首都圏 高校受験ガイド　'93年入試用　市進学院編　（市川）市進出版　1992.7
　489p　26cm　1700円　⦿4-900478-27-X

⦿目次 第1部 学校の選び方（高校はどう選んだらよいか，具体的な学校選び，今春の入試状況，効果的な学習を一志望校にあわせて，埼玉県公立高校入試問題分析），第2部 各校紹介，第3部 資料（帰国子女受け入れ校一覧，芸術系・体育系の学校，私立高校学費一覧，面接のある私立高校と面接のようす，単願・推薦入学などのある私立高校一覧，二次募集を実施した私立高校一覧，寮のある学校，付属校のある大学・短大の所在地）

⦿内容 '93年度合格ライン・単願・推薦基準。入試問題ワンポイント・アドバイス。併願作戦・大学合格実績最終集計etc.。進学後の学校生活を現場から報告。授業内容・クラブ活動・生活指導・学校行事。

埼玉・首都圏 高校受験ガイド　'95年入試用　市進学院編　（市川）市進出版　1994.5
　521p　26cm　1800円　⦿4-900478-37-7

⦿目次 第1部 学校の選び方（高校はどう選んだらよいか，具体的な学校選び，'94年春の入試状況，効果的な学習を一志望校にあわせて，埼玉県公立高校入試問題分析），第2部 各校紹介，第3部 資料（帰国子女受け入れ校一覧，芸術系・体育系の学校，私立高校学費一覧，面接のある私立高校と面接のようす，推薦入学などのある私立高校一覧，二次募集を実施した私立高校一覧，寮のある学校，海外私立高校一覧，付属校のある大学・短大の所在地）

⦿内容 '95年度合格ライン・推薦基準、入試問題ワンポイント・アドバイス、併願作戦・大学合格実績集計etc.進学後の学校生活を現場から報告、授業内容・クラブ活動・生活指導・学校行事。

首都圏 高校推薦入試ガイド　2002年度用
　晶文社出版編集部編　晶文社出版，晶文社
　〔発売〕　2001.4　48,507p　21cm　1900円
　⦿4-7949-9372-2

⦿目次 制服ガイド（東京・神奈川・千葉・埼玉），東京都，神奈川県，千葉県，埼玉県，国立・国立高専，その他の地区

⦿内容 推薦の内申基準。面接の質問内容。作文の課題。

首都圏 高校推薦入試ガイド　2003年度用
　晶文社出版編集部編　晶文社出版，晶文社
　〔発売〕　2002.4　510p　21cm　1900円
　⦿4-7949-9373-0

⦿目次 東京都（私立高校，都立高校），神奈川県，千葉県，埼玉県，国立・国立高専，その他の地区

⦿内容 本書は2002年春の推薦入試がどのように行われたかを中心に調査してまとめたものである。

首都圏 高校推薦入試ガイド　2004年度用
　晶文社出版編集部編　晶文社出版，晶文社
　〔発売〕　2003.4　511p　21cm　1900円
　⦿4-7949-9374-9

⦿目次 カラー版 制服ガイド（東京・神奈川・千葉・埼玉），東京都，神奈川県，千葉県，埼玉県，その他の地区，国立・国立高専

⦿内容 2003年春の推薦入試がどのように行われたかを中心に調査してまとめた推薦入試案内。2003年春の入試で推薦入試が行われた学校のみ掲載。

首都圏 高校推薦入試ガイド　2007年度用
　晶文社学校案内編集部編　晶文社　2006.4
　594p　21cm　1900円　⦿4-7949-9377-3

⦿目次 東京都，神奈川県，千葉県，埼玉県，その他の地区の私立高校，国立高校・国立高専

⦿内容 推薦で合格するためのくわしい情報。推薦の内申基準。面接情報・作文の課題。

首都圏 高校推薦入試ガイド　2008年度用
　晶文社学校案内編集部編　晶文社　2007.4
　578p　21cm　1900円　⦿978-4-7949-9378-6

⦿目次 東京都，神奈川県，千葉県，埼玉県，その他の地区の私立高校，国立高校・国立高専

⦿内容 推薦・前期入試で合格するためのくわしい情報。

首都圏 高校推薦入試ガイド　2009年度用
　晶文社学校案内編集部編　晶文社　2008.4
　570p　21cm　1900円　⦿978-4-7949-9379-3
　Ⓝ376.8

受験・進学　　　　　　　　　　　　　　　　　　　　　　　　　　　　　　　　　　高校

〔目次〕東京都，神奈川県，千葉県，埼玉県，その他の地区の私立高校，国立高校・国立高専
〔内容〕推薦・前期入試で合格するためのくわしい情報．

首都圏　高校推薦入試ガイド　2013年度用
　晶文社学校案内編集部編　晶文社　2012.4　587p　21cm　1900円　①978-4-7949-9383-0
〔目次〕巻頭特集　高校人気クラブ研究，東京都（私立高校，都立高校），神奈川県（私立高校，公立高校），千葉県（私立高校，公立高校），埼玉県（私立高校，公立高校），その他の地区（私立高校），国立高校・国立高等専門学校

首都圏　高校入試最終情報ブック　高校受験校を決める！　2005年受験用　学研編　学習研究社　2004.10　184p　26cm　1100円　①4-05-301945-1
〔目次〕巻頭特集（巻頭トピックス　2005年度首都圏入試レポート！制度の変更点をつかみ，受験を有利に進めよう！，2005年入試がよくわかる　入試の疑問ソッコー解決Q&A，さあラストスパート！入試までに何をいつ，どうやる？），都県別入試ガイド（東京―都立・私立ともに「学力重視」がさらに進む！，神奈川―公立は入試改革進行中，私立は併願校選びに注意！，千葉―私立推薦＆一般終了後に公立入試→公立の特色化選抜がさらに定着，埼玉―改革の続く公立入試確かな学力を身につけて！），2005年度私立高校募集要項―首都圏＋近県　私立高校校インデックス（推薦入試編，一般入試編），受験校選びに役に立つ！いま首都圏で話題の魅力の私立学園ガイド

首都圏　高校入試最終情報ブック　高校受験校を決める！　2006年受験用　学研編　学習研究社　2005.10　202p　26cm　1100円　①4-05-302107-3
〔目次〕巻頭特集（知って受けると，知らずに受けるでは大違い！最新2006年受験用 "都県別" 高校入試の「しくみ＋トレンド」完全図解，細かな制度までよくわかる！入試のソノ疑問を解決！Q&A，さあラストスパート！入試までに何をいつ，どうやる？　ほか），都県別入試ガイド（東京―都立・私立ともに「学力重視」がさらに進む！，神奈川―学区撤廃で公立が活性化，私立は中堅上位校に注意，千葉―公立一般は倍率の上昇に注意！私立併願校の見極めを！　ほか），2006年度私立高校募集要項（首都圏＋近県私立高校インデックス，通信制高校）
〔内容〕志望校，ホントにそれでだいじょうぶ？東京，神奈川，千葉，埼玉，公立高入試要項―学

校別選抜データも一挙掲載：推薦基準，選抜方法，手続き期限ほか．私立高入試要項 "最新完全版"．

首都圏　高校入試最終情報ブック　2007年受験用　学習研究社編　学習研究社　2006.10　179p　26cm　1100円　①4-05-302398-X
〔目次〕巻頭特集（知って受けると，知らずに受けるでは大違い！最新2007年受験用 "都県別" 高校入試の「しくみ＋トレンド」完全図解，細かな制度までよくわかる！入試のソノ疑問を解決！Q&A，さあラストスパート！入試までに何をどうやる？），都県別入試ガイド（東京，神奈川，千葉，埼玉），2007年度私立高校募集要項（東京，神奈川，千葉，埼玉，茨城），受験校選びに役に立つ！いま首都圏で話題の魅力の私立学園ガイド

首都圏私立高校推薦・優遇入試ガイド　2014年度用　晶文社学校案内編集部編　晶文社　2013.4　591p　21cm　1900円　①978-4-7949-9384-7
〔目次〕カラー版制服コレクション，学校紹介（東京，神奈川，千葉，埼玉，茨城・栃木・山梨，国立・高専），資料，最新　主要大学への合格状況（2013～2011年春），最新　大学・短大へ優先入学ができる高校一覧（2013年春）

首都圏版　高校転入・編入・再受験レポート　2000　高校転入・編入・再受験レポート編集委員会編　学術企画，教育史料出版会〔発売〕　1999.11　165p　21cm　1200円　①4-87652-373-8
〔目次〕第1部　これなら納得　転入・編入のすべて（高校の転入・編入，再受験を考えるキミへのメッセージ，高校の転入・編入の実際ケーススタディに見るその実情と対策，再受験で高校にチャレンジ，内申書と面接　これだけ知っていれば大丈夫，道はまだある！バイパスコースに大きな期待が！），第2部　資料編　転入・編入・再受験受け入れデータ（首都圏公・私立校転入・編入・再受験募集状況，高校卒業資格取得を応援する注目のサポート校紹介）

千葉・茨城・首都圏　高校受験ガイド　'91年入試用　市進学院編　（市川）市進学院　1990.7　489p　26cm　1500円　①4-900478-17-2
〔内容〕市進学院に蓄積された過去20年余の高校進学データを公開．合格基準には公立・私立それぞれのパターン別偏差値を表示．公立高・私立高併願にズバリ役立つ具体的な出題例を紹介．単願や推薦・帰国子女受入校などの充実した資

児童・青少年レファレンスブック　79

料を巻末併載。千葉主要公立高・私立高と千葉から通える首都圏（東京・神奈川・埼玉・茨城）の有名私立高を徹底紹介。

千葉・茨城・首都圏 高校受験ガイド '92年入試用 市進学院編 （市川）市進出版
1991.7 493p 26cm 1600円 Ⓣ4-900478-21-0
(目次)第1部 学校の選び方（高校はどう選んだらよいか，具体的な学校選び，今春の入試状況，効果的な学習を一志望校にあわせて，千葉県公立高校入試問題分析），第2部 各校紹介，第3部 資料
(内容)千葉・茨城県在住の中学生のために、主要公・私立高校徹底レポート。市進学院が独自に収集・分析した最新情報。'92年度合格ライン・単願・推薦基準。入試問題ワンポイント・アドバイス。併願作戦・大学合格実績最終集計etc.。進学後の学校生活を現場から報告。授業内容・クラブ活動・生活指導・学校行事。

千葉・茨城・首都圏 高校受験ガイド '93年入試用 市進学院編 （市川）市進出版
1992.7 504p 26cm 1700円 Ⓣ4-900478-26-1
(内容)市進学院が独自に収集・分析した最新情報。'93年度合格ライン・単願・推薦基準。入試問題ワンポイント・アドバイス。併願作戦・大学合格実績最終集計etc.。進学後の学校生活を現場から報告。授業内容・クラブ活動・生活指導・学校行事。

千葉・茨城・首都圏 高校受験ガイド '95年入試用 市進学院編 （市川）市進出版
1994.5 523p 26cm 1800円 Ⓣ4-900478-36-9
(目次)第1部 学校の選び方（高校はどう選んだらよいか，具体的な学校選び，'94年春の入試状況，効果的な学習を一志望校にあわせて，千葉県公立高校入試問題分析），第2部 各校紹介（千葉県公立高校，茨城県公立高校，都内私立男子校，都内私立女子校，都内私立共学校，千葉県内私立男子校，千葉県内私立女子校，千葉県内私立共学校，茨城県内私立高校，近県私立高校，国立高校・高等専門学校），第3部 資料（帰国子女受け入れ校一覧，芸術系・体育系の学校，私立高校学費一覧，面接のある私立高校と面接のようす，推薦入学などのある私立高校一覧，二次募集を実施した私立高校一覧，寮のある学校，海外私立高校一覧，付属校のある大学・短大の所在地）

(内容)'95年度合格ライン・推薦基準。入試問題ワンポイント・アドバイス。併願作戦・大学合格実績集計etc.進学後の学校生活を現場から報告。授業内容・クラブ活動・生活指導・学校行事。

千葉・茨城南部・近県 高校受験ガイド 2008年入試用 市進学院編 市進出版
2007.5 557p 26cm 2000円 Ⓣ978-4-903837-02-4
(目次)第1部 学校の選び方（高校はどう選んだらよいか，具体的な学校選び，2007年春の入試状況 ほか），第2部 各校紹介編（千葉県公立高校，茨城県公立高校，都内私立高校 ほか），第3部 資料編（作文・小論文を実施した国私立高校，英語リスニングを実施した国私立高校，マークシート方式で試験を実施した高校 ほか）

千葉・茨城南部・近県 高校受験ガイド 2009年入試用 市進学院編 市進出版
2008.5 557p 26cm 2000円 Ⓣ978-4-903837-08-6 Ⓝ376.8
(目次)第1部 学校の選び方（高校はどう選んだらよいか，具体的な学校選び，2008年春の入試状況 ほか），第2部 各校紹介編（千葉県公立高校，茨城県公立高校，東京都私立高校 ほか），第3部 資料編（私立高校学費一覧，東大合格ベスト50，大学別合格ベスト20・千葉・茨城県内公・私立高校 ほか）
(内容)変動する高校入試に対応。通学エリアの高校を普通科系中心に紹介。

千葉・茨城南部・近県 高校受験ガイド 2010年入試用 市進学院編 市進出版
2009.5 555p 26cm 2000円 Ⓣ978-4-903837-14-7 Ⓝ376.8
(目次)第1部 学校の選び方（高校はどう選んだらよいか，具体的な学校選び，2009年春の入試状況 ほか），第2部 各校紹介編（千葉県公立高校，茨城県公立高校，東京都私立高校 ほか），第3部 資料編（私立高校学費一覧，東大合格ベスト50，大学別合格ベスト20・千葉・茨城県内公・私立高校 ほか）
(内容)変動する高校入試に対応。通学エリアの高校を普通科系中心に紹介。主要公立高＋千葉・茨城南部・近県国私立高徹底リポート。

千葉・茨城南部・近県 高校受験ガイド 2011年入試用 市進学院編 市進出版
2010.5 549p 26cm 2000円 Ⓣ978-4-903837-20-8 Ⓝ376.8
(目次)第1部 学校の選び方（高校はどう選んだら

よいか，具体的な学校選び，2010年春の入試状況 ほか），第2部 各校紹介編（千葉県公立高校，茨城県公立高校，東京都私立高校 ほか），第3部 資料編（私立高校学費一覧，東大合格ベスト50，大学別合格ベスト20・千葉・茨城県内公・私立高校 ほか）

(内容)変動する高校入試に対応。通学エリアの高校を普通科系中心に紹介。主要公立高＋千葉・茨城南部・近県国私立高徹底リポート。

千葉・茨城南部・近県 高校受験ガイド　2013年入試用　市進学院編　市進出版
2012.5　501,30p　26cm　2000円　①978-4-903837-31-4

(目次)第1部 学校の選び方（高校はどう選んだらよいか，具体的な学校選び，2012年春の入試状況 ほか），第2部 各校紹介編（千葉県公立高校，茨城県公立高校，東京都私立高校 ほか），第3部 資料編（私立高校学費一覧，東大合格ベスト50，大学別合格ベスト20・千葉・茨城県内公・私立高校 ほか）

(内容)変動する高校入試に対応。通学エリアの高校を普通科系中心に紹介。主要公立高＋千葉・茨城南部・近県国私立高徹底リポート。

千葉・茨城南部・首都圏 高校受験ガイド　2004年入試用　市進学院編　市進出版
2003.5　573p　26cm　1800円　①4-900478-81-4

(目次)第1部 学校の選び方（高校はどう選んだらよいか，具体的な学校選び，2003年春の入試状況 ほか），第2部 各校紹介（千葉県公立高校，茨城県公立高校，都内私立高校 ほか），第3部 資料（東大合格ベスト50，大学別合格ベスト20，週5・6日制，学期制，授業時数一覧 ほか）

(内容)学校選択と併願作戦に欠かせないオリジナル資料を提供。

千葉・茨城南部・首都圏 高校受験ガイド　2005年入試用　市進学院編　市進出版
2004.5　571p　26cm　1857円　①4-900478-86-5

(目次)第1部 学校の選び方（高校はどう選んだらよいか，具体的な学校選び，2004年春の入試状況 ほか），第2部 各校紹介（各校紹介ページの見方，千葉県公立高校，茨城県公立高校 ほか），第3部 資料（東大合格ベスト50，大学別合格ベスト20，週5・6日制，学期制，授業時数一覧 ほか）

(内容)本文は「学校の選び方」「各校紹介」「資料」の3部構成。「学校の選び方」では，受験決定の際に考えてほしいポイントを，国・公・私立の違いから試験日程を考えた実際の併願例まで，現在の高校・大学入試情勢にふれながらわかりやすく解説。「各校紹介」のページでは，千葉・茨城県にある高校，また都内・近県の通学可能な高校について，在校生のナマの声や学校の雰囲気をじかに伝える記事を満載。「資料」には，推薦基準，面接の実際，2004年春に実施された2次募集のようすなどに加えて，帰国子女受け入れ校も紹介。

千葉・茨城南部・首都圏 高校受験ガイド　2006年入試用　市進出版　2005.5　575p　26cm　1900円　①4-900478-91-1

(目次)第1部 学校の選び方（高校はどう選んだらよいか，具体的な学校選び，2005年春の入試状況 ほか），第2部 各校紹介編（千葉県公立高校，茨城県公立高校，都内私立高校 ほか），第3部 資料編（東大合格ベスト50，大学別合格ベスト20・千葉・茨城県内公・私立高校，週5・6日制，学期制，授業時数一覧 ほか）

(内容)市進学院が独自に収集・分析した最新情報，2006年度合格のめやす・推薦基準・併願作戦，入試問題ワンポイント・アドバイス，3年間の主要大学合格実績と進路状況，普通科系主体に最新の学校生活・カリキュラム，新指導要領への対応策などを紹介。授業時数と内容・部活動・学校行事・国際交流・校則etc.アイコンによる学校生活情報を表示。

千葉・近県 高校受験ガイド　2014年入試用　市進学院編　市進出版　2013.5　447p　26cm　1800円　①978-4-903837-36-9

(目次)第1部 学校の選び方（高校はどう選んだらよいか，具体的な学校選び，2013年春の入試状況 ほか），第2部 各校紹介編（千葉県公立高校，茨城県公立高校，東京都私立高校 ほか），第3部 資料編（私立高校学費一覧，東大合格ベスト50，大学別合格ベスト20・千葉・茨城県内公・私立高校 ほか）

(内容)主要公立高＋千葉・近県国私立高。気になる学校のチェックポイント（大学合格実績、学費、部活動）。徹底分析! 合格へのナビゲート（合格基準、併願パターン、過去問分析）。進学塾ならではの特選オリジナル（難易度早見カレンダー、公立入試システム、先輩に聞く）。

千葉・近県 高校受験ガイド　2015年入試用　市進学院編　市進出版　2014.4　419p　26cm　2000円　①978-4-903837-42-0

(目次)第1部 学校の選び方（高校はどう選んだら

高校　　　　　　　　　　　　　　受験・進学

よいか，具体的な学校選び，2014年春の入試状況 ほか），第2部 各校紹介編（千葉県公立高校，茨城県公立高校，東京都私立高校 ほか），第3部 資料編（私立高校学費一覧，東大合格ベスト50，大学別合格ベスト20・千葉・茨城県内公・私立高校 ほか）

東京・近県 高校受験ガイド　2015年入試用　市進学院編　市進出版　2014.4　575p　26cm　2000円　ⓃISBN978-4-903837-41-3

(目次)第1部 学校の選び方（高校はどう選んだらよいか，具体的な学校選び，2014年春の入試状況，効果的な学習を—志望校にあわせて），第2部 各校紹介編（東京都都立高校，東京都私立高校，近県私立高校，国立高校・高等専門学校），第3部 資料編（私立高校学費一覧，東大合格ベスト50，大学別合格ベスト20・東京都内国公私立高校，併設大学・短大の推薦状況，面接のある私立高校と面接のようす，国私立高校推薦基準一覧，部活動設置一覧，部活動の盛んな学校，芸術系・体育系の学校，各校紹介編に掲載していない主な私立高校）

東京・首都圏 高校受験ガイド　'95年入試用　市進学院編　（市川）市進出版　1994.5　682p　26cm　1800円　Ⓝ4-900478-35-0

(目次)第1部 学校の選び方（高校はどう選んだらよいか，具体的な学校選び，'94年春の入試状況，効果的な学習を—志望校にあわせて，東京都立高校入試問題分析），第2部 各校紹介（東京都立高校，都内私立男子校，都内私立女子校，都内私立共学校，近県私立高校，国立高校・高等専門学校），第3部 資料（帰国子女受け入れ一覧，芸術系・体育系の学校，私立高校学費一覧，面接のある私立高校と面接のようす，推薦入学などのある私立高校一覧，二次募集を実施した私立高校一覧，寮のある学校，海外私立高校一覧，付属校のある大学・短大の所在地）

(内容)'95年度合格ライン・推薦基準。入試問題ワンポイント・アドバイス。併願作戦・大学合格実績集計etc.進学後の学校生活を現場から報告。授業内容・クラブ活動・生活指導・学校行事。

東京・首都圏 高校受験ガイド　2003年入試用　市進学院編　市進出版　2002.5　635, 58p　26cm　1800円　Ⓝ4-900478-75-X

(目次)第1部 学校の選び方（高校はどう選んだらよいか，具体的な学校選び，2002年春の入試状況 ほか），第2部 各校紹介（東京都立高校，都内私立高校，近県私立高校 ほか），第3部 資料（東大合格ベスト50，大学別合格ベスト20，週5・6日制，学期制，授業時数一覧 ほか）

(内容)市進学院が独自に収集・分析した最新情報。2003年度合格のめやす・推薦基準・併願作戦。入試問題ワンポイント・アドバイス。3年間の主要大学合格実績と進路状況。普通科系主体に最新の学校生活・カリキュラム，新指導要領への対応策などを紹介。授業時数と内容・部活動・学校行事・国際交流・校則etc。アイコンによる学校生活情報を表示。

東京・首都圏 高校受験ガイド　2005年入試用　市進学院編　市進出版　2004.5　665p　26cm　1857円　Ⓝ4-900478-85-7

(目次)第1部 学校の選び方（高校はどう選んだらよいか，具体的な学校選び，2004年春の入試状況 ほか），第2部 各校紹介（東京都立高校，都内私立高校，近県私立高校 ほか），第3部 資料（東大合格ベスト50，大学別合格ベスト20，週5・6日制，学期制，授業時数一覧 ほか）

(内容)本文は「学校の選び方」「各校紹介」「資料」の3部構成。「学校の選び方」では，受験校決定の際に考えてほしいポイントを，国・公・私立の違いから試験日程を考えた実際の併願例まで，現在の高校・大学入試情勢にふれながらわかりやすく解説。「各校紹介」のページでは，東京都にある高校，また近県の通学可能な高校について，在校生のナマの声や各学校の雰囲気をじかに伝える記事を満載。「資料」には，推薦基準，面接の実際，2004年春に実施された2次募集のようすなどに加えて，帰国子女受け入れ校も紹介。

東京・首都圏 高校受験ガイド　2006年入試用　市進出版　2005.5　669p　26cm　1900円　Ⓝ4-900478-90-3

(目次)第1部 学校の選び方（高校はどう選んだらよいか，具体的な学校選び，2005年春の入試状況 ほか），第2部 各校紹介編（東京都立高校，都内私立高校，近県私立高校 ほか），第3部 資料編（東大合格ベスト50，大学別合格ベスト20・東京都内国公私立高校，週5・6日制，学期制，授業時数一覧 ほか）

(内容)市進学院が独自に収集・分析した最新情報，2006年度合格のめやす・推薦基準・併願作戦，入試問題ワンポイント・アドバイス，3年間の主要大学合格実績と進路状況，普通科系主体に最新の学校生活・カリキュラム，新指導要領への対応策などを紹介。授業時数と内容・部活動・学校行事・国際交流・校則etc。アイコンによる学校生活情報を表示。

受験・進学　高校

◆通信制高校

<名簿・人名事典>

個性派学校ガイド　2015　不登校・中退者・高校転編入　育文社編集部著　育文社　2014.8　160p　21cm　1000円　①978-4-7524-2063-7

(目次)巻頭特集／教育の軌道修正，くちこみ君情報，通信制高校への誘い，技能連携校への誘い，自立サポート校への誘い，山の学校と全寮制への誘い

こんな学校があったんだ!　2014-2015年版　新しい学校の会監修，学びリンク編集部編　学びリンク　2014.4　129p　26cm　1600円　①978-4-902776-83-6

(目次)巻頭インタビュー，生徒・学生・先生インタビュー―学校生活の"今"を生の声で，こんな学校どんな学校?全国つうらうら通信制高校スクールデイズ，新しい学校の会第8回シンポジウム「公設民営学校を考える」―公設民営学校"元年"国家戦略特区に最先端で関わる方々を招集!，解説編，学校紹介

<ハンドブック>

ステップアップスクールガイド　中学卒・高校転編入からの進学　2003年度版　学びリンク編　りいふ・しゅっぱん　2002.9　495p　26cm　2800円　①4-947689-62-5　Ⓝ376.8

(目次)私の選択―新しいタイプの学びの場を生かした一人ひとりの"サクセスストーリー"(通信・定時制・単位制高校で学ぶ，資格と技能を身に付けて学ぶ ほか)，個性的な学校が次々と開校 新しい学校のここが"魅力"(2002年開校の通信制・単位制高校の"魅力"，確実な高卒資格と創造力を引き出す「デジタルハイスクール」ほか)，ステップアップスクール 最新オール解説(高等学校と単位制，"通信制高校"の学習システム ほか)，最新!詳細!学校案内(通信制高校・定時制高校，技能連携校・高等専修学校 ほか)

(内容)通信制や定時制，大検，留学などの多様な教育機関と学習システムのガイドブック。約300校への直接取材とアンケート調査に基づいて作成され，取材・調査は，2002年4月から8月上旬までの期間に行われた。それぞれの教育機関と学習システムの概要を生徒の声を交えて紹介した部分と，学校案内の部分で構成。学校案内は学校の種類別に構成し，学校名，所在地，問い合わせ先，沿革，特色，生徒の状況，募集要項と学費，進路などを記載する。主な技能連携校と大学入学資格付与指定校一覧など各種学校一覧がある。巻末に五十音順の学校名索引と都道府県別の学校名索引を付す。ホームページを開設。

ステップアップスクールガイド　中学卒・高校転編入からの進学　2005年度版　学びリンク編集部編　学びリンク　2004.9　543p　26cm　2800円　①4-902776-01-4

(目次)見つけた!私の学びの場―通信制・単位制高校で学ぶ(新しく自由なこの高校で，自分のペースでやっています，好きなパソコンを使った学習だから，焦らず，自分で決めてできるようになりました ほか)，見つけた!私の学びの場―資格と技能を身につけて学ぶ(一流ホテルのシェフから本物の技術が学べる，部活にも力が入っている星槎学園は僕にとって本当にあったほか)，見つけた!私の学びの場―高校資格プラスαの環境で学ぶ(不登校を経験した人が多く通っています，大原高等学院で学んだ前向きな姿勢「悩むなら動け!」&「考えるより行動しろ!」ほか)，見つけた!私の学びの場―大検からの進路(別れのつらさを知っているから仲間は大事にしたい，大学生になった自分を想像してやり遂げた ほか)，ステップアップスクール・最新オール解説(公立の定時制・通信制高校の動向，高等学校と単位制 ほか)

(内容)中学校を卒業する生徒や高校転編入を考えている人，また大検受検や留学などを考えている人を対象に，多様な教育機関と学習システムをできるだけわかりやすく，しかも詳細に紹介。各校への直接取材とアンケート調査に基づいて作成。取材・調査は2004年5月から7月下旬まで。収録校数は約280校。

ステップアップスクールガイド　中学卒・高校転編入からの進学　2009　学びリンク編集部編　学びリンク　2008.9　561p　26cm　2800円　①978-4-902776-34-8　Ⓝ376.8

(目次)巻頭インタビュー フリーライター&エディター・今一生さん 世の中はもっとゆるいんだよ―その中で何がしたいのか，じっくり見つけよう，"来年開校の目玉校"&"今，注目のスクール"，最新制服ガイド，生徒・卒業生インタビュー 見つけた!!私に合った学びの場，トピックス，解説編，高卒資格を取得したら大学・短大・専門学校に進んでみよう!，最新!詳細!学校案内，中学卒・高校転編入からの進学関連リスト

児童・青少年レファレンスブック　83

高校　　　　　　　　　　　受験・進学

ステップアップスクールガイド　中学卒・高校転編入からの進学　2010　学びリンク　2009.9　585p　26cm　2800円　Ⓘ978-4-902776-41-6　Ⓝ376.8

(目次)巻頭 ステップアップスクールMAP（都心部／東京近郊／大阪／東海／名古屋市中心部／福岡）, ステップアップスクールガイド2010の見方と利用法, 巻頭インタビュー 元ラグビー選手／スポーツコメンテーターほか・大八木淳史さん―あるがままに生きるため今できることを学んで欲しい, "今注目のスクール", クローズアップ!卒業をゴールにするのではなく, 卒業後の進路を見据えたサポート, 最新制服ガイド, 生徒インタビュー「見つけた!!私に合った学びの場」, トピックス 通信制高校を知るための「最新キーワード」, 解説編, 高卒資格を取得したら大学・短大・専門学校に進んでみよう!〔ほか〕

ステップアップスクールガイド　中学卒・高校転編入からの進学 高卒資格・転編入・高認のための学校選び!　2011　学びリンク　2010.9　575p　26cm　〈他言語標題：STEPUP SCHOOL GUIDE　索引あり〉　2800円　Ⓘ978-4-902776-51-5　Ⓝ376.8

(目次)巻頭インタビュー 井ノ原快彦さん（歌手・俳優・キャスター）―やりたいことが見つかれば, 自分の居場所は自ずと付いてくる, インタビュー ルミカさん（歌手）―体にも異変が起きた「いじめ」 母に打ち明けたときから状況が動き始めました, 親子でわかる!『ステップアップスクール』のしくみ, 今, 注目のスクール―話題の学校に聞いた "自慢のスクールライフ", 最新制服Guide, 生徒・保護者インタビュー Before&After動き始めたきっかけとこれからのこと, 解説編&事例編, 最新!詳細!学校案内, 中学卒・高校転編入からの進学関連リスト&さくいん

ステップアップスクールガイド　中学卒・高校転編入からの進学 高卒資格・転編入・高認のための学校選び!　2012　学びリンク　2011.10　583p　26cm　〈他言語標題：STEPUP SCHOOL GUIDE　索引あり〉　2800円　Ⓘ978-4-902776-61-4

(目次)通信制高校やサポート校など, 多様な教育機関の最新の状況が "まるわかり!", 巻頭インタビュー 林家きく姫さん（落語家）―"勉強したい"と思い続ける気持ちが大切な "情報" を引き寄せる, 親子でわかる! 高卒資格が確実に取得できる!『ステップアップスクール』のしくみ, 今, 注目のスクール―話題の学校に聞いた "自慢のスクールライフ", オシャレ制服Guide, 生徒・卒業生インタビュー Before&After「動き始めたきっかけとこれからのこと」, 解説編&事例編, 最新! 詳細! 学校案内, 中学卒・高校転編入からの進学関連リスト&さくいん

(内容)通信制・定時制（多部）・全寮制高校・技能連携校・高等専修学校・サポート校・高卒認定試験予備. 高卒資格・転編入・高認のための学校選び.

ステップアップスクールガイド　中学卒・高校転編入からの進学　2015　学びリンク編集部編　学びリンク　2014.9　535p　26cm　2800円　Ⓘ978-4-902776-85-0

(目次)巻頭INTERVIEW, 親子でわかる!通信制高校は全日制のいいとこ取り!「通信制高校」のしくみ, 飛び立つための居場所カラを割るのは今 注目の通信, 通信制卒業支援の切り札「インターネット講座」でレポート作成がバッチリ!, 通信制高校と留学を橋渡し留学を「無駄なく」「無理なく」「不安なく」実施, 制服collection2015, それぞれのステップの踏み方 生徒・卒業生インタビュー―みんな最初は不安だらけだった, 解説編, 最新!詳細!学校紹介, 中学卒・高校転編入からの進学関連リスト&さくいん

全国通信制高校案内　学校も生徒もふえていま大注目つ!　2006〜2007年版　学研編　学習研究社　2006.3　155p　21cm　（もうひとつの進路シリーズ）　1300円　Ⓘ4-05-302239-8

(目次)だれでもが自分のペースで学べる!!コレが通信制の魅力だ!, 通信制の学習システム大図解, 自分にあったパターンを探そう!通信制高校での学習の進め方, 学習システム, 単位修得システムを知ろう!通信制高校を理解するキーワード10, 通学する高校によって大きな差が!通信制って学費はどれだけかかる?, だいじょうぶかなぁ…!不安解消大作戦Q&A, 自分だけのスタイルが通信制にはある!通信生スクールライフまるなまレポート, 直撃アンケート!自分らしく学ぶことで次の夢で見えてくる, 編集部よりのメッセージ 通信制の学校選びのポイントはとにかく続けられそうな学校を選ぶこと, 全国の通信制高校 私立編, 全国の通信制高校 公立編

全国通信制高校案内　学校も生徒もふえていま大注目つ!　2007〜2008年版　学研編　学習研究社　2007.2　144p　21cm　（もうひとつの進路シリーズ）　1300円　Ⓘ978-4-05-302434-3

〔目次〕だれでもが自分のペースで学べる!!コレが通信制の魅力だ!, 通信制の学習システム大図解, 自分にあったパターンを探そう!通信制高校での学習の進め方, 学習システム, 単位修得システムを知ろう!通信制高校を理解するキーワード10, 通学する学校によって大きな差が!通信制って学費はどれだけかかる?, だいじょうぶかなぁ…!不安解消大作戦Q&A, 自分だけのスタイルが通信制にはある!通信生スクールライフまるなまレポート, 直撃アンケート!自分らしく学ぶことで次の夢が見えてくる, 全国で急増中!!私立通信制高校MAP, 編集部よりのメッセージ 通信制の学校選びのポイントはとにかく続けられそうな学校を選ぶこと〔ほか〕

全国通信制高校案内 2008〜2009年版
　学研編　学習研究社　2008.2　146p　21cm
　（もうひとつの進路シリーズ）　1300円
　Ⓘ978-4-05-302654-5　Ⓝ376.8

〔目次〕だれでもが自分のペースで学べる!!コレが通信制の魅力だ!, 通信制の学習システム大図解, 自分に合ったパターンを探そう!通信制高校での学習の進め方, 学習システム, 単位修得システムを知ろう!通信制高校を理解するキーワード10, 「通学」する学校によって大きな差が!通信制って学費はどれだけかかる?, だいじょうぶかなぁ…!不安解消大作戦Q&A, 自分だけのスタイルが通信制にはある!通信生スクールライフまるなまレポート, 直撃アンケート!自分らしく学べることで次の夢が見えてくる!, 全国で急増中!!全国通信制高校マップ, 編集部よりのメッセージ 通信制の学校選びのポイントはとにかく続けられそうな学校を選ぶこと, 学校別案内ページ（全国の通信制高校私立編, 全国の通信制高校公立編）, 通信制での単位修得の強力な味方「サポート校」にズームイン!

全国通信制高校案内 2015〜2016年版
　学研教育出版編　学研教育出版, 学研マーケティング〔発売〕　2014.12　135p　26cm　1600円　Ⓘ978-4-05-304195-1

〔目次〕第1章 のぞいてみよう!見てみよう!通信制の高校ライフ!（あずさ第一高等学校, VAW栄光ハイスクール, ヴィーナスアカデミー高等部, 河合塾コスモ, クラーク記念国際高等学校, KTC中央高等学院, 国士舘高等学校通信制課程, 星槎国際高等学校, 第一学院高等学校, 日本ウェルネス高等学校, わせがく高等学校）, 第2章 疑問解決!通信制高校なんでもガイダンス（通信制高校では何が学べる?, 通信制高校の基礎知識, 通信制高校Q&A, 通信制高校の1週間）, 第3章 あなたの通う学校はこの学校―通信制高校紹介（学校紹介ページ, 通信制高校リスト, スクーリング会場リスト）

全国版 個性派ハイスクールで学ぼう! 新設私立通信制高校ガイド 2005〜2006年度　学研編　学習研究社　2005.2　78p　21cm　950円　Ⓘ4-05-301966-4

〔目次〕増える!変わる!通信制高校, ツーシン生の成功体験 夢がかなったのは通信制を選んだから―通信制在学生&卒業生インタビュー（牧大輔さん／若林知美さん／高野圭さん／井上駿さん）, ザ・通信→しくみ＝魅力＝活用術＝選び方→マルチ解剖（「通信制」ってカンタンに言うと?, 入学は「新卒」でも「転編入」でもOK!, 「学習手順」と「通学スタイル」は要確認! ほか）, 2004年, 2005年開校「私立通信制」クローズアップ（あずさ第一高等学校, アットマーク国際高等学校, ウィザス高等学校 ほか）

全国版 個性派ハイスクールで学ぼう! 新設私立通信制高校ガイド 2006〜2007年版　学研編　学習研究社　2006.2　88p　21cm　950円　Ⓘ4-05-302236-3

〔目次〕増える!変わる!通信制高校, ツーシン生の成功体験 夢かなったのは通信制を選んだから―通信制在学生&卒業生インタビュー, ザ・通信→しくみ＝魅力＝活用術＝学び方→マルチ解剖（「通信制」ってカンタンに言うと?, 入学は「新卒」でも「転編入」でもOK!, 「学習手順」と「通学スタイル」は要確認!, 学びかたいろいろ…「通信制」活用法, 「通信制」…それぞれの「特徴」ってなんだろう?, 「インターネット」を活用する通信制が激増中!）, 2005年, 2006年開校「私立通信制」クローズアップ（学芸館高等学校, 鹿島学園高等学校広域通信制過程, 勇志国際高等学校, 代々木高等学校, ルネサンス高等学校）

通信制高校があるじゃん! 2013 - 2014年版　学びリンク　2013.2　459p　26cm　2000円　Ⓘ978-4-902776-71-3

〔目次〕巻頭インタビュー 80歳で3度目のエベレスト登頂へ その大きな目標も, 小さな工夫があるから実現できる―プロスキーヤー, 冒険家, 登山家・三浦雄一郎さん（クラーク記念国際高校校長）, 新設校学院長インタビュー 義務感で努力はしちゃいけない打ち込める道へ突き進め!―インターナショナル・メディア学院高等部学院長・堀川りょうさん, 通信制高校の2大特長「マイペース」と「自由な時間」, 注目の学校focus, 自慢の先生紹介しちゃいます, 生徒イン

タビュー 一歩を踏み出した先輩たちの体験談，2013年注目の新設校はココ!，解説編，キミの?はこれで解消 学校のしくみ・中身Q&A
⦅内容⦆通信制高校のしくみや特長，通学プランから学費のことまで! 全国の通信制高校・技能連携校・サポート校情報の完全版。

通信制高校があるじゃん 2014‐2015年版 学びリンク編集部編 学びリンク 2014.2 512p 26cm 2000円 ⓘ978-4-902776-81-2
⦅目次⦆巻頭インタビュー 挫折してからは暗黒の時代?!でも，生きたいように生きていた―タレントJOYさん，関係者インタビュー 宇宙は誰でも行ける!発想の転換が宇宙への扉―有限会社国際宇宙サービスASTRAX代表山崎大地さん，親子でわかる!「通信制高校」のしくみ，2014年新設開校&注目の学校，通信制高校の友だち，自慢の先生紹介しちゃいます，制服collection，生徒インタビュー 先輩たちの声を聞いてみよう!，解説編，キミの?はこれで解消学校のしくみ・中身Q&A(「最新!詳細!学校案内」，中学校・高校転編入からの進学関連リスト)
⦅内容⦆通信制高校のしくみや特長，通学プランから学費のことまで!全国の通信制高校・技能連携校サポート校情報の完全版!

「通信制」で見つけよう! 全国通信制高校案内 2012～2013年版 学研教育出版編 学研教育出版，学研マーケティング(発売) 2011.12 151p 26cm (もうひとつの進路シリーズ) 1400円 ⓘ978-4-05-303584-4
⦅目次⦆堀切昌美さんスペシャルインタビュー「通信制高校に入る前に考えておきたいこと」，仲間たちといっしょに夢の実現に取り組もう!! 通信制高校で学べるこんなことあんなこと，しっかり理解しよう!「通信制高校」のカタチとしくみ，在校生・卒業生がホンネで語る「通信制」，私立通信制高校・学校別紹介ページ，全国通信制高校一覧(私立編)，サポート校・学校別紹介ページ

専修学校・各種学校
＜名簿・人名事典＞

専門学校案内 1997 大学通信 1996.3 367p 21cm 1030円 ⓘ4-88486-111-6
⦅目次⦆解説編(座談会「進路としての専門学校」，専門学校は，いま，SCHOOL WATCHING,OB・OGが語る，私と専門学校)，資料編(取得資格ガイド，専門学校の96年度学費一覧，体験入学&学校見学，96年春の就職先一覧 ほか)
⦅内容⦆首都圏の専門学校100校を紹介するガイド。工業、医療、衛生、教育・社会福祉、商業実務、服飾・家政、文化・教養、その他の分野別に、各校の所在地、電話番号、交通、特色、設置学科、募集要項等について掲載する。ほかに資料編として取得資格ガイド、学費一覧、首都圏専修学校認可校一覧等がある。巻末に学校名の五十音順索引を付す。

専門学校夢案内 いい仕事が見つかる '96年度用 学研版 学習研究社 1995.2 812p 21cm 1800円 ⓘ4-05-300205-2
⦅目次⦆学科でさがせる専門学校索引(系統別)，専門学校まるごとガイド，夢アングル96 専門学校をマルチに選ぶ法，きみにぴったりの職業&専門学校がすぐわかるチェックテスト，系統別・学科・職種・学校ガイド
⦅内容⦆全国の専修専門学校2856校の特色・入学要項・就職状況などを紹介する学校ガイド。専攻内容により8つの系統に大別し、それぞれ都道府県別、五十音順に掲載する。折込み資料として、人気の資格100、医療系専門学校の合格難易度一覧がある。巻頭に学科で探せる学校一覧表、巻末に五十音順掲載校索引がある。

専門学校夢案内 いい仕事が見つかる '97年度用 学研版 〔全国版〕 学習研究社 1996.2 812p 21cm 1800円 ⓘ4-05-300327-X
⦅目次⦆来てごらん。未来だよ，専門学校バリバリカレンダー，学科でさがせる専門学校索引―系統別，専門学校マルチガイド，グッドチョイスできみも専門士!，あなたは公務員向き?それともデザイナー向き?
⦅内容⦆全国の専門学校2902校のガイド。「工業・農業」「医療」「栄養・調理」「理容・美容」「ビジネス・語学」「教育・福祉」「ファッション」「芸術・スポーツ・その他」の8つの系統別に、各校の所在地、特色、入学案内、就職案内等を掲載する。巻頭に系統別の一覧、巻末に五十音順の掲載校索引と掲載職種索引がある。

専門学校夢案内 2010年度用 学習研究社 2009.1 715p 21cm 〈索引あり〉 2200円 ⓘ978-4-05-302882-2 Ⓝ376.8
⦅目次⦆カラー 専門学校をめざすキミへ「夢!応援メッセージ」，特集 専門学校で取れる資格・学べる資格82，特別企画 あなたは保育士向き?それとも看護師向き?すぐわかる自己判定テスト，

受験・進学　　　　　　　　　専修学校・各種学校

折り込み資料(就職もこれで安心!専門学校で身につけよう!人気資格107,全国医療系専門学校合格難易度一覧),系統別学科・職種・学校ガイド(工業・農業系統―日本の元気印・エンジニアと食料生産の担い手を育成,医療系統―高度医療・高齢社会を支える知識と技能に妥協なし,栄養・調理系統―世界で評価される調理技術 栄養・調理のコラボで安心確立,理容・美容系統―ヘア・メイク・エステ・ネイルで総合美容をめざす,ビジネス・情報・語学系統―多彩なスキルでビジネス最前線へ,教育・福祉系統―子育て,介護という,この国の大問題に,専門職が奮闘中,ファッション系統―時代を動かすファッションを世界に発信する,芸術・スポーツ・その他の系統―大好きなことを仕事にする)

(内容)全国の専門学校を詳しく紹介した専門学校ガイド。専攻内容により8つの系統に分類,各系統は,北から南への都道府県順に学校を紹介。

<ハンドブック>

鍼灸・柔整専門学校入試ガイド　鍼師・灸師・按摩マッサージ指圧師・柔道整復師国家資格への道　MDX東京鍼灸柔整予備校編　現代書林　1996.3　218p　21cm　1500円　④4-87620-865-4

(目次)序章 不確実な時代だから「食える」資格を,第1章 高齢化社会に注目される東洋医学,第2章 鍼・灸・マッサージ・柔道整復師は国家資格,第3章 国家資格を獲得するために,第4章 これが専門学校入試のポイントだ,第5章 先輩たちはこうして受験を突破した,第6章 教科別予想問題集

(内容)「食える」資格=鍼師・灸師・按摩マッサージ指圧師・柔道整復師国家資格を得るためのすべてのノウハウを詳細に解説。手技療法専門学校入試シュミレーションテストであなたの可能性がわかる。

全国専門・各種学校案内　2009　専門・各種学校研究会編著　一ツ橋書店　2008.1　894p　21cm　2000円　④978-4-565-09551-0　Ⓝ376.8

(目次)専修学校・各種学校ガイダンス(専門学校ってこんな学校,データから見た専修学校と各種学校の現状,あなたはどの分野を選ぶ?,学校選びとチェックポイント,資格を取ろう!資格・検定について,専修学校入試必勝ガイド進路相談・学園生活Q&A,大学生・社会人のための専門学校活用術,高度専門士専門課程のある専門学校),奨学金ガイド,分野別学校案内(ビジネス・実務・語学,工業,農業・環境,教育・福祉,医療,調理・栄養,理容・美容,ファッション・家政,芸術・文化・その他)

(内容)知りたいことがすべてわかる!最大の情報量。就きたい職業292職種,取れる資格293資格。きっと見つかるあなたの夢,約4000校収録。各種奨学金情報ほか強力ガイド。

全国専門各修各種学校案内　2006年版　梧桐書院編集部編　梧桐書院　2005.2　760p　21cm　1700円　④4-340-50118-2

(目次)医療分野の学校,衛生分野の学校,教育・福祉分野の学校,工業技術分野の学校,商業実務分野の学校,服飾・家政分野の学校,芸術・芸能分野の学校,文化・教養分野の学校

(内容)北海道から沖縄まで,全国3400校収録。職業に直結する知識・技術が学べる学校が集結。どんな資格がとれるかが一目瞭然。大学への編入,留学情報,就職率ほか,特色掲載。

専修・各種学校のすべて　2004年版　専修・各種学校研究会編　啓明書房　2003.1　335p　21cm　(資格と特技シリーズ)　1600円　④4-7671-1095-5

(目次)1章 専門学校入学マニュアル,2章 テクニカル系学校,3章 ビジネス系学校,4章 アート系学校,5章 教育・福祉系学校,6章 メディカル系学校,7章 生活関連学校

(内容)学校選びのポイント,ジャンル別の難易度,専門学校で取得できる資格,就職状況等。今,注目のダブルスクールを徹底研究。専修学校3600校を完全収録。6つのジャンルに分けた学校紹介記事と全国の専修学校を名簿一覧で掲載。

専修・各種学校のすべて　2005年版　専修・各種学校研究会編　啓明書房　2004.1　335p　21cm　(資格と特技シリーズ)　1600円　④4-7671-1104-8

(目次)巻頭特集 専門学校で大卒資格をとる!,1章 専門学校入学マニュアル,2章 テクニカル系学校,3章 ビジネス系学校,4章 アート系学校,5章 教育・福祉系学校,6章 メディカル系学校,7章 生活関連学校

(内容)学校選びのポイント,ジャンル別の難易度,専門学校で取得できる資格,就職状況等。今,注目のダブルスクールを徹底研究。専門学校に通いながら通信教育で大学を卒業する。6つのジャンルに分けた学校紹介記事と全国の専修学校を名簿一覧で掲載。

児童・青少年レファレンスブック　　87

専修・各種学校のすべて　2007年版　専修・各種学校研究会編　啓明書房　2006.1　335p　21cm　〈資格と特技シリーズ〉　1600円　ⓘ4-7671-1127-7

⦅目次⦆巻頭特集 専門学校で大卒資格をとる!, 1章 専門学校入学マニュアル, 2章 テクニカル系学校, 3章 ビジネス系学校, 4章 アート系学校, 5章 教育・福祉系学校, 6章 メディカル系学校, 7章 生活関連学校

⦅内容⦆専門学校入学マニュアル―学校選びのポイント、ジャンル別の難易度、専門学校で取得できる資格、就職状況等。専門学校で大卒資格をとる。―今、注目のダブルスクールを徹底研究。専門学校に通いながら通信教育で大学を卒業する。専修学校3400校を完全収録―6つのジャンルに分けた学校紹介記事と全国の専修学校を名簿一覧で掲載。学校選びの最新情報を満載、専門学校完全入学ガイド。

専修・各種学校のすべて　〔2009年版〕　専修・各種学校研究会編　啓明書房　2008.2　335p　22cm　〈資格と特技シリーズ〉　1600円　ⓘ978-4-7671-1203-9　Ⓝ376.8

⦅目次⦆巻頭特集 専門学校で大卒資格をとる!, 1章 専門学校入学マニュアル, 2章 テクニカル系学校, 3章 ビジネス系学校, 4章 アート系学校, 5章 教育・福祉系学校, 6章 メディカル系学校, 7章 生活関連学校

⦅内容⦆学校選びの最新情報を満載。専門学校完全入学ガイド!学校選びのポイント、ジャンル別の難易度、専門学校で取得できる資格、就職状況等。ダブルスクールを徹底研究。専門学校に通いながら通信教育で大学を卒業する。6つのジャンルに分けた学校紹介記事と全国の専修学校を名簿一覧で掲載。

専修・各種学校のすべて　〔2011年版〕　専修・各種学校研究会編　啓明書房　2010.2　335p　21cm　〈資格と特技シリーズ〉　1600円　ⓘ978-4-7671-1219-0　Ⓝ376.8

⦅目次⦆1章 専門学校入学マニュアル, 2章 テクニカル系学校, 3章 ビジネス系学校, 4章 アート系学校, 5章 教育・福祉系学校, 6章 メディカル系学校, 7章 生活関連学校

⦅内容⦆学校選びのポイント、ジャンル別の難易度、専門学校で取得できる資格、就職状況等。ダブルスクールを徹底研究。専門学校に通いながら通信教育で大学を卒業する。6つのジャンルに分けた学校紹介記事と全国の専修学校を名簿一覧で掲載。

専修・各種学校のすべて　〔2012年版〕　専修・各種学校研究会編　啓明書房　2011.2　335p　21cm　〈資格と特技シリーズ〉　1600円　ⓘ978-4-7671-1227-5

⦅目次⦆1章 専門学校入学マニュアル, 2章 テクニカル系学校, 3章 ビジネス系学校, 4章 アート系学校, 5章 教育・福祉系学校, 6章 メディカル系学校, 7章 生活関連学校

⦅内容⦆学校選びのポイント、ジャンル別の難易度、専門学校で取得できる資格、就職状況等。ダブルスクールを徹底研究。専門学校に通いながら通信教育で大学を卒業する。6つのジャンルに分けた学校紹介記事と全国の専修学校を名簿一覧で掲載。

専修・各種学校のすべて　2013年版　専修・各種学校研究会編　啓明書房　2012.2　335p　21cm　〈資格と特技シリーズ〉　1600円　ⓘ978-4-7671-1236-7

⦅目次⦆1章 専門学校入学マニュアル, 2章 テクニカル系学校, 3章 ビジネス系学校, 4章 アート系学校, 5章 教育・福祉系学校, 6章 メディカル系学校, 7章 生活関連学校

⦅内容⦆学校選びのポイント、ジャンル別の難易度、専門学校で取得できる資格、就職状況等。ダブルスクールを徹底研究。専門学校に通いながら通信教育で大学を卒業する。専修学校3110校を完全収録。6つのジャンルに分けた学校紹介記事と全国の専修学校を名簿一覧で掲載。

専門学校オフィシャルガイド　〔2009年度版〕　東京都専修学校各種学校協会私立専門学校振興会　泰文堂(発売)　2008.7　696p　21cm　952円　ⓘ978-4-8030-0134-1　Ⓝ376.8

⦅目次⦆巻頭インタビュー IKKO、専門学校へ行こう!, 専門学校入門講座, 学費と生活費, 申込みから返還まで 奨学金Q&A, 教育ローンの活用法, スペシャリストへの道―スキルとライセンスを身につけよう!, 就職戦線必勝法―専門学校の"就職力"はこうして磨かれる, 進路発見ストーリー―大学・短大を出てからの専門学校, 憧れのおシゴト現場に潜入![ほか]

⦅内容⦆専門学校に関する解説記事とともに、首都圏の231校の専門学校情報を掲載。

専門学校オフィシャルガイド　2010年度版　東京都専修学校各種学校協会私立専門学校振興会　泰文堂(発売)　2009.7　504p　21cm　〈背・表紙のタイトル：オフィシャルガイド専門学校193　索引あり〉　952円

ⓘ978-4-8030-0165-5　Ⓝ376.8
⊕目次⊕専門学校でスペシャリストになろう!―専門学校への道!4つのルート(高校から専門学校へ行こう!!!―センモン'09カレッジライフ,大学や短大を出てから専門学校へ行こう!!!―私たちの進路発見ストーリー,社会人になっても専門学校へ行こう!!!―Re-Start!オトナになってからの専門学校,海外から日本の専門学校に留学する!―専門学校で学ぶ外国人留学生座談会Working in JAPAN―日本で就職して),スペシャリストへの道!―専門学校でスキルとライセンスを身につけよう!スペシャリストへの道26のゲート(コンピュータ(システム・IT系,コンテンツ系),エレクトロニクス,メカニカル,土木・建築 ほか),専門学校大百科―学校制度の基礎知識から学生生活のあれこれまで,学校選択7つのポイント,campus guide
⊕内容⊕専門学校に関する解説記事とともに、193校の専門学校情報を掲載。

専門学校オフィシャルガイド　2011年度版　東京都専修学校各種学校協会私立専門学校振興会,泰文堂〔発売〕　2010.7　464p　21cm　〈背のタイトル:専門学校案内主要校179オフィシャルガイド　表紙のタイトル:オフィシャルガイド専門学校案内　索引あり〉　952円　ⓘ978-4-8030-0196-9　Ⓝ376.8
⊕目次⊕スペシャルインタビュー DAIGO―物事にガチで取り組めばきっと大丈夫,就職するなら,やっぱり専門学校!,こんな時代だから専門学校へ行こう―専門学校への道4つのルート,スペシャリストへの道28のゲート―専門学校でスキルとライセンスを手に入れよう!,専門学校大百科―学校制度の基礎知識から学生生活やお金のことまで,学校選択7つのポイント,campus guide
⊕内容⊕主要校179校掲載。50音別掲載校INDEX、分野別掲載校INDEX付き。

専門学校eX案内　西日本版　就職に有利な学科・学校が引ける　2000年度用　学習研究社　1999.11　290p　23×17cm　1400円　ⓘ4-05-300813-1
⊕目次⊕いつも元気!MY CITY OSAKA,ヤルデス!こんな専門学校できみの自己実現を、これだけ押さえよ!専門学校選びの4大原則,体験入学・学校見学チェックシート,オープン・キャンパススケジュール―そーだ!専門学校へ行ってみよう,分野別職種・学科・学校ガイド―13分野に職種を分類。専門学校・学科からこの進路をめざせ!(公務員・ビジネス・秘書分野,ホテル・旅行・観光・語学分野,放送・音楽・編集分野,デザイン・写真・芸術分野,ファッション分野,理容・美容分野,栄養・調理・製菓分野,ゲーム・コンピュータ分野,建設・電気電子・機械分野,動物・植物分野,教育・福祉分野,健康・スポーツ分野,医療分野),県別・系統別専門学校一覧―eXデータファイル／西日本版
⊕内容⊕2000年度に学生募集する西日本(富山県・岐阜県・愛知県以西)の専門学校のうち、約530校について「就職に有利な学科・学校」を分析したガイド。職種の分野別さくいん、50音順さくいん、有力専門学校索引、職業別学校ガイドさくいん付き。

トライ 有名専門学校ガイド　首都圏版('91)　広和出版編集部編　広和出版,聖文社〔発売〕　1990.6　311p　26cm　850円　ⓘ4-7922-1666-4
⊕内容⊕本書は、主都圏および周辺県の著名な専修学校や各種学校、その他の教育機関について、所在地や交通、教育方針や必要な学費、資格の取得や就職の情報などを、わかりやすく紹介したガイドブックです。

トライ 有名専門学校ガイド　首都圏版('93)　聖文社　1992.2　288p　26cm　1200円　ⓘ4-7922-1668-0
⊕内容⊕本書は、主都圏および周辺県の著名な専修学校や各種学校、その他の教育機関について、所在地や交通、教育方針や必要な学費、資格の取得や就職の情報などを、わかりやすく紹介したガイドブックです。

◆医療・看護・福祉系

<名簿・人名事典>

看護医療技術系学校受験者のための受験ガイドブック　'95年度　東京アカデミー編　ティーエーネットワーク,七賢出版〔発売〕　1995.2　301p　26cm　2000円　ⓘ4-88304-196-4
⊕目次⊕資格別ガイド 21世紀のメディカル・スペシャリストを目指して,入試展望,入試データ,看護・医療トピックス,INDEX,都道府県看護主管一覧・職能団体一覧
⊕内容⊕全国の看護大学・短大・専門学校、保健婦(士)・助産婦学校および医療技術系学校の受験志望者向けの入試データと学校案内。学校の種類別・地域別に排列。偏差値や競争率、95年の入試スケジュールとともに、学校データとし

て学生寮や奨学金の有無，実習先についても記載．地域別索引・五十音順索引を付す．資格の取り方についても解説．

看護医療技術系学校受験者のための受験ガイドブック　'97　東京アカデミー編　東京アカデミー広報部，七賢出版〔発売〕　1996.11　229p　26cm　1600円　ⓘ4-88304-317-7

〔目次〕資格別ガイド　21世紀のメディカル・スペシャリストを目指して，入試展望，入試データ，看護・医療トピックス

全国介護福祉士・社会福祉士学校ガイド　1997年度　〔吹田〕メディカ出版　1996.5　311p　26cm　2800円　ⓘ4-89573-501-X

〔目次〕ガイダンス（介護福祉士・社会福祉士を志す人のために，介護福祉士への道，社会福祉士への道），学校案内（介護福祉士指定養成施設2年（～4年）コース学校案内，介護福祉士指定養成施設1年コース学校案内 ほか），入試問題・解答（小論文，専門科目 ほか）

〔内容〕全国の介護福祉士・社会福祉士養成施設の受験用ガイド．介護福祉士指定養成校174校193課程，社会福祉士指定養成校11校12課程を収録する．各校の所在地，沿革と概要，教育科目，カリキュラムの特徴，就職状況，平成8年度募集要項，学校からのメッセージを紹介する．入試問題を公開している学校については，問題と解答も収録．ほかに社会福祉系の大学・短期大学・専修学校の一覧を掲載する．

＜ハンドブック＞

医療と福祉の学校受験全ガイド　2000年版　医療と福祉の専門職をめざす人のために　成美堂出版編　成美堂出版　1998.10　303p　21cm　1300円　ⓘ4-415-00714-7

〔目次〕いまどきの医療・福祉現場事情，医療・福祉ライセンスのいろいろ，学校選びのプロセスと受験準備のポイント，全国の医療・福祉学校入試案内，志望別学校リスト

〔内容〕医療と福祉の専門職をめざす人のためのガイド書．診療放射線技師，臨床検査技師，義肢装具士，理学療法士，作業療法士，視能訓練士，歯科衛生士，歯科技工士，救急救命士，あんまマッサージ指圧師，はり師・きゅう師，柔道整体師，社会福祉士，介護福祉士，精神保健福祉士，医療・福祉に関係するその他の資格について紹介．

看護・医療系学校最新入学全ガイド　2007　さんぽう編　さんぽう，星雲社〔発売〕　2006.9　594p　26cm　1524円　ⓘ4-434-08379-1

〔目次〕自分を活かす仕事・就職資格のこと（医療技術者を目指す人へ，看護師，臨床検査技師 ほか），入試日程のこと（3分でわかる医療系入試合格ゼミ，入試日程の見方，センター試験科目 ほか），学校データ（平成19年度新設校ニュース，学校ガイドの見方，学校ガイド ほか）

看護・医療系学校最新入学全ガイド　完全版　2007　さんぽう看護医療進学研究会編　さんぽう，星雲社〔発売〕　2006.11　591p　26cm　1524円　ⓘ4-434-08638-3

〔目次〕自分を活かす仕事・就職・資格のこと（医療技術者を目指す人へ，看護師，臨床検査技師 ほか），入試日程のこと（3分でわかる医療系入試合格ゼミ，入試日程の見方，センター試験科目 ほか），学校データ（平成19年度新設校ニュース，学校ガイドの見方，学校ガイド ほか）

〔内容〕本書では，医療系技術者のうち，国家資格である看護師，保健師，助産師，養護教諭，臨床検査技師，臨床工学技士，診療放射線技師，歯科衛生士，歯科技工士，理学療法士，作業療法士，あん摩マッサージ指圧師，はり師，きゅう師，柔道整復師，視能訓練士，義肢装具士，救急救命士，言語聴覚士を中心に養成施設入学から就職までを解説し，併せて国家資格以外の医療関係従事者も紹介する．

看護・医療系学校最新入学全ガイド　完全版　2008年度用　さんぽう看護医療進学研究会編　さんぽう，星雲社〔発売〕　2007.11　521p　26cm　1524円　ⓘ978-4-434-11236-2

〔目次〕自分を活かす仕事・就職・資格のこと（医療技術者を目指す人へ，看護師，臨床検査技師 ほか），入試日程のこと（3分でわかる医療系入試合格ゼミ，入試日程の見方，センター試験科目 ほか），学校データ（平成19年度新設校ニュース，学校ガイドの見方，学校ガイド ほか）

看護・医療系学校最新入学全ガイド　完全版　2009年度用　さんぽう看護医療進学研究会編，現代企画センター編　さんぽう，星雲社〔発売〕　2008.11　495p　26cm　1524円　ⓘ978-4-434-12590-4　Ⓝ376.8

〔目次〕自分を活かす仕事・就職資格のこと（看護師―やさしさといたわりの心で治療と回復をたすける専門職，臨床検査技師―診断・治療・予防のための検査やデータをつくる，臨床工学技士―ME機器の操作・管理をおこなう科学医

療の専門職 ほか），入試日程のこと（受験前に絶対知っておきたい医療系入試合格ナビ，センター試験科目，推薦入試・一般入試・入試日程一覧），学校データ（学校ガイド，2009年4月新設校，学部・学科増設ニュース，入試倍率一覧表 ほか）

(内容)医療系最近ニュース掲載。学校ガイドページを学校別編集から学科別に再編集。平成21年度推薦・一般入試日程・要項収録・全国大学・短期大学・専門学校1200校の学校内容一挙掲載。

看護・医療系学校最新入学全ガイド 看護・医療系技術者をめざす人へ 2010速報版 さんぽう看護医療進学研究会編，現代企画センター編 さんぽう，星雲社（発売） 2009.9 455p 26cm 〈平成22年度推薦一般入試日程要項収録〉 952円 Ⓘ978-4-434-13595-8 Ⓝ376.8

(目次)自分を活かす仕事・就職資格のこと（医療技術者を目指す人へ，看護師—慈愛で見守り，確かな技術で人々の健康を助ける専門職，臨床検査技師—診断・治療・予防のための検査やデータをつくる ほか），入試日程のこと（受験前に絶対知っておきたい医療系入試合格ナビ，入試日程の見方，センター試験科目 ほか），学校データ（学校ガイドの見方，学校ガイド，入試倍率一覧表 ほか）

(内容)平成22年度入試日程入試科目総覧。国家資格別進学ガイド。全養成学校案内。看護医療入試Q&A。社会人入試情報。病院の奨学金・助産師についての情報追加などなど。

看護・医療系学校最新入学全ガイド 看護・医療系技術者をめざす人へ 2011年度用 さんぽう看護医療進学研究会編 さんぽう，星雲社（発売） 2010.10 555p 26cm 〈平成23年度推薦・一般・社会人入試日程掲載〉 952円 Ⓘ978-4-434-14993-1 Ⓝ376.8

(目次)自分を活かす仕事・就職資格のこと（医療技術者を目指す人へ，看護学校卒業後の進路，国家試験ガイド ほか），入試日程のこと（受験前に絶対知っておきたい医療系入試合格ナビ，入試日程の見方，センター試験科目・配点一覧 ほか），学校データ（学校ガイドの見方，学校ガイド，准看護師学校名簿 ほか）

看護・医療系学校最新入学全ガイド 2012年度用 現代企画センター編 さんぽう，星雲社（発売） 2011.10 635p 26cm 952円 Ⓘ978-4-434-16082-0

(目次)自分を活かす! 仕事・就職・資格の最新事情（学校INDEX—行きたい学校がすぐに探せる!，医療系業界の現状と展望—医療の高度化，専門化が進んで近未来の職域・新サービスはこう変わる!，医療技術者を目指す人へ—ひと目でわかるチーム医療の相関図 ほか），この関門を突破しよう! 試験合格のための必須情報（国家試験ガイド，看護・医療系学校の現状と入試対策，受験前に絶対知っておきたい"医療系入試合格ナビ" ほか），最新情報はこちら! 全国の看護・医療系学校を掲載（看護・医療系学校データ，平成23年度大学入試センター試験科目・配点一覧，推薦入試・一般入試・社会人入試入試日程一覧 ほか），医療業界への第一歩! カンタン資料請求はここから

看護・医療系学校最新入学全ガイド 2013 さんぽう看護医療進学研究会編 さんぽう，星雲社（発売） 2012.9 637p 26cm 952円 Ⓘ978-4-434-17181-9

(目次)自分を活かす! 仕事・就職・資格の最新事情（学校INDEX—行きたい学校がすぐに探せる!，医療系業界の現状と展望—医療の高度化，専門化が進んで近未来の職域・新サービスはこう変わる!! ほか），この関門を突破しよう! 試験合格のための必須情報（国家試験ガイド，看護・医療系学校の現状と入試対策 ほか），最新情報はこちら! 全国の看護・医療系学校を掲載（看護・医療系学校データ，平成25年度大学入試センター試験科目・配点一覧 ほか），医療業界への第一歩! カンタン資料請求はここから（資料請求の方法，資料請求用FAXシート ほか）

(内容)全国の看護・医療系学校の最新学校データ&入試データ1175校一挙掲載。

看護医療系学校受験者のための受験ガイドブック '93年度 東京アカデミー看護医療予備校編（名古屋）ティーエーネットワーク，七賢出版〔発売〕 1993.2 259p 26cm 1800円 Ⓘ4-88304-088-7

(内容)看護・医療系学校，助産婦・保健婦学校への進学のための入試データを掲載した学校ガイド。

看護医療系学校受験者のための受験ガイドブック '99 東京アカデミー編 （名古屋）ティーエーネットワーク，七賢出版〔発売〕 1997.12 233p 26cm 1600円 Ⓘ4-88304-351-7

(目次)資格別ガイド 21世紀のメディカル・スペシャリストを目指して（看護婦（士），保健婦（士）・助産婦，理学療法士・作業療法士 ほか），

入試展望，入試データ（看護レギュラー，理学療法士・作業療法士，診療放射線技師 ほか）

⊙内容 全国の看護大学・看護短期大学・看護専門学校及び医療系大学・医療技術短大・医療系専門学校の協力により'98年度最新入試情報を収録した受験ガイドブック。全国公開模試の受験者の合否追跡調査による偏差値つき。

看護医療系学校受験者のための受験ガイドブック　2000年度版　東京アカデミー編　（名古屋）ティーエーネットワーク，七賢出版〔発売〕　1998.12　303p　26cm　1600円　①4-88304-387-8

⊙目次 資格別ガイド 21世紀のメディカル・スペシャリストを目指して（看護婦（士），保健婦（士）・助産婦，理学療法士・作業療法士，診療放射線技師，臨床検査技師，その他の医療スタッフ，国家資格以外の職種），入試展望，入試データ（看護レギュラー，理学療法士，作業療法士，診療放射線技師，臨床検査技師，臨床工学技士，視能訓練士，言語聴覚士，義肢装具士，救急救命士，東洋医学，99年新設・増設学校）

⊙内容 全国の看護大学・看護短期大学・看護専門学校及び医療系大学・医療技術短大・医療系専門学校の協力により1999年度最新入試情報を収録した受験ガイドブック。全国公開模試の受験者の合否追跡調査による偏差値、地域別、五十音順索引、都道府県看護主管課一覧、国家試験問い合わせ先一覧・職能団体一覧つき。

看護医療系学校受験者のための受験ガイドブック　2001年度版　東京アカデミー編　（名古屋）ティーエーネットワーク，七賢出版〔発売〕　1999.12　319p　26cm　1600円　①4-88304-432-7

⊙目次 資格別ガイド 21世紀のメディカル・スペシャリストを目指して（看護婦・士，専門学校卒業者が看護系大学へ編入学，活用しよう奨学金制度 ほか），入試展望，入試データ（看護レギュラー，理学療法士，作業療法士 ほか）

⊙内容 全国の看護大学，看護短期大学，看護専門学校及び医療系大学，医療技術短大，医療系専門学校の平成12年度入試情報を紹介したガイドブック。入試データは、学校データ、入試科目、入試スケジュール、偏差値、競争率、定員、修業年限、受験資格、初年度納入金、募集要項請求方法、入試問題請求方法などを掲載。五十音順の索引付き。

看護・医療系学校進学ガイド　2000年最新版　関口義ясь　啓明書房　1999.11　333p　19cm　（職業と進学シリーズ）　1400円　①4-7671-1037-8

⊙目次 看護系学校，リハビリテーション学校，臨床検査技師学校，診療放射線技師学校，歯科衛生士・技工士学校，あんまマッサージ指圧・鍼灸・柔道整復学校，視能訓練学校，臨床工学技士学校，義肢装具士学校，介護福祉士学校，医療秘書・歯科助手学校，医療関連諸学校

⊙内容 将来医療現場への就職を目指している人たちにとって、必要と思われる、仕事の内容、国家試験、養成校の種類や入学試験などの情報を解説したガイドブック。

看護・医療系学校推薦入試マニュアル　'99 平成11年度推薦入試対策　さんぽう，星雲社〔発売〕　1998.8　238p　26cm　（さんぽうブックス）　1429円　①4-7952-1785-8

⊙目次 推薦入試マニュアル編—推薦入試対策マニュアル（推薦入試科目の重視度ランク，推薦入試の仕組みと特徴，合格へのサクセスプラン，小論文の傾向と対策，推薦入試過去問題の徹底分析，面接対策応答のテクニック，推薦入試合格体験レポート 私はコレで受かりました，キャンパスウォッチング），推薦入試データ編—平成11年度入試対策データ一覧（看護医療系大学・短大，看護専門学校・養成施設，歯科衛生・歯科技工専門学校・養成施設，医療技術専門学校・養成施設，平成11年度新設・増設校ニュース）

看護・医療系学校推薦入試マニュアル　平成12年度推薦入試対策　2000　さんぽう　看護医療進学研究会編　さんぽう，星雲社〔発売〕　1999.8　243p　26cm　1429円　①4-7952-1793-9

⊙目次 推薦入試マニュアル編（推薦入試科目の重視度ランク，推薦入試の仕組みと特徴，合格へのサクセスプラン，小論文の傾向と対策，推薦入試過去問題の徹底分析，面接対策応答のテクニック，推薦入試合格体験レポート集 情報公開 "合格のコツ"私のおくの手，キャンパスウォッチング），推薦入試データ編（看護医療系大学・短大，看護専門学校・養成施設（他の学科をもつ学校も含みます），歯科衛生・歯科技工専門学校・養成施設（他の学科をもつ学校も含みます），医療技術専門学校・養成施設，平成12年度新設・増設校ニュース）

看護・医療系学校推薦入試マニュアル　2004　さんぽう看護医療進学研究会編　さんぽう，星雲社〔発売〕　2003.8　186p　26cm　1239円　①4-434-03522-3

〔目次〕推薦・社会人入試マニュアル編（推薦入試対策マニュアル，社会人入試対策マニュアル，オープンキャンパス特集），推薦・社会人入試データ編（推薦・社会人入試募集要項請求先一覧，平成16年度推薦入試データ，平成16年度社会人入試データ）

〔内容〕平成16年度推薦入試と対策。推薦入試合格ポイントを複眼的にアプローチ。速報，高校新卒・既卒対象平成16年度推薦入試900校全データ掲載。

看護・医療系学校入学全ガイド '99 さんぽう，星雲社〔発売〕 1998.11 522p 26cm 2190円 ①4-7952-1788-2

〔目次〕国家資格別進学ガイド（看護婦（士），臨床検査技師，診療放射線技師 ほか），'99入試日程一覧学校データ（看護大学・短期大学（3年課程），看護学校・養成所（3年課程），臨床検査技師大学・短期大学 ほか），看護・医療技術者養成施設名簿（看護婦（士）（3年課程），臨床検査技師，臨床工学技士 ほか）

〔内容〕医療技術者のうち，国家資格である看護婦（士），保健婦，助産婦，看護教諭，臨床検査技師，臨床工学技士，診療放射線技師，歯科衛生士，歯科技工士，理学療法士，作業療法士，あん摩マッサージ指圧師，はり師，きゅう師，柔道整復師，視能訓練士，義肢装具士，救急救命士，言語聴覚士を中心に養成施設入学から就職までを解説し，併せて国家資格以外の医療関係従事者も紹介したガイド。1999年完全版。

看護・医療系学校入学全ガイド 2000 さんぽう，星雲社〔発売〕 1999.9 522p 26cm 2000円 ①4-7952-1795-5

〔目次〕国家資格別進学ガイド（看護婦（士），臨床検査技師，診療放射線技師，臨床工学技士 ほか），入試日程一覧・学校データ（看護大学・短期大学（3年課程），看護学校・養成所（3年課程），臨床検査技師大学・短期大学，臨床検査技師学校・養成所 ほか）

〔内容〕医療技術者のうち，国家資格である看護婦（士），保健婦，助産婦，看護教諭，臨床検査技師，臨床工学技士，診療放射線技師，歯科衛生士，歯科技工士，理学療法士，作業療法士，あん摩マッサージ指圧師，はり師，きゅう師，柔道整復師，視能訓練士，義肢装具士，救急救命士，言語聴覚士を中心に養成施設入学から就職までを解説し，併せて国家資格以外の医療関係従事者も紹介したガイド。内容は，平成11年9月7日現在。平成12年度入試日程掲載。

看護・医療系学校入学全ガイド 2002（速報版） さんぽう看護医療進学研究会編 さんぽう，星雲社〔発売〕 2001.9 534p 26cm 2000円 ①4-434-01412-9 Ⓝ376.8

〔目次〕国家資格別進学ガイド（看護婦（士），臨床検査技師，診療放射線技師 ほか），2002入試日程一覧学校データ（看護大学・短期大学（3年課程），看護学校・養成所（3年課程），臨床検査技師大学・短期大学 ほか），看護・医療技術者養成施設名簿（看護婦（士）（3年課程），臨床検査技師，臨床工学技士 ほか）

〔内容〕医療系技術者を養成する機関とその入学から就職までを解説するガイドブック。国家資格である看護婦（士），保健婦，助産婦，養護教諭，臨床検査技師，臨床工学技士，診療放射線技師，歯科衛生士，歯科技工士，理学療法士，作業療法士，あん摩マッサージ指圧師，はり師，きゅう師，柔道整復師，視能訓練士，義肢装具士，救急救命士，言語聴覚士を中心にとりあげ，養成施設入学から就職までを解説。併せて国家資格以外の医療関係従事者を紹介する。

看護・医療系学校入学全ガイド 2003 速報版 さんぽう看護医療進学研究会編 さんぽう，星雲社〔発売〕 2002.9 566p 26cm 1524円 ①4-434-02511-2 Ⓝ376.8

〔目次〕看護医療系学校入学全ガイド目次，国家資格別進学ガイド，学費・奨学金ガイド，看護・医療系学校受験なんでもQ&A，医療関連エキスパート，新設増設等予定校・募集停止予定校一覧，大学入試センター試験科目・配点一覧，全国看護・医療系学校入試日程一覧，看護・医療系学校データ，医療系技術者指定養成施設名簿

〔内容〕医療系技術者を養成する機関とその入学から就職までを解説するガイドブック。看護師，臨床検査技師，診療放射線技師，臨床工学技士，理学療法士，作業療法士，歯科衛生士，歯科技工士，柔道整復師，あん摩，鍼・灸師，視能訓練士，義肢装具士，救急救命士，言語聴覚士を中心にとりあげ，養成施設入学から就職までを解説。併せて国家資格以外の医療関係従事者情報を紹介する。学校データは，学校名，所在地・問い合わせ先，学科，沿革，実習先，学生寮，学費，就職状況，国家試験合格率，平成14年度入試状況などを記載する。

看護・医療系学校入学全ガイド 2003 完全版 さんぽう，星雲社〔発売〕 2002.11 578p 26cm 1524円 ①4-434-02732-8 Ⓝ376.8

〔目次〕看護医療系学校入学全ガイド目次，国家資格別進学ガイド，学費・奨学金ガイド，看護・

医療系学校受験なんでもQ&A, 医療関連エキスパート, 新設増設等予定校・募集停止予定校一覧, 大学入試センター試験科目・配点一覧, 全国看護・医療系学校入試日程一覧, 看護・医療系学校データ, 医療系技術者指定養成施設名簿

⓪医療系技術者を養成する機関とその入学から就職までを解説するガイドブック。国家資格である看護婦(士), 保健婦, 助産婦, 養護教諭, 臨床検査技師, 臨床工学技士, 診療放射線技師, 歯科衛生士, 歯科技工士, 理学療法士, 作業療法士, あん摩マッサージ指圧師, はり師, きゅう師, 柔道整復師, 視能訓練士, 義肢装具士, 救急救命士, 言語聴覚士を中心にとりあげ, 養成施設入学から就職までを解説。併せて国家資格以外の医療関係従事者を紹介する。

看護・医療系受験案内 全国大学・短大・専門学校 2011年度用 学研教育出版, 学研マーケティング(発売) 2010.10 495p 21cm 2000円 ⓘ978-4-05-303260-7 Ⓝ376.8

⓪スペシャリストへの最短ルートを探そう!看護・医療系の職業カタログ, 看護師の仕事, 勉強, やりがいがぜんぶわかるNURSE情報STATION, プレミアム企画 学科・小論文・作文・面接オール対策問題集, 学科系統別合格難易ランク一覧(看護・医療系の大学案内, 看護・医療系の短期大学案内, 看護・医療系の専門学校案内), 特別企画(福祉系の職業ガイド, 福祉系の学校ガイド)

⓪全18資格を取得できる学校を掲載。オール対策問題集つき。英・国・数・理の学科から小論文・面接までフォロー。

看護・医療系全国大学・短大専門学校受験案内 2006年度用 学研編 学習研究社 2005.9 498p 21cm 2000円 ⓘ4-05-302109-X

⓪看護・医療系学校の実習レポート 白衣の向こうに未来が見える!, 医療スペシャリストになる最短ルートとは?看護・医療系の職業カタログ, 2006年度入試の動向と受験作戦, 学科系統別合格難易ランク一覧表, 看護・医療系の大学案内, 看護・医療系の短大案内, 看護・医療系の専門学校案内, 福祉系の職業&学校案内, 福祉系の学校リスト

看護学校受験全ガイド '99 大場正巳監修 成美堂出版 1998.2 250p 21cm 1200円 ⓘ4-415-08628-4

⓪What't a Nurse?, プレ2ナースからプレナースへSTEP UP作戦(失敗しない学校選び, これで必勝入学試験), 全国看護学校ガイド(大学, 短期大学, 専門学校)

⓪大学, 短大, 専門学校に分けレギュラーコースのみを掲載に。都道府県別に北から順に, 名称, 募集要項, 取得可能資格などを記載。

看護学校受験全ガイド 2001年版 大場正巳監修 成美堂出版 2000.2 252p 21cm 1200円 ⓘ4-415-00982-4

⓪What's a Nurse?(看護婦さ〜ん!!Nurses at work, プレ2ナースのための職業研究ゼミ ほか), プレ2ナースからプレナースへ STEP UP作戦(失敗しない学校選び, これで必勝入学試験), 全国看護学校ガイド

⓪全国の看護学校を大学, 短大, 専門学校に分けレギュラーコースのみを掲載し。都道府県別に北から順に, 名称, 募集要項, 取得可能資格などを記載したガイドブック。

看護学校受験全ガイド 2002年版 大場正巳監修 成美堂出版 2001.2 250p 21cm 1200円 ⓘ4-415-01528-X

⓪What's a Nurse?, 看護婦さ〜ん!!Nurses at work, プレプレナースのための職業研究ゼミ(看護職資格の意味, 看護婦の仕事と私生活, 看護婦の喜びと悩み, 看護の歴史と専門性, 看護職のこれから), 看護の新しい風—コンチネンス・アドバイザー西村かおるさんに聞く, 看護婦/看護士への道—How to be a Nurse, あなたが看護婦(士)になるのは何歳?, プレプレナースからプレナースへSTEP UP作戦Part1 失敗しない学校選び, プレプレナースからプレナースへSTEP UP作戦Part2 これで必勝入学試験, 全国看護学校ガイド

⓪大学, 短大, 専門学校に分けてレギュラーコースを中心に掲載。都道府県ごとに国立・都道府県立, 市町村立, 日本赤十字社, 労働福祉事業団, 済生会, 厚生連, 社会福祉法人, 社団法人, 医療法人, 財団法人, 学校法人, その他の順に掲載。倍率, 学費, 募集要項, 試験日, 試験内容などがひと目でわかる。

看護学校受験全ガイド 2004年版 大場正巳監修 成美堂出版 2003.3 249p 21cm 1200円 ⓘ4-415-02248-0

⓪What's a Nurse?(看護師さ〜ん!!Nurse at work, プレ2ナースのための就業研究ゼミ!・看護資格の意味 ほか), プレ2ナースからプレナースへSTEP UP作戦Part1失敗しない学校選び(コース選択は将来を見すえて—大学・短大・

専門学校どれを選ぶ?、情報量の差が合否にはっきりと—あなたの学校選び)、プレ2ナースからプレナースへSTEP UP作戦Part2これで必勝入学試験(受験ガイド、受験勉強のポイント・国語 ほか)、全国看護学校ガイド(ガイドの見方、大学 ほか)

(内容)全国の看護学校のデータを網羅。大学、短大、専門学校に分けてレギュラーコースを中心に掲載。都道府県ごとに国立・都道府県立、市町村立、日本赤十字社、労働福祉事業団、済生会、厚生連、社会福祉法人、社団法人、医療法人、財団法人、学校法人、その他の順に掲載。倍率、学費、募集要項、試験日、試験内容などがひと目でわかる。

看護学校受験全ガイド　2005年版　大場正巳監修　成美堂出版　2004.2　246p　21cm　1200円　①4-415-02553-6

(目次)What's a Nurse?(看護師さ〜ん!!Nurses at work、プレ2ナースのための職業研究ゼミ1・看護職資格の意味、プレ2ナースのための職業研究ゼミ2・看護師の仕事と私生活 ほか)、プレ2ナースからプレナースへSTEP UP作戦Part1失敗しない学校選び(コース選択は将来を見すえて—大学・短大・専門学校どれを選ぶ?、情報量の差が合否にはっきりと—あなたの学校選び)、プレ2ナースからプレナースへSTEP UP作戦Part2 これで必勝入学試験(国語、英語、数学 ほか)、全国看護学校ガイド

(内容)本書は、第一線のベテランの看護師が看護の現場の正しい現状を伝え、一方で、フリーライターの方々が客観的な立場から執筆しているところに意義があり、わかりやすく諸君を導くものである。

看護学校受験全ガイド　2006年版　大場正巳監修　成美堂出版　2005.2　254p　21cm　1200円　①4-415-20008-7

(目次)What's a Nurse?(看護師さ〜ん!!Nurses at work、プレ2ナースのための職業研究ゼミ ほか)、プレ2ナースからプレナースへSTEP UP作戦Part1失敗しない学校選び(コース選択は将来を見すえて—大学・短大・専門学校 どれを選ぶ?、情報量の差が合否にはっきりと—あなたの学校選び)、プレ2ナースからプレナースへSTEP UP作戦Part2これで必勝入学試験(受験ガイド、受験勉強のポイント・国語 ほか)、全国看護学校ガイド(大学、短期大学 ほか)

(内容)全国の看護学校のデータを網羅。大学、短大、専門学校に分けてレギュラーコースを中心に掲載。都道府県ごとに国立病院機構、都道府県立、市町村立、日本赤十字社、労働者健康福祉機構、済生会、厚生連、社会福祉法人、社団法人、医療法人、財団法人、学校法人、その他の順に掲載。倍率、学費、募集要項、試験日、試験内容などがひと目でわかる。

看護学校受験全ガイド　2007年版　大場正巳監修　成美堂出版　2006.2　279p　21cm　1200円　①4-415-20177-6

(目次)What's a Nurse?(看護師さ〜ん!!—Nurses at work、まんがプロローグ・プレ2ナースの決意 ほか)、プレ2ナースからプレナースへSTEP UP作戦Part1失敗しない学校選び(コース選択は将来を見すえて—大学・短大・専門学校どれを選ぶ?、情報量の差が合否にはっきりと—あなたの学校選び)、プレ2ナースからプレナースへSTEP UP作戦Part2これで必勝入学試験(最新!入試動向、受験ガイド ほか)、全国看護学校ガイド(ガイドの見方、大学 ほか)

(内容)全国の看護学校のデータを網羅。大学、短大、専門学校に分けてレギュラーコースを中心に掲載。都道府県ごとに国立病院機構、都道府県立、市町村立、日本赤十字社、労働者健康福祉機構、済生会、厚生連、社会福祉法人、社団法人、医療法人、財団法人、学校法人、その他の順に掲載。倍率、学費、募集要項、試験日、試験内容などがひと目でわかる。

看護学校受験全ガイド　2008年版　大場正巳監修　成美堂出版　2007.2　279p　21cm　1200円　①978-4-415-20311-9

(目次)What's a Nurse?(看護師さ〜ん!!Nurses at work、プレ2ナースのための職業研究ゼミ1 看護師資格の意味 ほか)、プレ2ナースからプレナースへSTEP UP作戦Part1 失敗しない学校選び(コース選択は将来を見すえて—大学・短大・専門学校どれを選ぶ?、情報量の差が合否にはっきりと—あなたの学校選び)、プレ2ナースからプレナースへSTEP UP作戦Part2 これで必勝入学試験(最新!入試動向、受験ガイド ほか)、全国看護学校ガイド(大学、短期大学 ほか)

(内容)大学、短大、専門学校に分けてレギュラーコースを中心に掲載。都道府県ごとに国立病院機構、都道府県立、市町村立、日本赤十字社、労働者健康福祉機構、済生会、厚生連、社会福祉法人、社団法人、医療法人、財団法人、学校法人、その他の順に掲載。倍率、学費、募集要項、試験日、試験内容などがひと目でわかる。

看護学校受験全ガイド　'09年版　大場正巳監修　成美堂出版　2008.3　286p　21cm

1200円　①978-4-415-20463-5　Ⓝ376.8

(目次)What's a Nurse?(看護師さ〜ん!!Nurses at work, プレ2ナースのための職業研究ゼミ (1) 看護師資格の意味 ほか), プレ2ナースからプレナースへ STEP UP作戦Part1失敗しない学校選び(コース選択は将来を見すえて―大学・短大・専門学校どれを選ぶ?, 情報量の差が合否をはっきりと―あなたの学校選び), プレ2ナースからプレナースへ STEP UP作戦Part2これで必勝!入学試験(最新!入試動向, 受験ガイド ほか), 全国看護学校ガイド(ガイドの見方, 大学 ほか)

(内容)大学, 短大, 専門学校に分けてレギュラーコースを中心に掲載。都道府県ごとに国立病院機構, 都道府県立, 市町村立, 日本赤十字社, 労働者健康福祉機構, 済生会, 厚生連, 社会福祉法人, 社団法人, 医療法人, 財団法人, 学校法人, その他の順に掲載。倍率, 学費, 募集要項, 試験日, 試験内容などがひと目でわかる。

看護学校受験全ガイド　'10年版　大場正己　監修　成美堂出版　2009.3　279p　21cm　1300円　①978-4-415-20682-0　Ⓝ376.8

(目次)What's a Nurse?(看護師さ〜ん!!Nurses at work, プレ2ナースのための職業研究ゼミ ほか), プレ2ナースからプレナースへSTEP UP作戦Part1失敗しない学校選び(コース選択は将来を見すえて―大学・短大・専門学校どれを選ぶ?, 情報量の差が合否をはっきりと―あなたの学校選び), プレ2ナースからプレナースへSTEP UP作戦Part2これで必勝!入学試験(最新!入試動向, 受験ガイド ほか), 全国看護学校ガイド(大学, 短期大学, 専門学校), レギュラーコース以外の学校リスト

(内容)全国の看護学校のデータを網羅。大学, 短大, 専門学校に分けてレギュラーコースを中心に掲載。国立病院機構, 都道府県立, 市町村立, 日本赤十字社, 労働者健康福祉機構, 済生会, 厚生連, 社会福祉法人, 社団法人, 医療法人, 財団法人, 学校法人などの設置主体がわかる。倍率, 学費, 募集要項, 試験日, 試験内容などがひと目でわかる。

看護学校受験全ガイド　'11年版　高橋真理　監修　成美堂出版　2010.3　279p　21cm　1300円　①978-4-415-20852-7　Ⓝ376.8

(目次)めざす前に知っておきたい看護師の"いま"(看護師のこと, どこまで知ってる?, 働く環境について理解しておこう, 看護師としてのライフプランをもとう, これからの「看護」を考えてみよう), 看護師をめざすためのSTEP UP作戦Part1失敗しない学校選び(コース選択は将来を見すえて―大学・短大・専門学校どれを選ぶ?, 情報量の差が合否にはっきりと―あなたの学校選び), 看護師をめざすためのSTEP UP作戦Part2これで必勝!入学試験(最新!入試動向, 受験ガイド, 受験勉強のポイント・国語, 受験勉強のポイント・英語, 受験勉強のポイント・数学, 受験勉強のポイント・理科, 受験勉強のポイント・論作文, 受験勉強のポイント・面接), 全国看護学校ガイド(ガイドの見方, 大学, 短期大学, 専門学校)

(内容)大学, 短大, 専門学校に分けてレギュラーコースを中心に掲載。国立病院機構, 都道府県立, 市町村立, 日本赤十字社, 労働者健康福祉機構, 済生会, 厚生連, 社会福祉法人, 社団法人, 医療法人, 財団法人, 学校法人などの設置主体がわかる。倍率, 学費, 募集要項, 試験日, 試験内容などがひと目でわかる。

看護学校受験全ガイド　'13年版　高橋真理　監修　成美堂出版　2012.3　287p　21cm　1400円　①978-4-415-21236-4

(内容)全国の看護学校のデータを網羅。大学, 専門学校などに分けてレギュラーコースを中心に掲載。国立病院機構, 都道府県立, 市町村立, 日本赤十字社, 労働者健康福祉機構, 済生会, 厚生連, 社会福祉法人, 社団法人, 医療法人, 財団法人, 学校法人などの設置主体がわかる。倍率, 学費, 募集要項, 試験日, 試験内容などがひと目でわかる。

看護学校受験全ガイド　'14年版　高橋真理　監修　成美堂出版　2013.3　295p　21cm　1400円　①978-4-415-21490-0

(目次)めざす前に知っておきたい看護師の"いま", 看護師をめざすためのSTEP UP作戦Part1失敗しない学校選び, 看護師をめざすためのSTEP UP作戦Part2 これで必勝! 入学試験, 全国看護学校ガイド(ガイドの見方, 大学, 短期大学, 専門学校)

全国准看護・進学課程学校入学ガイド　'97　もうひとつの看護婦への道　現代企画センター編　さんぽう, 星雲社〔発売〕　1996.11　119p　26cm　1200円　4-7952-1781-5

(目次)准看護学校って何?, 進学課程学校って何?, 准看・進学課程学校Q&A, 募集要項請求エチケット, 学費ガイド, 入試対策, 作文(小論文)テーマ, さんぽう医療系入試案内

全国准看護・進学課程学校入学全ガイド　もうひとつの看護婦への道　'99　さんぽ

う看護医療進学研究会編　さんぽう，星雲社〔発売〕　1998.11　112p　26cm　1143円　①4-7952-1789-0

(目次)准看護学校って何?，進学課程学校って何?，准看・進学課程学校Q&A，募集要項請求エチケット，准看護学校入試ガイド，准看護学校学校ガイド，進学課程学校入試ガイド，進学課程学校学校名簿，学費ガイド，入試対策，作文(小論文)テーマ，さんぽう医療系入試案内

(内容)准看護から看護婦をめざす人のための入学ガイド。平成11年入試用。

全国准看護・進学課程学校入学全ガイド　もうひとつの看護婦への道　2000　さんぽう看護医療進学研究会編　さんぽう，星雲社〔発売〕　1999.11　114p　26cm　1143円　①4-7952-1796-3

(目次)准看護学校って何?，進学課程学校って何?，准看・進学課程学校Q&A，募集要項請求エチケット，学費ガイド，入試対策，作文(小論文)テーマ，さんぽう医療系入試案内，入試要項ガイド，入試ガイド県別検索インデックス

全国准看護・進学課程学校入学全ガイド　平成13年入試日程速報　2001　さんぽう看護医療進学研究会編　さんぽう，星雲社〔発売〕　2000.11　106p　26cm　1143円　①4-434-00738-6　Ⓝ376.8

(目次)准看護学校って何?，進学課程学校って何?，准看・進学課程学校Q&A，募集要項請求エチケット，学費ガイド，准看護学校面接内容，入試対策，入試要項ガイド，入試ガイド県別検索インデックス，スクールガイド

全国准看護・進学課程学校入学全ガイド　2002　さんぽう看護医療進学研究会編　さんぽう，星雲社〔発売〕　2001.11　98p　26cm　1143円　①4-434-01607-5　Ⓝ376.8

(目次)准看護学校って何?，進学課程学校って何?，准看・進学課程学校Q&A，募集要項請求エチケット，募集停止校リスト，学費ガイド，入試対策

全国大学・短大・専門学校　看護・医療系受験案内　2004年度用　学習研究社編　学習研究社　2003.9　495p　21cm　2000円　①4-05-301613-4

(目次)看護・医療系の職業カタログ，受験情報&入試対策編(2004年度入試の動向と受験作戦，学科試験の出題傾向と攻略のポイント，小論文・作文の攻略法と出題テーマ，小論文・作文の出題テーマ一覧，面接の攻略法と質問内容リスト)，特別とじ込み　学科系統別合格難易ランク一覧表，学科案内編(看護・医療系の大学案内，看護・医療系の短大案内，看護・医療系の専門学校案内)，特別企画(福祉系の職業&学校案内，福祉系の職業ガイド，福祉系の学校リスト)

(内容)募集要項から資格試験の合格率，入試競争率まで，一挙掲載。

全国大学・短大・専門学校　看護・医療系受験案内　2005年度用　学習研究社　2004.9　498p　21cm　2000円　①4-05-301931-1

(目次)カラーズームアップ　実習の向こうに将来が見えた，受験情報&入試対策編 2005年度入試の動向と受験作戦(学科試験の出題傾向と攻略のポイント，小論文・作文の攻略法と出題テーマ，小論文・作文の出題テーマ一覧，面接の対策と質問内容リスト)，特別とじ込み　学科系統別合格難易ランク一覧表，学科案内編(看護・医療系の大学案内，看護・医療系の短大案内，看護・医療系の専門学校案内)，特別企画(福祉系の職業&学校案内，福祉系の学校リスト)

全国大学・短大・専門学校　看護・医療系受験案内　2007年度用　学研編　学習研究社　2006.9　497p　21cm　2000円　①4-05-302369-6

(目次)カラー　学生生活をちょっと先取り!どうなってるの?看護学科のカリキュラム，2色　医療のスペシャリストになる最短ルートは?看護・医療系職業カタログ，プレミアム企画　学科・小論文・作文・面接　オール対策問題集，特別とじ込み　学科系統別合格難易ランク一覧，学校案内編(看護・医療系の大学案内，看護・医療系の短期大学案内，看護・医療系の専門学校案内)，特別企画(福祉系の職業ガイド，福祉系の学校リスト)

全国大学・短大・専門学校　看護医療系受験案内　2008年度用　学研編　学習研究社　2007.9　504p　21cm　2000円　①978-4-05-302593-7

(目次)スペシャリストへの最短ルートを探そう!看護・医療系の職業カタログ，現役スタッフから養成学科・学生まで総力レポート!私たちが看護・医療をささえます!，プレミアム企画　学科，小論文・作文，面接　オール対策問題集，特別とじ込み　学科系統別合格難易ランク一覧，学校案内編(看護・医療系の大学案内，看護・医療系の短期大学案内，看護・医療系の専門学校案内)，特別企画(福祉系の職業ガイド，福祉系の学校ガイド)

全国大学・短大・専門学校 看護医療系受験案内 めざせ医療スペシャリスト 福祉系の職業案内 2009年度用　学研　学習研究社　2008.9　490p　21cm　2000円　Ⓘ978-4-05-302823-5　Ⓝ376.8

(目次)スペシャリストへの最短ルートを探そう! 看護・医療系の職業カタログ, さまざまな最新情報をキャッチ!コ・メディカル情報STATION, プレミアム企画 学科・小論文・作文・面接 オール対策問題集, 特別とじ込み 学科系統別合格難易ランク一覧, 学校案内編(看護・医療系の大学案内, 看護・医療系の短期大学案内, 看護・医療系の専門学校案内), 特別企画(福祉系の職業ガイド, 福祉系の学校ガイド)

(内容)看護・医療系の職業をめざす高校生のための受験ガイドブック。看護・医療系の学部・学科を設置している(医療系の資格が取得できる)4年制大学・短期大学・専門学校(一部, 各種学校も含む)の入試情報を中心に掲載。

全国大学・短大・専門学校 看護医療系受験案内 2010年度用　学研教育出版編　学研教育出版, 学研マーケティング(発売)　2009.10　491p　21cm　2000円　Ⓘ978-4-05-302993-5　Ⓝ376.8

(目次)プレミアム企画 学科・小論文・作文・面接オール対策問題集(看護・医療系入試の特色と傾向, 小論文・作文—論点を絞り, 実感をこめ説得力ある内容に, 面接—トピックは志望分野と関連づけるのがGood!), 特別とじ込み 学科系統別合格難易ランク一覧, 学校案内編(看護・医療系の大学案内, 看護・医療系の短期大学案内, 看護・医療系の専門学校案内), 特別企画(福祉系の職業ガイド, 福祉系の学校ガイド)

(内容)全18資格を取得できる学校を掲載。オール対策問題集つき。英・国・数・理の学科から小論文・面接までフォロー。

全国版 医療と介護・福祉の学校ガイド 2005年版　成美堂出版編集部編　成美堂出版　2004.2　391p　21cm　1400円　Ⓘ4-415-02552-8

(目次)こんな職場でこんな仕事(活躍の場が広がる医療と福祉のライセンス, 福祉施設に就職するには ほか), 医療・福祉ライセンスのいろいろ(国家試験ガイド, その他の医療関連資格 ほか), 学校選びのプロセスと受験準備のポイント(学校選びのプロセス, 受験準備のポイント), 全国の医療・福祉学校入試案内(大学, 短期大学 ほか), 志望別学校リスト(医療・福祉関連国家資格, その他の医療・福祉関連職など)

(内容)医療と福祉関係の職場では, 実際にどのようなことをしているのか, わかりやすく紹介。18の医療・福祉関連の国家資格や, その他の関連資格を具体的に説明。学校選びのプロセスと, 受験準備, 受験対策のポイントを詳しく説明。医療・福祉関連国家資格の受験資格が得られる大学・短大・専門学校他を紹介。

全国版 医療と介護・福祉の学校ガイド 2007年版　成美堂出版編集部編　成美堂出版　2006.2　423p　21cm　1400円　Ⓘ4-415-20178-4

(目次)こんな職場でこんな仕事(活躍の場が広がる医療と福祉のライセンス, 福祉施設に就職するには ほか), 医療・福祉ライセンスのいろいろ(診療放射線技師, 臨床検査技師 ほか), 学校選びのプロセスと受験準備のポイント(学校の実態を確認して方針を決めよう, 大学・短大で資格と学歴を手に入れる? ほか), 全国の医療・福祉学校入試案内(大学, 短期大学 ほか), 志望別学校リスト(医療・福祉関連国家資格, その他の医療・福祉関連職など)

(内容)全国の医療・福祉学校の入試データ1400校。職場のことがわかる。医療・福祉ライセンスを具体的に説明。学校選びのプロセスと受験対策のポイント。平成17年10月～平成18年3月に行われた入学試験データを収載。

全国版 医療と介護・福祉の学校ガイド 2008年版　成美堂出版編集部編　成美堂出版　2007.2　423p　21cm　1400円　Ⓘ978-4-415-20308-9

(目次)こんな職場でこんな仕事(活躍の場が広がる医療と福祉のライセンス, 福祉施設に就職するには ほか), 医療・福祉—ライセンスのいろいろ(診療放射線技師, 臨床検査技師 ほか), 学校選びのプロセスと受験準備のポイント(学校選びのプロセス, 受験準備のポイント), 全国の医療・福祉学校入試案内(大学, 短期大学 ほか), 志望別学校リスト(医療・福祉関連国家資格, その他の医療・福祉関連職など)

(内容)医療と福祉関係の職場では, 実際にどのようなことをしているのか, わかりやすく紹介。18の医療・福祉関連の国家資格や, その他の関連資格を具体的に説明。学校選びのプロセスと, 受験準備, 受験対策のポイントを詳しく説明。医療・福祉関連国家資格の受験資格が得られる(卒業後, 実務経験が必要な場合もある)大学・短大・専門学校他を紹介。

全国版 看護学校受験ガイドブック 2005年版　編集工房Q編　ナツメ社　2004.3

255p 21cm 1200円 ①4-8163-3674-5

(目次)1 看護の仕事A to Z(「看護婦さん」がいなくなる!?, 多岐にわたる看護の仕事 ほか), 2 看護師への道(看護師になるには, 専門学校 ほか), 3 キャリアアップへの道(認定看護師, 専門看護師 ほか), 4 エリア別看護学校リスト(学校リストの見方, エリア別看護学校リスト ほか)

(内容)エリア別看護学校(専門学校・短大・大学)全551校のデータを収録。受験のための準備・スクールライフ・あこがれの看護師の仕事がわかる。看護師の資格はもちろん, キャリアアップのための資格についても詳しく解説。

面接・作文の実際 2004年度受験用2次試験対策ガイド 2003 さんぽう, 星雲社〔発売〕 2003.6 81p 26cm 762円 ①4-434-03374-3

(目次)第1部 面接, 2003年度看護・医療系学校受験体験レポート集, 第2部 作文・小論文, 作文・小論文のテーマが一目瞭然 平成15年度課題型作文・小論文テーマ一覧, 平成15年度課題文読解型小論文実例集

短期大学

<名簿・人名事典>

女子高校生のための全国主要短大受験案内 '95年受験用 一ツ橋書店編集部編 一ツ橋書店 1994.5 502p 19cm (学校案内と入試問題シリーズ 307) 1600円 ①4-565-95307-2

(目次)What's短期大学, 短大ではこんな資格がとれる!!, 短大入試徹底レポート, 平成6年度推薦入試リスト, 人文・社会・教育・家政系 全国主要短期大学紹介, 入試競争率一覧, 全国短期大学リスト

(内容)人文・社会・教育・家政系学科の設置されている短期大学の紹介と入試情報を都道府県別に掲載した学校案内。

女子高校生のための全国主要短大受験案内 '96 一ツ橋書店 1995.5 489p 19cm (学校案内と入試問題シリーズ 307) 1600円 ①4-565-96307-8

(目次)What's短期大学, 短大ではこんな資格がとれる!!, 短大入試徹底レポート, 平成7年度推薦入試リスト, 人文・社会・教育・家政系全国主要短期大学紹介, 入試競争率一覧, 全国短期大学リスト

(内容)人文・社会・教育・家政系学科の設置されている短期大学の紹介と入試情報を都道府県別に掲載したガイド。巻末に過去2年間の入試競争率一覧, 全国短期大学リストがある。

全国短期大学受験案内 '96年度用 晶文社出版, 晶文社〔発売〕 1995.4 771p 19cm 1700円 ①4-7949-9517-2

(目次)'95年度短期大学入試難易ランキング表, 短期大学とは何か, 短期大学入試はどう行われるか, 全国短期大学案内

全国短期大学受験案内 '97年度用 晶文社出版, 晶文社〔発売〕 1996.4 775p 19cm 1800円 ①4-7949-9518-0

(目次)'96年度短期大学入試難易ランキング表, 短期大学とは何か, 短期大学入試はどう行われるか, 全国短期大学案内(国立短期大学, 公立短期大学, 私立短期大学, 職業能力開発短期大学校—文部省所管外)

(内容)全国の短期大学574校の受験用ガイド。排列は国立・公立・私立別地域順。ほかに入試難易ランキング表, 入試競争率一覧, 合格最低点一覧等を掲載する。巻末に短期大学名の五十音順索引がある。

全国短期大学受験案内 '98年度用 晶文社出版編集部編 晶文社出版, 晶文社〔発売〕 1997.4 732p 21cm 1850円 ①4-7949-9519-9

(目次)'97年度短期大学入試難易ランキング表, 短期大学とは何か, 短期大学入試はどう行われるか, 全国短期大学案内(国立短期大学, 公立短期大学, 私立短期大学, 職業能力開発短期大学校)

(内容)短期大学への進学志望者が, 志望校選択の際に必要と思われる項目について解説。収録対象の短期大学は, 国立19校, 公立55校, 私立490校の計564校。国立, 公立, 私立に分け, 同一都道府県内を五十音順に排列。

全国短期大学受験案内 2003年度用 晶文社出版編集部編 晶文社出版, 晶文社〔発売〕 2002.4 669p 21cm 1900円 ①4-7949-9753-1 Ⓝ376.8

(目次)私立短期大学(北海道地方, 東北地方, 関東地方, 中部地方 ほか), 国立短期大学, 公立短期大学, 職業能力開発大学校・短期大学校

(内容)全国の短期大学を紹介するガイドブック。全国の私立・国立・公立短期大学、全487校を収録。私立、国立、公立に分け、それぞれ北か

短期大学　受験・進学

ら南へ、同一都道府県内では五十音順に排列。各短期大学の所在地、交通、要項請求先、特色、入試要項、学費などを記載。短期大学の入試はどのように行われるかも解説されている。巻末に入試競争率一覧と五十音順索引を付す。

全国短期大学受験要覧　平成3年版　広潤
社編集部編　広潤社　1990.8　664p　21cm　1600円　①4-87508-010-7

(内容)3年度入試日程・入試科目、2年度入試結果一覧・配点・成績結果、短大の沿革・学科の特色・就職状況を掲載。

全国短期大学受験要覧　平成4年版　広潤
社編集部編　広潤社　1991.8　668p　21cm　1620円　①4-87508-015-8

(目次)平成4年度短期大学入学者選抜はどのようにして行われるか、短期大学制度の概要と現況、平成4年度開設予定認可申請中の短期大学等一覧、全国短期大学案内、平成3年度全国短期大学入試作文・小論文・テーマ等一覧、平成3年度全国短期大学学科別入学試験結果一覧

(内容)4年度入試日程・入試科目、3年度入試結果一覧・配点・成績結果、短大の沿革・学科の特色・就職状況を掲載。

全国短期大学受験要覧　平成5年版　広潤
社編集部編　広潤社　1992.8　666p　21cm　1650円　①4-87508-020-4

(内容)本書は、全国の短期大学ならびに文部省所管外の短期大学校20校について最新情報を駆使して、これら短期大学(校)の教育方針・沿革・特色・学科構成等の実態と、平成5年度入試要項の全容を明らかにし、受験生諸君の志望校の選択に、あるいは受験準備に役立つよう編集したものです。特に、「平成5年度短期大学入学者選抜はどのようにして行われるか」について詳しく記述してあります。

全国短期大学受験要覧　平成6年版　広潤
社編集部編　広潤社　1993.8　670p　21cm　1680円　①4-87508-025-5

(内容)全国の短期大学および文部省管外の短期大学校(25校)の学校案内。各校の教育方針・沿革・特色・学科構成・平成6年度入試要項等を紹介する。排列は国・公・私立別に北から南へ地域順。

全国短期大学受験要覧　平成7年版　広潤
社編集部編　広潤社　1994.8　671p　21cm　1700円　①4-87508-030-1

(目次)平成7年度短期大学入学者選抜はどのようにして行われるか、短期大学制度の概要と現況、平成7年度開設予定認可申請中の短期大学等一覧、全国短期大学案内、平成6年度全国短期大学入試作文・小論文・テーマ等一覧、平成6年度全国短期大学学科別入学試験結果一覧

(内容)全国の短期大学および文部省管外の短期大学校の学校案内。各校の教育方針・沿革・特色・学科構成・平成7年度入試要項等を紹介する。排列は国・公・私立別に北から南へ地域順。

全国短期大学受験要覧　平成8年度短大入試の最新情報版　平成8年版　広潤社　1995.8　671p　21cm　1750円　①4-87508-035-2

(目次)平成8年度短期大学入学者選抜はどのようにして行われるか、短期大学制度の概要と現況、平成8年度開設予定認可申請中の短期大学等一覧、全国短期大学案内、平成7年度全国短期大学入試作文・小論文・テーマ等一覧、平成7年度全国短期大学学科別入学試験結果一覧

(内容)全国の短期大学596校と、文部省管外の短期大学校29校のガイド。各校の教育方針・沿革・特色・学科構成・平成8年度入試要項等を紹介する。排列は国・公・私立別に北から南へ地域順。

短大受験　短大四季報　東京圏版(1996)
大学通信　1995.6　319p　26cm　1030円　①4-88486-054-3

(内容)1996年度用、首都圏の短期大学志望校選択のための徹底ガイド。

<ハンドブック>

学研版 短大受験案内　2008年度用　学研
編　学習研究社　2007.3　502p　21cm　2000円　①978-4-05-302450-3

(目次)受験対策編(入試の動向と合格のポイントを知ろう 2008年短大入試はこのように行われている!、これで合格GET!出題傾向&攻略のポイント、やりたい仕事に直結!資格が得られる短大一覧、系統別・学科内容紹介―学びたいことを教えてくれる学科はどこ?)、地域別短期大学案内(北海道、東北、関東(神奈川を除く)、東京・神奈川 ほか)

(内容)386全短大・学科の特色&入試情報を収録。

全国短大 学科内容案内　2004年(平成16年)入試用　旺文社編　旺文社　2003.4　497p　26cm　1905円　①4-01-009076-6

(目次)文・教養・外国語系統―文学・語学から教養まで幅広く研究する、法・経・商・福祉学系統―社会・経済のしくみや福祉について学ぶ、

工学系統—機械や電気などのほか，情報も深く研究する，農学系統—エコロジーからバイオまで，幅広く研究する，看護・医療系統—看護師など医療のスペシャリストを養成，家政・生活科学系統—家庭や社会で生かせる"衣・食・住"を研究する，教員養成・保育系統—保育士，幼稚園，小学校教諭をめざす，芸術系統—美術・デザイン・音楽の知識や技術を深める

(内容)入試のしくみとキャンパスライフ，就職・資格。充実した巻末データ集(学費・資格・編入・就職)。本文は8系統28分野に整理。前年入試科目・配点もわかる「短大内容」マルチ・リサーチ。

全国短大学科内容案内　2006年(平成18年)入試用　旺文社編　旺文社　2005.4　482p　26cm　2000円　①4-01-009011-1

(目次)巻頭特集 わかる!入試→学生生活→資格・編入・就職—先輩が教えるキャンパスライフ&卒業後のお仕事(短大ってどんなところ?，入試のしくみ ほか)，学科内容ガイダンス(文・教養・外国語系統，法・経・商学系統 ほか)，全国短大インフォメーション，短大データ集

全国短大受験ガイド　推薦・AO・一般・セ試　2011年(平成23年)受験用　旺文社編　旺文社　2010.7　451p　26cm　〈『蛍雪時代』特別編集　索引あり〉　2476円　①978-4-01-009027-5　Ⓝ376.8

(目次)短大入試のしくみを理解しよう!，推薦・AO入試を受験するために，一般入試，センター試験利用入試を受験するために，推薦・AO入試対策をアドバイス!これで安心!!合格マニュアル，オープンキャンパスへ行ってみよう!，オープンキャンパス情報

(内容)全国329短大を掲載。オープンキャンパス情報。

全国短大受験ガイド　推薦・AO・一般・セ試　2012年(平成24年)受験用　旺文社編　旺文社　2011.7　451p　26cm　〈『蛍雪時代』特別編集　索引あり〉　2476円　①978-4-01-009029-9

(目次)短大入試合格ガイド(巻頭特集 短大合格サクセスガイド，短大のことがわかる!&やる気アップ! オープンキャンパスへ行ってみよう!，全国302短大を掲載! オープンキャンパス情報)，全国短大推薦・AO入試要項ガイド(全国短大推薦・AO入試要項ガイドの見方，短大別50音順インデックス，公立短期大学，私立短期大学，2012年度新設予定学科情報，最新2012年度推薦入試実施要項早見表)，受験校選びに役立つ最新短大データ集(2011年度短大学費一覧，2011年度競争率一覧(推薦・AO・一般・センター試験利用入試)，2011年度編入状況調査一覧)，速報!2012年度一般入試&センター試験利用入試入試科目・日程一覧(入試科目・日程一覧の見方，一般入試，センター試験利用入試)

全国短大受験ガイド　推薦・AO・一般・セ試　2014年(平成26年)受験用　旺文社編　旺文社　2013.7　451p　26cm　2476円　①978-4-01-009038-1

(目次)短大入試合格ガイド(短大合格サクセスガイド，短大のことがわかる!&やる気アップ!オープンキャンパスへ行ってみよう!，全国315短大を掲載! オープンキャンパス情報)，2014年度(平成26年度)全国短大推薦・AO入試要項ガイド(公立短期大学，私立短期大学，最新2014年度推薦入試実施要項早見表)，2014年度一般入試&センター試験利用入試入試科目・日程一覧(一般入試，センター試験利用入試)

全国短大受験ガイド　推薦・AO・一般・セ試　2015年(平成27年)受験用　旺文社編　旺文社　2014.7　442p　26cm　2476円　①978-4-01-009040-4

(目次)全国入試合格ガイド(短大合格サクセスガイド，短大のことがわかる!&やる気アップ!オープンキャンパスへ行ってみよう!，全国312短大を掲載!オープンキャンパス情報)，2015年度(平成27年度)全国短大推薦・AO入試要項ガイド(公立短期大学，私立短期大学，最新2015年度推薦入試実施要項早見表，2015年度新設予定学科情報)

全国短大進学ガイド　学科・学費・資格・編入・就職　最新2010年受験用　旺文社編　旺文社　2009.4　433p　26cm　〈『蛍雪時代』特別編集　索引あり〉　2286円　①978-4-01-009023-7　Ⓝ376.8

(目次)入試→学生生活→卒業後の進路—先輩が教えるキャンパスライフ&卒業後のお仕事(短大学科ビジュアルガイド，短大ってどんなところ? ほか)，学科ガイダンス(国語・国文学系統，外国語系統 ほか)，全国短大インフォメーション(公立短期大学，私立短期大学)，短大データ集(2009年度短大学費一覧，取得資格別短大・学科一覧 ほか)

全国短大進学ガイド　学科・学費・資格・編入・就職　最新2011年受験用　旺文社編　旺文社　2010.4　433p　26cm　〈『蛍雪

時代』特別編集　索引あり〉　2476円　Ⓘ978-4-01-009026-8　Ⓝ376.8

(目次)先輩が教えるキャンパスライフ&卒業後のキャリア ゼロからわかる!入試の仕組み→学生生活→卒業後の進路(短大学科ビジュアルガイド,短大ってどんなところ? ほか),学科ガイダンス(国語・国文学系統,外国語系統 ほか),全国短大インフォメーション(公立短期大学,私立短期大学),短大データ集(2010年短大学費一覧,資格別取得可能な短大・学科一覧 ほか)

全国短大進学ガイド　学科・学費・資格・編入・就職　最新2012年受験用　旺文社編　旺文社　2011.4　433p　26cm　〈『蛍雪時代』特別編集　索引あり〉　2476円　Ⓘ978-4-01-009028-2

(目次)巻頭特集 ゼロからわかる! 入試の仕組み→学生生活→卒業後の進路─先輩に聞く! キャンパスライフ&卒業後のキャリア(短大学科ビジュアルガイド─短大の専門分野を17系統に分け、イラストとともに紹介、短大ってどんなところ?─ほかの教育機関との違い/短大へ行くメリットはこんなにある…etc. ほか),学科ガイダンス(国語・国文学系統,外国語系統 ほか),全国短大インフォメーション(公立短期大学,私立短期大学),短大データ集(2011年度短大学費一覧,資格別取得可能な短大・学科一覧 ほか)

全国短大進学ガイド　学科・資格・就職・編入・学費　2013年(平成25年)受験用　旺文社編　旺文社　2012.4　432p　26cm　2476円　Ⓘ978-4-01-009035-0

(目次)巻頭特集 ゼロからわかる! 先輩に聞く! キャンパスライフ&卒業後のキャリア「入試の仕組み→学生生活→卒業後の進路」(短大学科ビジュアルガイド,短大ってどんなところ?,入試の仕組みを理解しよう!,先輩のキャンパスライフ,データで見る短大卒業後 ほか),学科ガイダンス(国語・国文学系統,外国語系統,宗教/教養・その他の系統,法・経済・商学系統,社会学系統 ほか)

全国短大進学ガイド　学科・資格・就職・編入・学費　2014年(平成26年)受験用　旺文社編　旺文社　2013.4　433p　26cm　2476円　Ⓘ978-4-01-009037-4

(目次)巻頭特集 ゼロからわかる! 先輩に聞く! キャンパスライフ&卒業後のキャリア 入試の仕組み→学生生活→卒業後の進路(短大学科ビジュアルガイド,短大ってどんなところ? ほか),学科ガイダンス(国語・国文学系統,外国語系

統 ほか),全国短大インフォメーション(公立短期大学,私立短期大学),短大データ集(資格別取得可能な短大・学科一覧,2011年度就職状況調査一覧 ほか)

全国短大進学ガイド　学科・資格・就職・編入・学費　〔2015年(平成27年)受験用〕　旺文社編　旺文社　2014.4　433p　26cm　2476円　Ⓘ978-4-01-009039-8

(目次)巻頭特集 ゼロからわかる!先輩に聞く!キャンパスライフ&卒業後のキャリア─入試の仕組み→学生生活→卒業後の進路,学科ガイダンス(国語・国文学系統,外国語系統,宗教/教養・その他の系統,法・経済・商学系統,社会学系統,福祉学系統 ほか),全国短大インフォメーション(公立短期大学,私立短期大学),2015年度新課程入試速報!,短大データ集

(内容)取得できる資格・職業から、学びの内容から、志望校&学科を選ぶ!短大で学ぶ内容を17系統に分けてチェック。学科の特徴、取得できる資格、選抜方法をチェック。

短期大学受験案内　2006年度用　晶文社出版編集部編　晶文社出版,晶文社〔発売〕　2005.4　538p　21cm　2000円　Ⓘ4-7949-9756-6

(目次)多様化する短期大学の入試制度(AO入試,推薦入試と一般入試,大学入試センター試験を利用する入試),全国短期大学(私立短期大学,公立短期大学,職業能力開発大学校・短期大学校),付録(入試競争率一覧)

(内容)全国の私立・公立短期大学すべてを掲載。一学科・専攻の特色から入試情報まで。AO入試・大学センター試験を利用する入試など多様化する入試制度をわかりやすく解説。

短大受験案内　違いと対策がズバリわかる! 学研版　2000年度用　学習研究社　1999.4　734p　21cm　1800円　Ⓘ4-05-300697-X

(目次)入試情報&対策編(2000年入試の動向と推薦入試合格ポイント,小論文・面接・学科試験の出題傾向と対策,どの学科で何を学ぶか系統別・学科案内),地域別受験案内編(北海道,東北,関東(東京,神奈川を除く),東京・神奈川,中部,近畿,中国,四国,九州,文部省所管外学校),資料編(99年度私大短大学校納付金一覧,資格が得られる短期大学一覧)

(内容)全国548短期大学を紹介した受験ガイド。短期大学を北から南への都道府県別に、国立・公立・私立の順に50音順に紹介。所在地、学生数、教員数(常勤)、併設校、特色&学科、入試

の特色, 入試要項などを掲載。50音順短期大学さくいん付き。

短大受験案内　2004年度用　学習研究社編
　学習研究社　2003.5　626p　21cm　2000円
　①4-05-301441-7

(目次)受験情報＆対策編(2004年入試展望―センター試験利用の導入でさらに間口広がる, あなたはどの学科で何を学ぶか―系統別・学科内容紹介, こうやれば合格できる!―小論文・面接＆学科試験の出題傾向と攻略のポイント), 地域別短期大学案内編(北海道, 東北, 関東(神奈川を除く), 東京・神奈川, 中部, 近畿, 中国・四国, 九州, 文部科学省所管外学校), 入試資料編

(内容)入試情報・対策から就職・大学編入までを網羅。小論文・面接＆学科試験の出題傾向と攻略のポイント。2004年入試の動向。系統別・学科内容紹介。

短大受験案内　2006年度用　学研編集部編
　学習研究社　2005.5　520p　21cm　2000円
　①4-05-301969-9

(目次)受験対策編(2006年入試展望 短大入試はこう行われる!, こうやれば合格できる(小論文の出題分析と攻略のポイント, 面接の出題分析と攻略のポイント), めざす職業に直結する 資格が得られる短大一覧, 系統別・学科内容紹介 あなたはどの学科で何を学ぶか), 地域別短期大学案内(北海道, 東北, 関東(神奈川を除く), 東京・神奈川, 中部 ほか)

(内容)403全短大・学科の特色＆入試情報を収録。短大別に取得資格から就職・大学編入までを網羅。

短大受験案内　2007年度用　学習研究社編集部編　学習研究社　2006.4　543p　21cm　2000円　①4-05-302260-6

(目次)受験対策編(2007年入試展望 二極化が進む短大入試の動向と合格のポイント, こうすれば合格できる!小論文の出題の傾向とベスト攻略法, こうすれば合格できる!面接の出題の傾向とベスト攻略法, めざす職業に直結する 資格が得られる短大一覧, 系統別・学科内容紹介 学びたいことを教えてくれる学科はどこ?), 地域別短期大学案内(北海道, 東北, 関東(神奈川を除く), 東京・神奈川 ほか)

(内容)395全短大・学科の特色＆入試情報を収録。

短大受験案内　2009年度用　学習研究社
　2008.3　532p　21cm　2000円　①978-4-05-302684-2　Ⓝ376.8

(目次)受験対策編(2009年入試ガイド 短大入試の仕組みと合格のポイント, これで合格GET!小論文の出題傾向とベスト攻略法, これで合格GET!面接の出題傾向とベスト攻略法, めざす職業に直結する 資格が得られる短大一覧, 系統別・学科内容紹介 あなたはどの系統・学科で何を学ぶか), 地域別・短期大学案内

(内容)短大別に取得資格から就職・大学編入の情報までを網羅。2009年短大入試のしくみと合格のポイント。

短大受験案内　2010年度用　学研責任編集
　学習研究社　2009.3　507p　21cm　〈索引あり〉　2000円　①978-4-05-302916-4　Ⓝ376.8

(目次)短大所在地マップ, 50音順・短大さくいん, 受験対策編(2010年入試展望 二極化が進む短大入試の動向と受験作戦, これで合格できる!小論文の出題傾向と攻略のポイント, これで合格できる!面接の出題傾向と攻略のポイント ほか), 地域別短期大学案内(北海道, 東北, 関東(神奈川を除く) ほか), 折込み資料(学科系統別合格難易ランク一覧1 人文・教養／芸術／工業／農業／家政, 学科系統別合格難易ランク一覧2 社会／総合／教育／保健, 2009年度短期大学校納付金一覧)

(内容)学科・系統別!短大合格難易ランキング, 展望!二極化が進む短大入試の動向と受験戦略, めざす職業に直結する「資格」が得られる短大一覧など, 全369短大学科の特色＆入試情報を収録。

短大受験案内　学研版　2011年度用　学研責任編集　学研教育出版, 学研マーケティング(発売)　2010.3　479p　21cm　〈2010年度用までの出版者: 学習研究社　索引あり〉　2000円　①978-4-05-303153-2　Ⓝ376.8

(目次)短大所在地マップ, 受験対策編(2011年入試ガイド 短大入試の現状と合格作戦, こうすれば合格できる!小論文の出題傾向と攻略のポイント ほか), めざす職業に直結する 資格が得られる短大一覧(無試験で得られるもの, 受験試験が得られるもの ほか), 地域別・短期大学案内(北海道, 東北 ほか)

(内容)全短大の学科の特色＆入試情報が詳しい。どの学科で何を学ぶか〜系統別学科内容紹介。小論文・面接の出題傾向と攻略ポイント。

短大受験案内　2012年度用　学研責任編集　学研教育出版, 学研マーケティング(発売)　2011.3　471p　21cm　〈索引あり〉　2400円

短期大学　　　　　　　　　　　　　　　　受験・進学

①978-4-05-303317-8
⦅目次⦆受験対策編(2012年入試ガイド 短大入試の現状と合格作戦，こうやれば合格できる! 小論文の出題傾向と攻略のポイント，こうやれば合格できる! 面接の出題傾向と攻略のポイント，系統別・学科内容紹介 あなたはどの系統・学科で何を学ぶか，めざす職業に直結する 資格が得られる短大一覧)，地域別短期大学案内(北海道・東北，関東・甲信，中部，近畿，中国・四国，九州，文部科学省所管外学校)
⦅内容⦆全国の全短大を網羅。学科の特色＆入試情報。

短大受験案内　2013年度用　学研教育出版編　学研教育出版，学研マーケティング(発売)　2012.4　243p　26cm　2500円　①978-4-05-303623-0
⦅目次⦆受験対策編(2013年入試の動向と合格のポイントを知ろう―短大入試はこう行われる!，これで合格をGET! 小論文の出題傾向とベスト攻略法，これで合格をGET! 面接の出題傾向とベスト攻略法，めざす職業に直結! 取れる資格からみる短大一覧，系統別・学科内容紹介あなたはどの系統・学科で何を学ぶか)，地域別短期大学案内，2013年度全国短期大学校納付金一覧

短大受験案内　2014年度用　学研教育出版編　学研教育出版，学研マーケティング(発売)　2013.4　243p　26cm　2500円　①978-4-05-303862-3
⦅目次⦆受験対策編，2014年度全国短期大学校納付金一覧，地域別短期大学案内
⦅内容⦆全国の公立・私立全短大を網羅。めざす職業に直結，資格が得られる短大一覧。全短大の学科の特色＆入試情報が詳しい。どの学科で何を学ぶか～系統別学科内容紹介。

短大推薦入試受かる面接 必勝テク＆質問と応答例150　短大推薦入試研究会編　学習研究社　1994.9　159p　19cm　〈推薦入試合格ブックス〉〈付属資料：別冊「短大別質問リスト集」〉　750円　④4-05-300166-8
⦅目次⦆1 面接必勝テク，2 面接シミュレーション，質問と応答例
⦅内容⦆この本では，最近3年間の全国の短大面接試験で実際に使われた質問を例に，こんな答え方はしないほうがいい，こうすればミスは防げるというポイントをまとめました。

＜年鑑・白書＞

全国短大受験年鑑　2010年(平成22年)受験用　旺文社編　旺文社　2009.8　343p　26cm　〈『螢雪時代』特別編集　索引あり〉　2286円　①978-4-01-009025-1　Ⓝ376.8
⦅目次⦆巻頭特集 本番まであとわずか!!短大合格へのサクセスガイド(2010年度入試はどうなる?，出願から試験当日まで―これで安心!!合格マニュアル)，全国短大入試要項ガイド(公立短期大学，私立短期大学，文部科学省所管外の学校，2010年度センター試験利用入試実施短大一覧，2010年度新設学科情報)，受験に役立つデータ集(2009年度競争率一覧(一般・センター試験利用・推薦・AO入試)，2009年度短大学費一覧)
⦅内容⦆一般入試・センター試験利用入試etc.入試科目，入試日程，募集人員，配点・選考基準。公立短大私立短大364校，2010年入試実施要項をガイド。

全国短大推薦・AO入試年鑑　2004年入試用　旺文社編　旺文社　2003.7　360p　26cm　1905円　④4-01-009077-4
⦅目次⦆GUIDE1 推薦入試を知りつくそう!(推薦入試のしくみ，指定校推薦，(一般)公募推薦 ほか)，GUIDE2「小論文・作文」書き方レッスン(合格答案4つのポイント，書き上げるまでのタイムスケジュール，誰でも書ける!文章テク)，GUIDE3「面接・面談」受け方・答え方レッスン(面接のツボ4，不安解消! シミュレーション面接マルとバツ)
⦅内容⦆推薦・AO入試の要項を速報。全国290短大掲載，オープンキャンパス・オールガイド。100短大の過去問に学ぶ推薦入試の小論文出題例と解説＆ダイジェスト。先輩合格者のナマの声，87短大入試実態レポート。早見表で見やすい，推薦入試実施要項一覧＆受験カレンダー。

全国短大推薦・AO入試年鑑　2005年(平成17年)入試用　旺文社編　旺文社　2004.7　360p　26cm　1905円　④4-01-009087-1
⦅目次⦆推薦・AO入試合格ガイド(推薦入試を知りつくそう!，「小論文・作文」書き方レッスン，「面接・面談」受け方・答え方レッスン ほか)，全国短大推薦・AO入試要項ガイド(公募推薦入試実施短大 短大別50音順INDEX，国・公立短期大学編，私立短期大学編 ほか)，推薦入試早見表(平成17年度推薦入試実施短大データ一覧，平成17年度推薦入試地区別受験カレンダー，評定平均値別出願可能短大一覧)

受験・進学　　　　　　　　　　　　　　　　　大学

全国短大推薦・AO入試年鑑　2006年（平成18年）入試用　旺文社編　旺文社　2005.7　354p　26cm　2000円　ⓘ4-01-009094-4
🈠推薦・AO入試合格ガイド，行きたい短大をもっと知るためにオープンキャンパスへ行ってみよう!，全国281短大を掲載　オープンキャンパス実施短大一覧，先輩合格者が教えてくれた推薦・AO入試の実態レポート，全国短大推薦・AO入試要項ガイド，公募制推薦入試実施短大　短大別50音順INDEX，推薦入試早見表

全国短大 推薦・AO入試年鑑　2007年（平成19年）入試用　旺文社編　旺文社　2006.7　354p　26cm　2000円　ⓘ4-01-009056-1
🈠推薦・AO入試合格ガイド（わかる!推薦・AO入試丸ごとガイド，行きたい短大をもっと知るために オープンキャンパスへ行ってみよう!，全国296短大を掲載　オープンキャンパス実施短大一覧，先輩合格者が教える 推薦・AO入試の実態レポート），全国短大 推薦・AO入試要項ガイド（要項ガイド活用法，公募制推薦入試実施短大 短大別50音順INDEX，公立短期大学，私立短期大学），推薦入試早見表

全国短大推薦・AO入試年鑑　2008年（平成20年）入試用　旺文社編　旺文社　2007.7　370p　26cm　2095円　ⓘ978-4-01-008999-6
🈠推薦・AO入試合格ガイド（わかる!推薦・AO入試まるごとガイド，短大のことがわかる!＆やる気アップ!オープンキャンパスへ行ってみよう!，全国293短大を掲載　オープンキャンパス実施短大一覧 ほか)，全国短大推薦・AO入試要項ガイド（要項ガイド活用法，公募制推薦入試実施短大 短大別50音順INDEX，公立短期大学 ほか），推薦入試早見表（短大・学科別実施要項早見表，地域別受験カレンダー，評定平均値別出願可能短大一覧）

全国短大推薦・AO入試年鑑　2009年受験用　旺文社編　旺文社　2008.7　378p　26cm　2190円　ⓘ978-4-01-009008-4　Ⓝ376.8
🈠推薦・AO入試合格ガイド（わかる!推薦・AO入試まるごとガイド，短大のことがわかる!＆やる気アップ!オープンキャンパスへ行ってみよう! ほか），全国短大推薦・AO入試要項ガイド（公立短期大学，私立短期大学），最新2009年度推薦入試早見表（短大・学科別実施事項一覧，地域別受験カレンダー ほか），短大データ集（2008年度推薦入試小論文問題ダイジェスト，2008年度推薦・AO入試競争率一覧 ほか）
🈩2009（平成21）年度公募制（公開制）推薦入試，AO型入試を実施する全国の公立・私立短期大学について，「募集人員」「出願資格」「選抜方法」「選抜日程」の項目別にその実施要項を掲載。

全国短大推薦・AO入試年鑑　2010年（平成22年）受験用　巻頭特集：「小論文・作文」書き方ガイド「面接」受け方＆答え方レッスンetc.　旺文社編　旺文社　2009.7　386p　26cm　〈『蛍雪時代』特別編集〉　2286円　ⓘ978-4-01-009024-4　Ⓝ376.8
🈠推薦・AO入試合格ガイド（わかる!推薦・AO入試まるごとガイド，短大のことがわかる!＆やる気アップ!オープンキャンパスへ行ってみよう!，全国290短大を掲載!オープンキャンパス情報，先輩合格者が教える小論文＆面接の実態レポート），全国短大推薦・AO入試要項ガイド（公立短期大学，私立短期大学），受験に役立つ最新データ集（2009年度推薦入試小論文問題ダイジェスト，2009年度推薦・AO入試競争率一覧，2009年度短大学費一覧），最新2010年度推薦入試早見表（短大・学科別実施要項一覧，地域別受験カレンダー，評定平均値別出題可能短大一覧）
🈩選抜日程，募集人員，出願資格，選抜方法。最新2010年度要項を収録。全国290短大を掲載，オープンキャンパス情報。巻頭特集「小論文・作文」書き方ガイド，「面接」受け方＆答え方レッスンetc。

大学

＜名簿・人名事典＞

医系大学進学ガイド　2002年度入試対応　湖南学園早稲田ゼミナール医系情報センター，丸善　2001.11　569p　21cm　2200円　ⓘ4-9901051-0-9
🈠解説編，大学ガイド編，一般推薦，帰国子女，社会人
🈩本書は医系大学を目指している方々のために，各大学の特徴からその入試情報までを見やすく，分かりやすく解説したもの。受験生にとって特に知りたいポイントをピックアップし，各項目ごとに編集した。

私大進学　私大入試オールガイド　2001年度　ライオン企画編　ライオン社　2000.11　250p　26cm　952円　ⓘ4-8440-7670-1

大学　受験・進学

(目次)旭川大学, 札幌大学, 札幌学院大学, 札幌国際大学, 千歳科学技術大学, 天使大学, 苫小牧駒沢大学, 道都大学, 日本赤十字北海道看護大学, 函館大学〔ほか〕

(内容)入試日程・入試科目・試験場・募集人員, 全私大の2001一般入試情報を全公開!センター試験利用入試の活用法,「センター試験利用入試」実施大学ガイド。2000年度入試データ「完全版」。

私大進学 私大入試オールガイド　2002年度
ライオン社　2001.11　268p　26cm　952円　④4-8440-7675-2

(目次)北海道, 青森県, 岩手県, 宮城県, 秋田県, 山形県, 福島県, 茨城県, 栃木県, 群馬県〔ほか〕

(内容)入試日程・入試科目・試験場・募集人員といった全私大の2002年度一般入試情報を全公開。「センター試験利用入試」実施大学ガイド、2001年度入試データの完全版付き。

全国大学受験案内　入試要項と学部別競争率収録　'94年受験用
一ツ橋書店編集部編　一ツ橋書店　1993.5　414,136,31p　19cm　1600円　④4-565-94305-0

(内容)全国の大学の大学案内・入試ガイド。大学受験の手引き, 各大学案内, 付録で構成する。大学受験の手引きでは, 大学の選び方, 学部・学科の内容, 奨学制度, 国・公立大学入試, 併願対策, 推薦入学制度などを紹介する。各大学案内では, 学部紹介, 入試要項などを記載し, 一部大学では特色となる写真を掲載する。

全国大学受験案内　入試要項と学部別競争率収録　'95年受験用
一ツ橋書店編集部編　一ツ橋書店　1994.5　461p　19cm　(学校案内と入試問題シリーズ 305)　1600円　④4-565-95305-6

(内容)全国の大学の大学案内・入試ガイド。大学受験の手引き, 各大学案内, 付録で構成する。大学受験の手引きでは, 大学の選び方, 学部・学科の内容, 奨学制度, 国・公立大学入試, 併願対策, 推薦入学制度などを紹介する。各大学案内では, 学部紹介, 入試要項などを記載し, 一部大学では特色となる写真を掲載する。

全国大学受験案内　'96年度用
晶文社出版, 晶文社〔発売〕　1995.4　1167p　26cm　1700円　④4-7949-9527-X

(目次)大学入試はどう行われるか—文部省の「入学者選抜実施要項」とその実際, 国公立大学の入学者選抜方法, 全国大学案内

全国大学受験案内　'97年度用
晶文社出版, 晶文社〔発売〕　1996.4　1319p　19cm　1800円　④4-7949-9528-8

(内容)大学入試はどう行われるか—文部省の「入学者選抜実施要項」とその実際, 国公立大学の入学者選抜方法(付大学入試センター試験), 全国大学案内(私立大学, 国立大学, 公立大学)

(内容)入試難易ランキング表。入試競争率一覧。合格最低点一覧。

全国大学受験案内　'98年度用
晶文社出版編集部編　晶文社出版, 晶文社〔発売〕　1997.4　1145p　21cm　1900円　④4-7949-9529-6

(目次)'97年度入試ランキング表, 大学入試はどう行われるか—文部省の「入学者選抜実施要項」とその実際, 国公立大学の入学者選抜方法—付・大学入試センター試験, 全国大学案内(私立大学, 国立大学, 公立大学, 文部省管外大学校)

(内容)大学への進学志望者が, 志望校選択の際に必要と思われる項目について解説。私立、国立、公立、文部省管外大学校に分け、同一都道府県内で五十音順に排列。

全国大学受験要覧　平成3年版
広潤社編集部編　広潤社　1990.9　831p　21cm　1600円　④4-87508-011-5

(目次)平成3年度大学入学者選抜はどのようにして行われるか(平成3年度大学入学者選抜実施要項について), 平成3年度国公立大学入試はどう行われるか(選抜方法と不否判定の資料), 大学の概要, 全国大学案内, 平成2年度全国大学学部・学科別入学試験結果一覧〔ほか〕

(内容)3年度入試日程・入試科目, 2年度入試結果一覧・配点・成績結果, 大学の沿革・学部の特色・就職状況を掲載。

全国大学受験要覧　平成4年版
広潤社編集部編　広潤社　1991.9　838p　21cm　1620円　④4-87508-016-6

(目次)平成4年度大学入学者選抜はどのようにして行われるか(平成4年度大学入学者選抜実施要項について), 平成4年度国公立大学入試はどう行われるか(選抜方法と合否判定の資料), 大学の概要, 全国大学案内, 免許・資格等の取得について, 平成3年度大学入試小論文・テーマ・配点等一覧, 平成3年度全国大学学部・学科別入学試験結果一覧

(内容)4年度入試日程・入試科目、3年度入試結

果一覧・配点・成績結果、大学の沿革・学部の特色・就職状況を掲載。

全国大学受験要覧　平成5年版　広潤社編集部編　広潤社　1992.9　847p　21cm　1650円　Ⓘ4-87508-021-2
㊤内容㊦4年度入試結果一覧・配点・成績結果掲載。大学の沿革・学部の特色・就職状況掲載。

全国大学受験要覧　平成6年版　広潤社編集部編　広潤社　1993.9　878p　21cm　1680円　Ⓘ4-87508-026-3
㊤目次㊦平成6年度大学入学者選抜はどのようにして行われるか，平成6年度国公立大学入試はどう行われるか，大学の概要，全国大学案内，平成5年度大学入試小論文・テーマ・配点等一覧，平成5年度全国大学学部・学科別入学試験結果一覧
㊤内容㊦全国の大学の沿革、学部の特色、就職状況などをまとめた大学案内。平成6年度入試日程・入試科目、平成5年度入試結果一覧・配点・成績結果なども掲載する。

全国大学受験要覧　平成7年度大学入試の最新情報版　平成7年版　広潤社　1994.9　907p　21cm　1700円　Ⓘ4-87508-031-X
㊤内容㊦平成6年度に学生募集を行った全国の大学・大学校の教育方針・沿革・特色・学部構成・平成7年度募集要項をまとめた大学案内。放送大学を含む大学533校，文部省所轄外の大学校6校を収録する。平成7年度入試の解説，大学の概要，全国大学案内，平成6年度入試結果等で構成する。巻末に五十音順大学索引を付す。

全国大学受験要覧　平成8年版　広潤社　1995.9　947p　21cm　1750円　Ⓘ4-87508-036-0
㊤目次㊦平成8年度大学入学者選抜はどのようにして行われるか，平成8年度国公立大学入試はどう行われるか，大学の概要，全国大学案内

大学図鑑!　2015　オバタカズユキ監修　ダイヤモンド社　2014.4　511p　19cm　1800円　Ⓘ978-4-478-02744-8
㊤目次㊦入学したあとで「しまった!」と後悔したくないあなたへ贈る―ムダに悩むな!ムダに迷うな!大学はこうして選べ!，複雑怪奇な受験システムをまるっと早わかり―これで安心!入試方法トラの巻，関東私大Aグループ，関東私大Bグループ，関東私大Cグループ，関東私大Dグループ，関東私大Eグループ，関東女子大グループ，関西私大グループ，国公立大学グループ（東日本編）〔ほか〕

㊤内容㊦広告、建て前、裏取引一切なし!入学案内、パンフ、HPの嘘にだまされないための1冊。現役学生、OB、OG、5000人超のナマの声で作った真の大学案内。

大学入試難易ランキング　2002　代々木ゼミナール，JEC日本入試センター編　代々木ライブラリー　2001.7　603p　26cm　886円　Ⓘ4-89680-662-X
㊤目次㊦追跡調査結果から見た国公立・私立大入試状況，第1編　入試難易ランキング表（国公立大学，私立・短期・準大学，国公立・私立・短期大学難易ランク一覧），第2編 2001年度入試追跡調査結果（大学入試センター試験得点分布表，国公立大学2次科目偏差値分布表，私立大学模試偏差値分布表）
㊤内容㊦追跡実人数409,887名。本冊子は今春2001年度入試の追跡調査結果をまとめたものです。

＜ハンドブック＞

医・歯・薬＋獣医受験案内　医師・歯科医師・薬剤師・獣医師をめざす人のオールガイド　2009年度用　学習研究社　2008.5　248p　26cm　1800円　Ⓘ978-4-05-302665-1　Ⓝ376.8
㊤目次㊦2009年度「医・歯・薬・獣医」入試の特色と学科ガイド（入試情報 2009年度の入試はどうなる?―国公立＆私立大学の入試パターンを検証，学費 お金はかかる…でも，あきらめるのは早い!―6年間の総額と学費対策のいろいろ ほか），学習特集 2009年度「医・歯・薬+獣医」入試の出題傾向と対策（英語―指導・元代々木ゼミナール講師・神戸文章，数学―指導・元河合塾講師・愛海里奈 ほか），名門「医・歯学科」入学生に聞く勉強のコツ 私の合格体験記（大阪歯科大学歯学部歯学科合格!―大阪医歯学院，名古屋市立大学医学部医学科合格!―河合塾 ほか），医・歯・薬+獣医学部・学科199校大学案内（医師をめざす人の医学部受験案内，歯科医師をめざす人の歯学部受験案内，医系受験を支える予備校・塾（自分に合った予備校選びが志望校合格を決する!，受験予備校・塾案内）

医・歯・薬＋獣医受験案内　受験情報から卒業後の進路まで 医師・歯科医師・薬剤師・獣医師をめざす人のオールガイド　2010年度用　学習研究社　2009.5　256p　26cm　〈索引あり〉　1800円　Ⓘ978-4-05-302960-7　Ⓝ376.8
㊤目次㊦進学特集 2010年度医・歯・薬+獣医入試

の特色と学科ガイド(入試情報—2010年度の入試はどうなる?, 学費—高額の授業料…どう払う?, 大学時代—各学科で何を学ぶのか?, 卒業後—進路は多彩!何をめざすのか?), 学習特集 2010年度医・歯・薬+獣医入試の出題傾向と対策(英語, 数学, 生物, 化学, 小論文), 名門「医学科」入学生に聞く勉強のコツ 私の合格体験記, 医・歯・薬+獣医学部・学科199校大学案内(医師をめざす人の医学部受験案内, 歯科医師をめざす人の歯学部受験案内, 薬剤師をめざす人の薬学部受験案内, 獣医師をめざす人の獣医学部受験案内)、医系受験を支える予備校・塾 賢く選んでフル活用。志望校合格をつかめ

(内容) 全国医師薬獣医全199大学・学部・学科掲載。医師、歯科医師、薬剤師、獣医師をめざす人のオールガイド。

医・歯・薬+獣医受験案内 受験情報から卒業後の進路まで 医師・歯科医師・薬剤師・獣医師をめざす人のオールガイド 2011年度用 学研教育出版, 学研マーケティング(発売) 2010.5 256p 26cm 〈2010年度用までの出版者:学習研究社 索引あり〉 1800円 ①978-4-05-303186-0 Ⓝ376.8

(目次) 進学特集 入試の特色&学科ガイド 入試動向と学びを徹底解剖(入試情報 2011年度の入試はどうなる?, 学費 高額授業料—どう払う? ほか), 学習特集 入試の出題傾向と対策 実力派講師によるエキスパートゼミ(英語, 数学 ほか), 名門「医学科」入学生の体験レポート 合格の秘訣はコレだ!(日本医科大学医学部医学科合格!お茶の水メディカル/早稲田実業高校・土門駿也さん, 大分大学医学部医学科合格!—橋学院/田園調布学園高等部・佐々木みなみさん ほか), 医・歯・薬+獣医学部・学科199校大学案内(医師をめざす人の医学部受験案内, 歯科医師をめざす人の歯学部受験案内 ほか)

(内容) 受験情報から卒業後の進路まで。医師・歯科医師・薬剤師・獣医師をめざす人のオールガイド。全国医歯薬獣医全199大学学部・学科(6年制)掲載。

医・歯・薬+獣医受験案内 受験情報から卒業後の進路まで 医師・歯科医師・薬剤師・獣医師をめざす人のオールガイド 2012年度用 学研教育出版, 学研マーケティング(発売) 2011.5 256p 26cm 〈索引あり〉 2200円 ①978-4-05-303413-7

(目次) 名門「医学科」入学生の体験レポート 合格の秘訣はコレだ!(日本医科大学医学部医学科

合格!, 東京医科歯科大学医学部医学科合格! ほか), 進学特集 入試の特色&学科ガイド 入試動向と学びを徹底解剖(入試情報—2012年度の入試はどうなる?, 学費—高額の授業料…どう払う? ほか), 学習特集 入試の出題傾向と対策エキスパートゼミ(英語, 数学 ほか), 医・歯・薬+獣医学部・学科199校大学案内(医学部受験案内, 歯学部受験案内 ほか)

医・歯・薬+獣医受験案内 2013年度用 学研教育出版編 学研教育出版, 学研マーケティング(発売) 2012.6 256p 26cm 2200円 ①978-4-05-303703-9

(目次) 入試動向と学びを徹底解剖, エキスパートゼミ, 名門「医学科」入学生の体験レポート 予備校の"合格力"が私の背中を押してくれた!, 医・歯・薬+獣医学部・学科199校大学案内(医学部, 歯学部, 薬学部, 獣医学部)

医・歯・薬+獣医受験案内 2015年度用 学研教育出版編 学研教育出版, 学研マーケティング〔発売〕 2014.6 264p 26cm 2200円 ①978-4-05-304105-0

(目次) 進学特集 入試の特色&学科ガイド—入試動向と学びを徹底解剖, 学習特集 入試の出題傾向と対策—実力派講師によるエキスパートゼミ, 名門「医学科」入学生の体験レポート—"予備校のチカラ"を最大限活用して合格!!, 医歯薬+獣医学部・学科204校大学案内

(内容) 医学部・歯学部・薬学部・獣医学部オールガイド。全204大学の学部・学科(6年制)最新情報掲載。

医療系大学データブック 2015 大学通信 2014.10 178p 26cm 1000円 ①978-4-88486-184-1

(目次) 医学部, 歯学部, 薬学部, 獣医学部, 看護・保健系学部

(内容) 推薦入試詳細、一般入試スケジュール、学費一覧など、医療を志す人のための入試情報を徹底網羅。

親子で決める!大学選びの教科書 2015 学研教育出版編 学研教育出版, 学研マーケティング〔発売〕 2014.9 186p 23×18cm (大学受験案内特別編集シリーズ) 1500円 ①978-4-05-304160-9

(目次) 体験者が語る!私の就活ロード, 特集1「偏差値」では分からない大学の選び方, 主な大学の就職状況(2013年度), 特集2 "お父さん、お母さんのための"大学受験の最新常識(受験校選

びの基礎知識最新の入試事情と大学入試をめぐる新しい動き，センター利用，AO入試など多彩になった入試制度を知ろう，高1・高2からの志望校選び，カタカナ名も増えた イマドキの学部・学科ガイド），保護者のためのマネープラン講座（卒業までにいくらかかる?教育費タイムライン，入学初年度にかかる費用シミュレーション，自宅生vs下宿生 かかるお金を徹底比較，奨学金制度，ファイナンシャル・プランナーが伝授!学費や生活費をどう工面するか!）

外国人留学生のための大学入試情報 '96 関東地区版 河合塾国際教育センター編

桐書房 1995.9 119p 26cm 1000円 ①4-87647-305-6

(内容)関東地方の大学で，留学生特別選考を実施しているところを選び，大学の選択から受験までに必要な情報をまとめたもの。

学研版 大学受験案内 2008年度用 学研編 学習研究社 2007.3 1389p 21cm 2200円 ①978-4-05-302418-3

(目次)2008年入試展望（分析!『大学全入』時代 2008年度入試—大学選びと受験のポイント，2008年度入試の仕組みとポイント），入試資料編（2007年度公・私立大学学校納付金一覧，全国大学入試競争率一覧（06年，05年分）），大学受験Step up情報'08（日本で開校しているアメリカの大学案内，センター試験を利用する私立大が増加）

(内容)違いがズバリわかる，国立・公立・私立全大学掲載。

君はどの大学を選ぶべきか 国公私立大学・短期大学受験年鑑 2009 大学通信 2008.3 972p 21cm 1333円 ①978-4-88486-130-8 Ⓝ3768

(目次)1 解説編—大学・短大入試情報満載!（大学受験入門講座，ランキングに見る大学評価，偏差値30台からの逆転合格，資格取得，4年制大学への編入学など短大の魅力教えます!，編入学で4年制大学へ行こう!，パーフェクトガイド 大学学部・学科選び入門—学問系統別学びの紹介コラム付，将来に活かせる資格を取ろう!私立大学で取得できる国家資格一覧 ほか），2 学校案内編—学部・学科内容&キャンパスガイドをチェック!，3 データ編—志望校選びに役立つ情報をゲット

(内容)夢をかなえる大学選びを応援。511校（国公立含む）の内容ガイド。

君はどの大学を選ぶべきか 国公私立大学・短期大学受験年鑑 2010 大学通信 2009.3 970p 21cm 1333円 ①978-4-88486-140-7 Ⓝ3768

(目次)1 解説編（大学受験入門講座，資格取得，4年制大学への編入学など 短大の魅力教えます!，編入学で4年制大学に入ろう! ほか），2 学校案内編（私立大学・私立短期大学・大学校，私立大学，公立大学 ほか），3 データ編（全国・私立大学一覧，文部科学省所管外の大学校一覧，全国・私立短期大学一覧 ほか）

(内容)学部・学科選びから志望校決定まで，夢をかなえる"学び"を応援。

君はどの大学を選ぶべきか 国公私立大学・短期大学受験年鑑 2011 大学通信 2010.3 784p 21cm 1333円 ①978-4-88486-334-0 Ⓝ3768

(目次)1 解説編—大学・短大入試情報満載!（大学受験入門講座，短大の魅力教えます!，編入学で4年制大学に入ろう! ほか），2 学校案内編—学部・学科内容&キャンパスガイドをチェック!（私立大学・私立短期大学・大学校，国立大学，公立大学 ほか），3 データ編—志望校選びに役立つ情報を手に入れよう!（私立大学で取得できる国家資格一覧，キーワードで検索 学科選び大辞典，全国・私立大学一覧 ほか）

(内容)全国の国公私立大学・短期大学の中から受験生に勧められる大を区を精選して掲載。

君はどの大学を選ぶべきか 国公私立大学・短期大学受験年鑑 2013 大学通信 2012.3 672p 21cm 1333円 ①978-4-88486-160-5

(目次)解説編—大学・短大入試情報満載!，学校案内編—学部・学科内容&キャンパスガイドをチェック!

君はどの大学を選ぶべきか 国公私立大学・短期大学受験年鑑 2014 大学通信 2013.3 680p 21cm 1333円 ①978-4-88486-170-4

(目次)解説編（大学受験入門講座，就職率ランキングベスト100，資格取得，4年制大学への編入学など短大の魅力教えます!，4年制大学編入でステップアップ!—短大から4年制大学への編入学一覧 ほか），学校案内編（私立大学・私立短期大学，国立大学，公立大学，大学通信教育について ほか）

君はどの大学を選ぶべきか データ&情報 2003 大学通信 2002.11 392p 21cm

700円　Ⓘ4-88486-866-8　Ⓝ376.8

⦅目次⦆2003年入試展望と対策，全私立大学，全国公立大学・前期，主要私立短期大学2003一般入試Perfect data,510高校過去3年の合格者総覧，228大学の都道府県別志願者・合格者，人気私大出身著名人一覧，2002年春242社65大学就職状況一覧，新設大学・短大増設学部・学科最新情報，2003年大学・学部学科新設レポート，2002私大編入学状況

君はどの大学を選ぶべきか データ＆情報
　2004　　大学通信　2003.11　376p　21cm
　700円　Ⓘ4-88486-024-1

⦅目次⦆受験生数減少でも激戦予測の2004年入試の展望，全私立大学・全国公立大学・2004一般入試全日程・全方式PERFECT DATA（私立大学編，国公立大学編，510高校過去3年の合格者総覧，222大学の都道府県別志願者・合格者，人気私大出身著名人一覧，2003年春242社65大学就職状況一覧，新設大学・増設学部・学科最新情報，今後の入試スケジュール）

⦅内容⦆全私立大・全国公立大の入試方式・入試日程・入試科目パーフェクト・データ。著名242社への65大学からの就職状況一覧。人気私大出身の著名人。510高校からの大学合格状況（過去3年）。

君はどの大学を選ぶべきか データ＆情報
　2005　　大学通信　2004.11　376p　21cm
　700円　Ⓘ4-88486-044-6

⦅目次⦆受験生数減少でも激戦予測の2005年入試の展望，全私立大学・全国公立大学・2005一般入試・全日程・全方式PERFECT DATA（私立大学編，国公立大学編，526大学過去3年の合格者総覧，222大学の都道府県別志願者・合格者，人気私大出身著名人一覧，2004年春242社65大学就職状況一覧，新設大学・増設学部・学科最新情報）

君はどの大学を選ぶべきか データ＆情報
　2006　　大学通信　2005.11　392p　21cm
　700円　Ⓘ4-88486-074-8

⦅目次⦆受験生数減少でも激戦予測の2006年入試の展望，全私立大学・全国公立大学・2006一般入試全日程・全方式PERFECT DATA（私立大学編，国公立大学編，526高校から134大学への合格者総覧，222大学の都道府県別志願者・合格者，人気私大出身著名人一覧，2005年春242社65大学就職状況一覧，新設大学・増設学部・学科最新情報）

⦅内容⦆全私立大・全国公立大の入試方式・入試日程・入試科目パーフェクト・データ。著名242社への65大学からの就職状況一覧。人気私立大出身の著名人。510高校からの大学合格状況。

君はどの大学を選ぶべきか データ＆情報
　2007　　大学通信　2006.11　400p　21cm
　700円　Ⓘ4-88486-083-7

⦅目次⦆受験生数減少でも激戦予測の2007年入試の展望，私立大学編，国公立大学編，529高校から136大学への合格者総覧，198大学の都道府県別志願者・合格者，人気私大出身著名人一覧，2006年春242社65大学就職状況一覧，新設大学最新情報

⦅内容⦆著名私立大学の総長・学長先生のアドバイスを受けながら刊行してきた『君はどの大学を選ぶべきか』の一編。データから入試状況を探る。

君はどの大学を選ぶべきか 内容案内編　私立大学・短期大学受験年鑑　'99　E版
　大学通信　1998.4　686p　21cm　1000円
　Ⓘ4-88486-422-0

⦅目次⦆解説（学部選び入門―パーフェクトチャート，大学入試入門講座，短期大学を考える，短大学科系統別案内，短大入試の特色，短大卒業後の進路），学校案内（私立大学・私立短期大学，国立大学，大学通信教育について，通信教育を行っている大学・短大案内）

君はどの大学を選ぶべきか 内容案内編　国公私立大学・短期大学受験年鑑　2008
　大学通信　2007.3　988p　21cm　1333円
　Ⓘ978-4-88486-090-5

⦅目次⦆1 解説編―大学・短大入試情報満載!（大学受験入門講座，UNIV.PRESS NEWS，短大の魅力教えます!，編入学で4年制大学へ行こう!，大学学部・学科選び入門，キーワードで検索 学科選び大辞典，大学改革最前線，話題の大学を徹底研究，キャリアに注目!専門学校），2 学校案内編―学部・学科内容＆キャンパスガイドをチェック!（私立大学・私立短期大学・大学校，国立大学，公立大学，大学通信教育について，通信教育を行っている大学），3 データ編―志望校選びに役立つ情報をゲット

⦅内容⦆夢をかなえる大学選びを応援。512校（国公立含む）の内容ガイド。

君はどの大学を選ぶべきか 内容案内編　国公私立大学・短期大学受験年鑑　2007
　大学通信　2006.3　971p　21cm　1333円
　Ⓘ4-88486-080-2

〔目次〕1 解説編―大学・短大入試情報満載!(全国260校著名進学校の進路指導が予測する2007年入試新課程入試2年目,"大学・短大全入時代"到来で2007年入試はどう変わるか!,UNIV.PRESS NEWS,大学改革最前線 ほか),2 学校案内編―学部・学科内容&キャンパスガイドをチェック!(私立大学,私立短期大学,国立大学,公立大学 ほか),データ編―志望校選びに役立つ情報をゲット(私立大学で取得できる国家資格一覧,全国・私立大学一覧,文部科学省所管外の大学校一覧 ほか)
〔内容〕夢をかなえる大学選びを応援。523校(国公立含む)の内容ガイド。

きめる!センター入試で私大合格! 2006年度用 学習研究社 2005.9 281p 26cm 1800円 ⓘ4-05-302108-1
〔目次〕センター試験利用入試って何だろう,センター試験利用入試の準備を始めよう!,センター入試の受け方ガイド,大学学部系統別合格難易ランク,特別とじ込み 各大学入試日程別出願締切日/合格発表日一覧,全国私立大学センター試験利用入試実施要項
〔内容〕センター試験利用入試実施私大の学部学科募集別入試日程・入試科目・配点,昨年度入試結果を網羅。

芸大・美大 実技&要項 2002年度用 学習研究社編集部編 学習研究社 2001.10 300p 26cm (芸大・美大進学コース VOL.3) 2200円 ⓘ4-05-301136-1
〔目次〕入試情報&対策 この手で「芸大・美大」合格を勝ち取れ!,合格体験記 こうやって私は合格を勝ち取った!,芸大・美大2001年入試実技試験問題実例,芸大・美大2002年入試募集要項案内(美術大学・学部案内,大学(学科・専攻)案内,短期大学(学科・専攻)案内),2001年入試美術大学・学部11大学学科試験「英語・国語」問題実例,巻末特集 デッサン「静物・石膏」合格レベルに達するためのポイント

芸大・美大 受験案内 2014年度用 学研教育出版編 学研教育出版,学研マーケティング(発売) 2013.7 260p 26cm 2300円 ⓘ978-4-05-303948-4
〔目次〕カラー・芸美大生の青春ポートレート 感性と創造力を磨くアートフルライフ,カラー・2013年入試有名美大合格者の作品集 先輩の合格作品を目標にここまでのレベルアップを!,芸大・美大の選び方とベスト合格プラン,美術系学科ガイド やりたいことはココで学べ!,芸大・美大学校案内,美術・デザイン系専門学校案内,受験予備校・美術研究所案内
〔内容〕2013年入試有名美大合格者の作品例。美術系学科内容案内。2014年度芸大・美大入試の最前線。学科内容から入試要項・実技の出題内容までを一挙掲載!

芸大・美大 進学コース VOL.2 2008年度用 「芸大・美大美術・デザイン系専門学校受験案内」 学習研究社編集部編 学習研究社 2007.7 291p 26cm 2300円 ⓘ978-4-05-302452-7
〔目次〕カラー 現役芸美大生インタビュー 次代のアーティスト&クリエーター 創造力に磨きをかけアートの世界へ羽ばたけ,カラー 2007年入試有名美大合格者の作品例 先輩たちに学べ!このレベルを目標にして合格をつかみ取ろう,入試の実態から学科・実技試験対策まで 芸大・美大合格のポイントはココだ!,芸大・美大生の卒業後の進路 クリエイティブな能力を生かす幅広い分野に多くが進出,美術系学科内容 この学科ならきみのやりたいことが学べる,専攻別検索一覧 この大学に学びたい専攻・分野がある!,芸大・美大学校案内,専門学校案内,受験予備校・美術研究所案内

芸大・美大 美術・デザイン系専門学校受験案内 2003年度用 学習研究社編 学習研究社 2002.6 302p 26cm (芸大・美大進学コース VOL.2) 2200円 ⓘ4-05-301314-3 Ⓝ376.8
〔目次〕2002年入試有名美大合格者の作品例―ここまで描ければ合格できる!,美大生インタビュー―若きアーティストと青春のモニュメント,美術系学科内容紹介―きみはどの学科でどんなことを学ぶか,専攻別検索一覧―この大学に学びたい専攻・分野がある!,芸大・美大入試情報&対策―芸大・美大合格のベスト攻略法はコレ!,芸大・美大生の卒業後の進路―創作能力を生かすあらゆる分野に幅広く進出!,芸大・美大学校案内,専門学校案内,受験予備校・美術研究所案内
〔内容〕2003年度受験生のための芸大・美大美術・デザイン系専門学校の入試情報ガイドブック。2002年6月5日現在の情報を掲載。芸大・美大、専門学校、受験予備校・美術研究所の3つに区分、所在地、学部学科・定員、沿革等の大学データ、及び、問い合せ先、学科案内、就職状況、2003年入試要項、2002年度実技試験の出題内容ほかの入試情報を掲載する。巻頭に、2002年度有名美大合格者の作品例や美大生インタビュー、専攻別検索一覧、芸大・美大入試情報&対策等

芸大・美大 美術・デザイン系専門学校受験案内 芸大・美大進学コース〈VOL.2〉 2005年度用　学習研究社編集部編　学習研究社　2004.7　298p　26cm　（芸大・美大進学コース VOL.2）　2300円　①4-05-301761-0

(目次)カラー 2004年入試有名美大合格者の作品例―このレベルに達すれば合格できる!, カラー 美大生インタビュー―独自の感性を武器に創造のキャンバスを駆けろ!, 芸大・美大入試情報＆対策―芸大・美大に合格するポイントはココだ!, 美術系学科内容紹介―きみのやりたいことはこの学科で学べる!, 専攻別検索一覧―この大学に学びたい専攻・分野がある!, 芸大・美大生の卒業後の進路―創作能力を生かすあらゆる分野に幅広く進出!, 芸大・美大学校案内, 専門学校案内, 受験予備校・美術研究所案内

(内容)美術系大学・学部42, 美術系学科・専攻72, 美術系短期大学32, 美術・デザイン系専門学校84, 受験予備校・美術研究所96の学科内容から入試要項・実技の出題内容までを一挙掲載。

芸大・美大 美術・デザイン系専門学校受験案内 芸大・美大進学コース〈VOL.2〉 2006年度用　学習研究社　2005.7　290p　26cm　（芸大・美大進学コース VOL.2）　2300円　①4-05-301971-0

(目次)カラー 2005年入試有名美大合格者の作品例 合格を勝ち取るにはここまでのレベルアップを, カラー 独創性と個性を武器に自己研鑽に励む 若きアーティストと青春のモニュメント, 美術系学科内容紹介 キミはどの学科で何を学ぶか, 専攻別検索一覧 この大学に学びたい専攻・分野がある!, 芸大・美大入試情報＆対策 これが芸大・美大合格のベスト攻略法だ!, 芸大・美大生の卒業後の進路 創作能力を生かしあらゆる分野に幅広く進出!, 芸大・美大学校案内, 専門学校案内, 受験予備校・美術研究所案内

(内容)学科内容から入試要項・実技の出題内容までを一挙公開。

芸大・美大 美術・デザイン系専門学校受験案内 芸大・美大進学コース〈VOL.2〉 2007年度用　学習研究社編集部編　学習研究社　2006.7　288p　26cm　（芸大・美大進学コース VOL.2）　2300円　①4-05-302262-2

(目次)カラー 現役芸大生インタビュー, 創造と発想の翼を広げ自己発現に励む未来のアーティストたち, カラー 2006年入試有名美大合格者の作品例 先輩たちに学べ!このレベルをめざして合格をつかもう, 美術系学科内容ガイド きみのやりたいことはどの学科で学べるか, 専攻別検索一覧 学びたい専攻・分野がある大学はココ!, 入試の実態から学科・実技試験対策まで 芸大・美大に合格するベスト攻略法はコレだ, 芸大・美大生の卒業後の進路 創造する力を生かし活躍の場を広げるクリエーターたち, 芸大・美大学校案内, 専門学校案内, 受験予備校・美術研究所案内

芸大・美大 美術・デザイン系専門学校受験案内　2010年度用　学習研究社　2009.7　260p　26cm　（芸大・美大進学コース vol.2）　2300円　①978-4-05-302958-4　Ⓝ376.8

(目次)カラー 芸美大生の青春ポートレート 自分の可能性を磨くためのステージがここにある!, カラー 有名美大2009年入試合格の先輩作品例 合格するにはここまでのレベルアップを!, 美術系学科内容紹介 キミがやりたいことが学べる学科・大学はココだ!, 芸大・美大入試の分析＆対策 確実に合格するために今, やるべきことは何か?, 芸大・美大生の卒業後の進路 豊かな創造性と個性を活かし広範な分野に進出, 芸大・美大学校案内, 専門学校案内, 受験予備校・美術研究所案内

芸大・美大 美術・デザイン系専門学校受験案内　2012年度用　学研教育出版, 学研マーケティング(発売)　2011.7　263p　26cm　（芸大・美大進学コース vol.2）　2300円　①978-4-05-303448-9

(目次)カラー 芸美大生の青春ポートレート アートな大学生活（日本大学芸術学部デザイン学科4年・二階堂翔太さん, 武蔵野美術大学造形学部油絵学科4年・宮入文香さん, 女子美術大学芸術学部絵画学科3年・丁子紅子さん, 横浜美術大学美術学部美術学科2年・三瓶裕太郎さん）, カラー 有名美大2011年入試合格の先輩作品例 このレベルを目標に合格をつかみ取ろう（どうなる?2012年芸美大入試 確実に合格するために, 今これだけはやっておきたい!, 芸美大生の卒業後の進路を探る 創造性と個性を生かせる広範な分野に幅広く進出!, 美術系学科ガイド やりたいこと, 夢に近づくために, この学科で学べ!）, 芸大・美大学校案内（美術大学・学部案内, その他の大学（学科・課程）案内, 美術系短期大学（学科）案内）, 美術・デザイン系専門学校案内（専門学校でデジタルアートのスキルを磨く, 美術・デザイン系専門学校学校案内）, 受験予

備校・美術研究所案内(自分と相性の良い予備校を見つけよう!, 受験予備校・美術研究所学校案内)

⟨内容⟩学科内容から入試要項・実技の出題内容までを一挙掲載.

芸大・美大 美術・デザイン系専門学校受験案内 2015年度用 学研教育出版編
学研教育出版, 学研マーケティング〔発売〕 2014.7 261p 26cm (芸大・美大進学コース Vol.2) 2300円 ①978-4-05-304136-4

⟨目次⟩カラー 芸美大生の青春ポートレート アートなキャンパスからのメッセージ, カラー 2014年入試有名美大合格者の作品集 先輩の合格作品を目標にここまでのレベルアップを!, 芸大・美大の選び方とベスト合格プラン, 美術系学科ガイド やりたいことはココで学べ!, 芸大・美大学校案内, 美術・デザイン系専門学校案内, 受験予備校・美術研究所案内

⟨内容⟩学科内容から入試要項・実技の出題内容までを一挙掲載!

時間と学費をムダにしない大学選び 最辛大学ガイド 2015 石渡嶺司, 山内太地著
中央公論新社 2014.3 958p 21cm 2000円 ①978-4-12-004599-8

⟨目次⟩マスコミ―芸能界やスポーツ界, 政界から文壇まで, 色んな世界とつながりがある業界. 華やかなイメージはあるけれど…?, 公務員―「安定している」「残業もなく仕事が楽」…ひと昔前まではそう言われていたけれど, 今はどうなっているんだろう?, 司法―弁護士, 裁判官, 検察官.「法の番人」と呼ばれる職業. なんとなくかっこいいけど, 難しいのかな?, 教師・教育―勉強を教えるだけでなく, 生徒とともに自分も成長していける, やりがいある仕事. 実際はどんな感じ?, 福祉・心理―高齢化が進み, 心のケアの重要性も叫ばれる日本で一躍, 注目の業界に. 具体的な職種は?待遇は?, 観光・航空・鉄道―パイロット, キャビンアテンダント, 運転士に車掌, ガイドさん. 子供の頃からの「憧れの職業」!, 金融―よく知られているのは銀行の窓口業務, 株や保険のセールスだけど, ほかにも, いろいろな仕事が。, エンジニア―技術大国日本を支えてきた製造業. その中心にいるのが技術職!「ものづくり」の世界とは…?, 医師・歯科医師―数ある学部の中で最難関の「医学部」. そこを突破した先に見据えるのはやりがい?高収入?, 看護・医療・薬学―医師・歯科医師をサポートする医療職. 堅実, かつ需要もある一方で, 仕事はそうとう大変だとか聞くけれど?〔ほか〕

⟨内容⟩偏差値, 知名度, 立地にイメージ…その基準で後悔しない?重要なのは「卒業後」!就きたい仕事のジャンルから選べる進路案内の決定版.

私大受験案内 大学選びにズバリ役立つ 学研版 2000年度用 学習研究社 1999.4 1226p 21cm 2000円 ①4-05-300696-1

⟨目次⟩2000年入試展望(国公立大入試にも進む選抜方法の多様化!!, 私大参加校は増加の一途, 志願者数は漸減傾向, 国公立大人気は続き, "文高理低"は不変!!), 学校案内編(私立大学, 国立大学, 公立大学, 大学院大学, 放送大学, 文部省所管外大学校), 入試資料編('99年度主要私立大学入試競争率速報, '99年度私立大学学校納付金一覧)

⟨内容⟩全国615大学を紹介した受験ガイド. 大学を私立・国立・公立別に, 北から南へ50音順に紹介. 所在地, 施設面積, 学生数, 教員数, 沿革, 特色&学部学科, 入試要項, 試験日程, 募集人員, 配点, 試験場, 受験料などを掲載. 50音順大学さくいん付き.

私費外国人留学生のための大学入学案内 1999年度版 日本国際教育協会編著 大学通信 1998.10 573p 26cm 1905円 ①4-88486-302-X

⟨目次⟩学部・学科インデックス, 入試案内編, データ編(奨学金制度一覧, 授業料減免制度一覧, 宿舎一覧), 大学索引, 短期大学索引

⟨内容⟩日本の大学へ進学を志している外国人留学生のための手引き. 576大学・486短期大学を収録し, 1999年度に各大学で実施される私費外国人留学生に対する特別選考の内容を中心に掲載. 学部・学科インデックス, 大学索引, 短期大学索引付き.

私費外国人留学生のための大学入学案内 2000年度版 日本国際教育協会編 大学通信 1999.10 585p 26cm 1905円 ①4-88486-303-8

⟨目次⟩大学入学Q&A, 学部・学科インデックス, 入試案内編, データ編, 奨学金制度一覧, 授業料減免制度一覧, 宿舎一覧, 大学索引, 短期大学索引

⟨内容⟩2000年度に各大学で実施される私費外国人留学生に対する特別選考の内容を中心に掲載した大学入学案内. 578大学・491短期大学を収録. 学部・学科インデックス, 大学索引, 短期大学索引付き.

私費外国人留学生のための大学入学案内

大学　　　　　　　　受験・進学

　　2004年度版　　日本国際教育協会編集・著作　大学通信　2003.8　381p　26cm　1905円　ⓘ4-88486-005-5
　(目次)大学入学Q&A，学部・学科インデックス，入試案内，日本留学試験利用校一覧，2004(平成16)年度開設予定大学・短期大学一覧
　(内容)日本留学試験のデータも充実。全国604大学・短期大学の入試のすべてがわかる。いきたい大学がすぐ探せる"学部・学科インデックス"。

私費外国人留学生のための大学入学案内
　　2006年度版　　日本学生支援機構監修，アジア学生文化協会編　大学通信　2005.9　402p　26cm　1429円　ⓘ4-88486-105-1
　(目次)大学入学Q&A，学部・学科インデックス，入試案内，日本留学試験利用校一覧，日本留学試験利用渡日前入学許可校一覧，2006(平成18)年度開設予定大学・短期大学一覧
　(内容)日本留学試験のデータも充実。全国515大学・短期大学の入試のすべてがわかる。いきたい大学がすぐ探せる"学部・学科インデックス"。

私費外国人留学生のための大学入学案内
　　2007年度版　　日本学生支援機構留学情報センター監修，アジア学生文化協会編　大学通信　2006.9　65,270,58p　26cm　1429円　ⓘ4-88486-110-8
　(目次)大学・学部・学科インデックス，短期大学・学科インデックス，大学入学Q&A，入試案内，日本留学試験利用校一覧，2007(平成19)年度開設予定大学・短期大学一覧
　(内容)日本の大学へ進学を志している外国人留学生の方々の手引書。入学試験に関する情報に加え、大学を選択する際に必要となる基本的な情報として、大学入学Q&A、学部・学科インデックス、日本留学試験等に関するデータを掲載。

私費外国人留学生のための大学入学案内
　　2015年度版　　アジア学生文化協会編　アジア学生文化協会，凡人社〔発売〕　2014.9　1冊　26cm　2300円　ⓘ978-4-89358-879-1
　(目次)1(大学・学部・学科インデックス，大学入学ガイド)，2(入試案内)，3(日本留学試験利用校一覧，平成26年度(2014年度)日本留学試験実施要項，TOEFLiBT概要，2015(平成27)年度開設予定大学認可申請大学一覧)
　(内容)日本留学試験のデータも充実。全国476大学の入試のすべてがわかる。いきたい大学がすぐ探せる"学部・学科インデックス"。

受験校を決める!大学入試要項　学研版
　　2004年度用　　学習研究社編　学習研究社　2003.10　1053p　21cm　2500円　ⓘ4-05-301614-2
　(目次)受験情報編(2004年度どうなる?大学入試，2004年センター試験の出題教科&科目，速報!2004年度開設予定大学等認可申請・届出一覧，出願から入試本番まで／総チェック!!受験の準備マニュアル，2004年度入試のための2003年度全大学・全学系系統別合格難易ランク)，2004年度入試要項&大学別合格情報編(国立大学，公立大学，放送大学，文部省所管外大学校，私立大学)，入試資料編

受験校を決める!大学入試要項　2005年度用
　　学習研究社編集部編　学習研究社　2004.10　972p　21cm　2600円　ⓘ4-05-301932-X
　(目次)受験情報編(総力特集 2005年度どうなる!大学入試―"全入"が現実化する中で、自分のための大学選択を!(大学は3つのグループに分離しつつある、教育改革で時代対応と社会的ニーズをアピール ほか)，2005年センター試験の出題教科&科目，開設予定大学等認可申請・届出一覧，受験の準備マニュアル)，2005年度入試要項&大学別合格情報編(国立大学，公立大学，放送大学，私立大学)，入試資料編(2005年度全国公私立大学推薦入試要項一覧，2005年度全国公私立大学AO入試要項一覧，2004年度全国大学入試競争率データ)
　(内容)690全大学のファイナル情報―募集要項&大学別合格情報。2005年度受験戦線"全入"が現実化、人気校は依然厳しい選抜。ますます増加センター試験利用の私大は408校。

受験校を決める!大学入試要項　2006年度用
　　学習研究社編集部編　学習研究社　2005.10　768p　21cm　2600円　ⓘ4-05-302111-1
　(目次)総力特集 2006年度どうなる?大学入試―センター試験を軸に、自分に価値ある大学と受験を選択しよう!，2006年度一般入試要項&大学別合格情報編(国立大学，公立大学，放送大学)，入試資料編(2006年度全国大学入試科目・配点一覧，2006年度全国大学推薦入試要項一覧，2005年度全国大学入試競争率データ)
　(内容)全国大学の募集要項&大学別合格情報。701校すべてを掲載。

受験校を決める!大学入試要項　2007年度用
　　学研編　学習研究社　2006.10　626p　21cm　2600円　ⓘ4-05-302370-X
　(目次)総力特集 2007年度どうなる!大学入試，

速報!2007年度開設予定大学等認可申請・届出一覧，出願から入試本番までの必要事項を総チェック!受験の準備マニュアル，地域別／50音順 掲載外の大学要項請求先一覧，特別企画 併願に役立つ／書込み欄つき手帳型式2007年全大学入試スケジュール，2007年度入試要項＆ファイナル合格情報編，入試資料編
(内容)全国立大学と主要公私立大学の募集要項＆ファイナル合格情報．

受験校を決める!大学入試要項 2008年度用 学習研究社編集部編 学習研究社 2007.10 610p 21cm 2600円 ①978-4-05-302592-0

(目次)総力特集 2008年度どうなる!大学入試("大学全入"時代のいま，自分に価値ある大学と受験を選択しよう!，速報!2008年度，出願から入試本番までの必要事項を総チェック!!，特別企画 併願に役立つ／書き込み欄つきダイアリー式一2008年全大学入試スケジュール)，2008年度一般入試要項＆大学別合格情報編(国立大学，公立大学，放送大学，文部科学省所管外学校，私立大学)，入試資料編(速報2008年度全国公私立大学推薦入試要項一覧，2007年度全国大学入試競争率データ)
(内容)全国立大学と主要公私立大学の募集要項＆ファイナル合格情報．

受験のプロ5人が教える大学合格"究極のワザ" 学習研究社編集部編 学習研究社 2001.11 95p 26cm (VinTa!BOOKS) 950円 ①4-05-301274-0

(目次)受験勉強に集中したいキミたちへ，入試を研究すれば，合格が見る!，「無理なく，無駄なく」の教科対策，2001年小論文試験ではこんな問題が出た!，キーワードで知る大学の新しい動き

首都圏 私大案内 行きたい大学発見ガイド '99受験用 ライオン社 1998.4 291p 21cm 1600円 ①4-8440-7656-6

(目次)1 全私大難易ランキング，2 サルでもわかる入試解説，3 私大の学問大解剖，4 首都圏全私立大学ガイド，5 大学選択データ・ファイル

私立医歯学部受験攻略ガイド 2004年度版 医歯専門予備校メルリックス学院，紀伊國屋書店〔発売〕 2003.11 247p 21cm 1500円 ①4-87738-183-X

(目次)入試日程表，2004年度入試動向，2004年度入試対策，受験マルチランキング，大学紹介，メルリックス学院のご案内
(内容)私立医学部29大学、歯学部17大学をあらゆる角度から徹底分析．

私立医歯学部受験攻略ガイド 2005年度版 医歯専門予備校メルリックス学院，紀伊國屋書店〔発売〕 2004.11 247p 21cm 1500円 ①4-87738-205-4

(目次)入試日程表，2005年度入試動向，2005年度入試対策，受験マルチランキング，大学紹介，メルリックス学院のご案内
(内容)私立医学部29大学、歯学部17大学をあらゆる角度から徹底分析．

私立医歯学部受験攻略ガイド 2006年度版 医歯専門予備校メルリックス学院，紀伊國屋書店〔発売〕 2005.11 247p 21cm 1500円 ①4-87738-237-2

(目次)入試日程表，2006年度入試動向，2006年度入試対策，受験マルチランキング，大学紹介，メルリックス学院のご案内
(内容)私立医学部29大学、歯学部17大学をあらゆる角度から徹底分析．

私立医歯学部 受験攻略ガイド 2007年度版 医歯専門予備校メルリックス学院，紀伊國屋書店〔発売〕 2006.11 247p 21cm 1500円 ①4-87738-304-2

(目次)入試日程表，2007年度入試動向，2007年度入試対策，受験マルチランキング，大学紹介，メルリックス学院のご案内
(内容)私立医学部29大学、歯学部17大学をあらゆる角度から徹底分析．

私立医歯学部 受験攻略ガイド 2008年度版 医歯専門予備校メルリックス学院，紀伊國屋書店〔発売〕 2007.11 254p 21cm 1500円 ①978-4-87738-322-0

(目次)入試日程表＆推薦・AO・編入学・センター利用，2008年度入試動向，2008年度入試対策，受験マルチランキング，大学紹介，メルリックス学院のご案内
(内容)私立医学部29大学、歯学部17大学をあらゆる角度から徹底分析．

私立医歯学部受験攻略ガイド 2012年度版 メルリックス学院，紀伊国屋書店(発売) 2011.11 294p 21cm 1500円 ①978-4-87738-394-7

(内容)私立医学部29大学、歯学部17大学をあらゆる角度から徹底分析．最新の2012年度版募集

要項掲載。

私立大学推薦試験日一覧 全国版 2002年度 大学通信 2001.9 167p 18cm 600円
①4-88486-758-0

(目次)推薦入学への入口，大学案内・推薦入試情報パック(桜美林大学，慶応義塾大学，駒沢女子大学，中央大学，帝京大学 ほか)，公募制推薦入学パーフェクト・データ，主要私立大学問い合わせ先一覧

(内容)本書では，一人でも多くの受験生諸君に役立つよう，公募制をはじめ，自己推薦などを網羅し，詳細に紹介。各大学の試験日や合格発表日がひと目でわかる。

新・大学受験案内 2009年度版 東進ハイスクール，東進衛星予備校編著 (武蔵野)ナガセ 2008.7 1461p 21cm (東進ブックス) 2500円 ①978-4-89085-415-8 Ⓝ376.8

(目次)巻頭4大特集(本当に行きたい大学・学部選びのために，大学入試の仕組みはこのようになっている，ホンネで語る!―あこがれの大学に通う先輩たちの「特別座談会」，将来を見すえた大学選びのために―医歯薬系大学特集)，168大学ガイド(国立大学(68校)，その他大学(文部科学省所管外大学校)(1校)，公立大学(26校)，私立大学(73校))

新・大学受験案内 2010年度版 東進ハイスクール，東進衛星予備校編 (武蔵野)ナガセ 2009.3 1477p 21cm (東進ブックス) 〈2010年度版のサブタイトル：夢をかなえる168大学 付(1枚)：さくいんカード 索引あり〉 2500円 ①978-4-89085-436-3 Ⓝ376.8

(目次)巻頭4大特集(本当に行きたい大学・学部選びのために，大学入試の仕組みはこのようになっている，大学誌上体験ツアー，ホンネで語る!)，168大学ガイド(国立大学「68校」，その他大学(文部科学省所管外大学校)「1校」，公立大学「26校」，私立大学「73校」)，巻末資料

新・大学受験案内 2011年度版 東進ハイスクール，東進衛星予備校編 (武蔵野)ナガセ 2010.3 1484p 21cm (東進ブックス) 〈2011年度版のサブタイトル：夢をかなえる172大学 付(1枚)：さくいんカード 索引あり〉 2500円 ①978-4-89085-473-8 Ⓝ376.8

(目次)巻頭5大特集(大学入試の仕組みはこのようになっている，講義ライブ～大学の授業をのぞいてみよう!，ホンネで語る!，将来を見すえた大学選びのために ほか)，172大学ガイド(国立大学(68校)，その他大学(文部科学省所管外大学校)(1校)，公立大学(26校)，私立大学(77校) ほか)

新 大学受験案内 夢をかなえる172大学 2012年度版 東進ハイスクール，東進衛星予備校編 (武蔵野)ナガセ 2011.3 1512p 21cm (東進ブックス) 〈2012年度版のサブタイトル：夢をかなえる172大学 付(1枚)：さくいんカード 索引あり〉 2500円 ①978-4-89085-510-0

(目次)巻頭5大特集(大学入試の仕組みはこのようになっている，講義ライブ～大学の授業をのぞいてみよう!，ルポ 今，大学に行くにあたって考えたいこと，ホンネで語る!，将来を見すえた大学選びのために)，172大学ガイド(国立大学(68校)，その他大学(文部科学省所管外大学校)(1校)，公立大学(26校)，私立大学(77校))，巻末資料(掲載大学大学案内請求コーナー，学費一覧)

(内容)「見やすい」「調べやすい」紙面で志望校をわかりやすく紹介。

新 大学受験案内 夢をかなえる172大学 2013年度版 東進ハイスクール，東進衛星予備校編 (武蔵野)ナガセ 2012.3 1508p 21cm (東進ブックス) 〈付属資料：別冊1〉 2500円 ①978-4-89085-536-0

(目次)巻頭4大特集(大学入試の仕組みはこのようになっている，大学誌上体験ツアー，ルポ・今，大学に行くにあたって考えたいこと，将来を見すえた大学選びのために)，172大学ガイド(国立大学―68校，その他大学(文部科学省所管外大学校)―1校，公立大学―26校，私立大学―77校)

(内容)卒業生や現役大学生の"ナマの声"満載。別冊付録・合格者成績推移データ一覧，学部学科別学費一覧，大学案内請求コーナー。綴込付録・大学難易度ランキング，各地域別大学マップ。

新 大学受験案内 夢をかなえる172大学 2014年度版 東進ハイスクール・東進衛星予備校編著 (武蔵野)ナガセ 2013.3 1588p 21cm 〈付属資料：別冊1〉 2500円 ①978-4-89085-558-2

(目次)巻頭3大特集(主要大学に聞く「就職・キャリア支援」の取り組み，知っておきたい大学のキホン―入試制度・お金・大学生活について，

将来を見すえた大学選びのために 医歯薬系大学をクローズアップ!），172大学ガイド（国立大学（68校），その他大学（文部科学省所管外大学校）（1校），公立大学（26校），私立大学（77校））

新 大学受験案内 夢をかなえる172大学　2015年度版　東進ハイスクール・東進衛星予備校編　（武蔵野）ナガセ　2014.3　1685p　21cm　（東進ブックス）〈付属資料：別冊1〉　2500円　①978-4-89085-592-6

(目次)巻頭3大特集（知っておきたい大学のキホン―入試制度・お金・大学生活について，大学，その先へ―大学院について，将来を見すえた大学選びのために 医歯薬系大学をクローズアップ!），172大学ガイド（国立大学68校，その他の大学（文部科学省所管外大学校）1校，公立大学26校，私立大学77校），注目!世界の大学をクローズアップ

(内容)東進オリジナルセレクト，みんなの行きたい大学を厳選!卒業生や現役大学生の"ナマの声"満載!主要24大学は20ページ超で特集!医歯薬系大学情報も充実!!

全国医学部最新受験情報　2014年度用　医系専門予備校メディカルラボ編　時事通信出版局，時事通信社〔発売〕　2013.10　230p　26cm　2500円　①978-4-7887-1293-5　Ⓝ377

(目次)私立大学（入試DATA・入試要項／出題傾向と分析），国立大学（入試DATA・入試要項），公立大学（入試DATA・入試要項），国公立単科医科大学（出題傾向と分析）

(内容)国公私立医学部全80校の入試要項を網羅。全私立大学医学部（29校）と国公立単科医科大学（9校）の出題傾向を徹底分析。

全国大学小論文入試　2005～2009 出題内容5か年ダイジェスト　2010年受験対策　旺文社編　旺文社　2009.9　465p　26cm　2381円　①978-4-01-009064-0　376.8

(目次)総合分析＆合格対策編（合格小論文の書き方ガイド 合格する小論文はこれだ!，過去5か年の問題分析から精選 小論文キーワード100，小論文でねらわれる!2009年ニュース・トピックス10，過去5か年の出題内容を分析!学部系統別小論文入試重要テーマ，受験に役立つ小論文対策で読んでおきたい著者＆著書），一般入試小論文出題内容5か年ダイジェスト（国立大学，公立大学，私立大学），受験生応援企画 医・歯・薬・看護・医療系2009年度推薦・AO入試出題内容ダイジェスト

全国版 心理学を学ぶための大学・大学院受験ガイド　2004年版　編集工房Q編　ナツメ社　2003.4　287p　21cm　1800円　①4-8163-3473-4

(目次)第1章 こころの時代に学ぶ心理学（心理学は「実証の科学」，歴史に見る心理学の動き ほか），第2章 心理学の学び方・活かし方（心理学を学ぶには，心理学を活かすには ほか），第3章 高校生のための大学入試ガイド（大学選びのポイント，学科探しのコツ ほか），第4章 大学生・社会人のための入試ガイド（大学院，社会人のための受講形態 ほか），第5章 心理学を学べる大学・大学院リスト

(内容)心理学を学べる大学・大学院全355校のデータをエリア別に収録。高校生から大学生・社会人まで，それぞれの立場に合わせた受験準備のポイントと入試ガイドを掲載。「心理学」という学問がわかる。分類・研究内容などをやさしく解説。臨床心理士など，心理学を活かした仕事と資格をくわしく紹介。

全国版 心理学を学ぶための大学・大学院受験ガイド　2005年版　編集工房Q編　ナツメ社　2004.4　303p　21cm　1800円　①4-8163-3688-5

(目次)第1章 こころの時代に学ぶ心理学（心理学は「実証の科学」，歴史に見る心理学の動き ほか），第2章 心理学の学び方・活かし方（心理学を学ぶには，心理学を活かすには ほか），第3章 高校生のための大学入試ガイド（大学選びのポイント，学科探しのコツ ほか），第4章 大学生・社会人のための入試ガイド（大学院，社会人のための受講形態 ほか），第5章 心理学を学べる大学・大学院リスト

(内容)心理学を学べる大学・大学院全364校のデータをエリア別に収録。高校生から大学生・社会人まで，それぞれの立場に合わせた受験準備のポイントと入試ガイドを掲載。「心理学」という学問がわかる。分類・研究内容などをやさしく解説。臨床心理士など，心理学を活かした仕事と資格をくわしく紹介。

全国版 心理学を学ぶための大学・大学院受験ガイド　2006年版　編集工房Q編　ナツメ社　2005.4　303p　21cm　1800円　①4-8163-3893-4

(目次)第1章 こころの時代に学ぶ心理学（心理学は「実証の科学」，歴史に見る心理学の動き ほか），第2章 心理学の学び方・活かし方（心理学を学ぶには，心理学を活かすには ほか），第3章 高校生のための大学入試ガイド（大学選びのポイント，学科探しのコツ ほか），第4章 大学

生・社会人のための入試ガイド(大学院,社会人のための受講形態 ほか),第5章 心理学を学べる大学・大学院リスト

(内容)心理学を学べる大学・大学院全371校のデータをエリア別に収録。高校生から大学生・社会人まで、それぞれの立場に合わせた受験準備のポイントと入試ガイドを掲載。「心理学」という学問がわかる。分類・研究内容などをやさしく解説。臨床心理士など、心理学を活かした仕事と資格をくわしく紹介。

総ガイド大学転部・編入 上昇志向の君を応援する必勝ガイド '95年度版 千代田アカデミー編 オクムラ書店 1994.1 512p 21cm 2500円 ⓘ4-900320-81-1

(目次)転部・編入ってどういうものなの,夜間部からの転部・編入,大学通信教育からの転部・編入,短大からの転部・編入,高等専門学校からの編入,転部・編入に挑戦する人からの熱いメッセージ,転部・編入についての資料など,転部(転籍)を認める大学二部(夜間部),各校(平成5年度・6年度)転部・編入要項,私立大学編,国公立大学編

大学選びの決定版!大学受験ガイド 2005年度版 駿台予備学校監修 高橋書店 2004.4 1369p 21cm 2200円 ⓘ4-471-63680-4

(目次)2005年度入試の傾向(大学選びと入試のコツ,資格取得ガイド)2005年度入試資料編(全国公私立大学入試競争率一覧,私立大学入学生用学費一覧,大学索引,全国713校大学ガイド(国立大学,公立大学,私立大学,放送大学,大学院大学,文部科学省所管外大学校),折り込み資料 学科系統別偏差値ランキング表(索引付き)

(内容)大学入試独特の用語をやさしく解説。大学入試全体の状況分析や、大学選びに必要な考え方など、駿台予備校のノウハウがぎっしり。2005年度入試の最新情報も掲載。話題の法科大学院やMBA取得のガイド。「どんな資格を取得すればいいのか?」資格取得時の基礎情報をやさしく解説。

大学選びの決定版!大学受験ガイド 2006年度版 駿河台学園駿台予備学校監修 高橋書店 2005.4 1359p 21cm 2200円 ⓘ4-471-65680-5

(目次)2006年度入試の傾向―目標を定めて万全な試験対策を!(入試の傾向と対策,2006年度センター試験の変更点(速報版)),2006年度入試資料編―過去のデータで志望校を分析する!(全国公私立大学入試競争率一覧(索引付き),私立大学入学生用学費一覧(索引付き),大学索引(五十音順)、全国728校大学ガイド―大学の特色を知り、自分に合った一校を見つける!(国立大学,公立大学,私立大学 ほか)

(内容)信頼度&実績No.1。駿台偏差値の学科系統別ランキング表を掲載。全728校の最新「入試情報&トピックス」を徹底網羅。「'06年度入試」は新学習指導要領に対応し、大きく変更。発表済み約350校の'06年度入試実施予定を完全収録。

大学選びの決定版!大学受験ガイド 2007年度版 駿河台学園駿台予備学校監修 高橋書店 2006.4 1359p 21cm 2200円 ⓘ4-471-66680-0

(目次)2007年度入試の傾向と対策(目標を定めて万全な試験対策を!、入試の傾向と対策、最新版入試用語の基礎チェック)、全国752校大学ガイド(国立大学,公立大学,私立大学)、巻末資料

(内容)大学入試全体の状況分析、大学選びのポイント、2007年度入試における国公立大学の試験科目情報など、2006年度入試の最新情報を踏まえて解説。

大学選びの決定版!大学受験ガイド 2008年度版 駿台予備学校監修 高橋書店 2007.3 1361p 21cm 2200円 ⓘ978-4-471-67680-3

(目次)2008年度 入試の傾向と対策(入試の傾向と対策、最新版入試用語の基礎チェック)、全国764校大学ガイド(国立大学,公立大学,私立大学)

大学合格マル秘裏ワザ計画表 '96 福井一成著 エール出版社 1995.5 190p 19cm 1200円 ⓘ4-7539-1413-5

(目次)序章 キミの頭が悪いのじゃない!勉強計画の立て方が間違っているのだ、1章 偏差値60からの東大・京大・一流国立大コース、2章 偏差値50からの早大・慶大・一流私立大コース、3章 偏差値40からの明治・青山・有名私立大コース

大学探しランキングブック 2015 大学通信 2014.12 214p 30cm 600円 ⓘ978-4-88486-186-5

(目次)座談会 エキスパートが伝授 自分にあった志望校の選び方、ランキングで見つかる志望大学、高校の進路指導の先生が教える大学の探し方、大学ランキング全一覧

大学受験案内　2004年度用　学習研究社編
　学習研究社　2003.4　1366p　21cm　2200円
　ⓘ4-05-301440-9
⊕目次⊕2004年入試展望（2004年入試はこう行われる!!，センター試験7科目負担で個別試験はさらに多様化，センター試験利用の私立大は363大学に!，AO入試実施校急増で選抜方法はさらに多彩に），大学案内編（国立大学，公立大学，私立大学）
⊕内容⊕全大学の学部・学科の特色＆難易ランクを表覧。大学別に，入試情報から就職・転編入学までを網羅。センター試験5教科7科目を課す国立大が続々。'04年入試の動向と合格のポイント。

大学受験案内　2006年度用　学習研究社
　2005.4　1372p　21cm　2200円　ⓘ4-05-301954-0
⊕目次⊕2006年入試展望 2006年入試はこう行われる!―センター7科目必須で国公立大ブームも一段落!?（国公立大入試，センター試験 ほか），大学受験Step up情報'06（日本で開校しているアメリカの大学案内，センター試験を利用する私立大が急増），入試資料編（2005年度全国公私立大学入試競争率一覧，2005年度公・私立大学学校納付金一覧），折り込み資料 学科・系統別合格難易ランク（国公立大，私立大）
⊕内容⊕2005年入試に学生募集した全国の大学すべてを掲載。全大学を国立・公立・私立別に，さらに北から南へ都道府県別に，かつ都道府県別では原則として50音順に紹介。

大学受験案内　違いがズバリわかる　2007年度用　学習研究社編　学習研究社　2006.4　1389p　21cm　2200円　ⓘ4-05-302231-2
⊕目次⊕2007年入試展望（分析!2007年度入試受験生はこう動く―"全入"直前入試の動向と受験のポイント，2007年度入試の仕組みとポイント），入試資料編（2006年度公・私立大学学校納付金一覧，2006年度全国公私立大学入試競争率一覧），大学受験Step up情報'07（センター試験の英語で「リスニング」がスタート，日本で開校しているアメリカの大学案内，センター試験を利用する私立大が増加）
⊕内容⊕2006年入試に学生募集した全国の大学すべてを掲載。全大学を国立・公立・私立別に，さらに北から南へ都道府県別に，かつ都道府県別では原則として50音順に紹介。

大学受験案内　2010年度用　学研責任編集
　学習研究社　2009.3　1507p　21cm　2200円

ⓘ978-4-05-302915-7　Ⓝ376.8
⊕目次⊕カラー 受験生応援メッセージ（大西泰斗先生，本仮屋ユイカさん），50音順全大学目次，入試展望 2009年度入試の分析と2010年度入試の予測―大学入試の今とこれから（大学入試の仕組みと受験のポイント），入試資料編（2009年度公・私立大学学校納付金一覧，全国大学入試競争率一覧 ほか），学科・系統別合格難易ランク（国公立大学編Part1 文・人文，社会・国際，法・政治，経済・経営・商，公公立大学編Part2 教員養成，総合科学課程 ほか）
⊕内容⊕全大学の学部・学科の特色＆入試情報が詳しい!就職・入試競争率・学費・オープンキャンパスなどデータ満載。AO入試・センター試験など入試制度のポイントがわかる!

大学受験案内　2011年度用　学研責任編集
　学研教育出版，学研マーケティング（発売）　2010.3　1523p　21cm　〈2010年度用までの出版者：学習研究社〉　2200円　ⓘ978-4-05-303152-5　Ⓝ376.8
⊕目次⊕カラー 受験生応援メッセージ（金田一秀穂先生，寺島咲さん），分析記事（2010年度入試の分析と2011年度入試の予測―大学入試の今とこれから，大学入試の仕組みと受験のポイント），入試資料編（2010年度公・私立大学学校納付金一覧，全国大学入試競争率一覧 ほか），折り込み資料 学科・系統別合格難易ランク（国公立大学編Part1 文・人文，社会・国際，法・政治，総合科学課程，国公立大学編Part2 経済・経営・商，教員養成 ほか）
⊕内容⊕全大学の学部・学科の特色＆入試情報が詳しい。就職・入試競争率・学費・オープンキャンパスなどデータ満載。

大学受験案内　2012年度用　学研責任編集
　学研教育出版，学研マーケティング（発売）　2011.3　1531p　21cm　2300円　ⓘ978-4-05-303316-1
⊕目次⊕分析記事（就職氷河期に挑む大学―大学におけるキャリア支援の現状，大学入試の仕組みと受験のポイント），入試資料編（2011年度公・私立大学学校納付金一覧，全国大学入試競争率一覧，2011年度入試難易予想ランキング一覧）
⊕内容⊕全大学の学部・学科の特色＆入試情報が詳しい。就職・入試競争率・学費・オープンキャンパスなどデータ満載。

大学受験案内　2013年度用　学研教育出版編　学研教育出版，学研マーケティング（発売）　2012.4　1544p　21cm　2300円

ⓝ978-4-05-303588-2

㋱受験生応援メッセージ（増沢隆太氏，春香クリスティーンさん），50音順全大学目次，大学News「国際化」の波に立ち向かう大学―社会の求めに応じる大学たち，大学入試の仕組みと受験のポイント，入試資料編

㋱全大学の学部・学科の特色＆入試情報が詳しい。就職・入試競争率・学費・オープンキャンパスなどデータ満載。

大学受験案内　2014年度用　学研教育出版編　学研教育出版，学研マーケティング（発売）　2013.4　1548p　21cm　2400円
ⓝ978-4-05-303861-6

㋱2013年度入試で学生募集した全国の国立・公立・私立の大学すべてを掲載。全大学の学部・学科の特色＆入試情報が詳しい。就職・入試競争率・学費・オープンキャンパスなどデータ満載。折り込み式の学科・系統別合格難易ランク表付き。

大学受験案内　2015年度用　晶文社学校案内編集部編　晶文社　2014.3　1595p　21cm　2400円　ⓝ978-4-7949-9795-1

㋱志望大学の難易度を見る，（'14年度私立大学入試難易ランキング表（付：文部科学省所管外大学校），'14年度国公立大学入試難易ランキング表），大学案内・願書を請求する（国公立大学の資料請求番号一覧，私立大学の資料請求番号一覧），特集 就職，各種制度，入試の仕組みを知る（特集：時代のキーワードから考える大学選び，学生生活を力強く支えてくれる奨学金制度 ほか），全国大学案内（私立大学，国立大学，公立大学，その他の大学）

大学受験ガイド　大学選びの決定版！2010年度版　特集：駿台が徹底分析！選び方から合格まで　駿河台学園駿台予備学校監修　高橋書店　2009.3　1359p　21cm　〈索引あり〉　2200円　ⓝ978-4-471-69680-1　ⓝ376.8

㋱巻頭特集 大学受験の最新事情を知る！2010年度入試の傾向と対策，最強の味方になる！保護者のための受験ガイド，最新版入試用語の基礎チェック，本書の使い方，国立大学，公立大学，私立大学，巻末資料

㋱駿台が徹底分析，選び方から合格まで。

大学進学・就活進路図鑑　2010　石渡嶺司著　光文社　2009.3　763p　19cm　〈他言語標目：The college selection　文献あり〉

1700円　ⓝ978-4-334-93459-0　ⓝ376.8

㋱マスコミ―本当にマスコミ業界に強いのはマスコミ系学部にあらず，公務員―同じ偏差値でもやっぱり「東京大」ブランドが物いう業界，司法―法科大学院制度で，ささやかれる4つの「やっぱり」，教師・教育―「学校の先生」がまったく足りないため，売り手市場，福祉・心理―これから伸びる業界だが，労働環境は過酷，観光・航空―実は観光系学部じゃない学部卒のほうが有利な業界？，金融―旧態依然？入社も出世も偏差値ランキングどおりの業界体質，IT・情報―IT・情報業界を目指すなら情報系学部…というウソ，エンジニア―不人気だがじつはお勧めの理工系学部→エンジニアへの道，医師・歯科医師―命を預かる仕事だが，人手不足で現場の医師は過労気味〔ほか〕

㋱延べ1200校を取材。700大学のナマ情報・裏話を2500本＆職業情報・業界情報を550項目掲載。主要16業界の「職場の実情」「受験モデルプラン」，200職種の年収を徹底解説。仕事・業界のことがよくわかる参考図書・マンガを700冊紹介。

大学転部・編入ガイド　第2版　中央ゼミナール編　東京図書　1994.11　174p　21cm　2000円　ⓝ4-489-00461-3

㋱第1部 転部編入の現状，第2部 資料編，第3部 合格体験記

㋱転部・編入の現状は…。受験生必携のガイドブック。

大学入試小論文問題集 全4巻　2007年度　河合出版編集部編　河合出版　2007.10　332,333,267p　26cm　（河合塾シリーズ）〈付属資料：CD-ROM1〉　19000円　ⓝ978-4-7772-0585-1

㋱1 人文系／教育系／芸術・その他の学系，2 社会・社会福祉・国際学系／法・政治学系／経済・経営・商学系／総合・環境・人間・情報学系／家政・生活科学系，3 工学系／理学系／医・歯・薬／保健学系／農・林・水産・畜産・獣医学系，4 入試問題概要CD-ROM（12センチCD-ROM1枚）

大学入試データの解析　理論と応用　柳井晴夫，前川真一編　（京都）現代数学社　1999.12　267p　26cm　3800円　ⓝ4-7687-0259-7

㋱第1部 大学志願者・入学者に関する分析（大学進学移動における都道府県の関連，高校・大学進学マトリックスの分析 ほか），第2部 入学者選抜資料の分析（合否入れ替わり率，合計

点への寄与について ほか)，第3部 入試成績と入学諸資料の関連分析(福岡大学医学部におけるMCAT(Skills Analysis)入試データの分析，高知医科大学適性検査問題の分析 ほか)，第4部 これからの入試(試験の識別性能向上と技術革新のためのデータ解析システム，大学入試データ解析システム ほか)

(内容)本書は，平成7，8，9年度に実施した文部省研究費補助金による基盤研究(A)「多変量分析の利用により大学入試データ解析システムの開発」の研究成果をまとめたものである。

大学入試要項 受験校を決める! 国公私立大 2010年度用 学研教育出版，学研マーケティング(発売) 2009.10 504p 21cm 〈2009年度用までの出版者:学習研究社〉 2600円 ①978-4-05-303059-7 ⓃD376.8

(目次)総力特集 2010年度どうなる!大学入試(キーワードは「定員割れ」「二極化」「不況下」，2010年度大学入試センター試験の出題教科＆科目，出願から入試本番までの必要事項を総チェック!!受験の準備マニュアル，速報!2010年度開設予定大学等認可申請・届出一覧，特別企画 併願に役立つ／書き込み欄つきダイアリー式―2010年全大学入試スケジュール)，2010年度一般入試要項＆大学別合格情報編(国立大学，公立大学，放送大学，文部科学省所管外学校，私立大学)，入試資料(2010年度国立大学・推薦入試要項一覧)

(内容)全国立大学と主要公私立大学の募集要項＆ファイナル合格情報。

大学文系・理系学科案内 図解で学科、比較表で大学を選べる 2005年度用 学研編 学習研究社 2004.7 1113p 21cm 2400円 ①4-05-301846-3

(目次)人文科学系統，社会科学系統，理学系統，工学系統，農学系統，医療・保健系統，家政・生活科学系統，教育系統，芸術系統，教養・総合科学系統／その他

(内容)全学科を系統別に完全収録。2004年度入試で学生募集した国公私立大学の学科と，編集部アンケートで6月末日までに判明した，2005年度に新たに募集を開始する予定の学科(申請中のもの)も掲載。文系や理系の学科を志望するならどこの大学がいいかを，学部・学科の内容や就職・入試科目などを比較して選ぶためのハンドブック。

大学編入・転部ガイド 2001年度版 中央ゼミナール編 東京図書 2000.11 244p 21cm 2000円 ①4-489-00610-1

(目次)1 編入・転部の現状と対策(編入試験の概要，編入試験 実践編，編入試験の勉強方法，転部・転籍制度で学内編入する)，2 合格体験記，3 資料編

(内容)本当に行きたかった大学へもう一度チャレンジ!社会人・専門士にも道が開かれた!偏差値の常識をくつがえす編入試験。大学・短大から浪人・留年せずに大学3年次へ。センター試験なしで国立大学が併願できる。看護医療系大学編入の実施状況も網羅。医学部学士編入の実施状況もキャッチ。

入試突破!!医系小論文・面接ハンドブックQ&A 大野茂著 開拓社 2003.2 150p 26cm 1600円 ①4-7589-3536-X

(目次)第1章 医系小論文重要事項Q&A(医系小論文とは何か。医療倫理とは何か。患者―医師関係とは何か。インフォームド・コンセントとは何か。ほか)，第2章 医系面接Q&A(医系面接で気をつけることは何か。医師になりたい理由についてどのように答えればよいか。受験校の志望理由にどのように答えればよいか。受験校の印象についてどのように答えればよいか。ほか)，第3章 関連問題と答案例

(内容)本書は，医系小論文の重要事項と面接試験の対策についてQ&A形式でまとめたものである。

入試突破!!看護・医療・福祉系小論文・面接ハンドブックQ&A 大野茂著 開拓社 2005.11 143p 26cm (アルファプラス) 1600円 ①4-7589-3534-3

(目次)第1章 看護・医療・福祉系小論文重要事項Q&A(看護・医療・福祉系小論文とは何か。医療倫理とは何か。患者‐医療者関係，クライアント―福祉関係とは何か。ほか)，第2章 看護・医療・福祉系面接Q&A(看護・医療・福祉系面接で気をつけることは何か。医療者・福祉者になりたい理由についてどのように答えればよいか。受験校の志望理由にどのように答えればよいか。ほか)，第3章 関連問題と答案例(二つの対立する意見，患者の痛みが分かる医療，患者と医療従事者の関係 ほか)

(内容)本書はQ&A形式で，看護・医療・福祉系小論文の重要事項と面接試験の対策についてまとめた。

学ぶ 社会人がめざす大学ガイド 2004年版 工藤美知尋編著 三修社 2003.4 306p 21cm 2300円 ①4-384-02145-3

〖目次〗第1章 大学をめざすための基礎知識(社会人よ,大学をめざそう,社会人入試の実際),第2章 試験の傾向と対策(「志望理由書」の書き方,英語の傾向と対策,小論文の傾向と対策,面接の傾向と対策),第3章 社会人入試体験談集(知識不足を痛感して,社会福祉が学びたくて,社会人大学生として大学を考える,社会人入試で合格して,苦闘と,そして希望と),第4章 全国大学データ

〖内容〗全国416大学の社会人入試データ。社会人入試とはどんな制度なのか?試験対策はどうすればいいのか?どの大学で実施しているのか?社会人入試で抜群の合格率を誇る青山IGC学院学院長が,すべての疑問に答える。

PASS IN 東京圏私立大学案内 '91年度版 パス・イン編集室編 弓立社 1990.4 350p 21cm 1300円 ⓣ4-89667-062-0

〖目次〗学部・学科系別ガイド, Informations and columns, 早・慶・明・中のキャンパスライフ, 偏差値のマジック, 就職状況と大学選び, ダークサイド・オブ・ユニバーシティー, キャンパス・レポート'91, 入試試験の裏ワザ, 転部試験は甘くない!?, ネーミングにだまされるな, 受験難易度一覧, 入試競争率一覧, 学費一覧, 入試科目一覧

〖内容〗'88年創刊以来大好評の「PASS」を改称。最新のデータをもとにさらに詳しく使いやすく,一段とグレードアップ。東京・神奈川・千葉・埼玉の全私大142校,独自のセクション化で徹底紹介。受験テクから人気教授,サークル活動,男女交際,就職状況まで,在校生アンケートで集めた学生のナマの声で描かれるキャンパスライフの真実。河合塾の提供により'91年度用最新受験難易度表を完備。

PASS IN 東京圏私立大学案内 '92年度版 パス・イン編集室編 弓立社 1991.4 349p 21cm 1300円 ⓣ4-89667-164-3

〖内容〗東京・神奈川・千葉・埼玉の全私大143校,独自のセクション化で徹底紹介。受験テクから人気教授,サークル活動,男女交際,就職状況まで,在校生アンケートで集めた学生のナマの声で描かれるキャンパスライフの真実。「大学のロケーションがひと目でわかる」キャンパスマップ,エリアマップ。「入試競争率一覧」「学費一覧」「学部・学科系別ガイド」等,役立ち情報満載の入試データバンク。河合塾の提供により'92年度用最新受験難易度表を完備。

PASS IN 東京圏私立大学案内 '93年度版 パス・イン編集室編 弓立社 1992.4 352p 21cm 1400円 ⓣ4-89667-262-3

〖内容〗東京・神奈川・千葉・埼玉の全私大145校,独自のセクション化で徹底紹介。受験テクから人気教授,サークル活動,男女交際,就職状況まで,在校生アンケートで集めた学生のナマの声で描かれる真実のキャンパスライフ。「大学のロケーションがひと目でわかる」キャンパスマップ,エリアマップ。「大学選びのA to Z」「この大学が知りたい!」「早・慶・明・法のキャンパスライフ」「大東亜帝国の真実」等のキャンパス全方位情報のコラム群。「入試競争率一覧」「学費一覧」「学部・学科系別ガイド」等,役立ち情報満載の巻末データバンク。駿台予備校の提供により'93年度用最新大学入試ランキングを完備。

大学院

<ハンドブック>

外国人留学生のための大学院入学案内 2001-2002 アジア学生文化協会編 同文舘出版 2001.2 15,824p 26cm 〈本文:日英両文〉 3800円 ⓣ4-495-97417-3 Ⓝ377.035

〖内容〗外国人留学生を対象とした大学院のガイドブック。修士課程,博士課程の入試日程,試験科目等にまとを絞って編集した,2001年~2002年度受験を目指す留学生のための改訂版。

外国人留学生のための大学院入学案内 2007-2008年度版 アジア学生文化協会編 同文舘出版 2006.12 350p 26cm 3500円 ⓣ4-495-97419-X

〖目次〗国立大学,公立大学,私立大学

〖内容〗修士課程(博士前期課程),博士課程(博士後期課程),研究生の入学選考に関して詳しく紹介し,出願期間,試験科目,試験日,合格発表,前回までの試験問題の公開・非公開を掲載。巻頭に「専攻別索引」を載せた。

大学院受験案内 2011年度用 晶文社学校案内編集部編 晶文社 2010.4 527p 21cm 〈索引あり〉 2800円 ⓣ978-4-7949-9668-8 Ⓝ376.8

〖目次〗大学院に関する基礎知識,自分に合う大学院の選び方,大学院入試はどのように進められるか,合格をつかむための入試対策,社会人のキャリアアップに資格を取れる大学院,私立大学大学院,国立大学大学院,公立大学大学院,専門職大学院,通信制大学院

大学院受験案内　2013年度用　晶文社学校案内編集部編　晶文社　2012.4　574p　21cm　2800円　①978-4-7949-9670-1

(目次)大学院に関する基礎知識，自分に合う大学院の選び方，大学院入試はどのように進められるか，合格をつかむための入試対策，社会人のキャリアアップに資格を取れる大学院，私立大学大学院，国立大学大学院，公立大学大学院，専門職大学院，通信制大学院

(内容)619大学院1875研究科，全研究科の募集内容がよくわかる。大学院選びの決定版。

(内容)大学院がまるごとわかる解説記事を新掲載!大学院入試はどのように進められるか，合格をつかむための入試対策，社会人のキャリアアップに資格を取れる大学院。全国の601大学院1808研究科を徹底紹介。

博士号のとり方　学生と指導教官のための実践ハンドブック　エステール・M.フィリップス，デレック・S.ピュー著，角谷快彦訳　(新潟)出版サポート大樹舎　2010.1　310p　21cm　〈文献あり　原書名：How to get a PhD. 4th edition〉　2600円　①978-4-9904555-0-7　Ⓝ377.233

(目次)博士課程の学生になる，博士課程に入る，博士学位の本質，博士号をとらない方法，研究の仕方，博士論文の型，博士課程のプロセス，指導教官との付き合い方，英国系・白人・男性・フルタイム・異性愛者が圧倒的多数を占めるアカデミック環境で生き残る方法，審査制度，指導と審査の仕方，研究機関の責務

(内容)博士号の要件とは何か。そして審査はどうするか。指導教官と学生との関係：指導教官は学生に何を期待し，学生は指導教官に何を期待するのか。研究の孤独，キャンパスにおけるハラスメントへの対処法増え続ける留学生，社会人学生へのサポートの仕方…答えはすべてここに一。

理工系のための大学院の歩き方　東京図書編集部編　東京図書　1993.5　228p　21cm　2000円　①4-489-00412-5

(目次)1 理工系のための大学院進学ガイド，2 失敗しない大学院の選び方・決め方，3 理工系大学院《必勝》合格マニュアル

私塾

<ハンドブック>

合格は塾選びで決まる！　2000〜2001年版　学研編　学習研究社　2000.1　212p　26cm　950円　①4-05-300812-3

(目次)第1部 塾選びのマル得役立ち情報（知っておきたい塾選びのＡ・Ｂ・Ｃ，今なぜ個別指導塾がハヤリなの?，これが中小規模塾のイイトコロ ほか），第2部 有名中学・高校に近い塾はココだ!（有名中学に近い塾はココだ!!―"有名中学102校"合格実績ランキング，有名高校に近い塾はココだ!!―"有名高校166校"合格実績ランキング），第3部 沿線別・首都圏塾ガイド，第4部 家庭教師選びのマル得役立ち情報（『頼れる家庭教師』選びのＡ・Ｂ・Ｃ―お子さんと家庭教師の相性診断チェックテスト，家庭教師選びの「?」ソク解決のＱ＆Ａ集―首都圏『家庭教師センター』ガイド）

首都圏版　学習塾ガイド　'92-'93　タンクス出版局編　造形社　1992.4　240p　26cm　950円　①4-88172-034-1

(目次)学習塾タイプ別解説，目的に合った学習塾選び，小，中学校週5日制へ，費用の目安，困ったときの学習相談，書店で購入できる教育関連図書，完全比較学習塾一覧

四谷大塚完全ガイド　96年度版　声の教育社　1995.11　1冊　19cm　1500円　①4-7715-2393-2

(目次)序章 四谷大塚のめざすもの，第1章 四谷大塚のシステム―学力開発の三年間，第2章 四谷大塚のカリキュラムと教材，第3章 四谷大塚の「合格する学習」，第4章 四谷大塚の学習相談システム，第5章 一〜三年生のための知能教育システム

フリースクール

<ハンドブック>

学校が合わないときの居場所探し　不登校からのフリースクールガイド　2000〜2001年版　学研編　学習研究社　2000.2　159p　21cm　(もうひとつの進路シリーズ)　1200円　①4-05-300811-5　Ⓝ376.8

(目次)レールは一本じゃない いっぱいあって，そこから好きな道を選べばいい，新しい「学びの場」を先取りするフリースクール，フリース

フリースクール　　　　　受験・進学

クールってどんなとこ?，知りたい!フリースクールQ&A，本書を読んで，理解しやすくなるために―聞きなれない用語解説，フリースクールの学費 いくらかかるの?，きみの勉学と人生のつよ～い味方―サポート校って何をしてくれるところ?，学園HOTニュース，フリースクール生100人に聞きました!―将来の夢は石油王!?，不登校からの成功体験，スクールを訪ねてみたら…，全国フリースクール一覧

(内容)不登校児のための全国のフリースクールガイド。フリースクールについての紹介やQ&A，学校及び公的機関をのぞいた全国の民間団体や市民グループを中心にした約630のスクールを地域別に分類し，各校の所在地，対象，教育方針・特色などを掲載した「全国フリースクール一覧」などを収録。

小中学生・不登校生のためのフリースクールガイド 全国版　オクムラ書店編集部編

オクムラ書店　1999.12　278p　21cm　2000円　①4-900320-45-5

(目次)第1章 ○○ってなあに―分類別解説，第2章 フリースクールへ行ってみたら―事例報告，第3章 主に子ども対象の施設・団体(北海道・東北編，関東(東京を除く)編，東京編，北陸・信越・東海編，近畿編，中国・四国・九州編)，第4章 主に親・親子対象の施設・団体

(内容)全国の不登校に関連する公的施設・学校・民間施設・団体などへのアンケート調査を基にして編集したもの。第1章では，これらの学校などは，活動内容・対象によって分類し，各々の分類名称についての説明をする。第2章では，子ども達がそこへ行ってみることで，どのように変わったか，の現場からの報告。第3章・第4章ではアンケート調査を基にした学校(等)の紹介を都道府県順に掲載した。

小中学生・不登校生のためのフリースクールガイド 全国版　第2版　日本フリースクール協会編集協力，オクムラ書店編

オクムラ書店　2002.2　310p　21cm　2000円　①4-900320-15-3　Ⓝ370.35

(目次)第1章 ○○ってなあに―分類別解説，第2章 フリースクールへ行ってみたら―事例報告，第3章 主に子ども対象の施設・団体(北海道・東北編，関東(東京を除く)編，東京編，北陸・信越・東海編，近畿編，中国・四国・九州編)，第4章 主に親・親子対象の施設・団体

(内容)フリースクールのガイドブック。全国の不登校に関連する公的施設・学校・民間施設・団体等約500カ所の情報を紹介する。全国6地方に区分し都道府県別に排列，各施設について，適応指導教室・フリースクール等の分類，対象，人数，開設日，特色や理念，設置コースや活動内容，応募方法等の情報を，アンケート調査結果をもとにまとめている。専門家の有無，受講中，学校での出席扱いがどうなるか，の情報も明示。親や親子を対象とした施設の紹介もある。巻頭に各分類名称についての定義とそれぞれの施設の事例を紹介している。

全国フリースクールガイド 小中高・不登校生の居場所探し 2003～2004年版

学びリンク編　りぃふ・しゅっぱん　2003.2　351p　26cm　2500円　①4-947689-67-6

(目次)私が選んだ"居場所"，新しいスクールのここが"魅力"，最新オール解説，聞いてみました"居場所"探しのPoint，新!詳細!スクール案内

(内容)民間のフリースクールならびに技能連携校，サポート校，大検予備校などを収録。それぞれの人に合った居場所や学びの場を見つけられるよう，各スクールの実状をできるだけわかりやすく，詳細に記載。取材調査は2002年8月から2002年12月下旬まで。

全国フリースクールガイド 小中高・不登校生の居場所探し 2004～2005年版

学びリンク，りぃふ・しゅっぱん〔発売〕　2004.2　319p　26cm　2500円　①4-947689-87-0

(目次)自分らしく過ごせる"居場所"(生徒インタビュー1―学校中で一番あたたかい雰囲気の職員室。そこで学んだ人間の深さとは?，生徒インタビュー2―山村留学からフリースクールへ。やっと見つけた自分の"居場所" ほか)，寄稿(生徒寄稿―日本航空学園東京ウイングジュニアクラブ，保護者インタビュー―海外留学で自立した大人になってほしい ほか)，インタビュー(先生インタビュー1―子どもたち一人ひとりに対応できる場所です，先生インタビュー2―混迷の時代だからこそ「医療」「福祉」「生活」のトータルケアで教育に臨みたい ほか)，解説("居場所"や"学びの場"としてのフリースクール，もう一つの学校「サポート校」 ほか)，最新!詳細スクール案内!!(フリースクール，フリースクール一覧 ほか)

(内容)民間のフリースクールならびに技能連携校，サポート校，大検予備校などを収録したスクールガイド。それぞれの人に合った居場所や学びの場を見つけてもらうため，各スクールの実状をできるだけわかりやすく，詳細に紹介。

全国フリースクールガイド 小中高・不登

受験・進学　　　　　　　　　フリースクール

校生の居場所探し　2005〜2006年版
　　学びリンク編集部編　学びリンク　2005.3
　　247p　26cm　2500円　Ⓘ4-902776-06-5
(目次)生徒・保護者・先生・メンタルフレンドインタビュー──きっとある!自分らしくいられる"居場所",特集:「教育特区」で広がる"居場所",今,注目のスクール,解説,最新!詳細!スクール紹介,その他の"居場所"
(内容)フリースクールやサポート校,技能連携校の教育システムや最新の状況を解説。グループインタビューや個別インタビューなどにより,生徒や保護者,スクールの先生などの生の声を集めた。スクールの特色や教育方針,活動内容,どんな子供(人)に向いているかなど,それぞれのスクールを詳細に紹介。

全国フリースクールガイド　小中高・不登校生の居場所探し　2006〜2007年版
　　学びリンク編集部編　学びリンク　2006.3
　　255p　26cm　2500円　Ⓘ4-902776-11-1
(目次)生徒インタビュー,特集 軽度発達障害の子供の居場所,今,注目のスクール,解説,相談窓口リスト,最新!詳細!スクール案内

小中高・不登校生の居場所探し　全国フリースクールガイド　2007〜2008年版
　　学びリンク編集部編　学びリンク　2007.3
　　267p　26cm　2500円　Ⓘ978-4-902776-18-8
(目次)巻頭インタビュー,巻頭特集 高校生年齢の居場所探し,アニマルセラピー,生徒インタビュー,今,注目のスクール,みんなで支える学びの場,特集 軽度発達障害の子供の居場所,解説,相談窓口リスト,最新!詳細!スクール案内
(内容)フリースクールやサポート校,技能連携校の教育システムや最新の状況を解説。グループインタビューや個別インタビューなどにより,生徒や保護者の皆さん,スクールの先生などの生の声を集めた。スクールの特色や教育方針,活動内容,どんな子供(人)に向いているかなど,それぞれのスクールを詳細に案内。

全国フリースクールガイド　小中高・不登校生の居場所探し　2008〜2009年版
　　学びリンク編集部編　学びリンク　2008.3
　　251p　26cm　2500円　Ⓘ978-4-902776-27-0　Ⓝ376.8
(目次)「フリースクール」ってどんなところ?,巻頭インタビュー,クローズアップ!,インタビュー,今,注目のスクール,解説編,相談窓口リスト,最新!詳細!スクール案内

(内容)フリースクール・フリースペース,技能連携校,サポート校,適応指導教室,軽度発達障害の子供の居場所。

全国フリースクールガイド　小中高・不登校生の居場所探し　2009〜2010年版
　　学びリンク編集部編　学びリンク　2009.3
　　267p　26cm　〈索引あり〉　2500円　Ⓘ978-4-902776-37-9　Ⓝ376.8
(目次)「フリースクール」ってどんなところ?,巻頭インタビュー,クローズアップ!,特集 寮生活で元気になれる"フリースクール"―自立で見つけた,ほんとうの自分,インタビュー,解説編,相談窓口リスト,最新!詳細!スクール案内,巻末リスト
(内容)不登校や高校中退,ひきこもり,発達障害などそれぞれの理由で学校から遠ざかってしまった小・中・高生や,学校以外に自分の"居場所"や学びの場を探している人たち,ならびにその保護者のために,"居場所探し"の参考にしてもらうためのガイドブック。民間のフリースクールや技能連携校,サポート校などの実状を紹介する。

全国フリースクールガイド　小中高・不登校生の居場所探し　2010〜2011年版
　　学びリンク　2010.3　279p　26cm　〈索引あり〉　2500円　Ⓘ978-4-902776-46-1　Ⓝ376.8
(目次)巻頭インタビュー,支え合い最前線!,特集 不登校へのさまざまな取り組み,インタビュー,特集 発達障がいの子どもたちの学びの場,解説編,相談窓口リスト,最新!詳細!スクール案内,巻末リスト
(内容)フリースクール,技能連携校,高等専修学校,サポート校,通信制高校。適応指導教室,軽度の発達障がいの子どもの居場所,中退からの再入学の道。

全国フリースクールガイド　小中高・不登校生の居場所探し　2011〜2012年版
　　学びリンク　2011.4　269p　26cm　〈索引あり〉　2500円　Ⓘ978-4-902776-55-3
(目次)きっとある!自分らしくいられる"居場所",巻頭インタビュー,見つけた!私の居場所,特集 不登校生への新たな取り組み,インタビュー,特集 先輩お母さんと専門家が答える,解説編,相談窓口リスト,最新!詳細!スクール案内,巻末リスト

小中高・不登校生の居場所探し　全国フリースクールガイド　2012〜2013年版

学びリンク編集部編　学びリンク　2012.3　245p　26cm　2500円　ⓘ978-4-902776-65-2

㋲巻頭インタビュー，個性を受け入れてくれる居場所，特集1 次のステップがある安心感「中等部」からの高校進学，特集2 発達障がいの子どもにもやさしい居場所，インタビュー，特別座談会 先輩お母さんに聞く発達障がいと進路，解説編，相談窓口リスト，最新！詳細！スクール案内

小中高・不登校生の居場所探し　全国フリースクールガイド　2013〜2014年版
学びリンク　2013.3　291p　26cm　2500円　ⓘ978-4-902776-73-7

㋲特集1 次のステップがある安心感「中等部」からの高校進学，特集2 発達障がいの子どもにもやさしい居場所，特集3 一人ひとりに合わせたさまざまな支援，インタビュー，解説編，相談窓口リスト，最新！詳細！スクール案内，巻末リスト

㋱フリースクール，フリースペース，サポート校，技能連携校等詳細収録。教育支援センター（適応指導教室），親の会，相談窓口など最新一覧も収録。

帰国子女

<ハンドブック>

栄冠めざして　海外帰国生入試編　2005年度版
河合塾国際教育センター海外帰国生教育相談室編　河合出版　2004.6　318p　26cm　3000円　ⓘ4-7772-0107-4

㋲1 大学入試情報，2 学部・学科情報

栄冠めざして　海外帰国生入試編　2014年度版
河合塾海外帰国生コース編　河合出版　2013.6　353p　26cm　3333円　ⓘ978-4-7772-1357-3

㋲1 帰国生入試の概況，2 小論文の傾向と対策，3 2013年度帰国生入試の動向，4 帰国生入試の出願資格・条件，5 2013年度帰国生入試結果，6 2014年度帰国生入試情報（速報・判明分），7 要項配布時期・お問い合わせ先

海外・帰国生のためのスクールガイド　Biblos　2015年度版
JOBAビブロス編集部編　東京学参　2014.7　390p　26cm　3333円　ⓘ978-4-8080-7852-2

㋲1 海外・帰国生中学入試編，2 海外・帰国生高校入試編，3 海外・帰国生大学入試編，4 海外・帰国生小学校編，5 資料編，6 帰国生受け入れ校からのメッセージ

帰国子女のための大学入試データ集　2003年度版
駿台国際教育センター編　アルク　2002.7　271p　26cm　3300円　ⓘ4-7574-0625-8　Ⓝ376.8

㋲入試ガイド（帰国が決まったら，学部・学科選択のポイント，系統別帰国生受入大学学部・学科一覧，2002年度入試小論文テーマ一覧 ほか），データ編

㋱帰国子女対象の大学入試「帰国入試」に関する情報ガイドブック。入試ガイドとデータ編の2部構成。入試ガイドでは，系統別帰国生受入大学一覧と，2002年入試小論文テーマ一覧，2002年度面接試験内容一覧等を掲載。データ編では，国立・公立・私立に区分して，1318学部・学科について，出願資格，2002年度の入試日程・入試科目・入試結果，問い合わせ先等の進学データを一覧表の形で掲載。また2002年度大学学費一覧，大学ホームページ一覧も掲載する。

帰国生大学入試データ集　2002年度版
アルク　2001.7　241p　26cm　2980円　ⓘ4-7574-0342-9

㋲入試ガイド（帰国が決まったら，学部・学科選択のポイント，系統別帰国生受入大学一覧，帰国生受入大学学部・学科一覧 ほか），データ編（国立，文部科学所管外，公立，私立 ほか）

㋱出願資格から試験科目・入試結果まで帰国生の日本の大学への進学情報がこの一冊ですべてわかる。

帰国生大学入試データリサーチ　2001
代々木ゼミナールバイパススクール国際教育センター編　代々木ライブラリー　2000.6　179p　30cm　2000円　ⓘ4-89680-621-2

㋲1 大学入試データ，2「在外認定」卒業者が受験できる大学，3 日本の高校を卒業した帰国生が受験できる大学，4 帰国生入試実施大学・学部・学科一覧，5 帰国生入試実施大学・短大一覧

帰国生入試データ集　進学情報完全収録！'99
駿台国際教育センター編　アルク　1998.6　339p　26cm　3600円　ⓘ4-87234-862-1

㋲入試ガイド 高校編（帰国が決まったら，教育委員会問い合わせ先，1998年度・高校入試「作文テーマ」一覧，寮設備のある高等学校一覧，中学・高校編入学試験情報，1998年度・全国主要高校大学合格状況一覧，在外教育施設一

覧），入試ガイド 大学編（帰国が決まったら，学部・学科選択のポイント，系統別帰国生受入大学一覧帰国生受入大学学部・学科一覧，1998年度・入試小論文テーマ一覧，1998年度・面接試験内容一覧，在外教育施設出身者・単身留学生が帰国生粋で受験できる大学一覧，大学募集要項請求方法），データ 中学編，データ 高校編，データ 大学編

内容 中学143校、高校343校、大学1089学部学科の帰国子女の進学情報を収録したガイド。学校別掲載ページ索引、主要私立中学合格ランキング表、主要私立高校合格ランキング表、1998年度・私立中学・高校学費一覧、1998年度・大学学費一覧付き。

社会と児童・青少年

社会と児童・青少年一般

<事典>

子どもと自然大事典 子どもと自然学会大事典編集委員会編 ルック 2011.2 542p 21cm 〈索引あり〉 5000円 Ⓘ978-4-86121-088-4 Ⓝ460.7

(目次)子どもと自然、その支える人たち，第1部 子どもと生きもの（子どもと昆虫，子どもとほ乳類，子どもといろいろな動物，子どもと植物，子どもと生きもの），第2部 子どもとモノ（子どもと道具，子どもと地球，子どもと宇宙・物質，子どもと自然），第3部 子どもとは（子どもの生活，子どものからだ），第4部 子どもと学校（小学生と自然の学習，中・高・大学生・障害児と自然の学習，自然・自然科学の学習），第5部 子どもと自然、社会（子どもとおとな，子どもと都市・農村，地域活動と子ども，自然，子どもと動物園・博物館など，子どもと科学・文化），子どもと自然学会顧問との対談「子どもと自然、明日に向けて」

(内容)子どもたちが自然とどのように触れ合うべきか…、自然と教育に関わった多くの書き手が，自然，生き物，もの，学校，自然，社会をテーマに贈る。

<法令集>

子どもと法 棚村政行著 日本加除出版 2012.10 373p 21cm 〈他言語標題：CHILDREN AND THE LAW 索引あり〉 3400円 Ⓘ978-4-8178-4022-6 Ⓝ369.4

(目次)現代社会と子どもの人権，子どもの人権の歴史，児童の権利に関する条約，親の離婚と子ども，子の国際的奪い去りとハーグ条約，児童虐待と子どもの保護，子どもの学習権と教育環境，学校事故・いじめ等と子どもの保護，性的搾取と子どもの保護，少年犯罪・非行と子どもの立ち直り，子どものための養子・里親制度，メディアと子どもの人権，生殖補助医療と子どもの権利，「子ども・若者ビジョン」と青少年施策

社会環境

<法令集>

イギリスに学ぶ子どもの貧困解決 日本の「子どもの貧困対策法」にむけて 「なくそう! 子どもの貧困」全国ネットワーク編，岩重佳治，埋橋玲子，フラン・ベネット，中嶋哲彦著 （京都）かもがわ出版 2011.8 122p 19cm 1000円 Ⓘ978-4-7803-0458-9 Ⓝ369.4

(目次)はじめに 市民が法律をつくるということ，第1章 現地調査から学ぶイギリスの子どもの貧困対策，第2章 シュア・スタートとイギリスの乳幼児・家族支援，第3章 イギリスは子どもの貧困にどのように取り組んでいるか，第4章 イギリスの子ども貧困法の教訓と私たちの課題，あとがき 子どもの貧困問題と社会連帯，「過去最悪」の子どもの貧困率と東日本大震災後の課題

<年鑑・白書>

子どもの貧困白書 子どもの貧困白書編集委員会編 明石書店 2009.9 351p 26cm 2800円 Ⓘ978-4-7503-3035-8 Ⓝ369.4

(目次)1 現代日本の子どもの貧困，2 子どもの暮らし・育ちと貧困，3 学費・教育費と奨学金問題，4 テーマで考える子どもの貧困，5 若者の貧困，6 貧困と地域沖縄から，7 外国に学ぶイギリス，8 なくそう!子どもの貧困私たちのとりくみ

(内容)子どもをとりまく貧困の状況と、貧困をなくすための提言を示した資料集。さまざまな立場、いろいろな現場から、執筆者総数105人が解説・提言する。

3・11被災地子ども白書 大橋雄介著 明石書店 2011.12 214p 21cm 1600円 Ⓘ978-4-7503-3515-5

(目次)第1章 調査の概要・目的，第2章 被災地の概況，第3章 被災した子どもたちが置かれた現状，第4章 動き出している支援，第5章 NPO

法人アスイクの取り組み，第6章 総括と今後の課題

大震災と子どもの貧困白書 「なくそう! 子どもの貧困」全国ネットワーク編 （京都） かもがわ出版 2012.3 360p 26cm 3000円 ①978-4-7803-0521-0

目次 第1部 大震災と子どもの貧困（震災があぶり出した子どもの貧困，子どもたち・若者たちから，子ども・家庭への支援，震災と子どもの貧困を考える），第2部 子どもの貧困2011（「過去最悪」子どもの貧困率15.7%，子どもの貧困解決政策へ）

内容 子どもが貧困と隣り合わせで生きる日本の社会。震災は，貧困を生み，貧困をあぶり出し，貧困を深刻にし，そして，貧困を置き去りにします。貧困を放置してきたことが，震災被害を拡大させています。3・11後，子どもたちとともに未来にあゆみだすための第一歩，どんなときにも，どんな子どもたちにも，育ち，学び，暮らすことを保障するセーフティネットを。

◆少子化

＜事 典＞

現代人口辞典 人口学研究会編 原書房 2010.1 391p 21cm 〈索引あり〉 3000円 ①978-4-562-09140-9 Ⓝ334.033

内容 人口学がわかる最新の用語辞典。人口減少，少子化，高齢化など社会の根幹にかかわり，自然科学，社会科学，政治経済が複雑にからみあう人口問題の用語や概念をわかりやすく正確に解説。専門用語やマスコミに頻出する最新用語も収録。

＜年鑑・白書＞

厚生白書 子どもを産み育てることに「夢」を持てる社会を 平成10年版 少子社会を考える 厚生省監修 ぎょうせい 1998.6 498p 30cm 2571円 ①4-324-05481-9

目次 少子社会を考える—子どもを産み育てることに「夢」を持てる社会を（少子社会を考える，人口減少社会の到来と少子化への対応，自律した個人の生き方を尊重し，お互いを支え合える家族，自立した個人が連帯し支え合える地域，多様な生き方と調和する職場や学校，子どもを産み育てることに「夢」を持てる社会を），主な厚生行政の動き（社会保障の構造改革，健康と安全を守る取組み厚生科学・情報化の推進

と国際協力等への取組み，新たな厚生行政の枠組みに向けて），世界の社会保障制度（欧米諸国の社会保障制度，アジア諸国の社会保障制度），制度の概要および基礎統計，付録 事例集

国民生活白書のあらまし 平成4年版 大蔵省印刷局編 大蔵省印刷局 1993.1 56p 18cm （白書のあらまし 21） 280円 ①4-17-351621-5 Ⓝ365.5

目次 第1部 少子化と家族・子供（最近の出生率の動向と少子化の背景，結婚と若者の意識，女性の職場進出と家族の変容，子供への期待と教育，少子化を巡る世界の動き，少子化の進展，その影響と課題），第2部 景気減速下の家計の動向と最近の子供を巡る消費動向（景気減速下の家計の動向，子供を取り巻く消費の動向）

ジェンダー白書 4 女性と少子化 北九州市立男女共同参画センター"ムーブ"編 明石書店 2006.6 352p 21cm （ムーブ叢書） 2000円 ①4-7503-2313-6

目次 総論 少子化と男女共同参画，家族主義政策の帰結としての超低出生率—家族サポート・ネットワーク再編成の失敗，少子化時代における父親の子育て参加促進の方向性，少子化時代の子育て支援の現状と課題—北九州市の保育・子育て支援の現場から，インタビュー 多様な生き方の選択肢「シングル・ファーザー」，「少子化対策」の変遷—九〇年代の少子化対策を検証する，少子化問題と政策—社会保障・税制・労働力供給，少子・高齢社会を主体的に生きる，両立支援と企業の役割—子育て支援から両立支援へ，少子化社会における企業の役割—男女がきらめく企業をめざしたTOTOグループの事例をもとに，忘れられた若者たち—「出産予備軍」無視で進む少子化対策，フロム『カティング・エッジ』 少子化社会克服と男女共同参画，女性と科学・技術—二一世紀少子時代における女性科学・技術者への期待と可能性，インタビュー 仕事と恋愛／仕事と子ども，少子化と男女共同参画センターの役割

少子化社会対策白書 平成25年版 内閣府編 勝美印刷 2013.8 172p 30cm 1800円 ①978-4-906955-16-9 Ⓝ334.31

目次 第1部 少子化対策の現状と課題（少子化の現状，少子化対策の取組），第2部 少子化社会対策の具体的実施状況（子どもの育ちを支え，若者が安心して成長できる社会へ，妊娠，出産，子育ての希望が実現できる社会へ，多様なネットワークで子育て力のある地域社会へ，男性も女性も仕事と生活が調和する社会へ—ワーク・

社会環境　　社会と児童・青少年

ライフ・バランスの実現，東日本大震災の被災地等における子ども・子育てに関する対応）

少子化社会対策白書　平成26年版　内閣府編　日経印刷　2014.7　183p　30cm　1800円　Ⓣ978-4-905427-84-1

(目次)第1部 少子化対策の現状と課題（少子化の現状，少子化対策の取組），第2部 少子化社会対策の具体的実施状況（子どもの育ちを支え，若者が安心して成長できる社会へ，妊娠，出産，子育ての希望が実現できる社会へ，多様なネットワークで子育て力のある地域社会へ，男性も女性も仕事と生活が調和する社会へ（ワーク・ライフ・バランスの実現），東日本大震災の被災地等における子ども・子育てに関する対応）

少子化社会白書　平成16年版　内閣府編　ぎょうせい　2004.12　187p　30cm　1524円　Ⓣ4-324-07567-0

(目次)第1部 少子社会の到来とその影響（少子化の現状はどのようになっているのか，なぜ少子化が進行しているのか，少子化はどのような社会的・経済的影響を及ぼすか，少子化の行方はどうなるのか，少子化社会対策はどのように進展してきたか，少子化の国際比較），第2部 少子化社会対策の具体的実施状況（すべての働きながら子どもを育てている人のために，子育てをしているすべての家庭のために，次世代を育む親となるために）

少子化社会白書　平成17年版　少子化対策の現状と課題　内閣府編　ぎょうせい　2005.12　225p　30cm　1619円　Ⓣ4-324-07820-3

(目次)第1部 少子化対策の現状と課題（少子化の状況，少子化対策に関するこれまでの取組，地方自治体における取組，海外の少子化対策，少子化対策の今後の方向），第2部 少子化社会対策の具体的実施状況（若者の自立とたくましい子どもの育ち，仕事と家庭の両立支援と働き方の見直し，生命の大切さ，家庭の役割等についての理解，子育ての新たな支え合いと連帯）

少子化社会白書　平成18年版　新しい少子化対策の推進　内閣府編　ぎょうせい　2006.12　228p　30cm　1619円　Ⓣ4-324-08105-0

(目次)第1部 新しい少子化対策の推進（少子化の現状，新しい少子化対策の決定，子どもの成長に応じた子育て支援策，働き方の改革，社会全体の意識改革，海外の少子化の動向），第2部 少子化社会対策の具体的実施状況（若者の自立とたくましい子どもの育ち，仕事と家庭の両立支援と働き方の見直し，生命の大切さ，家庭の役割等についての理解，子育ての新たな支え合いと連帯），参考，付録

(内容)最近の少子化の現状について解説し，「新しい少子化対策について」の内容や海外における少子化の動向について紹介するとともに，平成17年度に政府が講じた施策の概況について記述。

少子化社会白書　平成19年版　内閣府編　日経印刷，全国官報販売協同組合〔発売〕　2007.11　206p　30cm　1810円　Ⓣ978-4-9903697-4-3

(目次)第1部 少子化対策の現状と課題（少子化の現状，少子化対策の取組，働き方や子育て支援サービスをめぐる課題，海外の少子化の動向），第2部 平成18年度における少子化社会対策の具体的実施状況（若者の自立とたくましい子どもの育ち，仕事と家庭の両立支援と働き方の見直し，生命の大切さ，家庭の役割等についての理解，子育ての新たな支え合いと連帯）

少子化社会白書　平成20年版　内閣府編　佐伯印刷　2008.4　250p　30cm　1800円　Ⓣ978-4-903729-29-9　Ⓝ334.31

(目次)第1部 少子化対策の現状と課題（少子化の現状，少子化対策の取組，仕事と生活の調和の推進），第2部 平成19年度における少子化社会対策の具体的実施状況（若者の自立とたくましい子どもの育ち，仕事と家庭の両立支援と働き方の見直し，生命の大切さ，家庭の役割等についての理解，子育ての新たな支え合いと連帯），参考，付録

少子化社会白書　平成21年版　内閣府編　佐伯印刷　2009.4　283p　30cm　1800円　Ⓣ978-4-903729-51-0　Ⓝ334.31

(目次)第1部 少子化対策の現状と課題（少子化の現状，少子化対策の取組，仕事と生活の調和の推進），第2部 平成20年度における少子化社会対策の具体的実施状況（若者の自立とたくましい子どもの育ち，仕事と家庭の両立支援と働き方の見直し，生命の大切さ，家庭の役割等についての理解，子育ての新たな支え合いと連帯），参考，付録

図でみる生活白書　平成4年版　少子社会の到来、その影響と対応　経済企画庁国民生活局国民生活調査課編　大蔵省印刷局　1993.4　92p　19cm　650円　Ⓣ4-17-270967-2

世界の厚生労働　海外情勢白書　2004　厚

生労働省編　TKC出版　2004.10　228,30p　30cm　2900円　Ⓘ4-924947-47-4

(目次)特集 諸外国における少子化の動向と次世代育成支援策(フランス，ドイツ，イタリア ほか)，定例報告 2003〜2004年の海外情勢(国際機関による経済及び雇用・失業等の動向と見通し，各国にみる労働施策の概要と最近の動向，各国にみる社会保障施策の概要と最近の動向)，付属統計表(概況，一般経済，労働力，雇用，失業 ほか)

(内容)欧州諸国の少子化の対策分析，子育てと仕事の両立支援などの次世代育成支援策．各国の2003年から2004年初頭にかけての労働・社会保障情勢全般を収録。

<統計集>

少子高齢社会総合統計年報　2002年版　食品流通情報センター編　食品流通情報センター　2001.11　539p　26cm　14800円　Ⓘ4-915776-57-2　Ⓝ358.1

(目次)第1章 人口と世帯に関するデータ，第2章 就業と雇用に関するデータ，第3章 少子・子育てに関するデータ，第4章 消費生活に関するデータ，第5章 高齢期の生活設計に関するデータ，第6章 高齢者福祉に関するデータ

(内容)少子化の影響，子どもを産まない理由，育児支援策への要望，仕事上での女性の悩みなど，「少子高齢社会」に関する最新データを収録した統計集。

少子高齢社会総合統計年報　2006　生活情報センター編集部編　生活情報センター　2006.1　337p　30cm　14800円　Ⓘ4-86126-224-0

(目次)第1章 官庁統計によるデータ(人口動態—厚生労働省「人口動態統計」，余命—厚生労働省「平成16年簡易生命表」 ほか)，第2章 就業と雇用に関するデータ(高齢者雇用—内閣府「高齢者の社会参画に関する政策研究報告書(企業調査編)」，高齢者の就業—厚生労働省「平成16年高年齢者就業実態調査結果の概況」 ほか)，第3章 出産・子育て等に関するデータ(女性の少子化意識—内閣府「少子化社会対策に関する子育て女性の意識調査」，育児環境—厚生労働省「第3回21世紀出生児縦断調査結果の概況」 ほか)，第4章 高齢期の暮らし意識に関するデータ(社会意識—内閣府「社会意識に関する世論調査」(平成17年2月)，高齢者の地域参加—内閣府「高齢者の地域社会への参加に関する意識調査」 ほか)，第5章 福祉・介護に関するデータ(地域保健・老人保健事業—厚生労働省「平成15年度地域保健・老人保健事業報告」，介護サービス施設・事業所—厚生労働省「平成15年介護サービス施設・事業所調査」 ほか)

(内容)「少子高齢社会」に関する最新データを豊富に収録。調査研究・ビジネスに必携の資料集。

少子高齢社会総合統計年報　2012-2013　三冬社　2011.12　338p　30cm　14800円　Ⓘ978-4-904022-76-4

(目次)第1章 官庁統計にみる少子高齢化，第2章 税と社会保障，第3章 若年者と高齢者の生活，第4章 少子化対策，第5章 高齢化対策，第6章 国際比較

(内容)税と社会保障の一体改革が最重要テーマとなったニッポン！財政や生活意識調査までを豊富に収録したデータ集です。

少子高齢社会総合統計年報　2013　三冬社　2012.12　334p　30cm　14800円　Ⓘ978-4-904022-84-9

(目次)第1章 官庁統計にみる少子高齢化(人口推計，世界の人口動態と推計 ほか)，第2章 持続可能な社会(日本の財政，地方の財政 ほか)，第3章 若年者の生活(学生支援，キャリア教育・就職対策 ほか)，第4章 少子化対策(子ども・子育て支援，子ども・子育てビジョン ほか)，第5章 高齢化対策(高齢者の人口，高齢者の就業 ほか)

(内容)持続可能な社会！世界が注目する日本の政策とグランド・デザインを考えるための豊富な統計データを収録。

少子高齢社会総合統計年報　2014　三冬社　2013.12　342p　30cm　14800円　Ⓘ978-4-904022-92-4

(目次)第1章 官庁統計にみる少子高齢化(日本の人口—縄文〜2011年，日本の将来人口予測 ほか)，第2章 少子高齢化と地域経済(都道府県別・人口動態・世帯，都道府県別・将来推計人口 ほか)，第3章 税と社会保障(日本の経済，税と税収 ほか)，第4章 若年者の生活と少子化対策(若者の労働・就業状況，新卒者の就職動向 ほか)，第5章 高齢者の生活と高齢化対策(高齢者の人口と高齢者のいる世帯の状況，高齢者の就業 ほか)，第6章 国際比較(世界の人口動態，日本と主要国の国民所得・貯蓄率 ほか)

(内容)少子化と高齢化が進む日本！年金・医療など社会保障，労働や税負担までを含む日本の生活者を読み解くためのデータ集。

少子高齢社会総合統計年報　2015　三冬社

2014.12 336p 30cm 14800円 Ⓘ978-4-86563-001-5

(目次)第1章 官庁統計にみる少子高齢化，第2章 地域経済と少子高齢化，第3章 国の財政と国民生活，第4章 若者の生活と少子化対策，第5章 高齢者の生活と高齢化対策，第6章 国際比較

(内容)産業構造の変化で国民負担率が増えても税収が増えない日本。子どもたちの未来と地域社会の姿を読み解くためのデータ集。

人口問題研究 第53巻第4号（1997年） 国立社会保障・人口問題研究所編 厚生統計協会 1998.7 88p 26cm 2000円 Ⓘ4-87511-113-4

(目次)特集 家族政策及び労働政策が出生率及び人口に及ぼす影響に関する研究 その1（「少子化」に関するわが国の研究動向と政策的研究課題，少子化現象と居住コスト ほか），研究ノート—安定人口における姉妹数，書評・紹介（Andrei Rogers,Multiregional Demography：Principles, Methods and Extensions,Cherlyn Skromme Granrose and Eileen E.Kaplan,Work‐Family Role Choices for Women in Their 20s and 3Os：From College Plans to Life Experiences），研究活動報告（国際人口移動政策に関するミニコンファレンス，第75回〜77回人口問題審議会総会 ほか）

人口問題研究 第54巻第1号 1998年 国立社会保障・人口問題研究所編 厚生統計協会 1998.11 128p 26cm 2000円 Ⓘ4-87511-118-5

(目次)特集（第2回厚生政策セミナー「少子化時代を考える」，家族政策及び労働政策が出生率及び人口に及ぼす影響に関する研究 その2），書評・紹介，新刊紹介，研究活動報告

◆子どもの人権

<事典>

子どもの人権大辞典 市川昭午，永井憲一監修，子どもの人権刊行委員会編集責任 エムティ出版 1997.9 949p 23cm Ⓘ4-89614-702-2 Ⓝ369.4

<名簿・人名事典>

子どもの権利ネットワーキング '97 子どもの権利に関わるグループ・団体ガイド クレヨンハウス『子どもの権利ネットワーキング』事務局制作 クレヨンハウス 1996.11 432p 21×14cm 2800円 Ⓘ4-906379-68-0

(目次)地域別グループ紹介（北海道・東北，関東，東京，北陸・信越・東海，近畿，中国・四国，九州・沖縄），不登校・いじめホームページ，子どもの権利条約ホームページ

<ハンドブック>

教育判例ガイド 浪本勝年，箱田英子，岩崎政孝，吉岡睦子，船木正文著 有斐閣 2001.6 292p 21cm 2900円 Ⓘ4-641-01861-8

(目次)第1部 学習への権利（教育内容と学習への権利），第2部 子どもの人権（自己決定権）（信教・思想の自由，子どもの自己決定権，教育情報とプライバシーの権利，体罰と懲戒，いじめ），第3部 教育環境（ハンディキャップを持つ子どもの権利，スクール・セクシュアル・ハラスメント，学校事故，地域の教育活動と子どもの事故）

(内容)豊かな教育環境をつくるにはどうするか。研究者と弁護士の共同作業で，判例からその指針をひきだす。

子どもの権利ガイドブック 日本弁護士連合会編著 明石書店 2006.6 666p 21cm 3600円 Ⓘ4-7503-2346-2

(目次)総論 子どもの権利に関する基本的な考え方，各論（いじめ，教師の体罰・暴力等，校則，学校における懲戒処分，原級留置（いわゆる「落第」），不登校，学校事故（学校災害），教育情報の公開・開示，障害のある子どもの権利—学校生活をめぐって ほか），資料

「こどもの権利条約」絵事典 木附千晶，福田雅章文，森野さかな絵 PHP研究所 2005.4 79p 29×22cm 2800円 Ⓘ4-569-68537-4

(目次)愛される権利—こどもの基本的権利（"自分らしく思いやりのあるおとな"になる権利（成長発達権6条），呼びかけ向き合ってもらう権利（意見表明権12条）ほか），自分らしく元気に大きくなる権利—成長発達するためのいろいろな権利（遊んだりのんびりしたりする権利（休息・遊び・文化的活動への権利31条），自分の力をのばす権利（教育への権利28条・29条）ほか），社会の中で大きくなる権利—市民的自由（秘密を持つ権利（プライバシーの権利16条），自由に考えたり行動したりする権利（思想・信条・表現の自由13条〜15条）ほか），特別な助けを求める権利—特別なニーズを必要としているこどもの権利

（障害を持ったこどもの権利（障害を持ったこどもの権利23条），悪いことをしてしまったこどもの権利（少年司法37条・39条・40条）ほか），こどもの権利をいかすために（助けを求める権利（自分の権利を使おう！とくに12条・19条・39条），おとながやらなければならないこと（おとなの役割と責務とくに5条・12条・18条）ほか）

人権相談ハンドブック 暮らしに役立つQ&A ニューメディア人権機構編 （大阪）ニューメディア人権機構，（大阪）解放出版社〔発売〕 2003.11 590p 19cm 〈付属資料：別冊1〉 5000円 ⓘ4-7592-6079-X

(目次)1 部落問題，2 多民族共生，3 障害者，4 高齢者，5 子ども，6 ジェンダー，7 性，8 暮らしと生活

(内容)現場主義が貫かれた実践的・総合的な人権相談Q&A。国際的な人権潮流をふまえた問題解決への実践ハンドブック。

生徒の権利 学校生活の自由と権利のためのハンドブック アメリカ自由人権協会著，THE RIGHTS OF STUDENTS和訳会訳，青木宏治，川口彰義監訳 教育史料出版会 1990.11 230p 21×14cm 1751円 ⓘ4-87652-191-3

(目次)第1章 無償で公教育を受ける権利，第2章 修正第1条の諸権利，第3章 個人の外見，第4章 懲戒と適正手続，第5章 法の執行と捜索活動，第6章 体罰，第7章 能力別クラス編成と能力テスト，第8章 障害をもつ生徒，第9章 性による差別，第10章 結婚，妊娠，子どもをもつこと，第11章 生徒記録，第12章 成績と卒業認定，第13章 私立学校

(内容)本書は，アメリカの生徒が現行法のもとでもつ権利とその保護の方策とについて述べたハンドブックであり，アメリカ自由人権協会（ACLU）との協力のもとで出版されているハンドブック・シリーズの一冊である。

ハンドブック 子どもの権利条約 中野光，小笠毅編著 岩波書店 1996.5 211,53p 18cm （岩波ジュニア新書） 720円 ⓘ4-00-500270-6

(内容)史上もっとも多くの国が批准し，画期的な意義をもつ「全世界の子どものための大憲章」。子どもの権利を確立し，大人の社会をも変えていくために，この条約をいかしていく主人公は，みなさん自身です。条約の内容と精神を条文ごとにやさしく解説，一冊でまるごとわかる便利なハンドブック。正文（英語）とその対訳付。

ハンドブック 子どもの人権オンブズパーソン 川西市子どもの人権オンブズパーソン事務局編 明石書店 2001.3 349p 19cm 2800円 ⓘ4-7503-1391-2

(目次)第1部 川西市子どもの人権オンブズパーソン条例の第一年次運営に関する報告（概論—第一年次における条例運営の概況，各論，提言，相談・調整活動に携わっての概括），第2部 座談会・子どもオンブズ活動の一年余を振り返って（座談会・子どもオンブズ活動の一年余を振り返って），第3部 川西市子どもの人権オンブズパーソン条例の解釈と運用（総則，オンブズパーソンの設置等，救済の申立および処理等，補則）

(内容)本書は，川西市におけるオンブズパーソンとそれを助ける調査相談専門員の活動，それを支える事務局や行政のありようを紹介する。子どものことを考える自治体や人々に参考となるものを多く含んでいる。

<法令集>

基本的な人権六法 あの人もこの人も大切，そんな私が素敵！ 吉峯啓晴編著 三五館 1995.5 245p 19cm 1500円 ⓘ4-88320-044-2

(目次)1 世界人権宣言，2 国際人権規約，3 女子に対するあらゆる形態の差別の撤廃に関する条約，4 子どもの権利条約，5 ウィーン宣言及び行動計画，6 日本国憲法

現代社会の諸問題

<書誌>

いじめ・自殺問題 不登校から教育改革まで 日外アソシエーツ株式会社編集 日外アソシエーツ，紀伊国屋書店（発売） 2013.3 260p 21cm （現代を知る文献ガイド） 〈索引あり〉 5700円 ⓘ978-4-8169-2402-6 Ⓝ371.42

(目次)いじめ・不登校・自殺（対応・対策，体験記・ルポ），いじめ（対応・対策，体験記・ルポ，いじめ事件），不登校（対応・対策，体験記・ルポ），ひきこもり（対応・対策，体験記・ルポ），自殺・自傷（対応・対策，体験記・ルポ）

(内容)青少年のいじめや不登校，自殺をめぐる問題に関する雑誌記事と図書を収録した文献目録。原則として2003年以降に日本国内で発行された総合誌，週刊誌，専門誌など各種雑誌の掲

| 現代社会の諸問題　　　　　社会と児童・青少年

載記事・論文より上記のテーマに関連するもの3,644点と、同時期に国内で刊行されたこのテーマに関連する図書563点を収録。

<ハンドブック>

生活指導研究　NO.24（2007）　日本生活指導学会編　エイデル研究所　2007.10　133p　21cm　2667円　①978-4-87168-429-3

〔目次〕特集1 子どもの安全・安心・安定と社会的セーフティネットの構築（子どもの人権擁護を担う地域のコーディネーター——スクールソーシャルワーカーの実践から）、特集2 生活指導におけるニート・フリーター・若者問題とは何か（不安定化する若者と生活指導の課題—不安定・危機の共通性と多様性、主体形成としてのキャリア教育の可能性—若者の個人化された問題をどう社会に開いていくか）、特集3 生活指導におけるケアと自己決定（「自己決定」の深さについての考察、児童養護施設におけるケアと自己決定、ケアの思想と自己決定の思想—その相補性と相剋性）、研究論文（投稿）（スコットランドにおける「学校からの排除」問題に対する政策上の争点と実践的格闘）、書評、図書紹介

<年鑑・白書>

いじめ・不登校問題などの現状と課題　総務庁行政監察局編　大蔵省印刷局　1999.3　152p　30cm　1500円　①4-17-110075-5

〔目次〕第1 監察の目的等、第2 監察結果（いじめ・不登校・校内暴力問題対策の総合的推進、児童生徒数の減少に対応した学校規模の適正化の推進等、負担軽減の推進等）

◆不登校・ひきこもり

<名簿・人名事典>

全国ひきこもり・不登校援助団体レポート　宿泊型施設編　プラットフォームプロジェクト編　ポット出版　2003.2　283p　21cm　2200円　①4-939015-47-5

〔目次〕座談会・このレポートの読み方、援助団体レポート（北海道・東北、関東、北陸・中部、近畿、中国・四国・九州）

〔内容〕全国32ヵ所を実地調査。写真・レポート、インタビューデータの詳細な調査報告。

登校拒否関係団体全国リスト　'97・'98年版　不登校情報センター編　あゆみ出版　1997.5　350p　21cm　〈「別冊こみゆんと」〉　2500円　①4-7519-7000-3

〔目次〕第1部 対応する団体・施設（親の会、通所施設・宿泊施設、学習塾・フリースクール、大検と大検予備校 ほか）、第2部 各団体・機関自己紹介（北海道、青森、岩手、宮城 ほか）、第3部 高等学校・高等専修学校

登校拒否関係団体全国リスト　不登校・いじめ・高校中退・ひきこもりの相談援助機関　'99～2000年版　不登校情報センター編　あゆみ出版　1999.3　285p　21cm　〈別冊『こみゆんと』〉　2500円　①4-7519-7002-X

〔目次〕第1部 対応する団体・施設（親の会と体験者の会、通所施設・宿泊施設、学習塾・フリースクール・家庭教師（訪問活動）、大検と大検予備校、小学校・中学校、中検と夜間中学校、義務教育制度を補完する方法、教育委員会・教育行政、高等学校（全日制）、定時制高校、通信制高校、技能連携校とサポート校、仕事の学校と就業・就職サポート、外国の高校（留学・ホームステイ）、大学・短期大学・専門学校、児童福祉施設、医療・心理・保健機関、司法と人権の機関、電話・文通・出版・体験発表、電話相談先のリスト（全国都道府県））、第2部 各団体・機関自己紹介（海外、北海道、青森、岩手、宮城、秋田、山形、福島、茨城、栃木、群馬、埼玉、千葉、東京、神奈川、新潟、富山、福井、山梨、長野、岐阜、静岡、愛知、三重、滋賀、京都、大阪、兵庫、奈良、和歌山、鳥取、岡山、広島、山口、徳島、香川、愛媛、高知、福岡、佐賀、長崎、熊本、大分、宮崎、鹿児島）、第3部 高等学校・高等専修学校

登校拒否と医療・心理相談ガイド　1997年版　不登校情報センター編　桐書房　1996.4　202p　26cm　1800円　①4-87647-323-4　Ⓝ498.16

登校拒否とカウンセリングルーム　不登校情報センター編　桐書房　2000.4　202p　21cm　1500円　①4-87647-479-6　Ⓝ498.16

不登校・中退生のためのスクール・ガイド　不登校情報センター編　東京学参　1996.11　186p　21cm　1300円　①4-8080-0029-6

〔目次〕第1章 MY SCHOOL GUIDE（北海道、青森県、岩手県、福島県、茨城県、栃木県、群馬県、埼玉県 ほか）、第2章 集団教育から個別教育へ

<ハンドブック>

学校が合わないときの学校探し　不登校・中退からの進学ガイド　2000～2001年版　学研編　学習研究社　2000.2　156p　21cm　（もうひとつの進路シリーズ）　1200円　Ⓘ4-05-300810-7　Ⓝ376.8
(目次)「自分」に出会う道はたくさんある，今，充実ライフを送ってま～す!，学園HOTニュース，不登校・中退から，きみを生かす進路は?，高校生活をやり直す!転入・編入サクセスマニュアル，話題のスクールを訪問したら……―「うちの学園こんなことやってます」，ランキング＆データで見えてくる!!いまどきのサポート校生，全国スクール一覧―「学校がド～モ合わない」ときの学園探しリスト，こまったときの相談窓口
(内容)不登校・中退からの進学ガイド。転入・編入のための特集や体験談、全国の通信制高等学校・サポート校・定時制高等学校・大検予備校・高等専修学校技能連携校・全寮制高等学校・インターナショナルスクールの所在地、募集人員、選抜方法について掲載。

学校に行けない子どもたちへの対応ハンドブック　小柳憲司著　新興医学出版社　2009.7　100p　21cm　1800円　Ⓘ978-4-88002-804-0　Ⓝ371.42
(目次)1 不登校について考える，2 不登校の始まりと経過，3 不登校のタイプ分類，4 不登校への対応（基礎編），5 不登校への対応（時期に応じて），6 不登校への対応（タイプに応じて），7 不登校と施設入院療法，8 不登校、その後
(内容)不登校に伴う問題のうち、いかに社会参加をすすめるかという点に注目し、その対応をできるだけ実践的に記載。

登校拒否がわかる本　教師と親のためのハンドブック　神保信一，下司昌一編著　日本文化科学社　1995.6　227p　21cm　2000円　Ⓘ4-8210-7519-9
(目次)1 登校拒否とは何か，2 登校拒否児とのふれあい方，3 登校拒否をめぐって

登校拒否問題への取組について　小学校・中学校編　文部省編　大蔵省印刷局　1998.3　112p　30cm　（生徒指導資料 第22集）　400円　Ⓘ4-17-231322-1
(目次)第1章 登校拒否をどう理解するか（登校拒否問題への理解と学校教育，登校拒否についての認識の転換，登校拒否問題に対応する上での基本的な視点，登校拒否の現状について，登校拒否のタイプについての考え方），第2章 登校拒否にどのように対応するか（学校の指導体制の確立，登校拒否のタイプに応じた対応，家庭との連携，学校と関係機関等との協力），第3章「心の居場所」となる学校を目指して（自主性・主体性をはぐくむ指導の充実，より良い人間関係を作る，学校指導の充実と指導体制の改善，登校拒否と進路指導，児童生徒の立場に立った学校教育相談，開かれた学校作り），参考資料（登校拒否問題への対応について（通知），民間施設についてのガイドライン（試案），登校拒否児童生徒が学校外の公的機関等に通所する場合の通学定期乗車券制度の適用について（通知），学校教育法施行規則の一部を改正する省令の一部改正について（通達））

不登校生・親・教師のためのもうひとつの進路と社会参加総ガイド　'01～'02全国版　日本青少年育成協会編・企画　オクムラ書店　2001.5　224p　21cm　2000円　Ⓘ4-900320-72-2　Ⓝ370.35
(目次)第1部「不登校生への対応」（「不登校生・中退の現状」（データと行政の動き），「不登校生への対応」），第2部「不登校生相談・受入機関（リベラルスクール）の実際」（リベラルスクールの種類と年齢別フローチャート，現場から（不登校受入機関から），民間相談・受入機関ガイド（リベラルスクールなど），公的相談・受入機関ガイド（適応指導教室など），その他の相談・受入機関ガイド（児童相談所など）），第3部「不登校生の社会参加」（社会参加の道標，もうひとつの進路相談会）
(内容)フリースクールやカウンセリングなどの、不登校生のための公的・民間受入相談機関のガイドブック。不登校生の現状とそれへの対応、相談・受入機関の現状とガイド、不登校生の社会参加についての3部で構成。

不登校生・高校中退者のためのもうひとつの進路と社会参加全ガイド　最新版　日本青少年育成協会編　三省堂　2002.8　216p　21cm　1900円　Ⓘ4-385-36110-X　Ⓝ376.8
(目次)第1章 不登校生の現状とその対応を考える（座談会 不登校生の進路と社会参加，不登校・中退の現状―データと行政の動き），第2章 不登校生相談・受入機関の実際（取材 21校の指導方針・学校生活ほかをリポート），北海道から沖縄までの全国のスクールガイド，公的不登校生受入機関名簿，巻末資料 日本青少年育成協会の活動，もうひとつの進路相談会2002
(内容)フリースクールやカウンセリングなどの、

不登校生・高校中退者のための公的・民間受入相談機関のガイドブック。不登校生の現状とその対応、相談・受入機関の現状と全国のスクールガイド、不登校生の社会参加についての3部で構成。スクールガイドは、地方別に構成し、学校名、問い合わせ先、受入対象・活動内容・費用・設備などの概要、指導方針・特色などを記載。

不登校の子どものための居場所探し 2004～2005年版　学研編　学習研究社
2004.2　159p　21cm　(もうひとつの進路シリーズ)　1300円　⑤4-05-301643-6

(目次)フリースクールってどんなとこ?、知りたい!フリースクールQ&A、聞きなれない用語解説、子どもの学習と人生のつよ～い味方、サポート校、サポート校で見つけた生きてる実感、新しい自分に変われた日、フリースクールの学費いくらかかるの?、学園HOTニュース、不登校からの成功体験、不登校をこうしてのりきった!、個性にあった居場所を見つけよう、こまったときの相談窓口、全国学校が合わないキミの居場所リスト、楽しい仲間はここにいるよ!

不登校の子どものための居場所探し 2005～2006年版　学研編　学習研究社
2005.2　159p　21cm　(もうひとつの進路シリーズ)　1300円　⑤4-05-301977-X

(目次)学歴よりも「人間力」のある人に魅力を感じます!、今はつらくても、いつか輝くときがくる、フリースクールってどんなとこ?、知りたい!フリースクールQ&A、聞きなれない用語解説、子どもの学習と人生のつよ～い味方 サポート校、サポート校で見つけた生きてる実感 新しい日本に変われた日、フリースクールの学費いくらかかるの?、学園HOTニュース、不登校からの成功体験 不登校をこうしてのりきった!〔ほか〕

不登校の子どものための居場所探し 2006～2007年版　学研編　学習研究社
2006.2　163p　21cm　(もうひとつの進路シリーズ)　1300円　⑤4-05-302237-1

(目次)子どもには家が最大の居場所 社会の真実の姿を見せる努力も…、今はつらくても、いつか輝くときがくる、フリースクールってどんなとこ?、知りたい!フリースクールQ&A、聞きなれない用語解説、子どもの学習と人生のつよ～い味方 サポート校、サポート校で見つけた生きてる実感 新しい自分に変われた日、フリースクールの学費いくらかかるの?、学園HOTニュース、不登校からの成功体験 不登校をこうしてのり

きった!〔ほか〕

不登校・引きこもり・ニート支援団体ガイド　不登校情報センター編　子どもの未来社
2005.11　226p　21cm　1900円　⑤4-901330-66-7

(目次)序に代えて 引きこもりの理由、どう抜け出していくのか(引きこもりと不登校、ニート、引きこもりのさまざまな原因・理由、五感が敏感な人たち ほか)、1 支援団体・機関の情報(解説 本格的な対応が求められるときがきた!、海外、北海道 ほか)、2 教育機関の情報(校種別)(解説「大検」が「高卒認定」に変わったことの意味、不登校・中退生を受け入れている全日制高校(私立)、通信制高校(公立・私立) ほか)

(内容)NPO「不登校情報センター」が収集した、引きこもり、不登校、登校拒否、ニートなどに対応・支援している団体・機関についての情報を、都道府県別に収録。収録団体・機関は全日制高校、通信制高校、専修学校高等課程・技能連携校、養護学校など。

＜年鑑・白書＞

教育総研年報　2007　国民教育文化総合研究所編　国民教育文化総合研究所、アドバンテージサーバー〔発売〕　2007.9　249p　26cm　2000円　⑤978-4-901927-54-3

(目次)第1部 教育行財政問題対策研究委員会報告書(教員免許更新制の問題点、教育バウチャー制の基本的問題 ほか)、第2部 子どもの視点に立った不登校問題再検討研究委員会報告書(不登校について、不登校を取り巻く現状(不登校の"いま") ほか)、第3部 若者文化研究委員会報告書(若者文化をどうみるか、若者のアイデンティティと友人関係 ほか)、第4部 インクルーシヴ教育研究委員会報告書(なぜ、今、インクルーシヴ教育か?別学はなぜ差別なのか?、障害者を人間として「無力化」する分離教育制度 ほか)

◆いじめ

＜書　誌＞

いじめを考える100冊の本　いじめを考える100冊の本編集委員会編　駒草出版ダンク出版事業部　2013.8　229p　21cm　〈索引あり〉　1500円　⑤978-4-905447-18-4　Ⓝ371.42

(目次)幼児―読みきかせながら考える、小学校

低学年―先生といっしょに考える，小学校中学年―友だちといっしょに考える，小学校高学年―クラスの中で考える，中学生―学校生活の中で考える，高校生―少しおとなになって考える，いじめを考える資料
(内容)いじめはなぜ起きるのでしょう。小さな子どもに読みきかせたい絵本から，物語，小説，具体的ないじめ対策など，高校生向けの本までを厳選。

<ハンドブック>

いじめ問題ハンドブック 分析・資料・年表 高徳忍著 柘植書房新社 1999.2 342p 21cm 2800円 Ⓘ4-8068-0417-7
(目次)1 いじめ問題の分析，2 いじめ事件年表1978～1998，3 いじめ事件の概要，4 文部省のいじめ対策，5 いじめ問題データベース
(内容)いじめ問題に関する基本資料集成。著者が，1997年12月に提出した学位論文(論題，「いじめ研究―臨床教育学の視点から―」)の資料編と本文の一部を「いじめ問題の分析」として，新たに書き直したもの。いじめ問題インターネットURL集，いじめに関する著作一覧，いじめ問題に関する論文一覧付き。

社会参加

◆地域社会

<ハンドブック>

教育コミュニティ・ハンドブック 地域と学校の「つながり」と「協働」を求めて 池田寛編著 (大阪)解放出版社 2001.10 95p 21cm 1000円 Ⓘ4-7592-2125-5
(目次)1 教育コミュニティづくりのすすめ(教育コミュニティとは，「閉じられた教育」から「開かれた教育」へ，教育コミュニティづくりのための人と組織，広報の重要性，地域教育協議会の具体的活動)，2 教育コミュニティづくりの具体例(校区フェスティバルで地域も学校もいきいき―大阪・松原市立第二中学校校区，地域とともに育つ学校づくり―大阪・松原市立第五中学校校区，家庭・地域とスクラム組んで子育てネットワークづくり―大阪・貝塚市立東小学校校区，学校を核に子どもも保護者も高まる地域づくり―福岡・田川市立金川中学校校区，学校内の公民分館を拠点に地域活動―大阪・豊中市立泉丘小学校校区)

(内容)ここ数年、日本でも学校支援ボランティアが学校の活動に参加したり、ゲストティーチャーを招いて子どもたちに話をしてもらったり、いろいろなことを指導してもらうということがさかんにおこなわれるようになってきている。本書では、学校と地域の交流がさかんになり、学校と地域のさまざまな協働の活動が展開されることによって、学校の活動が活性化し地域の人びとの間にも新たなつながりが生まれていることを、紹介している。

子どもを守る地域ネットワーク活動実践ハンドブック 要保護児童対策地域協議会の活動方法・運営Q&A 加藤曜子，安部計彦編 中央法規出版 2008.10 251p 26cm 3200円 Ⓘ978-4-8058-4839-5 Ⓝ369.4
(目次)1章 児童家庭相談と要保護児童対策地域協議会の関係，2章 要保護児童対策地域協議会の構造，3章 児童相談所と市町村，4章 人材育成と研修，5章 市における取組みの実態と課題―「ケースの進行管理を中心にして」，6章 要保護児童対策地域協議会で扱うケース紹介，7章 要保護児童対策地域協議会の運営Q&A，8章 要保護児童対策地域協議会設置の効果と今後について，資料

ハンドブック 事例でよむ学校と家庭・地域 融合の可能性を探る 日本学校・家庭・地域教育研究会編 教育出版 1998.6 158p 26cm 2400円 Ⓘ4-316-36420-0
(目次)第1部 新しい学校像を探る(変わる学校，変容する家族と学校を結ぶ ほか)，第2部 事例でよむ―学校は家庭・地域とどう結ぶか(学校の今，子どもの課題に向き合う ほか)，第3部 地域教育フォーラム 学校・家庭・地域の教育的融合の方向を探る(学校現場からの提言，研究者の立場からの提言 ほか)，第4部 取り組み事例(「はばたけ秋田っ子」教育推進事業〔秋田県秋田市〕，「長岡の人材教育」推進事業〔新潟県長岡市〕 ほか)
(内容)本書は、学校教育・生涯教育に関して、第一線で活躍している実践家・研究者の手によるものである。発想は多様であり、用語等の統一もあえて図っていないが、読者は本書に示されている様々な「考えるヒント」を手がかりに、「問題」の解決に向けて探求を深めてほしいと思う。

<年鑑・白書>

響き合う！集落（むら）と若者　緑のふるさと協力隊　農山村再生・若者白書2011
　『農山村再生・若者白書2011』編集委員会編　農山漁村文化協会　2011.3　196p　26cm　〈タイトル：響き合う！集落と若者〉　1900円
　Ⓘ978-4-540-10309-4　Ⓝ611.75
　(目次)第1部 集落再生と若者たち（集落と若者をつなぐ，響き合う，集落と若者たち，ぼくらの「集落再生」），第2部 「かけ橋」組織の役割—農山村と若者を結ぶ「かけ橋」組織（増加する地域コーディネート組織，農山漁村型コーディネート組織の特徴，地域コーディネート組織が直面する課題と展望　ほか），第3部 どこにもない学校—「緑のふるさと協力隊」の2010年（1年間、地域に溶け込む活動，17期は54人が45市町村に，山梨・上野原市で事前研修　ほか）
　(内容)地域おこし協力隊，集落支援員（総務省）や田舎で働き隊！（農水省），大学の地域貢献のさきがけとなった，17年，520人の実績。

緑のふるさと協力隊　どこにもない学校　農山村再生・若者白書2010　『農山村再生・若者白書2010』編集委員会編　農山漁村文化協会　2010.3　210p　26cm　1900円
　Ⓘ978-4-540-10138-0　Ⓝ611.75
　(目次)1部 そこは，どこにもない学校（緑のふるさと協力隊員の16年と現在，緑のふるさと協力隊員を受け入れて　ほか），2部 むらに残った若者たちも，むらを去った若者たちも（むらに残った若者たち，むらを去った若者たち　ほか），3部 緑のふるさと協力隊へ—思いと期待（生きることの意味について問いかける，「足るを知る心」で結ぶ力　ほか），4部 若者を農山村へ—広がる学びと支援の輪（農村活性化人材育成派遣支援モデル事業『田舎で働き隊！』，「集落支援員」について　ほか）
　(内容)行ってみませんか？受け入れてみませんか？16年で465人が巣立つた1年間の農山村体験。

◆ボランティア

<事　典>

ジュニアボランティア学習小事典　向山洋一編　明治図書出版　1999.5　148p　21cm　（法則化小事典シリーズ）　2000円　Ⓘ4-18-023414-9
　(目次)第1章 目の不自由な人への理解を深める学習，第2章 耳の不自由な人への理解を深める学習，第3章 車椅子体験の学習，第4章 お年寄りの介護，お年寄りとの交流の学習，第5章 人命救助，応急処置の方法を知る学習，第6章 環境ボランティアの学習，第7章 集会やクラブ，校外でもできるボランティア活動
　(内容)ジュニアボランティア学習の授業実践をまとめたもの。

<名簿・人名事典>

学生のためのボランティアガイド　田中ひろし監修，こどもくらぶ編・著　同友館　2002.5　159p　21cm　1800円　Ⓘ4-496-03318-6　Ⓝ369.14

<ハンドブック>

学校ボランティア活動・奉仕活動の本　6　ボランティア活動 資料編　高野尚好指導　学習研究社　2002.3　48p　26cm　2700円
　Ⓘ4-05-201542-8
　(目次)ボランティア活動と奉仕活動，ボランティア活動の歴史，ボランティア活動の精神をつらぬいた人，ボランティア活動の三原則，ボランティア活動ウソ・ホント，ボランティア活動への意識，今，広がるボランティア活動，NPOとNGOについて，ボランティア活動をする上での問題点，ボランティア活動に参加して〔ほか〕

中学生・高校生のためのボランティアガイド　田中ひろし監修，こどもくらぶ編・著　同友館　2001.8　159p　21cm　1800円
　Ⓘ4-496-03218-X　Ⓝ369.14
　(目次)巻頭レポート・インタビュー 各地の中学生・高校生たちはいろいろやっています（文化祭収益金でフォスター・ペアレントを続ける女子校生たち，人権保護組織を作った12歳のカナダ人少年　ほか），1 提案します！きみたちにもこんなことができます（NGOに参加しよう，「こどもエコクラブ」に参加しよう　ほか），2 考えてみよう！ボランティアって何？（マンガで考えよう「ボランティアって何？」，ボランティアについての7つの質問　ほか），3 ガイドページ（国際ボランティア，環境ボランティア　ほか），4 資料ページ（集めてボランティア，募金でボランティア　ほか）
　(内容)中学生・高校生が参加できるボランティアのガイドブック。全国のボランティア団体から各分野ごとに代表的な団体，ユニークな活動をしている団体を紹介する。団体名、連絡先、

設立年月、メンバー構成、会員制度、募金などの行き先、活動内容、参加方法、特色などを記載。巻末にボランティアガイド総索引がある。

<年鑑・白書>

ボランティアコーディネーター白書　コーディネーターの追求する価値と果たすべき役割　2010-2012年版　特集：日本のボランティア・市民活動センターは、今後どうなるのか？　日本ボランティアコーディネーター協会編　（大阪）大阪ボランティア協会　2011.2　101p　30cm　〈文献あり 年表あり〉　2400円　Ⓘ978-4-87308-062-8　Ⓝ369.14

(目次)論文（日本のボランティアセンター・市民活動センターは、今後どうなるのか？、中間支援組織におけるボランティアコーディネーションの意味と必要性 ほか）、現場レポート（途上国におけるボランティアセンター設立ガイドの開発研究事業、NPO支援センターの全国調査より ほか）、分野別レポート（国際交流・多文化共生におけるボランティアコーディネーション、社会福祉施設におけるボランティアコーディネーション ほか）、実践研究（生涯学習ボランティアとコーディネーション技術、災害ボランティアコーディネート支援に関する研究報告—災害ボランティア活動支援SNSの可能性）、調査報告（社会福祉法人全国社会福祉協議会「全国ボランティア活動実態調査」報告書（平成22年7月発行）について、独立行政法人日本学生支援機構「平成20年度大学等におけるボランティア活動の推進と環境に関する調査報告書」について）

ボランティアコーディネーター白書　2014年版（2011-2013年）　日本ボランティアコーディネーター協会編　（大阪）大阪ボランティア協会　2014.2　87p　30cm　2400円　Ⓘ978-4-87308-067-3

(目次)特集 東日本大震災以降の災害ボランティアコーディネーション（協働型災害ボランティアセンターの運営の課題と展望、企業人の動きとボランティアコーディネーション ほか）、災害に関する分野別レポート（多文化共生におけるボランティアコーディネーション、社会福祉施設におけるボランティアコーディネーション—東北関東大震災・共同支援ネットワークの介護・看護職ボランティアコーディネーション ほか）、実践研究 学生主体のボランティア・ボランティアコーディネーション団体の設立と展開—未来を見つめ、地域を想う、若きカモメたち、

調査報告 東日本大震災以降の環境NPOの取り組み

ボランティア白書　2014　東日本大震災復興支援におけるボランティア・市民活動　「広がれボランティアの輪」連絡会議編　筒井書房　2014.7　263p　26cm　3800円　Ⓘ978-4-86479-047-5

(目次)第1章 特集（災害ボランティアの諸相、災害ボランティアのコーディネーション、トピック：福島県における災害支援とボランティア）、第2章 動向（社協のとりくみ—社協ボランティア・市民活動センターの動向、ボランティアの動向—統計データから見た日本のボランティア活動の動向、市民活動の動向—市民セクターの動向）、第3章 事例（今日的な社協活動事例—生活困窮・社会的孤立防止の取り組み、今日的なボランティア・市民活動の事例（1）—都市と農村をつなぐ、今日的なボランティア・市民活動の事例（2）—地域と学生の関係を育むユースボランティア、今日的なボランティア・市民活動の事例（3）—「尾道の空き家、再生します。」、今日的なボランティア・市民活動の事例（4）—2013年は「子どもの貧困対策元年」）

地域教育・青少年教育

<年 表>

青少年教育行政史（社会教育）年表　繁内友一編著　近代文芸社　1991.6　535p　21cm　4000円　Ⓘ4-7733-1062-6　Ⓝ379.1

(内容)青少年団体の活動や社会教育的な出来事を中心に、江戸期（概説のみ）、明治期から平成元年末まで収録した年表。

<事 典>

青少年教育データブック　国立オリンピック記念青少年総合センター編　国立オリンピック記念青少年総合センター　1992.3　312p　26cm　Ⓝ379.3

<名簿・人名事典>

日本YMCA人物事典 われらまたこぞりて起たん　YMCA史学会編集委員会編　日本YMCA同盟　2013.9　265p　21cm　〈文献あり〉　2000円　Ⓝ190.33

(内容)YMCAの歴史上の人物414人を収録した人名事典。明治から今日に至るまで、日本の

YMCA運動発展のために貢献した人物を収録，簡潔に紹介している。

<年鑑・白書>

かごしま子ども白書 そだつ、まなぶ、つながる 「かごしま子ども白書」編集委員会編 （鹿児島）南方新社 2000.7 365p 19cm 1905円 ⓘ4-931376-38-X

(目次)第1章 子どもたちは語る，第2章 そだつ――いのちとからだ，第3章 まなぶ，第4章 つながる，資料編(アンケート基礎データ，子どもの権利に関わる条文，県内の運動団体)

(内容)「だるさ」を訴える子どもたち。3225名の大規模アンケートと詳細な分析が，子育て・教育における重要な基礎資料となる。

◆国際交流

<ハンドブック>

国際協力ガイド 2002 これで完璧!就職・転職・ボランティア情報 国際開発ジャーナル社編集室編 国際開発ジャーナル社，丸善〔発売〕 2000.11 182p 26cm 1200円 ⓘ4-87539-059-9 Ⓝ333.8

(目次)第1章 仕事する(国際協力のタマゴたちよ，修行を積め!，国際協力の仕事とは?，学生必見!国際機関就職術 ほか)，第2章 参加する(LETS JOIN!国際協力に参加しよう!，シニア必見!中高年のボランティア制度，あなたの街の国際協力情報拠点リスト)，第3章 学ぶ(好奇心で学ぶ キャリア・アップのために学ぶ，忙しい社会人必見!社会人が受講できる公開講座，リアルタイムに情報をつかめ!国際協力ホームページ・メーリングリスト ほか)

(内容)国際協力分野の就職・転職・ボランティア・学習のための情報ガイド。国際協力企業・団体リスト127件，NGOリスト138団体，情報拠点リスト209カ所，海外大学リスト62大学，国内大学・大学院リスト83大学などを掲載する。

国際協力ガイド 2007年版 国際開発ジャーナル社，丸善〔発売〕 2005.10 242p 26cm 1200円 ⓘ4-87539-072-6

(目次)巻頭特集 踏みだそう!世界のための第一歩(スペシャル・インタビュー有森裕子，巻頭フォトインタビュー――どうでした?あなたの"国際協力はじめの一歩" ほか)，第1章 未来をつくるボランティア(思い立ったらすぐ参加!最前線でボランティア体験，本気で参加!腰をすえて取り組む本格派ボランティア ほか)，第2章 学んで身につく世界を変える力(国際協力に本気でかかわるには，どこで何をどう勉強するべきか?，多様な専門的スキルが身につく専門学校&公開講座 ほか)，第3章 世界のために働く仕事と職場(現状はこうなっている!国際協力分野への就職・転職，世界の問題に世界で取り組む国際機関 ほか)，第4章 国際協力のお役立ち情報686件が集結!最新データ集(全国の国際協力情報拠点データベース，NGO／NPOデータベース ほか)

(内容)国際協力の仕事・ボランティア・学びの情報745件。世界のために活躍する55人の体験談&キャリアスタイル。

国際協力ガイド エコ×仕事×ボランティア×まなび 2010 国際開発ジャーナル社，丸善（発売） 2008.10 255p 26cm 1200円 ⓘ978-4-87539-075-6 Ⓝ366.29

(目次)interview ゆずが奏でるワンダフルワールド，エコ・ビューション――未来に残したい宝もの，国際協力のお仕事大研究，国際協力関連機関，開発コンサルティング企業，大学・大学院・留学，巻末リスト全744件

国際協力ガイド 2011 国際開発ジャーナル社，丸善（発売） 2009.10 258p 26cm 1200円 ⓘ978-4-87539-076-3 Ⓝ366.29

(目次)Special Interview 藤原紀香――私が現場に行く理由，巻頭インタビュー 挑戦する人々の物語，巻頭特集 この道にマニュアルはない!国際協力の仕事を探る，第2特集 ボランティア，第3特集 まなび――大学・大学院・留学，Data 巻末リスト全750件

国際協力ガイド 2016 国際開発ジャーナル社，丸善出版〔発売〕 2014.10 213p 26cm 1200円 ⓘ978-4-87539-088-6

(目次)1 知識を付ける(キャリアカウンセラーに聞く!大学院活用術，大学・大学院)，2 キャリアをつなぐ(情報を知る――国際協力キャリアフェア，スキルを磨く――津田塾大学オープンスクール，語学力を磨く――TOEIC SWテスト ほか)，3 国際協力を仕事にする(国際機関・国際金融機関――Pick up!国連児童基金（UNICEF），中央省庁――Pick up!財務省関税局，地方自治体――Pick up!北海道旭川市 ほか)

<年鑑・白書>

教育の国際交流等に関する実態調査報告書 平成3年度 文部省著 大蔵省印刷局 1993.

4　231p　26cm　1400円　①4-17-164200-0

⒤第1部 機関調査（都道府県・市町村における教育に関する国際交流活動，帰国児童生徒・外国人児童生徒関係，小・中・高等学校における国際交流活動，大学・短期大学における国際交流活動），第2部 意識調査（国際交流に関する児童生徒の意識，帰国児童生徒の意識，海外留学経験者〈高校生〉の意識）

青年国際交流事業と事業参加者の事後活動 International Youth Exchange FY2008　平成20年度年報　青少年国際交流推進センター　2009.3　163p　30cm　1600円　①978-4-9903690-1-9

⒤青少年国際交流推進センターの平成20年度の活動と、日本青年国際交流機構の活動実績、外国参加青年の事後活動内容等をまとめた年報。

青年国際交流事業と事業参加者の事後活動 平成21年度年報　青少年国際交流推進センター　2010.3　174p　30cm　1600円　①978-4-9903690-2-6　Ⓝ379.3

⒤第1章 平成21年度の特色のある取組について，第2章 財団法人青少年国際交流推進センターの概要及び事業概況等，第3章 日本青年国際交流機構の概要及び活動状況等，資料 内閣府青年国際交流事業の実績とその事後活動について

青年国際交流事業と事業参加者の事後活動 平成22年度年報　青少年国際交流推進センター　2011.3　194p　30cm　1600円　①978-4-9903690-3-3

⒤第1章 平成22年度の特色のある取組について，第2章 財団法人青少年国際交流推進センターの概要及び事業概況等，第3章 日本青年国際交流機構の概要及び活動状況等，資料 内閣府青年国際交流事業の実績とその事後活動について

青年国際交流事業と事業参加者の事後活動 平成23年度年報　青少年国際交流推進センター　2012.3　202p　30cm　1600円　①978-4-9903690-4-0

⒤第1章 平成23年度の特色のある取組について，第2章 財団法人青少年国際交流推進センターの概要及び事業概況等，第3章 日本青年国際交流機構の概要及び活動状況等，資料 内閣府青年国際交流事業の実績とその事後活動について

青年運動

◆学生運動

＜書　誌＞

戦後大学・学生問題文献目録―1945～1967　大学・学生問題文献目録―改訂・増補 1965～1971　江上芳郎編　喜多村和之編　日本図書センター　1997.9　186,253p　22cm　（社会科学書誌書目集成 第40巻）〈複製〉　15000円　①4-8205-4207-9　Ⓝ377.031

＜年鑑・白書＞

右翼民族派総覧　1991年版　猪野健治編　二十一世紀書院　1990.11　755p　21cm　35000円

⒤第1部 右翼民族派運動を展望する，第2部 右翼民族派運動を語る（右翼は何を目指すのか 野村秋介，異端の右翼人、津久井龍雄の遺言），第3部 ルポルタージュ右翼（大日本生産党結党59年を振り返って，最大の行動右翼，日本青年社の闘い，一水会18年の歴史を語る，戦後民族派学生運動の軌跡，拡大する西欧の極右勢力），第4部 主要事件解説―大隈外相暗殺未遂事件から長崎市長襲撃事件まで，第5部 右翼民族派人物事典，第6部 右翼民族派団体名鑑，右翼民族派運動史年表，現代右翼民族派人物名鑑

全共闘白書　全共闘白書編集委員会編　新潮社　1994.8　454p　21cm　2000円　①4-10-399301-4

⒤1 呼掛け人座談会―今こそ語り始めよう「全共闘世代」，2 回答者アンケート，3 回答者座談会―心は今も「全共闘」，4 大学当局者と大学教師による―「25年目の全共闘」論

⒩大学・羽田・佐世保・三里塚・浅間山荘…あの闘争とは何だったのか。憲法・日の丸・外国人労働者・好きな政治家・嫌いな政治家…今の日本をどう考えているのか。結婚離婚・育児教育・女性と家庭・年収…この時代をいかに生きているか。77大学他256名の歴史的証言。

◆反戦運動・平和運動

＜書　誌＞

きみには関係ないことか　戦争と平和を考えるブックリスト　'90～'96　京都家庭

文庫地域文庫連絡会編　(京都)かもがわ出版　1997.6　102p　21cm　1000円　Ⓡ4-87699-320-3　Ⓝ028.09

きみには関係ないことか　戦争と平和を考えるブックリスト　'97～'03　京都家庭文庫地域文庫連絡会編　(京都)かもがわ出版　2004.4　118p　21cm　1200円　Ⓡ4-87699-802-7

(目次)第1章 今、世界で何が起こっているのか(イラク戦争・アフガン侵攻、湾岸戦争・コソボ侵攻・ベトナム戦争・カンボジア侵攻 ほか)、特集「戦争をするアメリカ」ってどんな国?、第2章 過去を忘れない(日本の戦争、被爆国からの伝言 ほか)、第3章 戦争を起こさせないために(戦争はなぜ起きる、いろんな国いろんな生きかた ほか)

きみには関係ないことか　戦争と平和を考えるブックリスト　'03～'10　京都家庭文庫地域文庫連絡会編　(京都)かもがわ出版　2011.4　127p　21cm　〈年表あり　索引あり〉　1600円　Ⓡ978-4-7803-0421-3　Ⓝ028.09

(目次)特集 絵本からの発信——"戦争と平和"、第1章 いま世界で何が起こっているのか(なぜ、子どもが兵士に?、兵器に傷つく子どもたち、紛争と難民 ほか)、第2章 過去の出来事から学ぶ(戦争は暮らしを変える、兵士とは、語り継ごう、アジア侵略の事実 ほか)、第3章 未来のためにできること(「被爆国日本」ができること、日本国憲法を学んでみませんか、平和を求めて行動する人 ほか)

青少年対策

<年鑑・白書>

厚生白書　平成5年版　未来をひらく子どもたちのために—子育ての社会的支援を考える　厚生省編　厚生問題研究会、ぎょうせい〔発売〕　1994.4　371p　21cm　1650円　Ⓡ4-324-04073-7

(内容)我が国の厚生行政の現状と今後の指針を示す年次報告書。

厚生白書のあらまし　平成5年版　未来をひらく子どもたちのために　子育ての社会的支援を考える　大蔵省印刷局編　大蔵省印刷局　1994.7　26p　18cm　(白書のあらまし 31)　300円　Ⓡ4-17-351731-9

子ども・若者白書　平成23年版　内閣府編　佐伯印刷　2011.7　275p　30cm　1900円　Ⓡ978-4-905428-00-8

(目次)第1部 子ども・若者の現状(子ども・若者の成育環境、子ども・若者の社会生活 ほか)、特集 高等学校中途退学者の意識と求められる支援、第2部 子ども・若者に関する国の施策(子ども・若者育成支援施策の総合的・計画的な推進、すべての子ども・若者の健やかな成長の支援 ほか)、参考資料(子ども・若者育成支援推進法、子ども・若者関係統計資料 ほか)

子ども・若者白書　平成24年版　内閣府編　勝美印刷、全国官報販売協同組合(発売)　2012.9　284p　30cm　1900円　Ⓡ978-4-906955-03-9

(目次)第1部 子ども・若者の現状(子ども・若者の成育環境、子ども・若者の社会生活、子ども・若者の安全と問題行動)、特集 若者の仕事観や将来像、職業的自立、就労等支援の現状と課題、第2部 子ども・若者に関する国の施策(子ども・若者育成支援施策の総合的・計画的な推進、すべての子ども・若者の健やかな成長の支援、困難を有する子ども・若者やその家族の支援、子ども・若者の健やかな成長を社会全体で支えるための環境整備、今後の施策の推進体制等)、参考資料

子ども・若者白書　平成25年版　内閣府編　印刷通販　2013.6　263p　30cm　1900円　Ⓡ978-4-904681-04-6

(目次)第1部 子どもや若者の状況(人口、健康、成育環境、社会的自立、安全と問題行動、生活行動・意識)、特集 地域における青少年育成活動、第2部 子ども・若者育成支援施策の実施状況(子ども・若者育成支援施策の総合的・計画的な推進、すべての子ども・若者の健やかな成長の支援、困難を有する子ども・若者やその家族の支援、子ども・若者の健やかな成長を社会全体で支えるための環境整備、今後の施策の推進体制等)

子ども・若者白書　平成26年版　内閣府編　日経印刷　2014.7　297p　30cm　2000円　Ⓡ978-4-905427-76-6

(目次)第1部 子ども・若者の状況(人口、健康、成育環境 ほか)、特集 今を生きる若者の意識—国際比較から見えてくるもの(自己認識、家族・家庭生活、友人 ほか)、第2部 子ども・若者育成支援施策の実施状況(子ども・若者育成支援施策の総合的・計画的な推進、全ての子ども・若者の健やかな成長の支援、困難を有する子ども・若者やその家族の支援 ほか)

◆青少年白書

<年鑑・白書>

青少年白書　平成元年版　総務庁青少年対策本部編　大蔵省印刷局　1990.1　574p　21cm　2270円　①4-17-233064-9
(目次)第1部 活力に満ちた青少年の育成をめぐる今日的課題(今日の青少年問題,今日の青少年問題の背景,社会の各分野で求められる対応,活力に満ちた青少年の育成を目指した行政の基本的な対応方向),第2部 青少年の現状(青少年の人口,青少年の健康と安全,青少年の教育,青少年の労働,青少年の非行とその他の問題行動),第3部 青少年に関する国の施策(総合的な施策の推進,青少年健全育成事業,家庭に関する施策,学校教育に関する施策,職場に関する施策,社会環境の整備に関する施策,少年の非行防止と非行少年の処遇,国際交流に関する施策)

青少年白書　青少年問題の現状と対策　平成2年版　総務庁編　大蔵省印刷局　1991　596p　21cm　2233円　Ⓝ367.6
(内容)平成2年版では,青少年の人間形成にとって友人関係が大きな影響力を持つことを踏まえ,豊かな友人関係形成の対応策を考察する。

青少年白書　青少年問題の現状と対策　平成3年版　総務庁青少年対策本部編　大蔵省印刷局　1992.1　580p　21cm　2400円　①4-17-233066-5　Ⓝ367.6

青少年白書　青少年問題の現状と対策　平成4年版　総務庁青少年対策本部編　大蔵省印刷局　1993.1　599p　21cm　2500円　①4-17-233067-3　Ⓝ367.6
(目次)第1部 豊かさ,ゆとりと青少年(経済的な豊かさと青少年,青少年の時間的「ゆとり」と余暇活動,青少年の教育,青少年の労働,経済・社会の変化と青少年,「ゆとり」のある青少年の育成),第2部 青少年の現状(青少年の人口,青少年の健康と安全,青少年の非行その他の問題行動),第3部 青少年に関する国の施策(総合的な施策の推進,学校週5日制,青少年健全育成事業,家庭に関する施策,学校教育に関する施策 ほか)

青少年白書　青少年問題の現状と対策　平成5年度版　総務庁青少年対策本部編　大蔵省印刷局　1994.2　595p　21cm　2500円　①4-17-233068-1　Ⓝ367.6

(目次)第1部 青少年と家庭・家族(近年における家庭・家族の変化,青少年の家庭での行動と家庭・家族に関する意識,青少年をめぐる家庭・家族の現状及び問題点 ほか),第2部 青少年の現状(青少年の人口,青少年の健康と安全,青少年の教育,青少年の労働,青少年の非行その他の問題行動),第3部 青少年に関する国の施策(総合的な施策の推進,学校週5日制,青少年健全育成事業 ほか)
(内容)青少年の現状とその関連施策についての白書。本年度版では,「国際家族年」を踏まえ,青少年育成の場としての家庭・家族をめぐる問題点を提示するとともに,家庭・家族が青少年の健全育成に対し十分な役割を果たしていくために必要な社会全体からの支援の在り方等について考察している。

青少年白書　青少年問題の現状と対策　平成6年度版　総務庁青少年対策本部編　大蔵省印刷局　1995.1　593p　21cm　2500円　①4-17-233069-X
(目次)第1部 ボランティア活動と青少年,第2部 青少年の現状,第3部 青少年に関する国の施策
(内容)青少年の現状とその関連施策についての白書。本年度版では,従来の内容に加え,青少年のボランティア活動について1章を割いて述べている。参考資料として,青少年関連機関・施設一覧や諸統計表を付す。

青少年白書　青少年問題の現状と対策　平成7年度版　総務庁青少年対策本部編　大蔵省印刷局　1996.1　524p　21cm　2300円　①4-17-233070-3
(目次)第1部 我が国の未来と青少年の意識(青少年の家庭に関する意識,青少年の友人に関する意識 ほか),第2部 青少年の現状(青少年の人口,青少年の健康と安全 ほか),第3部 青少年に関する国の施策(総合的な施策の推進,学校週5日制 ほか)

青少年白書　平成8年度版　総務庁青少年対策本部編　大蔵省印刷局　1997.1　487p　21cm　2233円　①4-17-233071-1
(目次)第1部 青少年健全育成の30年の経緯と青少年をめぐる環境の変化(青少年育成国民運動と政府の健全育成施策の歩み,青少年をめぐる環境の変化,健全な青少年の育成のこれから),第2部 青少年の現状(青少年の人口,青少年の健康と安全,青少年の教育,青少年の労働,青少年の非行その他の問題行動),第3部 青少年に関する国の施策(総合的な施策の推進,青少

年健全育成事業，家庭に関する施策，学校教育に関する施策，職場に関する施策，社会環境の整備に関する施策，少年の非行防止と非行少年の処偶，国際交流に関する施策）

青少年白書　青少年問題の現状と対策　平成9年版　総務庁青少年対策本部編　大蔵省印刷局　1998.1　481p　21cm　2200円
①4-17-233072-X

(目次)第1部 高度情報通信社会と青少年（情報通信をめぐる現状，青少年と情報通信，高度情報通信社会に向けた行政の取組，今後の施策の方向性），第2部 青少年の現状（青少年の人口，青少年の健康と安全，青少年の教育，青少年の労働，青少年の非行その他の問題行動），第3部 青少年に関する国の施策（総合的な施策の推進，青少年健全育成事業，家庭に関する施策，学校教育に関する施策，職場に関する施策，社かい環境の整備に関する施策，少年の非行防止と非行少年の処偶，国際交流に関する施策）

青少年白書　青少年問題の現状と対策　平成10年度版　総務庁青少年対策本部編　大蔵省印刷局　1999.2　580p　21cm　2300円
①4-17-233073-8

(目次)第1部 青少年をめぐる問題の現状と対応の基本的方向（青少年の非行等問題行動の現状，青少年の非行等問題行動の背景，求められる対応の基本的方向），第2部 青少年の現状（青少年の人口，青少年の健康と安全，青少年の教育，青少年の労働，青少年の非行その他の問題行動），第3部 青少年に関する国の施策（総合的な施策の推進，青少年健全育成事業，家庭に関する施策，学校教育に関する施策，職場に関する施策，社会環境の設備に関する施策，少年の非行防止と非行少年の処偶，国際交流に関する施策）

(内容)青少年の現状とその関連施策についての白書。

青少年白書　青少年問題の現状と対策　平成11年度版　総務庁青少年対策本部編　大蔵省印刷局　2000.1　618p　21cm　2300円
①4-17-233074-6　Ⓝ367.61

(目次)第1部 青少年行政のあゆみと21世紀への展望（青少年行政のあゆみ，日本の青少年の意識 諸外国の青少年との比較を通して，青少年行政の21世紀への展望），第2部 青少年の現状（青少年の人口，青少年の健康と安全，青少年の教育，青少年の労働，青少年の非行等問題行動），第3部 青少年に関する国の施策（総合的な施策の推進，青少年健全育成事業，家庭に関する施策，学校教育に関する施策，職場に関する施策，社会環境の整備に関する施策，少年の非行防止と非行少年の処偶，国際交流に関する施策）

(内容)青少年の現状と青少年に関する施策をまとめた白書。1956年以来刊行され，今版が42回目となる。平成11年度版の特集では青少年行政に関わるトピックと戦後50年余の青少年行政について概観している。

青少年白書　21世紀を迎えての青少年健全育成の新たな取組　平成13年度版　内閣府編　財務省印刷局　2001.8　543p　21cm　1900円　①4-17-233075-4　Ⓝ367.61

(目次)第1部 21世紀を迎えての青少年健全育成の新たな取組（青少年行政の現在（いま），青少年施策の取組と展開，21世紀の幕開けに当たって），第2部 青少年の現状（青少年の人口，青少年の健康と安全，青少年の教育，青少年の労働，青少年の非行等問題行動），第3部 青少年に関する国の施策（青少年行政の総合的かつ計画的な推進，青少年健全育成事業，家庭に関する施策，学校教育に関する施策，職場に関する施策，社会環境の整備に関する施策，少年の非行防止と非行少年の処偶，国際交流に関する施策），参考資料

(内容)青少年をめぐる情況と関連施策をまとめた白書。

青少年白書　青少年の現状と施策　平成14年版　内閣府編　財務省印刷局　2002.8　415p　21cm　2000円　①4-17-233076-2　Ⓝ367.61

(目次)第1部 青少年の現状（青少年の人口，青少年の健康と安全，青少年の教育，青少年の労働，青少年の非行等問題行動），第2部 青少年に関する国の施策（青少年行政の総合的かつ計画的な推進，青少年健全育成事業，家庭に関する施策，学校教育に関する施策，職場に関する施策ほか）

青少年白書　平成15年版　内閣府編　国立印刷局　2003.7　265p　30cm　「暮らしと社会」シリーズ　〈付属資料：CD-ROM1〉　2800円　①4-17-233077-0

(目次)第1部 青少年の現状（青少年の人口，青少年の健康と安全，青少年の教育，青少年の労働，青少年の非行等問題行動），第2部 青少年に関する国の施策（青少年行政の総合的かつ計画的な推進，青少年健全育成事業，家庭に関する施策，学校教育に関する施策，職場に関する施策ほか）

青少年白書　青少年の現状と施策　平成16年版　内閣府編　国立印刷局　2004.7　245p　30cm　(「暮らしと社会」シリーズ)　〈付属資料：CD-ROM1〉　2600円　Ⓘ4-17-233078-9

(目次)第1部 青少年の現状(青少年の人口，青少年の健康と安全，青少年の教育，青少年の労働，青少年の非行等問題行動)，第2部 青少年に関する国の施策(青少年育成施策の総合的・計画的な推進，年齢期ごとの施策，特定の状況にある青少年に関する施策，支援のための環境整備施策)

(内容)本白書は、第1部において、各種統計資料に基づき青少年の現状を紹介するとともに、第2部において、大綱の構成に沿って内閣府をはじめとする国の施策について平成15年度を中心に記述している。

青少年白書　青少年の現状と施策　平成17年版　内閣府編　国立印刷局　2005.7　223p　30cm　〈付属資料：CD-ROM1〉　2600円　Ⓘ4-17-233079-7

(目次)第1部 青少年の現状(青少年の人口，青少年の健康と安全，青少年の教育，青少年の労働，青少年の非行等問題行動，子育てと青少年の社会的自立―調査からみる親と子の意識)，第2部 青少年に関する国の施策(青少年育成施策の総合的・計画的な推進，年齢期ごとの施策，特定の状況にある青少年に関する施策，支援のための環境整備施策)，参考資料

(内容)第1部において、各種統計資料に基づき青少年の現状を明らかにするとともに、第2部において、国の施策について平成16年度に講じた施策を中心に大綱の構成に沿って記述。

青少年白書　青少年の現状と施策　平成18年版　社会的自立に向けて 可能性への挑戦　内閣府編　国立印刷局　2006.7　255p　30cm　(「暮らしと社会」シリーズ)　〈付属資料：CD-ROM1〉　2600円　Ⓘ4-17-233080-0

(目次)第1部 青少年の現状(青少年の人口，青少年の健康と安全，青少年の教育，青少年の労働，青少年の非行等問題行動)，特集 社会的自立に向けて―可能性への挑戦，第2部 青少年に関する国の施策(青少年育成施策の総合的・計画的な推進，年齢期ごとの施策，特定の状況にある青少年に関する施策，支援のための環境整備施策)，参考資料

青少年白書　青少年の現状と施策　平成19年版　内閣府編　時事画報社　2007.7　236p　30cm　1500円　Ⓘ978-4-915208-16-4

(目次)第1部 青少年の現状(青少年の人口，青少年の健康と安全，青少年の教育，青少年の労働，青少年の非行等問題行動)，特集 キャリア教育等の時代へ―自分でつかもう自分の人生(若者の就職をめぐる状況，キャリア教育等の意義とこれまでの政府の取組，キャリア教育等の様々な試み，我が国におけるキャリア教育等の様々な試み，我が国のキャリア教育等の更なる推進に向けて)，第2部 青少年に関する国の施策(青少年育成施策の総合的・計画的な推進，年齢期ごとの施策，特定の状況にある青少年に関する施策，支援のための環境整備施策)，参考資料

青少年白書　平成20年版　内閣府編　佐伯印刷　2008.12　207p　30cm　1500円　Ⓘ978-4-903729-45-9　Ⓝ367.6

(目次)第1部 青少年の現状(青少年の成育環境，青少年の社会的自立，青少年の安全と問題行動)，特集 家庭、地域の変容と子どもへの影響，第2部 青少年に関する国の施策(青少年育成施策の総合的・計画的な推進，年齢期ごとの施策，特定の状況にある青少年に関する施策，支援のための環境整備施策，推進体制)，参考資料

青少年白書　平成21年版　内閣府編　日経印刷　2009.8　223p　30cm　1500円　Ⓘ978-4-904260-29-6　Ⓝ367.6

(目次)第1部 青少年の現状(青少年の成育環境，青少年の社会的自立，青少年の安全と問題行動)，特集 高校中退者・中学校不登校生徒の「その後」と地域における支援，第2部 青少年に関する国の施策(青少年育成施策の総合的・計画的な推進，年齢期ごとの施策，困難を抱える青少年等に関する施策，青少年の健やかな成長を社会全体で支えるための環境整備施策，推進体制)，参考資料

青少年白書のあらまし　青少年問題の現状と対策　平成元年版　大蔵省印刷局編　大蔵省印刷局　1990.3　46p　18cm　(白書のあらまし 28)　260円　Ⓘ4-17-351328-3

(目次)第1部 活力に満ちた青少年の育成をめぐる今日的課題，第2部 青少年の現状，第3部 青少年に関する国の施策

青少年白書のあらまし　青少年問題の現状と対策　平成4年版　大蔵省印刷局編　大蔵省印刷局　1993.3　66p　18cm　(白書のあらまし 28)　280円　Ⓘ4-17-351628-2

(目次)第1部 豊かさ、ゆとりと青少年，第2部 青少年の現状，第3部 青少年に関する国の施策

青少年白書のあらまし　平成5年版　大蔵省印刷局編　大蔵省印刷局　1994.3　66p　18cm　（白書のあらまし 28）　300円　Ⓘ4-17-351728-9

(目次)第1部 青少年と家庭・家族，第2部 青少年の現状，第3部 青少年に関する国の施策

青少年白書のあらまし　平成6年版　大蔵省印刷局　1995.3　63p　18cm　（白書のあらまし 28）　300円　Ⓘ4-17-351828-5

(目次)ボランティア活動と青少年，青少年の現状，青少年に関する国の施策

青少年白書のあらまし　平成8年版　大蔵省印刷局編　大蔵省印刷局　1997.3　40p　17cm　（白書のあらまし）　311円　Ⓘ4-17-352128-6

(目次)第1部 青少年健全育成の30年の経緯と青少年をめぐる環境の変化，第2部 青少年の現状，第3部 青少年に関する国の施策

青少年白書のあらまし　平成9年版　大蔵省印刷局編　大蔵省印刷局　1998.3　36p　18cm　（白書のあらまし 28）　320円　Ⓘ4-17-352228-2

(目次)第1部 高度情報通信社会と青少年，第2部 青少年の現状，第3部 青少年に関する国の施策

青少年白書のあらまし　青少年問題の現状と対策　平成10年版　大蔵省印刷局編　大蔵省印刷局　1999.4　38p　18cm　（白書のあらまし 28）　320円　Ⓘ4-17-352328-9

(目次)第1部 青少年をめぐる問題の現状と対応の基本的方向，第2部 青少年の現状，第3部 青少年に関する国の施策

青少年白書のあらまし　青少年問題の現状と対策　平成11年版　大蔵省印刷局編　大蔵省印刷局　2000.3　49p　19cm　（白書のあらまし 28）　320円　Ⓘ4-17-352428-5

(目次)第1部 青少年行政のあゆみと21世紀への展望，第2部 青少年の現状，第3部 青少年に関する国の施策

(内容)各省庁から提出された白書が正式発表された後、担当省庁の執筆者がその概要を平易に解説したもの。

青少年白書のあらまし　平成13年版　財務省印刷局編　財務省印刷局　2001.10　36p　19cm　（白書のあらまし 28）　340円　Ⓘ4-17-352628-8

(目次)第1部 21世紀を迎えての青少年健全育成の新たな取組，第2部 青少年の現状，第3部 青少年に関する国の施策

青少年白書のあらまし　平成14年版　財務省印刷局編　財務省印刷局　2002.11　37p　19cm　（白書のあらまし 28）　340円　Ⓘ4-17-352728-4

(目次)第1部 青少年の現状，第2部 青少年に関する国の施策

◆**子ども白書**

<年鑑・白書>

子ども・子育て白書　平成22年版　内閣府編　佐伯印刷　2010.7　234p　30cm　1800円　Ⓘ978-4-903729-81-7　Ⓝ334.31

(目次)第1部 子ども・子育て支援策の現状と課題（「子ども・子育てビジョン」の策定，出生率等の現状，これまでの取組），第2部 平成21年度における子ども・子育て支援策の具体的実施状況（子どもの育ちを支え，若者が安心して成長できる社会へ，妊娠，出産，子育ての希望が実現できる社会へ，多様なネットワークで子育て力のある地域社会へ，男性も女性も仕事と生活が調和する社会へ（ワーク・ライフ・バランスの実現）），参考，付録

子ども・子育て白書　平成23年版　内閣府編　勝美印刷　2011.7　231p　30cm　1800円　Ⓘ978-4-903729-81-7

(目次)第1部 子ども・子育て支援策の現状と課題（「子ども・子育て新システム」の構築に向けて，出生率等の現状），第2部 平成22年度における子ども・子育て支援策の具体的実施状況（子どもの育ちを支え，若者が安心して成長できる社会へ，妊娠，出産，子育ての希望が実現できる社会へ，多様なネットワークで子育て力のある地域社会へ，男性も女性も仕事と生活が調和する社会へ（ワーク・ライフ・バランスの実現），東日本大震災の被災地等における子ども・子育てに関する対応），参考，付録

子ども・子育て白書　平成24年版　内閣府編　勝美印刷　2012.9　245p　30cm　1800円　Ⓘ978-4-906955-02-2

(目次)第1部 子ども・子育て支援策の現状と課題（「子ども・子育て新システム」の構築に向けて，出生率等の現状），第2部 平成23年度におけ

る子ども・子育て支援策の具体的実施状況（子ども・子育てを支援し、若者が安心して成長できる社会へ、妊娠、出産、子育ての希望が実現できる社会へ、多様なネットワークで子育て力のある地域社会へ、男性も女性も仕事と生活が調和する社会へ（ワーク・ライフ・バランスの実現），東日本大震災の被災地等における子ども・子育てに関する対応）

子ども白書　1990年版　日本子どもを守る会編　草土文化　1990.7　425p　21cm　2060円　①4-7945-0382-2

[目次]子どもとして育ち、人間として生きる権利（子どもの権利条件〈批准運動〉、その歴史的意義，子どもの権利―その確立・保障のために，子どもの人権の国際的保障について，子どもの人権侵害と少年司法・少年法，「日の丸・君が代」の押しつけと即位礼，大嘗祭），子どもの発達と権利保障（子どものいのちと健康，その実態と運動，子どもの福祉，その実態と運動，子どもと家庭，その実態と運動，子どもと地域，その実態と運動，子どもの教育，その実態と運動，子どもの文化，その実態と運動，子どもと環境，その実態と運動），資料・年表（児童憲章子どもの権利条約，子どもの生活関係略年表）

子ども白書　1991年版　日本子どもを守る会編　草土文化　1991.8　493p　21cm　2200円　①4-7945-0423-3

[目次]1「子どもの権利条約」と子どもの生存・発達（児童憲章40周年と子どもの人権，「子どもの権利条約」批准運動の今日的課題，「日の丸・君が代」の強行導入と天皇即位「祝意」の強制，湾岸戦争と子ども），2 子どもの発達と権利保障（子どものいのちと健康，その実態と運動，子どもの福祉，その実態と運動，子どもと家庭，その実態と運動，子どもと地域，その実態と運動，子どもの教育，その実態と運動，子どもの文化，その実態と運動，子どもと環境，その実態と運動），3 資料・年表（児童の権利に関する条約，子どもの生存，保護および発達に関する世界宣言，子ども生活関係略年表，子どもに最善の利益を）

子ども白書　1992年版　地球社会と子どもの権利　日本子どもを守る会編　草土文化　1992.8　309p　21cm　2200円　①4-7945-0449-2

[目次]1 子どもの権利と現代的課題（地球環境と子どもの人権，学校五日制と子どもの生活），2 今年の"子ども最前線"（地球社会と子ども，子どもの環境，子どもの意見表明，児童虐待，

学校制度と教育課程），3 子どもの発達と権利保障―データでみるこの一年（子どものいのちと健康，子どもと家庭，子どもと文化，子どもと地球環境，子どもと福祉，子どもと学校，子どもと地域，子どもと警察・裁判所・施設），4 基本資料

子ども白書　1993年版　子ども参加と子どもの権利条約　日本子どもを守る会編　草土文化　1993.8　309p　21cm　2200円　①4-7945-0586-8

[目次]1 子どもの権利と現代的課題（子ども参加の意義と課題，学校づくりと子ども・生徒の参加，座談会・いまの社会・学校で子ども・青年はどのような役割をはたせるか），2 今年の"子ども最前線"（少数者、先住民の子どもの権利，子どもとエイズ問題，日本社会と少子化の問題，日本における子どもへの虐待，不登校問題），3 子どもの発達と権利保障―データでみるこの一年（子どものいのちと健康，子どもと家庭，子どもと学校，子どもと地域，子どもと文化，子どもと福祉，子どもと警察・裁判所・施設，子どもと地球環境），4 基本資料

子ども白書　1994年版　家族と子どもの権利　日本子どもを守る会編　草土文化　1994.8　309p　21cm　2200円　①4-7945-0645-7

[目次]1 子どもの権利と現代的課題，2 ことしの"子ども最前線"，3 子どもの発達と権利保障―データでみるこの一年，4 基本資料

子ども白書　いじめ社会を読み解く　子どもにとって戦後50年は何だったのか　1995年版　日本子どもを守る会編　草土文化　1995.7　341p　21cm　2400円　①4-7945-0675-9

[目次]1 戦後50年と日本の子ども・子育て，2「いじめ社会」と子ども―解明へのアプローチ，3 子どもの発達と権利保障―データと資料でみるこの一年，4 緊急特集（阪神・淡路大震災と子ども，オウムの子どもたちの状況と救済にむけての論点），5 資料（ユネスコ第四回国際教育会議宣言，寛容に関する宣言案　ほか）

子ども白書　「自分づくり」の危機　奪われる子ども期　1996年版　日本子どもを守る会編　草土文化　1996.8　341p　21cm　2400円　①4-7945-0698-8

[目次]1「自分づくり」の危機―奪われる子ども期，2 子どもの発達と権利保障―データと資料でみるこの一年，3 ことしの"子ども最前線"，

4 特論

子ども白書 子ども政策の現在と未来 子どもの自由と民主主義 1997年版 日本子どもを守る会編 草土文化 1997.9 343p 21cm 2400円 ①4-7945-0725-9

(目次)1 子ども政策の現在と未来―子どもの自由と民主主義, 2 子どもの発達と権利保障―データと資料でみるこの一年, 3 ことしの"子ども最前線", 4 特論

子ども白書 「揺れる社会」と「子どもの事件」からの問いかけ 1998年版 日本子どもを守る会編 草土文化 1998.7 345p 21cm 2400円 ①4-7945-0752-6

(目次)1 「揺れる社会」と「子どもの事件」からの問いかけ(「授業崩壊」と子どもの「衝動的暴力」, インターネット時代と子どもの世界), 2 子どもの発達と権利保障―データと資料でみるこの一年(子どものいのちと健康, 子どもと家庭, 子どもと福祉, 子どもと学校, 子どもと地域, 子どもと文化, 子どもと司法, 子どもと地球環境), 3 ことしの"子ども最前線", 4 特論

子ども白書 "性"と子どもの人権 1999年版 日本子どもを守る会編 草土文化 1999.8 337p 21cm 2400円 ①4-7945-0784-4

(目次)1 "性"と子どもの人権, 2 子どもの発達と権利保障―データと資料でみるこの一年(子どものいのちと健康, 子どもと家庭, 子どもと福祉, 子どもと学校, 子どもと地域, 子どもと文化, 子どもと司法, 子どもと地球環境), 3 ことしの"子ども最前線"(乳幼児教育, 水俣病から環境ホルモンへ, 子ども虐待の救済システムづくり, 社会教育法改正をめぐって―50年目の節目の「改悪」, 心の教育, 子どもとメディアリテラシー―メディアを通して, 子どもたちをどう育てるか, 今日における幼稚園教育の問題―私立幼稚園の現場からの発言), 4 特論(30人以下学級の実現に向けて, 児童福祉は市場原理で成り立つか―社会福祉基礎構造改革と措置制度のゆくえ, 国連報告書審査と「国連勧告」)

子ども白書 子どもの権利実現と市民的共同 2000年版 日本子どもを守る会編 草土文化 2000.7 347p 21cm 2400円 ①4-7945-0801-8 Ⓝ367.6

(目次)1 特集「子どもの権利実現と市民的共同」(地域における市民的共同の展望, 市民的共同の実践の展開), 2 ことしの"子ども最前線"(東海村の臨界事故―高校生は何を感じたか, なんのための総合か―「総合学習」を生きる力にほか), 3 特論 子ども研究のこれから(感情リテラシー―ジョハリの窓ともうひとつの公共圏, 武器?凶器?―メディアの発達と子どもの発達 ほか), 4 子どもの発達と権利保障―データと資料でみるこの一年(子どものいのちと健康, 子どもと家庭 ほか)

(内容)子どもの権利実現の視点から子どもの現状をまとめた資料集。子どもの権利条約における「公」のあり方と公と民, NGO・NPOとの共同を視野に入れ, 子どもの権利実現を検討する。内容は, ことしの"子ども最前線"などの概説と資料で構成。資料は, いのちと健康, 家庭, 福祉, 学校, 地域, 文化, メディア, 司法, 地球環境についてデータを収録。ほかに川崎市子どもの権利に関する条例(骨子案), 児童虐待の防止に関する法律などの資料を収録する。

子ども白書 子ども市民と創る21世紀 2001年版 日本子どもを守る会編 草土文化 2001.7 349p 21cm 2500円 ①4-7945-0825-5 Ⓝ367.6

(目次)1 特集 子ども市民と創る21世紀(子ども市民と創る21世紀, 子ども参加の現場から実践的課題を探る), 2 ことしの子ども最前線(O-157問題のその後と子ども, 教育改革国民会議・教育基本法「改正」の問題, 新学習指導要領と「学力低下」の問題, 今日の福祉政策「健やか親子21」, ポスト「改正少年法」のとりくみ), 3 特論 子ども研究のこれから(教員人事管理制度と子ども, 厳罰処分主義社会のゆくえ, 21世紀の証言), 4 子どもの発達と権利保障―データと資料でみるこの一年(子どものいのちと健康, 子どもと家庭, 子どもと福祉, 子どもと学校, 子どもと地域, 子どもと文化, 子どもとメディア, 子どもと司法, 子どもと地球環境)

(内容)子どもの権利実現の視点から子どもの現状をまとめた資料集。

子ども白書 人間回復のための"つながり・ぬくもり" 2002年版 日本子どもを守る会編 草土文化 2002.7 349p 21cm 2500円 ①4-7945-0846-8 Ⓝ367.6

(目次)1 特集 人間回復のための"つながり・ぬくもり"(「つながり」と「ぬくもり」, 平和の文化・非暴力の文化を脅かすもの ほか), 2 ことしの子ども最前線(環境と心身の健康, 薬物と若者 ほか), 3 特論 子ども研究のこれから(アジアから見た日本のメディア―情報のグローバル化と文化のアイデンティティ, 学力問題の新段階 ほか), 4 子どもの発達と権利保障―デー

タと資料でみるこの一年（子どものいのちと健康，子どもと家庭 ほか）
(内容)日本の子どもと子育てをめぐる問題をとりまとめた資料集。問題を総合的にとらえ，問題の本質を分析し，解決の方向をさぐり，取り組みの指針を提起することを目的とする。2002年版は特集として，人間回復のための"つながり・ぬくもり"をとりあげる。

子ども白書 新たな公共性と子どもの自己決定 2003 日本子どもを守る会編　草土文化　2003.7　268p　26cm　2500円　①4-7945-0876-X

(目次)1 特集 新たな公共性と子どもの自己決定（「公共・公共性」をめぐる争点，子どもNPOが切り拓く新しい公共性），2 ことしの子ども最前線，3 特論・20世紀の証言（特論・高校生は戦争を許さない，20世紀の証言 第4回 教育・憲法をも危うくする教育基本法「改正」），4 子どもの発達と権利保障―データと資料で見るこの1年（子どものいのちと健康，子どもと家庭 ほか），5 資料
(内容)特集の論文をはじめ，それぞれの項目の報告に「キーワード」をつけ，課題や問題をひと目でつかめるようにした。キーワードは，なるべく重ならないように配慮するとともに，時代・世相を反映するような用語を付している。また，「子どもの発達と権利保障・データと資料で見るこの1年」は，「子どもと地球環境」の領域を「子どもと環境」「子どもと世界」の二つに分け，従来の9領域から10領域へと発展させた。

子ども白書 2004 日本子どもを守る会編　草土文化　2004.8　271p　26cm　2500円　①4-7945-0898-0

(目次)1 特集「安心・安全」と希望のゆくえ（若者の「生きている実感」は薄れているか?，就職に希望がもてない若者たち ほか），2 ことしの子ども最前線（次世代育成支援対策推進法と「行動計画」策定，児童虐待をめぐる状況の変化と法改正 ほか），3 特論・20世紀の証言（特論 石原都政の暴挙，20世紀の証言 第5回司法 少年司法（法）と子どもの権利），4 子どもの発達と権利保障―データーと資料で見るこの1年（子どものいのちと健康，子どもと家庭 ほか），5 資料

子ども白書 戦後60年・日本の子どもたちの今 2005 子どもを大切にする国・しない国 日本子どもを守る会編　草土文化　2005.8　270p　26cm　2500円　①4-7945-0915-4

(目次)1 特集『子どもを大切にする国・しない国』―戦後60年・日本の子どもたちの今（戦後60年、子どもの「いのち」と「健康」は今，子育てにかかわる政策の動き―諸外国との比較を踏まえた日本の課題 ほか），2 ことしの子ども最前線（眠れない・眠らない日本の子どもたち，ひろがる子どもの犯罪被害 ほか），3 特論・20世紀の証言（憲法・教育基本法「改正」―教育の基本理念の危機と教育の未来，地球と人間が共に生き続けるために―平和を勝ちとったベトナムから学ぶ），4 子どもの発達と権利保障―データと資料で見るこの1年（子どものいのちと健康―戦後60年を総括し，「証拠」に基づく"いきいき"実践を!，子どもと医療―子どもを大切にする医療とは何か 子どもと医療をめぐるこの1年 ほか），5 資料（少子化の現状，若年失業率・フリーターの増加，子どもの売買，子ども買春および子どもポルノグラフィーに関する子どもの権利条約の選択議定書 ほか）
(内容)本年度版は「子どもを大切にする国」にするにはどうすればよいのか、その点を見つめて編集。「子どもと医療」の領域を新しく設定し、より総合的な視野から問題をとらえた。

子ども白書 人口減少時代の未来をひらく想像力 2006 子どもを大切にする国・しない国Part.2 日本子どもを守る会編　草土文化　2006.8　262p　26cm　2500円　①4-7945-0940-5

(目次)1 座談会 教育基本法が「改正」されたらどうなるか―息苦しい国にしないために，2 ことしの子ども最前線（若者の就労支援―ニート、フリーターからの脱出，公立高校の統廃合と再編―東京都を中心に ほか），3 特論・20世紀の証言（特論 国連子どもの権利条約をめぐる新動向―クラップマン夫妻来日と国連子どもの権利委員会「一般的注釈7号」，20世紀の証言 子どもの現実と遊びの変化），4 子どもの発達と権利保障―データと資料で見るこの1年（子どものいのちと健康―子どもの"いのち"と"健康"をめぐる国民的議論を!，子どもと医療―子どもを大切にする医療 へ ほか），5 資料（教育基本法・教育基本法改正案・（民主党）日本国教育基本法案対照表，国連・子どもの権利委員会「一般的意見8号」 ほか）

子ども白書 "美しい国"の悲惨の中で 2007 子どもの希望を育むアイデアの結晶 日本子どもを守る会編　草土文化　2007.7　238p　26cm　2500円　①978-4-7945-0969-7

青少年対策　　　　　社会と児童・青少年

(目次)1 特集(アイデアの結晶―なぜこのような取り組みを紹介するか,「いたずら」がはじけて「夢」が広がる ほか),2 ことしの子ども最前線(教育再生会議は,日本の教育のなにを「再生」しようとするのか,激化する「選択と集中」―姿みせた新自由主義 ほか),3 特論・20世紀の証言(特論 少年司法政策・立法から見えてくる「子ども像」,20世紀の証言 家庭・家族はどう変わったか),4 子どもの発達と権利保障―データと資料で見るこの1年(子どものいのちと健康,子どもと医療 ほか),5 資料(教育再生会議第二次報告概要,障害者権利条約(仮称) ほか)

子ども白書　"いのちの格差"がひろがる中で　2008　子どもの希望を育むアイデアの結晶Part.2　日本子どもを守る会編
草土文化　2008.7　238p　26cm　2500円
①978-4-7945-0996-3　Ⓝ367.6

(目次)1 特集 子どもの希望を育むアイデアの結晶Part.2―"いのちの格差"がひろがる中で(主権者は主催者から,児童自立支援施設「愛知学園」での取り組み,社会的養護の「その後」,メディアの適切な関係づくりと啓発の取り組み ほか),3 子どもの発達と権利保障―データと資料で見るこの1年(子どものいのちと健康,子どもと医療,子どもと家庭,子どもと福祉 ほか)〔ほか〕

子ども白書　子どもの権利条約採択20周年・批准15周年のいま　2009　子ども破壊か子どものしあわせ平等か　日本子どもを守る会編　草土文化　2009.8　226p　26cm　2500円　①978-4-7945-1011-2　Ⓝ367.6

(目次)1 特集・子ども破壊か子どものしあわせ平等か―子どもの権利条約採択20周年・批准15周年のいま(子どもの権利条約の20年と日本の子ども―国連採択20周年・日本批准15周年,子ども観転換の時代を生きる,フィンランドから学ぶ,日本型学力競争の限界とその理由 ほか),2 ことしの子ども最前線(経済危機の中の子どもたち,子どもとケータイ―「青少年ネット規制法」成立の背景とその軌跡,いじめ対応施策の新たな展開―法・条例の中のいじめ被害の位置 ほか),3 子どもの発達と権利保障―データと資料で見るこの1年(子どものいのちと健康,子どもと医療,子どもと家庭 ほか)

子ども白書　「子ども政策」づくりへの総合的提案　2010　日本子どもを守る会編
草土文化　2010.8　238p　26cm　2500円
①978-4-7945-1052-5　Ⓝ367.6

(目次)1 子どものいのちと健康,2 子どもと医療,3 子どもと家庭,4 子どもと福祉,5 子どもと司法,6 子どもと学校,7 子どもと地域,8 子どもと文化,9 子どもとメディア,10 子どもと環境

子ども白書　「子どもを大切にする国」をめざして　2011　日本子どもを守る会編
草土文化　2011.9　207p　26cm　2000円
①978-4-7945-1053-2

(目次)特集1 東日本大震災から未来へ―子どもが指し示す希望とともに(東日本大震災から未来へ―子どもたちの活躍の姿に想う,ドキュメント・震災,震災と学校・教育,震災被害から子どもを守る ほか),特集2 "無縁社会"を克服するために(「無縁社会」を克服するために―子ども・若者のつながり(縁)を紡ぐ,子どものいのちと健康,子どもと医療,子どもと家庭 ほか)

(内容)いのちと健康・医療・家庭・福祉・司法・学校・地域・文化・メディア・環境など,各分野の第一人者が,わが国の子どもをめぐる現状を詳細に分析。全国各地で取り組まれているさまざまな運動と実践を多面的に紹介する。

子ども白書　「子どもを大切にする国」をめざして　2012　日本子どもを守る会編
草土文化　2012.8　207p　26cm　2000円
①978-4-7945-1060-0

(目次)1部 特集 東日本大震災後を生きる子どもたち(被災地の子どもからの発信,震災後の子どもの生活と課題,放射能汚染のひろがりと子どもの未来,「震災」からの学びを生かす),2部 子どもをめぐるこの1年(子どものいのちと健康この1年,子どもと医療この1年,子どもと家庭この1年,子どもと福祉この1年,子どもと司法この1年,子どもと学校この1年,子どもと地域この1年,子どもと文化この1年,子どもとメディアこの1年,子どもと環境この1年)

(内容)いのちと健康・医療・家庭・福祉・司法・学校・地域・文化など,日本の子どもをめぐる現状を詳細に分析し,全国各地の取り組みを紹介する。特集では東日本大震災後を生きる子どもたちの生活と発達の諸問題を取り上げる。

子ども白書　「子どもを大切にする国」をめざして　2013　日本子どもを守る会編
本の泉社　2013.8　239p　26cm　2000円
①978-4-7807-1116-5

(目次)特集 いのちの輝きを守るために―いじめ・体罰・自殺につながる暴力性を克服する(尾木ママからのメッセージ―いじめのない人間関係

と自尊心を育てるために，自他への暴力としてのいじめ・体罰・自殺 ほか），ことしの子ども最前線（安倍政権の再登場と教育のゆくえ，子ども・子育て支援新制度で保育はどうなるのか？ ほか），東日本大震災後を生きる子どもたち（被災地の子どもからの発信，震災後の子どもの生活と課題 ほか），子どもをめぐるこの1年（子どものいのちと健康この1年，子どもと医療この1年 ほか）

**子ども白書　出会いで子どもが変わる
2014　発信する子ども・若者たち**　日本子どもを守る会編　本の泉社　2014.8　239p　19cm　2500円　①978-4-7807-1175-2

(目次)特集 発信する子ども・若者たち―出会いで子どもが変わる（難民高校生たちを社会とつなぐ，不登校の子どもの権利宣言 ほか），ことしの子ども最前線（子どもの権利条約の子ども観―ジェネラルコメントに注目して，障害のある子どもの支援―保育・療育・放課後活動と制度 ほか），東日本大震災後を生きる子どもたち（被災地の子どもからの発信，震災後の子どもの生活と課題 ほか），子どもをめぐるこの1年（子どものいのちと健康，子どもと医療 ほか）

◆**青少年健全育成**

<ハンドブック>

児童健全育成ハンドブック　平成10年度版　厚生省児童家庭局育成環境課監修　日本児童福祉協会，中央法規出版〔発売〕　1999.4　696p　21cm　3400円　①4-8058-4197-4

(目次)第1部 児童健全育成の概要（児童健全育成の概要，児童健全育成施策の機構，児童健全育成の各施策の概要），第2部 児童健全育成関係通知（児童厚生施設関係通知，放課後児童健全育成事業関係通知，児童委員関係通知，その他の児童健全育成事業関係通知，交付要綱通知），第3部 関係資料（関係法律等，資料，中央児童福祉審議会答申等，その他）

児童健全育成ハンドブック　平成13年度版　児童手当制度研究会監修　中央法規出版　2001.8　838p　21cm　3500円　①4-8058-4356-X

(目次)第1部 児童健全育成の概要（児童健全育成の概要，児童健全育成対策の各機関の概要，児童健全育成の各施策の概要），第2部 児童健全育成関係通知（児童厚生施設関係通知，放課後児童健全育成事業関係通知，児童委員関係通知 ほか），第3部 関係資料（関係法律等，資料，審議会答申等 ほか）

児童健全育成ハンドブック　平成14年度版　児童手当制度研究会監修　中央法規出版　2002.7　876p　21cm　3500円　①4-8058-4412-4

(目次)第1部 児童健全育成の概要（児童健全育成の概要，児童健全育成対策の各機関の概要，児童健全育成の各施策の概要），第2部 児童健全育成関係通知（児童厚生施設関係通知，放課後児童健全育成事業関係通知，児童委員関係通知 ほか），第3部 関係資料（関係法律等，資料，審議会答申等 ほか）

児童健全育成ハンドブック　平成15年度版　児童手当制度研究会監修　中央法規出版　2003.6　925p　21cm　3600円　①4-8058-4477-9

(目次)第1部 児童健全育成の概要（児童健全育成の概要，児童健全育成対策の各機関の概要，児童健全育成の各施策の概要），第2部 児童健全育成関係通知（児童厚生施設関係通知，放課後児童健全育成事業関係通知，児童委員関係通知，その他の児童健全育成事業関係通知，交付要綱通知），第3部 関係資料（関係法律等，資料，審議会答申等，その他）

児童健全育成ハンドブック　平成16年度版　児童手当制度研究会監修　中央法規出版　2004.6　902p　21cm　3600円　①4-8058-4537-6

(目次)第1部 児童健全育成の概要（児童健全育成の概要，児童健全育成対策の各機関の概要，児童健全育成の各施策の概要），第2部 児童健全育成関係通知（児童厚生施設関係通知，放課後児童健全育成事業関係通知，児童委員関係通知，その他の児童健全育成事業関係通知，交付要綱通知），第3部 関係資料（関係法律等，資料，審議会答申等，その他）

児童健全育成ハンドブック　平成17年度版　児童手当制度研究会監修　中央法規出版　2005.8　850p　21cm　3600円　①4-8058-4609-7

(目次)第1部 児童健全育成の概要（児童健全育成の概要，児童健全育成対策の各機関の概要，児童健全育成の各施策の概要），第2部 児童健全育成関係通知（児童厚生施設設置運営関係通知，健全育成事業関係通知，健全育成施設整備関係通知，児童委員関係通知，事故防止・安全管理関係通知，関連通知），第3部 関係資料（関係法

律等，資料，審議会答申等，その他）

児童健全育成ハンドブック　平成18年度版
児童手当制度研究会監修　中央法規出版　2006.9　842p　21cm　3600円　Ⓘ4-8058-4665-8
(目次)第1部 児童健全育成の概要（児童健全育成の概要，児童健全育成対策の各機関の概要，児童健全育成の各施策の概要），第2部 児童健全育成関係通知（児童厚生施設設置運営関係通知，健全育成事業関係通知，健全育成施設整備関係通知 ほか），第3部 関係資料（関係法律等，資料，審議会答申等 ほか）

児童健全育成ハンドブック　平成19年度版
児童手当制度研究会監修　中央法規出版　2007.7　886p　21cm　3600円　Ⓘ978-4-8058-4750-3
(目次)第1部 児童健全育成の概要（児童健全育成の概要，児童健全育成対策の各機関の概要，児童健全育成の各施策の概要），第2部 児童健全育成関係通知（児童厚生施設設置運営関係通知，健全育成事業関係通知，健全育成施設整備関係通知，児童委員関係通知，事故防止・安全管理関係通知，関連通知），第3部 関係資料（関係法律等，資料，審議会答申等，その他）

◆児童福祉

<書 誌>

児童福祉関係図書目録 45／94　日外アソシエーツ編　日外アソシエーツ，紀伊国屋書店〔発売〕　1999.11　676p　21cm　27000円　Ⓘ4-8169-1572-9
(目次)福祉制度・政策，社会と児童，母子保健，家庭環境，保育，学校と福祉，児童研究
(内容)児童福祉に関する図書を網羅的に集め，テーマ別に列列した図書目録。1945年（昭和20年）から1994年（平成6年）までの戦後50年間に日本国内で刊行された商業出版物，政府刊行物，私家版など10978点を収録。見出しとして，「福祉制度・政策」「社会と児童」「母子保健」「家庭環境」「保育」「学校と福祉」「児童研究」の7テーマを設ける。掲載データは，書名，副書名，巻次，各巻書名，著者表示，版表示，出版地，出版者，出版年月，ページ数または冊数，大きさ，叢書名，叢書番号，注記，定価（刊行時），ISBN，NDC，内容など。五十音順の著者名索引と事項名索引付き。

児童福祉関係図書目録 1995-2004　日外アソシエーツ編　日外アソシエーツ　2005.3　716p　21cm　27000円　Ⓘ4-8169-1898-1
(目次)福祉制度・政策（社会福祉一般，児童福祉一般 ほか），社会と児童（社会と児童一般，戦争と子ども（日本）ほか），母子保健（母子保健一般，法律 ほか），家庭環境（家庭環境一般，法律 ほか），保育（保育一般，地域社会と子育て，育児論），学校と福祉（学校と福祉一般，教育相談・学校カウンセリング ほか），児童研究（児童研究一般，こども観 ほか）
(内容)児童福祉に関する図書8830点の目録。子どもの権利に関する条約，児童養護，家庭環境，親子関係，児童心理，育児休業法，児童虐待，学校カウンセリングなど幅広く収録しテーマ別に分類。「著者名索引」「事項名索引」付き。

児童養護　別冊　児童養護1・2総目次集
網野武博，柏女霊峰，新保幸男編　日本図書センター　2008.5　125p　21cm　（児童福祉文献ライブラリー シリーズ2）　Ⓘ978-4-284-30186-2,978-4-284-30175-6　Ⓝ369.4
(内容)児童福祉の黎明期にあたる1940年代から転換期にあたる1970年代までの重要文献・資料を複刻刊行する「児童養護」シリーズの目次集。第1期全10巻，第2期全10巻の収録文献の目次を掲載する。

<事 典>

子どもの教育と福祉の事典　田中未来，井上肇，待井和江，松本峰雄，三神敬子編　建帛社　1992.11　417p　19cm　2500円　Ⓘ4-7679-7528-X
(目次)総論編（人間の子ども，子ども観の変遷，子どもの権利，子どもの発達，子どもの教育 ほか），教育編（就学前教育＝保育，保育所・幼稚園の保育，保育の方法と形態 ほか），福祉編（児童養護，子どもの施設養護，児童福祉施設の運営・管理 ほか）

子どもの教育と福祉の事典　改訂版　田中未来，井上肇，待井和江，松本峰雄，三神敬子編　建帛社　2000.1　417p　19cm　2600円　Ⓘ4-7679-7532-8　Ⓝ376.1
(目次)総論編（人間の子ども，子ども観の変遷，子どもの権利，子どもの発達，子どもの教育，子どもの福祉，子どもに関する制度，子どもと環境），教育編（就学前教育＝保育，保育所・幼稚園の保育，保育の方法と形態，子どもの保健と安全，障害児の保育，保育の施設と設備，保育所・幼稚園の経営，保育者，保育研究，保育

所・幼稚園と家庭及び地域社会，保育の課題と今後の展望），福祉編（児童養護，子どもの施設養護，児童福祉施設の運営・管理，施設職員，児童福祉施設と家庭及び地域社会，児童福祉施設の課題と展望）

保育者のための教育と福祉の事典　大嶋恭二，岡本富郎，倉戸直実，松本峰雄，三神敬子編　建帛社　2012.5　377p　19cm　〈文献あり　索引あり〉　2800円　①978-4-7679-3293-4　Ⓝ376.1

〈目次〉1 基本編（子どもと保育・教育・福祉，子どもと法，子どもの教育・福祉のための機関 ほか），2 教育編（保育所の保育・幼稚園の教育，保育の原理，保育内容 ほか），3 福祉・養護編（保育における児童福祉，現代社会と児童・家庭，児童福祉の意義とその歴史的展開 ほか）

＜辞　典＞

子育て支援用語集　山内昭道監修，太田光洋，平山祐一郎，渡辺弥生，熊沢幸子，松川秀夫編著　同文書院　2005.4　201p　18cm　1500円　①4-8103-0029-3

〈目次〉1 子育て支援総論（子育ての概念，子育て支援とは ほか），2 支援の内容と方法（保育所，幼稚園 ほか），3 発達・臨床（発達，発達心理学 ほか），4 保健・栄養（妊娠と出産，周産期医療 ほか），5 制度・歴史（児童権利条約，児童福祉法 ほか）

＜ハンドブック＞

家庭訪問型子育て支援ハンドブック　子ども・家庭・地域が変わる　日々の支援に役立つ技とコツ　家庭訪問型子育て支援研究会編，西郷泰之，森山千賀子，野田敦史監修　明石書店　2013.12　138p　21cm　1800円　①978-4-7503-3934-4　Ⓝ369.4

〈目次〉第1章 新しい支援・家庭訪問型子育て支援（ホーム・ビジティング）の出現（期待が高まる「家庭訪問」という新しい支援，家庭訪問型子育て支援（ホーム・ビジティング）の歴史，家庭訪問もいろいろ，より積極的な子育て支援への取り組みを），第2章 家庭訪問型子育て支援の実際（家庭訪問を行うにあたっての基本姿勢，家庭訪問場面で行うこと），第3章 各家庭訪問型子育て支援事業の特徴とその内容（各家庭訪問型支援事業の全体像，周産期の訪問事業，訪問保育サービス―在宅で行われる保育としては，母子家庭等日常生活支援事業，養育支援訪問事業，ホームスタート），第4章 家庭訪問型子育て支援の質の向上を目指して（ソーシャルワークとしての家庭訪問支援であることの理解，所属団体のバックアップと育成システムの理解）

〈内容〉家庭訪問型子育て支援の概要や基本の実践方法をはじめ，周産期の訪問・訪問保育・ひとり親への支援といった事業種類別の実践方法，訪問支援のコーディネーターが留意することを，イラストを多用し解説する。▽文献：p136

子育て支援ハンドブック　日本小児科学会・日本小児保健協会・日本小児科医会・日本小児科連絡協議会ワーキンググループ編　日本小児医事出版社　2011.11　622p　30cm　5000円　①978-4-88924-215-7

〈目次〉乳幼児健診―総論，健診のポイント，子育て支援とは，さまざまな保護者への対応，子育てとその周辺，発達の評価，栄養とその評価・よくある問題点，歯科保健，保育園・幼稚園，予防接種，児童虐待とその周辺，障害（事故）予防，障害を抱えた子どもたちとその周辺

子育て支援ハンドブック　チェック版　日本小児科学会・日本小児保健協会・日本小児科医会・日本小児科連絡協議会ワーキンググループ編　日本小児医事出版社　2011.11　145p　21cm　〈付属資料：CD1〉　2500円　①978-4-88924-216-4

〈目次〉1 乳幼児健診：総論，2 健診のポイント，3 子育て支援とは，4 発達の評価，5 栄養とその評価・よくある問題点，6 歯科保健，7 予防接種，8 児童虐待，9 傷害（事故）予防，10 障害を抱えた子どもたちとその周辺

子供を持つ母親が安心して働くことができるために　児童福祉対策等に関する行政監察結果から　総務庁行政監察局編　大蔵省印刷局　1998.8　209p　30cm　1800円　①4-17-196311-7

〈目次〉第1 監察の目的等，第2 監察結果（ニーズの変化に対応した保育施策の展開，3歳以上就学前児童に係る保育サービスの総合化，要保護児童の福祉対策の充実）

子ども・家族の自立を支援するために　子ども自立支援ハンドブック　児童自立支援対策研究会編　日本児童福祉協会　2005.6　511p　21cm　3000円　①4-930918-02-2

〈目次〉第1部 基本編（子ども自立支援の理念について，子どもの権利擁護 ほか），第2部 技術編（基本事項）（子ども自立支援課程，子ども理解

（アセスメント）と子ども自立支援計画 ほか），第3部 技術編（技術的事項）（施設の自立支援・養育環境づくり，生活支援の基本 ほか），第4部 年長の子どもの自立支援（就労・就学支援，アフターケア），第5部 資料編（法令・各種通知関係）

⑳内容⑳施設で生活する子どもとかかわる人に，子どもの自立を支援するには，あるいはその家族を支援するにはどのようにかかわればいいのか，その一助となるために作成した。

子ども手当ハンドブック 未来へのスタート 2010 矢崎公二著 大空出版 2010.4 241,3p 19cm 〈文献あり〉 1400円 Ⓘ978-4-903175-28-7 Ⓝ369.4

⑳目次⑳第1章「子ども手当」の誕生，第2章 子育て支援に成功したフランス，第3章 そもそも子ども手当とは?，第4章 他の国々の状況はどうなっているのか，第5章 日本は世界一の少子高齢社会，第6章 少子化が進むと，どうなるニッポン，第7章 これまでの政府の取り組み，第8章 少子化対策が失敗したわけ，第9章 22年度「子ども手当」の中身，第10章「子ども手当」素朴な疑問—こんな時，どうなるの?，第11章 資料編

⑳内容⑳昨年の衆議院選で新聞記者から1年生議員になった矢崎公二氏が「子ども手当」の成り立ちや理念，目的を分かりやすく解説。また法案成立の立役者ともいうべき小宮山洋子・林久美子・西村智奈美議員にもインタビュー。さらに，子育て支援に成功したフランスの例も取り上げ，在日フランス大使館の参事官に話しを聞くなど精力的に取り組み，「子供は社会で育てる」という日本の未来への第一歩を著す。

児童福祉の原理と展開 一番ヶ瀬康子監修，山田勝美，近江宣彦著 一橋出版 1999.10 111p 21cm （介護福祉ハンドブック） 800円 Ⓘ4-8348-0048-2

⑳目次⑳1 現代社会と子どもと家庭—子どもと家庭の今を生きるかたち，2 児童福祉の理念と子どもの権利，3 児童福祉サービス供給体制の概要，4 育成系サービス，5 ひとり親家庭サービス，6 療育サービス，7 児童養護系サービス，8 これからの児童福祉の方向性とその課題

⑳内容⑳子育ての意味，それは，私たちが生きていく時に失う危険性のある自己存在の意味や人間に対する信頼というものを確認させてくれる機会，そんなふうに思います。そして，このような貴重な機会だからこそ，子どもとのかかわりを大切にできるのだと思います。そしてこのような姿勢でいれば，子どもの権利を大切にできるようにも思います。子どもとかかわることの意味を問うこと，それは子どもとの位置を対等に近づける役割を果たすのかもしれません。著者自身そのようなことを考えることが今大切ではないかと思っております。子どもたちの21世紀を輝かしいものにするために何を考えることが必要なのでしょうか。本書がそうしたことを問い直す契機になればと願っております。

民生委員・児童委員のための子ども・子育て支援実践ハンドブック 児童虐待への対応を中心とした60のQ&A 小林雅彦著 中央法規出版 2014.3 168p 21cm 1200円 Ⓘ978-4-8058-3985-0

⑳目次⑳第1編 総論編（子ども・子育て支援の全体像を知る），第2編 制度編（子ども・子育て支援と児童虐待防止に関連する法制度，子ども・子育て支援と児童虐待防止にかかわる行政機関等），第3編 実践編（子どもをめぐるさまざまな問題の現状と対応の原則—児童虐待を中心として，児童委員として取り組む児童虐待防止と相談支援活動），資料編

Leaving Care 児童養護施設職員のための自立支援ハンドブック 改訂4版 東京都社会福祉協議会児童部会リービングケア委員会編 東京都社会福祉協議会 2008.5 110p 26cm 952円 Ⓘ978-4-903290-94-2 Ⓝ369.4

⑳目次⑳1 General Support—すべての子どもに必要な支援（自立支援と子どもの権利，自立支援計画書の策定，家族関係の支援 ほか），2 Support of the Course—進路を切り拓くための支援（子ども達が進路を切り拓くために，中学生の進路選択，高校を卒業するための支援 ほか），3 Special Support—特定の課題への支援（自立が困難な子どもの支援，行動上の問題への対応，不登校児童への支援 ほか）

<法令集>

改正児童福祉法新旧対照条文集 信山社編 信山社出版 1997.6 70p 21cm （改正新法シリーズ 2） 1000円 Ⓘ4-7972-1582-8

⑳目次⑳1 改正児童福祉法新旧対照条文，2 改正児童福祉法関連改正法新旧対照条文（社会福祉事業法，母子及び寡婦福祉法，地方自治法，少年法，身体障害者福祉法，生活保護法，国有財産特別措置法，国民健康保険法，社会福祉施設職員等退職手当共済法，地震防災対策強化地域における地震対策緊急整備事業に係る国の財政

上の特別措置に関する法律,地震防災対策特別措置法,介護保険法施行法―案)

児童手当関係法令通知集 平成12年版 児童手当制度研究会監修 中央法規出版 2000.8 359p 21cm 2500円 Ⓘ4-8058-4279-2 Ⓝ369.4

(目次)1 法令編(児童手当法,児童手当法施行令,児童手当法施行規則,平成12年度における児童手当法に基づき一般事業主から徴収する拠出金に係る拠出金率を定める政令 ほか),2 通知編(施行通知,事務取扱要領「事務取扱準則」,財務「児童手当交付金」),3 疑義回答編(監護要件及び生計要件,住所要件,所得要件,認定及び支給,公務員,その他,特例給付関係)

(内容)児童手当関係の法令通知集。児童手当報,児童手当法施行令などの法令編、施行通知・事務取扱要領・財務についての通知編、看護要件及び生計要件,住所要件など質疑照会通知等を内容により整理した質疑応答の3編で構成。法令等の内容は平成12年8月7日現在。

児童手当関係法令通知集 平成13年版 児童手当制度研究会監修 中央法規出版 2001.7 382p 21cm 2500円 Ⓘ4-8058-4354-3 Ⓝ366.45

(目次)1 法令編,2 通知編(施行通知,事務取扱要領,財務),3 疑義回答編(監護要件及び生計要件,住所要件,所得要件,認定及び支給,公務員,その他,特例給付関係)

(内容)児童手当の関係法令を収録した法令資料集。法令編、通知編、疑義回答編で構成する。内容は2001年7月3日現在。

児童手当関係法令通知集 平成14年版 児童手当制度研究会監修 中央法規出版 2002.7 387p 21cm 2500円 Ⓘ4-8058-4413-2

(目次)1 法令編,2 通知編(施行通知,事務取扱要領,財務),3 疑義回答編(監護要件及び生計要件,住所要件,所得要件 ほか)

児童手当関係法令通知集 平成15年版 児童手当制度研究会監修 中央法規出版 2003.7 387p 22×16cm 2500円 Ⓘ4-8058-4486-8

(目次)1 法令編,2 通知編(施行通知,事務取扱要領,財務),3 疑義回答編(監護要件及び生計要件,住所要件,所得要件,認定及び支給,公務員,その他,特例給付関係)

児童手当関係法令通知集 平成16年版 児童手当制度研究会監修 中央法規出版 2004.9 396p 21cm 2500円 Ⓘ4-8058-4551-1

(目次)1 法令編(児童手当法,児童手当法施行令,児童手当法施行規則 ほか),2 通知編(施行通知,事務取扱要領,財務),3 疑義回答編(監護要件及び生計要件,住所要件,所得要件 ほか)

児童手当関係法令通知集 平成17年版 児童手当制度研究会監修 中央法規出版 2005.6 370p 21cm 2500円 Ⓘ4-8058-4605-4

(目次)1 法令編(児童手当法(昭和46年5月27日法律第73号),児童手当法施行令(昭和46年9月4日政令第281号),児童手当法施行規則(昭和46年9月4日厚生省第33号) ほか),2 通知編(施行通知,事務取扱要領,財務),3 疑義回答編(監護要件及び生計要件,住所要件,所得要件,認定及び支給,公務員,その他,特例給付関係)

児童手当関係法令通知集 平成18年版 児童手当制度研究会監修 中央法規出版 2006.8 386p 21cm 2500円 Ⓘ4-8058-4673-9

(目次)1 法令編(児童手当法,児童手当法施行令,児童手当法施行規則 ほか),2 通知編(施行通知,事務取扱要領,財務),3 疑義回答編(監護要件及び生計要件,住所要件,所得要件 ほか)

児童手当関係法令通知集 平成19年版 児童手当制度研究会監修 中央法規出版 2007.6 394p 21cm 2500円 Ⓘ978-4-8058-4739-8

(目次)1 法令編(児童手当法,児童手当法施行令,児童手当法施行規則 ほか),2 通知編(施行通知,事務取扱要領,財務),3 疑義回答編(監護要件及び生計要件,住所要件,所得要件 ほか)

児童手当関係法令通知集 平成24年版 中央法規出版 2012.8 581p 21cm 3000円 Ⓘ978-4-8058-3693-4

(目次)1 法令編(児童手当法,児童手当法施行令,児童手当法施行規則 ほか),2 通知編(施行通知,事務処理要領,財務),3 疑義回答・Q&A編(疑義回答,Q&A)

児童福祉六法 平成3年版 厚生省児童家庭局編 中央法規出版 1990.11 1570p 19cm 4600円 Ⓘ4-8058-0773-3 Ⓝ369.4

(目次)第1章 児童福祉,第2章 児童手当・児童扶養手当・特別児童扶養手当等,第3章 母子及び寡婦福祉,第4章 母子保健,第5章 精神薄弱者福祉・心身障害者福祉協会,第6章 関係法令・条約,第7章 資料

(内容)児童福祉法を始めとする児童福祉関係法令から、政令、省令、告示、通知までを収録。

毎年見直しを行っており，本年版は平成2年10月20日現在。

児童福祉六法　平成4年版　厚生省児童家庭局編　中央法規出版　1991.11　1764p　19cm　4800円　Ⓘ4-8058-0894-2　Ⓝ369.4
(目次)第1章 児童福祉，第2章 児童手当・特別児童扶養手当等，第3章 母子及び寡婦福祉，第4章 母子保健，第5章 精神薄弱者福祉・心身障害者福祉協会，第6章 関係法令・条約，第7章 資料

児童福祉六法　平成5年版　厚生省児童家庭局編　中央法規出版　1992.11　1764p　19cm　5000円　Ⓘ4-8058-1042-4
(目次)第1章 児童福祉，第2章 児童手当・児童扶養手当・特別児童扶養手当等，第3章 母子及び寡婦福祉，第4章 母子保健，第5章 精神薄弱者福祉・心身障害者福祉協会，第6章 関係法令・条約，第7章 資料

児童福祉六法　平成6年版　厚生省児童家庭局編　中央法規出版　1993.11　1814p　19cm　5200円　Ⓘ4-8058-1174-9
(目次)第1章 児童福祉，第2章 児童手当・児童扶養手当・特別児童扶養手当等，第3章 母子及び寡婦福祉，第4章 母子保健，第5章 精神薄弱者福祉・心身障害者福祉協会，第6章 関係法令・条約，第7章 資料
(内容)児童福祉法を始めとする児童福祉関係法令・政省令・告示・通知を網羅収録した法令集。巻頭に五十音順法令索引，法令名略語一覧を付す。

児童福祉六法　平成7年版　厚生省児童家庭局編　中央法規出版　1994.11　1964p　19cm　5400円　Ⓘ4-8058-1294-X　Ⓝ369.4
(目次)第1章 児童福祉，第2章 児童手当・児童扶養手当・特別児童扶養手当等，第3章 母子及び寡婦福祉，第4章 母子保健，第5章 精神薄弱者福祉・心身障害者福祉協会，第6章 関係法令・条約，第7章 資料
(内容)児童福祉法を始めとする児童福祉関係法令・政省令・告示・通知を網羅収録した法令集。平成6年11月1日内容現在。巻末資料には答申・宣言等を収める。巻頭に五十音順法令索引，法令名略語一覧を付す。

児童福祉六法　平成8年版　厚生省児童家庭局編　中央法規出版　1995.11　1969p　19cm　5400円　Ⓘ4-8058-4009-9
(目次)第1章 児童福祉，第2章 児童手当・児童扶

養手当・特別児童扶養手当等，第3章 母子及び寡婦福祉，第4章 母子保健，第5章 精神薄弱者福祉・心身障害者福祉協会，第6章 関係法令・条約，第7章 資料

児童福祉六法　平成9年版　厚生省児童家庭局編　中央法規出版　1996.11　2067p　19cm　5459円　Ⓘ4-8058-4062-5
(目次)第1章 児童福祉，第2章 児童手当・児童扶養手当・特別児童扶養手当等，第3章 母子及び寡婦福祉，第4章 母子保健，第5章 精神薄弱者福祉・心身障害者福祉協会，第6章 関係法令・条約

児童福祉六法　平成10年版　児童福祉法規研究会監修　中央法規出版　1998.1　2154p　19cm　5400円　Ⓘ4-8058-4121-4
(目次)第1章 児童福祉，第2章 児童手当・児童扶養手当，第3章 母子及び寡婦福祉，第4章 母子保健等，第5章 精神薄弱者福祉・心身障害者福祉協会，第6章 関係法令・条約，第7章 資料

児童福祉六法　平成11年版　児童福祉法規研究会監修　中央法規出版　1999.1　2154p　19cm　5400円　Ⓘ4-8058-4181-8
(目次)第1章 児童福祉，第2章 児童手当・児童扶養手当・特別児童扶養手当，第3章 母子及び寡婦福祉，第4章 母子保健等，第5章 知的障害者福祉・心身障害者福祉協会，第6章 関係法令・条約，第7章 資料
(内容)児童福祉に関する、法、政・省令、告示、通知などを収録した法令集。内容は、1998年11月26日現在。五十音索引付き。

児童福祉六法　平成12年版　児童福祉法規研究会監修　中央法規出版　2000.2　2170p　19cm　5500円　Ⓘ4-8058-4240-7　Ⓝ369.4
(目次)第1章 児童福祉，第2章 児童手当・児童扶養手当・特別児童扶養手当，第3章 母子及び寡婦福祉，第4章 母子保健等，第5章 知的障害者福祉・心身障害者福祉協会，第6章 関係法令・条約，第7章 資料
(内容)児童福祉に関する法律、政・省令、告示、通知を収録した法令集。内容は2000年1月30日現在。巻頭に五十音順索引付き。

児童福祉六法　平成13年版　児童福祉法規研究会監修　中央法規出版　2000.12　2230p　19cm　5500円　Ⓘ4-8058-4311-X　Ⓝ369.4
(目次)第1章 児童福祉，第2章 児童手当・児童扶養手当・特別児童扶養手当，第3章 母子及び寡婦福祉，第4章 母子保健等，第5章 知的障害者

福祉・心身障害者福祉協会，第6章 関係法令・条約，第7章 資料
(内容)児童福祉関係の法・政・省令，告示，通知を7章に分けて収録した法令集。内容は平成12年11月15日現在。巻頭に五十音順索引あり。

児童福祉六法　平成14年版　児童福祉法規研究会監修　中央法規出版　2001.12　2303p　19cm　5500円　①4-8058-4374-8　Ⓝ369.4
(目次)第1章 児童福祉，第2章 児童手当・児童扶養手当・特別児童扶養手当，第3章 母子及び寡婦福祉，第4章 母子保健等，第5章 知的障害者福祉・心身障害者福祉協会，第6章 関係法令・条約，第7章 資料
(内容)児童福祉関連実務従事者向けに法令、政・省令、告示、通知まで体系的に編集した法令集。内容は2001年11月15日現在。

児童福祉六法　平成15年版　児童福祉法規研究会監修　中央法規出版　2002.11　2634p　19cm　5500円　①4-8058-4438-8　Ⓝ369.4
(目次)第1章 児童福祉，第2章 児童手当・児童扶養手当・特別児童扶養手当，第3章 母子及び寡婦福祉，第4章 母子保健等，第5章 知的障害者福祉・心身障害者福祉協会，第6章 関係法令・条約，第7章 資料
(内容)児童福祉関連実務従事者向けに、法令、政・省令、告示、通知まで体系的に編集した法令集。内容は平成14年10月24日現在のもの。児童福祉、児童手当・児童扶養手当・特別児童扶養手当、母子及び寡婦福祉、母子保健等、知的障害者福祉・心身障害者福祉協会、関係法令・条約、資料の7章からなる。巻頭に五十音索引を付す。

児童福祉六法　平成16年版　児童福祉法規研究会監修　中央法規出版　2003.11　2992p　19cm　5600円　①4-8058-4499-X
(目次)第1章 児童福祉，第2章 児童手当・児童扶養手当・特別児童扶養手当，第3章 母子及び寡婦福祉，第4章 母子保健等，第5章 知的障害者福祉・独立行政法人国立重度知的障害者総合施設のぞみの園，第6章 関係法令・条約，第7章 資料
(内容)本書は、児童福祉に携わる方々のために、簡便かつ実用的であることを旨とし、法はもとより政・省令、告示、通知に至るまで体系的に編集した。平成十五年十一月一日現在の内容。

児童福祉六法　平成17年版　児童福祉法規研究会監修　中央法規出版　2005.1　3054p　19cm　5600円　①4-8058-4563-5
(目次)第1章 児童福祉，第2章 児童手当・児童扶養手当・特別児童扶養手当，第3章 母子及び寡婦福祉，第4章 母子保健等，第5章 知的障害者福祉・独立行政法人国立重度知的障害者総合施設のぞみの園，第6章 関係法令・条約，第7章 資料

児童福祉六法　平成18年版　児童福祉法規研究会監修　中央法規出版　2005.11　2899p　19×14cm　5600円　①4-8058-4631-3
(目次)第1章 児童福祉等，第2章 児童手当・児童扶養手当・特別児童扶養手当，第3章 母子及び寡婦福祉，第4章 母子保健等，第5章 知的障害者福祉，第6章 関係法令・条約，第7章 資料
(内容)本書は、児童福祉に携わる方々のために、簡便かつ実用的であることを旨とし、法はもとより政・省令、告示、通知に至るまで体系的に編集した。

児童福祉六法　平成19年版　児童福祉法規研究会監修　中央法規出版　2006.11　2505p　19cm　5600円　①4-8058-4695-X
(目次)第1章 児童福祉等，第2章 児童手当・児童扶養手当・特別児童扶養手当，第3章 母子及び寡婦福祉，第4章 母子保健等，第5章 関係法令・条約，第6章 資料
(内容)児童福祉行政に携わる方のために必要な児童福祉法関係の法令・通知をまとめた実務六法。認定こども園法の収載。自立支援法施行に伴い大幅な構成替えをし、児童福祉行政に重点をおいて内容を整備。

児童福祉六法　平成20年版　児童福祉法規研究会監修　中央法規出版　2007.11　2505p　20×15cm　5600円　①978-4-8058-4774-9
(目次)第1章 児童福祉等（児童福祉，少子化社会対策，認定こども園，児童虐待の防止等，配偶者からの暴力の防止及び被害者の保護，児童買春，児童ポルノ），第2章 児童手当・児童扶養手当・特別児童扶養手当，第3章 母子及び寡婦福祉，第4章 母子保健等（母子保健，母体保護），第5章 関係法令・条約，第6章 資料
(内容)児童手当法の改正、放課後子どもプラン通知の収載。児童福祉行政の豊富な法令・通知を項目ごとに収載。主要な法律には法の概要を収載。

児童福祉六法　平成21年版　児童福祉法規研究会監修　中央法規出版　2008.12　10,2605p　19cm　5800円　①978-4-8058-4847-0　Ⓝ369.4
(目次)第1章 児童福祉等，第2章 児童手当・児童

扶養手当・特別児童扶養手当，第3章 母子及び寡婦福祉，第4章 母子保健等，第5章 関係法令・条約，第6章 資料

(内容)児童虐待防止法関連通知の収載。保育所保育指針告示の収載。児童福祉行政の豊富な法令・通知を項目ごとに収載。主要な法律には法の概要を収載。児童福祉に携わる方のための実務六法。

児童福祉六法　平成22年版　児童福祉六法編集委員会編　中央法規出版　2009.12　1冊　19cm　〈索引あり〉　6000円　①978-4-8058-4907-1　⑩369.4

(目次)第1章 児童福祉等，第2章 児童手当・児童扶養手当・特別児童扶養手当，第3章 母子及び寡婦福祉，第4章 母子保健等，第5章 関係法令・条約，第6章 資料

(内容)児童福祉行政の重要な法令はもちろんのこと、事業の実施に必要な重要通知やガイドラインを収載。22年版では、子育て支援事業の法定化、里親制度の改正、要保護児童対策協議会の機能強化、施設内虐待の防止など改正内容が盛りだくさん。

児童福祉六法　平成23年版　中央法規出版　2010.12　1冊　19cm　〈索引あり〉　6000円　①978-4-8058-3391-9　⑩369.4

(目次)第1章 児童福祉等，第2章 児童手当・児童扶養手当・特別児童扶養手当，第3章 母子及び寡婦福祉，第4章 母子保健等，第5章 関係法令・条約，第6章 資料

(内容)児童福祉法をはじめ児童福祉関連の法令・通知・ガイドラインを幅広く収載。本年版の主な改正内容：児童扶養手当法の改正、保育士養成課程の見直し、児童虐待防止関連の最新通知、他。

児童福祉六法　平成24年版　中央法規出版　2012.1　2494p　19cm　〈索引あり〉　6000円　①978-4-8058-3585-2　⑩369.4

(目次)第1章 児童福祉等，第2章 児童手当・児童扶養手当・特別児童扶養手当，第3章 母子及び寡婦福祉，第4章 母子保健等，第5章 関係法令・条約，第6章 資料

(内容)児童福祉法をはじめ児童福祉関連の法令・通知を体系的に編集。地域主権改革による改正や児童福祉法施行規則改正による里親制度の改正を盛り込み発行。

児童福祉六法　平成25年版　中央法規出版　2013.1　1冊　19cm　〈索引あり〉　6000円　①978-4-8058-3754-2　⑩369.4

(目次)第1章 児童福祉，第2章 子育て支援，第3章 児童手当・児童扶養手当，第4章 母子及び寡婦福祉，第5章 母子保健・母体保護，第6章 関係法令，第7章 資料

(内容)新しい「児童手当法」や「子ども・子育て支援法」を新規収載。

児童福祉六法　平成26年版　中央法規出版　2013.12　2289p　19cm　6000円　①978-4-8058-3957-7

(目次)第1章 児童福祉，第2章 子育て支援，第3章 児童手当・児童扶養手当，第4章 母子及び寡婦福祉，第5章 母子保健・母体保護，第6章 関係法令，第7章 資料

児童保護措置費・保育所運営費手帳　平成16年度版　日本児童福祉協会　2005.1　791p　21cm　3500円

(目次)1 児童保護措置費・保育所運営費制度の概説(支弁、徴収及び国庫負担の関係、保護単価又は保育単価、徴収基準、地方公共団体における経理、内容改善の経過、その他)，2 児童入所施設措置費関係(児童福祉法による児童入所施設措置費等国庫負担金について、「児童福祉法による児童入所施設措置費等国庫負担金について」通知の施行について ほか)，3 保育所運営費関係(児童福祉法による保育所運営費国庫負担金について、「児童福祉法による保育所運営費国庫負担金について」通知の施行について ほか)，4 児童入所施設措置費・保育所運営費共通事項関係(措置費等(運営費)支弁台帳について、児童福祉施設(児童家庭所管施設)における施設機能強化推進費について ほか)，5 関連法令・通達関係(国家公務員の俸給表、一般職の職員の給与に関する法律(抄) ほか)

児童保護措置費・保育所運営費手帳　平成19年度版　日本児童福祉協会　2007.11　766p　21cm　3800円　①978-4-930918-11-6

(目次)1 児童保護措置費・保育所運営費制度の概説(支弁、徴収及び国庫負担の関係、保護単価又は保育単価 ほか)，2 児童入所施設措置費関係(児童福祉法による児童入所施設措置費等国庫負担金について、「児童福祉法による児童入所施設措置費等国庫負担金について」通知の施行について ほか)，3 保育所運営費関係(児童福祉法による保育所運営費国庫負担金について、「児童福祉法による保育所運営費国庫負担金について」通知の施行について ほか)，4 児童入所施設措置費・保育所運営費共通事項関係(措置費等(運営費)支弁台帳について、児童福

祉施設（児童家庭局所管施設）における施設機能強化推進費について ほか），5 関連法令・通達関係（国家公務員の俸給表，一般職の職員の給与に関する法律（抄） ほか）

児童保護措置費保育所運営費事務手帳　平成23年度版　日本児童福祉協会　2011.9　772p　21cm　4300円　①978-4-930918-21-5　Ⓝ369.4

(目次)1 児童保護措置費・保育所運営費制度の概説（支弁，徴収及び国庫負担の関係，保護単価又は保育単価 ほか），2 児童入所施設措置費関係（児童福祉法による児童入所施設措置費等国庫負担金について，「児童福祉法による児童入所施設措置費等国庫負担金について」通知の施行について ほか），3 保育所運営費関係（児童福祉法による保育所運営費国庫負担金について，「児童福祉法による保育所運営費国庫負担金について」通知の施行について ほか），4 児童入所施設措置費・保育所運営費共通事項関係（措置費等（運営費）支弁台帳について，児童福祉施設（児童家庭局所管施設）における施設機能強化推進費について ほか），5 関連法令・通達関係（国家公務員の俸給表，一般職の職員の給与に関する法律（抄） ほか）

新・児童福祉法正文　正文増補版　信山社編　信山社出版　1997.11　413p　21cm　（改正新法シリーズ 3）　6000円　①4-7972-1633-6

(目次)1 新・児童福祉法正文，2 新・児童福祉法新旧対照条文，3 新・児童福祉法関連改正法新旧対照条文，4 児童福祉法等の一部改正法施行関係政令の整備に関する政令，5 児童福祉法施行規則等の一部改正省令，6 新・児童福祉法等の施行関係法（案）他について

<年鑑・白書>

東京都内子ども家庭支援センター実態調査報告書　事業活動の実態から見える次世代育成支援に向けた課題　東京都社会福祉協議会　2004.3　101p　30cm　762円　①4-902198-37-1

(目次)1 序編—実態調査報告書のあらまし，2 本編—実態調査の結果（施設の現況，事業運営，職員体制と研修，広報活動，相談事業，ケースマネジメント，関係機関との連携，地域活性化活動），3 資料編—個別集計結果表と自由記述一覧

保育年報　児童福祉法の改正をふまえて　1998‐1999　新しい時代の保育所の役割　全国保育協議会編　全国社会福祉協議会　1999.5　175p　26cm　2000円　①4-7935-0489-2

(目次)1 社会福祉基礎構造改革と保育所，2 少子社会と保育所，3 児童福祉法改正元年，4 保育界の動向，5 保育関係資料，6 保育史年表—1997（平成9）年〜1999（平成11）年

<統計集>

子育て支援データ集　2005　生活情報センター編集部編　生活情報センター　2004.12　350p　30cm　14800円　①4-86126-144-9

(目次)第1章 官庁統計によるデータ（人口推計，将来推計人口 ほか），第2章 国が実施した調査（国民生活，社会意識 ほか），第3章 自治体が実施した調査（東京の子どもと家庭，北海道の道民ニーズ ほか），第4章 団体・民間企業等が実施した調査（育児・介護と雇用環境，育児・介護と仕事の両立 ほか），第5章 子育て（次世代育成）支援策に関する参考資料（少子化大綱，行動計画 ほか）

(内容)「子育て支援」に関するあらゆる分野の最新データを網羅したデータブック。

子育て支援データ集　2006年版　生活情報センター編集部編　生活情報センター　2006.8　331p　30cm　14800円　①4-86126-254-2

(目次)第1章 官庁統計によるデータ（人口推計，将来推計人口 ほか），第2章 国が実施した調査（国民生活，社会意識 ほか），第3章 自治体が実施した調査（家庭と社会生活，育児休業 ほか），第4章 団体・民間企業等が実施した調査（子育て，育児と仕事 ほか）

(内容)「子育て支援」に関するあらゆる分野の最新データを網羅したデータブック。各種の調査研究に最適。出産・育児支援制度は不十分74％、母子世帯の年間収入212万円で一般世帯年収の3割強、養育費等金銭的な負担が大きい71％など、最新データを豊富に収録。

◆◆障害児教育

<書　誌>

障害児教育図書総目録　no.12 1990　教育図書総目録刊行会　1990.2　224p　21cm　388円　Ⓝ378.031

(内容)障害児教育関係の図書を刊行している出版社の総合目録。教育原理・実践記録などテーマ別に排列。

障害児教育図書総目録　No.13（1991年版）　教育図書総目録刊行会　1991.3　222p　21cm　400円

⟨目次⟩事典・辞典・総記，医療，発達，心理，治療法，教育原理，教育課程・教育方法，社会・福祉，実践記録・エッセイ，視覚障害，聴覚・言語障害，知能障害，肢体不自由，病弱・身体虚弱，自閉症，情緒障害，重度・重複障害，精神保健，児童書・ビデオ，障害児教育関係雑誌一覧

特別支援教育図書総目録　no.31　2009年版　教育図書総目録刊行会　2009.2　173p　21cm　381円　Ⓟ978-4-905710-14-1　Ⓝ378.031

<事　典>

LD・ADHD等関連用語集　第3版　日本LD学会編　日本文化科学社　2011.1　195p　19cm　〈索引あり〉　1190円　Ⓟ978-4-8210-7351-1　Ⓝ378.033

⟨内容⟩教育学，心理学，医学，福祉学，リハビリテーション学など関連する領域から主として発達障害に関する416用語を収録した日本LD学会公式用語集第3版。新たに行動問題，障害者権利条約，など73用語を追加，アセスメント，自閉症スペクトラム障害，注意欠陥多動性障害など61用語を修正。巻末に見出し語と本文中の重要語を五十音順に配列した和文索引と見出し語と重要外国語をアルファベット順に配列した欧文事項索引が付く。

LD・学習障害事典　キャロル・ターキントン，ジョセフ・R.ハリス著，竹田契一監修，小野次朗，太田信子，西岡有香監訳　明石書店　2006.7　365p　21cm　〈原書名：The Encyclopedia of Learning Disabilities〉　7500円　Ⓟ4-7503-2360-8

⟨内容⟩LDに関する広範囲の用語や概念を収録した事典。配列はアルファベット順で各項目には欧文表記と日本語訳を併記。本編の他に略語一覧，参考資料，用語解説，参考文献，和文索引，欧文索引が付く。

言語障害　事例による用語解説　松本治雄，後上鉄夫編著　（京都）ナカニシヤ出版　2000.6　233p　21cm　2500円　Ⓟ4-88848-579-8

⟨目次⟩機能的構音障害―「センセイ」を「テンテイ」といってしまうFくん，脳性まひ―発声をうまくコントロールできないEちゃん，音声障害―腕白坊主のFちゃんの声がれ，自閉症―こだわりの強いK君，学習障害―集団の中での指示が理解しにくいH君，吃音（幼児）―ことばがつっかえ始めたGちゃん，口蓋裂―口唇・口蓋裂という障害を持つYさん，精神遅滞―6歳になっても片言しか話せないKちゃん，失語症―ことばをなくしたA君，難聴（幼児）―補聴器をつけてことばを覚えだしたT君，難聴（学童）―難聴学級に通うG君

⟨内容⟩本書では，日々出会う子ども達の生々しい問題事例を糸口として，その中に出てきた専門用語を知り，用語の意味を前後の文脈の中で捉えて理解を得ていくことをねらいとしています。また，その用語の関連用語として，あるいは，コラムとして，該当の分野に是非とも必要でないかと考えられる基本的な知識を得て，理解を深めていくことをねらいとして構成したものであります。

最新　子どもの発達障害事典　DSM‐5対応　原仁責任編集　合同出版　2014.12　143p　26cm　2500円　Ⓟ978-4-7726-1065-0

⟨目次⟩第1部 発達障害とはなんですか？（発達障害はどうして起こるのですか？），第2部 主な発達障害（LD（学習障害），ADHD（注意欠陥多動性障害），自閉症スペクトラム障害と広汎性発達障害，その他の発達障害―重なり合いと合併症状），第3部 専門的ケア―発達障害のある子どもへの支援（有効なプログラム・スキル―専門家による療育，家庭や学校でできること，特別支援教育，支援する専門職・専門機関・福祉制度）

⟨内容⟩子どもの発達障害に焦点をあて，医学的知識，教育現場で役にたつ情報を専門家がそれぞれの立場から事典の形にまとめました。イラストや図表，医師リストを盛り込んだ実用的な1冊。特別支援教育関係者必携!!

自閉症教育基本用語辞典　小林重雄監修，伊藤健次，野呂文行，熊谷恵子，園山繁樹，平雅夫，宮本信也編　学苑社　2012.7　276p　20cm　〈他言語標題：Dictionary of Education for Autistic Disorders　索引あり〉　3400円　Ⓟ978-4-7614-0748-3　Ⓝ378.033

⟨内容⟩現場でよく使われる用語や直面する課題への対応方法，そして社会自立に向けた項目を厳選，235項目を収録。1項目につき，1ページまたは2ページで紹介。最前線の現場で活躍する実践家による困った時にすぐに役立つハンディな事典。

自閉症百科事典　ジョンT.ネイスワース，パメラS.ウルフ編，小川真弓，徳永優子，吉田美樹訳，萩原拓監修　明石書店　2010.10　271p　22cm　〈文献あり　索引あり　原書名：The autism encyclopedia.〉　5500円
Ⓘ978-4-7503-3293-2　Ⓝ378.033
(内容)自閉症・自閉症スペクトラムとその他の広汎性発達障害の研究、治療関連の用語約800語を収録。配列は原語（英語）見出しのアルファベット順、見出し語、見出し語の見本語、解説からなり、巻末に日本語項目リストが付く。

障害児教育大事典　茂木俊彦，荒川智，佐藤久夫，杉山登志郎，高橋智ほか編　旬報社　1997.12　922p　26cm　30000円　Ⓘ4-8451-0507-1
(内容)障害児教育用語を解説、五十音順に配列した用語事典。巻頭にはジャンル別の項目案内（現代社会と障害者問題，障害児教育の原理，障害児教育の歴史，教育制度および財政，教育内容・方法，心理学，医療・保健，社会保障・社会福祉，雇用・就労，障害者の生活の質の充実，人物）がつき概観できるようになっている。総索引、人名索引、欧文索引がつく。

障害児教育用語辞典　英・仏・西・露・(独)-日　改訂版　ユネスコ原著，中野善達訳編　（藤沢）湘南出版社　1990.3　253p　22cm　〈原書名：Terminology of special education. rev. ed.／の翻訳〉　3500円
Ⓘ4-88209-010-4　Ⓝ378.033
(内容)異なる国々で障害児教育に関わる人々の間のコミュニケーションを促進するための用語ハンドブック。1977年にパリでユネスコから刊行された「特殊教育用語集」の改訂版。

障害児発達支援基礎用語事典　特別なニーズ教育に応えるためのキーワード110　小宮三弥，末岡一伯，今塩屋隼男，安藤隆男編　川島書店　2002.5　290p　21cm　3400円　Ⓘ4-7610-0761-3　Ⓝ378.033
(目次)ITPA／言語学習能力診断検査，アイデンティティ，アタッチメント／愛着行動，1事例研究計画，イデオ・サバン，遺伝子障害，インリアル，運動能発達検査，運動療法，応用行動分析〔ほか〕
(内容)障害児教育にとって最小限基本となる用語を解説した事典。全110項目を五十音順に排列し、英語表記、関連項目、参考文献、解説文を記載する。実践に関わる用語には適宜事例を付す。巻末にアルファベット順の人名索引、和文事項索引、欧文事項索引がある。

特別支援教育基本用語100　解説とここが知りたい・聞きたいQ&A　上野一彦，緒方明子，柘植雅義，松村茂治編　明治図書出版　2005.8　128p　22cm　1960円　Ⓘ4-18-012315-0　Ⓝ378.033

特別支援教育大事典　茂木俊彦〔ほか〕編　旬報社　2010.3　1043p　27cm　〈他言語標題：Encyclopedia of special needs education　索引あり〉　30000円　Ⓘ978-4-8451-1150-3　Ⓝ378.033
(内容)諸科学の最新の研究成果と歴史的視点を重視した正確でわかりやすい解説。生きいきとした子ども観、教育実践の指標＝11分野2000項目を収録。最新の障害児医学の研究成果をふまえた記述。引きやすく、読みやすい工夫と編集。総索引数5000、人名索引、欧文索引付。

特別支援コーディネーターに必要な基本スキル小事典　甲本卓司編，TOSS岡山サークルMAK著　明治図書出版　2008.9　135p　21cm　1860円　Ⓘ978-4-18-030719-7　Ⓝ378
(目次)第1章 特別支援を要する子の障害別特性と、効果のある指導（ADHDの子の特性と、効果のある指導，アスペルガー症候群の子の特性と、効果のある指導　ほか），第2章 特別支援を要する子への有効な指導法Q&A 学習指導編（授業中、後ろで遊んでしまう子がいます。どのようにしたらいいですか，字がていねいに書けない子がいます。どのように指導しますか？　ほか），第3章 特別支援を要する子への有効な指導法Q&A 生活指導編（休み時間になるといつも教師のそばに来て、ひっつく子がいます。ADHDの子に、リタリンを飲ませることになりました。どのようなことに配慮すると良いでしょうか？　ほか），第4章 特別支援を要する子への、各教科、領域での有効な指導（国語での有効な指導は何ですか？，算数での有効な指導は何ですか？　ほか）
(内容)あなたが、特別支援教育のコーディネーターになったら、何をどうする？おさえておかなければならない問題をQ&Aの形でわかりやすく解説。「こう聞かれたら、こう答えよう」という的確なアドバイスができるヒント集。

日本LD学会LD・ADHD等関連用語集　日本LD学会編　日本文化科学社　2004.8　132p　19cm　1190円　Ⓘ4-8210-7323-4
(内容)教育学、心理学、医学、福祉学、リハビリテーション学など関連する領域から主として

発達障害に関する用語を収録した用語集。配列は見出し語の五十音順、見出し語、見出し語の英語、解説文を記載、巻末に見出し語と本文中の重要語を五十音順に配列した索引が付く。

日本LD学会LD・ADHD等関連用語集
　第2版　日本LD学会編　日本文化科学社　2006.9　149p　19cm　1190円　ⓘ4-8210-7333-1
㊥教育学、心理学、医学、福祉学、リハビリテーション学など関連する領域における、主に発達障害に関する用語を選定し、解説した。本文は五十音順に排列。巻末に事項索引、欧文事項索引を収録。2004年刊に次ぐ第2版。

発達障害基本用語事典　日本発達障害学会監修　金子書房　2008.8　275p　18×11cm　2700円　ⓘ978-4-7608-3241-5　Ⓝ369.49
㊤医学（概論、診断・評価、治療、疾患と障害）、心理（発達領域とアセスメント、理論、研究法、支援アプローチ（療法）、検査法、その他）、福祉（理念、法律・制度、サービス・計画）、教育（特別支援教育の理念と制度、特別支援学校、小中学校等における特別支援教育、教育の内容と方法）、労働

発達障害指導事典　小出進〔ほか〕編　学習研究社　1996　717p　27cm　〈医学項目監修：栗田広、原仁〕　15000円　ⓘ4-05-400244-7　Ⓝ378.6

発達障害指導事典　小出進編　学習研究社　1996.8　717p　26cm　15000円　ⓘ4-05-400244-7
㊤教育の制度・展開、指導の計画・展開、発達障害の種類・状態、発達障害の心理・指導技法等、発達障害の生理・治療、福祉の制度・展開、職業の制度・展開、人物・団体
㊥知的障害（知的発達障害）・自閉症、脳性まひなど、発達障害の分野における用語・事項を解説した事典。見出し項目は「教育の制度・展開」「指導の計画・展開」「発達障害の種類・状態」「発達障害の心理・指導技法等」「発達障害の生理・治療」「福祉の制度・展開」「職業の制度・展開」「人物・団体」に関わる用語・事項等850項目。排列は五十音順で、人名と団体については用語・事項項目の後にそれぞれ収録する。解説は署名入り。巻末に欧文と五十音順の事項索引がある。一発達にハンディがある子たちの保育・教育・療育にかかわるすべての人のために、これからの時代を反映したわが国初の本格的辞典。

発達障害指導事典　第二版　小出進編　学習研究社　2000.3　717p　26cm　15000円　ⓘ4-05-401096-2　Ⓝ378.6
㊤1 教育の制度・展開、2 指導の計画・展開、3 発達障害の種類・状態、4 発達障害の心理・指導技法等、5 発達障害の生理・治療、6 福祉の制度・展開、7 職業の制度・展開、8 人物・団体
㊥発達障害の分野の教育、福祉、職業などに関する事典。項目は発達障害への指導ないしは対応に関する用語、事項等について数多く選定。また、ここでは知的障害を中心にそれと密接に関連し、類似の対応を要する自閉症、脳性マヒなどの障害を総括して発達障害とし、身体的面のみのものは含めていない。改訂では教育、福祉、労働法規等の修正と統計資料等の差し替えを行った。見出し項目は排列を五十音順として約850項目を収録。約3500の用語・事項を索引に収めた。

ハンディキャップ教育・福祉事典　1巻　発達と教育・指導・生涯学習　石部元雄、伊藤隆二、中野善達、水野悌一編　福村出版　1994.9　1007p　21cm　18000円　ⓘ4-571-12584-4　Ⓝ378
㊤序章 ハンディキャップとはなにか、第1章 生涯発達の理解とハンディキャップ、第2章 視覚ハンディキャップと教育・指導・生涯学習、第3章 聴覚ハンディキャップと教育・指導・生涯学習、第4章 言語ハンディキャップと教育・指導・生涯学習、第5章 知能ハンディキャップと教育・指導・生涯学習、第6章 学習ハンディキャップと教育・指導・生涯学習、第7章 運動ハンディキャップと教育・指導・生涯学習、第6章 行動ハンディキャップ・自閉症と教育・指導・生涯学習、第9章 病弱・身体虚弱と教育・指導・生涯学習、第10章 てんかんと教育・指導・生涯学習、第11章 ハンディキャップと教育・指導・生涯学習の評価
㊥乳児期から老年期までのハンディキャップを展望し、それらに対して何をどのように配慮し、教育ないしは福祉実践をしていくことが望ましいかを記述する事典。第1巻ではハンディキャップを「視覚」「聴覚」等の9種類に分類して記述。巻末に人名索引、事項索引を付す。一障害からハンディキャップへ、社会的自立のための大型事典。

ハンディキャップ教育・福祉事典　2巻　自立と生活・福祉・文化　石部元雄、伊藤隆二、中野善達、水野悌一編　福村出版

1994.9　959p　21cm　18000円　Ⓟ4-571-12585-2　Ⓝ378

〔目次〕序章 ハンディキャップと自立・生きがい, 第1章 ハンディキャップと自立・生活・福祉・文化, 第2章 ハンディキャップと医療サービス, 第3章 ハンディキャップと福祉サービス, 第4章 ハンディキャップと心理療法・生活相談, 第5章 ハンディキャップと運動・スポーツ・レクリエーション, 第6章 ハンディキャップと進路・生活, 第7章 ハンディキャップと工学, 第8章 ハンディキャップと法律, 第9章 ハンディキャップと社会

〔内容〕ハンディキャップを受けている人たちの社会的自立のために必要となる知見や情報, また関連する多くの支援事項を記述する事典。自立・生活・福祉・文化, 医療サービス, 福祉サービスなどのテーマ別に全9章で構成する。巻末に人名索引, 事項索引を付す。―障害からハンディキャップへ, 社会的自立のための大型事典。

盲、聾、養護学校教育の基本用語辞典　学習指導要領早わかり解説　大南英明著　明治図書出版　2000.5　160p　19cm　1700円　Ⓟ4-18-099807-6　Ⓝ378

〔目次〕1部 基本用語選択の考え方と内容の構成, 2部 盲学校, 聾学校及び養護学校小学部・中学部学習指導要領の基本用語早わかり解説(総則の基本用語, 各教科の基本用語, 道徳及び特別活動の基本用語, 自立活動の基本用語), 3部 盲学校, 聾学校及び養護学校高等部学習指導要領の基本用語早わかり解説(総則の基本用語, 各教科・科目の基本用語)

〔内容〕盲学校・聾学校・養護学校の教育の基本用語辞典。学習指導要領を理解する上で関係者が共通理解を図っておく必要があるものと改訂により新たに使われている用語について収録。内容は基本用語選択の考え方と内容の構成, 盲学校・聾学校及び養護学校小学部・中学部学習指導要領の基本用語早わかり解説, 盲学校・聾学校及び養護学校高等部学習指導要領の基本用語早わかり解説の3部で構成し各用語を解説。巻末に付録として教育課程に関わる法令等を収録。

<ハンドブック>

LDの人の就労ハンドブック　梅永雄二著　エンパワメント研究所, 筒井書房〔発売〕　2002.2　149p　19cm　1300円　Ⓟ4-88720-357-8

〔目次〕第1章 青年期に達したLDの人の特徴, 第2章 LDの人の離・転職理由, 第3章 LDの人の就労上の課題, 第4章 LDの人の気持ちと指導の視点, 第5章 LDの人に対する就労支援の具体的な方法, 第6章 働くLDの人たち, 第7章 就労支援のまとめ

〔内容〕本書は「できるのにやる気がない」などと誤解されやすいLD(学習障害)の人たちが自立して働くことができるようになるためにはどのような課題を克服すればよいかについてまとめたものである。

こうすればできる高校の特別支援教育　実践事例にもとづく必携ハンドブック　成山治彦, 有本昌剛編著　明治図書出版　2012.3　178p　21cm　2000円　Ⓟ978-4-18-003925-8

〔目次〕1章 なぜ高校で"特別支援教育"なのか, 2章 障がいのある高校生・教員から見た高校教育って何だ?, 3章 大阪の高校における特別支援教育の実践事例, 4章 高校における障がいのある生徒への指導と支援の実際, 5章 高校における特別支援教育のバックボーン, 6章 障がいのある生徒が問う"あなたの教育観"―社会的排除から社会的包摂の時代へ

〔内容〕適格者主義の高校教育制度と特別支援教育はなじまない? しかし中学の特別支援学級の生徒の23%が高校に進学している実態がある。今こそ「障がい者とともに学び, ともに生きる」これが求められている―これからの高校教育の課題と方向を明示。

子育て応援BOOK 滋賀　障害をもつ子どものための生活ガイド　やさしいまちをつくり隊編　(京都)クリエイツかもがわ, (京都)かもがわ出版〔発売〕　2002.7　147p　26cm　1800円　Ⓟ4-87699-689-X　Ⓝ369.49

〔目次〕グラビア, あそぶ・たべる, ユニバーサルデザイン, サークル・ボランティア, 理美容, 医療, 余暇支援, ホリデーサービス事業, 学校教育, 生活教育, 生活支援

〔内容〕障害をもつ子どもとその親のために, 学童保育, 五日制事業, ホリデー事業支援センター, 学校教育一覧, 自習サークルボランティアなどを紹介するガイドブック。

就業支援ハンドブック　障害者の就業支援に取り組む方のために　2011年度版　高齢・障害者雇用支援機構障害者職業総合センター職業リハビリテーション部編著　(名古屋)新日本法規出版　2011.3　274p　21cm 〈2010年度版までの出版者:高齢・障害者雇用支援機構　文献あり 索引あり〉　1600円

①978-4-7882-7399-3　Ⓝ366.28
目次 第1章 就業支援のプロセスと手法（就業支援のプロセス，職業に関する方向付けのための支援（インテークからプランニング）ほか），第2章 就業支援の実際（事例）（障害者就業・生活支援センターにおける支援の実際，就労移行支援事業所における支援の実際 ほか），第3章 就業支援に必要な考え方（就業支援とは，企業の視点の理解 ほか），第4章 就業支援に必要な知識（障害特性と職業的課題，障害者雇用に関する制度の概要）

障害児教育実践ハンドブック　大久保哲夫，纐纈建史，三島敏男，茂木俊彦編著　労働旬報社　1991.12　527p　21cm　4000円　①4-8451-0226-9

目次 1 教育実践をすすめるにあたって（障害児教育のめざすもの，教育実践にどうとりくむか，子どもの理解の基本的視点，学習指導要領をどうみるか，教育課程の自主的・民主的編成，教育実践をどう組織するか，教育実践の記録と評価，教職員集団づくり・学校づくり），2 教育実践をどう展開するか（生きる力の基礎を培う，コミュニケーションの力を育てる，障害の軽減・克服をめざして，遊びの指導，表現する力を育てる，教科の指導，働く力を育てる，集団的自治活動，行事へのとりくみ，性の指導，平和教育，寄宿舎での指導，教材・教具，教育環境，交流・共同教育），3 教育実践の発展のために（乳幼児の療育・保育，学校外の教育，青年期教育としての後期中等教育，進路保障，障害のない子どもたちへのとりくみ，父母との連携，教職員の権利）

内容 具体的な実践事例からわかりやすい基礎理論までの障害児教育のガイド．

しょうがい児支援ハンドブック　学齢期の地域生活をゆたかなものに　名古屋市学童保育連絡協議会しょうがい児部会，あした編　（京都）かもがわ出版　2009.7　63p　19cm　700円　①978-4-7803-0290-5　Ⓝ369.49

目次 障害をもつ子どもの地域での暮らしと支援制度，学齢障害児の地域生活―乳幼児期から学齢期へ，学齢児のショートステイ，学齢児の移動支援，行動援護支援，学童保育で育つしょうがいのある子どもたち，「第三の生活の場」として―児童デイサービス，「グループ支援」とノーマライゼーション，特別支援教育における「個別支援」，全国放課後連の調査から見えてきたこと，将来の制度設計を展望して

障害者自立支援法資料集　第21集　東京都

社会福祉協議会　2008.8　312p　30cm　1048円　①978-4-903290-99-7　Ⓝ369.27
目次 1 見直しの背景，2 見直しの基本的な視点，3 今後の障害児支援の在り方，（障害の早期発見・早期対応策，就学前の支援策，学齢期・青年期の支援策，ライフステージを通じた相談支援の方策，家族支援の方策，入所施設の在り方 ほか），4 おわりに

障害臨床学ハンドブック　第2版　中村義行，大石史博編　（京都）ナカニシヤ出版　2013.11　277p　26cm　2700円　①978-4-7795-0799-1　Ⓝ378

目次 障害臨床学とは，知的障害，自閉症スペクトラム障害，多動性障害・学習障害，運動障害・重複障害，言語障害・高次脳機能障害，聴覚障害・視覚障害・病弱・身体虚弱，情緒障害・愛着障害，精神障害の心理と支援，中途障害の心理と支援，障害児の親・家族の心理と支援，就学前の障害児支援―早期発見・早期療育，就学後の障害児支援―特別支援教育，アメリカの特殊教育

内容 知的障害，自閉症，言語障害・高次脳機能障害，聴覚障害・視覚障害から障害児の親・家族まで，広範囲の障害像を網羅し，障害児（者）とかかわる際に必要な知識とそのかかわりについて解説する．2011年刊の改訂新版で，精神障害の章を追加している．

知的障害をもつ人の地域生活支援ハンドブック　あなたとわたしがともに生きる関係づくり　高橋幸三郎編著　（京都）ミネルヴァ書房　2002.6　228p　21cm　2500円　①4-623-03621-9

目次 1 地域での生活をつくる営みについて学ぶ（障害のあるきょうだいとともに生きる，親として子どもの生活を支える，ボランティア活動と地域参加 ほか），2 地域支援の活動について学ぶ（援助者の自己理解―感情・価値・スタイルについて，自閉症の世界，卒業後の暮らし―一人ひとりのニーズに応えた応援について ほか），3 知的障害をもつ人の福祉について学ぶ（知的障害者福祉施設創設者の生涯と思想，教育的保護の展開―滝乃川学園の歩みについて，福祉的保護―入所施設を中心とした対応について ほか）

内容 知的な障害をもつ人たちに対する援助は，能力訓練からQOLを重視した生活支援へと大きく流れを変えようとしています．知的障害者の地域生活と自己決定を支える家族・地域・行政の活動の展開のしかた，利用のしかたハンド

知的障害児・者の生活と援助　援助者へのアドバイス　新訂版　一番ヶ瀬康子監修，手塚直樹，青山和子著　一橋出版　1998.11　147p　21cm　〈介護福祉ハンドブック〉　1000円　①4-8348-0200-0

〔目次〕1 新しい時代へ向けて，2 知的障害の概念と特徴，3 乳・幼児期の特徴と介護・援助，4 児童期の特徴と介護・援助，5 成人期の特徴と介護・援助，6 高齢期の特徴と介護・援助，7 地域生活と社会参加，8 本人活動と援助，9 知的障害児・者の実態

〔内容〕本書は，知的障害の子ども，知的障害の成人や高齢の人の介護など，日常生活の中で援助をしている援助者の皆さんと，知的障害児・者の援助の実際について考えるものです。

知的障害児・者の生活と援助　支援者へのアドバイス　三訂版　一番ヶ瀬康子監修，手塚直樹，青山和子著　一橋出版　2004.10　147p　21cm　〈介護福祉ハンドブック〉　1000円　①4-8348-0221-3

〔目次〕1 新しい時代へ向けて，2 知的障害の概念と特徴，3 乳・幼児期の特徴と介護・支援，4 児童期の特徴と介護・支援，5 成人期の特徴と介護・支援，6 高齢期の特徴と介護・支援，7 地域生活と社会参加，8 本人活動と支援，9 知的障害児・者の実態

〔内容〕知的障害の子ども，知的障害の成人や高齢の人の介護など，日常生活の中で支援をしている支援者の皆さんと，知的障害児・者の支援の実際について考えていく。

知的障害・発達障害のある子どもの面接ハンドブック　犯罪・虐待被害が疑われる子どもから話を聴く技術　アン・クリスティン・セーデルボリ，クラーラ・ヘルネル・グンペルト，グンヴォル・ラーション・アバド著，仲真紀子，山本恒雄監訳，リンデル佐藤良子訳　明石書店　2014.9　107p　21cm　〈原書名：ATT INTERVJUA BARN：MED INTELLEKTUELLA OCH NEUROPSYKIATRISKA FUNKTIONSHINDER〉　2000円　①978-4-7503-4063-0

〔目次〕第1章 はじめに，第2章 障害とハンディキャップ（身体障害と精神障害，診断，知的障害，発達障害），第3章 知的障害，発達障害，またはその両方のある子どもへの面接（面接の計画を立てる，面接，面接技法，面接の段階，おわりに）

特別支援教育コーディネーター必携ハンドブック　相沢雅文，清水貞夫，二通諭，三浦光哉編著　（京都）クリエイツかもがわ，かもがわ出版（発売）　2011.5　206p　26cm　〈奥付のタイトル（誤植）：特別支援コーディネーター必携ハンドブック〉　2800円　①978-4-86342-066-3　Ⓝ378

〔目次〕第1章 特別支援教育時代のコーディネーターの役割，第2章 特別支援教育コーディネーターの実際，第3章 保護者との連携・保護者への支援に向けて，第4章 教育相談・発達相談，第5章 個別の教育支援計画・個別の指導計画，第6章 特別支援教員に必要なマネジメント，第7章 地域の中でのコーディネーター，第8章 教育行政や研究会等が支え育てる特別支援教育コーディネーター

〔内容〕保・幼・小・中・高・特別支援学校の先駆的な取り組み，アセスメント・個別の指導計画・教育支援計画の具体的な内容を紹介。家族支援，支援員やスクールカウンセラー，学校ボランティア，通級や外部との連携，地域コーディネーターのあり方，養成・研修―具体例をあげて紹介。

特別支援教育支援員ハンドブック　庭野賀津子編　日本文化科学社　2010.7　152p　21cm　〈索引あり〉　2000円　①978-4-8210-7350-4　Ⓝ378

〔目次〕第1章 特別支援教育支援員とは（特別支援教育支援員の役割，特別支援教育支援員としての心構え，特別支援教育支援員になるには），第2章 学校現場の理解（特別支援教育の制度・理念，学校の組織・体制，主な学校行事，交流及び共同学習，学校における緊急対応），第3章 各障害の基礎知識（発達障害，知的障害，肢体不自由，病弱・身体虚弱，視覚障害，聴覚障害，言語障害，情緒障害），第4章 特別支援教育支援員の実際（小学校における特別支援教育支援員，中学校における特別支援教育支援員），第5章 特別支援教育にかかわる専門職・専門機関（専門職，専門機関）

〔内容〕特別支援教育支援員に必要な事項をわかりやすく解説。特別支援教育や障害児の療育にかかわるすべての人に役立つ実践的入門書。

特別なニーズ教育ハンドブック　マイケル・ファレル著，犬塚健次訳　田研出版　2001.6　315p　21cm　〈原書名：The Special

Education Handbook〉 3600円　Ⓘ4-924339-82-2　Ⓝ378.0233

〈内容〉特別な教育ニーズ（SEN）に関する用語集。項目はアルファベット順に排列。付表として，法律，頭文字と省略語，A〜Z領域別・題材別用語索引を掲載。巻末に英語と日本語の用語索引と，Webサイト資料がある。

仲間の中で育ちあう　知的障害児の「特別なニーズ」と教育　越野和之，全障研八日市養護学校サークル編著　（京都）クリエイツかもがわ，（京都）かもがわ出版〔発売〕2004.11　103p　21cm　（寄宿舎教育実践ハンドブック）　1000円　Ⓘ4-902244-29-2

〈目次〉1 生活教育の実践（くつろぎのある生活―「第一の世界」をゆたかに，育ちあいのある生活―「第二の世界」をゆたかに，つながりのある生活―「第三の世界」をゆたかに），2 よくあるQ&A（寄宿舎の実践にかかわって，寄宿舎のあり方にかかわって），3 寄宿舎教育のこれまでとこれから―特別支援教育の動向の中で（「特別支援教育」と寄宿舎「適正化」の論理，「生活教育」論を生み出してきた寄宿舎教職員の運動，「生活教育」を支える教育条件整備の到達と寄宿舎の今後）

発達障害児者の防災ハンドブック　いのちと生活を守る福祉避難所を　新井英靖，金丸隆太，松坂晃，鈴木栄子編著　（京都）クリエイツかもがわ　2012.7　157p　21cm　1800円　Ⓘ978-4-86342-090-8

〈目次〉第1章 避難所に入れない障害児者の苦悩と福祉避難所の開設，第2章 大規模災害時における発達障害児家族のニーズ，第3章 発達障害児者家族の避難の実際と避難所に対する要望，第4章 大震災後に避難所となった特別支援学校の状況，第5章 在校・入所していた障害児者はどのように避難したか，第6章 要援護者支援マニュアルと福祉避難所設置の方法，第7章 福祉避難所となるにはどのような備えが必要か，第8章 大災害を想定した福祉避難所設置の防災訓練，第9章 東日本大震災からの教訓―私たちにできること

〈内容〉東日本大震災で避難所を利用した人は40万人。多くの発達障害児者とその家族の避難状況，生の声，実態調査から見えてきた教訓と福祉避難所のあり方，運営システムを提言。

発達障害の人の就労支援ハンドブック　自閉症スペクトラムを中心に　梅永雄二編著　金剛出版　2010.9　195p　21cm　1900

円　Ⓘ978-4-7724-1164-6　Ⓝ366.28

〈目次〉1 発達障害者のための就労支援―総論，2 発達障害者に対する就労支援（サービス）の実際（重度知的障がいを伴う発達障がい者の就労支援―ジョブコーチの方法論での就労前訓練を中心として，長く働き続けるために，大阪発!事業協同組合による就労支援モデル―就労訓練 職場定着支援のプロセス，就職に向けて―訓練の必要性と，支援機関が連携して支援する重要性，決め手はジョブマッチング―高部さん（仮名）の職場開拓をとおして ほか），3 まとめと就労支援のこれから

〈内容〉国内トップクラスの援助者たちが，TEACCH，ジョブコーチ，グループモデルなどの，発達障害の人に対する効果的支援技法をわかりやすく解説し，それらを実地に応用するためのノウハウを紹介。

発達障害ハンドブック　田巻義孝著　（京都）文理閣　2013.2　921p　30cm　5000円　Ⓘ978-4-89259-702-2　Ⓝ493.937

〈内容〉遺伝学・小児医学から最新の生命科学までを詳細に解説。生命科学と障害児教育とを結合した，障害と障害をもつ子どもの理解と教育・療育のためのハンドブック。

やさしい指導法・療育技法　日本知的障害福祉連盟編　（武蔵野）フィリア，星雲社〔発売〕2002.6　172p　21cm　（発達障害療育訓練ハンドブック　第4集）　1714円　Ⓘ4-7952-6540-2

〈目次〉第1部 指導法・療育技法の概説（作業療法，理学療法，感覚統合療法とは，動作訓練／動作法，行動分析 ほか），第2部 具体的なプログラム（筋力の測定，関節可動域の測定，聴力・視力の測定，聴覚障害児の訓練，歩行の訓練 ほか），第3部 用語解説（五十音順）

やさしい療育Q&A　日本知的障害福祉連盟編　（武蔵野）フィリア，星雲社〔発売〕2002.6　143p　21cm　（発達障害療育訓練ハンドブック　第5集）　1714円　Ⓘ4-7952-3023-4

〈目次〉1 発達障害の定義と分類，2 アセスメント，3 家族援護，4 作業関連活動，5 自立生活援助，6 アジアにおける専門家の養成，7 生涯サービスの保障

<雑誌目次総覧>

障害者教育福祉リハビリテーション目次総覧　第1巻　盲・弱視関係　大空社　1990.

6 1冊（頁付なし） 22cm 〈監修：津曲裕次〉 Ⓘ4-87236-137-7 Ⓝ378.031

目次 むつぼしのひかり 第1号～第473号，内外盲人教育 第1巻春号～第9巻秋号，帝国盲教育 第1号～第8巻第1号，盲教育 第1巻第1号～第6巻第2号，帝国盲教育 第7巻第1号～第13巻第1号

障害者教育福祉リハビリテーション目次総覧 第3巻 聾・難聴関係 大空社 1990.6 1冊（頁付なし） 22cm 〈監修：津曲裕次〉 Ⓘ4-87236-137-7 Ⓝ378.031

目次 口なしの花 第1号～第11号，殿坂の友 第12号～第46号，聾啞界 第1号～第97号，聾啞教育 第1号～第68号，聾啞の光 第1号～第3巻第5号，口話式聾啞教育 第1集～第7巻第3号，聾口話教育 第7巻第4号～第17巻第3号

障害者教育福祉リハビリテーション目次総覧 第8巻 知能・情緒関係 大空社 1991.3 1冊（頁付なし） 22cm 〈監修：津曲裕次〉 Ⓘ4-87236-164-4 Ⓝ378.031

目次 児童心理と精神衛生 第1巻1号～第5巻6号，精神薄弱児研究 発達の遅れと教育

障害者教育福祉リハビリテーション目次総覧 第13巻 リハビリテーション関係 大空社 1991.3 1冊（頁付なし） 22cm 〈監修：津曲裕次〉 Ⓘ4-87236-164-4 Ⓝ378.031

目次 リハビリテーション 第1号～第319号，リハビリテーション医学 第1号～第123号，リハビリテーション研究 第1号～第61号，日本義肢装具研究会会報 第1号～第27号，日本義肢装具学会誌 第28号～49号，リハビリテーションギャゼット 第1号～第8号，リハビリ手帖 第1号～第11号，職業リハビリテーション 第1号～第2号，季刊職リハネットワーク 第1号～第6号，理学療法ジャーナル 第23巻第1号～第23巻第12号，作業療法ジャーナル 第23巻第1号～第23巻第12号

障害者教育福祉リハビリテーション目次総覧 第16巻 共通 〔3〕 大空社 1991.3 1冊 22cm 〈監修：津曲裕次 発売：柳原書店〉 Ⓝ378.031

目次 月刊障害児教育 第55号～第90号，月刊実践障害児教育 第91号～第198号，福祉労働 創刊号～第24号，季刊福祉労働 第25号～第45号，IYDP情報 第1号～第111号，障害児体育 第1巻第1号～第1巻第2・3号，障害者体育 第2巻第1号～第5巻第1・2号，教材教具 創刊号～第5号，障害児の診断と指導 第1号～第56号，月刊障害児問題情報 第1号～第81号，ネットわぁーく 第0号～第6号，養護・訓練研究 第1巻～第2巻

障害者教育福祉リハビリテーション目次総覧 別巻 大空社 1990.6 146,161p 22cm 〈監修：津曲裕次〉 Ⓘ4-87236-137-7 Ⓝ378.031

障害者教育福祉リハビリテーション目次総覧 第2期 別巻 大空社 1991.3 239, 452p 22cm 〈監修：津曲裕次〉 Ⓘ4-87236-164-4 Ⓝ378.031

障害者教育福祉リハビリテーション目次総覧 続 第1巻 視覚関係 大空社 1993.2 396p 22cm 〈監修：津曲裕次〉

目次 弱視教育研究 第1輯，盲教育研究 第1輯・第2輯，視覚障害児教育研究 第1巻～第8巻，視覚障害研究 第1号～第34号，感覚代行シンポジウム 第1回～第17回，視覚障害歩行研究会発表抄録集 第1回，視覚障害歩行研究会論文集 第2回～第14回，歩行者指導員養成講習会フォローアップ研修会論文集 第4回・第5回，歩行訓練研究 第1号～第6号，視覚障害者のつどい 第1号～第17号，視覚障害 第105号～第123号，日本視覚障害リハビリテーション研究会論文集 第2回，かけはし 第25号～第34号・第1号～第243号

内容 昭和30年代から現在までの障害者教育・福祉・リハビリテーションに関する定期刊行物約80種の目次を複刻集成したもの。全6巻・別巻1で構成。

障害者教育福祉リハビリテーション目次総覧 続 第2巻 聴覚関係 大空社 1993.2 266p 22cm 〈監修：津曲裕次〉

目次 吃音研究 第1号～第11・12号，ことばのりずむ 創刊号～第9・10号，国立聴力言語障害センター紀要 昭和45年度～52年度，東京教育大学附属聾学校紀要 第1巻～第5巻，筑波大学附属聾学校紀要 第1巻～第14巻，福祉「真」時代 第76号～第80号，失語症研究 第1巻第1号～第4巻第2号，手話通訳問題研究 第20号～第35号，いをおる 創刊号～第5号，季刊ろうあ運動 第47号，Mimi季刊みみ 第48号～第58号，聴覚障害 第466号～第499号，ろう教育科学 第31巻第4号～第34巻第3号，聴覚言語障害 第19巻第1号～第20巻第3号，みみより 第364号～第393号 Better hearing Journal 創刊号～第135号

内容 昭和30年代から現在までの障害者教育・福祉・リハビリテーションに関する定期刊行物約80種の目次を複刻集成したもの。全6巻・別巻1で構成。

障害者教育福祉リハビリテーション目次総覧 続 第3巻 知能関係 大空社 1993.2 604p 22cm 〈監修：津曲裕次〉

(目次)手をつなぐ親たち 第1号～第442号, いとしご 第2号～第23号, 大阪府精神薄弱者更生相談所紀要 第1号～第9号, 情緒障害教育研究紀要 第1号～第11号, 感覚統合研究 第1集～第7集, 季刊自閉症研究 第1巻1号～第1巻4号, 愛護 第389号～第427号

(内容)昭和30年代から現在までの障害者教育・福祉・リハビリテーションに関する定期刊行物約80種の目次を複刻集成したもの。全6巻・別巻1で構成。

障害者教育福祉リハビリテーション目次総覧 続 第4巻 運動関係 大空社 1993.2 324p 22cm 〈監修：津曲裕次〉

(目次)青い芝 第1周年特別記念号～第4周年記念号, リハビリティション心理学研究 第1巻～第17・18・19巻合併号, 季刊ありのまま 創刊号～第27号, 神奈川県立ゆうかり園・神奈川県立ゆうかり養護学校紀要 第1巻～第13集, 芦屋市立浜風小学校みどり学級紀要 第1号～第8号, 両親の集い 第404号～第435号, 肢体不自由教育 第94号～第104号, 月刊波 第1号・第14号～第224号

(内容)昭和30年代から現在までの障害者教育・福祉・リハビリテーションに関する定期刊行物約80種の目次を複刻集成したもの。全6巻・別巻1で構成。

障害者教育福祉リハビリテーション目次総覧 続 第5巻 リハビリテーション関係 大空社 1993.2 364p 22cm 〈監修：津曲裕次〉

(目次)リハビリテーションニュース 第1号～第28号, 京都理学療法士会々誌 第1号～第20号, 神奈川県総合リハビリテーションセンター紀要 第1号～第12号, リハビリテーション交流セミナー報告書 '77～第7回, 国立身体障害者リハビリテーションセンター研究紀要 第1号～第12号, 職業リハビリテーション研究 第1号～第6号, リハ工学カンハァレンスプログラム 第1回～第6回, リハビリテーション・エンジニアリング 第1号～第8号, テクノエイド通信 第1巻～第9号, テクニカルエイド 第1号～第6号, リハビリテーション研究 第62号～第72号, 職業リハビリテーション 第3号～第5号, 季刊職リハネットワーク 第7号～第19号, リハビリテーション医学 第124号～第155号, 理学療法ジャーナル 第24巻1号～第26巻12号, 作業療法ジャーナル 第24巻

号～第27巻1号, リハビリテーション 第320号～第339号

(内容)昭和30年代から現在までの障害者教育・福祉・リハビリテーションに関する定期刊行物約80種の目次を複刻集成したもの。全6巻・別巻1で構成。

障害者教育福祉リハビリテーション目次総覧 続 第6巻 共通 大空社 1993.2 468p 22cm 〈監修：津曲裕次〉

(目次)東京学芸大学特殊教育研究施設研究紀要 第1号～第4号, 特殊教育研究施設報告 第1号～第41号, 国立特殊教育総合研究所研究紀要 第1巻～第19巻, 横浜市養護教育総合センター研究紀要 第1集～第3集, 心身障害児教育論文集 第1巻～第16巻, 発達科学研究所報 第1号～第3号, 季刊障害者と生活 第1号～第9号, 障害児教育かながわ 創刊号～第20号, 障害者教育科学 創刊号～第21号, ソビエト欠陥学の研究 第1号～第22号, ソビエト欠陥学の研究シリーズ 第1号・第2号, 特殊教育教材教具開発 第1集～第10集～第16集, ひとりからみんなへあいのわ 第7号～第68号, あくしょん 創刊号～第14号, 月刊実践障害児教育 第199号～第235号, 季刊福祉労働 第50号～第57号, 月刊障害者問題情報 第82・83号～第112号, 戸山サンライズ情報 第55号～第90号, IYDP情報 第112号～第145号

(内容)昭和30年代から現在までの障害者教育・福祉・リハビリテーションに関する定期刊行物約80種の目次を複刻集成したもの。全6巻・別巻1で構成。

障害者教育福祉リハビリテーション目次総覧 続 別巻 解説 大空社 1993.2 238p 21cm 〈監修：津曲裕次〉

(目次)収録雑誌解題(津曲裕次), 収録雑誌発行年月一覧, 著者名索引

(内容)昭和30年代から現在までの障害者教育・福祉・リハビリテーションに関する定期刊行物約80種の目次を複刻集成したもの。全6巻・別巻1で構成。

<年鑑・白書>

障害者のための福祉 2000 障害者福祉研究会編 中央法規出版 2000.1 342p 26cm 2800円 ①4-8058-4246-6 Ⓝ369.27

(目次)1 障害者の状況(身体障害者(児)の状況, 知的障害児(者)の状況, 精神障害者の状況), 2 障害者の福祉施策(身体障害者の福祉施策, 障害児の福祉施策, 知的障害者の福祉施策, 精

神障害者の福祉施策，障害者の所得等の関連施策，障害者施策関係予算額の推移），3 障害者関係資料（障害者の権利宣言，「障害者に関する世界行動計画」および「国連・障害者の十年」（1983年～1992年），「アジア太平洋障害者の十年」（1993年‐2002年），「障害者対策に関する新長期計画」の概要，「障害者プラン～ノーマライゼーション7か年戦略～」の概要（厚生省関係），障害者プラン～ノーマライゼーション7か年戦略～ ほか），4 障害者福祉関係年表，5 参考（身体障害者更生援護施設等一覧，児童福祉施設〔身体障害関係〕一覧，都道府県・指定都市・中核市障害保健福祉主管課一覧，身体障害者更生相談所一覧，知的障害者更生相談所一覧，全国の児童相談所の一覧 ほか）

障害者のための福祉　2002　障害者福祉研究会編　中央法規出版　2002.4　356p　26cm　3000円　Ⓘ4-8058-4405-1　Ⓝ369.27

〈目次〉1 障害者の状況（身体障害者（児）の状況，知的障害児（者）の状況，精神障害者の状況），2 障害者の福祉施策（身体障害者の福祉施策，障害児の福祉施策，知的障害者の福祉施策，精神障害者の福祉施策，障害者の所得等の関連施策，支援費制度の概要について，障害者施策関係予算額の推移），3 障害者関係資料，4 障害者福祉関係年表，5 参考

〈内容〉障害者福祉に関する情報ガイドブック。全編を5章で構成。第1章では身体障害者（児）・知的障害者（児）・精神障害者（児）のそれぞれについて人数推移等の状況データを紹介，第2章では，各障害者別に，具体的な障害者福祉施策について紹介していく。第3章以降では，障害者の権利宣言等の関係資料や障害者福祉関係年表，関連施設一覧等の参考資料を掲載する。

障害者のための福祉　2004　障害者福祉研究会編　中央法規出版　2004.11　373p　26cm　3000円　Ⓘ4-8058-4535-X

〈目次〉1 障害者の状況（身体障害者（児）の状況，知的障害児（者）の状況，精神障害者の状況），2 障害者の福祉施策（障害者福祉のあゆみ，支援費制度の概要，身体障害者の福祉施策，障害児の福祉施策，知的障害者の福祉施策，精神障害者の福祉施策，障害者の所得等の関連施策，障害者施策関係予算額の推移），3 障害者関係資料，4 障害者福祉関係年表，5 参考

発達障害白書　いま、必要な心のケアは何か？ 2011年版　特集 子ども・親・家族のメンタルヘルス　日本発達障害福祉連盟編　日本文化科学社　2010.9　207p　26cm　

〈付属資料：CD-ROM1〉　3000円　Ⓘ978-4-8210-7911-7　Ⓝ369.49

〈目次〉第1部 特集 子ども・親・家族のメンタルヘルス—いま、必要な心のケアは何か？，第2部 各分野における2009年度の動向（障害概念，医療，幼児期／家族支援，教育：特別支援学校の教育，教育：小・中学校等での特別支援教育，日中活動，住まい，地域生活支援，職業，権利擁護／本人活動，文化・社会活動，国際動向），第3部 資料

〈内容〉揺れ動く制度の中で、時代を映すこの1冊。医療・教育・福祉・労働・時の動きなど、知るべきことを、わかりやすく解説。

発達障害白書　2013年版　日本発達障害福祉連盟編　明石書店　2012.9　208p　26cm　〈付属資料：CD-ROM1〉　3000円　Ⓘ978-4-7503-3660-2

〈目次〉第1部 特集（東日本大震災での支援活動と災害への対応策，ボーダーレス化する「発達障害」），第2部 各分野における2011年度の動向（障害概念，医療，幼児期／家族支援，教育：特別支援学校の教育，教育：小・中学校等での特別支援教育，日中活動，住まい，地域生活支援，職業，権利擁護／本人活動，文化・社会活動，国際動向），第3部 資料

発達障害白書　2014年版　特集1・障害者総合支援法への移行と課題 特集2・分野で違う「発達障害」への理解と対応　日本発達障害連盟編　明石書店　2013.9　202p　26cm　〈付属資料：CD-ROM1〉　3000円　Ⓘ978-4-7503-3883-5

〈目次〉第1部 特集（障害者総合支援法への移行と課題，分野で違う「発達障害」への理解と対応），第2部 各分野における2012年度の動向（障害概念，医療，幼児期／家族支援，教育：特別支援学校の教育，教育：小・中学校等での特別支援教育，日中活動，住まい，地域生活支援，職業，権利擁護／本人活動，文化・社会活動，国際動向），第3部 資料（年表，統計，日本発達障害連盟と構成団体名簿）

〈内容〉2012（平成24）年4月から2013（平成25）年3月までの期間における障害者問題全体の動向と、知的障害を含む発達障害をめぐる様々な出来事を記録し、課題を掘り下げ、展望を示す。

発達障害白書　2015年版　日本発達障害連盟編　明石書店　2014.9　200p　26cm　〈付属資料：CD-ROM1〉　3000円　Ⓘ978-4-7503-4061-6

(目次)第1部 特集(国連の障害者権利条約の批准とこれから,発達障害をとりまく最新の動き),第2部 各分野における2013年度の動向(障害概念,医療,子ども・家族支援,教育:特別支援学校の教育,教育:小・中学校等での特別支援教育 ほか),第3部 資料

＜統計集＞

日本の身体障害者・児 身体障害者実態調査報告 身体障害児実態調査報告 平成8年 厚生大臣官房障害保健福祉部監修 第一法規出版 1999.2 565p 30cm 〈平成3年までのタイトル:日本の身体障害者〉 4200円 ⓘ4-474-00873-1 Ⓝ369.27

わが国の身体障害児・者の現状 平成13年身体障害児・者実態調査結果報告 障害者福祉研究会編 中央法規出版 2003.12 633p 30cm 6000円 ⓘ4-8058-4501-5

(目次)第1部 身体障害者の現状(調査の概要,調査結果の概要,統計資料,用語の解説),第2部 身体障害児の現状

児童史

＜年 表＞

近代子ども史年表 明治・大正編 1868－1926 下川耿史編 河出書房新社 2002.1 430p 21cm 3800円 ⓘ4-309-22376-1 Ⓝ367.61

(目次)戊辰戦争で12,13歳の少年が相次ぎ戦死,京都,沼津に日本初の小学校が開校,12歳以上の女子に紡績・機織り指導,首斬り役人・山田浅右衛門は17歳,肉を食べる時は鼻の穴にセンをして…,太陽暦が採用され,1日が24時間に,たこを電線にひっかけた子どもが裁判に,東京の女学校で初の卒業記念写真撮影,「刀はダメ」の法律にスリコギが流行,西郷隆盛の反乱,西南の役が起こる〔ほか〕

(内容)1868年から1926年までの子どもの生活の記録をまとめた年表。主な出来事を家庭・健康,学校・教育,文化・レジャー,社会の4つのジャンルに分けて採録する。巻末に五十音順索引を付す。

近代子ども史年表 昭和・平成編 1926－2000 下川耿史編 河出書房新社 2002.4 342p 21cm 3800円 ⓘ4-309-22383-4 Ⓝ367.61

(目次)昭和元年―大正天皇死去,48歳,昭和と改元,昭和2年―女工の外出の自由が初めて認められる,昭和3年―「殴るな」と丁稚たちのスト,昭和4年―大学にようやく男女平等が実現,昭和5年―路上の野球に道具没収,罰金!のおとがめ,昭和6年―マンガ「のらくろ二等兵」開始,大人気,昭和7年―出版から料理まで「肉弾三勇士」ブーム,昭和8年―大人から子どもまでヨーヨーの大流行,昭和9年―天才子役シャーリー・テンプルがデビュー,昭和10年―小説の芥川賞,直木賞が始まる〔ほか〕

(内容)1926年から2000年までの子どもの生活の記録をまとめた年表。主な出来事を家庭・健康,学校・教育,文化・レジャー,社会の4つのジャンルに分けて採録する。巻末に五十音順索引を付す。

＜事 典＞

江戸時代女性生活絵図大事典 第1巻 江戸前期の女子用往来 大空社 1993.5 303p 27cm 〈監修:江森一郎〉 ⓘ4-87236-283-7

(目次)女式目,女実語教・女童子教,増益女教文章,女今川,女堪忍記大倭文

(内容)江戸時代の女子往来物100種からの絵図5000点と関連記事を分類別に編集複刻するもの。本編9巻と別巻1巻で構成する。

＜図鑑・図集＞

写真家が捉えた昭和のこども クレヴィス 2014.10 183p 26cm 2400円 ⓘ978-4-904845-39-4

(目次)第1章 戦前のこどもたち,第2章 困難な時代を生きる,第3章 働くこどもたち,第4章 楽しい学校生活,第5章 腕白小僧とお転婆娘,第6章 祭りと歳時記,第7章 高度経済成長のもとで

(内容)19人の写真家が出会ったニッポンのこどもたち!みんな競って遊んでいた昭和11年から51年撮影の元気な姿170点収載。

経済・労働

経済・労働一般

<年鑑・白書>

総合研究・若年労働力の急減と人的資源管理 1990-93年の労働市場と労務管理 産業・規模・地域別実態と日米比較 日本労働研究機構 1996.1 239p 26cm （調査研究報告書 No.80） 2000円 ④4-538-89080-4

(目次)第1章 序論・若年労働力の急減と人的資源管理の転換，第2章 労働力不足下での労働者意識の諸相，第3章 労働力不足経済下の労組の対応—大手製造業5社労組の事例，第4章 労働力不足に対する企業の対応—大手製造業5社の事例，第5章 関西地区製造業の人材確保—長期的視野で取り組む，第6章 建設業における労働力不足への対応と労働者の意見，第7章 トラック業界における労働力不足と対応，第8章 人手不足への企業経営の対応，第9章 米国おける人手不足の現状と対応—ソフトウェア技術者を中心にして

経済

<ハンドブック>

少子化・高齢化の経済効果と経済から人口動態への影響 総合研究開発機構，全国官報販売協同組合〔発売〕 1998.11 284p 30cm （NIRA研究報告書） 2000円 ④4-7955-6412-4

(目次)第1部 人口推計モデルの作成と将来推計（人口推計モデルの開発について，出生の経済分析の理論的系譜，モデルのフレームワーク，各ブロックの概要 ほか），第2部 少子化・高齢化の経済効果について（マクロ経済モデル，社会保障サブ・モデル，年金制度改革の政策シミュレーション結果とその政策上の含意）

◆消費・市場

<年表>

こどもの世界 年表でみる日本経済 三家英治編 （京都）晃洋書房 1996.11 295p 26cm 4738円 ④4-7710-0898-1

(目次)年表（1868～1995年），日本漫画作品略年表，ブームとなった漫画キャラクターの年表，漫画家の作品発表期間の年表図，主要漫画家の代表作品

(内容)マンガ・アニメ・児童書・おもちゃ・ゲーム・映画などの変遷とこどもの興味の変遷から，こども向けビジネスの歩みをたどる。

<ハンドブック>

どう動くマス世代の消費 日経産業消費研究所，日本経済新聞社〔発売〕 2006.11 114p 30cm 10000円 ④4-532-63561-6

(目次)調査の概要，解説編（年齢別消費意識からみた団塊世代と団塊ジュニア，団塊世代の実像—「夢のセカンドライフ」との断絶，団塊ジュニア—分化する巨大市場），データ編（リタイア団塊世代の意識調査・質問と単純集計，リタイア団塊世代の意識調査・クロス集計表，団塊ジュニア世代の消費動向調査・質問と単純集計，団塊ジュニア世代の消費動向調査・クロス集計表）

(内容)日本経済新聞社の研究機関である日経産業消費研究所は，このマス世代の生活意識や価値観，消費ニーズを探るための消費者調査や研究を重点的に行ってきた。調査結果は，当研究所が編集・発行する消費動向の月刊専門誌「日経消費マイニング」の特集や，日経MJの分析記事で紹介してきたが，「マス世代のこれからの消費動向」を探るという視点から最新の調査データを整理し，分析を深めたのが本報告書である。本報告書では，ともすれば市場牽引への期待ばかりがふくらみがちな両世代がかかえる課題や問題点，ライフスタイルの分化の動きなどにも焦点を当てた。また，両世代を20代から60代までの各年齢層の中で位置付け，消費の階層化も含めて多角的な視点から消費者としての

実像に迫った。

平成成人 昭和を知らない大人の価値観と消費行動 調査研究報告書 日本経済新聞社産業地域研究所編 日本経済新聞社産業地域研究所, 日本経済新聞出版社(発売) 2009.3 154p 30cm 10000円 ⓘ978-4-532-63574-9 Ⓝ675.2

(目次)調査概要, 解説編(ライフスタイル—成熟社会が育てた「生活巧者」, 企業の好感度, 使う製品—携帯電話はau, コンビニはファミマ, お気に入りのもの—安価な普段使いの品に「安らぎ」見出す, グループインタビュー—勉強・アルバイトに励むコツコツ型), データ編(クロス集計表)

(内容)平成元年(1989年)生まれで2009年に20歳に達する「平成成人」の調査を実施。全国の89年生まれの男女約1000人を対象にしたインターネット上のアンケートのほか, 100人以上の男女から携帯電話で「お気に入りのもの」の画像を撮影・メール送信してもらっての集計, さらに対象年代の若者のインタビューなど様々なタイプの情報を収集・分析した調査報告書。

ゆとり世代の消費実態 日本経済新聞社産業地域研究所編著 日本経済新聞社産業地域研究所, 日本経済新聞出版社(発売) 2011.1 222p 30cm 8000円 ⓘ978-4-532-63585-5 Ⓝ675.2

(目次)調査の概要, 解説編(ゆとり世代の消費活性法, ゆとり世代その意識と行動の実態, ゆとり世代と「モテ」意識, ゆとり世代の声に見る生活意識), データ編(単純集計, クロス集計)

<年鑑・白書>

こども服白書 2001 日本繊維新聞社出版部編 日本繊維新聞社 2000.10 178p 26cm 1428円 Ⓝ589.216

(目次)特集(母親との新会話手段—Inter Net, もう飾りだけじゃない子供グッズ, 新業態専門店, ヨシクラセレクトショップ), アパレル編(アパレルメーカー99年度動向と今後の展望, 99年度アパレル売上高ランキング, アパレルメーカー企業一覧表, MD分析), 小売編(リテーラーレポート(百貨店・量販店・専門店)), 売場研究(百貨店・量販店・専門店)), 統計編(全国百貨店子供服洋品売上高, 大型小売店販売高推移 ほか), アパレル年鑑(全国子供服アパレル約120社を紹介)

(内容)こども服業界の1999年度の動向分析, 統計, 会社紹介をまとめたもの。アパレル年鑑の部では, 120社の代表者, 設立年月, 資本金, 年商, 本社と, 各ブランドのサイズ・対象, コンセプト, 中心価格, 販路を掲載する。

こども服白書 2002 日本繊維新聞社出版部編 日本繊維新聞社 2001.10 182p 26cm 1428円 Ⓝ589.216

(目次)特集(SPAこども服市場展望, キャラクターブランドビジネス ほか), アパレル編(アパレルメーカー00年度動向と今後の展望, 00年度アパレル売上高ランキング ほか), 小売編(リテーラーレポート(百貨店・専門店), 売場研究(百貨店・専門店・アウトレット)), 統計編(全国百貨店子供服洋品売上高, 大型小売店販売高推移 ほか), アパレル年鑑(全国子供服アパレル約110社を紹介)

(内容)こども服業界の2000年度の動向分析, 統計, 会社紹介をまとめたもの。アパレル年鑑の部では, 110社の代表者, 設立年月, 資本金, 年商, 本社と, 各ブランドのサイズ・対象, コンセプト, 中心価格, 販路を掲載する。

こども服白書 2003 日本繊維新聞社出版部編 日本繊維新聞社 2002.10 187p 26cm 1428円 Ⓝ589.216

(目次)特集(リテーラーリポート・百貨店編, リテーラーリポート・専門店チェーン編, ジュニア市場研究, スポーツブランド「付加価値競争」にしのぎ), アパレル編(アパレルメーカー01年度動向と今後の展望, 01年度アパレル売上高ランキング, アパレルメーカー企業一覧表, MD分析, クリエイティブプロデューサー吉倉紀夫氏の提言, 子供服リサイクル拡大の行方), 統計編(全国百貨店子供服洋品売上高, 大型小売店販売高推移, 人口動態, 消費動向, JISサイズ規格・インポートブランド子供服サイズ), アパレル年鑑

(内容)こども服業界の2001年度の動向, 統計, 会社紹介をまとめた年鑑。アパレル年鑑の部では, 代表者, 設立年月, 資本金, 年商, 本社と, 各ブランドのサイズ・対象, コンセプト, 中心価格, 販路を掲載。

こども服白書 2009 日本繊維新聞社 2008.10 241p 26cm 1714円 ⓘ978-4-930956-13-2 Ⓝ589.2

(目次)特集 "旬"の雑貨ビジネス, 期待のネット通販サイト, ガイドラインを策定, 危険や事故を未然に防止, 小売り編, アパレル編, 統計編, ブランド年鑑(622ブランド, 全193社収録)

こども服白書　2010　日本繊維新聞社
2009.10　271p　26cm　1714円　①978-4-930956-15-6　Ⓝ589.2

(目次)第1特集 巻き返し図るスクール＆ジュニア市場―脱キャラで時代を反映，第2特集 東京・代官山マーケット お洒落ママが増殖中!!，小売り編，アパレル編，統計編，ブランド年鑑（654ブランド，全196社収録）

こども服白書　2011　日本繊維新聞社
2010.10　281p　26cm　1714円　①978-4-930956-17-0

(内容)「話題のベビーブランド」「足育の注目度急上昇!!」を特集。ほかに、特別鼎談「子供服の過去と未来」、売り場研究、アパレルランキング・MD分析、全国百貨店2009年度年間売上高、ブランド年鑑などを収録。

少子化・高齢化ビジネス白書　子育て支援ビジネスとシニア・シルバービジネスにおける「ツインビジネス」の提唱　2005年版　藤田英夫著　（大阪）日本ビジネス開発　2005.9　328p　30cm　38000円　①4-901586-25-4

(目次)1 子育て支援ビジネスとシニア・シルバービジネスにおける「ツインビジネス」の提唱，2 少子化ビジネスと高齢化ビジネス企画のための戦略データ，3 少子化ビジネス，4 高齢化ビジネス，5 大手メーカー・企業のシニア・シルバービジネス戦略，6 全国2,402市町村介護パワー指標

少子化・高齢化ビジネス白書　少子化・高齢化新規ビジネスの道標　2006年版　藤田英夫編著　（大阪）日本ビジネス開発　2006.12　266p　30cm　38000円　①4-901586-32-7

(目次)1 少子化・高齢化新規ビジネスの道標，2 少子化ビジネス・高齢化ビジネス企画のためのマクロデータ，3 少子化ビジネス（結婚支援ビジネス，出産支援ビジネス，育児・子育て支援ビジネス），4 高齢化ビジネス（衣料・生活・身の回りの市場，食市場，老人ホーム・住宅・住居市場 ほか），5 介護パワー指標（都道府県別介護パワーマップ，全国介護事業所数指標推移，16介護サービス別高齢者人口1万人当り事業所数都道府県別ランキング推移 ほか）

少子化・高齢化ビジネス白書　変化の時代を勝抜く「転換」と「挑戦」の少子化・高齢化ビジネス　2007年版　藤田英夫編著　（大阪）日本ビジネス開発　2007.12　294p　30cm　38000円　①4-901586-37-8

(目次)1 変化の時代を勝ち抜く「転換」と「挑戦」の少子化・高齢化ビジネス，2 少子化ビジネス・高齢化ビジネス企画のためのマクロデータ，3 少子化ビジネス（結婚支援ビジネス，出産支援ビジネス，育児・子育て支援ビジネス），4 高齢化ビジネス（衣料・生活・身の回りの市場，食市場，老人ホーム・住宅・住居市場，バリアフリーグッズ・機器市場，健康管理、医療、医療周辺、介護市場 ほか），5 介護パワー指標

少子化・高齢化ビジネス白書　多様化・浸透する少子化・高齢化ビジネス　2008年版　（大阪）日本ビジネス開発　2008.10　276p　30cm　38000円　①978-4-901586-43-6　Ⓝ369.26

(目次)1 多様化・浸透する少子化・高齢化ビジネス，2 少子化ビジネス・高齢化ビジネス企画のためのマクロデータ，3 少子化ビジネス，4 高齢化ビジネス，5 介護パワー指標

少子化・高齢化ビジネス白書　少子化・高齢化三極対応ビジネス　2009年版　藤田英夫編著　（大阪）日本ビジネス開発　2009.12　285p　30cm　38000円　①978-4-901586-49-8　Ⓝ369.26

(目次)1 少子化・高齢化三極対応ビジネス，2 少子化ビジネス・高齢化ビジネス企画のためのマクロデータ，3 少子化ビジネス（結婚支援ビジネス，出産支援ビジネス，育児・子育て支援ビジネス），4 高齢化ビジネス（衣料・生活・身の回りの市場，食市場，老人ホーム・住宅・住居市場 ほか），5 介護パワー指標（図：都道府県別介護パワーマップ，表：全国介護事業所数指標推移，表：38介護サービス別高齢者人口1万人当り事業所数都道府県別ランキング推移 ほか）

少子化・高齢化ビジネス白書　大転換の時代 キッズ＆シルバーイノベーション　2010年版　藤田英夫編著　（大阪）日本ビジネス開発　2010.12　288p　30cm　38000円　①978-4-901586-54-2　Ⓝ369.26

(目次)1 大転換の時代―キッズ＆シルバーイノベーション，2 少子化ビジネス・高齢化ビジネス企画のためのマクロデータ，3 少子化ビジネス（結婚支援ビジネス，出産支援ビジネス，育児・子育て支援ビジネス），4 高齢化ビジネス（衣料・生活・身の回りの市場，食市場，老人ホーム・住宅・住居市場 ほか），5 介護パワー指標

少子化・高齢化ビジネス白書　少子化「覚

醒」ビジネス&高齢化「覚醒」ビジネス
2012年版　覚醒の時代　藤田英夫編著
　（大阪）日本ビジネス開発　2013.7　261p
　30cm　（JBD企業・ビジネス白書シリーズ
　東日本大震災復興特集）　38000円　Ⓘ978-4-
　901586-68-9
　(目次)1 覚醒の時代―少子化「覚醒」ビジネス
　&高齢化「覚醒」ビジネス，2 少子化ビジネス・
　高齢化ビジネス企画のためのマクロデータ，3
　少子化ビジネス（結婚支援ビジネス，出産支援
　ビジネス，育児・子育て支援ビジネス），4 高齢
　化ビジネス（衣料・生活・身の回りの市場，食
　市場，老人ホーム・住宅・住居市場，バリアフ
　リーグッズ・機器市場，健康管理，医療，医療
　周辺，介護市場），5 介護パワー指標

消費社会白書　2005　見えてきた情報世
　代の消費心理　松田久一監修　JMR生活総
　合研究所　2004.12　156p　30cm　9333円
　Ⓘ4-902613-03-4
　(目次)第1部 個人消費の動向と消費リーダー（安
　定成長軌道が持続する個人消費，新世代が変え
　る消費，消費拡大を牽引する2005年の消費リー
　ダー像），第2部 2005年消費トレンド（持続する
　スローライフとデジタル家電トレンド，中高齢
　層の生活スタイルとして定着し始めたスローラ
　イフ，拡大するデジタル家電需要，AVライフの
　主役の座をめぐる競争の幕開け），第3部 マーケ
　ティングアプローチの鍵（拡大・深化する消
　費の「オタク」化，商品選択の鍵を握る近縁者
　コミュニケーション，買い物のマルチ業態化と
　成長した見えないチャネル）

消費社会白書　2010　ひらく世代格差　強
　まるスマート消費　JMR生活総合研究所
　2009.11　87p　30cm　9334円　Ⓘ978-4-
　902613-22-3　Ⓝ675.0
　(目次)1 消費マインドの低迷と見えてきた世代
　格差，2 日本人の心理とアイデンティティ，3
　強まる「乱世」の価値意識と日本的成熟，4 強
　まるスマート消費，5 多層化する生活構造，6
　買い物の拡散と集中―チャネルの興亡
　(内容)不況で収入格差が広がった。生活者の価
　値意識が変わると同時に，世代間における価値
　観の違いが際だってきた。旧世代に代表される
　自己実現志向は弱まり，他者依存志向の強い新
　しい世代が消費の中心となっている。彼らの消
　費スタイルは，他人の眼を気にする「スマート
　消費」だ。スマートな消費者を掴むための，新
　しい「スマートマーケティング」に欠かせない
　要素が，ここにある。

消費社会白書　2011　JMR生活総合研究所
　2010.12　91p　30cm　9334円　Ⓘ978-4-
　902613-27-8
　(目次)1 続く消費低迷期に新世代がもたらす可
　能性，2「みんなと一緒，けっこう楽しい」の
　時代，3 求められるのは大きな夢より小さな満
　足，4 色あせるライフコースと盛り上がる日常，
　5 買い物に求められる情報と刺激，6 欲望シフ
　ト市場における価値再開発
　(内容)人口減少，少子高齢化が進むなかで20年
　続くディスインフレーション経済と広がる嫌消
　費。不確実性が高まるなかで，消費者は，先の
　見えない未来から現在の自分の身の回りの楽し
　さに気づき始めた。将来のリスクに備えながら，
　マイペースでふだんを楽しむ生活スタイルへの
　転換がすすむ。

20代若者の消費異変　調査研究報告書
2008年1月　日本経済新聞社産業地域研究
　所編　日本経済新聞産業地域研究所，日本経
　済新聞出版社〔発売〕　2008.1　155p　30×
　21cm　10000円　Ⓘ978-4-532-63568-8
　(目次)解説編（急速に進むクルマ離れ，飲酒文化
　からの離脱，将来に備える「アリ」増加，身近
　な消費を堅実に，下流転落は怖い 自助努力大切
　に，和風・伝統文化への回帰，後に続く世代 新
　人類ジュニアは「クールな調整型」），データ編

労働

<書　誌>

少年労働に関する文献抄録　少年・婦人労
　働　邦文の部　皓星社　1998.3　282p
　27cm　（雑誌記事索引集成　専門書誌編 26）
　〈労働科学研究所昭和18年刊の複製〉　Ⓘ4-
　7744-0130-7　Ⓝ366.38

少年労働に関する文献抄録　少年・婦人労
　働　欧文の部　皓星社　1998.3　160p
　27cm　（雑誌記事索引集成　専門書誌編 27）
　〈労働科学研究所昭和18年刊の複製〉　Ⓘ4-
　7744-0131-5　Ⓝ366.38

<事　典>

カイシャ語　使える! 大人のコトバ辞典
　福田稔著　小学館　2013.11　287p　19cm
　1100円　Ⓘ978-4-09-388335-1　Ⓝ336
　(目次)第1章 なんだそういう意味だったんです
　ね 知らないと恥をかくカイシャ語，第2章 ボク

漢字弱いんです、では済まされない読み書き頻出のオトナ語、第3章 えっ、なんでそんな意味になるの？ 不思議なニホン語、第4章 アラ・バナ世代が好んで使うけどマンゴー世代には通じないモノの言い方、第5章 よく見るよく聞くよく使う会議語、第6章 ビミョーな言葉 違いのわかる大人が押さえるツボはココ、特別企画 厳選18の社会人らしいモノの言い方 書き方―平服でお越しくださいってどんな服？

(内容)う、うっ読めない！「俯瞰」「証憑」「瑕疵」「職人気質」今さら聞けない！「アサイン」「メンター」「ASAP」えっ勘違い!?「姑息な手段 ズルいやり方」「うろ覚え うる覚え」…社会人のモノ言い。会議、プレゼン、営業メールや議事録…あらゆるシーンの560語収録！

全国高等学校便覧 1993年版 雇用問題研究会 1992.9 468,75p 26cm 〈監修：労働省職業安定局〉 3107円

(内容)前年3月卒業者数と就職者の全貌(県内・県外就職者の内訳)を学校別、学科別にとらえ、さらに次年3月卒業予定者数を男女別に示す。

<ハンドブック>

現代ビジネスハンドブック 産能大学出版部ビジネス常識研究会編 産能大学出版部 2002.4 128p 19cm 1500円 ①4-382-05520-2 Ⓝ336.49

(目次)1 社会人としてのルール、2 会社の基本的なルール、3 お客様との接し方、4 仕事の進め方、5 ビジネス文書の作成方法、6 OA機器の活用方法、7 慶弔マナー事典

(内容)社員のための、会社の基本ルールのガイドブック。社会人としての常識ルール、会社の基本ルール、接客の仕方、仕事の進め方、ビジネス文書の作成方法、OA機器の活用方法、慶弔マナー等7章に区分して、どんな会社にも共通する基本的な常識・素養、37項目について解説する。

社員ハンドブック 読んで、見て、点検してつかむ基本心得 '96年度版 清話会出版 1996.2 112p 19cm 780円 ①4-88253-111-9

(目次)第1章 会社の仕組みと組織で働く心構え、第2章 エチケットは社会人のパスポート、第3章 身だしなみと態度のマナー、第4章 とても大切な職場の人間関係、第5章 プロとしての仕事の取り組み方、第6章 これだけはすぐに覚えたい基礎実務、第7章 ビジネスに通用する話し方、電話応対、第8章 利益確保は企業の生命線

社員ハンドブック 読んで、見て、点検してつかむ基本心得 2001年度版 清話会出版編 清話会出版 2001.2 112p 19cm 740円 ①4-88253-159-3

(目次)第1章 会社の仕組みと今日の姿、第2章 組織で働く心構えと社員像、第3章 社会人、職場のマナー、第4章 社会人としての人間関係、第5章 プロとしての仕事の取り組み方、第6章 職場で通用する話し方、電話応対、第7章 利益を生み出す仕組み

社員ハンドブック 読んで、見て、点検してつかむ基本心得 2002年度版 清話会出版編 清話会出版 2002.1 112p 19cm 740円 ①4-88253-166-6

(目次)第1章 会社の仕組みと経営環境、第2章 これからの社員像、第3章 社会人に必要なマナー、第4章 社会人、職場の人間関係、第5章 マスターすべき基本実務、第6章 話し方、電話応対の基本、第7章 これだけは理解したい経営数字

社員ハンドブック 2008年度版 清和会出版編 清和会出版 2008.1 112p 19cm (先見books) 〈サブタイトル：社会人の基礎知識がきちんと分かる〉 800円 ①978-4-88253-202-6 Ⓝ336

(目次)第1章 会社のしくみと自分の役割、第2章 気持ちよく働くために、第3章 コミュニケーション力をつける、第4章 基本実務の基礎の基礎、第5章 社会人の言葉遣い、第6章 企業の社会的責任を果たすために、第7章 知っておきたい経営数字

社員ハンドブック 2009年度版 清和会出版編 清話会出版 2009.1 112p 19cm (先見books) 〈2009年度版のサブタイトル：会社の基礎知識から社会の動きまで〉 858円 ①978-4-88253-203-3 Ⓝ336

(目次)第1章 会社のしくみとその役割、第2章 マナーは社会人のパスポート、第3章 必須のコミュニケーション力、第4章 基本実務を確実に、第5章 言葉遣いと電話応対、第6章 企業の責任と危機管理、第7章 経営数字で会社を読む

社員ハンドブック 2010年度版 清話会出版編 清話会出版 2010.1 112p 19cm (先見books) 〈2010年度版のサブタイトル：知っておきたい社会人の基礎知識〉 857円 ①978-4-88253-204-0 Ⓝ336

(目次)第1章 会社組織とその役割、第2章 マナー

でつくられる社会人の基礎, 第3章 コミュニケーション力を上げる, 第4章 実務の基礎を固める, 第5章 言葉遣いと電話対応の基本, 第6章 社員と危機管理意識, 第7章 知っておくべき経営数字
(内容)会社のしくみ, 職業意識を持つ, 付加価値のある人材になる, 挨拶は自分から, お客様への対応, 訪問時のマナー, 先輩・年長者との接し方, 同僚との付き合い方, 5W2Hで整理する, 業務改善のためのプロセス, こまめな口頭報告を, 報告書・社外文書の書き方, 正しい敬語を身につける, 電話応対の心得, 会社を取り巻く危機, 自分自身の危機管理, 原価意識が利益を生む, 決算書を読み解く, ほか.

社員ハンドブック 2012年度版 理想の将来像へ近づく新社会人の手引書 清話会出版著 清話会出版 2012.1 112p 19cm 857円 ⓘ978-4-88253-206-4
(目次)第1章 会社組織の一員として, 第2章 節度ある社会人として, 第3章 大切なコミュニケーション, 第4章 ビジネスパーソンの心得, 第5章 言葉は自身の心の鏡, 第6章 計数感覚を身に付ける, 付録 いざというときのマナー集

新入社員ハンドブック '92年版 PHP研究所編 PHP研究所 1992.2 191p 18cm 1000円 ⓘ4-569-53532-1
(目次)新入社員に心して欲しいいくつかの事柄, 第1章 入門編, 第2章 仕事編, 第3章 生活編, 第4章 常識編, 第5章 情報編
(内容)仕事とは何か?から始まり, 仕事の進め方, ビジネス・マナー, 文書作成, 情報処理術まで仕事の「基本」と「常識」はこの1冊で万全.

新入社員ハンドブック 1993年版 PHP研究所編 PHP研究所 1993.2 191p 18cm 1000円 ⓘ4-569-53857-6 Ⓝ336.04
(目次)第1章 入門編, 第2章 仕事編, 第3章 生活編, 第4章 常識編, 第5章 情報編
(内容)社会人1年目に必要な情報を掲載する年刊版のハンドブック. 掲載内容は, 会社とは何か, 仕事の進め方, ビジネスのマナー, 文書の書き方, お金の使い方, 健康管理法など.

新入社員ハンドブック 1994年版 PHP研究所情報開発室編 PHP研究所 1994.2 191p 18cm 1100円 ⓘ4-569-54238-7 Ⓝ336.04
(目次)第1章 入門編, 第2章 仕事編, 第3章 生活編, 第4章 常識編, 第5章 情報編
(内容)社会人1年目に必要な情報を掲載する年刊版のハンドブック. 掲載内容は, 会社とは何か, 仕事の進め方, ビジネスのマナー, 文書の書き方, お金の使い方, 健康管理法など.

新入社員ハンドブック フレッシュマン必携!!ビジネスマンとして知っておくべき仕事の基本・会社の基本 1997年版 PHP研究所編 PHP研究所 1997.1 191p 18cm 1165円 ⓘ4-569-55483-0
(目次)第1章 入門編(会社を知る, 基本心得, マナー), 第2章 仕事編(仕事の基本展開, ビジネス文書, 一般文書), 第3章 生活編(自己啓発, マネープラン, 健康管理, 冠婚葬祭), 第4章 常識編(会社を読む, ビジネス法知識, 税金・社会保険, 基礎用語), 第5章 情報編(テレフォン情報, ホテル一覧, イベントスケジュール, 鉄道・地下鉄路線図)
(内容)入社直前から入社後1年くらいまでの人たちを対象に, 会社生活と仕事の基本的な知識・心構えをまとめた新入社員ハンドブック.

マナー 一歩先のビジネスマン講座 鈴木賞子著 ポスティコーポレーション 1999.2 131p 19cm 1000円 ⓘ4-906102-10-7
(目次)新入社員のためのビジネスマナーとは, 期待される新人の役割, 清潔さを第一に・身だしなみの基本, 職場のルールを守る, 挨拶の言葉とお辞儀, 言葉遣い・敬語の基本, 基本的な敬語の遣い分け, ビジネス話法の基本, 電話応対のマナー, 接客応対のマナー〔ほか〕

若手社員のためのビジネス便利事典 新版 学研辞典編集部編 学習研究社 2003.6 320p 18cm 1500円 ⓘ4-05-402012-7
(目次)1 社会人の第一歩, 2 実務の第一歩, 3 ビジネスマナーの実際, 4 基本のビジネススキル, 5 社会人のトラブル, 6 冠婚葬祭のマナー
(内容)ビジネスシーン必須の119項目. ビジネスマナーからビジネススキルまで, 若手社員に役立つビジネス・ナビ.

<年鑑・白書>

「企業社会」と教育 (静岡)日本労働社会学会, 東信堂〔発売〕 1996.12 192p 21cm (日本労働社会学会年報 第7号) 3000円 ⓘ4-88713-257-3
(目次)特集「企業社会」と教育(企業社会と学校教育の関係, 日本型企業社会と管理教育・労務管理, 大衆受験社会と学卒労働市場——対応と揺らぎ, 新規学卒就職と出身階層, 「学校」「労働

経済・労働　労働

市場」間の日本的接続と日本型大衆社会），投稿論文（グローバル・ジャパナイゼーションは可能か，中小企業労働者の技能形成過程と社会関係），海外研究動向（イギリス，国際労働過程会議について），書評

厚生労働白書　「地域」への参加と「働き方」の見直し　平成18年版　持続可能な社会保障制度と支え合いの循環　厚生労働省編　ぎょうせい　2006.9　535p　30cm　〈付属資料：CD1〉　2762円　Ⓘ4-324-08062-3

(目次)第1部 持続可能な社会保障制度と支え合いの循環―「地域」への参加と「働き方」の見直し（人口減少社会を迎えて，我が国の社会保障を取り巻く環境と国民意識の変化，社会保障の各分野の変遷，社会保障制度の基盤の整備と地域・職場の在り方の見直し），第2部 主な厚生労働行政の動き（平成17年度厚生労働行政年次報告）（生涯にわたり元気で活動的に生活できる社会の構築，次世代育成支援対策の更なる推進，フリーター、ニート等若者の人間力の強化と職業能力開発の推進，雇用のミスマッチの縮小等のための雇用対策の推進 ほか），資料編

国民生活白書　平成18年版　多様な可能性に挑める社会に向けて　内閣府編　時事画報社　2006.6　297p　30cm　（「暮らしと社会」シリーズ）　1400円　Ⓘ4-915208-10-9

(目次)序章 多様な可能性に挑める社会とは（生活における様々な挑戦，仕事についての挑戦のしやすさ），第1章 若年者の適職探し（適職探しへの再挑戦，若年者の適職探しをめぐる壁），第2章 女性のライフサイクルと就業（女性のライフコースに関する希望と現実，女性の継続就業を妨げる壁 ほか），第3章 高齢者の人生の再設計（変わる高齢者像，高齢者の就業：意識と現実 ほか），むすび 多様な可能性に挑める社会の構築に向けて

女性労働白書　働く女性の実情　平成10年版　労働省女性局編　21世紀職業財団　1999.2　124,133p　26cm　1800円　Ⓘ4-915811-18-2

(目次)1 平成9年の働く女性の状況（概況，労働力人口，就業者，雇用者の状況，労働市場の状況，労働条件等の状況，パートタイム労働者等の状況，派遣労働者の状況，家内労働の動向），2 女性のライフコースと再就業（我が国の女性のライフパターン，女性の再就職の実態と意識，女性の再就職を促進するために，まとめ），3 働く女性に関する対策の概況（平成10年1月～12月）（雇用における男女の均等な機会と待遇の確保等対策の推進，母性健康管理対策の推進，パートタイム労働対策の推進，職業生活と家庭生活との両立支援対策の推進，家内労働対策の推進，働く女性の支援事業の総合的展開，女性の地位向上のための施策推進，女性の能力開発，国際協力の推進）

女性労働白書　働く女性の実情　平成12年版　厚生労働省雇用均等・児童家庭局編　21世紀職業財団　2001.5　110,121p　26cm　1800円　Ⓘ4-915811-23-9　Ⓝ366.38

(目次)1 働く女性の状況（概況，労働力人口，就業者，雇用者の状況，景気停滞期の雇用動向 ほか），2 産業別にみた女性労働者の均等取扱い・活用状況と今後の課題（女性労働者の変化と状況，企業の均等取扱い・女性の活用状況，新規大卒者の就職活動等実態調査にみる均等取扱い状況 ほか），3 働く女性に関する対策の概況（平成12年1月～12月）（雇用における男女の均等な機会と待遇の確保等対策の推進，母性健康管理対策の推進，職業生活と家庭生活との両立支援対策の推進 ほか）

(内容)女性の労働を取り巻く情況と政府の関連施策についての白書。関連政策は平成12年1月から12月までの概況を収録する。巻頭に本文中の図表索引，巻末に参考資料として女性労働関係判例を付す。

女性労働白書　働く女性の実情　平成13年版　厚生労働省雇用均等・児童家庭局編　21世紀職業財団　2002.4　118,134p　26cm　1800円　Ⓘ4-915811-25-5　Ⓝ366.38

(目次)1 働く女性の状況（労働力人口，就業者，雇用者の状況，労働市場の状況，学卒・若年労働市場の状況 ほか），2 仕事と子育ての両立（結婚・出産と関わりの深い年齢層の変化，女性の就業パターン（継続就業，再就職，専業主婦型）の状況，小さい子どもを持つ女性の就業状況 ほか），3 働く女性に関する対策の概況（平成13年1月～12月）（雇用における男女の均等な機会と待遇の確保等対策の推進，母性健康管理対策の推進，職業生活と家庭生活との両立支援対策の推進 ほか）

(内容)女性の労働を取り巻く情況と政府の関連施策についての白書。関連政策は平成13年1月から12月までの概況を収録する。

図説 労働白書　女子労働者、若年労働者の現状と課題　平成3年度　労働省政策調査部監修　至誠堂　1991.9　126p　19cm　680

円　①4-7953-0210-3

(目次)第1部 平成2年労働経済の推移と特徴、第2部 女子労働者、若年労働者の現状と課題(女子労働者、若年労働者問題の背景、女子の職場進出と多様な職業生涯、若年労働者の離転職の増加と意識の変化)

(内容)本年の労働白書では、女子労働者及び若年労働者の就業意識、雇用、就業の実態を明らかにし、それに対応した企業の雇用管理の方向についても検討し、これらの労働者が能力を十分に発揮し快適な職業生活を送ることができるための課題を探りました。

図説 労働白書 高齢社会の下での若年と中高年のベストミックス 平成12年度

労働省政策調査部監修　至誠堂　2000.9　127p　19cm　780円　①4-7953-0219-7　Ⓝ366.021

(目次)第1部 平成11年労働経済の推移と特徴(平成11年の雇用・失業情勢の特徴、増加した新規求人、増加幅が縮小した新規求職、有効求人倍率は過去最低水準の後、上昇、男女とも低下が続く労働力率、大幅な減少の続く就業者数 ほか)、第2部 高齢社会の下での若年と中高年のベストミックス(経済構造変化と高齢化の進展、若年の雇用・失業問題、高齢化と雇用・就業問題)

(内容)労働白書の内容をグラフを中心に分かりやすく解説したもの。平成11年労働経済の推移と特徴、高齢社会の下での若年と中高年のベストミックスの2部で構成、平成11年度労働経済の状況とリストラクチャリングの実態を分析し、高齢化のマクロ経済や労働市場に及ぼす影響などについて考察する。また若年者の就業意識や企業の中での高齢化対応の実態などから「より少ない若年とより多い中高年」による効果的な仕事の進め方の仕組み(若年と中高年のベストミックス)を探る。

日本労働社会学会年報 変貌する雇用と職場 第15号 若年労働者

日本労働社会学会、東信堂〔発売〕　2005.7　206p　26cm　2700円　①4-88713-624-2

(目次)特集 若年労働者問題と雇用関係・職場の変貌(新卒労働供給の変貌と中小製造業における高卒技能工の配置と分業範囲、若年勤労者の会社・仕事観と企業の人事管理、若年層の就労状況と労働社会学—第15回大会シンポジウムを振り返って)、投稿論文(「引越屋」の労働世界—非正規雇用で働く若者の自己規定、対人サービスにおける感情管理—生活保護ケースワーカーを事例として、労働者の遍歴と社会の連帯—19世紀末から20世紀初頭の鉱山労働者を対象として、縫製業における中国人技能実習生・研修生の労働・生活と社会意識、タイ国における工業開発とインフォーマル化—アユタヤ周辺における労働者コミュニティの事例)、第1回日本労働社会学会奨励賞の選考経過と選考結果について

ベンチャー企業白書 学生ベンチャーとベンチャー予備軍に提起する「原点回帰の起業発想法」 2006年版 藤田英夫編著

(大阪)日本ビジネス開発　2006.8　321p　30cm　38000円　①4-901586-29-7

(目次)1 2005年～2006年のベンチャー動向の総括(2005年～2006年のベンチャー類型と動向、表:マザーズ・ヘラクレス上場企業の起業年齢ランキング、表:学生ベンチャーとベンチャー予備軍に提起する「原点回帰の起業発想法」)、2 ベンチャー企業参入年表&動向(製造ベンチャー、流通ベンチャー、食ベンチャー ほか)、3 ベンチャー企業考察のための基本データ(表:2004年1月～2005年9月の新興3市場上場企業、表:2004年1月～2005年9月のジャスダック市場上場企業、表:2004年1月～2005年9月のマザーズ市場上場企業 ほか)

(内容)本書は「原点に戻って未来を睨む」という視点に立ち、四つの独自切り口による「起業チャンス」を示した。特に、これから「起業」を目指す学生ベンチャーとベンチャー予備軍に提起する「起業発想法」である。

毎日留学年鑑 2000‐2001 6 ワーキングホリデー

毎日留学年鑑刊行会編　毎日コミュニケーションズ　2000.2　239p　21×14cm　1143円　①4-8399-0309-3　Ⓝ377.6

(目次)1 これがワーキングホリデーだ、2 WH基本情報、3 オーストラリアWH生活情報、4 ニュージーランドWH生活情報、5 カナダWH生活情報、6 国別学校案内、7 フランス・韓国のWH,8 毎日コミュニケーションズカウンターの紹介

(内容)ワーキングホリデーの歴史や意義、対象国の様子と渡航前に必要な複雑な手続きを紹介した年鑑。オーストラリア、ニュージーランド、カナダでの暮らしに必要な生活情報とレジャーの紹介や体験談、各国の通学条件を満たす語学学校の紹介・おすすめコース・日程と授業料などを掲載。またフランス・韓国の渡航条件とビザの取得方法も紹介。

労働白書 平成3年版 労働省編

日本労働研究機構　1991.7　349,71p　21cm　2000円

①4-538-43066-8

(目次)第1部 平成2年労働経済の推移と特徴(雇用失業の動向,賃金,労働時間,労働災害の動向,物価,勤労者家計の動向,労使関係の動向),第2部 女子労働者,若年労働者の現状と課題(女子労働者,若年労働者問題の背景,女子の職場進出と多様な職業生涯,若年労働者の離転職の増加と意識の変化)

労働白書 平成12年版 高齢社会の下での若年と中高年のベストミックス 労働省編 日本労働研究機構 2000.6 489p 21cm 2300円 ①4-538-43075-7 ⓃN366.021

(目次)第1部 平成11年労働経済の推移と特徴(雇用・失業の動向,賃金,労働時間,労働安全衛生の動向,物価,勤労者家計の動向),第2部 高齢社会の下での若年と中高年のベストミックス(経済構造変化と高齢化の進展,若年者の雇用・失業問題,高齢化と雇用・就業問題)

(内容)日本の労働経済と労働行政についての閣議報告「平成12年版労働経済の分析」を収録した白書。今年の白書では,雇用調整を伴うリストラクチャリングの実態について企業経営へのマイナスの影響も含め多面的に分析をしたほか,高齢化のマクロ経済や労働市場に及ぼす影響などについて概観するとともに,今後の中期的な年齢構造変化も睨みながら,若年者の就業意識や企業の中での高齢化対応の実態などについて分析し,「より少ない若年者とより多い中高年」による効果的な仕事の進め方の仕組み(若年と中高年のベストミックス)について解説。平成11年労働経済の推移と特徴,高齢社会の下での若年と中高年のベストミックスの2部で構成される解説のほかに主要労働統計表,労働関係主要日誌,図表基礎資料などを収録する。

<統計集>

勤労青少年の現状 平成元年版 労働省労政局編 大蔵省印刷局 1990.5 177p 21cm 〈発売:東京官書普及〉 1456円 ①4-17-161964-5 Ⓝ366.38

(内容)政府関係諸機関が発表した最新の統計資料の側面から,勤労青少年の現状を紹介。勤労青少年の現状,勤労青少年対策の概況(平成元年度の施策)の2部からなる。

勤労青少年の現状 平成2年版 労働省労政局編 大蔵省印刷局 1991.4 188p 21cm 〈発売:東京官書普及〉 1456円 ①4-17-161965-3 Ⓝ366.38

(内容)勤労青少年の現状を統計的側面から紹介することを目的に,政府関係機関が発表した最新統計資料をまとめたもの。平成元年実施「勤労青少年福祉に関する総合的な調査」の詳細を掲載。本文では平成2年度の施策を中心に説明。

勤労青少年の現状 平成3年版 労働省労政局編 大蔵省印刷局 1992.4 195p 21cm 1700円 ①4-17-161966-1

(目次)1 勤労青少年の現状(勤労青少年の概況,勤労青少年の職業生活の動向),2 勤労青少年対策の概況(勤労青少年福祉対策,新規学校卒業者の雇用対策,青少年労働者の職業能力開発),参考資料(勤労青少年福祉法,勤労青少年育成団体一覧,都道府県別勤労青少年ホーム等の設置数,勤労青少年ホーム一覧,自己啓発助成給付金,中小企業福祉補助事業,ワーキング・ホリデー制度,青年海外協力隊派遣事業)

勤労青少年の現状 平成4年版 労働省労政局編 大蔵省印刷局 1993.4 197p 21cm 1700円 ①4-17-161967-X

(目次)勤労青少年の現状(勤労青少年の概況,勤労青少年の職業生活の動向,勤労学生の就労等実態調査の結果概要),勤労青少年対策の概況(勤労青少年福祉対策,新規学校卒業者の雇用対策,青少年労働者の職業能力開発,働きがいと技能尊重に関する有識者懇談会の開催),参考資料(勤労青少年福祉法,勤労青少年育成団体一覧,都道府県別勤労青少年ホーム等の設置数,勤労青少年ホーム一覧,自己啓発助成給付金,中小企業福祉補助事業,ワーキング・ホリデー制度,青年海外協力隊派遣事業,働きがいと技能尊重に関する有識者懇談会報告)

地域別雇用データ2000 都道府県別就業者、新規学卒者等の長期見通し 労働省職業安定局編 労働基準調査会 1997.3 419p 26cm 5826円 ①4-89782-437-0

(目次)第1章 労働市場の動向と展望,第2章 地方における労働市場の動向と展望,第3章 新規学卒者の見通し,第4章 都道府県別労働市場の動向と展望

地域別雇用データ2010 都道府県別就業者、新規学卒者等の長期見通し 厚生労働省職業安定局編 労働調査会 2001.3 392p 26cm 6000円 ①4-89782-669-1 Ⓝ366.21

(目次)第1章 労働市場の動向と展望(緩やかな景気回復の中での厳しい雇用失業情勢,今後の動向と課題),第2章 地方における労働市場の動向と展望(人口,労働力人口の移動状況,地域

別労働市場の動向 ほか），第3章 新規学卒者の見通し（新規学卒者の労働市場，新規学卒者及び就職者の推移と見通し），第4章 都道府県別労働市場の動向と展望（北海道，青森 ほか）

(内容)各都道府県の「第9次地方雇用基本計画」に基づいて編集された資料集。1999年8月の国の雇用対策基本計画及びそれに準じて策定された各都道府県雇用基本計画の基礎資料として，雇用についての動向や見通しをまとめている。

働く若者のデーターブック　平成9年版
労働省労政局編　大蔵省印刷局　1998.4　114p　30cm　1600円　④4-17-355098-7

(目次)1 働く若者の職業生活の動向，2 働く若者の意識の変化，3 働く若者の自由時間活動，4 勤労学生の就労等に関する実態調査結果の概要，5 参考資料

労働力調査年報　平成17年　総務省統計局編　日本統計協会　2006.6　536p　30cm　5300円　④4-8223-3121-0

(目次)1 結果の概要（就業者，完全失業者，非労働力人口，若年者の就業及び不就業，夫婦の就業），2 統計表（15歳以上人口，就業者，完全失業者，非労働力人口，世帯），参考表，付録

労働力調査年報　平成18年　日本統計協会　2007.6　552p　30cm　5300円　④978-4-8223-3260-0

(目次)1 結果の概要（就業者，完全失業者，非労働力人口，若年者の就業及び不就業，夫婦の就業，失業者の国際比較），2 統計表（15歳以上人口，就業者等，完全失業者，非労働力人口，世帯），参考表，付録

労働力調査年報　平成19年　2　詳細集計
総務省統計局編　日本統計協会　2008.6　587p　30cm　5300円　④978-4-8223-3537-3　Ⓝ366.21

(目次)1 結果の概要（就業者，完全失業者，非労働力人口，非正規の職員・従業員及び就業希望者（フリーターなど）ほか），2 統計表（15歳以上人口，就業者等，完全失業者，非労働力人口ほか）

◆心理・意識

<統計集>

女子大生・OLの職業意識　日中比較　川久保美智子著　(大阪)かんぽう　2004.7　266p　26cm　1800円　④4-900277-48-7

(目次)1 女子学生の職業意識（女性の職業意識，過去の研究，調査方法，日本人女子学生の職業意識，日本人女子学生の将来設計，中国人女子学生の職業意識，中国人女子学生の将来設計，女子学生の職業意識―日中比較，女子学生の将来設計―日中比較），2 社会人女性の職業意識（日本の社会人女性の職業意識，中国人女性の職業意識，女性の職業意識―日中比較）

「働くことの意識」調査報告書　平成2年6月　日本生産性本部　1990.6　99p　26cm　〈平成2年6月の副書名：平成2年度新入社員，新入社員7,000人の意識と調査 共同刊行：日本経済青年協議会　発売：東京官書普及〉2427円　Ⓝ366.7

(内容)昭和44年度以来22回めの新入社員意識調査。対象は108社6,991人。

「働くことの意識」調査報告書　平成3年度新入社員　新入社員7,000人の意識と行動　日本生産性本部，日本経済青年協議会編　日本生産性本部　1991.6　100p　26cm　2500円　Ⓝ366.7

(目次)調査の概要，調査集計対象者の概要，平成3年度新入社員の意識傾向，昭和44年度～平成3年度（23年間）の新入社員の意識変化，新入社員「働くことの意識調査」調査票，新入社員「働くことの意識調査」集計表，調査集計対象新入社員の属性変化一覧，時系列にみた意識変化比較対照一覧

「働くことの意識」調査報告書　平成4年度新入社員　日本生産性本部労働部　1992.6　102p　26cm　〈共同刊行：日本経済青年協議会〉　2622円

(内容)昭和44年度以来24回めの日本経済青年協議会の新入社員意識調査。

「働くことの意識」調査報告書　平成6年度新入社員　1994年6月　社会経済生産性本部，日本経済青年協議会　1994.6　118p　26cm　3000円

(目次)平成6年度新入社員「働くことの意識調査」の概要，平成6年度新入社員「働くことの意識調査」集計対象者の概要，平成6年度新入社員の意識傾向，参考 入社年度別新入社員タイプ一覧（現代コミュニケーション・センター編），昭和44年度～平成6年度（26年間）の新入社員の意識変化，調査集計対象新入社員の属性変化一覧，時系列にみた意識変化比較対照一覧，平成6年度新入社員「働くことの意識調査」調査票，平

経済・労働　　　　労働

成6年度新入社員「働くことの意識調査」集計表
(内容)1969年以来毎年実施されている新入社員意識調査の集計資料。平成6年3月から4月にかけて、財団法人、社会経済生産性本部と社団法人・日本経済青年協議会が共同して、平成6年度新入社員を対象に実施している。

「働くことの意識」調査報告書　平成7年度新入社員 1995年6月　平成7年度新入社員の意識と行動　社会経済生産性本部産業労働部，日本経済青年協議会　1995.6　112p　26cm　3000円

(目次)平成7年度新入社員「働くことの意識調査」の概要，平成7年度新入社員「働くことの意識調査」集計対象者の概要，平成7年度新入社員の意識傾向，参考―入社年度別新入社員タイプ一覧，昭和44年度～平成7年度(27年間)の新入社員の意識変化，調査集計対象新入社員の属性変化一覧，時系列にみた意識変化比較対照一覧，平成7年度新入社員「働くことの意識調査」調査票，平成7年度新入社員「働くことの意識調査」集計表

「働くことの意識」調査報告書　平成9年度新入社員　平成9年度新入社員の意識と行動　社会経済生産性本部　労働・福祉部，日本経済青年協議会　1997.6　112p　26cm　3000円

(目次)平成9年度新入社員「働くことの意識調査」の概要，平成9年度新入社員「働くことの意識調査」集計対象者の概要，平成9年度新入社員の意識傾向，「参考」入社年度別新入社員タイプ一覧(現代コミュニケーション・センター編)，昭和44年度～平成9年度(29年間)の新入社員の意識変化，調査集計対象新入社員の属性変化一覧，時系列にみた意識変化比較対照一覧，平成9年度新入社員「働くことの意識調査」調査票，平成9年度新入社員「働くことの意識調査」集計表

「働くことの意識」調査報告書　平成10年度新入社員　平成10年度新入社員の意識と行動　社会経済生産性本部労働・福祉部，日本経済青年協議会　1998.6　113p　26cm　3000円　①4-88372-027-6

(目次)平成10年度新入社員「働くことの意識調査」の概要，平成10年度新入社員「働くことの意識調査」集計対象者の概要，平成10年度新入社員の意識傾向，参考 入社年度別新入社員タイプ一覧(現代コミュニケーション・センター編)，昭和44年度～平成10年度(30年間)の新入社員の意識変化，調査集計対象新入社員の属性変化一覧，時系列にみた意識変化比較対照一覧，平成10年度新入社員「働くことの意識調査」調査票，平成10年度新入社員「働くことの意識調査」集計表

「働くことの意識」調査報告書　平成13年度新入社員　平成13年度新入社員の意識と行動　社会経済生産性本部，日本経済青年協議会　2001.6　117p　26cm　〈共同刊行：日本経済青年協議会〉　3000円　①4-88372-113-2　Ⓝ366.7

(目次)1 要約：平成13年度新入社員の傾向，2 平成13年度新入社員「働くことの意識調査」の概要，3 平成13年度新入社員「働くことの意識調査」集計対象者の概要，4 平成13年度新入社員の意識と行動，5 平成13年度新入社員「働くことの意識調査」集計表，6 時系列にみた意識変化比較対照一覧(昭和44年度～平成13年度)，7 調査集計対象新入社員の属性変化一覧，8 平成13年度新入社員「働くことの意識調査」調査票

「働くことの意識」調査報告書　平成15年度新入社員　社会経済生産性本部　2003.6　125p　26cm　3000円　①4-88372-172-8

(目次)1 要約：平成15年度新入社員の傾向，2 平成15年度新入社員「働くことの意識調査」の概要，3 平成15年度新入社員「働くことの意識調査」集計対象者の概要，4 平成15年度新入社員の意識と行動，5 平成15年度新入社員「働くことの意識調査」集計表，6 時系列にみた意識変化比較対照一覧(昭和44年度～平成15年度)，7 調査集計対象新入社員の属性変化一覧，8 平成15年度新入社員「働くことの意識調査」調査票(第35回)

「働くことの意識」調査報告書　平成16年度新入社員　社会経済生産性本部社会労働部，日本経済青年協議会　2004.6　125p　26cm　3000円　①4-88372-205-8

(目次)1 要約：平成16年度新入社員の傾向，2 平成16年度新入社員「働くことの意識調査」の概要，3 平成16年度新入社員「働くことの意識調査」集計対象者の概要，4 平成16年度新入社員の意識と行動，5 平成16年度新入社員「働くことの意識調査」集計表，6 時系列にみた意識変化比較対照一覧(昭和44年度～平成16年度)，7 調査集計対象新入社員の属性変化一覧，8 平成16年度新入社員「働くことの意識調査」調査票(第36回)

「働くことの意識」調査報告書　平成18年度新入社員　社会経済生産性本部社会労働

部　2006.6　126p　26cm　3000円　Ⓘ4-88372-260-0

(目次)1 要約：平成18年度新入社員の意識傾向，2 平成18年度新入社員「働くことの意識調査」の概要，3 平成18年度新入社員「働くことの意識調査」集計対象者の概要，4 平成18年度新入社員の意識と行動，5 平成18年度新入社員「働くことの意識調査」集計表，6 時系列にみた意識変化比較対照一覧(昭和44年度～平成18年度)，7 調査集計対象新入社員の属性変化一覧，8 平成18年度新入社員「働くことの意識調査」調査票(第38回)

「働くことの意識」調査報告書　平成19年度新入社員　平成19年度新入社員の意識と行動　社会経済生産性本部，日本経済青年協議会著　社会経済生産性本部生産性労働情報センター　2007.6　127p　26cm　3000円　Ⓘ978-4-88372-295-2

(目次)1 要約：平成19年度新入社員の意識傾向，2 平成19年度新入社員「働くことの意識調査」の概要，3 平成19年度新入社員「働くことの意識調査」集計対象者の概要，4 平成19年度新入社員の意識と行動，5 平成19年度新入社員「働くことの意識調査」集計表，6 時系列にみた意識変化比較対照一覧(昭和44年度～平成19年度)，7 調査集計対象新入社員の属性変化一覧，8 平成19年度新入社員「働くことの意識調査」調査票(第39回)

「働くことの意識」調査報告書　平成23年度新入社員　平成23年度新入社員の意識と行動　日本生産性本部社会労働部，日本経済青年協議会　2011.6　134p　26cm　3000円　Ⓘ978-4-88372-409-3

(目次)1 要約：平成23年度新入社員の意識傾向，2 平成23年度新入社員「働くことの意識調査」の概要，3 平成23年度新入社員「働くことの意識調査」集計対象者の概要，4 平成23年度新入社員の意識と行動，5 平成23年度新入社員「働くことの意識調査」集計表，6 時系列にみた意識変化比較対照一覧(昭和44年度～平成23年度)，7 調査集計対象新入社員の時系列属性変化一覧，8 平成22年度新入社員「働くことの意識調査」の調査票(第43回)

「働くことの意識」調査報告書　平成24年度新入社員　日本生産性本部生産性労働情報センター　2012.6　1冊　26cm　3000円　Ⓘ978-4-88372-430-7

(目次)1 要約：平成24年度新入社員の意識傾向，2 平成24年度新入社員「働くことの意識調査」の概要，3 平成24年度新入社員「働くことの意識調査」集計対象者の概要，4 平成24年度新入社員の意識と行動，5 平成24年度新入社員「働くことの意識調査」集計表，6 時系列にみた意識変化比較対照一覧(昭和44年度～平成24年度)，7 調査集計対象新入社員の時系列属性変化一覧，8 平成24年度新入社員「働くことの意識調査」調査票(第44回)

「働くことの意識」調査報告書　平成25年度新入社員　日本生産性本部生産性労働情報センター，日本経済青年協議会　2013.6　150p　26cm　3000円　Ⓘ978-4-88372-455-0　Ⓝ366.2

(目次)1 要約：平成25年度新入社員の意識傾向，2 平成25年度新入社員「働くことの意識調査」の概要，3 平成25年度新入社員「働くことの意識調査」集計対象者の概要，4 平成25年度新入社員の意識と行動，5 平成25年度新入社員「働くことの意識調査」集計表，6 時系列にみた意識変化比較対照一覧(平成44年度～平成25年度)，7 調査集計対象新入社員の時系列属性変化一覧，8 平成25年度新入社員「働くことの意識調査」調査票(第45回)

◆就職

<ハンドブック>

資格でハローワーク　17歳からの「やりたい仕事に直結する」資格選び　梧桐書院編集部編　梧桐書院　2004.11　328p　19cm　1500円　Ⓘ4-340-50116-6

(目次)プロローグ　「ハローワーク」の壁を突き破ろう，第1部　資格選びの基本を知っておこう(資格って，どこがくれるもの?―資格の種類，時代が変われば，有望資格も変わる―役に立つ資格，役に立たない資格)，第2部　ハローワークに役立つ資格厳選210(やっぱり，これからはITでしょ!，「手に職」で，この道一筋!，脱都会，第一次産業で働きたい!，空，海，大地を舞台に働きたい! ほか)

(内容)フリーターなんてもう古い。やりたい，なりたい，仕事への近道を探そう。ハローワークに役立つ資格を厳選。

職業レファレンスブック　労働政策研究・研修機構編　労働政策研究・研修機構　2004.8　356p　26cm　1429円　Ⓘ4-538-33005-1

(目次)A 専門的・技術的職業，B 管理的職業，

C 事務的職業，D 販売の職業，E サービスの職業，F 保安の職業，G 農林漁業の職業，H 運輸・通信の職業，I 生産工程・労務の職業，追補22職業

(内容)平成11年改訂版労働省(当時)編職業分類および職業ハンドブック(平成9年版，日本労働研究機構編)から1000職業名を選び出し，それぞれ400字前後でその職務内容を解説。公共職業安定機関等における職業相談・指導のみならず，学校教育におけるキャリアガイダンスおよび進路指導，民間の職業紹介機関におけるキャリアカウンセリングなど，様々な場面で幅広い目的に活用できる。

女性の職業のすべて　95年最新版　女性の職業研究会編　啓明書房　1994.10　306p　19cm　(資格と特技シリーズ)　1450円
①4-7671-0854-3

(目次)序章 女と男と仕事，第1章 マスコミ関係，第2章 デザイン・ファッション関係，第3章 サービス業関係，第4章 技術関係，第5章 教育関係，第6章 医療保健関係，第7章 社会福祉関係，第8章 公務員関係，第9章 資格を生かす職業，第10章 趣味を生かす職業

(内容)女性が職業を持とうという時に参考とするための職業ガイド。194種の職業を10の業種別に収録し，各職業の解説，資格の取り方，就職状況の他，問い合わせ先(関係団体・学校)も記載している。

女性の職業のすべて　97年最新版　女性の職業研究会編　啓明書房　1996.9　302p　19cm　(資格と特技シリーズ)　1450円
①4-7671-0929-9

(目次)序章 女と男と仕事，第1章 マスコミ関係—18種，第2章 デザイン・ファッション関係—17種，第3章 サービス業関係—18種，第4章 技術関係—20種，第5章 教育関係—18種，第6章 医療保健関係—29種，第7章 社会福祉関係—12種，第8章 公務員関係—37種，第9章 資格を生かす職業—10種，第10章 趣味を生かす職業—17種

(内容)女性が就いている196種の職業を業種別に紹介したガイド。「マスコミ関係」「デザイン・ファッション関係」「サービス業関係」などの10章で構成され，それぞれの職業に就くための資格の取り方・就職状況・収入・問い合わせ先を掲載する。巻頭では「ポジティブ・アクションと実質的平等」と題した特集を組む。

女性の職業のすべて　98年最新版　女性の職業研究会編　啓明書房　1997.9　302p　19cm　(資格と特技シリーズ)　1400円
①4-7671-0968-X

(目次)巻頭インタビュー—私の仕事，仕事さがしのSTEP BY STEP，第1章 マスコミ関係，第2章 デザイン・ファッション関係，第3章 サービス業関係，第4章 技術関係，第5章 教育関係，第6章 医療保健関係，第7章 社会福祉関係，第8章 公務員関係，第9章 資格を生かす職業，第10章 趣味を生かす職業

(内容)女性の進出がめざましい仕事、有利な職場選びの情報などを解説した入門書。仕事の相性＆適性チェック、就職のための資格と学歴アドバイス、今人気の仕事とこれから有望な仕事、収入・注目度・将来性の職業チャートなど。

女性の職業のすべて　2000年版　女性の職業研究会編　啓明書房　1999.4　302p　19cm　(資格と特技シリーズ)　1400円
①4-7671-1016-5

(目次)巻頭インタビュー 私の仕事，仕事さがしのSTEP BY STEP，第1章 マスコミ関係，第2章 デザイン・ファッション関係，第3章 サービス業関係，第4章 技術関係，第5章 教育関係，第6章 医療保健関係，第7章 社会福祉関係，第8章 公務員関係，第9章 資格を生かす職業，第10章 趣味を生かす職業

(内容)女性の進出がめざましい仕事、有利な職場選びの情報などを解説した入門書。仕事の相性＆適性チェック、就職のための資格と学歴アドバイス、今人気の仕事とこれから有望な仕事、収入・注目度・将来性の職業チャートなど。

女性の職業のすべて　女性の社会進出がめざましい仕事、有利な職場選びの最新情報　2000年最新版　女性の職業研究会編　啓明書房　1999.9　302p　19cm　(資格と特技シリーズ)　1400円　①4-7671-1033-5

(目次)第1章 マスコミ関係，第2章 デザイン・ファッション関係，第3章 サービス業関係，第4章 技術関係，第5章 教育関係，第6章 医療保健関係，第7章 社会福祉関係，第8章 公務員関係，第9章 資格を生かす職業，第10章 趣味を生かす職業

(内容)女性の進出がめざましい仕事、有利な職場選びの情報などを職業別に解説したガイド。「マスコミ関係」「デザイン・ファッション関係」「サービス業関係」などの10章で構成され、それぞれの職業に就くための資格の取り方・就職状況・収入・問い合わせ先を掲載する。

女性の職業のすべて 女性の社会進出がめざましい仕事 有利な職場選びの最新情報 2001年最新版 女性の職業研究会編 啓明書房 2000.9 302p 19cm （資格と特技シリーズ） 1400円 ⓘ4-7671-1066-1 Ⓝ366.29

(目次)第1章 マスコミ関係―16種，第2章 デザイン・ファッション関係―17種，第3章 サービス業関係―14種，第4章 技術関係―17種，第5章 教育関係―15種，第6章 医療保健関係―29種，第7章 社会福祉関係―11種，第8章 公務員関係―34種，第9章 資格を生かす職業―11種，第10章 趣味を生かす職業―17種

(内容)女性のための仕事を解説した入門書。仕事の内容や収入、需要や将来性、仕事に就くための資格や学歴といった情報を、いろいろな角度から比較出来るように解説、特に資格試験のあるものに関しては日程や科目、難易度まで最新の情報を掲載する。仕事はマスコミ関係、デザイン・ファッション関係、サービス業関係など10章に分類して掲載。各項目では、仕事の解説と受験資格、試験科目など資格の取り方、就職状況、収入、問い合わせ先などについて掲載する。

女性の職業のすべて 〔2004年版〕 女性の職業研究会編 啓明書房 2002.10 267p 21cm 1400円 ⓘ4-7671-1093-9 Ⓝ366.29

(目次)第1章 仕事さがしのSTEP BY STEP，第2章 ジャンル別職業ガイド（ファッション，マスコミ，コンピュータ，ビジネス・コンサルティング，サービス，クリエイティブ，芸能・音楽・映像，旅行・運輸・運送 ほか）

(内容)女性の進出がめざましい職業の総合ガイド。女性に注目される職業230種を、ファッション、マスコミ、コンピュータなどの13分野に分けて掲載。仕事内容、資格の取り方、収入などを解説し、就職までのルートマップをチャートで紹介する。仕事名から検索できる五十音順のインデックスがある。

女性の職業のすべて 2003年版 女性の職業研究会編 啓明書房 2001.10 267p 21cm 1400円 ⓘ4-7671-1080-7 Ⓝ366.29

(目次)第1章 仕事さがしのSTEP BY STEP，第2章 ジャンル別職業ガイド（ファッション，マスコミ，コンピュータ，ビジネス・コンサルティング，サービス，クリエイティブ，芸能・音楽・映像，旅行・運輸・運送，医療，福祉，教育，公務員，スポーツ）

(内容)女性のための仕事を解説した入門書。女性に注目される職業230種を、ファッション、マスコミ、サービスなどの13分野のジャンルに分けて掲載。仕事内容、資格の取り方、収入などを解説し、就職までのルートマップをチャートで紹介する。仕事名から検索できる五十音順のインデックスがある。

女性の職業のすべて 2005年版 女性の職業研究会編 啓明書房 2003.11 267p 21cm 1400円 ⓘ4-7671-1102-1

(目次)第1章 仕事さがしのSTEP BY STEP，第2章 ジャンル別職業ガイド（ファッション，マスコミ，コンピュータ，ビジネス・コンサルティング，サービス，クリエイティブ，芸能・音楽・映像，旅行・運輸・運送 ほか）

(内容)好きなこと、やりたいこと、興味のあることを自分の仕事に。女性の進出がめざましい職業の総合ガイド。女性に注目される職業230種をピックアップ。ジャンル別13分野に分けて掲載。仕事内容、資格の取り方、収入等をわかりやすく解説。就職までのルートマップをチャートで紹介。仕事名から検索できるインデックス付。

女性の職業のすべて 2006年版 女性の職業研究会編 啓明書房 2004.11 267p 21cm 1400円 ⓘ4-7671-1115-3

(目次)第1章 仕事さがしのSTEP BY STEP（就職はライフスタイルを決定する大きな選択，あなたの資質と相性のよい仕事は?，仕事の性格を理解する，就職に必要な学歴・資格・技術を知る，仕事と夢、あこがれ，仕事と資格・学歴，就職・転職のノウハウ，正社員と人材派遣、どっちがいい?），第2章 ジャンル別職業ガイド（ファッション，マスコミ，コンピュータ，ビジネス・コンサルティング，サービス，クリエイティブ，芸能・音楽・映像，旅行・運輸・運送，医療，福祉，教育，公務員，スポーツ）

(内容)女性に注目される職業230種をピックアップ。ジャンル別13分野に分けて掲載。仕事内容、資格の取り方、収入等をわかりやすく解説。就職までのルートマップをチャートで紹介。仕事名から検索できるインデックス付。

女性の職業のすべて 2007年版 女性の職業研究会編 啓明書房 2005.11 267p 21cm 1400円 ⓘ4-7671-1125-0

(目次)第1章 仕事さがしのSTEP BY STEP（就職はライフスタイルを決定する大きな選択，あなたの資質と相性のよい仕事は?，仕事の性格を理解する，就職に必要な学歴・資格・技術を知

経済・労働　　　　　　　　　　　労働

る ほか），第2章 ジャンル別職業ガイド（ファッション，マスコミ，コンピュータ，ビジネス・コンサルティング ほか）
(内容)できるだけ多くの職業を紹介。仕事の内容や収入，必要な資格や学歴など，さまざまな角度から比較できるように解説。特に，資格の必要なものについては，試験の日程や科目，難易度まで掲載。

女性の職業のすべて　2008年版　女性の職業研究会編　啓明書房　2006.11　267p　21cm　1400円　①4-7671-1137-4
(目次)第1章 仕事さがしのSTEP BY STEP，第2章 ジャンル別職業ガイド（ファッション，マスコミ，コンピュータ，ビジネス・コンサルティング，サービス，クリエイティブ，芸能・音楽・映像，旅行・運輸・運送，医療，福祉，教育，公務員，スポーツ）
(内容)好きなこと，やりたいこと，興味のあることを自分の仕事に。女性の進出がめざましい職業の総合ガイド。

女性の職業のすべて　2009年版　女性の職業研究会編　啓明書房　2007.12　267p　21cm　1400円　①978-4-7671-1150-6
(目次)第1章 仕事さがしのSTEP BY STEP（就職はライフスタイルを決定する大きな選択，あなたの資質と相性のよい仕事は?，仕事の性格を理解する，就職に必要な学歴・資格・技術を知る ほか），第2章 ジャンル別職業ガイド（ファッション，マスコミ，コンピュータ，ビジネス・コンサルティング ほか）
(内容)女性に注目される職業230種をピックアップ。ジャンル別13分野に分けて掲載。仕事内容，資格の取り方，収入等をわかりやすく解説。就職までのルートマップをチャートで紹介。仕事名から検索できるインデックス付。

女性の職業のすべて　〔2010年版〕　女性の職業研究会編　啓明書房　2008.12　267p　21cm　〈索引あり〉　1400円　①978-4-7671-1210-7　Ⓝ366.29
(目次)第1章 仕事さがしのSTEP BY STEP，第2章 ジャンル別職業ガイド（ファッション，マスコミ，コンピュータ，ビジネス・コンサルティング，サービス，クリエイティブ，芸能・音楽・映像，旅行・運輸・運送，医療，福祉，教育，公務員，スポーツ）
(内容)好きなこと，やりたいこと，興味のあることを自分の仕事に。女性の進出がめざましい職業の総合ガイド。女性に注目される職業230種を

ピックアップ，ジャンル別13分野に分けて掲載。仕事内容，資格の取り方，収入等をわかりやすく解説。就職までのルートマップをチャートで紹介。仕事名から検索できるインデックス付。

女性の職業のすべて　〔2011年版〕　女性の職業研究会編　啓明書房　2009.12　267p　21cm　〈索引あり〉　1400円　①978-4-7671-1218-3　Ⓝ366.29
(目次)第1章 仕事さがしのSTEP BY STEP（就職はライフスタイルを決定する大きな選択，あなたの資質と相性のよい仕事は?，仕事の性格を理解する，就職に必要な学歴・資格・技術を知る ほか），第2章 ジャンル別職業ガイド（ファッション，マスコミ，コンピュータ，ビジネス・コンサルティング ほか）
(内容)女性に注目される職業231種をピックアップ。ジャンル別13分野に分けて掲載。仕事内容，資格の取り方，収入等をわかりやすく解説。就職までのルートマップをチャートで紹介。仕事名から検索できるインデックス付。

女性の職業のすべて　2012年版　女性の職業研究会編　啓明書房　2010.12　267p　21cm　1400円　①978-4-7671-1226-8
(目次)第1章 仕事さがしのSTEP BY STEP（就職はライフスタイルを決定する大きな選択，あなたの資質と相性のよい仕事は?，仕事の性格を理解する，就職に必要な学歴・資格・技術を知る ほか），第2章 ジャンル別職業ガイド（ファッション，マスコミ，コンピュータ，ビジネス・コンサルティング ほか）
(内容)女性に注目される職業231種をピックアップ。ジャンル別13分野に分けて掲載。仕事内容，資格の取り方，収入等をわかりやすく解説。就職までのルートマップをチャートで紹介。仕事名から検索できるインデックス付。

女性の職業のすべて　2013年版　女性の職業研究会編　啓明書房　2011.12　267p　21cm　1400円　①978-4-7671-1235-0
(目次)第1章 仕事さがしのSTEP BY STEP，第2章 ジャンル別職業ガイド（ファッション，マスコミ，コンピュータ，ビジネス・コンサルティング，サービス，クリエイティブ，芸能・音楽・映像，旅行・運輸・運送，医療，福祉，教育，公務員，スポーツ）
(内容)女性に注目される職業232種をピックアップ。ジャンル別13分野に分けて掲載。仕事内容，資格の取り方，収入等をわかりやすく解説。就職までのルートマップをチャートで紹介。仕事

名から検索できるインデックス付．

女性の職業のすべて 2014年版　女性の職
業研究会編　啓明書房　2012.12　267p
21cm　1400円　ⓘ978-4-7671-1243-5

(目次)第1章 仕事さがしのSTEP BY STEP (就職はライフスタイルを決定する大きな選択，あなたの資質と相性のよい仕事は？，仕事の性格を理解する，就職に必要な学歴・資格・技術を知る，仕事と夢，あこがれ，仕事と資格・学歴，就職・転職のノウハウ，正社員と人材派遣，どっちがいい？)，第2章 ジャンル別職業ガイド（ファッション，マスコミ，コンピュータ，ビジネス・コンサルティング，サービス，クリエイティブ，芸能・音楽・映像，旅行・運輸・運送，医療，福祉，教育，公務員，スポーツ)

(内容)女性に注目される職業232種をピックアップ。ジャンル別13分野に分けて掲載。仕事内容，資格の取り方，収入等をわかりやすく解説。就職までのルートマップをチャートで紹介。仕事名から検索できるインデックス付。好きなこと，やりたいこと，興味のあることを自分の仕事に。女性の進出がめざましい職業の総合ガイド。

変革期の大卒採用と人的資源管理　就職協定廃止と大卒の採用・雇用管理の変化
日本労働研究機構研究所編　日本労働研究機構　2000.1　453p　26cm　(調査研究報告書No.128)　2500円　ⓘ4-538-89128-2

(目次)概要(調査研究の目的と方法，新規大卒者の採用―就職協定廃止と大卒の採用活動 ほか)，第1部 企業アンケート調査結果(調査の方法と調査対象企業，新規大卒者の採用―協定廃止初年度，次年度の採用活動 ほか)，第2部 調査研究結果の分析と検討(就職協定の廃止と新規大卒者の採用，採用にかかるコストと今後の採用活動 ほか)，調査結果統計表(1997年，1998年)

(内容)本研究では就職協定廃止初年度にあたる1997年度と，その次年度の1998年度における企業の採用活動，また，採用後の大卒者若年者の雇用管理についてアンケート調査を行い，変化の実態を捉えようとしている。変化の断片は日常の中でも見聞きすることができるが，それが全体としてどの程度のものであり，どのような関連性を持ったものかについては，本報告のような体系的な調査は行わなくては明らかにできない。そして，変化の現状について，その実状を把握することは，企業側にとっても有益な情報を提供できるものであるとともに，これから就職活動を行う学生側，大学側にとっても有効なものである。

若者就労支援「静岡方式」で行こう!!　地域で支える就労支援ハンドブック　津富宏，青少年就労支援ネットワーク静岡編著
(京都)クリエイツかもがわ，(京都)かもがわ出版(発売)　2011.11　185p　21cm
2000円　ⓘ978-4-86342-071-7

(目次)REPORT フリーライターが見た青少年就労支援ネットワーク静岡「静岡方式」の利点，01 静岡方式のノウハウ，02 OBインタビュー，03 若者とともに悩み，支える，04 就労体験先，05 「静岡方式」を取り入れた秋田県の試み，静岡方式の実際

(内容)多様な引き出しをもつ「素人（サポーター）」集団が緊密に連携，働けない若者を働く若者に変える！若者に寄り添う伴走型支援のノウハウをすべて明らかに―セミナー修了者・就労体験先のインタビューを収録。

<統計集>

新規青年就農者等緊急調査報告書　平成5年　農林水産省経済局統計情報部編　農林統計協会　1994.11　343p　26cm　(農林水産統計報告 6-49(動態—4))　Ⓝ611.9

農家就業動向調査報告書　昭和63年　農林水産省経済局統計情報部編　農林統計協会　1990.3　137p　26cm　2800円　ⓘ4-541-01305-3

(目次)統計表―全国編，全国農業地域別編(就業状態異動，人口異動，職業異動，出稼ぎ異動，月別異動，年初人口)，平成元年農家子弟の新規学卒者の動向(新規学卒者調査結果)

◆◆就職活動

<書誌>

大就職ダ・ヴィンチ 1999　ダ・ヴィンチ編集部編　リクルートダ・ヴィンチ編集部　1998.3　198p　21cm　〈東京 メディアファクトリー(発売)〉　800円　ⓘ4-88991-526-5　Ⓝ377.9

(目次)第1章 就職とは生き方探しだ!，第2章 まずは自己分析―自分が見えてくるヒント本50冊，第3章 仕事，業界，社会がわかる本をミシュラン付で紹介―敵を知れ！ビジネス社会と遭遇できる96冊，第4章 先人の知恵に学べ―OB・OGが成功した就職本はこれだ!，第5章 マスコミ希望者注目―ダ・ヴィンチ編集部仮想入社面接

(内容)仕事選びに役立つ本と情報が満載!

<名簿・人名事典>

会社四季報 外資系企業就職版 （'97） 東洋経済新報社 1996.2 287p 19cm （'97就職シリーズ 5） 1400円 Ⓘ4-492-97154-8
(目次)1 注目企業11社のリクルート情報，2 知っておきたい基礎知識，3 日本企業との違いを再チェック，4 ランキングで見つける注目外資系企業

会社四季報 外資系企業就職版 '99 東洋経済新報社編 東洋経済新報社 1998.2 350p 19cm （就職シリーズ 4） 1500円 Ⓘ4-492-97156-4
(目次)1 ここが狙い目、注目11社の採用動向レポート，2 知っておきたい基礎知識，3 業界が見えてくる業種別トップ10,4 外資系ならではの諸制度―ウイリアム・エム・マーサーHRMチーム，5 6つのランキングで見つける注目企業

会社四季報 外資系企業就職版 2001年版 東洋経済新報社編 東洋経済新報社 2000.2 303p 19cm （就職シリーズ 4） 1600円 Ⓘ4-492-97158-0 Ⓝ336.42
(目次)注目主要3社の採用動向，外資系企業ってなに?，5つのランキングで見つける有力外資，匿名座談会 人気外資の中堅社員がこっそり教える本当の外資，有力企業ホームページアドレス一覧，最新注目企業238社の会社・採用データ，その他の有力企業618社の会社・採用データ，英文履歴書・カバーレターの書き方

会社四季報 学生就職版 （'91） 東洋経済編 東洋経済新報社 1990.4 703p 19cm 〈『就職四季報』改題書〉 1650円 Ⓝ336.42
(目次)会社選び早わかり記者座談会「就職して得する業界損する会社」，採用・待遇ランキング，就職のための最新企業情報，その他413社の最新採用情報
(内容)1670社の実力・将来性を示すデータと最新採用情報を収録。

会社四季報 学生就職版 '92 東洋経済新報社編 東洋経済新報社 1991.4 735p 18cm 1602円 Ⓘ4-492-97102-5 Ⓝ336.42
(内容)就職を考える学生の会社選びのための資料として、約1700社の業績データと最新採用情報を掲載。

会社四季報 学生就職版 メーカー編（'93） 東洋経済新報社編 東洋経済新報社 1992.4 647p 19cm 1550円 Ⓘ4-492-97103-3
(目次)ベテラン経済記者匿名座談会『間違いだらけの会社選び』，1 採用・待遇ランキング，2 売上高、収益力のベスト20カンパニーはここだ，特別調査 その他469社の最新採用情報

会社四季報 学生就職版 ノンメーカー編（'94） 東洋経済新報社編 東洋経済新報社 1993.3 587p 19cm 1550円 Ⓘ4-492-97106-8
(目次)人気150社・採用責任者が語るウチの採用方針，採用・待遇ランキング，就職のための最新企業情報，その他311社の最新採用情報，マスコミ70社の採用・待遇情報〔ほか〕
(内容)会社選びのベストガイド。

会社四季報 学生就職版 メーカー編（'94） 東洋経済新報社編 東洋経済新報社 1993.3 622p 19cm 1550円 Ⓘ4-492-97105-X
(目次)人気メーカー200社・採用責任者が語るウチの採用方針，採用・待遇ランキング，就職のための最新企業情報，その他433社の最新採用情報〔ほか〕
(内容)会社選びのベストガイド。

会社四季報 学生就職版 （'97） 東洋経済新報社 1996.2 810p 19cm （'97就職シリーズ 2） 1800円 Ⓘ4-492-97109-2
(目次)解説 実践・会社選び―学生就職版の200%活用法，緊急レポート インターネットで変わる最新採用事情，先輩直伝 就職活動はこう乗り切れ!!，徹底研究 1074社―各社の採用動向、待遇情報を一挙掲載，特別調査 上場628社の最新就職情報

会社四季報 学生就職版 '99 東洋経済新報社編 東洋経済新報社 1998.2 797p 19cm （就職シリーズ 1） 1800円 Ⓘ4-492-97111-4
(目次)自分に合った会社の見つけ方―『学生就職版』を使ってのあなたの「適社」探し，改めて「就職」とは何か，先輩レポート こうやって内定をとった!!―就職活動アドバイス，会社研究1202社，特別調査 上場688社の最新就職情報

会社四季報 学生就職版 2000年版 東洋経済新報社編 東洋経済新報社 1999.1 794p 19cm （就職シリーズ 2） 1800円 Ⓘ4-492-97112-2
(目次)編集部・緊急調査 2000社の人事部に聞く

これからの雇用・賃金・採用はこうなる!!，超氷河期再来の98年就職状況，不況時代の危機管理 良い会社とそうでない会社はここが違う―つぶれない会社を見分ける方法，不況時代を勝ち抜く就職術―就職活動の基本的な心構えから作文・エントリーシートの書き方まで，会社研究1171社―各社の採用動向，入社後の待遇など豊富な企業データ，特別調査 上場763社の最新就職情報

会社四季報 学生就職版 2001年版 東洋経済新報社編 東洋経済新報社 1999.12 722p 19cm （会社四季報就職シリーズ 2） 1800円 ⓘ4-492-97113-0

〔目次〕学生のための客観的企業情報1476社，『学生就職版2001』を使った自分に合った会社の見つけ方，先輩アドバイス，人事部直撃取材―エントリーシートのここを見ます，エントリー情報209社，会社研究1017社，『会社四季報』発アクセス情報459社

〔内容〕1476社の採用データを収録したデータブック。巻末に社名索引と業種別会社索引がある。

会社四季報 採用Q&A 人事部発! '96 東洋経済新報社 1995.3 518p 19cm （就職シリーズ 5） 1400円 ⓘ4-492-97252-8

〔目次〕1 人気175社を徹底取材，2 455社アンケート，3 取材記者巻末座談会

〔内容〕今年の採用を徹底取材。人気650社の採用方針。

会社四季報 採用スケジュール版 '99 東洋経済新報社編 東洋経済新報社 1998.2 349p 19cm （就職シリーズ 6） 1400円 ⓘ4-492-97352-4

〔目次〕特集（"インターネット"就職活用法，こうすれば内定が取れる―就職活動・先輩アドバイス），1 人気800社の詳細採用スケジュール 98，99年度―会社説明会・リクルータ訪問から内定まで，2 先輩500人のライブな就職レポート900社

会社四季報 就職アタック5000 '97 東洋経済新報社 1995.12 750p 19cm （就職シリーズ 1） 1800円 ⓘ4-492-97301-X

〔内容〕法人申告所得上位5000社の1997年採用情報。女子学生採用意欲，中途採用計画も掲載。排列は都道府県別。

会社四季報 就職資料請求8000 '99 東洋経済新報社編 東洋経済新報社 1998.2 789p 21cm （就職シリーズ 5） 2100円 ⓘ4-492-97303-6

〔目次〕1 東洋経済調査―3000社の99年採用計画一覧，2 法人申告所得上位8000社―稼ぐ8000社の資料請求情報，3 計850社―マスコミ，旅行ほか人気9業種の資料請求情報

〔内容〕会社の規模に関係なく利益を上げている企業8000社の資料請求用データ，採用スケジュールを紹介。

会社四季報 就職資料請求8000 2000年版 東洋経済新報社編 東洋経済新報社 1998.12 775p 21cm （会社四季報就職シリーズ 1） 2100円 ⓘ4-492-97304-4

〔目次〕1 3000社の2000年採用計画一覧―東洋経済調査，2 稼ぐ8000社の資料請求情報―法人申告所得上位8000社，3 マスコミ，旅行ほか人気11業種の資料請求情報―1500社

〔内容〕就職資料請求先8000社を掲載したガイド。掲載データは，会社名，会社説明会開始時期，事業内容，新卒採用数，中途採用数，女子採用意欲，採用担当部署名・担当者名・採用担当TEL，URL，本社所在都道府県，本社への交通機関・最寄り駅，住所，代表電話番号，設立年月，代表者名，資本金，従業員数，年間売上高，法人申告所得など。

会社四季報 就職資料請求7000 2001年版 東洋経済新報社編 東洋経済新報社 1999.12 767p 21cm （会社四季報就職シリーズ 1） 2100円 ⓘ4-492-97305-2

〔目次〕特別調査（資料請求Q&A，これが成功するエントリーシートの書き方，先輩40人就職活動・体験アドバイス，業種・会社別1800社女性が大活躍の職種一覧，知りたい300社採用エントリー情報），1 業種・会社別2000社採用計画一覧，2 法人申告所得上位7000社―稼ぐ7000社の資料請求情報，3 マスコミ，旅行，情報など人気7業種800社

〔内容〕法人申告所得上位の7000社の会社名、住所，TEL，代表者，売上高など基本情報を収録したハンドブック。そのうち2000社は最新の採用情報やホームページのアドレスなどを掲載。業種別に分類し，2000年4月入社内定者数の多い順に配列。

会社四季報 女子学生就職版 ('91) 東洋経済編 東洋経済新報社 1990.5 607p 19cm 〈『就職四季報』改題書〉 1500円 ⓘ4-492-97201-3 Ⓝ336.42

〔目次〕座談会 私の体験―後輩へのアドバイス，Q&A就職活動 スタートからゴールまであなたの疑問に答えます，女子学生就職版調査 女子採

用・待遇ランキング，女子学生のための最新就職情報，役に立つ特殊技能資料のページ
(内容)1700社の実力・将来性を示すデータと最新採用情報を収録．

会社四季報 女子学生就職版 女子学生就職版 '93 東洋経済新報社編 1992.5 702p 18cm 1505円 ①4-492-97203-X
(内容)女子学生が本当に知りたいポイントを網羅した就職データブック．女性の最高役職，産休の有無，制服の有無まで記載．

会社四季報 女子学生就職版 ('97) 東洋経済新報社 1996.2 710p 19cm ('97就職シリーズ 3) 1800円 ①4-492-97208-0
(目次)解説 実践・会社選び―女子学生就職版の200%活用法，女子学生のための就職活動Q&A，先輩直伝 女子学生の就職活動はこう乗り切れ!!，徹底研究843社―各社の採用動向，待遇情報を一挙掲載，特別調査 上場907社の最新就職情報

会社四季報 女子学生就職版 '99 東洋経済新報社編 東洋経済新報社 1998.2 709p 19cm (就職シリーズ 2) 1750円 ①4-492-97210-2
(目次)自分に合った会社の見つけ方―『女子学生就職版』を使ってのあなたの「適社」探し，会社選びをする前に―データから読む女性の活用度，先輩レポート こうやって内定をとった!!，会社研究947社，特別調査 上場894社の最新就職情報

会社四季報 女子学生就職版 2000年版 東洋経済新報社編 東洋経済新報社 1999.1 716p 19cm (就職シリーズ 3) 1750円 ①4-492-97211-0
(目次)『女子学生就職版』をフル活用してライフスタイルに合う会社をチェックする方法―女性が働きやすい会社は男性も働きやすい，これは便利!!お役立ち就職グッズ集―先輩が教えてくれた"スグレモノ"はこれ!!，私のとっておき面接対処法，「新卒派遣社員制度」をどう考えるか―その働き方と仕組みについての現状レポート，会社研究926社―各社の採用動向，入社後の待遇など豊富な企業データ，特別調査 上場970社の最新就職情報

会社四季報 女子学生就職版 2001年版 東洋経済新報社編 東洋経済新報社 1999.12 648p 19cm (会社四季報就職シリーズ 3) 1800円 ①4-492-97212-9
(目次)女子のための本当に役立つ企業情報1288社，『女子学生就職版2001』をフル活用した自分に合った会社の見つけ方，先輩アドバイス，人事部直撃取材―エントリーシートのここを見ます，エントリー情報209社，特別アンケート―女子が活躍している職種，会社研究829社，『会社四季報』発アクセス情報459社
(内容)1288社の採用データを収録したデータブック．内容は1999年8月現在．巻末に者名索引と業種別会社索引がある．

会社四季報 中堅&成長企業就職版 ('97) 東洋経済新報社 1996.2 703p 19cm ('97就職シリーズ 4) 1800円 ①4-492-97254-4
(目次)株式300社の採用・企業情報(都道府県別)，株式未上場1500社の採用・企業情報(都道府県別)，索引

会社四季報 中堅・成長企業就職版 '99 東洋経済新報社編 東洋経済新報社 1998.2 798p 19cm (就職シリーズ 3) 1800円 ①4-492-97256-0
(目次)1 株式店頭公開354社の採用・企業情報―都道府県別(99年採用計画，初任給，30歳時点の賃金，賞与，勤務時間，週休，年間休日，企業の特色，規模，業績，成長率，役員，研究開発費，中途採用計画，採用実績数)，2 株式未上場1556社の採用・企業情報―都道府県別(99年採用計画，初任給，賞与，勤務時間，週休，年間休日，独身寮，企業の特色，規模，業績，成長率，中途採用計画，採用実績数)

会社四季報 有力・成長企業就職版 2000年版 東洋経済新報社編 東洋経済新報社 1999.1 445p 19cm (就職シリーズ 4) 1600円 ①4-492-97257-9
(目次)1 有力大企業183社の採用・企業情報(都道府県別)，2 採用意欲の強い760社の採用・企業情報(都道府県別)，3 公開します．うちがほしいのはこんな人

業種別 企業案内グラフィックス 会社案内+コンセプトブック・学校案内の特集 ピエ・ブックス 2006.7 255p 30cm 15000円 ①4-89444-526-3
(内容)就職活動や転職活動，企業を知るために必要な会社案内・入社案内のパンフレットをオールカラーで紹介．学校案内のパンフレットも収録．本文は情報・通信，金融・保険，製造・薬品など業種別に記載．巻末にINDEX付き．

就職エントリー10,000社 2002年版 東

洋経済新報社編　東洋経済新報社　2000.12　837p　21cm　〈就職四季報シリーズ 3〉〈付属資料：CD-ROM1〉　2190円　①4-492-97306-0　Ⓝ336.42

(目次)就職活動Q&A内定までの最短距離，10,000社採用・会社情報―この1冊でエントリー情報は万全！(マスコミ・広告，通信，情報関連，旅行，レジャー・アート・スポーツ，金融・証券・保険・リース，商社・卸売・小売・外食，航空・運輸関連，電気・ガス，不動産，メーカー，その他)

(内容)法人申告所得上位10000社を収録した新卒者のための会社ガイド。業種別に掲載し，業種内は売上高の多い順に排列，会社の基本情報と採用，エントリー情報を掲載する。五十音順索引，都道府県別索引，業種別目次の他，付録として7000社のホームページにアクセスできるCD-ROMがある。

就職四季報　2002年版　東洋経済新報社編
東洋経済新報社　2000.12　735p　19cm
（就職四季報就職シリーズ 1）〈付属資料：CD-ROM1〉　1857円　①4-492-97114-9
Ⓝ336.42

(目次)エントリーから内定まで―有力企業の採用プロセス668社，記者はこう見る―注目企業の実力・将来性171社，受かるエントリーシートの書き方，ここが出る！―一般常識&SPI，株価と会社選び，環境に配慮した，持続可能な会社を選ぼう，採用したのはこんな人―中途採用情報432社，会社研究886社

(内容)学生のための会社ガイド。1057社の採用・企業情報を業種別の会社コード順(上場・店頭企業は証券コード，未上場企業は独自のコードを使用)に収録。掲載項目は，社名，格付け，設立年，資本金，主銀行，事業構成，特色，モットー，昇進度，採用，実績校など。社名索引(五十音順)，業種別会社索引，中途採用情報索引の他，付録として7000社のホームページにアクセスできるCD-ROMがある。

就職四季報　2003年版　東洋経済新報社編
東洋経済新報社　2001.11　796p　19cm
1857円　①4-492-97115-7　Ⓝ336.42

(目次)会社比較416社　学生のための気になるデータくらべ，会社研究981社，記者はこう見る　注目企業の実力・将来性235社，ここが狙い目！今どき稼ぐ会社たち4000社

(内容)5000社の企業情報を収録した学生のための会社ガイド。各企業を五十音順に排列し，会社概要のほか，格付，採用・エントリー情報，中途採用情報，資料請求の手段，待遇・処遇などを掲載する。巻頭に五十音順の社名索引，業種別会社索引，巻末に「今どき稼ぐ会社たち4000社索引」がある。

就職四季報　2004年版　東洋経済新報社編
東洋経済新報社　2002.11　911p　18cm
1857円　①4-492-97116-5　Ⓝ336.42

(目次)会社比較550社 学生のための気になるデータくらべ，採用する会社をcheck out!地域別・採用データ4500社(上場会社編，未上場会社編)，会社研究1074社(客観的に会社の実力・将来性を見極めよう!，独自調査による他では入手しにくい情報満載)

(内容)5600社の企業情報を収録した学生のための会社ガイド。データは原則として2002年8月現在。各企業を五十音順に排列し，会社概要のほか，格付，採用・エントリー情報，中途採用情報，資料請求の手段，待遇・処遇などを記載する。巻頭に五十音順の社名索引，業種別会社索引，巻末に，地域別・採用データ4500社索引がある。

就職四季報　2006年版　東洋経済新報社編
東洋経済新報社　2004.12　975p　19cm
1857円　①4-492-97118-1

(目次)学生のための企業情報5600社，会社比較749社 学生のための気になるデータくらべ，採用する会社をcheck out!地域別・採用データ4400社(上場会社編，未上場会社編)，会社研究1191社(ガチンコ独自調査で知らないとソンする情報ギッシリ満載!，10年後はダイジョウブ？会社の実力・将来性を見極めよう!)

(内容)「企業研究」なくして「内定」なし。「採用力」があるのはここだ。最新情報5600社。ネットじゃ分からないおトク情報ばかり。

就職四季報　2007年版　東洋経済新報社編
東洋経済新報社　2005.12　1055p　19cm
1857円　①4-492-97120-3

(目次)先輩たちが選んだ重要データ―ランキングベストほぼ100社，会社比較775社―学生のための気になるデータくらべ，採用する会社をcheck out!―地域別・採用データ4400社(上場会社編，未上場会社編)，インターンシップ情報687社，会社研究1255社

就職四季報　2008年版　東洋経済新報社編
東洋経済新報社　2006.12　1134p　19cm
1886円　①4-492-97121-1

(目次)学生のための企業情報6000社，先輩たち

が選んだ重要データ ランキングベストほぼ100社，会社比較591社 学生のための気になるデータくらべ，会社研究1261社，採用する会社をcheck out!地域別・採用データ4700社，博士，高専，短大，専門生を採用する1519社，海外で働きたい人のための海外勤務情報809社，自分を磨きたい人のための研修制度情報1248社

就職四季報　2009年版　東洋経済新報社編
東洋経済新報社　2007.11　1050p　18×13cm　1886円　ⓘ978-4-492-97123-9
(目次)学生のための企業情報6000社，先輩たちが選んだ重要データ ランキングベストほぼ100社，会社比較330社 学生のための気になるデータくらべ，採用する会社をcheck out! 地域別・採用データ4700社，博士，高専，短大，専門生を採用する1690社，海外で働きたい人のための海外勤務情報823社

就職四季報　2010年版　東洋経済新報社編
東洋経済新報社　2008.11　1069p　18×13cm　(就職シリーズ)　1886円　ⓘ978-4-492-97124-6　Ⓝ336.42
(目次)先輩たちが選んだ一重要データランキング，採用数，賃金・年収，離職率…気になるデータ一覧，地域別・採用データ4806社，四季報限定!知らないとソンする重要情報ギッシリ満載!(会社研究1218社)
(内容)四季報だけの中立・客観的就活データ。出合える，わかる6000社最新情報。

就職四季報　2011年版　東洋経済新報社編
東洋経済新報社　2009.11　1074p　19cm　1886円　ⓘ978-4-492-97125-3　Ⓝ336.42
(目次)注目企業88社，マスコミ・メディア，コンサルタント・シンクタンク・リサーチ，情報・通信・同関連ソフト，商社・卸売業，金融，メーカー(電機・自動車・機械)，メーカー(素材・身の回り品)，建設・不動産，エネルギー，小売，サービス
(内容)新設，技術系のエントリー・試験情報。出合える，わかる6000社最新情報。

就職四季報　2012年版　東洋経済新報社編
東洋経済新報社　2010.11　1117p　19cm　1886円　ⓘ978-4-492-97126-0　Ⓝ336.42
(目次)先輩たちが選んだ重要データランキング，採用数，賃金，年収，離職率…気になるデータ一覧 会社比較350社，採用意欲が強い会社を探せ!地域別・採用データ4951社，博士課程修了予定者を採用する276社，高等専門学校生を採用する344社，短大生を採用する422社，専門学校生を採用する399社，海外で働きたい人のための海外勤務情報，企業文化を理解する決め手企業理念，お小遣いを左右する住宅関係の補助制度〔ほか〕
(内容)平均年収、試験情報、採用人数、有休消化、30歳賃金、新卒定着率、3年後離職率、記者評価、実績校、ES通過率、昇給率、配属先、応募倍率、技術系の試験情報、ランキング、求める人材…出合える、わかる6000社最新情報。

就職四季報　2013年版　東洋経済新報社編
東洋経済新報社　2011.11　1101p　19cm　1886円　ⓘ978-4-492-97127-7
(目次)先輩たちが選んだ重要データランキング，採用数、賃金、年収、離職率…気になるデータ一覧 会社比較403社，採用意欲が強い会社を探せ!地域別・採用データ4798社，海外で働きたい人のための海外勤務情報，企業文化を理解する決め手 企業理念，昨年の人気企業も参考にしよう!人気企業ランキングベスト300社，特別調査みずほFG，富士通、ヤフー、ANA…「会社研究」に掲載できなかった注目企業の就職データ
(内容)先輩マンゾク度ナンバーワンの中立・客観的就活データ。隠れ優良企業の宝庫、6000社の最新情報。

就職四季報　2014年版　東洋経済新報社編
東洋経済新報社　2013.4　1055p　19cm　(就職シリーズ 3)　1857円　ⓘ978-4-492-97258-8
(目次)注目企業編(マスコミ・メディア，コンサルタント・シンクタンク・リサーチ，情報・通信・同関連ソフト ほか)，地域別有力企業編(北海道・東北，東京都，関東 ほか)，特集(見分ける! 会社の実態，重要データランキング)

就職四季報　女子版　2002年版　東洋経済新報社編　東洋経済新報社　2000.12　547p　19cm　(就職四季報就職シリーズ 2)　〈付属資料：CD-ROM1〉　1857円　ⓘ4-492-97213-7　Ⓝ336.42
(目次)『就職四季報女子版2002』をフル活用した―働きやすい会社の探し方，受かるエントリーシートの書き方，ここが出る!―一般常識＆SPI，記者はこう見る―注目企業の実力・将来性171社，女子のための会社研究747社，エントリーから内定まで―有力企業の採用プロセス668社
(内容)918社の企業・採用情報を収録した新卒女子のための会社ガイド。基本情報のほか、3年間の男女別採用実績、採用実績校、配属先、女子の平均勤続年数、初任給、30歳賃金、格付、

業績、再雇用制、産休制度、育児・介護休職制などを掲載。データは原則として2000年8月現在。社名索引、業種別会社索引の他、付録として7000社のホームページにアクセスできるCD-ROMがある。

就職四季報 女子版 2003年版 東洋経済新報社編 東洋経済新報社 2001.11 740p 19cm 1800円 ⓘ4-492-97214-5 Ⓝ336.42

[目次]働きやすい会社の探し方，女性のための会社研究863社，記者はこう見る 注目企業の実力・将来性235社，会社比較325社 女性のための職場環境くらべ，ここが狙い目！今どき稼ぐ会社たち4000社

[内容]5000社の企業情報を収録した女子学生のための会社ガイド。データは原則として2001年8月現在。各企業を五十音順に排列し、会社概要のほか、男女別採用実績、女性実績校、女性の平均勤続年数など女性に焦点を絞った情報を掲載する。巻頭に五十音順の社名索引、業種別会社索引、巻末に「今どき稼ぐ会社たち4000社索引」がある。

就職四季報 女子版 2004年版 東洋経済新報社編 東洋経済新報社 2002.11 847p 18cm 1800円 ⓘ4-492-97215-3 Ⓝ336.42

[目次]働きやすい会社の探し方，会社比較499社 女性のための職場環境くらべ，採用する会社をcheck out!地域別・採用データ4600社（上場会社編、未上場会社編），女性のための会社研究945社―独自調査だからできた！女子学生のための入手しにくく役立つ情報満載

[内容]5600社の企業情報を収録した女子学生のための会社ガイド。データは原則として2002年8月現在。各企業を五十音順に排列し、会社概要のほか、男女別採用実績、女性実績校、女性の平均勤続年数など女性に焦点を絞った情報を掲載する。巻頭に五十音順の社名索引、業種別会社索引、巻末に、地域別・採用データ4500社索引がある。

就職四季報 女子版 2006年版 東洋経済新報社編 東洋経済新報社 2004.12 926p 19cm 1800円 ⓘ4-492-97218-8

[目次]女性のための本当に役立つ企業情報5600社（働きやすい会社の探し方），女性のための職場環境くらべ，採用する会社をcheck out!地域別・採用データ4600社（上場会社編、未上場会社編），女性のための会社研究1049社（試験内容，重視科目，選考ポイント，女性社員の平均勤続年数，女性社員の離職率，女性採用実績校 ほか）

[内容]ホントに女子を採用してるのはここだ。最新情報5600社掲載。ネットじゃ分からないおトク情報ばかり。

就職四季報 女子版 2007年版 東洋経済新報社編 東洋経済新報社 2005.12 988p 19cm 1800円 ⓘ4-492-97219-6

[目次]働きやすい会社の探し方，女性の先輩たちが選んだ重要データ―ランキングベストほぼ100社，会社比較727社―女性のための職場環境くらべ，採用する会社をcheck out!―地球別・採用データ4600社（上場会社編、未上場会社編），インターンシップ情報594社，女性のための会社研究1091社

就職四季報 女子版 2008年版 東洋経済新報社編 東洋経済新報社 2006.12 1052p 19cm 1857円 ⓘ4-492-97221-8

[目次]女性のための本当に役立つ企業情報6000社，女性の先輩たちが選んだ重要データ ランキングベストほぼ100社，会社比較598社 女性のための職場環境くらべ，働きやすい会社の探し方，女性のための会社研究1093社，採用する会社をcheck out!地域別・採用データ4900社，総合・一般別女子採用実績校一覧，短大生を採用する456社，専門生を採用する460社

就職四季報 女子版 2009年版 東洋経済新報社編 東洋経済新報社 2007.11 959p 18×13cm 1857円 ⓘ978-4-492-97222-9

[目次]女性のための本当に役立つ企業情報6000社，女性の先輩たちが選んだ重要データ ランキングベストほぼ100社，会社比較285社 女性のための職場環境くらべ，採用する会社をcheck out!地域別・採用データ4800社，短大生を採用する468社，専門生を採用する458社，大卒、短・専卒の一般職初任給

就職四季報 女子版 2010年版 東洋経済新報社編 東洋経済新報社 2008.11 973p 18×13cm（就職シリーズ） 1857円 ⓘ978-4-492-97223-6 Ⓝ336.42

[目次]先輩女性たちが選んだ―重要データランキング，女性採用数，ボーナス，産休…気になるデータ一覧，特集 働きたい！女子学生応援企画（「先輩の仕事、教えてください！」，知ってる？「くるみん」―公式認定された「子育て応援企業」），四季報限定！女子学生のための重要情報ギッシリ満載！（会社研究1087社，地域別・採用データ4926社）

[内容]働きたい女性のための女子版独自情報。女

性の採用実績，勤続年数，女性社員比率，職種併願，産休・育休制度と取得者数，女性の配属地，配属部署など。出合える，わかる最新6000社。

就職四季報 女子版 2011年版 東洋経済
新報社編 東洋経済新報社 2009.11 922p
19cm 1857円 ①978-4-492-97224-3
Ⓝ336.42
(目次)注目企業82社，マスコミ・メディア，コンサルタント・シンクタンク・リサーチ，情報・通信・同関連ソフト，商社・卸売業，金融，メーカー（電機・自動車・機械），メーカー（素材・身の回り品），建設・不動産，エネルギー，小売，サービス
(内容)本当に女子を採用する会社はここだ。働きたい女性のための女子版独自情報。

就職四季報 女子版 2012年版 東洋経済
新報社編 東洋経済新報社 2010.11 941p
19cm 1857円 ①978-4-492-97225-0
Ⓝ336.42
(目次)先輩女性たちが選んだ重要データランキング，女性採用数，ボーナス，産休…気になるデータ一覧 会社比較296社―女性のための職場環境くらべ，採用意欲が強い会社を探せ!地域別・採用データ4862社，短大生を採用する349社，専門学校生を採用する335社，短大・専門学校卒の初任給，柔軟に働きたい人のための職種転換ができる職種，自宅外通勤の女性のための住宅関係の補助制度，昨年の人気企業も参考にしよう!女子人気企業ランキングベスト300社，特別調査 みずほFG，富士通，ヤフー…「会社研究」に掲載できなかった注目企業の就職データ
(内容)知らない会社に出合える，就職できる6000社の客観情報。女子版オリジナルデータも満載!女性の採用人数，女性の離職率，有休消化，産休・育児休暇制度，平均年収，女性社員比率，記者評価，職種併願，試験情報，女性の勤続年数，女性の既婚率，女性採用実績校，女性の配属先，一般職の採用情報…。

就職四季報 女子版 2013年版 東洋経済
新報社編 東洋経済新報社 2011.11 957p
19cm 1857円 ①978-4-492-97226-7
(目次)女子就活生が選んだ重要データランキング，女性採用数，ボーナス，産休…気になるデータ一覧 会社比較351社―女性のための職場環境くらべ，採用意欲が強い会社を探せ!地域別・採用データ5015社，短大・専門学校卒の初任給，柔軟に働きたい人のための職種転換ができる職種，自宅外通勤の女性のための住宅関係の補助

制度，昨年の人気企業も参考にしよう!女子人気企業ランキングベスト300社，特別調査 みずほFG，富士通，ヤフー，ANA…「会社研究」に掲載できなかった注目企業の就職データ
(内容)隠れた優良企業に出合える，就職できる。6000社の客観情報。女子版オリジナルデータも満載。

就職四季報 女子版 2016年版 東洋経済
新報社編 東洋経済新報社 2014.11 1021p
18×13cm 1870円 ①978-4-492-97229-8
(目次)女子就活生が選んだ重要データランキング，女性採用数，ボーナス，産休…気になるデータ一覧 会社比較338社―女性のための職場環境くらべ，本当に女子を採用する会社がわかる会社研究1106社，採用意欲が強い会社を探せ!地域別・採用データ3894社，短大生を採用する267社，専門学校生を採用する336社，短大・専門学校卒の初任給，どんな問題が出た?ES、GD、論作文の出題テーマ，柔軟に働きたい人のための職種転換ができる職種，自宅外通勤の女性のための住宅関係の補助制度，「働く」を知るきっかけにインターンシップ，昨年の人気企業も参考にしよう!女子人気企業ランキングベスト300社，特別調査 みずほFG，リクルート…「会社研究」に掲載できなかった注目企業の就職データ，編集部Presents『就職四季報』で内定取れた!!先輩が教える"四季報"活用術
(内容)理想の会社に出会える!5000社の客観情報。

就職の金言 Part1 就職情報研究会編 実務教育出版 1995.12 304p 19cm 1100円
①4-7889-2780-2
(目次)メーカー・金融編

就職の金言 Part2 就職情報研究会編 実務教育出版 1995.12 304p 19cm 1100円
①4-7889-2781-0
(目次)証券・その他金融，インフラ，商社，流通，サービス

<ハンドブック>

会社図鑑! 業界別カイシャ・ミシュラン '97 地の巻 オバタカズユキ，石原壮一郎文 しりあがり寿，加藤裕将，ひさうちみちお漫画 ダイヤモンド社 1996.11 233p 21cm 1200円 ①4-478-78168-0
(目次)10 テレビという業界，11 新聞という業界，12 広告という業界，13 出版という業界，14 商社という業界，15 旅行代理店という業界，

16 百貨店という業界，17 鉄鋼という業界，18 ゲームという業界

(内容)新規徹底取材で120％に増量！(当社比)就職人気急上昇中のゲーム業界をプラス！超豪華マンガ執筆陣が描ききるサラリーマンライフ!!しりあがり寿・加藤裕将・ひさうちみちおによる爆笑〝ザ・カイシャ・イラストレーティッド〟。

キャリアプラン読本 就職をめざす大学・短大生 転職めざす社会人を応援！ 2005

全国専修学校各種学校総連合会近畿ブロック協議会監修 (大阪)毎日コミュニケーションズ 2004.12 148p 19cm 648円 ①4-8399-1682-9

(目次)コンピュータ・マルチメディア，工業・技術・建築，生物・環境，デザイン・アート，マスコミ・音楽〔ほか〕

業界研究ハンドブック '95 就職情報研究会編 実務教育出版 1993.12 189p 19cm (就職バックアップシリーズ 2) 880円 ①4-7889-2702-0 Ⓝ377.9

(目次)業界入門，業界情報，会社情報

(内容)日本の産業界の動向と各企業の実績をまとめたデータブック。概説にあたる業界入門，34業界を対象に特徴・採用動向などを整理した業界情報，各社の採用実績・部門別売上構成比率・業績を一覧形式にまとめた会社情報で構成する。巻頭に参考文献，巻末に業界研究情報源がある。一会社選びのための業界トレンド。

業界研究ハンドブック '96 実務教育出版 1994.11 189p 18cm (就職バックアップシリーズ 2) 880円 ①4-7889-2802-7 Ⓝ377.9

(目次)1 業界入門，2 業界情報，3 会社情報

(内容)リストラクチャリングの途上にある日本の産業界の動向と各企業の実績をまとめたデータブック。概説にあたる業界入門，34業界を対象に特徴・採用動向などを整理した業界情報，165社の採用実績・部門別売上構成比率・業績を一覧形式にまとめた会社情報で構成する。巻頭に参考文献，巻末に業界研究情報源がある。一会社選びのための業界トレンド。

国際派就職・転職ガイド 2001‐2002

『地球の歩き方』編集室編 ダイヤモンド・ビッグ社，ダイヤモンド社〔発売〕 2000.6 378p 21cm (地球の歩き方 成功する留学 O) 2400円 ①4-478-03601-2

(目次)第1章 国際派は誰でもなれる，第2章 国内〝国際派〟をめざして，第3章 海外〝国際派〟をめざして，第4章 国内で活躍する国際派，第5章 海外で活躍する国際派，第6章 使えるデータ集

(内容)国際社会を生き抜くヒントが，この1冊に！就職活動にぴったり！業界研究、面接につながる英文履歴書の書き方、アメリカ学外研修情報など、使える情報満載！

就活 こんなときどうする事典 2009年度版 就職情報研究会編 実務教育出版 2007.7 237p 21cm 1200円 ①978-4-7889-8083-9

(目次)序章 どうする？就職活動―まずは流れを押さえよう！，第1章 どうする？情報収集―質の高い情報を集めよう！，第2章 どうする？エントリーシート―質問のツボを押さえろ！，第3章 どうする？履歴書―ルール通りにしっかり書け！，第4章 どうする？会社説明会―マナーを守って効率的に回れ！，第5章 どうする？面接―決め手はコミュニケーション能力だ！，第6章 どうする？終盤戦―最後まであきらめるな！

(内容)情報収集、説明会・セミナー、エントリーシート、面接・履歴書etc.あらゆる「困った」をズバッと解決。見ればわかるビジュアル系就職ガイド。

就職活動 こんなときどうする事典 2002年度版 就職情報研究会編 実務教育出版 2000.10 237p 21cm 1200円 ①4-7889-8114-9

(目次)序章 どうする？就職活動―まずは流れを押さえよう！，第1章 どうする？情報収集―質の高い情報を集めよう！，第2章 どうする？エントリーシート―質問のツボを押さえろ！，第3章 どうする？履歴書―ルール通りにしっかり書け！，第4章 どうする？会社説明会―マナーを守って効率的に回れ！，第5章 どうする？面接―決め手はコミュニケーション能力だ！，第6章 どうする？終盤戦―最後まであきらめるな！

(内容)就職本8冊分の情報を、大事なところだけ抜き出してコンパクトに凝縮！就職の初期段階から終盤戦まで、これ一冊あればOK！何が重要なのか、どうすればいいのか、ポイントがすぐわかる！イラストや図版を中心に解説。箇条書きも多く、読むのが苦にならない！実例をもとにした「こうすればもっとよくなる」というアドバイスが充実！先輩たちの声もいっぱい。

就職常識ハンドブック '96 実務教育出版 1994.11 181p 18cm (就職バックアップシリーズ 3) 880円 ①4-7889-2803-5

(目次)1 重要時事キーワード，2 就職活動マニュアル，3 20業界の最新情報，4 会社の基礎知識，5 すぐに役立つマナー集，6 一般常識総チェック，7 雑学トレーニング，8 就職活動に便利な情報源

(内容)就職活動に必要な知識・情報を集成したデータバンク。政治・社会・環境など6分野の重要時事キーワード、就職活動マニュアル、建設・自動車から精密機器までの20業界の最新情報、会社の基礎知識、マナー集、12分野の一般常識総チェック、ジャンル別名言集などの雑学、情報提供機関・白書などの就職活動情報源の8部で構成する。

就職常識ハンドブック '99 就職情報研究会編 実務教育出版 1997.11 182p 19cm （就職バックアップシリーズ 3） 880円 ①4-7889-2853-1

(目次)1 重要時事キーワード，2 就職活動マニュアル，3 20業界の最新情報，4 会社の基礎知識，5 すぐに役立つマナー集，6 一般常識総チェック，7 雑学トレーニング，8 就職活動に便利な情報源

(内容)時事・一般常識・雑学データ 就職活動の詳細マニュアル業界別最新情報etc.就職活動に必要なすべての常識がつまっています。

就職常識ハンドブック 2000年度版 就職情報研究会編 実務教育出版 1998.11 182p 19cm （就職バックアップシリーズ 2） 880円 ①4-7889-2952-X

(目次)1 重要時事キーワード，2 就職活動マニュアル，3 20業界の最新情報，4 会社の基礎知識，5 すぐに役立つマナー集，6 一般常識総チェック，7 雑学トレーニング，8 就職活動に便利な情報源

(内容)業界情報、一般常識、マナー…、役立つ情報が満載 持ち歩けるデータバンク!本書は、就職活動のいろいろな場面で必要になる、たくさんの知識や情報を、コンパクトにまとめた1冊です。持ち歩けるデータバンクとして活用してください。

就職・転職・副収入 女性の仕事全ガイド 2001年版 成美堂出版編 成美堂出版 2000.2 287p 21cm 1200円 ①4-415-00992-1

(目次)第1章 仕事に対する最近の女性の気持ち，第2章 まずは自分探し テストで探るぴったりの仕事，第3章 ジャンル別 仕事カタログ（ビジネスの仕事，福祉の仕事，医療・保健の仕事，金融の仕事，流通の仕事，サービスの仕事，スポーツの仕事，公務の仕事，教育の仕事，住まいの仕事，心のケアの仕事，趣味を生かす仕事），第4章 成功ポイント集

就職・転職・副収入 女性の仕事全ガイド 2004年版 成美堂出版編集部編 成美堂出版 2003.1 287p 21cm 1200円 ①4-415-02152-2

(目次)第1章 仕事に対する最近の女性の気持ち，第2章 まずは自分探し、テストで探るぴったりの仕事，第3章 ジャンル別仕事カタログ（ビジネスの仕事，福祉の仕事，医療・保健の仕事，金融の仕事，流通の仕事，サービスの仕事，旅行・運輸・運送の仕事，コンピュータの仕事，デザイン・アートの仕事，マスコミの仕事，ファッションの仕事，芸能・音楽・映像の仕事

(内容)今からでも遅くない!好きな仕事、やりたい仕事で稼ごう!女性に向いたやりがいのある仕事カタログです。

就職の赤本 人気280社・企業別攻略ガイド '96年度版 就職総合研究所編 ごま書房 1994.12 298p 19cm 1100円 ①4-341-08047-4

(目次)1 製造業編，2 流通業編，3 金融業編，4 サービス業編

(内容)"攻略のポイント"で自分の就職活動条件にあった企業がひと目でわかる。"昨年の採用の流れ"でアプローチから内定獲得までの詳細なタイムテーブルがわかる。"採用の実態"で男子総合職だけでなく、一般職、女子総合職の採用動向がわかる。"面接時のおもな質問内容"で面接のときつぎにくる質問を予測することができる。"筆記試験"で、論文の内容、適性検査の種類までわかる。

就職の赤本 人気280社・企業別攻略ガイド '97年度版 就職総合研究所編 ごま書房 1996.1 299p 19cm 1200円 ①4-341-08097-0

(目次)1 製造業編，2 流通業編，3 金融業編，4 サービス業編

女子学生版 OG訪問・会社訪問ハンドブック '96 就職情報研究会編 実務教育出版 1994.12 158p 19cm （就職バックアップシリーズ 20） 930円 ①4-7889-2805-1

(目次)1 基本編，2 準備編，3 訪問ファッション編，4 OG訪問・スタート編，5 OG訪問・アクション編，6 会社訪問編，7 面接・筆記試験編，8 内定編，9 業界別アドバイス編，10 情報編

女子学生版 OG訪問・会社訪問ハンドブック '98 先輩・企業の採用担当者からのナマの声が満載! 就職情報研究会編
実務教育出版 1996.12 158p 19cm (就職バックアップシリーズ) 950円 ⓐ4-7889-2920-1

〈目次〉1 基本編, 2 準備編, 3 訪問ファッション編, 4 OG訪問・スタート編, 5 OG訪問・アクション編, 6 会社訪問編, 7 面接・筆記試験編, 8 内定編, 9 業界別アドバイス編, 10 情報編

〈内容〉基礎常識から応用まで, 就職活動に幅広く活用できる。就職活動上のあらゆるケースを網羅。採用する側のホンネと行動する側の対応が詳しくわかる。先輩訪問・会社訪問マニュアルの決定版。

専門学校生のための新就職活動ハンドブック '99 就職情報研究会編 実務教育出版 1998.2 172p 19cm (就職バックアップシリーズ 32) 850円 ⓐ4-7889-2882-5

〈目次〉考え方 理論編(「いい会社」の基準が変わった—新・企業論, 仕事の見方を広げる視点—新・仕事論,「狙い撃ち型」のススメ—新・就職論, 何のために働くの?—新・労働論), やり方 実践編(就職活動の流れを知ろう—基本ルール, 企業ビジョンの読みこなし方—企業研究法(1), 仕事内容の読みこなし方—企業研究法(2), 自分をもっとよく知ろう—自己分析, 面接での自己表現はここに注意—自己表現)

〈内容〉新しい就職活動スタイルを解説した専門学校生のための一冊。

男子学生版 OB訪問・会社訪問ハンドブック '98 先輩・企業の採用担当者からのナマの声が満載! 就職情報研究会編
実務教育出版 1996.12 158p 19cm (就職バックアップシリーズ) 950円 ⓐ4-7889-2919-8

〈目次〉第1ラウンド 基本編, 第2ラウンド 準備編, 第3ラウンド OB訪問スタート編, 第4ラウンド OB訪問コンバット編, 第5ラウンド OB訪問ディベロップ編, 第6ラウンド 会社訪問編, 第7ラウンド 面接編, 第8ラウンド 筆記試験編, 第9ラウンド 内定編, 第10ラウンド 敗者復活編, 第11ラウンド 業界ライブトーク, 第12ラウンド 情報源

〈内容〉基礎常識から応用まで, 就職活動に幅広く活用できる。就職活動上のあらゆるケースを網羅。採用する側のホンネと行動する側の対応が詳しくわかる。先輩訪問・会社訪問マニュアルの決定版。

＜年鑑・白書＞

きっと見つかる自分未来仕事 ジョブカフェスタイル若者就職支援白書 経済産業省編 同友館 2006.10 203p 30cm 2500円 ⓐ4-496-04228-2

〈目次〉事例編(若者へのアピール, 若者へのサービス(カウンセリング), 若者へのサービス(各種サービス), 学校・市町村との連携, 企業接点・人材育成, ジョブカフェの運営), 資料統計編

求職者の実態 平成16年 厚生労働省大臣官房統計情報部編 国立印刷局 2004.4 151p 30cm 1239円 ⓐ4-17-167100-0

〈目次〉1 調査の概要, 2 調査結果利用上の注意, 3 調査結果の概要(第1回調査結果の概要, 第2回調査結果の概要), 4 統計表(第1回調査, 第2回調査, 第1回・第2回調査, 早期就職者と後期就職者の比較)

新社会人白書 採用・就職事情最前線 〔2006〕 森清, 夏目孝吉, 斎藤幸江, 岩間夏樹著 社会経済生産性本部生産性労働情報センター 2006.3 139p 26cm 1800円 ⓐ4-88372-254-6

〈目次〉巻頭言「採用・就職の新展開」, 第1章「企業の採用はどう変わったか」—採用戦線05の総括と今後の展望(採用ブームが本格化, 採用スケジュール ほか), 第2章「若者の就職ゴコロを読む」—その特徴にみる対応策(今どきの学生の就職ゴコロは?, 若者の就職ゴコロに向き合う—採用側の心得 ほか), 第3章「新入社員はこう考える」—「働くことの意識」調査と日本的雇用慣行の行方("就職活動"から"シューカツ"へ—「就社」から「就職」への流れ, 新入社員の就労意識—売り手市場の意識と買い手市場の意識 ほか), 巻末データ資料(平成17年度活用新卒採用統計—若者の未来のキャリアを育むために)

新社会人白書 採用・就職事情最前線 07/08 森清, 夏目孝吉, 斎藤幸江, 岩間夏樹, 住友光男ほか著 社会経済生産性本部生産性労働情報センター 2007.3 129p 26cm 1800円 ⓐ978-4-88372-283-9

〈目次〉巻頭言 眼を閉じ, 耳を澄まそう, 第1章 企業の採用はどう変わったか—採用戦線06の総括と今後の展望, 第2章 しなやかで強い人材の

育成を目指して—就職活動の現場からの提言，第3章 大学のキャリア教育再考—キャリア教育の新たな視点，第4章 ナナロク世代と就労アノミー—恋愛・美容・仕事，第5章 新人教育はこう変わった—4MATシステム活用を中心に，巻末データ資料 07／08活用新卒採用統計—若者の未来のキャリアを育むために

新社会人白書 採用・就職事情最前線 2009 日本生産性本部「職業のあり方研究会」・「履歴書を考える会」編 労働調査会 2009.4 235p 21cm 〈07／08までの出版者：社会経済生産性本部生産性労働情報センター〉 1800円 Ⓘ978-4-86319-070-2 Ⓝ336.42

(目次)巻頭言 厳しい時代を生き抜くために，第1章 2008年度のバブル採用を総括する(採用環境・動向，08年採用スケジュールは、このように進行した ほか)，第2章 採用側・就職側双方にメリットある新卒採用を考える(採用・就職市場で何が起きているのか—現状と課題，変化する社会の中での人材力 ほか)，第3章 若者には"人間力"が足りないのか？—新入社員意識調査から見た早期退職傾向(新入社員の意識の変化，新入社員の現在 ほか)，第4章 最近の若年者雇用政策(はじめに キャリアコンサルティングの基盤整備，雇用政策の背景「若者自立・挑戦プラン」 ほか)

新社会人白書 就活最前線 2013年 日本生産性本部就業力センター編 労働調査会 2012.2 123p 21cm 1000円 Ⓘ978-4-86319-241-6

(目次)序章 これから就職活動に臨む人へ，第1章 どうなる2013年就活，第2章 就職ブランドランキングにみる人気企業の動向，第3章 本当に効くキャリア支援とは何か—ゲーム化する就活，そして就職の中で，第4章 就職力・社会人基礎力育成の現状と課題，巻末資料 平成23年度新人社員「働くことの意識」調査結果

(内容)ソー活、インターンシップ、グローバル人材…猛烈に変化を続ける就活環境の中にあって就活・キャリア支援を成功させるために。

◆◆非正規雇用

＜ハンドブック＞

非正規雇用ハンドブック 使用者が守るべきこと 高梨昌，木村大樹編著 エイデル研究所 2008.10 415p 22cm 4286円 Ⓘ978-4-87168-447-7 Ⓝ336.42

(目次)非正規社員の雇用の現状，非正規社員雇用の共通ルール，正規社員と非正規社員の均衡のとれた処遇，パートタイマーの雇用，アルバイト・契約社員・期間工などの雇用，定年退職後の嘱託社員の雇用，外国人社員の雇用，派遣社員の正しい活用，派遣店員・出向社の正しい活用，業務請負事業者など(社外工)の正しい活用，個人請負事業者などの正しい活用，日雇の雇用，有料職業紹介求職者の雇用，在宅就業者の正しい活用，シルバー人材センター会員の活用，複数就業者の現状と課題，非正規雇用の問題の所在と展望

フリーター労組の生存ハンドブック つながる、変える、世界をつくる 清水直子，園良太編著 大月書店 2009.7 212p 19cm 1450円 Ⓘ978-4-272-33060-7 Ⓝ366.621

(目次)1章 働く(いきなりクビ！と言われたら—解雇・雇い止めのとき、まずやるべきこと，「売り上げが落ちたから解雇」ってアリ？—経営悪化の責任を労働者にとらせるな！ ほか)，2章 生きのびる(生活を立てなおす(生活保護ってこんな制度，生活保護申請から支給開始まで)，生きのびるために使ってみよう—生活保護以外の諸制度 ほか)，3章 仲間とつながる(労働組合という武器の使い方—団結する、団体交渉する、団体行動する(基礎編)，立ちあがれば勝てる！—団結する、団体交渉する、団体行動する(応用編) ほか)，4章 ステップアップ(万国の労働者、休め！—メーデーをはじめよう，共同妄想で分断を超える—正規・非正規、世代、性、国籍etc.を越えて ほか)

(内容)労働がキツイ、生活がヤバイ、孤立がツライ、世の中オカシイ。クビ切り・生活保護からサウンドデモまで。

＜法令集＞

トラブルを防ぐ！ パート・アルバイト雇用の法律Q&A 小岩広宜，山野陽子著 同文舘出版 2012.9 219p 21cm (DO BOOKS) 1600円 Ⓘ978-4-495-59961-4 Ⓝ336.4

(目次)第1章 入社—最低限の仕組みを整えてから、新しいメンバーを受け入れよう，第2章 雇用契約—のちのちトラブルを起こさないための契約を交わそう，第3章 給与—フェアなルールをつくって、給料を支払おう，第4章 労働時間—職場全体にメリットがある方法で、残業を指示しよう，第5章 休日・休暇—やる気を高める

ために，休暇制度を整えよう，第6章 服務・懲戒―不真面目な人には毅然と対処するためのルールを作ろう，第7章 退職―従業員と揉めないための退職のルールを作ろう，第8章 解雇―いざというときのための解雇のルールを作ろう，第9章 採用・選考―職場に必要な人をしっかり見極めよう，第10章 派遣・請負―派遣や請負の活用方法を知ろう

⦅内容⦆採用，雇止め，有休など―こんなとき，会社はどう対応すべき？ 従業員数1～150人までの経営者・店長に最適．

非正規社員の法律実務 第2版 石嵜信憲編著，高安美保，田中朋斉，延増拓郎，星野菜蕗子，前嶋義大，加藤彩〔著〕 中央経済社 2012.11 866p 21cm 6600円 Ⓘ978-4-502-06000-7 Ⓝ336.4

⦅目次⦆人材利用のあり方をめぐって，多様化する人材利用とその法的問題点，共通して適用される労働関連法規，多様化する人材利用における人事労務管理のあり方，基本となる正社員の労務管理，パートタイマーの労務管理，フルタイマー（有期契約労働者）の労務管理，高年齢者の労務管理，アルバイト・フリーター，契約社員（専門能力者）〔ほか〕

⦅内容⦆初版の刊行以降も非正規社員に関する問題は広がりをみせ，それに対応した法改正が続々と準備されています．本書は，関係法令の改正についての最新動向を盛り込みながら，非正規社員をめぐる法的枠組みから労務管理の実務までを網羅的に解説しています．

<年鑑・白書>

国民生活白書 若年フリーターの現在 平成15年版 デフレと生活 内閣府編 ぎょうせい 2003.6 274p 30cm 〈付属資料：CD-ROM1〉 1900円 Ⓘ4-324-07155-1

⦅目次⦆第1章 デフレ下の国民生活（デフレってほんとに問題なの？，デフレと内外価格差の縮小，デフレと失業の増加，所得の減少 ほか），第2章 デフレ下で厳しさを増す若年雇用（増加する新卒フリーター，若年の失業や就業状況，転職行動の変化，フリーターの意識と実態 ほか），第3章 デフレ下で変わる若年の家庭生活（多様化する若年の暮らし，経済が低迷する中で進む未婚化，晩婚化，経済が低迷する中で進む少子化）

<統計集>

大都市の若者の就業行動と意識 広がるフ

リーター経験と共感 日本労働研究機構研究所編 日本労働研究機構 2001.10 230p 26cm （調査研究報告書 No.146） 1500円 Ⓘ4-538-89146-0 Ⓝ366.29

⦅目次⦆第1部 概要（調査研究の概要，結果の概要），第2部 調査結果の分析（現代若者の仕事と職業意識，フリーター析出の背景とフリーター経験に対する評価，フリーターからの離脱，高校から仕事への移行形態の多様化―1990年代における高校の職業紹介によらない就職増加傾向の分析，フリーターと社会階層，ジェンダーと労働形態―若年下位グループ間の比較分析），第3部 付属資料

⦅内容⦆東京都内（島嶼を除く）の18～29歳の，自称「フリーター」の若者1000人，「フリーター」以外の若者1000人を対象に実施した，大都市における若年者の就業行動の実態と背景の調査報告書．調査の概要，調査結果の分析，付属資料の3部で構成．

パートタイマーの実態 パートタイム労働者総合実態調査報告 平成2年 労働大臣官房政策調査部編 大蔵省印刷局 1992.4 232p 26cm 1800円 Ⓘ4-17-355002-2 Ⓝ366.8

⦅目次⦆1 調査の概要，2 結果利用上の注意，3 調査結果の概要（類型別パートタイム労働者数，「パートタイム労働者」の雇用事業所割合，「いわゆるパート」の雇用状況，パートの年齢構成，パートの就業状況，パートの労働条件，パートの就業意識等，学生アルバイトの状況），4 附属統計表，5 統計表（事業所調査，個人調査），6 標本設計と母集団復元

フリーターの意識と実態 97人へのヒアリング結果より 日本労働研究機構 2000.7 672p 26cm （調査研究報告書 No.136（2000）） 3000円 Ⓘ4-538-89136-3 Ⓝ366.8

⦅目次⦆調査結果の概要，調査結果（研究の概要と調査結果の分析，ヒアリング結果）

⦅内容⦆若者の就業行動に関する報告書．フリーターへのヒアリング調査からかれらの就業行動の実態と意識，その背景を探る．調査結果は研究の概要と調査結果の分析，ヒアリング結果で構成．研究の概要と調査結果の分析は問題意識と課題の設定，調査の対象と方法，フリーターの類型化，数量的分析結果，フリーターの働き方，キャリア形成・職業能力形成などについてグラフを併用してフリーターの傾向を報告．ヒ

アリング結果では離学モラトリアム型、離職モラトリアム型などフリーターの各タイプからヒアリング結果を掲載。ほかに付属資料としてヒアリング対象者一覧、ヒアリングシートを収録する。

心理・意識

心理・意識一般

＜ハンドブック＞

児童青年心理療法ハンドブック　モニカ・ラニャード，アン・ホーン編著，平井正三，脇谷順子，鵜飼奈津子監訳，子どもの心理療法支援会訳　（大阪）創元社　2013.4　662p　21cm　〈原書名：The Handbook of Child and Adolescent Psychotherapy〉　7800円　①978-4-422-11562-7

(目次)第1部 理論的基盤（精神分析における児童青年心理療法の基礎，健常な情緒的発達，アタッチメント理論と研究の貢献，神経科学と子どもの心理療法，児童青年心理療法いおける調査研究—概観），第2部 社会的文脈（多職種協働チームにおける児童心理療法士，人種，文化，治療プロセス，国際的な状況），第3部 治療とセッティングの多様性（治療セッティングと治療プロセス，個人の精神分析的心理療法—アセスメント，集中的心理療法，非集中的心理療法 ほか），第4部 専門的関心領域（自閉症スペクトラム障害を持つ子どもとの心理療法，深刻な心の外傷を受けた子どもと青年の心理療法—言葉で言い表せないもの ほか）

(内容)深刻な情緒的問題を呈する子どもやその家族の心の奥底を理解し，彼らをよき変化に導くことにおいて，他にはない強みを発揮する児童青年心理療法の理論的基盤から治療モデル，そして実際の多様な活動内容まで，その全貌を余すところなく描き出す。子どもたちが抱える複雑で困難な問題と日々格闘する臨床家への知恵の宝庫。

女性とジェンダーの心理学ハンドブック　ローダ・K.アンガー編著，森永康子，青野篤子，福富護監訳，日本心理学会ジェンダー研究会訳　（京都）北大路書房　2004.3　649p　26cm　〈原書名：HANDBOOK OF THE PSYCHOLOGY OF WOMEN AND GENDER〉　6800円　①4-7628-2367-8

(目次)第1部 歴史，理論，方法論（心理学の歴史における対象・行為者・主体としての女性，女性とジェンダーに関する理論的視点 ほか），第2部 発達（心理・性的分化に及ぼす生物学的影響，乳児から児童まで：ジェンダー化における認知的・社会的要因の役割 ほか），第3部 社会役割と社会システム（男性と男らしさの心理学：研究の現状と将来の方向，時代とともに変わるジェンダーの役割：どんな女性，どんな男性を望むのか ほか），第4部 ジェンダー，身体的健康，メンタル・ヘルス（ジェンダー化された身体と身体的健康，障害はつくられる：臨床心理学に対するフェミニスト・フレームワーク ほか），第5部 制度，ジェンダー，権力（女の子および女性に対する暴力の発達的検討，権力とジェンダー：アンビバレンスという両刃の剣 ほか）

＜年鑑・白書＞

青少年の社会的自立と意識　青少年の社会的自立に関する意識調査報告書　内閣府政策統括官編　国立印刷局　2005.7　515p　30cm　2800円　①4-17-230950-X

(目次)第1部 調査実施の概要，第2部 調査の結果（青少年対象調査の結果，青少年の親対象調査の結果），第3部 調査結果の分析（青少年の自立志向の分析，社会的自立とライフスキル，青少年のライフプランとその規定要因，家庭環境・学歴と職業的自立，親の子育てと子どもの自立），第4部 資料編

(内容)内閣府政策統括官（共生社会政策担当）では，平成16年度に「青少年の社会的自立に関する意識調査」を実施した。この調査では，我が国の青少年の社会的自立に関する意識を総合的に把握することを目的として，満15歳から満29歳（平成16年4月1日現在）の青少年とその保護者に対し，家族関係，就労意識，人生観，社会とのかかわり，保護者の養育態度，子どもの職業に対する意識等を調査した。本報告書は，この結果を取りまとめたものである。

子どもの心

＜書誌＞

スクールカウンセラーがすすめる112冊の

心理・意識　　　　　　　　　　子どもの心

本　子どもにかかわるすべての人たちへ　滝口俊子，田中慶江編　（大阪）創元社　1999.8　245p　19cm　1400円　Ⓘ4-422-11243-0　Ⓝ371.45

(目次)1 子どもの宇宙(『子どもの宇宙』河合隼雄/岩波書店;『子どもの心に出会うとき』村瀬嘉代子/金剛出版 ほか);2 思春期のむずかしさ(『居場所のない子どもたち』鳥山敏子/岩波書店;『少年期の心』山中康裕/中央公論社 ほか);3 子ども・家族・学校(『ビッグ・オーとの出会い』S・シルヴァスタイン/講談社;『ふたり』唐沢寿明/幻冬舎 ほか);4 カウンセリング(『臨床心理士のスクールカウンセリング1～3』大塚義孝ほか編/誠信書房;『子どもと大人の心の架け橋』村瀬嘉代子/金剛出版 ほか);5 人間を考える(『町工場・スーパーなものづくり』小関智弘/筑摩書房;『おたんこナース1～6』佐々木倫子/小学館 ほか)

(内容)本書に、選ばれた書物は実にバラエティがあって面白い。カウンセリングそれ自身に関するものはもちろん、絵本、児童文学から、小説や評論など広範囲に及んでいる。どの一冊に対しても、いわゆる「解説」というのではなく、それによってその臨床心理士が何を得たかというのが、生き生きと感じられる言葉になっている。

<事　典>

原色子どもの絵診断事典　浅利篤監修，日本児童画研究会編著　（名古屋）黎明書房　1998.10　182p　26cm　（描画心理学双書 7）　8000円　Ⓘ4-654-00037-2

(目次)1 子どもの心は絵に現れる（子どもの絵を診断するには，理想的なテスト法，色の単語と色の熟語―色彩標識 ほか），2 色彩による子どもの絵の診断（赤―興奮・活動そして不満・攻撃，黄―求愛・依存そして幼児性・甘え，緑―疲労・虚弱・無気力 ほか），3 人体投影による子どもの絵の診断（画面に映し出された顔―顔の構図，画面に映し出されたからだ―からだの構図，画面に映し出されたのど―のどの構図 ほか），4 シンボルによる子どもの絵の診断（太陽の色は父親の愛情―父親のシンボル，太陽の後光は父親の手足―父親のシンボル，画面からはみ出した太陽（位置）―父親のシンボル ほか），5 子どもの絵は訴える（夜尿児，盗癖児，登校拒否児，教護施設の絵，予告画）

(内容)色彩標識、構図標識、形態標識の3つの標識を使った、幼児から小学生、中学生までの絵の読み解き方を示した事典。

子ども心理辞典　谷田貝公昭，原裕視編　一芸社　2011.5　478p　19cm　〈索引あり〉　2800円　Ⓘ978-4-86359-030-4　Ⓝ371.45

(内容)本辞典では、心理学研究者だけではなく、現場に携わっている保育・教育研究者も多数執筆しているので、より実践に即した実際的知識を身につけることができます。充実した索引および各項目末尾に掲げた「見よ項目」「参考文献」を活用すれば、子ども理解のためのさらに深い知識を得ることができます。乳幼児・児童の保育・教育に携わる人たち、および子育て中の父母にとっての必携書。

スクールカウンセリング事典　国分康孝監修，石隈利紀，井上勝也，茨木俊夫，上地安昭，金沢吉展，木村周，田上不二夫，福島脩美編　東京書籍　1997.9　573p　21cm　6800円　Ⓘ4-487-73322-7

(目次)第1部 基礎編（スクールカウンセリングの基礎学，スクールカウンセリングの隣接領域，スクールカウンセリングの基礎理論，スクールカウンセリングの方法，スクールカウンセリングの技法），第2部 実践編（気になる子ども，予防・開発，いじめ，不登校への援助，教育指導に生かすカウンセリング，進路と生き方，保護者への援助，教師への援助，他機関との連携，子ども理解，援助ニーズの大きい子ども），第3部 条件編（スクールカウンセリングの諸問題，スクールカウンセリングとマネジメント，リサーチ，スクールカウンセリングの研修），資料編

(内容)現実の問題解決に役立つ、カウンセリングの理論・技法の基礎についての448項目を基礎編、実践編、条件編に分けて解説。

<ハンドブック>

絵による児童診断ハンドブック　扇田博元著　（名古屋）黎明書房　1999.12　303p　21cm　（描画心理学双書 第5巻）　5900円　Ⓘ4-654-00035-6

(目次)1 絵による児童診断の原則（絵による児童診断の立場，個性の多様性を理解する，自己実現の創造性を伸ばす，みえない個性を知る），2 絵による個性の診断法（子供の能力発達を知るには，子供の性格を知るには，美術性（創造性）を知るには），3 絵による不適応傾向の早期診断法―主として「いじめ」を早期に発見するには（「いじめ」の早期発見法（扇田案），絵による人間関係の診断法，不適応の徴候観察法），4 個性が生かされているかの診断法―自己実現型と紋切型の発見（描画完成法による診断法，人

物描画法による診断法, 二つの描画法を活用する場合の留意点), 5 絵による個性の生かし方—「とらわれ」の診断と指導法(個性を生かす動機づけをするには, 「とらわれ」の診断と指導の要点—診断的動機づけチャート, 追記—教育実践への提案

⑬内容⑭幼児, 小学生, 中学生, 障害児など全ての子供の描画による個性の診断と, 創造性を引き出し, 個々の個性を伸ばす指導法を述べたハンドブック.

「傷つきやすい子ども」という神話　U.ヌーバー著, 丘沢静也訳　岩波書店　1997.8　242,11p　19cm　〈原書名：DER MYTHOS VOM FRÜHEN TRAUMA：Über Macht und Einfluss der Kindheit〉　2600円　Ⓘ4-00-002761-1

⑬目次⑭1「子ども時代」が人生を決める—こんなにたくさんの人が信じてるのだから, まちがってるはずがない, 2 幼児期トラウマという神話—フロイト以後, 3 新しい「子ども時代」像—幼児期の経験が人生を決めるわけではない, 4「子ども時代」のトラウマ—だって, ちゃんと覚えてるんだから!, 5 これまでの人生を物語る—昔むかし…, 6「子ども時代」の力—なぜわれわれは「子ども時代」の力を信じたいのか, 7 犠牲者意識の罠から脱出する—パースペクティブの転換

自己調整学習ハンドブック　バリー・J・ジマーマン, ディル・H・シャンク編, 塚野州一, 伊藤崇達監訳　(京都)北大路書房　2014.9　434p　26cm　〈原書名：HANDBOOK OF SELF‐REGULATION OF LEARNING AND PERFORMANCE〉　5400円　Ⓘ978-4-7628-2874-4

⑬目次⑭第1部 自己調整学習の基本領域(自己調整学習の認知的ならびにメタ認知的分析, 学業的な自己調整プロセスの発達に対する影響要因 ほか), 第2部 自己調整学習の指導の問題(小学校の児童の宿題遂行を通じた自己調整のトレーニング, 自己調整学習を評価し伝えるためのハイパーメディアの利用 ほか), 第3部 個別内容領域における自己調整学習(数学的知識とスキルの自己調整, 読解関与指導をとおして自己調整的な読み手を育てる ほか), 第4部 自己調整学習の評価の問題(日誌法を用いた大学生の自己調整学習の評価, 援助要請研究における方法論とアセスメントの問題 ほか), 第5部 自己調整学習の個人差と集団差(教科における自己調整学習, 情動, 情動調整と学習の自己調整 ほか)

◆教育心理学

<事典>

世界の学校心理学事典　シェーン・R・ジマーソン, トーマス・D・オークランド, ピーター・T・ファレル編, 石隈利紀, 松本真理子, 飯田順子監訳　明石書店　2013.9　640p　27cm　〈文献あり 索引あり　原書名：THE HANDBOOK OF INTERNATIONAL SCHOOL PSYCHOLOGY〉　18000円　Ⓘ978-4-7503-3886-6　Ⓝ371.4

⑬目次⑭第1部 各国の学校心理学(カナダの学校心理学, アメリカ合衆国の学校心理学, ジャマイカの学校心理学, プエルトリコの学校心理学 ほか), 第2部 世界の学校心理学—現在から未来へ(世界の学校心理学—これまでの歩み, 学校心理学の国際的発展に影響を与える求心的, 遠心的動向, 国際学校心理学会—その設立, 成果, および将来展望, 学校心理学の国際比較調査—世界のスクールサイコロジストから得られる洞察 ほか)

<ハンドブック>

学校心理学ハンドブック 「学校の力」の発見　福沢周亮, 石隈利紀, 小野瀬雅人責任編集, 日本学校心理学会編　教育出版　2004.5　259p　21cm　1900円　Ⓘ4-316-80060-4

⑬目次⑭第1章 学校心理学とは何か(学校心理学の意義, 学校心理学の内容 ほか), 第2章 学校心理学の扱う領域—学校教育をめぐる課題を理解する(子どもをめぐる課題, 家庭をめぐる課題 ほか), 第3章 学校心理学に基づく実践—心理教育的援助サービスの方法を知る(心理教育的アセスメント—子どもと子どもをとりまく環境の理解, カウンセリング—直接的な援助サービスとして ほか), 第4章 学校心理学を支える心理学・行動科学的基盤—関連の深い学問領域の理解(育つこと—発達心理学的基盤, 学ぶこと・教えること—教育心理学的基盤 ほか), 第5章 学校心理学を支える学校教育学的基盤(教育学, 学校組織・教育制度 ほか)

⑬内容⑭子どもの学校生活を豊かにするために, 子どもの成長を促進するために, 「心理教育的援助サービス」の理論と実践の体系, 学校心理学のコンセプト・キーワードをわかりやすく解説.

教育心理学ハンドブック　日本教育心理学会編　有斐閣　2003.3　297p　21cm　2500円　Ⓘ4-641-07665-0

〔目次〕第1章 教育心理学は何をするのか，第2章 教育心理学の歴史，第3章 教育心理学が社会に果たす役割，第4章 学校心理士について，第5章 最近の研究動向，第6章 教育心理学の研究法，第7章 教育心理学研究のための倫理，第8章『教育心理学研究』への投稿，第9章 教育心理学の学び方・進め方，第10章 教育心理学の基本用語
〔内容〕教育実践との結びつきのなかで，教育心理学は変貌しつつある。教育心理学の過去，現在，そして未来を，さまざまな角度からとらえ，教育心理学に関わるすべての人に役立つように工夫した。学問的な実証性を保ちつつ，豊かな教育実践をつくり上げるためのヒントが，この中にぎっしり詰まっている。

行動・性格アセスメント基本ハンドブック 児童生徒理解の理論と方法 辰野千寿著 図書文化社 1999.6 140p 21cm 1500円 Ⓘ4-8100-9307-7
〔目次〕第1章 人間理解の心理学的基礎，第2章 性格アセスメント，第3章 性格アセスメントの方法，第4章 性格検査，第5章 指導要録における行動および性格の記録

発達心理学

<事 典>

事例 発達臨床心理学事典 杉原一昭，渡辺弘純，新井邦二郎，庄司一子著 福村出版 1994.4 355p 19cm 4800円 Ⓘ4-571-24030-9
〔目次〕1 心理学的基礎概念編，2 発達段階別編（胎児期，出産時・新生児期，乳児期，幼児期，児童期，青年期）

発達心理学辞典 岩田純一，落合正行，浜田寿美男，松沢哲郎，矢野喜夫ほか編 （京都）ミネルヴァ書房 1995.1 868p 19cm 6500円 Ⓘ4-623-02470-9
〔内容〕発達心理学とそれに関連する保育・教育・療育・臨床・福祉分野の用語を解説した事典。1621項目を五十音順に排列，ただし人名と主な発達検査についてはそれぞれ別にまとめている。解説は必要量に応じて大中小の3段階に分けている。本文中の重要語句も採録した和文・欧文・人名の各索引を付す。

発達心理学事典 日本発達心理学会編 丸善出版 2013.5 692p 22cm 〈索引あり〉 20000円 Ⓘ978-4-621-08579-0 Ⓝ143.036

〔内容〕「かたる」「ふれる」「かんがえる」など人の行動を25個の動詞でとらえ，それぞれの動詞に関わる発達心理学と関連領域の重要な研究トピックを選び出して解説した事典。見出し語50音索引，事項索引等も収録。

発達心理学用語集 中島常安，請川滋大，畠山寛，畠山美穂，川田学，河原紀子編著 同文書院 2006.4 245p 18cm 1500円 Ⓘ4-8103-0035-8
〔目次〕1 発達の基礎（発達心理学，発達 ほか），2 発達のみちすじ（発達課題，受精 ほか），3 感情と社会性の発達（社会化・社会性，生態学的モデル ほか），4 認知とことばの発達（認知，選好注視法 ほか），5 障害と発達支援（発達臨床，発達アセスメント ほか）

<ハンドブック>

子どもと若者のための認知行動療法ガイドブック 上手に考え，気分はスッキリ ポール・スタラード著，下山晴彦監訳 金剛出版 2008.7 189p 26cm 〈文献あり 原書名：A clinician's guide to think good-feel good.〉 2600円 Ⓘ978-4-7724-1034-2 Ⓝ146.82
〔目次〕第1章 本書のアウトライン，第2章 動機づけと変化に向けての準備，第3章 フォーミュレーション，第4章 ソクラテス的問答と帰納的推論，第5章 親に関わってもらう，第6章 認知行動療法のプロセス，第7章 子どもに認知行動療法を適用する，第8章 認知行動療法を構成する主要素，第9章 心理教育用教材

21の実践から学ぶ臨床発達心理学の実践研究ハンドブック 臨床発達心理士認定運営機構日本臨床発達心理士会編 金子書房 2010.8 209p 26cm 2200円 Ⓘ978-4-7608-3815-8 Ⓝ146.82
〔目次〕第1部 臨床発達心理学における実践研究（なんのための実践研究?―実践になぜ「研究」が必要なのだろうか?，どうすれば「研究」にすることができるのだろうか?，どうすれば書ける実践研究?），第2部 臨床発達心理士による実践研究（育児・保育分野における臨床発達心理士の実践，特別支援教育分野における臨床発達心理士の実践，思春期・青年期・成人期分野における臨床発達心理士の実践），資料
〔内容〕日本臨床発達心理士会が刊行する「臨床発達心理実践研究」にこれまで投稿されてきた中でも優れた実践研究を厳選して紹介。実践研

究論文を通して「実践をどう研究にするか?」を知ることができる。発達臨床の実践者必携の1冊。

発達科学ハンドブック 1 発達心理学と隣接領域の理論・方法論 日本発達心理学会編, 田島信元, 南徹弘責任編集 新曜社 2013.3 383p 21cm 4000円 ①978-4-7885-1330-3

(目次) 第1部 発達心理学の基礎理論と方法論(ピアジェの認知発達理論の貢献:過去・現在・未来, ヴィゴツキーの文化的発達理論の貢献:過去・現在・未来, ボウルビィの愛着理論の貢献:過去・現在・未来), 第2部 発達心理学の理論的・方法論的潮流(ネオ・ピアジェ派の考え方, 新成熟論の考え方, 生態学的知覚論の考え方:発達的視座から ほか), 第3部 隣接諸領域の理論・方法論と発達心理学への示唆(比較行動学の考え方, 霊長類学の考え方, 行動遺伝学の考え方 ほか)

(内容) 発達心理学の歴史的変遷, 理論的基盤と方法論の潮流をたどり, さまざまな隣接領域が, 発達心理学にもたらした影響を概括。発達的視点を中核においた「発達科学」としての目指すべき方向を示す。

発達科学ハンドブック 4 発達の基盤:身体、認知、情動 日本発達心理学会編, 根ヶ山光一, 仲真紀子責任編集 新曜社 2012.9 322p 21cm 3600円 ①978-4-7885-1302-0

(目次) 第1部 発達を支えるもの(脳科学からみた発達, 発達の生物学的基礎, 大規模空間の認知発達 ほか), 第2部 発達における生物学的基盤(姿勢制御のメカニズムと発達, 認知発達の脳科学的基盤, 対人関係の基盤としての身体接触 ほか), 第3部 発達における情動・認知的基盤(マルチモダリティと他者理解, 情動と記憶, 道徳性の発達 ほか)

(内容)「身体‐脳‐心」をつなぐ人間科学の発達論。心の身体性に注目すると、「生物としてのヒト」の発達過程が見えてくる。

青年心理学

<事典>

青年心理学事典 久世敏雄, 斎藤耕二監修, 福富護, 二宮克美, 高木秀明, 大野久, 白井利明編 福村出版 2000.11 519p 22×16cm 14000円 ①4-571-23040-0 Ⓝ371.4

(目次) 第1部 青年理解のための基礎的枠組み(歴史的背景, 青年心理の諸理論 ほか), 第2部 青年理解のためのキーワード(身体・運動的側面, ジェンダー ほか), 第3部 青年の心理・社会的諸問題(社会的諸問題, 非行 ほか), 第4部 青年への援助(ソーシャル・サポート, 教育相談 ほか), 第5部 青年心理学と隣接科学(精神医学からみた青年, 文化人類学からみた青年 ほか)

(内容) 青年の理解、教育・指導のための知識を体系的にまとめた事典。思春期に入る10~11歳から、就職し、結婚して独立した社会人になる25~26歳まで対象とする。各項目には参考文献を記載。巻末に和文人名索引、欧文人名索引、和文事項索引、欧文事項索引を付す。

価値観・人生観

<ハンドブック>

低年齢少年の価値観等に関する調査 総務庁青少年対策本部編 大蔵省印刷局 2000.12 369p 30cm 2900円 ①4-17-280100-5

(目次) 第1部 調査の概要(調査実施の概要, 調査結果の概要), 第2部 調査の結果(青少年(小・中学生)を対象とする調査の結果, 母親を対象とする調査の結果), 第3部 調査結果の分析(小中学生の問題行動・逸脱規範の特徴とその関連要因, 子ども・家庭問題はどこまで深刻か, 子どもの問題行動の発達的特徴とその背景にある諸要因—親の養育態度に注目して ほか), 第4部 資料

日本人の価値観 データで見る30年間の変遷 日本能率協会総合研究所編 生活情報センター 2005.11 319p 30cm 14800円 ①4-86126-222-4

(目次) 第1章 生活者の価値観, 第2章 価値観の国際比較, 第3章 児童・生徒・学生の価値観の国際比較, 第4章 働く人の価値観, 第5章 若者の価値観, 第6章 子どもの価値観

(内容) 日本人の価値観など30年間の変遷をまとめた図書。

平成成人 昭和を知らない大人の価値観と消費行動 調査研究報告書 日本経済新聞社産業地域研究所編 日本経済新聞社産業地域研究所, 日本経済新聞出版社(発売) 2009.3 154p 30cm 10000円 ①978-4-532-63574-9 Ⓝ675.2

(目次) 調査概要, 解説編(ライフスタイル—成熟社会が育てた「生活巧者」, 企業の好感度, 使う

製品—携帯電話はau，コンビニはファミマ，お気に入りのもの—安価な普段使いの品に「安らぎ」見出す，グループインタビュー——勉強・アルバイトに励むコツコツ型），データ編（クロス集計表）

⓪内容⓪平成元年（1989年）生まれで2009年に20歳に達する「平成成人」の調査を実施。全国の89年生まれの男女約1000人を対象にしたインターネット上のアンケートのほか，100人以上の男女から携帯電話で「お気に入りのもの」の画像を撮影・メール送信してもらっての集計，さらに対象年代の若者のインタビューなど様々なタイプの情報を収集・分析した調査報告書。

対人意識・対人関係

<年鑑・白書>

ジェンダー白書　7　結婚　女と男の諸事情　北九州市立男女共同参画センター"ムーブ"編　明石書店　2010.3　168p　21cm　（ムーブ叢書）〈各巻の並列タイトル：KEKKON　索引あり〉　2000円　Ⓘ978-4-7503-3176-8　Ⓝ334.31

⓪目次⓪第1部 日本の結婚事情（"総論"結婚の「きしみ」を越えて，婚姻制度—その枠組と問題点，未婚・晩婚・非婚の何が問題か—希望する人生選択が可能な社会へ，デ・ファクト（事実婚）という選択，性愛・結婚—若年層・青年層の実態と語られ方，結婚市場，厚生年金分割制度は離婚を促したのか，外国人生活支援活動に見る国際結婚・離婚，エッセイ 結婚と女性の意思—時代に振り回されないために，展望 結婚の展望—結婚は恋愛の領収書?），第2部 海外の結婚事情（レポート）（柔軟に変化するアメリカの結婚—家計の主たる稼ぎ手となる女性，子育ての喜びを知り始めた男性，結婚・パクス（PACS）・事実婚—3つの選択肢から選ぶフランス的カップル形態，シンガポール—未婚・晩婚・少子化の進展と政府の対応，スウェーデンの結婚・離婚事情，韓国の結婚と離婚の新しい傾向，都市化が現代中国女性の結婚に及ぼす影響，インドの変わりゆく結婚事情とジェンダー，現代チュニジアの結婚事情）

<統計集>

現代の青少年　青少年の連帯感などに関する調査報告書　第5回　総務庁青少年対策本部編　大蔵省印刷局　1992.1　381p　26cm　2100円　Ⓘ4-17-185010-X

⓪目次⓪第1編 調査結果の概観，第2編 調査結果の各論（基本項目，家庭，学校・職業，団体・友人，地域社会，国家，人生観等），第3編 調査結果からみた現代の青少年（21世紀を迎える青少年たち，生活世界の変容と青少年の人間関係），第4編 集計結果（クロス集計表，調査票と単純集計結果）

青少年の友人関係　「青少年の友人関係に関する国際比較調査」報告書　総務庁青少年対策本部編　大蔵省印刷局　1991.7　176p　26cm　1600円　Ⓘ4-17-233050-9

⓪目次⓪第1部 調査の概要，第2部 調査の結果（青少年の友人関係，青少年の学校・家庭での過ごし方，青少年のテレビゲームとの接触状況），第3部 調査結果から見た日本の青少年，第4部 資料

独身青年層の結婚観と子ども観　第11回出生動向基本調査　平成9年　国立社会保障・人口問題研究所編　厚生統計協会　1999.2　279p　26cm　3000円　Ⓘ4-87511-121-5

⓪目次⓪調査の概要，第1部 結婚という選択—若者たちの結婚離れを探る（結婚の意欲，結婚の利点・独身の利点，異性との交際 ほか），第2部 希望する結婚像—どんな結婚を求めているのか（希望する結婚年齢，希望する結婚形態，結婚相手の条件 ほか），第3部 未婚者の生活スタイルと意識—現代の若者たちの横顔（未婚者の生活スタイル，結婚・家族に関する意識）

精神衛生

<事典>

こころの医学事典　野村総一郎，樋口輝彦監修　講談社　2003.3　703p　21cm　3800円　Ⓘ4-06-210762-7

⓪目次⓪注意すべき症状とこころの病気（乳幼児期，小学校・中学校期，思春期・青年期 ほか），こころの病気の知識（神経症性障害，ストレス関連障害，気分障害，統合失調症（精神分裂病）ほか），こころの病気の治療（薬物療法，身体療法，精神療法 ほか）

⓪内容⓪ともすればわかりにくいとされる精神医学とこころの医療の水準を，やさしく，できるだけ歯切れよく解説。最新の正確な知識を，ポイントを押さえてほぼ網羅してある。

子どものメンタルヘルス事典　清水將之著　日本評論社　2014.4　195p　21cm　（日本評

精神衛生　　　　　　　　　　　心理・意識

論社ベーシック・シリーズ）　2000円
　Ⓘ978-4-535-80652-8
(内容)児童精神医学の碩学が一人で書き下ろした子ども臨床家のためのエンサイクロペディア。

児童青年精神医学大事典　ジェリー・ウィーナー，ミナ・ダルカン編著，斉藤万比古，生地新総監訳，飯田順三，市川宏伸，十一元三，西村良二，本城秀次監訳　西村書店　2012.6　994p　27cm　〈文献あり 索引あり　原書名：Textbook of Child and Adolescent Psychiatry 原著第3版の翻訳〉　14000円
　Ⓘ978-4-89013-419-9　Ⓝ493.937
(目次)第1部 児童青年精神医学の領域，第2部 アセスメントと診断，第3部 発達障害，第4部 統合失調症，他の精神病性障害，気分障害，第5部 注意欠如障害と破壊的行動障害，第6部 不安障害，第7部 摂食障害，第8部 身体機能に変調をきたす障害，第9部 その他の障害と特殊な問題，第10部 治療
(内容)米国精神医学会の英知を結集。DSMに基づき，アセスメント・診断方法から各疾患の詳細，治療法までを網羅・詳述。子どもの心の問題に向き合う方へ。

<ハンドブック>

向精神薬療法ハンドブック　改訂第3版　風祭元編　南江堂　1999.6　316p　26cm　8000円　Ⓘ4-524-21446-1
(目次)1 向精神薬療法総論（向精神薬の概念と分類，主な向精神薬の特徴，精神科薬物療法の特性，向精神薬の薬効に影響する要因，薬物療法からみた精神障害の治癒），2 主要疾患・状態像に対する薬物療法の実際（精神分裂病と類縁疾患，躁病・躁状態，うつ病・うつ状態，神経症・心身症，てんかんと類縁疾患，睡眠・覚醒障害，物質（アルコール・薬物）依存と中毒，症状器質精神病，老年期の精神障害，幼児・学童期の精神障害，自閉症・精神遅滞，思春期・青年期の精神障害，人格障害と性心理障害），3 向精神薬の副作用とその予防・治療（抗精神病薬，抗うつ薬，抗躁薬，抗不安薬，睡眠薬，抗てんかん薬），4 精神科救急薬物療法（精神科救急における診断と評価，機能性精神障害，中毒性精神障害，器質症候性精神障害，抗精神薬の副作用，急性薬物中毒，自殺），精神経用剤一覧，索引

こころの健康百科　大塚俊男，上林靖子，福井進，丸山晋編　弘文堂　1998.8　733p　21cm　4500円　Ⓘ4-335-65100-7
(目次)精神科への道，脳のしくみと働き，こころの異常がみられたとき，子どもにみられるこころの異常，ライフサイクルにおけるこころの問題，生活の場におけるこころの問題，こころの病気，児童期・思春期のこころの病気，老年期のこころの病気，女性のこころの病気，診断，検査，治療・身体的治療法（向精神薬ほか），治療・精神療法，治療・社会療法，リハビリテーションと地域精神保健福祉活動，学校精神保健，地方老人の介護
(内容)「こころの健康とは何か」「どのようにこころの異常をチェックしたらよいか」「こころの病にはどのようなものがあり，いかなる治療や対処法があるのか」など，メンタルヘルスの専門家約100名が，精神保健医療の全領域にわたるテーマを解説したもの。五十音順の索引付き。

こころの病気を知る事典　大塚俊男，上林靖子，福井進，丸山晋編　弘文堂　2003.4　367,9p　21cm　1800円　Ⓘ4-335-65113-9
(目次)1 こころの病気（こころの病気の原因，こころの病気の分類 ほか），2 児童期・思春期のこころの病気（精神遅滞，自閉症 ほか），3 老年期のこころの病気（正常老化と異常老化，老年期幻覚妄想状態 ほか），4 女性のこころの病気（月経前不機嫌性障害，妊娠中のこころの問題 ほか）
(内容)家庭で，学校で，職場で。「どんな病気なのか」「どのような治療法があるのか」「どう対応したらよいのか」…精神医療の第一線で活躍する専門家による最新の解説と具体的な助言を満載した便利なハンドブック。

こころの病気を知る事典　新版　大塚俊男，上林靖子，福井進，丸山晋編　弘文堂　2007.12　411,15p　21cm　2000円　Ⓘ978-4-335-65131-1
(目次)1 こころの病気（こころの病気の原因，こころの病気の分類 ほか），2 児童期・思春期のこころの病気（児童・思春期にみられるこころの病気，精神遅滞 ほか），3 老年期のこころの病気（正常老化と異常老化，老年期幻覚妄想状態 ほか），4 女性のこころの病気（月経前不快気分障害，妊娠中のこころの問題 ほか）
(内容)家庭で，オフィスで，学校で『こころの時代』の基礎知識。うつ病，統合失調症，パニック障害，ひきこもり，認知症…こころの病気を知ることは，今を生きるための必修科目。『こころの時代』に，1歩踏み出すためのハンドブック。

こころの問題事典 藤永保監修，上杉喬，大石昂編集委員代表，秋山胖，外島裕編集委員 平凡社 2006.6 405p 21cm 3600円
①4-582-12722-3
(目次)1 誕生から老年まで，2 家族・家庭の問題，3 入学から卒業まで，4 入社から定年まで，5 社会・文化の諸問題，6 病めるこころ，7 心理テスト
(内容)いま，話題の「こころの問題」287をわかりやすく記述。「誕生から老年まで」「心理テスト」など，7部門で構成。各部門内も時間の流れやテーマの共通性で配列。巻末に五十音順の総索引を付す。

こころの病がわかる事典 最新知識と治療の実際 人見一彦著 （大阪）朱鷺書房 2004.4 177p 21cm 1800円 ①4-88602-542-0
(目次)1 年代別にみたこころの悩みの実際（幼稚園・小学生のこころの悩み，中学生のこころの悩み，高校生のこころの悩み，大学生のこころの悩み，20代のこころの悩み ほか），2 こころの病をどう治療するか―心理的働きかけ，薬物療法（発達・情緒・行動に関係した障害，不安障害，転換性障害，解離性障害，強迫性障害，身体表現性障害，適応障害，摂食障害，パーソナリティ障害（人格障害） ほか）
(内容)暮らしの中のメンタルヘルス理解。臨床の現場で出会うさまざまな症状を年代別に例示。診断名ごとに，その原因と治療法を簡潔に紹介。

子どもの精神医学ハンドブック 清水将之著 日本評論社 2008.3 234p 21cm 〈年表あり〉 1900円 ①978-4-535-98290-1 Ⓝ493.937
(目次)第1章 子どもと発達，第2章 発達の障害，第3章 子ども虐待，第4章 主に心因で起こるとされる病気，第5章 精神病圏の子ども，第6章 子どもの人となり，第7章 子どもと災害，第8章 思春期の病気，第9章 治療をめぐって，資料編
(内容)乳幼児期・学童期から思春期・青年期にいたる子どもの発達と児童精神医学を通読して学べる画期的なテキスト。子どもの「こころ」の援助にたずさわるすべての人に。

子どもの精神医学ハンドブック 第2版 清水将之著 日本評論社 2010.8 286p 21cm 〈年表あり 索引あり〉 1900円
①978-4-535-98326-7 Ⓝ493.937
(目次)第1章 子どもと発達，第2章 発達の障害，第3章 子ども虐待，第4章 主に心因で起こるとされる病気，第5章 精神病圏の子ども，第6章 子どもの人となり，第7章 子どもと災害，第8章 思春期の病気，第9章 治療をめぐって，資料編
(内容)胎児期・乳幼児期から思春期・青年期にいたる子どもの発達と児童精神医学の知識と教養を通読して学べる画期的なテキスト。

児童青年期の双極性障害 臨床ハンドブック ロバート・L.フィンドリング，ロバート・A.コワッチ，ロバート・M.ポスト著，十一元三監訳，岡田俊訳 東京書籍 2008.9 202p 21cm 〈文献あり 原書名：Pediatric bipolar disorder.〉 3800円
①978-4-487-79984-8 Ⓝ493.937
(目次)双極性障害の定義，なぜ今，子どもの双極性障害なのか?，双極性障害の臨床経過，双極性障害の診断，双極性障害の併存障害，双極性障害の原因と機序：児童期発症例を中心に，気分安定薬，児童青年期の双極性障害に対する非定型抗精神病薬の使用，児童青年期における双極性障害の治療戦略，治療と教育における問題，結語，臨床家に役立つ情報集

小児・思春期の「心の問題」診療ガイド Mina K.Dulcan,D.Richard Martini著，松浦雅人訳 メディカル・サイエンス・インターナショナル 2000.5 248p 21cm 〈原書第2版 原書名：Concise Guide to Child and Adolescent Psychiatry〉 4400円 ①4-89592-239-1 Ⓝ493.937
(目次)1 序論，2 評価と治療計画，3 I軸の障害―通常，幼児期，小児期または青年期に初めて診断される障害：注意欠陥および破壊的行動障害，4 I軸のその他の障害―通常，幼児期，小児期または青年期に初めて診断される障害，5 小児期あるいは青年期に始まることがある"成人の"障害，6 発達障害，7 特別な臨床事例，8 精神科薬物療法，9 心理社会的治療
(内容)小児・思春期における精神・行動障害の特徴，病因，経過，診断・治療法などを記載したガイドブック。各章の終わりに引用文献と参考文献を収録。巻末に，付録として親のための参考文献和文・欧文の各索引がある。

ストレススケールガイドブック パブリックヘルスリサーチセンター著 実務教育出版 2004.2 447p 30×22cm 8000円 ①4-7889-6080-X
(目次)第1章 児童，第2章 中学生・高校生，第3章 大学生，第4章 成人勤労者，第5章 成人一般・高齢者，第6章 疲労

| 精神衛生 | 心理・意識 |

精神科研修ハンドブック 第2版 日本精神科病院協会監修, 岸本年史編著 海馬書房 2007.3 182p 16×10cm 2100円 ①978-4-907704-45-2

(目次)総論, 通常, 児童・思春期に初めて診断される障害, 認知症, せん妄, 薬物・アルコール依存, 統合失調症, 気分障害, 不安障害, 身体表現性障害, 転換性障害、解離性障害〔ほか〕

メンタルケース・ハンドブック 中根晃, 稲村博, 柴田洋子, 室伏君士編 中央法規出版 1994.5 261p 26cm 3200円 ①4-8058-1207-9

(目次)第1章 幼少年期(被虐待児, ホスピタリズム, 言語遅滞, 夜尿症, 吃音, 夢中遊行, 夜驚症, 分離不安, 心因性視力障害, 点頭てんかん, 失立失歩, 登校拒否, 注意欠陥障害, 学習障害〈LD〉, チック, トゥレット症候群, 選択緘黙, 抜毛症, 神経性食欲不振症, 強迫性障害, 登校拒否, 家庭内暴力, いじめ, 校内暴力, 怠学, 行為障害, 精神遅滞, 自閉症, 自傷行為), 第2章 青年期(薬物依存, 神経症関連, 性的偏向, 神経性食欲不振症, 感情障害, 同一性危機, 過換気症候群, 適応障害, ピーターパン症候群, 青い鳥症候群, 恐怖症関連, 思春期挫折症候群, 境界例, 心気症, 過敏性大腸症候群, 分裂症関連, 思春期危機, 過食性, 親密性恐怖症, 盗み, 自殺, いたずら電話, 手首自傷症候群, 青年期の登校拒否, 燃え尽き症候群, モラトリアム, 卒業恐怖・就職恐怖, オフィス不適応症候群, アパシー症候群, 異文化不適応), 第3章 実年期(中年男性精神病者の社会復帰, 精神分裂病患者のアフターケア, 女性のうつ病, 定年とうつ病, 実年期の幻覚・妄想状態, アルコール依存症への対応, 女性のアルコール症, 飲酒と反社会行動, 睡眠薬依存, 覚醒剤依存, 2人での依存症, 職場のストレス, 頻回欠勤者, 心身症, 自律神経失調症, 過敏性腸症候群, 労災患者の精神状態, 心因性精神障害の労災認定, 単身赴任, 海外出張の反応, 在日外国人の反応, 家庭内暴力の対応, 学生症例の親の対応, 老親介護のストレス, 身体疾患の精神的合併, 宗教とメンタルヘルス), 第4章(老人性もの忘れ, 痴呆性老人の記憶障害, 老年期の人格変化, 老人の意識障害, 初老期痴呆症, 老年期痴呆, 老年期痴呆患者の異常行動と精神症状, 老人に対するメンタルケア, メンタルケアの効果, 障害老人の家族〈介護者〉の心理, 寝たきり状態, 老人の尿失禁, 老年期精神障害, 老年期の妄想, 老年期のうつ状態, 老人の神経症)

(内容)本書は, メンタルヘルス「こころの健康」の今日的課題ともいうべき, 狭義の精神障害(精神病)以外の, いわゆる「半健康」「こころの病」「適応の障害」のケースに焦点をあて, 具体的・実践的な事例検討を通して精神保健・メンタルヘルスの現状と今後の動向を解説する。

生活・文化

生活・文化一般

＜書誌＞

日本児童図書研究文献目次総覧 1945-1999 佐藤苑生, 杉山きく子, 西田美奈子編 遊子館 2006.3 2冊（セット） 26cm 〈付属資料：CD-ROM1〉 47600円 ①4-946525-73-4

目次 上巻（文学史・文学論，作家・作品論・創作法・エッセイ，絵本史・絵本論・挿絵・童画，絵本作家・作品論・創作法・エッセイ，科学読み物・伝記・ノンフィクション，民話・昔話・再話，詩・童謡・わらべうた，ことば，雑誌・新聞），下巻（子ども論，児童文化（紙芝居・児童演劇・人形劇・ペープサート・パネルシアター等），アニメ・漫画，読書論・読書運動・親子読書，児童図書館・児童図書館員・学校図書館・文庫，おはなし会・読み聞かせ・ブックトーク・ストーリーテリング，書店・出版社，書誌・出版社，その他）

内容 昭和21(1946)年から平成11(1999)年までに出版された，児童文学，絵本，昔話，詩・童謡・わらべうた，児童文化，子どもと読書，児童図書館，児童書出版・書店等に関する研究書を収録の対象とした。

＜事典＞

愛知児童文化事典 中京大学文化科学研究所編 （名古屋）KTC中央出版 2000.6 351p 21cm 2600円 ①4-87758-184-7 Ⓝ379.3

内容 愛知県の児童文化に関する事典。愛知県の作家，詩人，文学団体，劇団，事項，施設など子どもの学校外での文化活動と周辺事情について掲載。個人240項目，団体67項目，児童文化に関する重要な事項88項目と児童文化に関する施設118項目の計513項目を収録。五十音順に排列。巻末に個人・団体・事項の分野別索引と関連項目を含めた五十音順索引を付す。

児童の賞事典 日外アソシエーツ株式会社編 日外アソシエーツ 2009.7 739p 22cm 〈索引あり〉 15000円 ①978-4-8169-2197-1 Ⓝ371.45

目次 文学，文化，美術，科学，音楽・芸能，世界の賞

内容 国内外の児童の賞284賞を収録。中学生までの児童及び児童文化に貢献した人物に与えられる賞の概要と第1回以来の全受賞情報を掲載。赤い鳥文学賞，東レ理科教育賞，小学館漫画賞，全日本学生科学賞，童謡祭童話賞，全日本吹奏楽コンクール，国際アンデルセン賞など様々な分野の賞を収録。個人の受賞歴がわかる「受賞者名索引」付き。

＜名簿・人名事典＞

児童文化人名事典 日外アソシエーツ，紀伊国屋書店〔発売〕 1996.1 591p 21cm 14800円 ①4-8169-1352-1

内容 国内で子供の文化の創造や啓発活動に関わる明治以降の人物を集めた事典。児童文学者，童画家，作曲家，童謡詩人，口演童話家，人形劇演出家，アニメーション作家，子供文庫主宰者等，3620名を収録する。排列は見出し人名の五十音順。一斯界初の人名事典。この一冊でプロフィール，連絡先等がわかります。

＜図鑑・図集＞

世界がわかる子ども図鑑 河添恵子著 学習研究社 2004.7 311p 30×23cm （ニューワイドずかん百科） 3500円 ①4-05-201926-1

目次 1 学校生活（世界の小学校から，時間割りほか），2 家庭生活（世界の家庭から，子ども部屋 ほか），3 地域と生活（世界の街から，よくある光景 ほか），4 民族と文化（世界の暮らしから，民族衣装 ほか），巻末資料

内容 各国の子どもたちの学校生活，家庭生活，地域での生活を密着取材。世界の地理，民族や文化，何でもベスト5など，社会科の勉強にも最適。世界のあいさつやミニ辞典が英語学習にも役立つ。

生活・文化一般　　　　　　　　生活・文化

◆生活意識・実態調査
<年鑑・白書>

学生下宿年鑑　'94　（京都）機関紙共同出版，ジェイ・エス・ビー〔発売〕　1993.12　272p　26cm　（学生下宿年鑑シリーズ）　1800円　①4-87668-090-6

(目次)学生の動向'94—地域ごとの学生の移動状況や学生生活事情を解説，That's Students Room—住まいの種類・設備等，"すまい"選びに必要なデータを紹介，これが学生マンションのオリジナル仕様だ!—JSBが推奨するTotal MAnsions Systemの紹介，お部屋づくり大作戦—お部屋の使い方のポイントをアドバイト〔ほか〕

(内容)主に自宅外通学を予定している新入生を対象とした，住まいの物件情報集成。首都圏・関西・福岡を中心に，全国規模で学生専用の住まい1000件を収録する。学生の住まいに関する記事と地域別物件紹介で構成する。主要物件には，通学に便利な大学名と交通機関が記されている。物件総索引を付す。姉妹編として，ダイジェスト版，首都圏版，同大・同女生の下宿も刊行されている。

学生下宿年鑑　'94　ジェイエスビー編　（京都）機関紙共同出版，ジェイ・エス・ビー〔発売〕　1994.12　272p　26cm　（学生下宿年鑑シリーズ）　1800円　①4-87668-090-6

(目次)学生の動向'94—地域ごとの学生の移動状況や学生生活事情を解説，That's Students Room—住まいの種類・設備等，"すまい"選びに必要なデータを紹介，これが学生マンションのオリジナル仕様だ!—JSBが推奨するTotal MAnsions Systemの紹介，お部屋づくり大作戦—お部屋の使い方のポイントをアドバイト〔ほか〕

(内容)主に自宅外通学を予定している新入生を対象とした，住まいの物件情報集成。首都圏・関西・福岡を中心に，全国規模で学生専用の住まい1000件を収録する。学生の住まいに関する記事と地域別物件紹介で構成する。主要物件には，通学に便利な大学名と交通機関が記されている。物件総索引を付す。姉妹編として，ダイジェスト版，首都圏版，同大・同女生の下宿も刊行されている。

学生下宿年鑑　'99　（京都）ジェイ・エス・ビー，（京都）つむぎ出版〔発売〕　1998.12　304p　26cm　1714円　①4-87668-119-8

(目次)学生の動向'99,That's Students Room，見方と解説，ご紹介システム・Fサービスインフォメーション，北海道地区物件紹介，仙台地区物件紹介，東京地区物件紹介，INTERVIEW，名古屋物件紹介，京都・滋賀・奈良地区物件紹介，INTERVIEW，大阪・神戸地区物件紹介，INTERVIEW，福岡・長崎・佐賀地区物件紹介，その他の地区物件紹介，物件総索引

(内容)全国の学生マンション物件を紹介した年鑑。全国の大学生の動向や住まい選びのポイントなど，一人暮らしに役立つ情報を掲載。掲載地区は，北海道，仙台，首都圏，富山，石川，名古屋，関西，愛媛，福岡，長崎，佐賀，沖縄。五十音順の物件総索引付き。

学生下宿年鑑　2004　ジェイ・エス・ビー編　ジェイ・エス・ビー，トランスアート〔発売〕　2003.12　312p　30cm　〈付属資料：CD-ROM1〉　1524円　①4-88752-271-1

(目次)学生の動向2004，エリア別大学情報，上手な住まいの探し方住まい探しの基礎知識，はじめてのお部屋探しAtoZ,Fサービス（遠隔地サービスシステム）自宅でラクラクお部屋探し，「LIFENAVI」インターネットでお部屋探し!，安心・快適のJSB学生マンションオリジナル仕様，JSB学生マンションなら24時間安心の充実管理，学生支援サービスのご案内，受験もお部屋も併願〔ほか〕

(内容)主に自宅外通学を予定している新入生を対象に，全国の幅広い読者を考慮して編集。首都圏・関西・福岡を中心に，全国から厳選した学生専用の住まいを紹介。一件一件の物件の設備面から特徴までを分かりやすく詳細に解説。住まいの物件情報に加え，全国の大学生の動向，住まい選びのノウハウ，現入居者のインタビューまで，これから下宿を始める学生に役立つ情報を満載。これ1冊だけで安心して住まいを決められる情報量と信頼性。

学生下宿年鑑　2005　（京都）ジェイ・エス・ビー，木楽舎〔発売〕　2004.12　295p　30cm　1524円　①4-907818-50-5

(目次)北海道地区，仙台地区，首都圏地区，名古屋地区，京都・滋賀地区，大阪・神戸地区，岡山地区，九州地区，その他の地区

(内容)お部屋の斡旋から学生マンションのプランニング，システム開発まで，理想の学生マンションを追求し続けるUniLifeが責任を持ってお届けする"学生の住まい情報"の決定版。業界随一の豊富な物件数に加え，ひとり暮らしをするのに役立つ情報も満載。自宅にいながら希望通りの学生の住まいが選べる。

生活・文化　　　　　　　　　　　　　　　　　　生活・文化一般

学生下宿年鑑　2006　（京都）ジェイ・エス・ビー，トランスアート〔発売〕　2005.12　294p　30cm　〈付属資料：CD-ROM1〉　1524円　Ⓘ4-88752-294-0
（目次）コンテンツ／情報の見方と解説，お部屋探しの手順A to Z／用語辞典，学生の動向2006，エリア別大学情報，Unilifeコンセプト，お部屋探し完全マニュアル，併願受験スライドシステム，オリジナル仕様（設備），オリジナル仕様（サービス），暮らしの安心サポートサービス「UniLife学生総合保障」〔ほか〕
（内容）主に自宅外通学を予定している新入生を対象に，全国の幅広い読者に対応した編集。首都圏・関西・福岡を中心に，全国から厳選した学生専用のお部屋を豊富に掲載。すべての物件に周辺施設や近隣の学校までの所要時間，共同設備・専用設備などの情報を詳しく紹介。全国の大学の動向やお部屋探しのノウハウから入居者インタビューまで，お役立ち情報も満載。これ1冊で，手間をかけずに理想のお部屋を探せる情報量と信頼性。

学生下宿年鑑　2008　（京都）ジェイ・エス・ビー，トランスアート〔発売〕　2007.11　298p　30×21cm　〈付属資料：CD-ROM1〉　1524円　Ⓘ978-4-88752-205-3
（目次）コンテンツ／情報の見方と解説，お部屋探しの手順A to Z／用語辞典，学生の動向2008，エリア別大学情報，UniLifeコンセプト，お部屋探し完全マニュアル，併願受験スライドシステム，デザインルーム（家具付き），オリジナル仕様「設備・サービス」，暮らしの安心サポートサービス「UniLife学生総合補償」，UniLifeの社会後見活動，ひとり暮らし日和（入居者インタビュー），お役立ち情報
（内容）主に自宅外通学を予定している新入生を対象に，全国の幅広い読者に対応した編集。首都圏・関西・福岡を中心に，全国の厳選した学生専用のお部屋を豊富に掲載。すべての物件に周辺施設や近隣の学校までの所要時間，共同設備・専用設備などの情報を詳しく紹介。全国の大学の動向やお部屋探しのノウハウや入居者インタビュー，ひとり暮らし『お役立ち情報』も満載。

学生下宿年鑑　2009　（京都）ジェイ・エス・ビー，DNPアートコミュニケーションズ〔発売〕　2008.11　298p　30cm　1524円　Ⓘ978-4-88752-220-6　Ⓝ365.37
（目次）北海道地区，東北地区，関東・甲信越地区，東海・北陸地区，関西地区，中国・四国地区，九州地区
（内容）全都道府県の厳選された物件をご紹介。ひとり暮らしに必要なお役立ち情報も掲載。

学生下宿年鑑　2012　（京都）ジェイ・エス・ビー，DNPアートコミュニケーションズ（発売）　2011.12　298p　30cm　1524円　Ⓘ978-4-88752-245-9
（目次）UniLifeでお部屋探し，全47都道府県マンション紹介（北海道地区，東北地区，関東・甲信越地区，東海・北陸地区，関西地区，中国・四国地区，九州・沖縄地区）
（内容）全47都道府県の厳選された安心・安全な学生の住まいをこの一冊に集約。ひとり暮らしに必要なお役立ち情報も掲載。

学生下宿年鑑　2013　（京都）ジェイ・エス・ビー，DNPアートコミュニケーションズ（発売）　2012.12　298p　30cm　1524円　Ⓘ978-4-88752-255-8
（目次）学生の動向，エリア別大学状況，ひとり暮らし研究室保存版!，UniLifeでお部屋探し（学生マンションひとり暮らしSTYLE! 入居者インタビュー，学生マンションって?，学生マンションのUniLife ほか），全47都道府県マンション紹介（北海道地区，東北地区，関東・信越地区 ほか）
（内容）安心も! 便利も! 快適も! 学生たちの住みたいお部屋を全47都道府県別に厳選! 快適な学生ライフを研究するひとり暮らし研究室も掲載。

学生下宿年鑑　2014　（京都）ジェイ・エス・ビー，DNPアートコミュニケーションズ〔発売〕　2013.12　272p　26cm　1524円　Ⓘ978-4-88752-262-6
（目次）学生の動向，エリア別大学状況，ひとり暮らしお役立ち情報保存版!，UniLifeでお部屋探し（学生マンションひとり暮らしSTYLE入居者インタビュー，住まいの違いを理解して，自分にぴったりのお部屋を選ぼう! 学生マンションって?，学生マンション・アパート紹介システム，合格発表前予約・スライドシステム・併願登録，UniLifeオリジナル仕様・設備，家具家電付きデザインルーム，UniLife学生総合補償24，UniLifeのご提案，ジェイ・エス・ビーが行う企業活動，学生下宿年鑑でお部屋を探そう，本誌「学生下宿年鑑」の見方／Moneyにまつわる不動産用語辞典），全47都道府県マンション紹介
（内容）主に自宅外通学を予定している新入生を対象に，全国の幅広い読者に対応した編集。全47都道府県主要都市の厳選した学生マンション・

生活・文化一般　　　　　　　生活・文化

アパート・学生寮・学生会館を豊富に掲載。24時間サポート体制や家具家電付デザインルーム等、UniLifeオリジナルサービスも詳しく紹介。お部屋探しから学生生活まで様々な場面で使える情報満載の「ひとり暮らしお役立ち情報」を掲載。

<統計集>

アンケート四季報　5 1990初夏号　アンケート四季報編集委員会編　泰流社　1990.5　779p　30cm　8500円　①4-88470-729-X

(目次)1 企業とビジネス社会, 2 サラリーマンとOL, 3 おつきあい事情, 4 生活と家族, 5 快適志向とライフスタイル, 6 ヤング, 7 レジャー, 8 日本観, 9 国際化, 10 アクティブな女性

(内容)本号では女性の意識と行動を対象としたアンケートを多く収録している。その他にも多岐にわたるアンケート調査の結果を収録。

アンケート四季報　6 1990夏号　アンケート四季報編集委員会編　泰流社　1990.6　734p　26cm　8500円　①4-88470-733-8

(目次)1 企業環境, 2 サラリーマンの意識と行動, 3 OL気質, 4 ヤングの遊び感覚, 5 行動する女性, 6 ライフスタイル, 7 食生活

アンケート四季報　7 1990初秋号　アンケート四季報編集委員会編　泰流社　1990.9　714p　26cm　8500円　①4-88470-740-0

(目次)1 フレッシュマン, 2 ビジネス社会, 3 若い女性の意識と行動, 4 活動的な女性, 5 ワーキングウーマン, 6 ヤングの意識, 7 生活と家族, 8 消費行動の変化, 9 ライフスタイル, 10 新しい住生活, 11 食への快適志向, 12 レジャー

アンケート四季報　9 1991冬号　アンケート四季報編集委員会編　泰流社　1991.3　644p　26cm　8500円　①4-88470-877-6

(目次)1 日本の技術とコメ, 2 ビジネスマンとOL, 3 ヘルシーライフ, 4 家庭生活, 5 ライフスタイル, 6 若い世代の意識と行動, 7 余暇とレジャー

アンケート四季報　10 1991早春号　アンケート四季報編集委員会編　泰流社　1991.4　608p　26cm　8500円　①4-88470-881-4

(目次)1 若者の意識と消費, 2 学生の夢と現実, 3 レジャー, 4 ビジネス社会・サラリーマンとOL, 5 情報化社会, 6 アクティブな女性, 7 生活と家族, 8 ライフスタイル, 9 企業環境, 10 おつきあい事情

アンケート四季報　第11号 1991　アンケート四季報編集委員会編　泰流社　1991.7　710p　26cm　8500円　①4-88470-888-1

(目次)1 企業とビジネス社会, 2 ビジネス社会, 3 快適志向, 4 サラリーマン生活, 5 グルメと食生活, 6 主婦だから, 7 高校生の描く, 8 ライフスタイル

アンケート四季報　第12号 1991　アンケート四季報編集委員会編　泰流社　1991.10　698p　26cm　8500円　①4-88470-893-8

(目次)1 企業環境, 2 現代OLの健康意識, 3 男性のアクティブ度は, 4 独身男女の結婚観, 5 豊かさ時代の生活と家族, 6 海の記念行事, 7 夏休みと海外旅行, 8 外国人からみた日本

アンケート四季報　第13号 1991　アンケート四季報編集委員会編　泰流社　1991.12　802p　26cm　8500円　①4-88470-896-2

(目次)1 若者の現代意識, 2 国際化時代, 3 働く若い女性のライフスタイル, 4 企業とサラリーマン, 5 生活と家族, 6 車社会, 7 新しい人気職業と自然, 8 企業ビジネス社会

アンケート四季報　第14号 1992　アンケート四季報編集委員会編　泰流社　1992.6　758p　26cm　8500円　①4-88470-908-X

(目次)1 職場の上司の条件とセクシャルハラスメントに関する意識と実態, 2 日常生活のゆとりと無駄について, 3 夫婦の人間関係と余暇, 4 人間の損得, 5 バブル景気がはじけて不動産市況原因と影響, 6 増えつつあるゴミと現代主婦, 7 家族に於ける親と子, 8 今若い人の子達の考えている事, 9 現代高校生気質について「恋愛観」「読書観」「修学旅行観」, 10 若者世代の処世術に関する意識と実態

アンケート四季報　第15号 1992　アンケート四季報編集委員会編　泰流社　1992.8　653p　26cm　8500円　①4-8121-0000-3

(目次)1 日本企業とビジネスマン, 2 「健康が大切」ビジネスマンの生活, 3 現在の日本人の価値観, 4 女性として, 5 働く独身女性から見る仕事と結婚, 6 主婦業についての意識と実態, 7 子供の世界, 8 感性世代の若者達

アンケート四季報　1993 春号　アンケート四季報編集委員会編　泰流社　1993.4　1冊　26cm　8500円　①4-8121-0029-1

(目次)1 ビジネス社会, 2 充実した休日へ, 3 食

生活・文化　　　　　　　　　　　　　　生活・文化一般

へのこだわり，4子どもたちはいま，5子どもに託す将来，6夫婦のパートナーシップ，7現代財布事情，8ビジネスマンの身だしなみ，8OL七景

アンケート四季報　第18号 1997　アンケート四季報編集委員会編　泰流社　1997.5　369p　26cm　5000円　Ⓘ4-8121-0218-9
(目次)1 Money,2 People Communication,3 Family

アンケート調査年鑑　(1990) Vol.3　竹内宏編　並木書房　1990.8　2冊(セット)　26cm　18540円　Ⓘ4-89063-017-1
(目次)1 ビジネスマン・OL,2 ヤング・学生，3 主婦・女性，5 夫婦・家族，6 子ども，7 マネー・財テク，8 趣味・レジャー，9 生活全般
(内容)89年9月～90年6月発表の最新アンケート78点を完全収録。日本人1億2千万人の生活と行動がつかめるデータ・ブック。世代別・テーマ別にアンケートを分類。市場動向，消費者ニーズが直ちにキャッチできる。2種類の索引によって全データが関連づけられ，あらゆる角度から対象をチェックできる。

アンケート調査年鑑　1992　竹内宏編　並木書房　1992.9　2冊(セット)　26cm　16480円　Ⓘ4-89063-040-6
(目次)1 ビジネスマン・OL,2 ヤング・学生，3 主婦・女性，4 父親・男性，5 夫婦・家族，6 子ども，7 マネー・財テク，8 趣味・レジャー，9 生活全般，その他のアンケート
(内容)91年6月～92年6月発表の最新アンケート88点を完全収録。消費動向やライフスタイルの変化がわかるデータ・ブック。

アンケート調査年鑑　1993　竹内宏編　並木書房　1993.9　2冊(セット)　26cm　18540円　Ⓘ4-89063-047-3
(目次)1 ビジネスマン・OL,2 ヤング・学生，3 主婦・女性，4 父親・男性，5 夫婦・家族，6 子ども，7 マネー・財テク，8 趣味・レジャー，9 生活全般，その他のアンケート
(内容)1992年7月～93年6月に各種民間団体が実施・発表したアンケート資料を収録したもの。上下2巻構成で，計95件のアンケートを収録する。

アンケート調査年鑑　1994　竹内宏編　並木書房　1994.9　2冊(セット)　26cm　16480円　Ⓘ4-89063-057-0
(内容)93年7月～94年6月発表のアンケートの調査結果をまとめたもの。ビジネスマン・OL，ヤング・学生，主婦，女性，父親・男性，夫婦・家族，子ども，マネー・財テク，趣味・レジャー，生活全般，その他，の世代別・テーマ別に構成し，全80点を収録。

アンケート調査年鑑　1996　竹内宏編　並木書房　1996.8　2冊(セット)　30cm　18540円　Ⓘ4-89063-072-4
(目次)1 ビジネスマン・OL,2 ヤング・学生，3 主婦・女性，4 父親・男性，5 夫婦・家族，6 子ども，7 マネー・財テク，8 趣味・レジャー，9 生活全般
(内容)1995年7月～96年5月に各種民間団体が実施・発表した各種アンケート資料を収録したもの。上下2巻構成で，上巻は世代・性別ごとに，下巻はテーマ別に計74件のアンケートを収録する。巻末にテーマ別索引，総索引がある。一現代人のあらゆる意識と行動を数字化したデータ・ブック。

アンケート調査年鑑　1999　竹内宏編　並木書房　1999.7　2冊(セット)　26cm　16000円　Ⓘ4-89063-109-7
(目次)ビジネスマン・OL，ヤング・学生，主婦・学生，父親・男性，夫婦・家族，子ども，マネー・財テク，趣味・レジャー，生活全般，その他のアンケート，テーマ別索引，総索引
(内容)1998年6月～99年5月に各種民間団体が実施・発表した各種アンケート資料120点を収録した年鑑。世代別・テーマ別に分類。テーマ別索引，総索引付き。

アンケート調査年鑑　2000年版　竹内宏編　並木書房　2000.8　1128p　21cm　16000円　Ⓘ4-89063-126-7　Ⓝ365.5
(目次)1 ビジネスマン・OL,2 ヤング・学生，3 女性・主婦，4 男性・父親，5 夫婦・家庭，6 子ども，7 マネー・財テク，8 趣味・レジャー・通信，9 生活全般，その他のアンケート
(内容)民間企業が発表するアンケート調査を編集収録した年鑑。1999年6月～2000年7月に発表されたアンケート112点を収録する。アンケートは階層と分野により10種類に分類して掲載。アンケートの名称，調査発表時期，問い合わせ先，調査意図，調査対象・方法，各設問ごとの集計結果と分析を収載。ほかにその他のアンケートの名称，調査対象，発表時期，問い合わせ先の一覧を掲載。巻末にテーマ別索引，総索引を付す。

アンケート調査年鑑　2001年版　竹内宏編

生活・文化一般　　　　　　　　生活・文化

並木書房　2001.8　1133p　22×15cm　16000円　ⓘ4-89063-139-9　Ⓝ365.5

㊁1 ビジネスマン・OL, 2 ヤング・学生, 3 女性・主婦, 4 男性・父親, 5 夫婦・家庭, 6 子ども, 7 マネー・財テク, 8 レジャー・ニューメディア, 9 生活全般

㊂民間企業が発表するアンケート調査を編集収録した年鑑。2000年7月〜2001年6月に発表されたアンケート109点を収録する。アンケートは階層と分野により9種類に分類して掲載。アンケートの名称、調査発表時期、問い合わせ先、調査意図、調査対象・方法、各設問ごとの集計結果と分析を収載。ほかにその他のアンケートの名称、調査対象、発表時期、問い合わせ先の一覧を掲載。巻末にテーマ別索引、総索引を付す。

アンケート調査年鑑　2002年版　竹内宏編

並木書房　2002.8　1077p　23×16cm　16000円　ⓘ4-89063-152-5　Ⓝ365.5

㊁1 ビジネスマン・OL, 2 ヤング・学生, 3 女性・主婦, 4 男性・父親, 5 夫婦・家庭, 6 子ども, 7 マネー・財テク, 8 レジャー・ニューメディア, 9 生活全般, その他のアンケート

㊂民間企業が発表するアンケート調査を編集収録した年鑑。2001年7月〜2002年6月に発表されたアンケート96点を収録する。アンケートは階層と分野により9種類に分類して。アンケート名称、アンケート企業等を掲載。ほかにその他のアンケート、巻末にテーマ別索引、総索引を付す。

アンケート調査年鑑　2003年版　竹内宏編

並木書房　2003.8　1086p　23×16cm　16000円　ⓘ4-89063-165-8

㊁1 ビジネスマン・OL, 2 ヤング・学生, 3 女性・主婦, 4 男性・父親, 5 夫婦・家庭, 6 子ども, 7 マネー・財テク, 8 レジャー・ニューメディア, 9 生活全般, その他のアンケート

㊂2002年7月〜03年6月発表の最新アンケート109点を収録。日本人1億3000万人の生活と行動がわかる唯一の年鑑。

アンケート調査年鑑　2004年版　竹内宏編

並木書房　2004.8　1104p　21cm　16000円　ⓘ4-89063-175-5

㊁1 ビジネスマン・OL, 2 ヤング・学生, 3 女性・主婦, 4 男性・父親, 5 夫婦・家庭, 6 子ども, 7 マネー・財テク, 8 レジャー・ニューメディア, 9 生活全般

㊂日本人の生活と意識の変化がすぐにつかめる情報の宝庫。2003年7月〜04年6月発表の最新アンケート111点を収録。

アンケート調査年鑑　2005年版 vol.18

竹内宏編　並木書房　2005.8　1120p　21cm　16000円　ⓘ4-89063-190-9

㊁1 ビジネスマン・OL, 2 ヤング・学生, 3 女性・主婦, 4 男性・父親, 5 夫婦・家庭, 6 子ども, 7 マネー・財テク, 8 レジャー・ニューメディア, 9 生活全般, その他のアンケート

㊂2004年7月〜05年6月発表の最新アンケート117点を収録。現代人の生活意識、消費動向の変化がわかる情報事典。

アンケート調査年鑑　2006年版（vol.19）

竹内宏編　並木書房　2006.8　1125p　21cm　16000円　ⓘ4-89063-202-6

㊁1 ビジネスマン・OL, 2 ヤング・学生, 3 女性・主婦, 4 男性・父親, 5 夫婦・家庭, 6 子ども, 7 マネー・財テク, 8 レジャー・ニューメディア, 9 生活全般, その他のアンケート

㊂2005年7月〜06年6月発表の最新アンケート105点を収録。1億3千万人の生活と行動がつかめるデータブック。

アンケート調査年鑑　2007年版（vol.20）

竹内宏編　並木書房　2007.8　1144p　23×16cm　16000円　ⓘ978-4-89063-217-6

㊁1 ビジネスマン・OL, 2 ヤング・学生, 3 女性・主婦, 4 男性・父親, 5 夫婦・家庭, 6 子ども, 7 マネー・財テク, 8 レジャー・ニューメディア, 9 生活全般, その他のアンケート, テーマ別索引, 総索引

㊂民間企業・研究機関発表のアンケート資料を網羅。2006年7月〜07年6月発表の115点を収録。

アンケート調査年鑑　2008年版（vol.21）

竹内宏編　並木書房　2008.8　1144p　21cm　16000円　ⓘ978-4-89063-231-2　Ⓝ365.5

㊁1 ビジネスマン・OL, 2 ヤング・学生, 3 女性・主婦, 4 男性・父親, 5 夫婦・家庭, 6 子ども, 7 マネー・財テク, 8 レジャー・ニューメディア, 9 生活全般, その他のアンケート

㊂2007年7月〜08年6月発表の最新アンケート109点を収録。日本人の生活意識と行動の変化がつかめる情報事典。

アンケート調査年鑑　2009年版（vol.22）

竹内宏編　並木書房　2009.8　1157p　21cm　16000円　ⓘ978-4-89063-246-5　Ⓝ365.5

㊁1 ビジネスマン・OL, 2 ヤング・学生, 3

女性・主婦，4 男性・父親，5 夫婦・家庭，6 子ども，7 マネー・財テク，8 レジャー・ニューメディア，9 生活全般，その他のアンケート
　㈲内容)2008年7月～09年6月発表の最新アンケート122点を収録。日本人の生活と行動を網羅した唯一のデータブック。

アンケート調査年鑑　2010年版(vol.23)
　竹内宏編　並木書房　2010.6　1109p　21cm　16000円　Ⓘ978-4-89063-257-2　Ⓝ365.5
　㈲目次)1 ビジネスマン・OL,2 ヤング・学生，3 女性・主婦，4 男性・父親，5 夫婦・家庭，6 子ども，7 マネー・財テク，8 レジャー・ニューメディア，9 生活全般
　㈲内容)2009年8月～10年5月発表の最新アンケート116点を収録。現代人の生活と消費行動が分かる唯一の年鑑。

アンケート調査年鑑　2011年版(vol.24)
　竹内宏編　並木書房　2011.7　1104p　23×16cm　16000円　Ⓘ978-4-89063-276-3
　㈲目次)1 ビジネスマン・OL,2 ヤング・学生，3 女性・主婦，4 男性・父親，5 夫婦・家庭，6 子ども，7 マネー・財テク，8 レジャー・ニューメディア，9 生活全般
　㈲内容)東日本大震災後の意識変化，節電，エコ対策…日本人の生活と消費行動が分かる唯一の年鑑。2010年6月～11年5月発表の最新アンケート118点を収録。

アンケート調査年鑑　2012年版　竹内宏編
　並木書房　2012.8　1104p　23×16cm　16000円　Ⓘ978-4-89063-291-6
　㈲目次)1 ビジネスマン・OL,2 ヤング・学生，3 女性・主婦，4 男性・父親，5 夫婦・家庭，6 子ども，7 マネー・財テク，8 レジャー・ニューメディア，9 生活全般，その他のアンケート
　㈲内容)円高不況下でのビジネスマンの意識変化…日本人の行動と暮らしが分かる唯一の年鑑。2011年6月～12年6月発表の最新アンケート139点を収録。

アンケート調査年鑑　2013年版(vol.26)
　竹内宏編　並木書房　2013.8　1168p　21cm　16000円　Ⓘ978-4-89063-308-1
　㈲目次)1 ビジネスマン・OL,2 ヤング・学生，3 女性・主婦，4 男性・父親，5 夫婦・家庭，6 子ども，7 マネー・財テク，8 レジャー・ニューメディア，9 生活全般，その他のアンケート
　㈲内容)日本人の意識変化をつかも唯一の年鑑。現代人の生活と行動の変化が分かる情報事典。2012年6月～13年6月発表の最新アンケート136点を収録!

ニッポン人の生活時間データ総覧　2006
　日本能率協会総合研究所編　生活情報センター　2006.5　316p　30×21cm　14800円　Ⓘ4-86126-265-8
　㈲目次)第1章 時間・意識行動(生活時間，時間のゆとり ほか)，第2章 家庭での生活時間(生活時間，家事・育児時間 ほか)，第3章 余暇時間の過ごし方(ビジネスマンのウォーキング，余暇時間 ほか)，第4章 若者・子どもの生活時間(若者の睡眠時間，独身女性の朝の過ごし方 ほか)，第5章 就業時間(労働時間・残業時間，有休の取得状況 ほか)

子どもの文化

<書　誌>

遊び研究文献目録　山田敏編著　風間書房
　1996.3　491p　21cm　18540円　Ⓘ4-7599-0982-6
　㈲目次)国内文献篇，外国文献篇
　㈲内容)1982年までに発行された遊びに関する国内・海外の研究文献目録。国内文献は著書，紀要論文，雑誌論文別に執筆者名の五十音順，外国文献は執筆者名のアルファベット順に排列する。学位論文「遊び論の幼児教育学的観点からの一考察─遊びを基盤とする幼児教育法理論形成のための基礎的研究─」(1985)の付録を単行本化したもの。巻末に上記論文の索引を付す。

遊びの本のカタログ　石橋昭夫編著　(立川)けやき出版　1998.9　148p　21cm　1200円　Ⓘ4-87751-058-3
　㈲目次)1 遊びってなんだ，2 遊びのいろいろ，3 地域(郷土)の遊び，4 懐かしの子ども時代─遊び・生活，5 遊びとうた，6 おもちゃ，7 まつり，行事，民俗，8 遊び場，遊園地，博物館など，9 駄菓子屋，えんにち，おみせやさん，10 おやつ，11 マンガ，子どもの雑誌・本など，12 遊びと電子メディア(あるいはハイテク)，13 子どもの生活と文化をめぐって，14 その他
　㈲内容)遊び論から遊びのいろいろ，郷土，マンガ，電子メディアまで，著者の所有する遊びに関する本2200冊余りを紹介する目録。排列は項目別に分類した後，著者の五十音順。掲載データは，書名，副書名，叢書名，著者名または編者名，発行所(発行元)，発行年，価格など。

児童福祉文化財年報　社会保障審議会推薦

児童福祉文化財目録　平成21年度　日本児童福祉協会　2010.10　136p　30cm　1300円　①978-4-930918-19-2　⑩369.4

（目次）子どものこころと児童福祉文化財，社会保障審議会による児童福祉文化財推薦の趣旨，平成21年度児童福祉文化財推薦目録，平成21年度児童福祉文化財特別推薦一覧，特別企画 音楽を「心の友」にしてもらいたくて…。，トピックス，児童福祉文化賞，資料編，平成21年度児童福祉文化財推薦目録さくいん

わらべうた文献総覧解題　増補　本城屋勝編　（秋田）無明舎出版　2006.6　327,54p　22cm　4600円　①4-89544-433-3　⑩388.91

<事　典>

江戸の子供遊び事典　中田幸平著　八坂書房　2009.6　422p　21cm　〈索引あり〉　3600円　①978-4-89694-936-0　⑩382.1

（目次）手遊び（坐り相撲，針打ち，首引き ほか），軒下遊び（独楽まわし，毬受け，竹馬 ほか），外遊び（紙鳶揚げ（凧あげ），雪転がし（雪達磨），お山の大将 ほか）

（内容）江戸時代から伝承されてきた子供の遊びを実際に体験した著者が，その歴史・遊び方・各地での名称など，図版を交え紹介する事典。1885年の「東都子供あそびの図」に掲載された遊びを中心に全114種を収録。巻末に五十音順の索引を付す。

日本のわらべうた　歳事・季節歌編　尾原昭夫編著　文元社，紀伊國屋書店（発売）　2009.4　333p　22cm　〈文献あり〉　4300円　①978-4-86145-401-1　⑩388.91

（目次）春（春の行事，春の動物，春の植物），夏（夏の行事，夏の自然，夏の動物，夏の植物），秋（秋の行事，秋の自然，秋の動物，秋の植物），冬（冬の行事，冬の自然，冬の動物），正月（正月の行事，正月の遊び），楽譜（春，夏，秋，冬，正月）

（内容）この本は，春に始まり，夏，秋，冬，正月へと，日本の四季のうつろいにしたがって，それぞれの地方で季節ごとにうたわれてきた伝統・伝承の行事のうた，気象や天体などの自然のうた，動植物のうた，遊びのうたなど，全国のわらべうたの中から選りすぐって，俳句の「歳時記」のように配列し，歌詞・解説に加え，楽譜も完備するように心がけて編集した。

<辞　典>

全国幼児語辞典　友定賢治編　東京堂出版　1997.6　276p　19cm　2300円　①4-490-10461-8

（目次）1 習俗・信仰，2 自然，3 動物，4 飲食，5 服飾，6 住居，7 事物，8 玩具，9 乗り物，10 身体，11 老若男女，12 行動動作，13 状態

（内容）統一調査表にもとづく全国約400地点での調査を基に，各地幼児語を集成し，その分布と語源を明らかにしようとするもの。収録項目数は197。

分類児童語彙　改訂版　柳田国男，丸山久子著　国書刊行会　1997.5　344,41p　21cm　5000円　①4-336-01538-4

（目次）1 幼な言葉，2 耳言葉，3 口遊び，4 手遊び物，5 軒遊び，6 外遊び，7 辻わざ，8 鬼ごと，9 児童演技，10 児童社交，11 命名技術

<ハンドブック>

あそびうたハンドブック　親子で遊べる・保育で使える　あそびうた研究会編　カワイ出版　2004.8　167p　21cm　1800円　①4-7609-4605-5

（目次）テーマソング（Sing，パワフルトレイン，うたってゆこう），1 親子（大人と子ども）で遊ぶ—あそばせ歌を中心にした，指遊び，手遊び，からだ遊び（あそばせ歌，模倣遊び＝2才前後，遊び歌への積極的な興味と模倣），2 みんなで遊ぶ（輪遊び，列あそび・橋くぐり，手合わせあそび・じゃんけんあそび，鬼あそび，まりつき，なわとび，様々な遊びが一体化した変化のあるあそびうた，ことばあそびうた），3 行事・集会の遊び（グループ対グループ，出会いの遊び歌），4 読む・見る・つくる（絵本を歌う，パネルシアター，道具，クラフト）

遊びの指導 エンサイクロペディア 乳幼児編　ハンディ版　クリエイティブプレイ研究会編　同文書院　1996.3　356p　21cm　2884円　①4-8103-0025-0

（目次）理論編（乳幼児期の遊びの意義，乳幼児期の遊びの発達心理，乳幼児期の発達特性から見た遊びの指導，施設における遊びの指導 ほか），実践編（0～2歳児の遊び，3～6歳児の遊び，児童館での遊び，日本の伝承遊び ほか）

（内容）乳幼児の知育に大切な遊びの指導のための理論と実践を解説したもの。理論編12章（50項目），実践編7章（226項目）および付録7項目

生活・文化　　　　　　　　　　　　　　　　　　　　子どもの文化

の計238項目を収録する。巻末に五十音順の事項索引がある。

お人形事典　ファッションドール編　たいらめぐみ著　グラフィック社　2004.9　247p　26cm　(Dolly Dolly Books)　2500円　①4-7661-1538-4

(目次)1 ドールズメジャーサイズ，2 ドールズチビチビサイズ

(内容)日本を中心とした，世界のファッションドール129体と，その関連ドールを掲載。お人形写真は正面と後ろの2方向から，ページ全面大にのびのびと掲載しているため，アイプリントや生地の風合いまでよく見える。全お人形に名称，身長，メーカー，発売年，特徴等の詳細なデータ付き。便利な索引つき。

おもちゃで遊ぼう　日本グッド・トイ委員会選定おもちゃ公式ガイドブック　日本グッド・トイ委員会著　ゆうエージェンシー　1998.12　64p　27×22cm　800円

(目次)子育時代の豊かなおもちゃ，おもちゃでステップアップ(99年度新認定グッド・トイ)，おもちゃドクターに行こう(全国おもちゃ病院リスト)，これまでに認定されたおもちゃ(0～2歳のおもちゃ，見る聞くおもちゃ，ごっこ遊びのおもちゃ ほか)，インタビュー(二瓶健次さん，テリー・スザーンさん，多田千尋さん)，おもちゃ美術館探訪〔ほか〕

子ども舞台芸術ガイド　2002　子ども舞台芸術ガイド編集委員会編　芸団協・芸能文化情報センター芸団協出版部，丸善〔発売〕　2001.7　198p　24×19cm　〈付属資料：CD-ROM1〉　1000円　①4-931276-51-2　⑩770

(目次)知っておこう―専門家の声(幼児期が原点，まるごとの人間存在を提示する ほか)，聞いておこう―公演主催者の声(保原ぴよぴよの会(福島県)，北区赤羽小学校(東京都) ほか)，尋ねてみよう はじめて企画する人のために―Q&A，さわってみよう(インターネットでより詳しい情報を!データベース利用のてびき，「子どもと舞台芸術―出会いのフォーラムon the NET!」のご案内 ほか)，探してみよう

(内容)児童・青少年向け舞台芸術作品の企画のガイドブック。専門家や公演主催者の声を掲載した部分と，作品企画を紹介する部分で構成。合計588の作品情報を収録。団体名，連絡先，構成人数，所要時間，会場条件，対象年齢などを記載。「団体名索引」と「作品名索引」がある。

子ども舞台芸術ガイド　2003　子ども舞台芸術ガイド編集委員会編　芸団協・芸能文化情報センター／芸団協出版部，丸善〔発売〕　2002.7　201p　24×19cm　〈付属資料：CD-ROM1〉　1000円　①4-931276-59-8　⑩775

(目次)ココロとカラダで大冒険!!―学校と地域によるこんな試み(竹から生まれる創造力―バンブーシンフォニア・竹未来・柴田旺山さん，まつりの輪の中で―田楽座：松田満夫さん／鳥羽裕子さん，落語が開く子どものこころ―三笑亭夢太朗さん／山遊亭金太郎さん，音楽を発見できる場所―(社)日本オーケストラ連盟：岡山尚幹さん，稽古場で成長する子ども―劇団かかし座：後藤圭一さん，からだを通して植える「種」―発条ト：白井剛さん，ゆるやかに自信は育つ―劇団風の子のみなさん，表現のかたちは75人分―東京芸術座：杉本孝司さん／東京演劇集団風：西垣耕造さん)，サポート・ガイドQ&A―子どもと舞台芸術の出会いのために

(内容)児童・青少年向け舞台芸術作品の企画のガイドブック。専門家や公演主催者の声を掲載した部分と，作品企画を紹介する部分で構成。合計598の作品情報を収録。団体名，連絡先，構成人数，所要時間，会場条件，対象年齢などを記載。団体名索引と作品名索引がある。芸術団体名簿・作品イメージが収録されたCD-ROM付き。

つくって遊ぼう!!伝承おもしろおもちゃ事典　図工・生活科、総合学習、学級づくりに生かせる　竹井史著　明治図書出版　2003.5　119p　26cm　2260円　①4-18-798623-5

(目次)1 おもしろおもちゃをつくろう(ストロー笛，ストロロケット ほか)，2 伝承おもちゃをつくろう 身近な材料編(かざぐるま，紙トンボ ほか)，3 伝承おもちゃをつくろう 自然の材料編(ささぶね，ねこじゃらしで遊ぼう ほか)，4 郷土のおもちゃをつくろう(すすきでつくる，あねさま人形 ほか)，5 郷土玩具に学ぼう―その魅力と教材化の視点(「張り子」編，「凧」編 ほか)

(内容)伝承おもちゃは，現代における最もすぐれた教材の一つ。本書には，作り方のポイント，遊びの支援などと，実践において必要となる観点をできるだけ多く盛り込んだ。いずれも，それを作って遊んでいただくことで，学ぶことの喜びや，ものをつくり，考える楽しさを与え，友だちと共に関わることの楽しさを生みだしてくれるものとなっている。

昔の子どものくらし事典　本間昇監修　岩崎

書店 2006.3 175p 29×22cm 5000円
①4-265-05956-2
(目次)第1章 おはよう，第2章 学校，第3章 はらっぱ―外遊び，第4章 てるてるぼうず―家遊び，第5章 ただいま，第6章 一年の楽しみ―子どもの年中行事，第7章 戦争の時代
(内容)昭和30～40年代を中心に，少し前の時代の子どもたちが，どのようなくらしをしていたか，何をして遊んでいたかがわかるように，一般的なことがらを集めて紹介。

<図鑑・図集>

お人形図鑑 思い出の昭和30～40年代 たいらめぐみ著 河出書房新社 2004.11 127p 21cm （らんぷの本） 1500円 ①4-309-72739-5
(目次)バービー―日本生まれのファッションドール，ミッヂ―不遇だったバービーのお友だち，フランシー―バービーのモダンないとこ，ツイッギー＆ツイスト・バービー―モッズルック登場!，イキイキエリ・チューリー・チョウチョーバービーの日本だけのお友だち，タミー―可愛いティーンエイジドール，スカーレット―夢見るファッション人形，イエスノー・ミニー―イタリアンムードのギミックドール，ドーリーダーリン―小さな小さなお友だち，キッドル―身近にひそむ小さな妖精〔ほか〕
(内容)バービー，タミー，リカちゃん，チビッコチーちゃん，ドン，虹のナナちゃん―お母さんごっこをしたり，流行のお洋服を着せて，髪をとかしたり…お風呂に入るときも，お布団で眠るときも，女の子はいつもお人形と一緒だった。'60～'70年代ファッション，小物，ブックレット満載。

おもちゃ博物館 1 ブリキ製玩具 1 多田敏捷編 （京都）京都書院 1992 48p 31cm 〈おもに図〉 2380円 ①4-7636-2050-9 Ⓝ759

おもちゃ博物館 2 ブリキ製玩具 2 多田敏捷編 （京都）京都書院 1992.8 48p 31cm 〈おもに図〉 2380円 ①4-7636-2051-7 Ⓝ759

おもちゃ博物館 3 マスコミ玩具 多田敏捷編 （京都）京都書院 1992.12 48p 31cm 〈おもに図〉 2380円 ①4-7636-2052-5 Ⓝ759

おもちゃ博物館 4 めんこ・ビー玉 多田敏捷編 （京都）京都書院 1992.7 48p 31cm 〈おもに図〉 2380円 ①4-7636-2053-3 Ⓝ759

おもちゃ博物館 5 カルタ・トランプ 多田敏捷編 （京都）京都書院 1992.11 48p 31cm 〈おもに図〉 2380円 ①4-7636-2054-1 Ⓝ759

おもちゃ博物館 6 双六・福笑い 多田敏捷編 （京都）京都書院 1992.6 48p 31cm 〈おもに図〉 2380円 ①4-7636-2055-X Ⓝ759

おもちゃ博物館 7 おもちゃ絵・立版古 多田敏捷編 （京都）京都書院 1992.7 48p 31cm 〈おもに図〉 2380円 ①4-7636-2056-8 Ⓝ759

おもちゃ博物館 8 千代紙・切り紙・折り紙 多田敏捷編 （京都）京都書院 1992.6 48p 31cm 〈おもに図〉 2380円 ①4-7636-2057-6 Ⓝ759

おもちゃ博物館 9 相撲玩具・赤穂浪士の玩具 多田敏捷編 （京都）京都書院 1992 48p 31cm 〈おもに図〉 2380円 ①4-7636-2058-4 Ⓝ759

おもちゃ博物館 10 遊戯具 多田敏捷編 （京都）京都書院 1992.10 48p 31cm 〈おもに図〉 2380円 ①4-7636-2059-2 Ⓝ759

おもちゃ博物館 11 絵本とゲーム 多田敏捷編 （京都）京都書院 1992.12 48p 31cm 〈おもに図〉 2380円 ①4-7636-2060-6 Ⓝ759

おもちゃ博物館 12 羽子板・凧・独楽 多田敏捷編 （京都）京都書院 1992.7 48p 31cm 〈おもに図〉 2380円 ①4-7636-2061-4 Ⓝ759

おもちゃ博物館 13 木製玩具・セルロイド玩具 多田敏捷編 （京都）京都書院 1992.11 48p 31cm 〈おもに図〉 2380円 ①4-7636-2062-2 Ⓝ759

おもちゃ博物館 14 うつし絵・着せかえ・ぬり絵 多田敏捷編 （京都）京都書院 1992.7 48p 31cm 〈おもに図〉 2380円 ①4-7636-2063-0 Ⓝ759

おもちゃ博物館 15 人形 江戸から現代

生活・文化　　　　　　　　　　　　　　　　子どもの文化

おもちゃ博物館　15　伝承のおもちゃと遊び方　多田敏捷編　（京都）京都書院　1992.7　48p　31cm　〈おもに図〉　2380円　①4-7636-2064-9　Ⓝ759

おもちゃ博物館　16　ままごと遊びと水物玩具　多田敏捷編　（京都）京都書院　1992.8　48p　31cm　〈おもに図〉　2380円　①4-7636-2065-7　Ⓝ759

おもちゃ博物館　17　子供の乗り物・光学玩具　多田敏捷編　（京都）京都書院　1992.6　48p　31cm　〈おもに図〉　2380円　①4-7636-2066-5　Ⓝ759

おもちゃ博物館　18　女の子の玩具　多田敏捷編　（京都）京都書院　1992.10　48p　31cm　〈おもに図〉　2380円　①4-7636-2067-3　Ⓝ759

おもちゃ博物館　19　男の子の玩具　多田敏捷編　（京都）京都書院　1992.11　48p　31cm　〈おもに図〉　2380円　①4-7636-2068-1　Ⓝ759

おもちゃ博物館　20　縁日と駄菓子屋の玩具　1　多田敏捷編　（京都）京都書院　1992　48p　31cm　〈おもに図〉　2380円　①4-7636-2069-X　Ⓝ759

おもちゃ博物館　21　縁日と駄菓子屋の玩具　2　多田敏捷編　（京都）京都書院　1992.8　48p　31cm　〈おもに図〉　2380円　①4-7636-2070-3　Ⓝ759

おもちゃ博物館　22　子供絵と子供衣裳　多田敏捷編　（京都）京都書院　1992.10　48p　31cm　〈おもに図〉　2380円　①4-7636-2071-1　Ⓝ759

おもちゃ博物館　23　玩具で見る日本近代史　1　多田敏捷編　（京都）京都書院　1992.7　48p　31cm　〈おもに図〉　2380円　①4-7636-2072-X　Ⓝ759

おもちゃ博物館　24　玩具で見る日本近代史　2　多田敏捷編　（京都）京都書院　1992.12　48p　31cm　〈おもに図〉　2380円　①4-7636-2073-8　Ⓝ759

草花遊び図鑑　小林正明著，小林茉由絵　全国農村教育協会　2008.7　115p　26cm　1500円　①978-4-88137-138-1　Ⓝ384.55

(目次)タンポポ・シロツメクサの指輪，松葉で花かんざし・花かざり，タンポポのサイフォン，ヤエムグラのペンダント，つなぎめはどこ？，タンポポの茎の風車と水車，髪かざり，タンポポの人形，ナズナのからから，食べてあそぶ，食べられる花〔ほか〕

(内容)ただながめているだけの草花・植物と，もう少し深く付き合うための図鑑。身近な草花を使い，野外で遊びながら自然にふれる体験。昔，子どもだったお父さん・お母さん，おじいちゃん・おばあちゃんも，「あっ，この遊び，やったやった！」となつかしい。そんな遊び100を紹介する。

20世紀我楽多図鑑　北原照久著　PARCO出版　1998.12　143p　21cm　1500円　①4-89194-586-9

(目次)天使，銀行の貯金箱，野球，天使？，ガラス瓶，箱オモチャ，キャンディ人形，カード，カメラ，セルロイド〔ほか〕

(内容)懐かしいあの時代が，今よみがえる…20世紀の異物たち大集合！世界的おもちゃコレクター北原照久，もうひとつのお宝ワールド。

日本こどものあそび図鑑　笹間良彦著画　遊子館　2010.8　300p　21cm　〈遊子館歴史図像シリーズ　3〉　〈『日本こどものあそび大図鑑』(2005年刊)の縮刷・新装普及版　文献あり〉　3800円　①978-4-86361-010-1　Ⓝ384.55

(内容)絵で見て，解説を読んですぐにわかる，なつかしい「こどものあそび」の復元図鑑。古代から昭和のあそび900余，絵図1200余収録。

日本こどものあそび大図鑑　笹間良彦著画　遊子館　2005.1　300p　26cm　15000円　①4-946525-64-5

(内容)古代から昭和期まで，全国のこどもの遊びを1200余の復元図と歴史資料で集大成。付録：「近世遊戯わらべうた集」資料収録。

日本の郷土玩具　薗部澄撮影，坂本一也解説　日本図書センター　2010.2　100p　図版394p　26cm　〈美術出版社1964年刊の複製〉　28000円　①978-4-284-40119-7　Ⓝ759.9

(内容)詳細な解説により，収録した郷土玩具の歴史や特色を伝える，民俗学，美術史，教育学など幅広い分野で必備のレファレンス工具。郷土玩具の収集家としても知られる写真家・薗部澄氏によって撮影された394点の写真を収録。

ふるさと玩具（おもちゃ）図鑑　井上重義著　平凡社　2011.8　152,7p　20cm　〈タイトル：ふるさと玩具図鑑〉　1900円　①978-4-

青少年文化　　　　　　　　　　生活・文化

582-83536-6　Ⓝ759.3

⦿目次　1章 北海道・東北地方，2章 関東地方，3章 中部地方，4章 近畿地方，5章 中国・四国地方，6章 九州・沖縄地方

⦿内容　かわいい、美しい、ほっこり。こころあたたまる、ふるさとの玩具。北海道から沖縄県まで、47都道府県別、約360点を掲載。

◆学童保育

<ハンドブック>

新版学童保育のハンドブック　全国学童保育連絡協議会編　一声社　1998.10　150p　21cm　1500円　Ⓘ4-87077-152-7

⦿目次　がくどうほいくってなあに―学童保育に興味・関心をもたれる多くの方のために，学童保育との出あい―入学前の子どもをもつ父母のために，学童保育と子どもたちの生活―学童保育の生活を知りたい人のためにそして、学童保育の生活で大切にしたいことを確かめたい人のために，指導員―学童保育の指導員であるあなたに，父母と学童保育―いま、学童保育に子どもを通わせている父母のあなたに，施設と運営―学童保育にかかわるすべての人のために，学童保育をつくる―学童保育をつくりたい人のためにそしていま学童保育にかかわっている父母・指導員のあなたにも，学童保育の国の制度，資料

⦿内容　学童保育のことについてこれまでの運動で確かめられてきたものを、項目ごとに整理して解説したハンドブック。

青少年文化

<事　典>

The otaku encyclopedia　An insider's guide to the subculture of cool Japan 英文版　Patrick W. Galbraith著　（Tokyo）Kodansha International　2009.6　248p　19cm　〈他言語標題：外国人のためのヲタク・エンサイクロペディア〉　2000円　Ⓘ978-4-7700-3101-3　Ⓝ361.5

⦿目次　Main Text,Interviews（Akihabara・interview with Morikawa Kaichiro,Anime・interview with Yamamoto Yutaka,Comiket・interview with Ichikawa Koichi,Cosplay・interview with Ayakawa Yunmao,Figures・interview with BOME,Gamer・interview with Anno Haruna,Idoru・interview with Sakuragawa Himeko,Maidol・interview with hitomi,Maid・interview with Hazuki Ako,Otaku・interview with Okada Toshio,Otaku・interview with Murakami Takashi,Tarento・interview with Nakagawa Shoko）

⦿内容　今や世界が注目する日本のヲタクカルチャー。そのすべてがつまった、おもしろくてためになる決定版ヲタクガイド。岡田斗司夫、村上隆、中川翔子などのインタビューも収録。

<ハンドブック>

少年少女のための傑作マンガ100　高取英監修　希林館，星雲社〔発売〕　1999.4　220p　21cm　1400円　Ⓘ4-7952-6086-9

⦿目次　神童（さそうあきら），地獄甲子園（漫F画太郎），座敷女（望月峯太郎），ブルーホール（星野之宣），花男（松本大洋），ゴン（田中政志），ゆんぼくん（西原理恵子），かいしゃいんのメロディー（大橋ツヨシ），太郎（細野不二彦），ナニワ金融道（青木雄二）〔ほか〕

⦿内容　大人気マンガから超マニアックマンガまで、傑作＆名作をセレクト。

<年鑑・白書>

オタク産業白書　2008　メディアクリエイト　2007.12　183p　30cm　16952円　Ⓘ978-4-944180-14-1

⦿目次　第1章 オタク産業総論（オタク産業にみるコンテンツビジネスの可能性，オタク市場と日本経済），第2章 2007年オタク市場動向（オタクコンテンツ市場の動向と性質，アニメーション放送 ほか），第3章 オタクユーザー動向―アンケート調査結果の分析（ライト化したオタク市場とその特徴，オタク関連消費とユーザーの創作活動に関するデータ分析 ほか），第4章 オタク業界動向（オタクから腐女子へ，オタクビジネスとしてのアニメ ほか），第5章 コンテンツビジネス最前線―企業／関連団体の動向（ガンダムビジネスにみるブランディング，アニメ音楽ビジネスのポイント ほか）

⦿内容　鍵はメディアミックス×ユーザーコミュニティ、オタク産業の変貌を徹底分析。コンテンツビジネスの現状を把握し未来を展望、業界初のデータ＆レポート集。すべてのコンテンツビジネスプレイヤーに贈る、新しいビジネスガイドブック。

教育総研年報　2007　国民教育文化総合研

究所編　国民教育文化総合研究所，アドバンテージサーバー〔発売〕　2007.9　249p　26cm　2000円　①978-4-901927-54-3

(目次)第1部 教育行財政問題対策研究委員会報告書(教員免許更新制の問題点，教育バウチャー制の基本的問題 ほか)，第2部 子どもの視点に立った不登校問題再検討研究委員会報告書(不登校について，不登校を取り巻く現状(不登校の"いま") ほか)，第3部 若者文化研究委員会報告書(若者文化をどうみるか，若者のアイデンティティと友人関係 ほか)，第4部 インクルーシヴ教育研究委員会報告書(なぜ、今、インクルーシヴ教育か?別学はなぜ差別なのか?，障害者を人間として「無力化」する分離教育制度 ほか)

◆ライフスタイル

<年鑑・白書>

現代高校生のライフスタイル・意識・価値観　高校生の生活環境に関する調査　ライフデザイン研究所　1994.3　237p　30cm　〈「ライフデザイン研究」Vol.2 No.2(1993)〉　5000円　①4-947649-21-6

(目次)第1部 調査結果の概要，第2部 調査の詳細(調査の目的，調査の実施状況と回答者の構成，現代高校生と日常生活，現代高校生の対人関係，現代高校生の社会意識，現代高校生の自己意識，前回調査との比較)

(内容)ライフデザイン研究所では，平成5年度研究事業として「高校生の生活環境に関する調査」を実施しました。本書は，その調査結果を図表を交えて簡潔に紹介するとともに，高校生の生活実態と意識とを様々な角度から分析した結果をとりまとめたものです。

中学生・高校生のライフスタイルを読み解くデータ総覧　2004　生活情報センター編集部編　生活情報センター　2004.4　305p　30cm　14800円　①4-86126-122-8

(目次)第1章 学校生活，第2章 家庭生活，第3章 コミュニケーション・友人，第4章 健康・ストレス，第5章 食生活，第6章 ショッピング・ファッション，第7章 ライフスタイル・価値観

中学生・高校生のライフスタイル資料集　2006　日本能率協会総合研究所編　生活情報センター　2005.12　318p　30cm　14800円　①4-86126-229-1

(目次)第1章 生活と意識に関するデータ，第2章 学習実態に関するデータ，第3章 メディアとの接触に関するデータ，第4章 学校外の生活に関するデータ，第5章 家族に関するデータ，第6章 学校の制度に関するデータ，第7章 就職に関するデータ

(内容)教育関係者・研究者，子育てに関心を持つ多くの方々必読の最新統計資料集。各種データを広範に収録。ビジネス、各種の調査研究に最適。

ライフデザイン白書　2006-07　景気回復がもたらしたライフデザインの変化　加藤寛監修，第一生命経済研究所編　第一生命経済研究所，矢野恒太記念会〔発売〕　2005.12　319p　21cm　2714円　①4-87549-229-4

(目次)特集「シングル・ライフ」―未婚・晩婚化が進む若者たちのライフスタイル(シングルが増える，親子関係，結婚に対する意識 ほか)，白書編(ライフデザインの10年，家族―子育てしにくい社会，安全・安心・コミュニティ―安全・安心のためのギブ・アンド・テイク ほか)，データ編(家族，安全・安心・コミュニティ，消費生活 ほか)，資料編

(内容)10年間にわたる時系列調査データをもとにライフデザインの変化を分析。

若者ライフスタイル資料集　1992　生活科学情報センター編　食品流通情報センター　1992.1　461p　26cm　13800円　①4-915776-09-3

(目次)人口に関するデータ，家計に関するデータ，仕事に関するデータ(労働省「雇用動向調査」，日本生産性本部「働くことの意識」ほか)，余暇に関するデータ(総理府「自然の保護と利用に関する世論調査」，朝日新聞大阪本社「消費生活調査」ほか)，生活全般に関するデータ(総理府「国民生活に関する世論調査」，花王ソフィーナ美容センター「現代キャンパス化粧ライフ」，総理府「国民生活に関する世論調査」，総務庁「青少年の友人関係に関する国際比較調査」ほか)，生活時間に関するデータ―「学校基本調査」を含む(総務庁「社会生活基本調査」，NHK「国民生活時間調査」)

若者ライフスタイル資料集　団塊ジュニア世代のデータバンク　'97　秋葉美知子監修　食品流通情報センター　1997.1　522p　26cm　14369円

(目次)第1章 人口に関するデータ，第2章 結婚に関するデータ，第3章 仕事に関するデータ，第4章 余暇に関するデータ，第5章 消費・マネー

青少年文化　　　　　　　　　　　　　生活・文化

に関するデータ，第6章 ファッション・食生活に関するデータ，第7章 生活意識全般に関するデータ

若者ライフスタイル資料集　高校生から団塊ジュニア世代のデータバンク　'98
　食品流通情報センター編　食品流通情報センター　1998.3　523p　26cm　14800円
　目次 第1章 人口に関するデータ，第2章 教育・就労に関するデータ，第3章 結婚に関するデータ，第4章 余暇に関するデータ，第5章 消費・マネーに関するデータ，第6章 ファッション・住まいに関するデータ，第7章 生活全般に関するデータ
　内容 生活時間，収支と貯蓄，海外留学，ファッション選びなど，若者関連の各種統計・データアンケートを収録したデータ集。

◆メディア・テクノロジー

<ハンドブック>

中高生のためのケータイ・スマホハンドブック　今津孝次郎監修，金城学院中学校高等学校編著　学事出版　2013.9　95p　21cm　600円　978-4-7619-1999-3　E694
　目次 1 コミュニケーションとケータイ・スマホの実態，2 ケータイ・スマホの基本的なこと，3 はやりのコミュニティサイト，4 ケータイ・スマホのルール，5 ケータイ・スマホがこころと身体に与える影響，6 ケータイ・スマホを少しでも安全に使うために，7 災害とケータイ・スマホ，8 ケータイ・スマホの行方，9 世界のケータイ・スマホ事情，10 親子で考えるケータイ・スマホ
　内容 ケータイ・スマホの便利さとともに、そのかげに潜むリスク。生徒有志がケータイとスマートフォン（スマホ）を「人間とコミュニケーション」という基本から捉え直し，具体的にどうつきあえばよいのかについて，生徒自身の目線から幅広く検討した長年の成果をまとめたもの。

<年鑑・白書>

NHK放送文化研究所年報　2012（No.56）　NHK放送文化研究所編　NHK出版　2012.1　378p　26cm　1900円　978-4-14-007244-8
　目次 放送番組が媒介する新たな公共圏のデザイン―番組レビューSNSサイト"teleda"の実証実験を中心に，若者のネット動画利用とテレビへの意識―「中高生の動画利用調査」の結果から，放送史資料収集・保存・公開の方法論を探る―NHK文研所蔵資料の研究活用に向けて，「世界の公共放送の制度と財源」報告，再録 東日本大震災とメディア―「放送研究と調査」（月報）掲載論文から（東日本大震災発生時・テレビは何を伝えたか，東日本大震災発生から24時間テレビが伝えた情報の推移，巨大津波襲来と警報・メディア―想定外をどう伝えるか，原子力災害と避難情報・メディア―福島第一原発事故の事例検証，大洗町はなぜ「避難せよ」と呼びかけたのか―東日本大震災で防災行政無線放送に使われた呼びかけ表現の事例報告 ほか）

テレビゲーム流通白書　1998年テレビゲーム産業の動向・テレビゲーム小売業の経営実態　'99　メディアクリエイト編　メディアクリエイト　1999.4　191p　30cm　12952円　4-944180-02-0
　目次 第1章 テレビゲーム業界総論1（ネットワーク時代を見据えたビジネスモデル検証，家庭用ゲームソフトの開発戦略についての考察，株とテレビゲーム業界 ほか），第2章 ソフト＆ハード分析（ソフト分析，ハード分析，TOPICS98―下半期 ほか），第3章 小売店の動向（小売店の業況，小売店の収益動向，小売店の販売動向 ほか），第4章 テレビゲーム業界総論2（若者文化としてのテレビゲーム，21世紀のメディア状況とテレビゲーム，競争形態から見た1998年の総括 ほか）

放送研究と調査　NHK放送文化研究所　年報　2004（第48集）　NHK放送文化研究所編　日本放送出版協会　2004.3　261p　26cm　1800円　4-14-007215-6
　目次 世界のテレビはイラク戦争をどう伝えたか―イラク戦争テレビ報道国際比較調査研究，イラク戦争におけるブッシュ政権の情報操作とメディアの責任，テレビと家族の50年―"テレビ的"一家団らんの変遷，女子中高生の意識の変化とその背景―社会・メディア・学校からのメッセージ，「革新的で実験的で特有」であること―英チャンネル4が果たす公共的役割，日本のテレビ番組の国際性―テレビ番組国際フロー調査結果から
　内容 1年間の研究成果を明らかにする，NHK放送文化研究所の年報。

<統計集>

情報化社会と青少年　「第2回情報化社会

と青少年に関する調査」報告書　総務庁青少年対策本部編　大蔵省印刷局　1993.1　318p　26cm　2500円　ⓘ4-17-217100-1

(目次)第1部　調査の概要、第2部　調査の結果、第3部　調査結果の分析、第4部　資料

情報化社会と青少年　第4回情報化社会と青少年に関する調査報告書　内閣府政策統括官編　財務省印刷局　2002.7　445p　30cm　2800円　ⓘ4-17-217102-8　Ⓝ361.45

(目次)第1部　調査の概要、第2章　調査結果の概要(青少年に関する結果、親に関する結果)、第2部　調査の結果(青少年に関する結果、親に関する結果)、第3部　調査結果の分析(ディジタル時代の青少年のメディア利用行動と意識に関する社会的対応の在り方、青少年の情報メディアの利用に関する地域特性、携帯電話・PHS利用パターンの社会心理、新しいメディアの出現によって変化する『友達』とのコミュニケーション、青少年(12歳〜18歳)の情報行動・社会意識に対する親の影響)、第4部　資料

◆若者言葉

<事典>

KY語辞典　Blockbuster、現代略語研究会編著　白夜書房　2008.4　207p　19cm　505円　ⓘ978-4-86191-409-6　Ⓝ814.7

(目次)第1章　試験に出る!最重要・必須KY語(ギャル・若者のKY語、ネット・ケータイのKY語、アキバ・ヲタク・エンスー系のKY語)、第2章　要注意!間違いやすいKY語、第3章　ホントに役立つビジネス、ギョーカイのアルファベット略語、第4章　ちょっと怪しい裏KY語、第5章　ローマ字略語&アルファベット略語大辞典

(内容)ギャル語からビジネス用語まで。「KY=空気読めない」「JK=女子高生」「ry=(略)」など、街で・ネットで・現場で集めた新しい日本語の常識(ローマ字略語・アルファベット略語)を1200語以上収録。就職試験にも役立つ最新版。

若者遊びコトバ事典　日本ジャーナリスト専門学校猪野ゼミ編　双葉社　1996.7　189p　15cm　(双葉文庫)　500円　ⓘ4-575-71081-4

(内容)仲間内にだけ通じる言葉や流行語など、現代の「若者コトバ」757語を集めた辞典。排列は五十音順。

若者言葉事典　亀井肇著　日本放送出版協会　2003.7　217p　18cm　(生活人新書)　680円　ⓘ4-14-088073-2

(目次)女子中高生の使う言葉(R&B娘、アクア系シューズ、あぶない ほか)、OL・主婦の使う言葉(あいのり、朝スポ/夜スポ、アサトレ ほか)、男社会の言葉(IT族、アドニス・コンプレックス、アニ婚 ほか)

(内容)「情けな系」「きしょい」「着ゴエ」「テクハラ」…。街中で耳に飛び込む聞き慣れない日本語、意味不明の言葉。そこで本書は、若者の会話に頻出する言葉を、使用例やイラストも盛り込みつつ解説。厳選340語を収録。

<辞典>

最新アメリカ学生スラング辞典　パメラ・ムンロ編、安吉逸季訳　チャールズ・イー・タトル出版　1992.1　244p　21cm　〈原書名:Slang U.〉　1400円　ⓘ4-8053-2004-4　Ⓝ833.9

女子大生ヤバイ語辞典　小沢章友、女子大生ヤバイ語調査会編　インターグロー、主婦の友社〔発売〕　2014.1　255p　18cm　952円　ⓘ978-4-07-293611-5

(目次)第1章　人や人の属性を形容する時に使うヤバイ語、第2章　状況・状態を説明するヤバイ語、第3章　感情表現のヤバイ語、第4章　行動を表すヤバイ語、第5章　略した発言、スラングのヤバイ語

(内容)職場のコミュニケーションに、キャバネタに、知っておきたい108の女子大生言葉。「カミッテル」「とりま」「hshs」…謎の女子大生言葉を用例付きで徹底解説!彼女たちの胸の内がわかる現役女子大生座談会も収録!

みんなで国語辞典　3　辞書に載らない日本語　北原保雄編著、「もっと明鏡」委員会編集　大修館書店　2012.4　230,14p　18cm　〈索引あり〉　800円　ⓘ978-4-469-22220-3　Ⓝ813.9

(目次)1　社会編、2　学校編、3　心と体編、4　男と女編、5　コミュニケーション編、6　ファッション編、付録「みんなで国語辞典」番外編　著名人が辞書に載せたい日本語

(内容)のべ16万人が参加した「みんなで国語辞典」シリーズ第3弾。中高生が「辞書に載せたい日本語」を集めた完全規格外の国語辞典。

若者ことば辞典　米川明彦著　東京堂出版　1997.3　260p　19cm　1800円　ⓘ4-490-

10449-9
(内容)女子大生のことばを中心に1150語を収録。語源や意味と類義語・関連語を示す。排列は、見出し語の五十音順。

非行・犯罪

非行・犯罪一般

＜事典＞

犯罪・非行事典 星野周弘，米川茂信，荒木伸怡，沢登俊雄，西村春夫編 大成出版社 1995.11 754p 21cm 7600円 ①4-8028-2746-6

[目次]第1部 犯罪・非行の実体と理論，第2部 各種犯罪・非行の理論と実体，第3部 刑事司法と少年保護手続，第4部 犯罪者・非行少年の処遇，第5部 犯罪・非行の予防

[内容]犯罪・非行に関する制度および理論を解説した専門事典。「犯罪・非行の実体と理論」「各種犯罪・非行の理論と実体」「刑事司法と少年保護手続」「犯罪者・非行少年の処遇」「犯罪・非行の予防」の5部構成。各部の末に関係の深い用語の解説を付す。巻末に本文および用語解説部分の総索引がある。

＜年鑑・白書＞

犯罪白書 平成10年版 少年非行の動向と非行少年の処遇 法務省法務総合研究所編 大蔵省印刷局 1998.10 510p 21cm 1760円 ①4-17-350173-0

[目次]第1編 犯罪の動向（平成9年の犯罪の概観，各種の犯罪と犯罪者，犯罪被害とその国家的救済），第2編 犯罪者の処遇（処遇の概要，検察，裁判 ほか），第3編 少年非行の動向と非行少年の処遇（少年非行の動向と特質，非行少年の処遇，非行少年の特質 ほか）

犯罪白書 平成17年版 少年非行 法務省法務総合研究所編 国立印刷局 2005.11 486p 30cm 2858円 ①4-17-350180-3

[目次]第1編 犯罪の動向（刑法犯，特別法犯 ほか），第2編 犯罪者の処遇（概要，検察 ほか），第3編 犯罪被害者の救済（統計上の犯罪被害，刑事司法における被害者への配慮），第4編 特集 少年非行（少年非行の動向，非行少年の質的分析 ほか）

犯罪白書 平成23年版 少年・若年犯罪者の実態と再犯防止 法務省法務総合研究所編 日経印刷 2011.12 341p 30cm 〈付属資料：CD1〉 2857円 ①978-4-904260-98-2

[目次]第1編 犯罪の動向，第2編 犯罪者の処遇，第3編 非行少年の処遇，第4編 各種犯罪者の動向と処遇，第5編 犯罪被害者，第6編 刑事司法制度の改革，第7編 少年・若年犯罪者の実態と再犯防止

犯罪白書 平成25年版 女子の犯罪・非行－グローバル化と刑事政策 法務省法務総合研究所編 日経印刷 2013.12 333p 30cm 〈付属資料：CD1〉 2857円 ①978-4-905427-61-2

[目次]第1編 犯罪の動向，第2編 犯罪者の処遇，第3編 少年非行の動向と非行少年の処遇，第4編 各種犯罪者の動向と処遇，第5編 犯罪被害者，第6編 女子の犯罪・非行，第7編 グローバル化と刑事政策

犯罪白書 平成26年版 窃盗事犯者と再犯 法務省法務総合研究所編 日経印刷 2014.12 331p 30cm 〈付属資料：CD-ROM1〉 2856円 ①978-4-905427-95-7

[目次]第1編 犯罪の動向，第2編 犯罪者の処遇，第3編 少年非行の動向と非行少年の処遇，第4編 各種犯罪者の動向と処遇，第5編 犯罪被害者，第6編 窃盗事犯者と再犯

犯罪白書のあらまし 平成2年版 少年非行と非行少年の処遇 大蔵省印刷局編 大蔵省印刷局 1990.11 78p 18cm （白書のあらまし 20） 260円 ①4-17-351420-4

[目次]第1編 犯罪の動向，第2編 犯罪者の処遇，第3編 少年非行と処遇

犯罪白書のあらまし 平成10年版 少年非行の動向と非行少年の処遇 大蔵省印刷局編 大蔵省印刷局 1998.11 58p 18cm （白書のあらまし 20） 320円 ①4-17-352320-3

[目次]第1編 犯罪の動向，第2編 犯罪者の処遇，第3編 少年非行の動向と非行少年の処遇

犯罪白書のポイント　平成2年版　少年非行と非行少年の処遇　刑事政策実務研究会編，法務省法務総合研究所監修　大蔵省印刷局　1991.1　97p　19cm　800円　①4-17-353065-X

[目次]第1部 犯罪の動向（形法犯の概況，特別法犯の概況，諸外国の犯罪動向との対比，各種犯罪の犯罪者），第2部 犯罪者の処遇（罪を犯した成人に対する処遇の流れ，検察，裁判，形務所及び拘置所，更生保護，犯罪者処遇に対する民間の協力），第3部 少年非行と非行少年の処遇（少年非行と少年事件の流れ，少年非行の動向と特質，非行少年の実態，非行少年の生活と価値観，非行少年の処遇，諸外国の少年非行）

少年司法

<ハンドブック>

家族のきずなを考える　少年院・少年鑑別所の現場から　法務省矯正局編　大蔵省印刷局　1999.11　155p　21cm　700円　①4-17-154350-9

[目次]第1章 少年院・少年鑑別所の現場から家族問題を考えることの意義について，第2章 少年鑑別所から見た現代の家族（鑑別実務を通して見る家族像，観護処遇を通して見る家族像，非行の子どもに見られる家族画），第3章 少年院処遇と家族問題（家族に対する少年院の働きかけ，家族問題を見つめて），第4章 少年院からの処遇実践報告（役割交換書簡法を通して家族関係を見つめる，SSTの指導を通して見た家族の一断面，家族への思いをせりふや歌に乗せて，親子合宿の実践）

現代の少年非行を考える　少年院・少年鑑別所の現場から　法務省矯正局編　大蔵省印刷局　1998.11　111p　21cm　700円　①4-17-185007-X

[目次]第1章 問題の所在，第2章 少年非行は変わったか—非行分析論（少年鑑別所の現場から，医療少年院の現場から），第3章 働きかけの本質—少年処遇論（少年院の非行少年たち，少年院の処遇事例から，医療少年院での人格障害例の処遇経験から，処遇の基本を考える），第4章 凶悪事件等を起こして少年院に送致された少年の実態調査報告

<年鑑・白書>

司法統計年報　1997年 4　少年編　最高裁判所事務総局編　法曹会　1998.9　228p　26cm　2667円

[目次]1 総覧表（全事件，少年保護事件，準少年保護事件，少年審判等共助事件，少年審判雑事件，少年の保護処分決定に対する抗告事件，少年の福祉を害する成人の刑事事件），2 既済事件に関する細別表（一般保護事件（少年保護事件のうち道路交通保護事件を除いたもの），少年の福祉を害する成人の刑事事件，少年補償事件）

[内容]1997年中に全国の裁判所が取り扱った少年に関する全事件についての裁判統計報告を，各種分類項目に従って集計整理し，収録したもの。

司法統計年報　1998年 4　少年編　最高裁判所事務総局編　法曹会　1999.9　228p　26cm　2667円

[目次]1 総覧表（全事件，少年保護事件，準少年保護事件，少年審判等共助事件，少年審判雑事件，少年の保護処分決定に対する抗告事件，少年の福祉を害する成人の刑事事件），2 既済事件に関する細別表（一般保護事件（少年保護事件のうち道路交通保護事件を除いたもの），少年の福祉を害する成人の刑事事件，少年補償事件）

[内容]1998年中に全国の裁判所が取り扱った少年に関する全事件についての裁判統計報告を，各種分類項目に従って集計整理し，収録したもの。

司法統計年報　平成15年 4　少年編　最高裁判所事務総局編　法曹会　2004.7　79p　30cm　2600円

[目次]1 総覧表（少年事件の種類別新受，既済，未済人員，少年保護事件の種類別受理，既済，未済人員，少年保護事件の種類別審理期間別既済，未済人員，少年保護事件の非行別新受人員ほか），2 細別表（一般保護事件の終局 総人員，一般保護事件の終局 人員のうち保護観察に付された人員及び少年院へ送致された人員，一般保護事件の終局 人員のうち受理時身柄付の人員，一般保護事件の終局 人員のうちぐ犯の人員 ほか）

[内容]本編は，平成15年中に全国の裁判所が取り扱った少年に関する全事件についての裁判統計報告を，各種分類項目に従って集計整理し，収録したものである。

司法統計年報　平成16年 4　少年編　最高裁判所事務総局編　法曹会　2005.7　79p　30cm　2152円

[目次]1 総覧表（少年事件の種類別新受，既済，未済人員，少年保護事件の種類別受理，既済，未済人員，少年保護事件の種類別審理期間別既

済、未済人員、少年保護事件の非行別新受人員、少年保護事件の終局決定別既済人員（平成7年〜平成16年）ほか)，2 細別表（一般保護事件の終局総人員、一般保護事件の終局人員のうち保護観察に付された人員及び少年院へ送致された人員、一般保護事件の終局人員のうち受理時身柄付の人員、一般保護事件の終局人員、一般保護事件の終局人員のうちぐ犯の人員 ほか）

(内容)平成16年司法統計年報少年編を刊行する。司法統計年報は、民事・行政編、刑事編、家事編及び少年編の4編によって構成し、毎年刊行している。本編は、平成16年中に全国の裁判所が取り扱った少年に関する全事件についての裁判統計報告を、各種分類項目に従って集計整理し、収録したものである。

司法統計年報　平成17年　4　少年編　最高裁判所事務総局編　法曹会　2006.8　79p　30cm　2484円

(目次)1 総覧表（少年事件の種類別新受、既済、未済人員—全家庭裁判所，少年事件の種類別新受、既済、未済人員—家庭裁判所別，少年保護事件の種類別受理、既済、未済人員—全家庭裁判所，少年保護事件の種類別審理期間別既済、未済人員—全家庭裁判所 ほか），2 細別表（一般保護事件の終局総人員 終局決定及び受理時身柄付別非行別（うち女）—全家庭裁判所，一般保護事件の終局総人員 終局時年齢別終局決定別（うち女）—全家庭裁判所，一般保護事件の終局人員 行為時年齢及び終局決定別非行別—全家庭裁判所，一般保護事件の終局人員のうち保護観察に付された人員及び少年院へ送致された人員 処遇勧告別非行別—全家庭裁判所 ほか）

(内容)本編は、平成17年中に全国の裁判所が取り扱った少年に関する全事件についての裁判統計報告を、各種分類項目に従って集計整理し、収録したものである。

司法統計年報　平成20年　4　少年編　最高裁判所事務総局編　法曹会　2009.9　79p　30cm　2381円　Ⓝ327.059

(目次)1 総覧表（少年事件の種類別新受、既済、未済人員，少年保護事件の種類別受理、既済、未済人員，少年保護事件の種類別審理期間別既済、未済人員，少年保護事件の非行別新受人員 ほか），2 細別表（一般保護事件の終局総人員—終局決定及び受理時身柄付別非行別（うち女），一般保護事件の終局人員—終局時年齢別終局決定別（うち女），一般保護事件の終局人員—行為時年齢及び終局決定別非行別，一般保護事件の終局人員のうち保護観察に付された人員及び少年院へ送致された人員—処遇勧告別非行別 ほか）

司法統計年報　4　平成25年　少年編　最高裁判所事務総局編　法曹会　2014.9　69p　30cm　〈付属資料：別冊1〉　2639円　①978-4-908108-04-4

(目次)1 総覧表（少年事件の種類別新受、既済、未済人員—全家庭裁判所，少年事件の種類別新受、既済、未済人員—家庭裁判所別，少年保護事件の種類別受理、既済、未済人員—全家庭裁判所，少年保護事件の種類別審理期間別既済、未済人員—全家庭裁判所，少年保護事件の非行別新受人員—家庭裁判所別 ほか），2 細別表（一般保護事件の終局総人員—終局決定及び受理時身柄付別非行別（うち女）—全家庭裁判所，一般保護事件の終局総人員—終局時年齢別終局決定別（うち女）—全家庭裁判所，一般保護事件の終局人員—行為時年齢及び終局決定別非行別—全家庭裁判所，一般保護事件の終局人員のうち保護観察に付された人員及び少年院へ送致された人員—処遇勧告別非行別—全家庭裁判所，一般保護事件の終局人員のうち保護観察に付された人員及び少年院へ送致された人員—処遇勧告別行為時年齢別（うち前処分あり）—全家庭裁判所 ほか）

◆少年法

＜ハンドブック＞

ハンドブック少年法　服部朗，佐々木光明編著　明石書店　2000.9　670p　21cm　3800円　①4-7503-1313-0

(目次)少年法，少年非行の動向，非行の原因，非行の防止と地域社会—子どもの権利条約を地域コミュニティで活かす，少年司法制度（その目的と対象，非行のある少年の発見から家裁送致まで，調査・審判），処遇の展開（保護観察，児童自立支援施設，少年院）〔ほか〕

(内容)本書では、少年法の内容を紹介するだけではなく、それが現代社会の中でどのように立ち現れているかの実像を伝えている。理念と現実との乖離等、多くの問題の中から解決に必要な点を探すためにも重要だからである。編著者たちは、少年法の成り立ちと、そして非行の解決に必要な基本的課題を考えるためにも、少年法の課題を議論していくためにも知って欲しい情報を提供することをめざして本書を著したものである。

<法令集>

携帯刑事少年六法 2012年版 携帯刑事少年六法編修委員会編　現代人文社, 大学図書（発売）　2011.10　605p　22cm　〈文献あり　索引あり〉　2900円　①978-4-87798-492-2　⑩326

⦿(目次)憲法・条約等, 刑事実体法・条例, 刑事手続法令, 少年, 処遇, 資料

⦿(内容)弁護活動・付添人活動に必携、極めの六法。神奈川・千葉・埼玉など13の法令・条例を追加。2012年に施行される条文を織り込み、最前線で使える。

◆少年審判・少年保護事件

<書誌>

少年教護事業文献目録　菊池俊諦編　日本図書センター　1997.9　103,27,17p　22cm　（社会科学書誌書目集成 第31巻）〈日本少年教護協会昭和13年刊の複製〉　5000円　①4-8205-4198-6　⑩327.85

<ハンドブック>

日英対訳 少年保護事件の手引（主要法令・用語付）　菊地和典著　日本加除出版　〔1994.10〕　200p　21cm　2800円　①4-8178-1127-7

⦿(目次)1 一般事項, 2 警察での処理, 3 家庭裁判所での処理, 4 児童相談所での処理, 5 事件の秘密性, 資料（1 主要法令対訳, 2 用語対訳）

⦿(内容)この冊子はまず第一の目的として英語を使用する外国人の不安を取り除き、誤解の発生を防止するために難解である少年事件処理手続について、ある程度理解できるように心がけると同時に、事件を取り扱う警察官が英語を理解し、外国人少年やその父母が当然抱くと思われる疑問に即応して回答できるようにと工夫しました。

保健・体育

保健・体育一般

<書誌>

からだといのちに出会うブックガイド 健康情報棚プロジェクト,からだとこころの発見塾編 読書工房 2008.11 243p 26cm 〈索引あり〉 2400円 ①978-4-902666-19-9 Ⓝ490.31

(目次)1章 いのちのリレー,2章 生と性,3章 ぼくのからだ・わたしのからだ,4章 病気・障害と生きる,5章 自分で守る大切ないのち,6章 こころとなかま,7章 いのちと災害、戦争,8章 プレパレーション,9章 つくってみよう!!からだといのちの図書コーナー

(内容)図書館員・ジャーナリスト・医療関係者・患者会関係者などが生老病死のキーワードごとに選んだ「読みたい」「読んでほしい」「棚に揃えたい」絵本や読み物など179点を紹介するブックガイド。

<ハンドブック>

子ども計測ハンドブック 持丸正明,山中竜宏,西田佳史,河内まき子編 朝倉書店 2013.6 427p 26cm 14000円 ①978-4-254-20144-4

(目次)1 子ども人間工学概論,2 人間機能計測編,3 人間機能データ編,4 人体モデル編,5 子どもの事故・傷害データ編,6 子どもに関する規格編,7 応用編

(内容)子どもの人間特性を計測する技術やその計測データ、応用事例など、これまで研究者・研究所レベルで蓄積され、アクセスの難しかった知見を初めて体系化。実際の事故予防事例など、豊富な具体例も紹介。

<図鑑・図集>

子どものからだ図鑑 キッズデザイン実践のためのデータブック 産業技術総合研究所デジタルヒューマン工学研究センター,日本インダストリアルデザイナー協会,キッズデザイン協議会企画・監修 ワークスコーポレーション 2013.10 127p 24×31cm 5000円 ①978-4-86267-156-1 Ⓝ599

(目次)キッズデザインと子どものからだ(キッズデザインの理念,デザイン開発プロセスへの活用,データ集1 子どもの身体寸法図集,データ集2 子どもの手足寸法図集),子どもの行動特性と能力(子どもの特性を知る,乳幼児の発達,データ集3 子どもの身体能力データ集),子どもの傷害事故をなくすために(安全知識循環型社会,乳幼児の事故の推移,データ集4 子どもの事故情報データ集),付録

(内容)子どもの身体寸法データや、実測に基づく身体能力データなどをベースに、キッズデザインの基礎情報を収録したデータブック。6ケ月の乳児から9歳児までの12段階の身体寸法をわかりやすく図解する。

性問題

<ハンドブック>

サバイバーズ・ハンドブック 性暴力被害回復への手がかり 性暴力を許さない女の会編著 新水社 1999.10 203p 21cm 1400円 ①4-88385-006-4

(目次)1 FIRST AID―すぐに必要な知識(あなたの生活の安全は守られていますか?,一人で悩まないで、病院へ行こう ほか),2 ACTION―行動のための知識(何のための法律?―あなた自身のために!,弁護士を探そう!,ザ・刑事 ほか),3 CARE/SUPPORT―心をいやし、回復するために(自分ひとりで悩まないで…心理的サポートの必要性,性暴力被害 ほか),4 ADDITION―その他のお役立ち情報(ケース別対応策,心とからだのケア、女性のための護身法 ほか)

(内容)あらゆる性暴力(強姦、児童虐待、セクハラ、キャンパス・セクハラ、痴漢、ストーカー、ドメスティック・バイオレンス、など)の被害から立ち直り、回復するサバイバーへ。サバイバーをサポート/ケアするパートナーや周囲の人たちへ。懇切ていねいなアドヴァイスと実践情報たっぷりの便利帖。

性問題　　　　　　　　　　　　　　　保健・体育

性犯罪・児童虐待捜査ハンドブック　田中嘉寿子著　立花書房　2014.1　303p　21cm　1905円　ⓘ978-4-8037-0720-5

⦅目次⦆第1章 性犯罪捜査の意義，第2章 性犯罪捜査における一般的留意点，第3章 被害者の特性に応じた性犯罪捜査における留意点，第4章 罪名ごとの性犯罪捜査における留意点，第5章 不起訴，第6章 児童虐待の捜査・公判における留意点，第7章 検察庁の被害者支援，第8章 弁護人及び裁判所の被害者対応，第9章 性犯罪者の再犯防止施策

⦅内容⦆著者は，女性検事として，男性を畏怖することが多い女性・子供の被害者の取調べを不可欠とする性犯罪事件を担当することが多く，被害者やその家族のトラウマ（精神的外傷）の深刻さに触れてきた。本書では，被害者に与える二次被害を最小限に留める配慮のある捜査・公判手続とは何かを模索することにより，暗数の多い性犯罪の立件，適正な捜査，処分，科刑そして被害者の回復の一助とした。

性犯罪被害者対応ハンドブック　性犯罪被害の発生・届出—そのときのために　再訂版　性犯罪捜査研究会編著　立花書房　2008.3　127p　21cm　1048円　ⓘ978-4-8037-0307-8　Ⓝ326.5

⦅目次⦆1 性犯罪とは，2 性犯罪の特徴と性犯罪被害の実状，3 女性警察官の役割等，4 被害者に対する情報の提供，5 現場臨場，現場保存時の留意事項，6 被害の受理，7 被害者調書の記載について，8 犯罪事実の記載について，9 公判手続・被害者対策等について

<年鑑・白書>

児童・生徒の性　1993年調査　最新版　東京都幼稚園・小・中・高等学校性教育研究会編　学校図書　1993.7　178p　26cm　3600円　ⓘ4-7625-2813-7

⦅内容⦆東京都小・中・高校生の性意識・性行動に関する調査報告。

児童・生徒の性　1996年調査　東京都幼稚園・小・中・高・心障性教育研究会編　学校図書　1996.7　126p　26cm　3500円　ⓘ4-7625-2814-5

⦅目次⦆解説編（内容別考察，校種別考察），データ編（幼稚園児の性に関する調査，小学生の性に関する調査，中学生の性に関する調査，高校生の性に関する調査，心障学級・養護学校の子どもの性に関する調査）

⦅内容⦆東京都幼・小・中・高・心障学級・養護学校の性意識・性行動に関する調査報告。

児童・生徒の性　東京都幼・小・中・高・心障学級・養護学校の性意識・性行動に関する調査報告　1999年調査　東京都幼稚園・小・中・高・心障性教育研究会編　学校図書　1999.8　168p　26cm　3800円　ⓘ4-7625-2815-3

⦅目次⦆総説編—今回の調査の特徴，解説編—校種別考察（幼稚園，小学校，中学校，高等学校，心障学級・養護学校），データ編

犯罪被害者白書　平成24年版　内閣府編　印刷通販　2012.7　217p　30cm　1905円　ⓘ978-4-904681-03-9

⦅目次⦆第1章 性犯罪被害者支援のための施策の展開（第2次犯罪被害者等基本計画における性犯罪被害者のための各種施策，性犯罪被害者のための総合的支援としてのワンストップ支援センター），第2章 犯罪被害者等のための具体的施策と進捗状況（損害回復・経済的支援等への取組，精神的・身体的被害の回復・防止への取組，刑事手続への関与拡充への取組，支援等のための体制整備への取組，国民の理解の増進と配慮・協力の確保への取組，推進体制に関する施策の取組），犯罪被害者等施策に関する基礎資料

「若者の性」白書　第5回青少年の性行動全国調査報告　日本性教育協会編　小学館　2001.5　207p　21cm　1800円　ⓘ4-09-837046-8　Ⓝ367.9

⦅目次⦆第1章 「青少年の性行動全国調査」の問いかけるもの，第2章 性行動の低年齢化がもつ意味，第3章 異性関係の変容と学校集団の影響，第4章 青少年にとっての「性情報源」の意味，第5章 性教育はどう受けとめられているか，第6章 性被害とセクシュアリティの形成

⦅内容⦆財団法人日本性教育協会が1999年に実施した「青少年の性行動全国調査報告」の第5回調査の分析結果をとりまとめたもの。性意識，異性関係は変容したか?性行動の早期化は進んでいる?求められる性教育とは?中・高・大学生の「性」の実態を，25年の継続調査結果をふまえ，最新のデータで読み解く。

「若者の性」白書　第6回青少年の性行動全国調査報告　日本性教育協会編　小学館　2007.6　223p　21cm　2000円　ⓘ978-4-09-837047-4

⦅目次⦆序章 「青少年の性行動全国調査」とその30年，第1章 青少年の生活環境と性行動の変容

保健・体育　　　　　　　　　　　　健康

―生活構造の多チャンネル化のなかで，第2章 コミュニケーション・メディアと性行動における青少年層の分極化―携帯メールによる親密性の変容，第3章 情報源の違いがもたらす性意識のジェンダー差―"純粋な恋愛"志向をめぐって，第4章 性行動の変化と避妊の実行状況，第5章 青少年の性的被害と恋人からのDV被害の現状と特徴，第6章 性教育・性情報源と性知識および避妊に対する態度形成
(内容)全国規模で行われた青少年の性意識・性行動に関するレポート。1974年より定期的に刊行しており，我が国の青少年の性にかかわる実態と変容を的確にまとめている。巻末に「青少年の性に関する調査」調査票と主要調査結果（学校種別・年齢別）を収録。

「若者の性」白書　第7回青少年の性行動全国調査報告　日本児童教育振興財団内日本性教育協会編　小学館　2013.8　255p　21cm　2200円　①978-4-09-840147-5　Ⓝ367.9
(目次)序章 第7回「青少年の性行動全国調査」の概要，第1章 青少年の性行動の低年齢化・分極化と性に対する新たな態度，第2章 欲望の時代からリスクの時代へ―性の自己決定をめぐるパラドクス，第3章 青少年の家庭環境と性行動―家族危機は青少年の性行動を促進するのか，第4章 消極化する高校生・大学生の性行動と結婚意識，第5章 青少年にみるカップル関係のイニシアチブと規範意識，第6章 高校生・大学生の避妊に関する意識と行動―避妊行動の分化に着目して，第7章 現代日本の若者の性的被害と恋人からの暴力，第8章 自慰経験による女子学生の分化，第9章 性情報源として学校の果たす役割―性知識の伝達という観点から，付表
(内容)2011年度第7回「青少年の性行動全国調査」として行われた「若者の性意識・性行動」に関するレポート。1974年より6年ごとに刊行してきた最新版。我が国の青少年の性に関わる実態と変容を把握でき，検討・分析のための貴重な論文・データ書。

健康

〈事 典〉

家庭の医学　ハンディ新赤本 新版　保健同人社　2000.10　1414p　19cm　3200円　①4-8327-0339-0　Ⓝ598.3
(目次)救命処置と応急手当（救命処置，事故と救命処置，応急手当），症状とセルフケア・医療のうけ方，病気の知識―その治療と療養（呼吸器の病気，循環器系の病気，消化器の病気 ほか），健康な生活のために（妊娠と出産，子どもの育て方，健康な思春期をおくるために ほか）
(内容)家庭の健康を守るための情報を体系的にまとめた事典。1969年に初版が刊行された「保健同人家庭の医学」略称「赤本」の1993年に継ぐ改訂新版（ハンディ版）。

家庭の医学　新赤本 改訂新版　保健同人社　2000.11　1672p　23×17cm　3900円　①4-8327-0360-9　Ⓝ598.3
(目次)救命処置と応急手当（救命処置，事故と救命処置，応急手当），症状とセルフケア・医療のうけ方，病気の知識―その治療と療養（呼吸器の病気，循環器系の病気，消化器の病気 ほか），健康な生活のために（妊娠と出産，子どもの育て方，健康な思春期をおくるために ほか）
(内容)家庭の健康を守るための情報を体系的にまとめた事典。医学の解説だけにとどまらず，予防や生活習慣の改善，食事・栄養についても記述する。巻末に英語による症状の訴え方，病名・医療用語（和英訳），五十音順索引付き。1969年に初版が刊行された「保健同人家庭の医学」略称「赤本」の1993年に継ぐ改訂新版。

子ども医学館　キッズ・メディカ安心百科　増補改訂版　横田俊一郎，渡辺博編　小学館　2002.10　815p　21cm　〈付属資料：別冊1〉　4000円　①4-09-304562-3　Ⓝ598.3
(目次)第1章 応急手当てと事故の予防，第2章 症状から判断する子どもの病気，第3章 各科別・病気の知識と治療，第4章 体と心の発達と日常のケア，第5章 健康づくりと栄養，第6章 妊娠中の病気と赤ちゃん
(内容)子どもの病気の解説書。500余の病気と100余のけが・事故の手当・治療・養生法と，健康な体と心を育むための健康管理について，開業医を中心に小児科医が解説。けがや事故は状況・部位別に，応急手当てを図解で示し，病気の解説は各科別に，病名，症状，原因，治療を記載。巻末に五十音順索引を付す。別冊付録に「医者からもらう子どもの薬安心BOOK」がある。

子どもの健康医学事典　お母さんの相談医　村山隆志，山根知英子著　全国朝日放送　1996.8　298p　19cm　2300円　①4-88131-205-7
(目次)1 母と子の健康生活，2 症状でわかるわが子の病気，3 子どもに多い病気と疾患，4 妊娠と出産周辺のこと，第5章 妊娠・出産・育児のQ&A

(内容)ゼロ歳児から学童期までの子どもの健康と病気について解説した医学事典。排列は「乳児期・幼児期の健康」「学童期以降の健康生活」「子どもの症状と異常」等、主題の分類による。巻末に、各自治体が行っている健康診断等の事業について紹介する「知っておきたいおもな母子保健事業」および「事項索引」がある。

新編 新赤本 家庭の医学 新編 保健同人社 2005.8 1951p 21cm 4190円 Ⓘ4-8327-0370-6

(目次)1 応急処置と症状(医師の選び方・かかり方、救急処置と応急手当、症状とセルフケア)、2 病気の知識(呼吸器の病気、循環器系の病気、消化器の病気 ほか)、3 健康な生活のために(妊娠と出産、子どもの育て方、健康な思春期をおくるために ほか)

新編 大活字版 百科 家庭の医学 尾形悦郎、小林登監修、主婦と生活社編 主婦と生活社 2004.9 873p 27×22cm 3700円 Ⓘ4-391-12824-1

(目次)子どもの病気、症状の見方、病気の知識、女性の病気、老年者の病気と看護、生活の医学、現代医学とインフォームド・コンセント、東洋医学

(内容)現代医学の最新知識や高度医療についてやさしく解説。子ども、女性、老年者特有の病気について独立項目で解説。応急手当から漢方療法まで幅広く網羅。巻末に五十音順の索引付き。1995年発刊の「百科・家庭の医学」の増補改訂、拡大、大活字版。

新編 ハンディ新赤本 家庭の医学 新編 保健同人社 2005.8 1951p 19cm 3524円 Ⓘ4-8327-0380-3

(目次)1 応急処置と症状(医師の選び方・かかり方、救急処置と応急手当、症状とセルフケア)、2 病気の知識(呼吸器の病気、消化器の病気、代謝・栄養障害と内分泌の異常 ほか)、3 健康な生活のために(妊娠と出産、子どもの育て方、健康な思春期をおくるために ほか)

新編 百科 家庭の医学 尾形悦郎、小林登監修、主婦と生活社編 主婦と生活社 2004.9 873p 22×18cm 2900円 Ⓘ4-391-12823-3

(目次)子どもの病気、症状の見方、病気の知識、女性の病気、老年者の病気と看護、生活の医学、現代医学とインフォームド・コンセント、東洋医学

(内容)病気の原因や症状、検査法や治療法、対処法などを全国の名医150名が解説。1995年刊の「百科家庭の医学」の増補改訂版。ホスピスや介護保険など新しい項目を追加した。図解を交え、最新情報をわかりやすく紹介。索引付き。

図解 症状でわかる医学百科 医者にいく前に読む本 主婦と生活社 1992.9 295p 23×19cm 〈HOME DOCTOR〉 1480円 Ⓘ4-391-11474-7

(目次)大人の症状と病気―異常を感じたら医者に行く前に自己診断、子どもの症状と病気―親だからわかる異常のサイン

メタボリックシンドロームディクショナリー 健診・保健指導のための知っておきたいキーワード 大野誠、津下一代、蒲池桂子編 診断と治療社 2009.5 338p 19cm 〈索引あり〉 3800円 Ⓘ978-4-7878-1710-5 Ⓝ493.12

(目次)1 メタボリックシンドロームと診断基準(疾患解説、病態解説 ほか)、2 特定健診と特定保健指導(生活習慣病と健康日本21、特定健診と特定保健指導 ほか)、3 特定保健指導のための基礎知識(食事(栄養)、運動)、4 小児・女性への予防的食教育(食育基本法、小児の肥満 ほか)、資料(参照URL、日本人の食事摂取基準 ほか)

(内容)肥満・メタボ対策、特定健診・特定保健指導に関わる各専門家が知っておきたいキーワード129についてわかりやすく解説。生活習慣病の病態・検査評価についての解説。保健指導の専門家による制度・概要と指導ポイントの解説。食事・運動の具体的なアドバイス。

<ハンドブック>

学生の必修講座 エイズ・ハンドブック エイズ時代の生きかた探し 1995 国立大学保健管理施設協議会エイズ特別委員会 〔1995.4〕 18p 30cm 250円 Ⓘ4-9900239-3-5

原発事故と子どもたち 放射能対策ハンドブック 黒部信一著 三一書房 2012.2 166p 19cm 1300円 Ⓘ978-4-380-11003-0

(目次)第1章 放射能と向き合う親たち―子ども健康相談の現場から、第2章 放射性物質の恐ろしさ―親たちが知っておくべき基礎知識、第3章 親ができること―家庭での自衛策、第4章 原発の今後を考える―子どもたちの未来のために

(内容)福島の人びとと、ともに考え、ともに闘う小児科医のアドバイス。

子どもが遠くに入院!家族のための滞在施設ガイド ネコ・パブリッシング 2005.6 126p 21cm 1400円 ⓘ4-7770-5094-7

⦅目次⦆知っておいてほしいこと(患児家族滞在施設とは?,患児家族滞在施設の必要性 ほか),病児の家族をサポートする(ドナルド・マクドナルド・ハウスせたがや,シッティング「ひまわり」 ほか),患児家族滞在施設ガイド(ガイドページの見かた,全国滞在施設ガイド),リスト(親の会リスト,小児総合医療施設リスト ほか)

⦅内容⦆全国70件を超す施設の詳細な情報。家族の持つ不安までも受けいれてくれる「第二の我が家」がココにある。

子どもたちのための病院医療のポケットブック 限られた医療資源による一般的な病気の管理のためのガイドライン World Health Organization〔著〕,〔松尾雅文〕〔監訳〕 日本小児医事出版社 2010.4 378p 19cm 〈訳:大東寧代ほか 原書名:Hospital care for children.〉 2800円 ⓘ978-4-88924-200-3 Ⓝ493.92

⦅目次⦆第1章 トリアージと救急疾患,第2章 患児の診断的アプローチ,第3章 新生児と乳幼児の問題,第4章 咳嗽と呼吸困難,第5章 下痢,第6章 発熱,第7章 重症栄養障害,第8章 小児のHIV／AIDs感染,第9章 頻度の高い外科疾患,第10章 支持療法,第11章 児の発達を観察する,第12章 カウンセリングと退院,追記,補遺

⦅内容⦆このガイドラインは、肺炎、下痢、重症の栄養不良、マラリア、髄膜炎、麻疹など、小児の生命にかかわる主な疾患に対する入院管理を中心に述べている。また、小さい病院で管理可能な新生児の疾患や外科的な対応にも触れている。

子どもといっしょに読む新型インフルエンザハンドブック 岡田晴恵著 岩崎書店 2009.12 79p 21cm 〈文献あり〉 800円 ⓘ978-4-265-80191-6 Ⓝ493.87

⦅目次⦆1 知っておきたい!新型インフルエンザQ&A(新型インフルエンザとは、どんなもの?,毎年流行するインフルエンザとは、どうちがうの? ほか),2 新型インフルエンザ 暮らしの中の予防対策(家族みんなで健康チェックをしよう!,正しい手洗いのしかたを知っておこう ほか),3 新型インフルエンザ かかったときのホームケア(「かかったかな?」というときにすべきこと,おうちで看病するときに注意したいこと ほか),4 知っておけば安心!新型インフルエンザ情報・問合せ先(参考にしたいHP・書籍,感染症指定医療機関リスト ほか)

⦅内容⦆読んだその日からすぐに役立つ!弱毒型から強毒型(H5N1型)まで予防&ホームケア対策の決定版。

こどもの感染症ハンドブック 脇口宏,友田隆士編 医学書院 2001.3 305p 21cm 4000円 ⓘ4-260-11910-9 Ⓝ493.938

⦅目次⦆各種小児感染症(発疹性疾患,消化器疾患,呼吸器感染症,血液・リンパ節系疾患,神経系疾患,日和見感染症,その他),感染症治療に役立つ知識(予防接種,迅速診断,抗菌薬,抗ウイルス薬,感染症の分類と法律,ウイルスの母子感染)

⦅内容⦆小児感染症に関する、定義、病因、疫学、症状、検査、診断、鑑別診断、合併症、治療などの項目について解説したもの。感染症治療に役立つ知識も掲載。迅速な診断・治療がその予後に大きく影響する小児の感染症について、現在のゴールド・スタンダードをまとめることを方針としている。O-157や致死的インフルエンザ、新興・再興感染症、さらに耐性菌の出現や発熱機序の解明に伴う抗菌薬、アスピリン投与の是非など、新旧の問題をとりあげ、種々の修飾因子による非典型例についても、カラー口絵やコラムで紹介する。

こどもの感染症ハンドブック 第2版 脇口宏編 医学書院 2004.11 390p 21cm 4000円 ⓘ4-260-11925-7

⦅目次⦆感染症治療に役立つ知識,各種小児感染症(発疹性疾患,消化器疾患,呼吸器感染症,血液・リンパ節系疾患,神経系疾患,日和見感染症,循環器疾患,その他)

⦅内容⦆最新の診断・治療の概要を簡潔かつ具体的に解説。第2版では、プライマリーケアを少し越えたレベルの診断と治療、疾患の解説に特に力を入れた。また、迅速診断、治療薬などを充実させ、感染症法の改訂にも対応した。

子どもの発音とことばのハンドブック 山崎祥子著 芽ばえ社 2011.7 109p 21cm 〈文献あり〉 1400円 ⓘ978-4-89579-345-2 Ⓝ496.9

⦅目次⦆1章 発音の障害はどこで起きているのか―発声・発語のしくみと構音障害のタイプ(発音がつくられるしくみ,構音障害の原因とタイプ ほか),2章 構音障害はどのようにして起こるのか―発音を覚える順序と日本語の音の種類

(発音の発達のしかた,聞き分ける力の発達のしかた ほか),3章 専門家はどのような検査や訓練をするのか──専門家による訓練と家庭や保育所での取り組み(機能性構音障害の検査と訓練方法,専門家の行う構音訓練の方法 ほか),Q&A この子の場合はどうなのかしら?(サ行が言えない年長児ですが,「キ」と「ケ」の音だけ言えないけど ほか)

子どもの病気栄養管理・栄養指導ハンドブック 伊藤善也,武田英二編著 (京都) 化学同人 2012.7 578p 21cm 8000円 Ⓘ978-4-7598-1285-5

㋳1 総論,2 各論(単純性肥満,2型糖尿病,1型糖尿病,先天性代謝異常症,腎臓の病気,アレルギーと免疫の病気,心臓と循環器の病気,血液の病気,腫瘍による病気,内分泌の病気,感染症,神経系や筋肉の病気と発達障害,消化器の病気,スポーツによる病気,医療制度)

女性と子どもの病院ガイド 埼玉 女性の暮らしネット埼玉著 (広島)南々社 2005.8 252p 21cm 1400円 Ⓘ4-931524-46-X

㋳1 納得できるお産がしたい(快適なお産がしたい,連携医療で安心なお産 ほか),2 すくすく元気な子どもを育てよう(かかりつけのお医者さんを探そう,つらい症状を少しでも軽くしてあげたい ほか),3 女性特有のこころと体で悩んだら(早期発見のために定期検診を受けよう,コウノトリを待っているあなたへ ほか),4 ひとりで悩まないで(悩まず気軽に相談しよう)

㋳安心・快適な産婦人科で産みたい。自宅出産ができる助産師さんはどこ?なんでも相談できる子どものお医者さんが知りたい。思春期の子どもが不登校で悩んでいるんだけど…。20代・30代にも増えている乳がん・子宮がんが気になる。更年期のつらさをわかってくれるお医者さんを探して。夫の暴力から逃れたい。埼玉の女性586人が選んだ人気のお医者さん他146施設。

女性と子どもの病院ガイド 広島 あそび・まなびネット広島著 (広島)南々社 2004.9 285p 21cm 1400円 Ⓘ4-931524-31-1

㋳1 納得できるお産をしよう(安全で快適なお産がしたい,ママの満足度が高かったお産の病院17施設 ほか),2 すくすく元気に子どもを育てよう(かかりつけのお医者さんを探そう,ママの満足度が高かった子どもの病院37施設 ほか),3 思春期のこころとからだのことで悩んだら(ひとりで悩んでいないで話してみようよ,思春期の相談ができる病院6施設 ほか),4 女性特有のこころとからだのことで悩んだら(女性なら誰にだってくる更年期,更年期の相談ができる病院15施設 ほか)

㋳広島の女性518人が選んだ人気のお医者さん他137施設ほか、相談窓口のデータや口コミ・ホンネ情報が満載。

すぐに引ける子どもの病気がわかる事典 小児科の専門医が、子どもの症状に応じて診断 北村享俊監修 成美堂出版 2004.8 535p 21cm 1500円 Ⓘ4-415-02278-2

㋳第1章 症状と病気,第2章 病気の基礎知識・治療法,第3章 心の病気,第4章 生活環境がもたらす病気,第5章 検査・入院・手術の基礎知識,第6章 予防接種の基礎知識

㋳症例575。あらゆる病名を収載。子どもの症状をみる。原因がわかる。治療法がわかる。病院へ行くべきか、自宅で治すべきか、とっさの判断をこの1冊で。検査・入院・手術の基礎知識をわかりやすく説明。病気とケガの緊急処理方法がイラストでわかる。

すぐに引ける 子どもの病気がわかる事典 小児科の専門医が、子どもの症状に応じて診断 北村享俊監修 成美堂出版 2007.5 535p 21cm 1500円 Ⓘ978-4-415-30192-1

㋳第1章 症状と病気,第2章 病気の基礎知識・治療法,第3章 心の病気,第4章 生活環境がもたらす病気,第5章 検査・入院・手術の基礎知識,第6章 予防接種の基礎知識

㋳症例575。あらゆる病名を収載。子どもの症状をみる。原因がわかる。治療法がわかる。病院へ行くべきか、自宅で治すべきか、とっさの判断をこの1冊で。検査・入院・手術の基礎知識をわかりやすく説明。病気とケガの緊急処理方法がイラストでわかる。

てんかんハンドブック Thomas R.Browne, Gregory L.Holmes著,松浦雅人監訳 メディカル・サイエンス・インターナショナル 1998.10 223p 21cm 〈原書名:Handbook of Epilepsy〉 4200円 Ⓘ4-89592-189-1

㋳てんかん:定義と背景,発作型,すべての年代に発症するてんかん,新生児期(出生〜2か月)発症のてんかん,乳児期(2〜12か月)発症のてんかん,小児期(1〜12歳)発症のてんかん,思春期と成人期(12歳以上)発症のてんかん,状況関連性てんかん,診断と鑑別診断,治療,抗てんかん薬,てんかん重積状態,特殊な

保健・体育　　健康

問題：妊娠と高齢者，カウンセリング，

てんかんハンドブック　第2版　トーマス・R ブラウン，グレゴリー・L ホームズ著，松浦雅人訳　メディカル・サイエンス・インターナショナル　2004.9　316p　20×12cm　〈原書第3版　原書名：Handbook of Epilepsy, Third Edition〉　4400円　Ⓣ4-89592-378-9

(目次)てんかん：定義と背景，発作型，すべての年代に発症するてんかん：症候性およびおそらく症候性の焦点てんかん，新生児期(出生から2か月)発症のてんかん：焦点性および全般てんかん，乳児期(2～12か月)発症のてんかん，小児期(1～12歳)発症のてんかん，思春期と成人期(12歳以上)発症のてんかん，てんかん診断を必要としない発作，診断と鑑別診断，管理，抗てんかん薬，てんかん重積状態，女性と高齢者に関する特別な問題，カウンセリング

難病の子ども情報ブック　子どもの無限の可能性を信じて　キッズエナジー編著　東京書籍　2001.5　133p　21cm　1500円　Ⓣ4-487-79620-2　Ⓝ493.931

(目次)1章 最善の治療を受けるために(難病といわれる病気，専門医に診てもらうということ ほか)，2章 豊かな入院生活のために(入院の準備，闘病中のお金をどうする ほか)，3章 充実した生活のために(自宅療養をするということ，ターミナル期の子どもたち ほか)，4章 子どもの学習と発達(闘病中の学習環境，教育を受けるための選択肢と手続き ほか)，5章 病院・患者会他各種ガイド(全国の子ども病院，小児専門外来のある大学病院 ほか)

(内容)難病の子どもの治療・生活・教育のための情報を収録した資料集。子どもたちが最善の治療の道を見つけ出し，基本的な人権である「学ぶこと」「成長すること」を保障され，豊かで健やかな毎日をすごすための情報とその見つけ方を紹介する。専門医や養護学校の先生からのアドバイス，闘病中の子どもの家族からの体験談，すぐに役立つ連絡先，ホームページなどを掲載。

やさしい健康へのアドバイス　日本知的障害福祉連盟編　(武蔵野)フィリア，星雲社〔発売〕　2002.6　187p　21cm　(発達障害療育訓練ハンドブック 第2集)　1714円　Ⓣ4-7952-6539-9

(目次)第1部 健康の面で配慮しなければならない事柄(精神遅滞の原因，とくに治療可能な原因のチェックと治療への理解，精神遅滞児者に(高頻度に)併発する病気の治療(死亡原因を含む)，てんかんのタイプと治療(発作への対応を含む)，精神遅滞児者の視覚・聴覚障害のチェックと治療，整形外科的治療 ほか)，第2部 いろいろな行動への対応(人のいうことがわからない子ども，言葉が話せない子ども，話し方のおかしい子ども，人前で話をしない子ども，人の干渉を極端に嫌う子ども ほか)，第3部 用語解説(五十音順)

◆**安全教育**

<書　誌>

3・11を心に刻むブックガイド　草谷桂子著　子どもの未来社　2013.11　139p　21cm　1400円　Ⓘ978-4-86412-068-5　Ⓝ369.31

(目次)第1章 絵本で伝える3・11(笑顔をとりもどすために，自然災害の脅威に向き合う(地震・津波) ほか)，第2章 児童文学からみる3・11(立ち止まって考える(創作童話・詩・エッセイ)，ノンフィクション ほか)，第3章 科学の本から3・11を検証する(地震・津波の本，防災の本 ほか)，第4章 マンガで読む3・11(マンガで伝える3・11，あの日からのマンガ ほか)

(内容)2011年3月11日に起きた東日本大震災後，人々が負った深い傷から血がふき出るように，数々の本が出版された。創作，ノンフィクション，写真，エッセイ，マンガ，俳句，短歌，紙芝居，また地震や津波，防災，エネルギーや放射能についての科学の本等々…。家庭文庫を30年以上主宰している著者が，子どもの本を中心とした3.11に関連する本を読みつづけ，「あの日を忘れない」ために300冊の本を紹介する。それらの本には，怒り，失望，悲しみ，命の重さ，人との絆の尊さなど，事実と共にさまざまな思いがうずまいている。あの日あの時のみならず，現在そして未来を考え，示唆できるブックガイド。

<ハンドブック>

子どもの安全ハンドブック　森健，岩崎大輔，子川智著　山と溪谷社　2006.3　159p　19cm　980円　Ⓣ4-635-50029-2

(目次)第1章 子どもの事件簿(子どもの安全管理とは，自宅周辺の安全マップ ほか)，第2章 子どもの心の問題への対応(子どもの気持ちを理解する，気分が落ち込んでいるようだ ほか)，第3章 家庭内での子どもの事故(家庭内での事故とは，家庭内に潜む危険マップ ほか)，第4章 家庭外での子どもの事故(学校での事故とは，学校と周辺の危険マップ ほか)，第5章 応急処

置マニュアル（骨折したら，突き指・ねんざ・肘内障 ほか）
⑳近年の事件・事故を徹底検証。いますぐ安全対策を。

災害に負けない防災ハンドブック 小学校低学年・家族・発達障害をもつ子・先生のための 堀清和著　（大阪）エンタイトル出版，星雲社〔発売〕　2013.8　132p　21cm　1200円　①978-4-434-18285-3　ⓃE374.92,E369.3

㊉あんぜん，さいがい，じしん，かじ，たいふう，たつまき，こうずい，かみなり，かざん，ひなんじょ，ボード，れんしゅう，マップ，じてん，しんぶん，ポスター，カード
⑳東北大学災害科学国際研究所特定プロジェクト研究「発達障害を持つ子のための防災教育および防災対策」の成果物。安全教育の常識を覆す大人も子どもも楽しめる画期的な本。

小学校低学年・家族・発達障害をもつ子・先生のための災害に負けない防災ハンドブック 第2版　堀清和著　（大阪）せせらぎ出版　2014.11　132p　21cm　1200円　①978-4-88416-236-8

㊉あんぜん，じしん，かじ，たいふう，たつまき，こうずい，かみなり，かざん，ひなんじょ，ボード，れんしゅう，マップ，じてん，しんぶん，ポスター，カード

ストーカーから身を守るハンドブック エミリー・スペンス・アルマゲヤー著，上田勢子訳　大月書店　2014.9　87p　21cm　〈原書名：Stalking : A Handbook for Victims〉　1200円　①978-4-272-33084-3

㊉第1章 まず敵を知る，第2章 行動を起こす一実用的な選択肢と法的な選択肢，第3章 身を守る対策をたてる，第4章 自分の心と体を守る，第5章 ネット，子ども，大学生，元パートナー

発達障害児者の防災ハンドブック いのちと生活を守る福祉避難所を 新井英靖，金丸隆太，松坂晃，鈴木栄子編著　（京都）クリエイツかもがわ　2012.7　157p　21cm　1800円　①978-4-86342-090-8

㊉第1章 避難所に入れない障害児者の苦悩と福祉避難所の開設，第2章 大規模災害時における発達障害児家族のニーズ，第3章 発達障害児者家族の避難の実際と避難所に対する要望，第4章 大震災後に避難所となった特別支援学校の状況，第5章 在校・入所していた障害児者が

どのように避難したか，第6章 要援護者支援マニュアルと福祉避難所設置の方法，第7章 福祉避難所となるにはどのような備えが必要か，第8章 大災害を想定した福祉避難所設置の防災訓練，第9章 東日本大震災からの教訓―私たちにできること
⑳東日本大震災で避難所を利用した人は40万人。多くの発達障害児者とその家族の避難状況，生の声，実態調査から見えてきた教訓と福祉避難所のあり方，運営システムを提言。

犯罪から子どもを守る!ハンドブック あおば出版　2006.4　112p　19cm　（あおば新書）　667円　①4-87317-748-0

㊉第1章 子どもが被害者となる犯罪別分析とその回避方法（誘拐，性犯罪 ほか），第2章 犯罪が起きやすい場所の検証と場所別キケン回避法（キケンな場所再検証，地域安全マップ），第3章 地域で行う防犯活動（子どもを狙った犯罪を防止する地域の活動，都道府県警察署で実施している犯罪被害者防止活動を知ろう! ほか），第4章 防犯グッズ（形状もタイプも異なる防犯ブザーを使いこなそう，防犯機能搭載の携帯電話で子どもを守る! ほか），第5章 もしも，我が子が被害に遭ってしまったら（もしも我が子が被害に遭ってしまったら，我が子が被害に遭ってしまった場合の対処法）
⑳子どもが被害に遭いやすい犯罪パターンとその回避方法。場所別キケン回避術。地域安全マップの作り方。万が一，被害に遭ってしまった場合の対処法。今すぐ実践できるノウハウが満載。

◆食生活

〈事 典〉

強く賢い子に育てる食と健康大事典 小板橋靖，岡崎光子監修　学習研究社　2003.4　319p　26×21cm　2800円　①4-05-301382-8

⑳子どもの健康な体をつくる献立とレシピ，身体にいい食材の知識，正しい食べ方など「食事と栄養に関する最新情報」を満載。病気や気になる症状と，それを改善する料理がひと目でわかるよう，小児科医と栄養学者がくふうした，便利なチャートを記載。

〈統計集〉

子どもの食生活データ総覧 2006年版　日本能率協会総合研究所編　生活情報センター

2006.2　317p　30cm　14800円　⑪4-86126-245-3

⑪目次⑪第1章 子どもの食生活，第2章 子どもの朝食・夕食，第3章 食卓の風景，第4章 食育，第5章 食と健康，第6章 メニュー・食材，第7章 学校給食

⑪内容⑪「子どもの食生活」に関するあらゆる分野の最新資料を網羅したデータブック。ビジネス，各種の調査研究に最適の一冊。

中学生・高校生の食生活データブック
2002年版　食品流通情報センター編　食品流通情報センター　2001.12　332p　26cm　(情報センターBOOKs)　14800円　⑪4-915776-62-X　Ⓝ498.5

⑪目次⑪第1章 食に対する考え方・行動，第2章 食の好み，第3章 食品に対する嗜好性，第4章 食品の購入・外食，第5章 家での食事，第6章 食材の購入，第7章 栄養状態，自由回答

⑪内容⑪中学生・高校生を対象とした食生活調査の統計書。北海道から沖縄県まで，全国の中学1年生から高校3年生までの男女1155人（有効回答数）に対するアンケート調査結果を収録。はやりの食品のチェック，好き嫌い，カロリー意識など，現代の中学・高校生世代の食生活・ライフスタイルを示す指標を掲載する。

食生活データ総合統計年報　1990
食品流通情報センター　1990.3　494p　26cm　12800円　⑪4-915776-02-6

⑪目次⑪農林水産省「食品の表示について」，農林水産省「食品流通に対する消費者意識について」，農林水産省「食料消費の動向について」，農林水産省「食生活と間食について」，農林水産省「野菜の消費について」，経済企画庁「輸入牛肉に関する意識等調査」，総理府「暮らしと流通に関する世論調査」，千葉県「輸入食品」，京都府消費生活科学センター「ドレッシングについてのアンケート調査」，国民生活センター「有機農産物流通の多様化に関する研究」，京都市消費者団体協議会「市販の惣菜購入アンケート調査」，中小企業事業団「需要動向調査(食生活関連)」，三菱電機「大学生の食意識」，東海銀行「当世奥様台所事情」〔ほか〕

食生活データ総合統計年報　'97〜'98
食品流通情報センター　1997.3　532p　26cm　14371円　⑪4-915776-16-6

⑪目次⑪第1章 食料消費等に関するデータ，第2章 男性・女性を対象にした食のアンケート，第3章 女性を対象にした食のアンケート，第4章 男性・子どもを対象にした食のアンケート，第5章 食品の生産・輸出入等に関するデータ

食生活データ総合統計年報　'98〜'99
食品流通情報センター編　食品流通情報センター　1998.5　569p　26cm　14800円　⑪4-915776-21-2

⑪目次⑪第1章 食料消費等に関するデータ（農林水産省「食料需給表」，総務庁「社会生活基本調査」ほか），第2章 男性・女性の食生活についてのアンケート（外食産業総合調査研究センター，キッコーマン「食生活レポート」ほか），第3章 女性の食生活についてのアンケート（農林水産省「野菜及び野菜加工品について」「食料品の容器包装について」，農林水産省「外食の動向について」「中食の動向について」ほか），第4章 男性の食生活についてのアンケート（みそ健康づくり委員会「単身赴任ビジネスマンと『家庭の味』」，ベターホーム協会「60歳からの男性・調理と家事の実態と意識アンケート調査」ほか），第5章 子どもの食生活についてのアンケート（カゴメ「食卓からみた現代の家族関係」，中埜酢店「現代っ子とお弁当に関するアンケート」ほか）

食生活データ総合統計年報　'99
食品流通情報センター編　食品流通情報センター　1999.4　664p　26cm　14800円　⑪4-915776-25-5

⑪目次⑪第1章 食料消費等に関するデータ，第2章 男性・女性の食生活についてのアンケート，第3章 女性の食生活についてのアンケート，第4章 男性の食生活についてのアンケート，第5章 子どもの食生活についてのアンケート

食生活データ総合統計年報　2000年版
食品流通情報センター編　食品流通情報センター　2000.4　718p　26cm　(情報センターBOOKS)　14800円　⑪4-915776-31-X　Ⓝ365.5

⑪目次⑪第1章 食料消費等に関するデータ，第2章 家計消費に関するデータ，第3章 男性・女性の食生活に関するアンケート，第4章 女性の食生活に関するアンケート，第5章 子どもの食生活に関するアンケート

⑪内容⑪食生活に関するアンケート・調査統計を収録したもの。

食生活データ総合統計年報　2001
食品流通情報センター編　食品流通情報センター　2001.3　678p　26cm　(情報センターBooks)　14800円　⑪4-915776-48-4

Ⓝ365.5
(目次)第1章 食品購入に関する意識データ，第2章 料理・食事に関する意識データ，第3章 健康に関する意識データ，第4章 米・パン・めん類消費に関するデータ，第5章 生鮮食品消費に関する意識データ，第6章 調理食品・調味料に関する意識データ，第7章 飲料・酒類に関する意識データ，第8章 子どもの食生活に関する意識データ
(内容)食生活に関する民間のアンケートや，官公庁による関連の調査統計などを収録した統計集。

食生活データ総合統計年報　2002年版　生活情報センター編　生活情報センター　2002.4　536p　26cm　(情報センターBOOKs)　14800円　Ⓘ4-915776-69-7　Ⓝ365.5
(目次)第1章 食材購入に関する意識データ，第2章 食事づくりに関する意識データ，第3章 主食(ごはん・めん)消費に関する意識データ，第4章 調味料・加工食品利用に関する意識データ，第5章 飲料・菓子に関する意識データ，第6章 健康・安全性に関する意識データ，第7章 子どもの食生活に関する意識データ，第8章 外食に関する意識データ
(内容)食生活に関する民間のアンケートや，官公庁による関連の調査統計などを収録した統計集。

食生活データ総合統計年報　2003　生活情報センター編　生活情報センター　2003.4　562p　26cm　(情報センターBOOKs)　14800円　Ⓘ4-915776-88-3
(目次)第1章 食の家計支出・食料需給に関するデータ，第2章 主食の消費に関する意識データ，第3章 献立・料理・食事に関する意識データ，第4章 食品の購入・買い物に関する意識データ，第5章 飲料・酒類消費に関する意識データ，第6章 外食消費に関する意識データ，第7章 子どもの食生活に関する意識データ，第8章 食と健康に関する意識データ，第9章 食の安全性・表示に関する意識データ
(内容)食に関する最新データを豊富に収録。ビジネス・調査研究に必携の資料集。

食生活データ総合統計年報　2004　生活情報センター編集部編　生活情報センター　2004.4　346p　30cm　14800円　Ⓘ4-86126-116-3
(目次)第1章 食料消費に関する統計表，第2章 食事・料理に関する意識，第3章 食材に関する意識，第4章 飲料・菓子類に関する意識，第5章 酒類に関する意識，第6章 外食・中食に関する意識，第7章 子どもの食に関する意識，第8章 食の安全・健康に関する意識
(内容)「食生活」に関するあらゆる分野の最新資料を網羅した毎年好評のデータブック。ビジネス，各種の調査研究に最適。

食生活データ総合統計年報　2008　アーカイブス出版編集部編　アーカイブス出版　2007.7　326p　30cm　14800円　Ⓘ978-4-903870-21-2
(目次)第1章 食料消費に関する統計・調査，第2章 食事・料理に関する意識，第3章 食材等に関する意識，第4章 飲料・菓子・酒類に関する意識，第5章 外食・中食に関する意識，第6章 食の安全・健康に関する意識
(内容)「食生活」に関するあらゆる分野の最新資料を網羅した毎年好評のデータブック。ビジネス，各種の調査研究に最適。

食生活データ総合統計年報　2010　三冬社　2010.2　333p　30cm　14800円　Ⓘ978-4-904022-59-7　Ⓝ596
(目次)第1章 官庁データ，第2章 料理・食事に関するデータ，第3章 幼児・子ども・若者・高齢者の食生活，第4章 飲料・酒・菓子，第5章 健康・食の安全，第6章 国際比較
(内容)「食生活」に関するあらゆる分野の最新資料を網羅した毎年好評のデータブック。ビジネス，各種の調査研究に最適の一冊。

食生活データ総合統計年報　2011年版　三冬社編　三冬社　2011.1　338p　30cm　14800円　Ⓘ978-4-904022-67-2
(目次)第1章 官庁統計によるデータ，第2章 料理・食事に関するデータ，第3章 幼児・子ども・若者・高齢者の食生活，第4章 飲料・酒・菓子，第5章 食育と健康，第6章 国際比較
(内容)「食生活」に関するあらゆる分野の最新資料を網羅したデータブック。

食生活データ総合統計年報　2013　三冬社　2013.2　338p　30cm　14800円　Ⓘ978-4-904022-86-3
(目次)第1章 官庁統計によるデータ，第2章 TPPと食生活，第3章 食材・料理・食事，第4章 菓子・飲料・酒類，第5章 幼児・子ども・若者・高齢者の食生活，第6章 東日本大震災の食に関する影響
(内容)食料の内外価格差が大きく，自給率が低い日本。食料消費の未来を読み解くためのデータが満載。

◆食育

<事 典>

バランスよく食べよう!栄養がわかる絵事典 食べ物の成分から体のしくみまで
金田雅代監修　PHP研究所　2008.12　79p
29×22cm　2800円　Ⓘ978-4-569-68759-9
Ⓝ498.5

目次 序章 まんがぼくたち内臓はグロッキー—こんな食生活はもうゴメン!!、第1章 体に必要な栄養素はこれ!(栄養素はなぜ必要なのかな?、たんぱく質、炭水化物、脂質、水溶性ビタミン、脂溶性ビタミン、ミネラル、食物せんい、ここが気になる小中学生の健康、肥満、ダイエット)、すぐつかれる、すぐキレる、小児生活習慣病)、第2章 栄養をとりこむ消化器官(消化活動は共同作業、口の中、食道、胃、肝臓、胆のう、すい臓、小腸、十二指腸、大腸、直腸、肛門)、第3章 じょうぶな体をつくる食生活の工夫(+1で健康朝食、残さず食べよう!昼の学校給食、間食はいつ、何を、どれくらいがいいの?、給食を見本にした夕食こんだて、サプリメントの役割、食生活の基本10か条)

内容 食べ物の栄養、消化吸収、どんな食べ方をしたらよいかなどの疑問や、食に関する学習で興味・関心が深まり、もっともっと知りたいと思ったとき、すぐ役立つように、具体的な絵にしてわかりやすく解説。

<ハンドブック>

イラスト版食材図鑑 子どもとマスターする「旬」「栄養」「調理法」　赤堀永子監修, 赤堀栄養専門学校編　合同出版　2005.11　325p　26cm　3200円　Ⓘ4-7726-0347-6

目次 野菜編、きのこ編、魚貝類、食肉類、海藻類、果物類、種実・豆類、卵類、穀物類、乳製品類

内容 「食育」は、生きる力を育む基本の基。身近な食材を、一点一点ていねいに図解。「旬」「原産地」「選び方」「栄養価」「調理法」が、子どもと一緒にマスターできる。家庭や学校でできるかんたんレシピ付き。

子どもの栄養と食育がわかる事典 正しい食習慣で、体も心も元気に育つ!　足立己幸著　成美堂出版　2007.10　223p　21cm　1200円　Ⓘ978-4-415-30155-6

目次 序章 食育のねらい—よりよく食べてよりよい人生、1 食事のバランスと適量—元気な子どもに育つために、2 成長期の適量の基礎知識—自分で過食や不足を防ぐために、3 心身の健全発達と食習慣—楽しくて健康的な食卓へ、4 病気にならない食事—健康のための食事対策、5 体の中で変身!食べ物のゆくえ—グングン育つ栄養のしくみ、6 食品・台所・食卓の安全対策—子どもの「食」の危機管理、7 地球・地域・食卓のトライアングル—暮らしの真ん中で食育を!、栄養素早わかりガイド—栄養素の働きと食事摂取基準

内容 子どもに必要な栄養や食育の知識がひと目でわかる。肥満や病気を防ぐポイントを症状別にガイド。

食育実践ハンドブック 明日の授業で生かせるアイディア70　篠田信司, 原美津子, 長島和子編　三省堂　2007.2　159p　26cm　2300円　Ⓘ978-4-385-36292-2

目次 第1章 食育の基本的な考え方(健康づくりと食育、「食育基本法」制定の背景、学校・家庭・地域社会・行政に求められていること)、第2章 実践アイディア70(食の指導体制をつくろう、食に関する知識をもたせよう、食を選択する能力を育てよう、健全な食生活を送ろう、食にかかわる問題を考えよう、地域社会との連携を深めよう、食にかかわる人々への感謝と理解、家庭と子どもに発信しよう)、第3章 資料—食育基本法

内容 学校の教育活動は法律で定められた「教育課程の基準(＝学習指導要領)」に基づいて展開されている。本書では、これまでの家庭科・保健体育科・理科等の教科での「食育」にかかわる内容を中心に据えながら、さらにどのような場面で、どのような食育推進活動ができるか、様々なアイディアを集めて編集した。各学校が今後「食育」に取り組んでいくためのヒントとなるアイディアを精選している。

食育実践ハンドブック 明日の授業で生かせるアイディア70　第2版　篠田信司, 原美津子, 長島和子編　三省堂　2009.3　159p　26cm　(Sanseido educational library)　〈索引あり〉　2300円　Ⓘ978-4-385-36293-9
Ⓝ374.97

目次 第1章 食育の基本的な考え方(健康作りと食育、「食育基本法」の背景とその後の展開、学校・家庭・地域社会・行政に求められていること)、第2章 実践アイディア70(食の指導体制をつくろう、食に関する知識をもたせよう、食を選択する能力を育てよう、健全な食生活を送

健康　　　　　　　　　　　　保健・体育

ろう，食にかかわる問題を考えよう，地域社会との連携を深めよう，食にかかわる自然や人々への感謝，家庭と子どもに発信しよう），第3章　資料（食育基本法）

(内容)新学習指導要領対応。平成20年告示の新学習指導要領に基づいた「食育」の実践指導を提案。豊富な事例・資料で学校での取り組みをサポート。

食べることは生きること　食育実践ハンドブック　東京都社会福祉協議会児童部会従事者会給食研究会企画　東京都社会福祉協議会　2014.3　94p　30cm　1000円　Ⓘ978-4-86353-184-0

(目次)第1章 総論（食育とは，児童養護施設の食育で目指すもの），第2章 各論（栄養学の変遷，児童福祉施設における食事の提供ガイド，食育は"生"教育，食と自己肯定感，食と自己支援，養育者への食育，チームケアの必要性），第3章 実践（なぜ栄養ケアマネジメントなのか，技法の説明，事例）

<法令集>

Q&A早わかり食育基本法　食育基本法研究会編著　大成出版社　2005.12　126p　21cm　1143円　Ⓘ4-8028-0502-0

(目次)第1編 Q&A（本法を制定した理由は何ですか。食育に関する推進法ではなく基本法とした理由は何ですか。ほか），第2編 関係法令（食育基本法（平成17年6月17日法律第63号），食育基本法の施行期日を定める政令（平成17年7月8日政令第235号）ほか），第3編 内閣府食育推進室関係（食育の推進に向けて―食育基本法が制定されました，食育推進会議構成員名簿 ほか），第4編 食育に関する官庁窓口（中央官庁，都道府県・指定都市）

<図鑑・図集>

たべもの・食育図鑑　「食の科学」と「いのちの営み」を考える　食生活プランニング編　群羊社　2009.11　199p　26×21cm　2400円　Ⓘ978-4-906182-70-1　Ⓝ596

(目次)野菜，くだもの，ナッツ，きのこ，乾物，海藻，芋，魚介，肉，大豆，大豆製品，豆，卵，牛乳，穀物，お茶，調味料，油脂

<年鑑・白書>

食育白書　平成18年版　内閣府編　時事画報社　2006.12　147p　30cm　1000円　Ⓘ4-915208-13-3

(目次)食育推進にいたる背景と取組の本格化—年次報告書の第1回作成に当たって（「今なぜ食育なのか」，食育基本法の制定と食育推進基本計画の策定），食育推進施策の実施状況（家庭における食育の推進，学校，保育所等における食育の推進，地域における食生活の改善のための取組の推進，食育推進運動の展開，生産者と消費者との交流の促進，環境と調和のとれた農林漁業の活性化等，食文化の継承のための活動への支援等，食品の安全性，栄養その他の食生活に関する調査，研究，情報の提供及び国際交流の推進）

食育白書　平成19年版　内閣府編　時事画報社　2007.11　103p　30cm　1000円　Ⓘ978-4-915208-23-2

(目次)第1章 国民運動としての食育の推進，第2章 学校，保育所等における食育の推進，第3章 地域における食生活の改善等のための取組の推進，第4章 生産者と消費者との交流の促進、環境と調和のとれた農林漁業の活性化等，第5章 食品の安全性に関する情報提供の推進，第6章 調査，研究その他の施策の推進，資料編

食育白書　平成20年版　内閣府編　佐伯印刷　2008.12　129p　30cm　1000円　Ⓘ978-4-903729-42-8　Ⓝ498.5

(目次)第1章 国民運動としての食育の推進，第2章 家庭における食育の推進，第3章 学校，保育所等における食育の推進，第4章 地域における食生活の改善等のための取組の推進，第5章 生産者と消費者との交流の促進、環境と調和のとれた農林漁業の活性化等，第6章 食品の安全性に関する情報提供の推進，第7章 調査，研究その他の施策の推進，資料編

食育白書　平成21年版　内閣府編　日経印刷　2009.6　166p　30cm　1500円　Ⓘ978-4-904260-17-3　Ⓝ498.5

(目次)第1章 国民運動としての食育の推進，第2章 家庭における食育の推進，第3章 学校，保育所等における食育の推進，第4章 地域における食生活の改善等のための取組の推進，第5章 生産者と消費者との交流の促進、環境と調和のとれた農林漁業の活性化等，第6章 食品の安全性に関する情報提供の推進，第7章 調査，研究その他の施策の推進，資料編

食育白書　平成22年版　内閣府編　日経印刷　2010.6　150p　30cm　1500円　Ⓘ978-

4-904260-58-6　Ⓝ498.5
〔目次〕第1部 食育推進施策の現状と課題（食育推進施策等の現状，食育推進施策の課題と取組），第2部 食育推進施策の具体的取組（家庭における食育の推進，学校，保育所等における食育の推進，地域における食生活の改善等のための取組の推進，生産者と消費者との交流の促進，環境と調和のとれた農林漁業の活性化等，食品の安全性に関する情報提供の推進，調査，研究その他の施策の推進），資料編

食育白書　平成23年版　内閣府編　佐伯印刷　2011.7　147p　30cm　1500円　Ⓘ978-4-905428-02-2
〔目次〕第1部 食育推進施策の現状と課題（食育推進施策等の現状，第2次食育推進基本計画の概要），第2部 食育推進施策の具体的取組（家庭における食育の推進，学校，保育所等における食育の推進，地域における食生活の改善等のための取組の推進，生産者と消費者との交流の促進，環境と調和のとれた農林漁業の活性化等，食品の安全性に関する情報提供の推進，調査，研究その他の施策の推進），資料編

食育白書　平成24年版　内閣府編　勝美印刷　2012.7　181p　30cm　1500円　Ⓘ978-4-906955-00-8
〔目次〕第1部 食育推進施策の現状と課題（食育推進施策等の現状，食育推進施策の課題と取組 特集「みんなで食べたらおいしいね」，東日本大震災における食育に関連した取組），第2部 食育推進施策の具体的取組（食育推進施策の動向，家庭における食育の推進，学校，地域における食育の推進，生産者と消費者との交流の促進，環境と調和のとれた農林漁業の活性化等，食文化の継承のための活動，食品の安全性等に関する情報提供の推進，調査，研究その他の施策の推進），資料編

食育白書　平成25年版　内閣府編　勝美印刷　2013.7　155p　30cm　1500円　Ⓘ978-4-906955-10-7
〔目次〕第1部 食育推進施策の現状と課題（食育推進施策等の現状，食育推進施策の課題と取組 特集「つながる，ひろがる食育の輪」），第2部 食育推進施策の具体的取組（食育推進施策の動向，家庭における食育の推進，学校，地域における食育の推進，生産者と消費者との交流の促進，環境と調和のとれた農林漁業の活性化等，食文化の継承のための活動，食品の安全性等に関する情報提供の推進，調査，研究その他の施策の推進），資料編

体育・スポーツ

＜統計集＞

子どものスポーツライフ・データ　4〜9歳のスポーツライフに関する調査報告書　2010　笹川スポーツ財団　2010.1　119p　30cm　〈他言語標題：The 2010 SSF national sports-life survey of children　文献あり〉　2000円　Ⓘ978-4-915944-43-7　Ⓝ780.59
〔目次〕序章 SSF調査研究委員会（調査の概要，本報告書の読み方，用語の解説），1 要約，2 ダイジェスト（運動・スポーツ実施状況，スポーツ施設，スポーツ指導者，スポーツクラブ・運動部，ローレル指数（R1）と体力，習いごと，スポーツへの態度，好きなスポーツ選手，家族の運動・スポーツ実施と子どもの運動・スポーツ実施），3 トピック（子どもの運動・スポーツ実施とジェンダー，家族の運動・スポーツ参与別にみる子どもの運動・スポーツ実施への期待），4 調査票・単純集計結果，5 クロス集計結果，6 参考文献，7 データの使用申請について

子どものスポーツライフ・データ　4〜9歳のスポーツライフに関する調査報告書　2012　笹川スポーツ財団　2012.3　135p　30cm　〈他言語標題：The 2012 SSF National Sports-Life Survey of Children　文献あり〉　2000円　Ⓘ978-4-915944-50-5　Ⓝ780.59
〔目次〕1 要約，2 ダイジェスト，3 トピック，4 調査票・単純集計結果，5 クロス集計結果，6 参考文献，7 データの使用申請について

青少年のスポーツライフ・データ　10代のスポーツライフに関する調査報告書　2002　SSF笹川スポーツ財団　2002.8　175p　30cm　2000円　Ⓘ4-915944-29-8　Ⓝ780
〔目次〕1 要約，2 ダイジェスト（スポーツ実施状況，スポーツ実施の国際比較，スポーツ施設，スポーツクラブ・運動部，スポーツ指導者，スポーツへの態度 ほか），3 調査票・単純集計およびクロス集計結果，4 参考文献，5 データの使用申請について

青少年のスポーツライフ・データ　10代のスポーツライフに関する調査報告書　2006　SSF笹川スポーツ財団　2006.3　175p　30cm　2000円　Ⓘ4-915944-38-7

(目次)1 要約, 2 ダイジェスト(運動・スポーツ実施状況, スポーツ実施の国際比較, スポーツ施設, スポーツクラブ・運動部, スポーツ指導者, スポーツへの態度, スポーツ観戦, 好きなスポーツ選手, スポーツ・ボランティア, BMI(体格指数)ほか), 3 調査票・単純集計およびクロス集計結果, 4 参考文献, 5 データの使用申請について

青少年のスポーツライフ・データ 10代のスポーツライフに関する調査報告書
2010 笹川スポーツ財団 2010.1 183p 30cm 〈他言語標題：The 2010 SSF national sports-life survey of young people 2006までの出版者：SSF笹川スポーツ財団 文献あり〉 2000円 ①978-4-915944-42-0 Ⓝ780.59

(目次)1 要約, 2 ダイジェスト(運動・スポーツ実施状況, スポーツ施設, スポーツクラブ・運動部, スポーツ指導者, スポーツへの態度, スポーツ観戦, 好きなスポーツ選手, スポーツボランティア, 体力・運動不足感・体型, スポーツ傷害, 習いごと, 保護者の運動・スポーツ実施), 3 トピック, 4 調査票・単純集計結果, 5 クロス集計結果, 6 参考文献, 7 データの使用申請について

青少年のスポーツライフ・データ 10代のスポーツライフに関する調査報告書
2012 笹川スポーツ財団 2012.3 199p 30cm 〈他言語標題：The 2012 SSF National Sports-Life Survey of Young People 文献あり〉 2000円 ①978-4-915944-49-9 Ⓝ780.59

(目次)1 要約, 2 ダイジェスト, 3 トピック, 4 調査票・単純集計結果, 5 クロス集計結果, 6 参考文献, 7 データの使用申請について

書名索引

書名索引　　　　　　　　　　　えるて

【あ】

愛知児童文化事典 ……………………… 209
あそびうたハンドブック ……………… 216
遊び研究文献目録 ……………………… 215
遊びの指導 エンサイクロペディア 乳幼児編 ハンディ版 ………………… 216
遊びの本のカタログ …………………… 215
あなたの知りたい高校受験〜学校生活ガイド 2000年 ………………………… 66
アンケート四季報 5 1990初夏号 …… 212
アンケート四季報 6 1990夏号 ……… 212
アンケート四季報 7 1990初秋号 …… 212
アンケート四季報 9 1991冬号 ……… 212
アンケート四季報 10 1991早春号 …… 212
アンケート四季報 第11号 1991 …… 212
アンケート四季報 第12号 1991 …… 212
アンケート四季報 第13号 1991 …… 212
アンケート四季報 第14号 1992 …… 212
アンケート四季報 第15号 1992 …… 212
アンケート四季報 1993 春号 ………… 212
アンケート四季報 第18号 1997 …… 213
アンケート調査年鑑 （1990）Vol.3 …… 213
アンケート調査年鑑 1992 ……………… 213
アンケート調査年鑑 1993 ……………… 213
アンケート調査年鑑 1994 ……………… 213
アンケート調査年鑑 1996 ……………… 213
アンケート調査年鑑 1999 ……………… 213
アンケート調査年鑑 2000年版 ………… 213
アンケート調査年鑑 2001年版 ………… 213
アンケート調査年鑑 2002年版 ………… 214
アンケート調査年鑑 2003年版 ………… 214
アンケート調査年鑑 2004年版 ………… 214
アンケート調査年鑑 2005年版 vol.18 … 214
アンケート調査年鑑 2006年版（vol.19） …………………………………………… 214
アンケート調査年鑑 2007年版（vol.20） …………………………………………… 214
アンケート調査年鑑 2008年版（vol.21） …………………………………………… 214
アンケート調査年鑑 2009年版（vol.22） …………………………………………… 214
アンケート調査年鑑 2010年版（vol.23） …………………………………………… 215
アンケート調査年鑑 2011年版（vol.24） …………………………………………… 215
アンケート調査年鑑 2012年版 ……… 215
アンケート調査年鑑 2013年版（vol.26） …………………………………………… 215

【い】

イギリスに学ぶ子どもの貧困解決 …… 128
育児の事典 ……………………………… 9
育児・保育をめぐって ………………… 9
医系大学進学ガイド …………………… 105
いじめを考える100冊の本 …………… 136
いじめ・自殺問題 ……………………… 133
いじめ・不登校問題などの現状と課題 … 134
いじめ問題ハンドブック ……………… 137
医・歯・薬＋獣医受験案内 2009年度用 … 107
医・歯・薬＋獣医受験案内 2010年度用 … 107
医・歯・薬＋獣医受験案内 2011年度用 … 108
医・歯・薬＋獣医受験案内 2012年度用 … 108
医・歯・薬＋獣医受験案内 2013年度用 … 108
医・歯・薬＋獣医受験案内 2015年度用 … 108
一問一答平成23年民法等改正 ………… 20
イラスト手話辞典 2 …………………… 14
イラスト版食材図鑑 …………………… 239
医療系大学データブック 2015 ……… 108
医療的ケアハンドブック ……………… 14
医療と福祉の学校受験全ガイド 2000年版 …………………………………… 90

【う】

右翼民族派総覧 1991年版 …………… 141

【え】

栄冠めざして 海外帰国生入試編 2005年度版 ………………………………… 126
栄冠めざして 海外帰国生入試編 2014年度版 ………………………………… 126
江戸時代女性生活絵図大事典 第1巻 … 170
江戸の子供遊び事典 …………………… 216
絵による児童診断ハンドブック ……… 201
NHK放送文化研究所年報 2012（No.56） …………………………………………… 222
LD・ADHD等関連用語集 第3版 …… 160

LD・学習障害事典 …………………… 160
LDの人の就労ハンドブック ………… 163

音楽大学・短大・高校音楽科入試問題集
　2007年度 …………………………… 22

【お】

旺文社版 中学校受験案内 2000年入試
　用 ……………………………………… 51
お受験じょうほう 2009年度版 ……… 33
オタク産業白書 2008 ………………… 220
お入学の本 首都圏版 平成9年度版 … 33
お入学の本 首都圏版 平成11年度版 … 33
お入学の本 首都圏版 平成12年度版 … 33
お入学の本 首都圏版 平成14年度 …… 33
お人形事典 …………………………… 217
お人形図鑑 …………………………… 218
おもちゃで遊ぼう …………………… 217
おもちゃ博物館　1 ………………… 218
おもちゃ博物館　2 ………………… 218
おもちゃ博物館　3 ………………… 218
おもちゃ博物館　4 ………………… 218
おもちゃ博物館　5 ………………… 218
おもちゃ博物館　6 ………………… 218
おもちゃ博物館　7 ………………… 218
おもちゃ博物館　8 ………………… 218
おもちゃ博物館　9 ………………… 218
おもちゃ博物館　10 ………………… 218
おもちゃ博物館　11 ………………… 218
おもちゃ博物館　12 ………………… 218
おもちゃ博物館　13 ………………… 218
おもちゃ博物館　14 ………………… 218
おもちゃ博物館　15 ………………… 218
おもちゃ博物館　16 ………………… 219
おもちゃ博物館　17 ………………… 219
おもちゃ博物館　18 ………………… 219
おもちゃ博物館　19 ………………… 219
おもちゃ博物館　20 ………………… 219
おもちゃ博物館　21 ………………… 219
おもちゃ博物館　22 ………………… 219
おもちゃ博物館　23 ………………… 219
おもちゃ博物館　24 ………………… 219
親子で選ぶ難関大学に強い中高一貫校 … 40
親子で決める!大学選びの教科書 2015 … 108
親子でみる中学受験面接ブック 16年度
　用 ……………………………………… 40
親と子の高校入試情報誌 The Green2001
　2001年度入試用 …………………… 66
音楽大学・学校案内 ………………… 22

【か】

海外・帰国生のためのスクールガイド
　Biblos 2015年度版 ………………… 126
外国人留学生のための大学院入学案内
　2001-2002 …………………………… 122
外国人留学生のための大学院入学案内
　2007-2008年度版 …………………… 122
外国人留学生のための大学入試情報
　'96 …………………………………… 109
カイシャ語 …………………………… 174
会社四季報 外資系企業就職版（'97）… 187
会社四季報 外資系企業就職版 '99 …… 187
会社四季報 外資系企業就職版 2001年
　版 …………………………………… 187
会社四季報 学生就職版（'91）……… 187
会社四季報 学生就職版 '92 …………… 187
会社四季報 学生就職版 メーカー編
　（'93）………………………………… 187
会社四季報 学生就職版 ノンメーカー編
　（'94）………………………………… 187
会社四季報 学生就職版 メーカー編
　（'94）………………………………… 187
会社四季報 学生就職版（'97）……… 187
会社四季報 学生就職版 '99 …………… 187
会社四季報 学生就職版 2000年版 …… 187
会社四季報 学生就職版 2001年版 …… 188
会社四季報 採用Q&A '96 …………… 188
会社四季報 採用スケジュール版 '99 … 188
会社四季報 就職アタック5000 '97 … 188
会社四季報 就職資料請求7000 2001年
　版 …………………………………… 188
会社四季報 就職資料請求8000 '99 … 188
会社四季報 女子学生就職版（'91）… 188
会社四季報 女子学生就職版 '93 ……… 189
会社四季報 女子学生就職版（'97）… 189
会社四季報 女子学生就職版 '99 ……… 189
会社四季報 女子学生就職版 2000年版 … 189
会社四季報 女子学生就職版 2001年版 … 189
会社四季報 中堅＆成長企業就職版
　（'97）………………………………… 189
会社四季報 中堅・成長企業就職版 '99 … 189
会社四季報 有力・成長企業就職版 2000
　年版 ………………………………… 189
会社図鑑! '97 ………………………… 193

改正児童福祉法新旧対照条文集 ………… 154
学生下宿年鑑 '94 ……………………… 210
学生下宿年鑑 '99 ……………………… 210
学生下宿年鑑 2004 …………………… 210
学生下宿年鑑 2005 …………………… 210
学生下宿年鑑 2006 …………………… 211
学生下宿年鑑 2008 …………………… 211
学生下宿年鑑 2009 …………………… 211
学生下宿年鑑 2012 …………………… 211
学生下宿年鑑 2013 …………………… 211
学生下宿年鑑 2014 …………………… 211
学生のためのボランティアガイド …… 138
学生の必修講座 エイズ・ハンドブック
　1995 ……………………………………… 232
学費免除・奨学金で行く大学・大学院 …… 22
かごしま子ども白書 …………………… 140
家族のきずなを考える …………… 17, 226
学研版 大学受験案内 2008年度用 …… 109
学研版 短大受験案内 2008年度用 …… 100
学校が合わないときの居場所探し 2000
　～2001年版 …………………………… 123
学校が合わないときの学校探し 2000～
　2001年版 ……………………………… 135
学校・教育問題レファレンスブック …… 7
学校心理学ハンドブック ……………… 202
学校説明会 2012年受験用 首都圏版 …… 22
学校に行けない子どもたちへの対応ハン
　ドブック ……………………………… 135
学校ボランティア活動・奉仕活動の本
　6 ………………………………………… 138
家庭教育手帳 ……………………………… 11
家庭教育ノート …………………………… 11
家庭と子育ての指標 ……………………… 10
家庭の医学 ハンディ新赤本 新版 …… 231
家庭の医学 新赤本 改訂新版 ………… 231
家庭訪問型子育て支援ハンドブック …… 153
神奈川・近県 高校受験ガイド 2007年入
　試用 ……………………………………… 71
神奈川・近県 高校受験ガイド 2008年入
　試用 ……………………………………… 71
神奈川・近県 高校受験ガイド 2009年入
　試用 ……………………………………… 71
神奈川・近県 高校受験ガイド 2010年入
　試用 ……………………………………… 71
神奈川・近県 高校受験ガイド 2011年入
　試用 ……………………………………… 71
神奈川・近県 高校受験ガイド 2013年入
　試用 ……………………………………… 71
神奈川・近県 高校受験ガイド 2014年入
　試用 ……………………………………… 71
神奈川・近県 高校受験ガイド 2015年入
　試用 ……………………………………… 72
神奈川・首都圏 高校受験ガイド '92年入
　試用 ……………………………………… 72
神奈川・首都圏 高校受験ガイド '93年入
　試用 ……………………………………… 72
神奈川・首都圏 高校受験ガイド '95年入
　試用 ……………………………………… 72
神奈川・首都圏 高校受験ガイド 2004年
　入試用 …………………………………… 72
神奈川・首都圏 高校受験ガイド 2005年
　入試用 …………………………………… 72
神奈川・首都圏 高校受験ガイド 2006年
　入試用 …………………………………… 73
からだといのちに出会うブックガイド … 229
看護医療技術系学校受験者のための受験
　ガイドブック '95年度 ………………… 89
看護医療技術系学校受験者のための受験
　ガイドブック '97 ……………………… 90
看護・医療系学校最新入学全ガイド
　2007 ……………………………………… 90
看護・医療系学校最新入学全ガイド 2008
　年度用 …………………………………… 90
看護・医療系学校最新入学全ガイド 2009
　年度用 …………………………………… 90
看護・医療系学校最新入学全ガイド 2010
　速報版 …………………………………… 91
看護・医療系学校最新入学全ガイド 2011
　年度用 …………………………………… 91
看護・医療系学校最新入学全ガイド 2012
　年度用 …………………………………… 91
看護・医療系学校最新入学全ガイド
　2013 ……………………………………… 91
看護医療系学校受験者のための受験ガイ
　ドブック '93年度 ……………………… 91
看護医療系学校受験者のための受験ガイ
　ドブック '99 …………………………… 91
看護医療系学校受験者のための受験ガイ
　ドブック 2000年度版 ………………… 92
看護医療系学校受験者のための受験ガイ
　ドブック 2001年度版 ………………… 92
看護・医療系学校進学ガイド 2000年最
　新版 ……………………………………… 92
看護・医療系学校推薦入試マニュアル
　'99 ……………………………………… 92
看護・医療系学校推薦入試マニュアル
　2000 ……………………………………… 92
看護・医療系学校推薦入試マニュアル
　2004 ……………………………………… 92
看護・医療系学校入学全ガイド '99 …… 93
看護・医療系学校入学全ガイド 2000 …… 93
看護・医療系学校入学全ガイド 2002（速
　報版） …………………………………… 93

看護・医療系学校入学全ガイド 2003 速報版 …… 93
看護・医療系学校入学全ガイド 2003 完全版 …… 93
看護・医療系受験案内 2011年度用 …… 94
看護・医療系全国大学・短大専門学校受験案内 2006年度用 …… 94
看護・医療 大学・短大・専門・各種学校ガイド 2014年度用 …… 23
看護・医療 大学・短大・専門・各種学校ガイド 2015年度用 …… 23
看護学校受験全ガイド '99 …… 94
看護学校受験全ガイド 2001年版 …… 94
看護学校受験全ガイド 2002年版 …… 94
看護学校受験全ガイド 2004年版 …… 94
看護学校受験全ガイド 2005年版 …… 95
看護学校受験全ガイド 2006年版 …… 95
看護学校受験全ガイド 2007年版 …… 95
看護学校受験全ガイド 2008年版 …… 95
看護学校受験全ガイド '09年版 …… 95
看護学校受験全ガイド '10年版 …… 96
看護学校受験全ガイド '11年版 …… 96
看護学校受験全ガイド '13年版 …… 96
看護学校受験全ガイド '14年版 …… 96
関西圏私立・国立小学校合格マニュアル 2015年度入試用 …… 34
カンペキ中学受験 2004 …… 51
カンペキ中学受験 2005 …… 51
カンペキ中学受験 2006 …… 52
カンペキ中学受験 2007 …… 52
カンペキ中学受験 2008 …… 52
カンペキ中学受験 2012 …… 52
カンペキ中学受験 2013 …… 52
カンペキ中学受験 2015 …… 53
カンペキ中学受験 首都圏版 1997 …… 51

【き】

「企業社会」と教育 …… 176
帰国子女のための大学入試データ集 2003年度版 …… 126
帰国生大学入試データ集 2002年度版 …… 126
帰国生大学入試データリサーチ 2001 …… 126
帰国生入試データ集 '99 …… 126
「傷つきやすい子ども」という神話 …… 202
きっと見つかる自分未来仕事 …… 196
基本的な人権六法 …… 133
きみには関係ないことか '90〜'96 …… 141
きみには関係ないことか '97〜'03 …… 142
きみには関係ないことか '03〜'10 …… 142
君はどの大学を選ぶべきか 2009 …… 109
君はどの大学を選ぶべきか 2010 …… 109
君はどの大学を選ぶべきか 2011 …… 109
君はどの大学を選ぶべきか 2013 …… 109
君はどの大学を選ぶべきか 2014 …… 109
君はどの大学を選ぶべきか データ&情報 2003 …… 109
君はどの大学を選ぶべきか データ&情報 2004 …… 110
君はどの大学を選ぶべきか データ&情報 2005 …… 110
君はどの大学を選ぶべきか データ&情報 2006 …… 110
君はどの大学を選ぶべきか データ&情報 2007 …… 110
君はどの大学を選ぶべきか 内容案内編 '99 E版 …… 110
君はどの大学を選ぶべきか 内容案内編 2007 …… 110
君はどの大学を選ぶべきか 内容案内編 2008 …… 110
きめる!センター入試で私大合格! 2006年度用 …… 111
キャリアプラン読本 2005 …… 194
Q&A児童虐待防止ハンドブック …… 18
Q&A児童虐待防止ハンドブック 改訂版 …… 19
Q&A早わかり食育基本法 …… 240
求職者の実態 平成16年 …… 196
教育アンケート調査年鑑 1996年版 上 …… 4
教育アンケート調査年鑑 1998年版 上 …… 5
教育アンケート調査年鑑 2008年版 上 …… 5
教育アンケート調査年鑑 2008年版 下 …… 5
教育アンケート調査年鑑 2009年版 上 …… 5
教育アンケート調査年鑑 2009年版 下 …… 5
教育アンケート調査年鑑 2010年版 上 …… 5
教育アンケート調査年鑑 2010年版 下 …… 5
教育アンケート調査年鑑 2011年版 上 …… 5
教育アンケート調査年鑑 2012年版 下 …… 5
教育コミュニティ・ハンドブック …… 137
教育心理学ハンドブック …… 202
教育総研年報 2007 …… 136, 220
教育の国際交流等に関する実態調査報告書 平成3年度 …… 140
教育判例ガイド …… 132
業界研究ハンドブック '95 …… 194
業界研究ハンドブック '96 …… 194
業種別 企業案内グラフィックス …… 189

共同治療者としての親訓練ハンドブック 上 ･････ 14
共同治療者としての親訓練ハンドブック 下 ･････ 14
近代子ども史年表 明治・大正編 1868‐1926 ･････ 170
近代子ども史年表 昭和・平成編 1926‐2000 ･････ 170
勤労青少年の現状 平成元年版 ･････ 179
勤労青少年の現状 平成2年版 ･････ 179
勤労青少年の現状 平成3年版 ･････ 179
勤労青少年の現状 平成4年版 ･････ 179

【く】

草花遊び図鑑 ･････ 219

【け】

携帯刑事少年六法 2012年版 ･････ 228
芸大・美大 実技＆要項 2002年度用 ･････ 111
芸大・美大 受験案内 2014年度用 ･････ 111
芸大・美大 進学コース VOL.2 2008年度用 ･････ 111
芸大・美大 美術・デザイン系専門学校受験案内 2003年度用 ･････ 111
芸大・美大 美術・デザイン系専門学校受験案内 2005年度用 ･････ 112
芸大・美大 美術・デザイン系専門学校受験案内 2006年度用 ･････ 112
芸大・美大 美術・デザイン系専門学校受験案内 2007年度用 ･････ 112
芸大・美大 美術・デザイン系専門学校受験案内 2010年度用 ･････ 112
芸大・美大 美術・デザイン系専門学校受験案内 2012年度用 ･････ 112
芸大・美大 美術・デザイン系専門学校受験案内 2015年度用 ･････ 113
激変する日本の子ども ･････ 1
KY語辞典 ･････ 223
言語障害 ･････ 160
原色子どもの絵診断事典 ･････ 201
現代高校生のライフスタイル・意識・価値観 ･････ 221
現代人口辞典 ･････ 129
現代っ子版子育て安心ハンドブック ･････ 11
現代の少年非行を考える ･････ 226

現代の青少年 第5回 ･････ 205
現代ビジネスハンドブック ･････ 175
原発事故と子どもたち ･････ 232

【こ】

合格データ中学受験のすべて 2000 ･････ 53
合格へのパスポート '99年度受験用 第3版 ･････ 40
合格は塾選びで決まる！ 2000〜2001年版 ･････ 123
高校再受験レポート '95年度版 ･････ 66
高校再受験レポート '97年度版 ･････ 66
高校受験案内 平成4年度用 ･････ 73
高校受験案内 平成7年度用 ･････ 73
高校受験案内 平成9年 ･････ 73
高校受験案内 平成10年 ･････ 73
高校受験案内 平成11年入試用 ･････ 73
高校受験案内 2007年度入試用 ･････ 73
高校受験案内 2009年度入試用 ･････ 74
高校受験案内 2010年度入試用 ･････ 74
高校受験案内 2011年入試用 ･････ 74
高校受験案内 2012年入試用 ･････ 74
高校受験案内 2015年入試用 ･････ 74
高校受験ガイド 平成3年版 ･････ 70
高校受験ガイド 神奈川・首都圏 '97年入試用 ･････ 70
高校受験ガイド 埼玉・首都圏 '97年入試用 ･････ 70
高校受験ガイド 千葉・茨城・首都圏 '97年入試用 ･････ 70
高校受験ガイド 東京・首都圏 '97年入試用 ･････ 71
高校受験ガイドブック 11年度版 ･････ 66
高校受験情報 全国版（1991年度用） 第6 ･････ 66
高校受験情報 全国版（'95年版） ･････ 67
高校受験情報 1 西日本編（'94） ･････ 67
高校受験資料 進学サクセス 2000年度 ･････ 67
高校受験用学校説明会ガイド 2005年 ･････ 67
高校受験用学校説明会ガイド 2006年 ･････ 67
高校受験用学校説明会ガイド 2007年 ･････ 67
高校受験用学校説明会ガイド 2008年 ･････ 67
高校受験用学校説明会ガイド 2009年 ･････ 67
高校受験用学校説明会ガイド 2010年 ･････ 67
高校受験用学校説明会ガイド 2012年 ･････ 68
高校受験用学校説明会ガイド 2014年 ･････ 68
高校進学ガイド '98年度 ･････ 68
高校新入学転編入総ガイド全国版 06年

こうこ　書名索引

度版 …………………………… 68
高校推薦入試ガイド　2010年度用 ……… 74
高校推薦入試ガイド　2011年度用 ……… 75
高校推薦入試ガイド　2012年度用 ……… 75
高校入試首都圏版高校受験決定ガイド　平成11年 …………………………… 75
高校入試データ徹底ガイド　2001 ……… 75
高校入試面接必勝ガイド …………… 68
高校入試用合格資料集　平成9年度 …… 75
高校入試用合格資料集　平成10年度 …… 75
高校入試用合格資料集　平成11年度 …… 75
高校入試用合格資料集　平成13年度 …… 75
高校入試用合格資料集　平成16年度 …… 76
高校入試用合格資料集　平成17年度 …… 76
高校入試用合格資料集　平成18年度首都圏版 …………………………… 76
高校入試用合格資料集　平成19年度 …… 76
高校入試用合格資料集　平成20年度 …… 76
こうすればできる高校の特別支援教育 … 163
向精神薬療法ハンドブック　改訂第3版 … 206
厚生白書　平成5年版 ……………… 142
厚生白書　平成10年版 ……………… 129
厚生白書のあらまし　平成5年版 …… 142
厚生労働白書　平成18年版 ………… 177
行動・性格アセスメント基本ハンドブック …………………………… 203
公立・私立高校への進学　関西版　2015高校受験用学校案内 ……………… 68
国際協力ガイド　2002 ……………… 140
国際協力ガイド　2007年版 ………… 140
国際協力ガイド　2010 ……………… 140
国際協力ガイド　2011 ……………… 140
国際協力ガイド　2016 ……………… 140
国際派就職・転職ガイド　2001‐2002 … 194
国民生活選好度調査　平成4年度 …… 6
国民生活白書　平成13年度 ………… 6
国民生活白書　平成15年度 ………… 198
国民生活白書　平成17年度 ………… 7
国民生活白書　平成18年版 ………… 177
国民生活白書のあらまし　平成4年版 … 129
国立・私立小学校入試　はらはらドキドキ入試面接　第5版 ……………… 34
こころの医学事典 …………………… 205
こころの健康百科 …………………… 206
こころの病気を知る事典 …………… 206
こころの病気を知る事典　新版 …… 206
こころの問題事典 …………………… 207
こころの病がわかる事典 …………… 207
個性派学校ガイド　2015 …………… 83
子育て応援BOOK　滋賀 …………… 163

子育て・教育・子どもの暮らしのデータ集　2001年版 ………………… 6
子育て・教育・子どもの暮らしのデータ集　2002年版 ………………… 6
子育て・教育・子どもの暮らしのデータ集　2004年版 ………………… 6
子育て・教育・子どもの暮らしのデータ集　2005年版 ………………… 6
子育て支援データ集　2005 ………… 159
子育て支援データ集　2006年版 …… 159
子育て支援ハンドブック …………… 153
子育て支援ハンドブック　チェック版 … 153
子育て支援用語集 …………………… 153
国公立・私立高校受験用推薦入試・一般入試高校受験面接ブック　20年度用 … 68
子ども医学館　増補改訂版 ………… 231
子どもを守る地域ネットワーク活動実践ハンドブック ………………… 137
子供を持つ母親が安心して働くことができるために …………………… 153
子ども・家族の自立を支援するために … 153
子どもが遠くに入院!家族のための滞在施設ガイド ……………………… 233
子ども虐待対応ハンドブック ……… 19
子ども虐待問題百科事典 …………… 18
子ども計測ハンドブック …………… 229
子ども・子育て白書　平成22年版 … 146
子ども・子育て白書　平成23年版 … 146
子ども・子育て白書　平成24年版 … 146
子ども心理辞典 ……………………… 201
子ども性虐待防止白書 ……………… 20
子どもたちのための病院医療のポケットブック ……………………… 233
子ども手当ハンドブック　2010 …… 154
子どもといっしょに読む新型インフルエンザハンドブック ……………… 233
子どもと親のための心の相談室　2003年度版 …………………………… 21
子供と家族に関する国際比較調査報告書 …………………………… 10
子どもと自然大事典 ………………… 128
子どもと法 …………………………… 128
子どもと若者のための認知行動療法ガイドブック ……………………… 203
子どもに会いたい親のためのハンドブック …………………………… 10
子どもの安全ハンドブック ………… 235
子どもの栄養と食育がわかる事典 … 239
子どもの学習費調査報告書　平成6年度 … 30
子どもの学習費調査報告書　平成8年度 … 30
子どもの学習費調査報告書　平成10年度

250　児童・青少年レファレンスブック

子どもの学習費調査報告書 平成10年度 ……… 30
子どもの学習費調査報告書 平成12年度 ……… 30
子どもの学習費調査報告書 平成14年度 ……… 30
子どもの学習費調査報告書 平成16年度 ……… 30
子どもの学習費調査報告書 平成18年度 ……… 31
子どもの学習費調査報告書 平成20年度 ……… 31
子どもの学習費調査報告書 平成22年度 ……… 31
子供の学習費調査報告書 平成24年度 …… 31
子どもの活力 ……………………………………… 12
子どものからだ図鑑 ……………………………… 229
こどもの感染症ハンドブック …………………… 233
こどもの感染症ハンドブック 第2版 …………… 233
子どもの虐待とネグレクト ……………………… 19
子どもの教育と福祉の事典 ……………………… 152
子どもの教育と福祉の事典 改訂版 ……………… 152
子どもの健康医学事典 …………………………… 231
子どもの権利ガイドブック ……………………… 132
「こどもの権利条約」絵事典 …………………… 132
子どもの権利 ネットワーキング '97 ………… 132
子どもの食生活データ総覧 2006年版 ………… 236
子どもの人権大辞典 ……………………………… 132
子どものスポーツライフ・データ 2010 ……… 241
子どものスポーツライフ・データ 2012 ……… 241
子どもの精神医学ハンドブック ………………… 207
子どもの精神医学ハンドブック 第2版 ……… 207
こどもの世界 ……………………………………… 171
子どもの相談・治療ハンドブック ……………… 21
子どものための頭がよくなる読み薬 その2 …… 12
子どもの習いごとガイド・SAITAMA埼玉 …… 12
子どもの発音とことばのハンドブック ………… 233
子どもの病気栄養管理・栄養指導ハンドブック ……………………………………………… 234
子どもの貧困白書 ………………………………… 128
子どもの面接ガイドブック ……………………… 21
子どものメンタルヘルス事典 …………………… 205
子ども白書 1990年版 …………………………… 147
子ども白書 1991年版 …………………………… 147
子ども白書 1992年版 …………………………… 147
子ども白書 1993年版 …………………………… 147
子ども白書 1994年版 …………………………… 147
子ども白書 1995年版 …………………………… 147
子ども白書 1996年版 …………………………… 147
子ども白書 1997年版 …………………………… 148

子ども白書 1998年版 …………………………… 148
子ども白書 1999年版 …………………………… 148
子ども白書 2000年版 …………………………… 148
子ども白書 2001年版 …………………………… 148
子ども白書 2002年版 …………………………… 148
子ども白書 2003 ………………………………… 149
子ども白書 2004 ………………………………… 149
子ども白書 2005 ………………………………… 149
子ども白書 2006 ………………………………… 149
子ども白書 2007 ………………………………… 149
子ども白書 2008 ………………………………… 150
子ども白書 2009 ………………………………… 150
子ども白書 2010 ………………………………… 150
子ども白書 2011 ………………………………… 150
子ども白書 2012 ………………………………… 150
子ども白書 2013 ………………………………… 150
子ども白書 2014 ………………………………… 151
こども服白書 2001 ……………………………… 172
こども服白書 2002 ……………………………… 172
こども服白書 2003 ……………………………… 172
こども服白書 2009 ……………………………… 172
こども服白書 2010 ……………………………… 173
こども服白書 2011 ……………………………… 173
子ども舞台芸術ガイド 2002 …………………… 217
子ども舞台芸術ガイド 2003 …………………… 217
子ども問題事典 …………………………………… 8
子ども・若者白書 平成23年版 ………………… 142
子ども・若者白書 平成24年版 ………………… 142
子ども・若者白書 平成25年版 ………………… 142
子ども・若者白書 平成26年版 ………………… 142
この学校に行ってみよう 2001 ………………… 41
こんな学校があったんだ! 2014-2015年版 ……………………………………………… 83

【さ】

災害に負けない防災ハンドブック ……………… 236
最新アメリカ学生スラング辞典 ………………… 223
最新 子どもの発達障害事典 …………………… 160
最新文献ガイド 荒れる10代 …………………… 8
最新文献ガイド 育児をめぐって ……………… 9
埼玉・近県 高校受験ガイド 2008年入試用 ……………………………………………… 76
埼玉・近県 高校受験ガイド 2009年入試用 ……………………………………………… 76
埼玉・近県 高校受験ガイド 2010年入試用 ……………………………………………… 77

埼玉・近県 高校受験ガイド 2011年入試
用 ……………………………………… 77
埼玉・近県 高校受験ガイド 2013年入試
用 ……………………………………… 77
埼玉・近県 高校受験ガイド 2014年入試
用 ……………………………………… 77
埼玉・近県 高校受験ガイド 2015年入試
用 ……………………………………… 77
埼玉・首都圏 高校受験ガイド '91年入試
用 ……………………………………… 77
埼玉・首都圏 高校受験ガイド '92年入試
用 ……………………………………… 77
埼玉・首都圏 高校受験ガイド '93年入試
用 ……………………………………… 78
埼玉・首都圏 高校受験ガイド '95年入試
用 ……………………………………… 78
ザ・願書・面接 平成10年度版 ………… 34
ザ・願書・面接 平成12年度版 ………… 34
ザ願書・面接 2001年度版 …………… 34
ザ願書・面接 2002年度版 …………… 34
ザ 願書・面接 2003年度版 …………… 34
The チャレンジャー 2015～2016 …… 23
サバイバーズ・ハンドブック ……… 17, 229
ザ・幼稚園 平成10年度版 ……………… 31
ザ・幼稚園 2001年度版 ………………… 31
ザ・幼稚園 2002年度版 ………………… 31
ザ・幼稚園 2003年度 …………………… 32
3・11を心に刻むブックガイド ………… 235
3・11被災地子ども白書 ……………… 128

【し】

ジェンダー白書 4 ……………………… 129
ジェンダー白書 7 ……………………… 205
資格でハローワーク …………………… 182
時間と学費をムダにしない大学選び
2015 ………………………………… 113
自己調整学習ハンドブック …………… 202
私大受験案内 2000年度用 …………… 113
私大進学 2001年度 …………………… 105
私大進学 2002年度 …………………… 106
しつけ事典 ……………………………… 13
児童虐待とネグレクト対応ハンドブッ
ク …………………………………… 19
児童虐待防止法等関係法令通知集 ……… 20
児童虐待防止法令ハンドブック 平成21
年版 ………………………………… 20
児童教育の本全情報 70-92 ……………… 8

児童教育の本全情報 1992-2005 ………… 8
児童健全育成ハンドブック 平成10年度
版 …………………………………… 151
児童健全育成ハンドブック 平成13年度
版 …………………………………… 151
児童健全育成ハンドブック 平成14年度
版 …………………………………… 151
児童健全育成ハンドブック 平成15年度
版 …………………………………… 151
児童健全育成ハンドブック 平成16年度
版 …………………………………… 151
児童健全育成ハンドブック 平成17年度
版 …………………………………… 151
児童健全育成ハンドブック 平成18年度
版 …………………………………… 152
児童健全育成ハンドブック 平成19年度
版 …………………………………… 152
児童・生徒の性 1993年調査 最新版 … 230
児童・生徒の性 1996年調査 ………… 230
児童・生徒の性 1999年調査 ………… 230
児童青年期の双極性障害 ……………… 207
児童青年心理療法ハンドブック ……… 200
児童青年精神医学大事典 ……………… 206
児童手当関係法令通知集 平成12年版 … 155
児童手当関係法令通知集 平成13年版 … 155
児童手当関係法令通知集 平成14年版 … 155
児童手当関係法令通知集 平成15年版 … 155
児童手当関係法令通知集 平成16年版 … 155
児童手当関係法令通知集 平成17年版 … 155
児童手当関係法令通知集 平成18年版 … 155
児童手当関係法令通知集 平成19年版 … 155
児童手当関係法令通知集 平成24年版 … 155
児童の賞事典 ………………………… 209
児童福祉関係図書目録 45／94 ………… 152
児童福祉関係図書目録 1995-2004 …… 152
児童福祉の原理と展開 ………………… 154
児童福祉文化財年報 平成21年度 ……… 215
児童福祉六法 平成3年版 ……………… 155
児童福祉六法 平成4年版 ……………… 156
児童福祉六法 平成5年版 ……………… 156
児童福祉六法 平成6年版 ……………… 156
児童福祉六法 平成7年版 ……………… 156
児童福祉六法 平成8年版 ……………… 156
児童福祉六法 平成9年版 ……………… 156
児童福祉六法 平成10年版 …………… 156
児童福祉六法 平成11年版 …………… 156
児童福祉六法 平成12年版 …………… 156
児童福祉六法 平成13年版 …………… 156
児童福祉六法 平成14年版 …………… 157
児童福祉六法 平成15年版 …………… 157

児童福祉六法 平成16年版 157
児童福祉六法 平成17年版 157
児童福祉六法 平成18年版 157
児童福祉六法 平成19年版 157
児童福祉六法 平成20年版 157
児童福祉六法 平成21年版 157
児童福祉六法 平成22年版 158
児童福祉六法 平成23年版 158
児童福祉六法 平成24年版 158
児童福祉六法 平成25年版 158
児童福祉六法 平成26年版 158
児童文化人名事典 209
児童保護措置費・保育所運営費手帳 平成16年度版 158
児童保護措置費・保育所運営費手帳 平成19年度版 158
児童保護措置費保育所運営費手帳 平成23年度版 159
児童養護 別冊 152
私費外国人留学生のための大学入学案内 1999年度版 113
私費外国人留学生のための大学入学案内 2000年度版 113
私費外国人留学生のための大学入学案内 2004年度版 113
私費外国人留学生のための大学入学案内 2006年度版 114
私費外国人留学生のための大学入学案内 2007年度版 114
私費外国人留学生のための大学入学案内 2015年度版 114
自閉症教育基本用語辞典 160
自閉症児のためのTEACCHハンドブック 15
自閉症ハンドブック 15
自閉症百科事典 161
「自閉」の本九十九冊 増補 14
司法統計年報 1997年 4 226
司法統計年報 1998年 4 226
司法統計年報 平成15年 4 226
司法統計年報 平成16年 4 226
司法統計年報 平成17年 4 227
司法統計年報 平成20年 4 227
司法統計年報 平成25年 4 227
社員ハンドブック '96年度版 175
社員ハンドブック 2001年度版 175
社員ハンドブック 2002年度版 175
社員ハンドブック 2008年度版 175
社員ハンドブック 2009年度版 175
社員ハンドブック 2010年度版 175

社員ハンドブック 2012年度版 176
社会階層調査研究資料集 別冊 2 7
写真家が捉えた昭和のこども 170
就活 こんなときどうする事典 2009年度版 194
就業支援ハンドブック 2011年度版 163
就職エントリー10,000社 2002年版 189
就職活動 こんなときどうする事典 2002年度版 194
就職四季報 2002年版 190
就職四季報 2003年版 190
就職四季報 2004年版 190
就職四季報 2006年版 190
就職四季報 2007年版 190
就職四季報 2008年版 190
就職四季報 2009年版 191
就職四季報 2010年版 191
就職四季報 2011年版 191
就職四季報 2012年版 191
就職四季報 2013年版 191
就職四季報 2014年版 191
就職四季報 女子版 2002年版 191
就職四季報 女子版 2003年版 192
就職四季報 女子版 2004年版 192
就職四季報 女子版 2006年版 192
就職四季報 女子版 2007年版 192
就職四季報 女子版 2008年版 192
就職四季報 女子版 2009年版 192
就職四季報 女子版 2010年版 192
就職四季報 女子版 2011年版 193
就職四季報 女子版 2012年版 193
就職四季報 女子版 2013年版 193
就職四季報 女子版 2016年版 193
就職常識ハンドブック '96 194
就職常識ハンドブック '99 195
就職常識ハンドブック 2000年度版 195
会社四季報 就職資料請求8000 2000年版 188
就職・転職・副収入 女性の仕事全ガイド 2001年版 195
就職・転職・副収入 女性の仕事全ガイド 2004年版 195
就職の赤本 '96年度版 195
就職の赤本 '97年度版 195
就職の金言 Part1 193
就職の金言 Part2 193
住宅白書 1994年版 11
受験校を決める!大学入試要項 学研版 2004年度用 114
受験校を決める!大学入試要項 2005年度

用 ………………………………… 114	首都圏 小学生の英会話スクールガイド … 12
受験校を決める!大学入試要項 2006年度用 ………………………………… 114	首都圏私立高校推薦・優遇入試ガイド 2014年度用 ………………………… 79
受験校を決める!大学入試要項 2007年度用 ………………………………… 114	首都圏私立・国立小学校合格マニュアル 2015年度入試用 ……………………… 35
受験校を決める!大学入試要項 2008年度用 ………………………………… 115	首都圏私立・国立小学校合格マニュアル 入試直前号 2015年度 …………………… 35
受験校決定最終データ 高校受験資料進学サクセス 2005年度版 …………… 69	首都圏私立中学・高校受験ガイド THE 私立 平成5年度版 ……………… 23
受験のプロ5人が教える大学合格"究極のワザ" ………………………………… 115	首都圏私立中学・高校受験ガイド THE 私立 平成6年度版 ……………… 23
首都圏・関西圏私立・国立小学校進学ガイド 2008年度入試準備用 …………… 35	首都圏私立中学・高校受験ガイド THE 私立 平成7年度版 ……………… 24
首都圏 高校推薦入試ガイド 2002年度用 ………………………………… 78	首都圏私立中学・高校受験ガイド THE 私立 平成16年度版 …………… 24
首都圏 高校推薦入試ガイド 2003年度用 ………………………………… 78	首都圏私立中学・高校受験ガイド THE 私立 平成17年度版 …………… 24
首都圏 高校推薦入試ガイド 2004年度用 ………………………………… 78	首都圏私立中学・高校受験ガイド THE 私立 平成18年度版 …………… 24
首都圏 高校推薦入試ガイド 2007年度用 ………………………………… 78	首都圏私立中学・高校受験ガイド THE 私立 平成19年度版 …………… 24
首都圏 高校推薦入試ガイド 2008年度用 ………………………………… 78	首都圏私立中学・高校受験ガイド THE 私立 平成20年度版 …………… 24
首都圏 高校推薦入試ガイド 2009年度用 ………………………………… 78	首都圏私立中学・高校受験ガイド THE 私立 平成21年度版 …………… 24
首都圏 高校推薦入試ガイド 2013年度用 ………………………………… 79	首都圏私立中学・高校受験ガイド THE 私立 平成22年度版 …………… 24
首都圏 高校入試最終情報ブック 2005年受験用 ………………………………… 79	首都圏私立中学・高校受験ガイド THE 私立 平成24年度版 …………… 25
首都圏 高校入試最終情報ブック 2006年受験用 ………………………………… 79	首都圏私立中学・高校受験ガイド THE 私立 平成25年度版 …………… 25
首都圏 高校入試最終情報ブック 2007年受験用 ………………………………… 79	首都圏私立中学・高校受験ガイド THE 私立 平成26年度版 …………… 25
首都圏国立・私立・公立一貫中学受験ガイド 2008年入試用 ………………… 49	首都圏中学受験案内 2000年度用 ………… 53
首都圏国立・私立・公立一貫中学受験ガイド 2009年入試用 ………………… 49	首都圏中学受験案内 2004年度用 ………… 53
首都圏国立・私立・公立一貫中学受験ガイド 2010年入試用 ………………… 49	首都圏中学受験案内 2006年度用 ………… 54
首都圏国立・私立・公立一貫中学受験ガイド 2011年入試用 ………………… 49	首都圏中学受験案内 2007年度用 ………… 54
首都圏国立・私立・公立一貫中学受験ガイド 2012年入試用 ………………… 49	首都圏中学受験案内 2008年度用 ………… 54
首都圏国立・私立中学受験ガイド '91年入試用 ………………………………… 50	首都圏中学受験案内 2009年度用 ………… 54
首都圏国立・私立中学受験ガイド '96年入試用 ………………………………… 50	首都圏中学受験案内 2013年度用 ………… 55
首都圏国立・私立中学受験ガイド '97年入試用 ………………………………… 50	首都圏中学受験案内 2014年度用 ………… 55
首都圏国立・私立中学受験ガイド 2004年入試用 ………………………………… 50	首都圏中学受験案内 2015年度用 ………… 55
首都圏 私大案内 ……………………… 115	首都圏中学受験案内 平成16年度入試用 ………………………………………… 53
	首都圏中学受験案内 平成17年度入試用 ………………………………………… 54
	首都圏中学受験案内 平成18年度入試用 ………………………………………… 54
	首都圏中学受験案内 平成20年度入試用 ………………………………………… 54
	首都圏中学受験案内 平成21年度入試用 ………………………………………… 54

首都圏中学受験案内 平成22年度入試用 ………………………………… 55
首都圏中学受験案内 平成23年度入試用 ………………………………… 55
首都圏中学受験案内 平成24年度入試用 ………………………………… 55
首都圏中学受験ガイド 2006年入試用 …… 55
首都圏・西日本 小学受験情報 2 合格ノウハウ・受験資料編(1993) ………… 35
首都圏版 学習塾ガイド '92 - '93 ……… 123
首都圏版 高校転入・編入・再受験レポート 2000 ……………………………… 79
首都圏版 小学校受験ガイド 2003年度用 ……………………………………… 35
首都圏版 小学校受験ガイド 2004年度用 ……………………………………… 35
首都圏版 小学校受験ガイド 2005年度用 ……………………………………… 35
首都圏版 小学校受験ガイド 2006年度用 ……………………………………… 35
首都圏版 小学校受験ガイド 2007年度用 ……………………………………… 35
首都圏版 中学受験案内 平成14年度用 … 56
首都圏版 中学受験案内 平成25年度用 … 56
首都圏版 中学受験案内 平成27年度用 … 56
首都圏版 中学受験案内 2014年入試用 … 56
ジュニアボランティア学習小事典 ……… 138
詳解子ども虐待事典 ………………………… 18
障害児教育実践ハンドブック ………… 164
障害児教育大事典 ……………………… 161
障害児教育図書総目録 no.12 1990 …… 159
障害児教育図書総目録 No.13(1991年版) …………………………………… 160
障害児教育用語辞典 改訂版 …………… 161
しょうがい児支援ハンドブック ………… 164
障害児早期療育ハンドブック ……………… 15
障害児発達支援基礎用語事典 ………… 161
障害者教育福祉リハビリテーション目次総覧 第1巻 ……………………… 166
障害者教育福祉リハビリテーション目次総覧 第3巻 ……………………… 167
障害者教育福祉リハビリテーション目次総覧 第8巻 ……………………… 167
障害者教育福祉リハビリテーション目次総覧 第13巻 …………………… 167
障害者教育福祉リハビリテーション目次総覧 第16巻 …………………… 167
障害者教育福祉リハビリテーション目次総覧 別巻 ……………………… 167
障害者教育福祉リハビリテーション目次総覧 第2期 別巻 ……………… 167

障害者教育福祉リハビリテーション目次総覧 続 第1巻 ………………… 167
障害者教育福祉リハビリテーション目次総覧 続 第2巻 ………………… 167
障害者教育福祉リハビリテーション目次総覧 続 第3巻 ………………… 168
障害者教育福祉リハビリテーション目次総覧 続 第4巻 ………………… 168
障害者教育福祉リハビリテーション目次総覧 続 第5巻 ………………… 168
障害者教育福祉リハビリテーション目次総覧 続 第6巻 ………………… 168
障害者教育福祉リハビリテーション目次総覧 続 別巻 …………………… 168
障害者自立支援法資料集 第21集 ……… 164
障害者のための福祉 2000 ……………… 168
障害者のための福祉 2002 ……………… 169
障害者のための福祉 2004 ……………… 169
障害臨床学ハンドブック 第2版 ……… 164
奨学金制度オールカタログ '91年版 ……… 25
小学入試情報 2003 ……………………… 36
小学入試情報 2004 ……………………… 36
小学入試情報 2005 ……………………… 36
小学校受験案内 国立・私立入試用(平成4年度) ……………………………… 36
小学校受験案内 2000年度入試用 ……… 36
小学校受験案内 2001年度入試用 ……… 36
小学校受験案内 2003年度入試用 ……… 36
小学校受験案内 2004年度入試用 ……… 36
小学校受験案内 2005年度入試用 ……… 37
小学校受験案内 2006年度入試用 ……… 37
小学校受験ガイド 首都圏版 平成9年度受験用 ……………………………… 37
小学校受験ガイド 首都圏版 平成10年度 ……………………………………… 37
小学校受験ガイド 首都圏版 平成11年度受験用 ……………………………… 37
小学校受験ガイド 首都圏版 平成12年度受験用 ……………………………… 37
小学校受験事典 2010年度版 …………… 37
小学校受験情報 2006年度版 …………… 38
小学校受験情報 2007年度版 …………… 38
小学校受験情報 2008年度版 …………… 38
小学校低学年・家族・発達障害をもつ子・先生のための災害に負けない防災ハンドブック 第2版 …………………… 236
小学校入試情報 首都圏 2000 ………… 38
小学校・幼稚園受験用語ハンドブック …… 38
少子化・高齢化の経済効果と経済から人口動態への影響 ……………………… 171
少子化・高齢化ビジネス白書 2005年版 … 173

しよう　　　　　　　書名索引

少子化・高齢化ビジネス白書 2006年版 ‥ 173
少子化・高齢化ビジネス白書 2007年版 ‥ 173
少子化・高齢化ビジネス白書 2008年版 ‥ 173
少子化・高齢化ビジネス白書 2009年版 ‥ 173
少子化・高齢化ビジネス白書 2010年版 ‥ 173
少子化・高齢化ビジネス白書 2012年版 ‥ 173
少子化社会対策白書 平成25年版 ……… 129
少子化社会対策白書 平成26年版 ……… 130
少子化社会白書 平成16年版 …………… 130
少子化社会白書 平成17年版 …………… 130
少子化社会白書 平成18年版 …………… 130
少子化社会白書 平成19年版 …………… 130
少子化社会白書 平成20年版 …………… 130
少子化社会白書 平成21年版 …………… 130
少子高齢社会総合統計年報 2002年版 … 131
少子高齢社会総合統計年報 2006 ……… 131
少子高齢社会総合統計年報 2012・2013
　 ………………………………………… 131
少子高齢社会総合統計年報 2013 ……… 131
少子高齢社会総合統計年報 2014 ……… 131
少子高齢社会総合統計年報 2015 ……… 131
小中学生からとれる資格と検定大事典！‥ 12
小中学生・不登校生のためのフリースクー
　ルガイド 第2版 ……………………… 124
小中学生・不登校生のためのフリースクー
　ルガイド 全国版 ……………………… 124
小中高・不登校生の居場所探し 2007～
　2008年版 ……………………………… 125
小中高・不登校生の居場所探し 2012～
　2013年版 ……………………………… 125
小中高・不登校生の居場所探し 2013～
　2014年版 ……………………………… 126
小児・思春期の「心の問題」診療ガイ
　ド ……………………………………… 207
少年教護事業文献目録 ………………… 228
少年少女のための傑作マンガ100 ……… 220
少年労働に関する文献抄録 欧文の部 … 174
少年労働に関する文献抄録 邦文の部 … 174
消費社会白書 2005 ……………………… 174
消費社会白書 2010 ……………………… 174
消費社会白書 2011 ……………………… 174
情報化社会と青少年 ……………… 222, 223
食育実践ハンドブック ………………… 239
食育実践ハンドブック 第2版 ………… 239
食育白書 平成18年版 …………………… 240
食育白書 平成19年版 …………………… 240
食育白書 平成20年版 …………………… 240
食育白書 平成21年版 …………………… 240
食育白書 平成22年版 …………………… 240
食育白書 平成23年版 …………………… 241

食育白書 平成24年版 …………………… 241
食育白書 平成25年版 …………………… 241
職業レファレンスブック ……………… 182
食生活データ総合統計年報 1990 ……… 237
食生活データ総合統計年報 '97～'98 … 237
食生活データ総合統計年報 '98～'99 … 237
食生活データ総合統計年報 '99 ………… 237
食生活データ総合統計年報 2000年版 … 237
食生活データ総合統計年報 2001 ……… 237
食生活データ総合統計年報 2002年版 … 238
食生活データ総合統計年報 2003 ……… 238
食生活データ総合統計年報 2004 ……… 238
食生活データ総合統計年報 2008 ……… 238
食生活データ総合統計年報 2010 ……… 238
食生活データ総合統計年報 2011年版 … 238
食生活データ総合統計年報 2013 ……… 238
女子学生版 OG訪問・会社訪問ハンド
　ブック '96 ……………………………… 195
女子学生版 OG訪問・会社訪問ハンド
　ブック '98 ……………………………… 196
女子高校生のための全国主要短大受験案
　内 '95年受験用 ………………………… 99
女子高校生のための全国主要短大受験案
　内 '96 …………………………………… 99
女子大生・OLの職業意識 ……………… 180
女子大生ヤバイ語辞典 ………………… 223
女性と子どもの病院ガイド 埼玉 ……… 234
女性と子どもの病院ガイド 広島 ……… 234
女性とジェンダーの心理学ハンドブッ
　ク ……………………………………… 200
女性の職業のすべて 95年最新版 ……… 183
女性の職業のすべて 97年最新版 ……… 183
女性の職業のすべて 98年最新版 ……… 183
女性の職業のすべて 2000年版 ………… 183
女性の職業のすべて 2000年最新版 …… 183
女性の職業のすべて 2001年最新版 …… 184
女性の職業のすべて 2003年版 ………… 184
女性の職業のすべて〔2004年版〕 …… 184
女性の職業のすべて 2005年版 ………… 184
女性の職業のすべて 2006年版 ………… 184
女性の職業のすべて 2007年版 ………… 184
女性の職業のすべて 2008年版 ………… 185
女性の職業のすべて 2009年版 ………… 185
女性の職業のすべて〔2010年版〕 …… 185
女性の職業のすべて〔2011年版〕 …… 185
女性の職業のすべて 2012年版 ………… 185
女性の職業のすべて 2013年版 ………… 185
女性の職業のすべて 2014年版 ………… 186
女性労働白書 平成10年版 ……………… 177
女性労働白書 平成12年版 ……………… 177

女性労働白書 平成13年版 177
私立医歯学部受験攻略ガイド 2004年度版 115
私立医歯学部受験攻略ガイド 2005年度版 115
私立医歯学部受験攻略ガイド 2006年度版 115
私立医歯学部 受験攻略ガイド 2007年度版 115
私立医歯学部 受験攻略ガイド 2008年度版 115
私立医歯学部受験攻略ガイド 2012年度版 115
私立高校受験案内 平成10年度 66
私立国立公立中学受験学校案内 関西・中国・四国・九州版 2009年入試用 41
私立国立公立中学受験学校案内 関西・中国・四国・九州版 2010年入試用 41
私立国立公立中学受験学校案内 関西・中国・四国・九州版 2011年入試用 41
私立国立公立中学受験学校案内 関西・中国・四国・九州版 2012年入試用 41
私立国立公立中学受験学校案内 関西・中国・四国・九州版 2013年入試用 42
私立・国立・公立中学受験学校案内 関西・中国・四国・九州版 2014年入試用 42
私立・国立・公立中学受験学校案内 関西・中国・四国・九州版 2015年入試用 42
私立・国立中学受験学校案内 関西・中国・四国・九州版 2004年入試用 42
私立・国立中学受験学校案内 関西・中国・四国・九州版 2005年入試用 42
私立・国立中学受験学校案内 関西・中国・四国・九州版 2006年入試用 42
私立・国立中学受験学校案内 関西・中国・四国・九州版 2007年入試用 43
私立・国立中学受験学校案内 関西・中国・四国・九州版 2008年入試用 43
私立・国立中学受験学校案内 首都圏版 1998年入試用 56
私立・国立中学受験学校案内 首都圏版 2004年入試用 56
私立・国立中学受験学校案内 東海版 2010年入試用 43
私立・国立中学受験学校案内 東海版 2011年入試用 43
私立・国立中学受験学校案内 東海版 2012年入試用 43
私立・国立中学受験学校案内 東海版 2013年入試用 43
私立・国立中学受験学校案内 東海版 2014年入試用 44
私立・国立中学受験学校案内 東海版 2015年入試用 44
私立・国立中学受験合格データハンドブック 首都圏版 1997年入試用 50
私立・国立中学受験 中学入学案内 西日本版 平成12年度 44
私立大学推薦試験日一覧 全国版 2002年度 116
私立中学への進学 愛知県版 2006 44
私立中学への進学学校案内 関西版 ('94) 44
私立中学への進学 関西版 97 44
私立中学への進学 関西版 99 44
私立中学への進学 関西版 2008 45
私立中学への進学 関西版 2009 45
私立中学への進学 関西版 2010 45
私立中学への進学 関西版 2011 45
私立中学への進学 関西版 2013 45
私立中学への進学 関西版〔2015〕........ 45
私立中学への進学 東海版 2007 45
私立中学への進学 東海版 2010 46
私立中学への進学 東海版 2011 46
私立中学合格辞典 平成11年度版 57
私立中学合格事典 2002 50
私立中学合格事典 2003 50
私立中学受験案内 2007年入試用 46
私立中学受験案内 首都圏版 2006年受験用 57
私立中学受験校を決める! 2004年 46
私立中学受験校を決める! 2006年 46
私立中学校・高等学校受験年鑑 東京圏版(1995年度版) 22
私立中学校・高等学校受験年鑑 2015年度版 29
私立中高一貫校中学校ガイド 首都圏版 2001年受験用 57
私立中高6年一貫校中学受験ガイド 首都圏版 2000年受験用 57
私立中高進学通信 関西版 2007 No.27 46
事例 発達臨床心理学事典 203
進学サクセス 中学受験資料・高校受験資料 1997年 25
進学相談会&学校説明会 50
新規青年就農者等緊急調査報告書 平成5年 186
鍼灸・柔整専門学校入試ガイド 87
人権相談ハンドブック 133
人口問題研究 第53巻第4号(1997年) 132

しんこ

人口問題研究 第54巻第1号 1998年 …… 132
新・児童福祉法正文 正文増補版 ……… 159
新社会人白書〔2006〕………………… 196
新社会人白書 07／08 ………………… 196
新社会人白書 2009 …………………… 197
新社会人白書 2013年 ………………… 197
新・大学受験案内 2009年度版 ……… 116
新・大学受験案内 2010年度版 ……… 116
新・大学受験案内 2011年度版 ……… 116
新 大学受験案内 2012年度版 ……… 116
新 大学受験案内 2013年度版 ……… 116
新 大学受験案内 2014年度版 ……… 116
新 大学受験案内 2015年度版 ……… 117
新入社員ハンドブック '92年版 ……… 176
新入社員ハンドブック 1993年版 …… 176
新入社員ハンドブック 1994年版 …… 176
新入社員ハンドブック 1997年版 …… 176
新版学童保育のハンドブック ………… 220
新編 新赤本 家庭の医学 新編 ……… 232
新編 大活字版 百科 家庭の医学 …… 232
新編 ハンディ新赤本 家庭の医学 新編
 …………………………………………… 232
新編 百科 家庭の医学 ………………… 232
進路決定オール・ガイド '99 ………… 25

【す】

図解 子ども事典 ……………………… 8
図解 子ども事典 普及版 ……………… 1
図解 症状でわかる医学百科 ………… 232
すぐに引ける子どもの病気がわかる事
 典 ………………………………………… 234
すぐに引ける 子どもの病気がわかる事
 典 ………………………………………… 234
すぐに役立つ 通信教育オールガイド '99
 年版 ……………………………………… 25
スクールカウンセラーがすすめる112冊
 の本 ……………………………………… 200
スクールカウンセリング事典 …… 20, 201
図説 労働白書 平成3年度 ………… 177
図説 労働白書 平成12年度 ………… 178
ステップアップスクールガイド 2003年
 度版 ……………………………………… 83
ステップアップスクールガイド 2005年
 度版 ……………………………………… 83
ステップアップスクールガイド 2009 … 83
ステップアップスクールガイド 2010 … 84
ステップアップスクールガイド 2011 … 84

ステップアップスクールガイド 2012 … 84
ステップアップスクールガイド 2015 … 84
図でみる生活白書 平成4年版 ……… 130
図でみる生活白書 平成8年版 ……… 1
ストーカーから身を守るハンドブック … 236
ストレススケールガイドブック ……… 207

【せ】

生活指導研究 NO.24（2007）………… 134
生活の基本図鑑 3 …………………… 13
青少年教育行政史（社会教育）年表 … 139
青少年教育データブック ……………… 139
青少年の社会的自立と意識 …………… 200
青少年のスポーツライフ・データ 2002 … 241
青少年のスポーツライフ・データ 2006 … 241
青少年のスポーツライフ・データ 2010 … 242
青少年のスポーツライフ・データ 2012 … 242
青少年の友人関係 ……………………… 205
青少年白書 平成元年版 ……………… 143
青少年白書 平成2年版 ……………… 143
青少年白書 平成3年版 ……………… 143
青少年白書 平成4年版 ……………… 143
青少年白書 平成5年度版 …………… 143
青少年白書 平成6年度版 …………… 143
青少年白書 平成7年度版 …………… 143
青少年白書 平成8年度版 …………… 143
青少年白書 平成9年版 ……………… 144
青少年白書 平成10年度版 …………… 144
青少年白書 平成11年度版 …………… 144
青少年白書 平成13年度版 …………… 144
青少年白書 平成14年版 ……………… 144
青少年白書 平成15年版 ……………… 144
青少年白書 平成16年版 ……………… 145
青少年白書 平成17年版 ……………… 145
青少年白書 平成18年版 ……………… 145
青少年白書 平成19年版 ……………… 145
青少年白書 平成20年版 ……………… 145
青少年白書 平成21年版 ……………… 145
青少年白書のあらまし 平成元年版 … 145
青少年白書のあらまし 平成4年版 … 145
青少年白書のあらまし 平成5年版 … 146
青少年白書のあらまし 平成6年版 … 146
青少年白書のあらまし 平成8年版 … 146
青少年白書のあらまし 平成9年版 … 146
青少年白書のあらまし 平成10年版 … 146
青少年白書のあらまし 平成11年版 … 146

書名	頁
青少年白書のあらまし 平成13年版	146
青少年白書のあらまし 平成14年版	146
精神科研修ハンドブック 第2版	208
生徒の権利	133
青年国際交流事業と事業参加者の事後活動 平成20年度年報	141
青年国際交流事業と事業参加者の事後活動 平成21年度年報	141
青年国際交流事業と事業参加者の事後活動 平成22年度年報	141
青年国際交流事業と事業参加者の事後活動 平成23年度年報	141
青年心理学事典	204
性犯罪・児童虐待捜査ハンドブック	19, 230
性犯罪被害者対応ハンドブック 再訂版	230
世界がわかる子ども図鑑	209
世界の学校心理学事典	202
世界の厚生労働 2004	130
世界の青年との比較からみた日本の青年	7
全共闘白書	141
全国医学部最新受験情報 2014年度用	117
全国介護福祉士・社会福祉士学校ガイド 1997年度	90
全国高等学校便覧 1993年版	175
全国准看護・進学課程学校入学ガイド '97	96
全国准看護・進学課程学校入学全ガイド '99	96
全国准看護・進学課程学校入学全ガイド 2000	97
全国准看護・進学課程学校入学全ガイド 2001	97
全国准看護・進学課程学校入学全ガイド 2002	97
全国専門・各種学校案内 2009	87
全国専門専修各種学校案内 2006年版	87
全国大学受験案内 '94年受験用	106
全国大学受験案内 '95年受験用	106
全国大学受験案内 '96年度用	106
全国大学受験案内 '97年度用	106
全国大学受験案内 '98年度用	106
全国大学受験要覧 平成3年版	106
全国大学受験要覧 平成4年版	106
全国大学受験要覧 平成5年版	107
全国大学受験要覧 平成6年版	107
全国大学受験要覧 平成7年版	107
全国大学受験要覧 平成8年版	107
全国大学小論文入試 2010年受験対策	117
全国大学・短期大学AO入試年鑑 2014年発行版	29
全国大学・短大・専門学校 看護・医療系受験案内 2004年度用	97
全国大学・短大・専門学校 看護・医療系受験案内 2005年度用	97
全国大学・短大・専門学校 看護・医療系受験案内 2007年度用	97
全国大学・短大・専門学校 看護・医療系受験案内 2008年度用	97
全国大学・短大・専門学校 看護医療系受験案内 2009年度用	98
全国大学・短大・専門学校 看護医療系受験案内 2010年度用	98
全国短期大学受験案内 '96年度用	99
全国短期大学受験案内 '97年度用	99
全国短期大学受験案内 '98年度用	99
全国短期大学受験案内 2003年度用	99
全国短期大学受験要覧 平成3年版	100
全国短期大学受験要覧 平成4年版	100
全国短期大学受験要覧 平成5年版	100
全国短期大学受験要覧 平成6年版	100
全国短期大学受験要覧 平成7年版	100
全国短期大学受験要覧 平成8年版	100
全国短大&専修・各種学校受験年鑑 2004年入試用	29
全国短大&専修・各種学校受験年鑑 2006年(平成18年)入試用	29
全国短大&専修・各種学校受験年鑑 2007年(平成19年)入試用	29
全国短大&専門学校受験年鑑 2008年(平成20年)入試用	29
全国短大&専門学校受験年鑑 2009年(平成21年)入試用	29
全国短大 学科内容案内 2004年(平成16年)入試用	100
全国短大学科内容案内 2006年(平成18年)入試用	101
全国短大受験ガイド 2011年(平成23年)受験用	101
全国短大受験ガイド 2012年(平成24年)受験用	101
全国短大受験ガイド 2014年(平成26年)受験用	101
全国短大受験ガイド 2015年(平成27年)受験用	101
全国短大受験年鑑 2010年(平成22年)受験用	104
全国短大進学ガイド 最新2010年受験用	101
全国短大進学ガイド 最新2011年受験用	101
全国短大進学ガイド 最新2012年受験用	102

せんこ　　　　　　　　書名索引

全国短大進学ガイド 2013年（平成25年）受験用 …………………… 102
全国短大進学ガイド 2014年（平成26年）受験用 …………………… 102
全国短大進学ガイド〔2015年（平成27年）受験用〕 …………………… 102
全国短大推薦・AO入試年鑑 2009年受験用 …………………………… 105
全国短大推薦・AO入試年鑑 2010年（平成22年）受験用 …………… 105
全国短大推薦・AO入試年鑑 2004年入試用 …………………………… 104
全国短大推薦・AO入試年鑑 2005年（平成17年）入試用 …………… 104
全国短大推薦・AO入試年鑑 2006年（平成18年）入試用 …………… 105
全国短大 推薦・AO入試年鑑 2007年（平成19年）入試用 ………… 105
全国短大推薦・AO入試年鑑 2008年（平成20年）入試用 …………… 105
全国通信制高校案内 2006～2007年版 ……… 84
全国通信制高校案内 2007～2008年版 ……… 84
全国通信制高校案内 2008～2009年版 ……… 85
全国通信制高校案内 2015～2016年版 ……… 85
全国版 医療と介護・福祉の学校ガイド 2005年版 …………………… 98
全国版 医療と介護・福祉の学校ガイド 2007年版 …………………… 98
全国版 医療と介護・福祉の学校ガイド 2008年版 …………………… 98
全国版 看護学校受験ガイドブック 2005年版 ………………………… 98
全国版 個性派ハイスクールで学ぼう！ 2005～2006年度 …………… 85
全国版 個性派ハイスクールで学ぼう！ 2006～2007年版 …………… 85
全国版 心理学を学ぶための大学・大学院受験ガイド 2004年版 …… 117
全国版 心理学を学ぶための大学・大学院受験ガイド 2005年版 …… 117
全国版 心理学を学ぶための大学・大学院受験ガイド 2006年版 …… 117
全国ひきこもり・不登校援助団体レポート 宿泊型施設編 …………… 134
全国フリースクールガイド 2003～2004年版 ………………………… 124
全国フリースクールガイド 2004～2005年版 ………………………… 124
全国フリースクールガイド 2005～2006年版 ………………………… 124
全国フリースクールガイド 2006～2007年版 ………………………… 125
全国フリースクールガイド 2008～2009年版 ………………………… 125
全国フリースクールガイド 2009～2010年版 ………………………… 125
全国フリースクールガイド 2010～2011年版 ………………………… 125
全国フリースクールガイド 2011～2012年版 ………………………… 125
全国幼児語辞典 …………………………… 216
戦後大学・学生問題文献目録―1945～1967 大学・学生問題文献目録―改訂・増補 1965～1971 ………… 141
専修・各種学校のすべて 2004年版 …… 87
専修・各種学校のすべて 2005年版 …… 87
専修・各種学校のすべて 2007年版 …… 88
専修・各種学校のすべて〔2009年版〕 … 88
専修・各種学校のすべて〔2011年版〕 … 88
専修・各種学校のすべて〔2012年版〕 … 88
専修・各種学校のすべて 2013年版 …… 88
センス・オブ・サクセス 東京圏版（1996） …………………………… 57
センス オブ サクセス 1997 ………… 57
センス オブ サクセス 1999 ………… 57
専門学校eX案内 西日本版 2000年度用 …………………………… 89
専門学校案内 1997 ……………………… 86
専門学校オフィシャルガイド〔2009年度版〕 ……………………………… 88
専門学校オフィシャルガイド 2010年度版 ………………………………… 88
専門学校オフィシャルガイド 2011年度版 ………………………………… 89
専門学校生のための新就職活動ハンドブック '99 ……………………… 196
専門学校夢案内 '96年度用 学研版 …… 86
専門学校夢案内 '97年度用 学研版〔全国版〕 …………………………… 86
専門学校夢案内 2010年度用 …………… 86

【そ】

総ガイド 高校新入学・転編入 2000年度版 ……………………………… 69
総ガイド 高校新入学・転編入 '01年度版 ……………………………… 69
総ガイド 高校新入学・転編入 03年度版 ……………………………… 69
総ガイド 高校新入学・転編入 2004年度版 ……………………………… 69

総ガイド 高校新入学・転編入 05年度版 ……………………………………………… 69
総ガイド 高校新入学・転編入 全国版 08年度版 ……………………………………… 69
総ガイド大学転部・編入 '95年度版 …… 118
総合研究・若年労働力の急減と人的資源管理 …………………………………… 171
子育てに活かすABAハンドブック ……… 15

【た】

大学院受験案内 2011年度用 …………… 122
大学院受験案内 2013年度用 …………… 123
大学選びの決定版!大学受験ガイド 2005年度版 ……………………………………… 118
大学選びの決定版!大学受験ガイド 2006年度版 ……………………………………… 118
大学選びの決定版!大学受験ガイド 2007年度版 ……………………………………… 118
大学選びの決定版!大学受験ガイド 2008年度版 ……………………………………… 118
大学合格マル秘裏ワザ計画表 '96 ……… 118
大学探しランキングブック 2015 ……… 118
大学受験案内 2004年度用 ………………… 119
大学受験案内 2006年度用 ………………… 119
大学受験案内 2007年度用 ………………… 119
大学受験案内 2010年度用 ………………… 119
大学受験案内 2011年度用 ………………… 119
大学受験案内 2012年度用 ………………… 119
大学受験案内 2013年度用 ………………… 119
大学受験案内 2014年度用 ………………… 120
大学受験案内 2015年度用 ………………… 120
大学受験ガイド 2010年度版 …………… 120
大学進学をめざす人のための中学・高校受験案内 '91 …………………………… 26
大学進学・就活進路図鑑 2010 ………… 120
大学図鑑! 2015 …………………………… 107
大学転部・編入ガイド 第2版 ………… 120
大学入試小論文問題集 全4巻 2007年度 ………………………………………………… 120
大学入試データの解析 …………………… 120
大学入試難易ランキング 2002 ………… 107
大学入試要項 2010年度用 ……………… 121
大学文系・理系学科案内 2005年度用 … 121
大学編入・転部ガイド 2001年度版 …… 121
大検ガイドブック 平成8年度版 ………… 26
大検合格ガイド 平成5年度版 …………… 26
大就職ダ・ヴィンチ 1999 ……………… 186

大震災と子どもの貧困白書 …………… 129
大都市の若者の就業行動と意識 ……… 198
ダウン症ハンドブック ……………………… 15
楽しい高校教えて!! 2005 ………………… 70
たべもの・食育図鑑 ……………………… 240
食べることは生きること ………………… 240
短期大学受験案内 2006年度用 ………… 102
男子学生版 OB訪問・会社訪問ハンドブック '98 ………………………………… 196
短大受験 東京圏版(1996) ……………… 100
短大受験案内 2000年度用 ……………… 102
短大受験案内 2004年度用 ……………… 103
短大受験案内 2006年度用 ……………… 103
短大受験案内 2007年度用 ……………… 103
短大受験案内 2009年度用 ……………… 103
短大受験案内 2010年度用 ……………… 103
短大受験案内 2011年度用 ……………… 103
短大受験案内 2012年度用 ……………… 103
短大受験案内 2013年度用 ……………… 104
短大受験案内 2014年度用 ……………… 104
短大推薦入試受かる面接 ………………… 104

【ち】

地域別雇用データ2000 …………………… 179
地域別雇用データ2010 …………………… 179
知的障害をもつ人の地域生活支援ハンドブック …………………………………… 16, 164
知的障害児・者の生活と援助 新訂版 …… 165
知的障害児・者の生活と援助 三訂版 …… 165
知的障害・発達障害のある子どもの面接ハンドブック ……………………………… 165
千葉・茨城・首都圏 高校受験ガイド '91年入試用 …………………………………… 79
千葉・茨城・首都圏 高校受験ガイド '92年入試用 …………………………………… 80
千葉・茨城・首都圏 高校受験ガイド '93年入試用 …………………………………… 80
千葉・茨城・首都圏 高校受験ガイド '95年入試用 …………………………………… 80
千葉・茨城南部・近県 高校受験ガイド 2008年入試用 ………………………………… 80
千葉・茨城南部・近県 高校受験ガイド 2009年入試用 ………………………………… 80
千葉・茨城南部・近県 高校受験ガイド 2010年入試用 ………………………………… 80
千葉・茨城南部・近県 高校受験ガイド 2011年入試用 ………………………………… 80

千葉・茨城南部・近県 高校受験ガイド 2013年入試用 ………………… 81
千葉・茨城南部・首都圏 高校受験ガイド 2004年入試用 ……………… 81
千葉・茨城南部・首都圏 高校受験ガイド 2005年入試用 ……………… 81
千葉・茨城南部・首都圏 高校受験ガイド 2006年入試用 ……………… 81
千葉・近県 高校受験ガイド 2014年入試用 …………………………………… 81
千葉・近県 高校受験ガイド 2015年入試用 …………………………………… 81
中学・高校受験用・学校説明会ガイド 2004年 ……………………………… 26
中学受験案内 平成7年度用 ………… 58
中学受験案内 平成10年 ……………… 58
中学受験案内 平成11年入試用 …… 58
中学受験案内 首都圏版 平成12年度用 … 58
中学受験案内 2004年入試用 ……… 58
中学受験案内 2006年度用 ………… 58
中学受験案内 2007年度入試用 …… 58
中学受験案内 2008年度入試用 …… 59
中学受験案内 2009年度入試用 …… 59
中学受験案内 2009年入試用 ……… 59
中学受験案内 2010年度入試用 …… 59
中学受験案内 2010年度用 ………… 59
中学受験案内 2010年入試用 ……… 59
中学受験案内 2011年度用 ………… 59
中学受験案内 2011年入試用 ……… 59
中学受験案内 首都圏版 2012年入試用 … 60
中学受験案内 東京 神奈川 千葉 埼玉 茨城 栃木 群馬 山梨 2012年度用 … 60
中学受験案内 東京・神奈川・埼玉・千葉・茨城・栃木 2012年度入試用 …… 60
中学受験案内 2013年度入試用 …… 60
中学受験案内 2014年度入試用 …… 60
中学受験案内 首都圏版 平成26年用 … 60
中学受験案内 2015年度入試用 …… 60
中学受験案内 2015年入試用 ……… 61
中学受験 学校選びパーフェクトガイド 2000 ………………………………… 61
中学受験学校ガイダンス 2001年入試用 ……………………………………… 51
中学受験学校完全ガイド! 2011 …… 61
中学受験この学校に入りたい! 2007 … 61
中学受験この学校に入りたい! 2008 … 61
中学受験この学校に入りたい! 2009 … 62
中学受験資料 進学サクセス 2000年度 … 47
中学受験図鑑 ………………………… 62
中学受験図鑑 2008 ………………… 62
中学受験絶対合格・親子の受験ハンドブック 2015年度 …………………… 47
中学受験入試直前パーフェクトガイド 2000 ………………………………… 47
中学受験 入りやすくてお得な学校 〔2006〕 ………………………………… 62
中学受験 入りやすくてお得な学校 2007 首都圏 …………………………… 62
中学受験 入りやすくてお得な学校 2008 …………………………………… 62
中学受験はじめての学校ガイド 2015 … 63
中学受験 はなマルな学校選び ……… 47
中学受験面接合格ガイド 2000 …… 47
中学受験面接合格ガイド 2001 …… 47
中学受験面接合格ガイド〔2008〕 … 48
中学受験用学校説明会ガイド 2006年 … 63
中学受験用学校説明会ガイド 2007年 … 63
中学受験用学校説明会ガイド 2008年 … 63
中学受験用学校説明会ガイド 2009年 … 63
中学受験用学校説明会ガイド 2010年 … 64
中学受験用学校説明会ガイド 2013年 … 64
中学受験用学校説明会ガイド 2014年 … 64
中学受験リポート 志望校研究版 2002年 …………………………………… 51
中学受験リポート 志望校研究版 2003年入試用 …………………………… 51
中学進学ガイド 全国版 '98年度 …… 40
中学生・高校生の食生活データブック 2002年版 ………………………… 237
中学生・高校生のためのボランティアガイド ……………………………… 138
中学生・高校生のライフスタイルを読み解くデータ総覧 2004 ………… 221
中学生・高校生のライフスタイル資料集 2006 …………………………… 221
中学生の母親 ………………………… 11
中学入試データ徹底ガイド 2001 …… 64
中学入試のための合格資料集 平成8年度 …………………………………… 64
中学入試のためのチャレンジデータ 2002 ………………………………… 48
中学入試のためのチャレンジデータ 2003 ………………………………… 48
中学入試のためのチャレンジデータ 2004 ………………………………… 48
中学入試のためのチャレンジデータ 2005 ………………………………… 48
中学入試のためのチャレンジデータ 2007 ………………………………… 48
中学入試用合格資料集 平成9年度 …… 64
中学入試用合格資料集 平成13年度 … 64
中学入試用合格資料集 平成15年度 … 65
中学入試用合格資料集 平成16年度 … 65

書名索引　　　　　なんて

中学入試用合格資料集　平成17年度 …… 65
中学入試用合格資料集　平成18年度 …… 65
中学入試用合格資料集　平成19年度 …… 65
中学入試用合格資料集　平成20年度 …… 65
中高生のためのケータイ・スマホハンドブック ……………………………… 222
中高入試全資料集　平成9年度受験用 …… 26
超少子化時代の家族意識 ……………… 10

【つ】

通信制高校があるじゃん！2013 - 2014年版 ……………………………………… 85
通信制高校があるじゃん　2014 - 2015年版 ……………………………………… 86
「通信制」で見つけよう！2012～2013年版 ……………………………………… 86
つくって遊ぼう!!伝承おもしろおもちゃ事典 ……………………………………… 217
強く賢い子に育てる食と健康大事典 …… 236

【て】

低年齢少年の価値観等に関する調査 …… 204
データからみる日本の教育　2004 ………… 2
データからみる日本の教育　2005 ………… 2
データからみる日本の教育　2006 ………… 2
テレビゲーム流通白書 '99 …………… 222
てんかんハンドブック ………………… 234
てんかんハンドブック　第2版 ………… 235

【と】

どう動くマス世代の消費 ……………… 171
東京・近県　高校受験ガイド　2015年入試用 ……………………………………… 82
東京圏私立小学校情報・東京圏私立幼稚園情報 '97 ……………………………… 33
東京圏私立小学校情報・東京圏私立幼稚園情報 '99 ……………………………… 33
東京・首都圏　高校受験ガイド　'95年入試用 ……………………………………… 82
東京・首都圏　高校受験ガイド　2003年入試用 ……………………………………… 82

東京・首都圏　高校受験ガイド　2005年入試用 ……………………………………… 82
東京・首都圏　高校受験ガイド　2006年入試用 ……………………………………… 82
東京都内区市町村における児童虐待対応及び予防に関するアンケート報告書 … 20
東京都内子ども家庭支援センター実態調査報告書 ……………………………… 159
統計図表レファレンス事典　児童・青少年 ………………………………………… 1
登校拒否がわかる本 …………………… 135
登校拒否関係団体全国リスト　'97・'98年版 ……………………………………… 134
登校拒否関係団体全国リスト　'99～2000年版 ……………………………………… 134
登校拒否と医療・心理相談ガイド　1997年版 ……………………………………… 134
登校拒否とカウンセリングルーム …… 134
登校拒否問題への取組について　小学校・中学校編 ……………………………… 135
独身青年層の結婚観と子ども観　平成9年 ………………………………………… 205
特別支援教育基本用語100 ……………… 161
特別支援教育コーディネーター必携ハンドブック ……………………………… 165
特別支援教育支援員ハンドブック …… 165
特別支援教育大事典 …………………… 161
特別支援教育図書総目録 no.31 ………… 160
特別支援コーディネーターに必要な基本スキル小事典 …………………………… 161
特別なニーズ教育ハンドブック ……… 165
飛び出せ!お父さん ……………………… 12
ドメスティック・バイオレンス防止法律ハンドブック …………………………… 18
トライ　有名専門学校ガイド　首都圏版（'91） ……………………………………… 89
トライ　有名専門学校ガイド　首都圏版（'93） ……………………………………… 89
トラブルを防ぐ! パート・アルバイト雇用の法律Q&A …………………………… 197

【な】

仲間の中で育ちあう ………………… 166
なんでもわかる小学校受験の本　平成14年度版 …………………………………… 38
なんでもわかる小学校受験の本　平成15年度版 …………………………………… 38
なんでもわかる小学校受験の本　〔平成

児童・青少年レファレンスブック　263

16年版〕 ………………… 39
なんでもわかる小学校受験の本 平成18
　年度版 ……………………… 39
なんでもわかる小学校受験の本 平成20
　年度版 ……………………… 39
なんでもわかる小学校受験の本 平成21
　年度版 ……………………… 39
なんでもわかる小学校受験の本 平成24
　年度版 ……………………… 39
なんでもわかる小学校受験の本 首都圏
　版 平成26年度入試対策用 ……… 39
なんでもわかる小学校受験の本 首都圏
　版・平成27年度入試対策用〕 ……… 39
なんでもわかる幼稚園受験の本 平成13
　年度版 ……………………… 32
なんでもわかる幼稚園受験の本 平成18
　年度版 ……………………… 32
なんでもわかる幼稚園受験の本 平成19
　年度版 ……………………… 32
なんでもわかる幼稚園受験の本 平成20
　年度版 ……………………… 32
なんでもわかる幼稚園受験の本 平成22
　年度版 ……………………… 32
なんでもわかる幼稚園受験の本 平成23
　年度版 ……………………… 32
なんでもわかる幼稚園受験の本 平成24
　年度版 ……………………… 32
難病の子ども情報ブック ………… 235

【に】

20世紀我楽多図鑑 ……………… 219
21の実践から学ぶ臨床発達心理学の実践
　研究ハンドブック ……………… 203
21世紀出生児縦断調査 第3回 平成15
　年度 ………………………… 9
21世紀出生児縦断調査 第4回 平成16
　年度 ………………………… 9
20代若者の消費異変 …………… 174
日英対訳 少年保護事件の手引（主要法
　令・用語付） ………………… 228
ニッポン人の生活時間データ総覧 2006
　…………………………… 215
日本YMCA人物事典 …………… 139
日本LD学会LD・ADHD等関連用語集 … 161
日本LD学会LD・ADHD等関連用語集 第
　2版 ………………………… 162
日本子ども資料年鑑 1991‐92 …… 2
日本子ども資料年鑑 第3巻 ……… 2

日本子ども資料年鑑 第4巻 ……… 2
日本子ども資料年鑑 第5巻 ……… 2
日本子ども資料年鑑 第6巻 ……… 2
日本子ども資料年鑑 2001 ……… 3
日本子ども資料年鑑 2002 ……… 3
日本子ども資料年鑑 2003 ……… 3
日本子ども資料年鑑 2004 ……… 3
日本子ども資料年鑑 2005 ……… 3
日本子ども資料年鑑 2006 ……… 3
日本子ども資料年鑑 2007 ……… 4
日本子ども資料年鑑 2008 ……… 4
日本子ども資料年鑑 2009 ……… 4
日本子ども資料年鑑 2010 ……… 4
日本子ども資料年鑑 2011 ……… 4
日本子ども資料年鑑 2012 ……… 4
日本子ども資料年鑑 2013 ……… 4
日本子ども資料年鑑 2014 ……… 4
日本こどものあそび図鑑 ………… 219
日本こどものあそび大図鑑 ……… 219
日本児童図書研究文献目次総覧 1945-
　1999 ……………………… 209
日本人の価値観 データで見る30年間の
　変遷 ………………………… 204
日本人の子育て・教育を読み解くデータ
　総覧 2004 ………………… 13
日本の教育・学習データ総覧 2006 … 1
日本の郷土玩具 ………………… 219
日本の身体障害者・児 平成8年 …… 170
日本のわらべうた 歳事・季節歌編 … 216
日本労働社会学会年報 第15号 …… 178
入試情報確定版 近畿編 平成12年度 … 26
入試突破!!医系小論文・面接ハンドブッ
　クQ&A …………………… 121
入試突破!!看護・医療・福祉系小論文・面
　接ハンドブックQ&A …………… 121

【の】

農家就業動向調査報告書 昭和63年 …… 186

【は】

ハイスクールレポート 2014 ……… 70
ハイライト 子ども家庭白書 ……… 10
博士号のとり方 ………………… 123

はじめての料理ハンドブック 16
はじめての料理ハンドブック 改訂版 16
PASS IN '91年度版 122
PASS IN '92年度版 122
PASS IN '93年度版 122
「働くことの意識」調査報告書 平成2年
　6月 180
「働くことの意識」調査報告書 平成3年
　度新入社員 180
「働くことの意識」調査報告書 平成4年
　度新入社員 180
「働くことの意識」調査報告書 平成6年
　度新入社員 1994年6月 180
「働くことの意識」調査報告書 平成7年
　度新入社員 1995年6月 181
「働くことの意識」調査報告書 平成9年
　度新入社員 181
「働くことの意識」調査報告書 平成10
　年度新入社員 181
「働くことの意識」調査報告書 平成13
　年度新入社員 181
「働くことの意識」調査報告書 平成15
　年度新入社員 181
「働くことの意識」調査報告書 平成16
　年度新入社員 181
「働くことの意識」調査報告書 平成18
　年度新入社員 181
「働くことの意識」調査報告書 平成19
　年度新入社員 182
「働くことの意識」調査報告書 平成23
　年度新入社員 182
「働くことの意識」調査報告書 平成24
　年度新入社員 182
「働くことの意識」調査報告書 平成25
　年度新入社員 182
働く若者のデータブック 平成9年版 ... 180
発達科学ハンドブック 1 204
発達科学ハンドブック 4 204
発達障害親子支援ハンドブック 16
発達障害がある子どもの進路選択ハンド
　ブック 16
発達障害基本用語事典 162
発達障害児者の防災ハンドブック .. 166, 236
発達障害指導事典 162
発達障害指導事典 第二版 162
発達障害の人の就労支援ハンドブック ... 166
発達障害白書 2011年版 169
発達障害白書 2013年版 169
発達障害白書 2014年版 169
発達障害白書 2015年版 169
発達障害ハンドブック 166

発達心理学辞典 203
発達心理学事典 203
発達心理学用語集 203
パートタイマーの実態 平成2年 198
はらはらドキドキ入試面接 39
バランスよく食べよう!栄養がわかる絵事
　典 239
犯罪から子どもを守る!ハンドブック ... 236
犯罪白書 平成10年版 225
犯罪白書 平成17年版 225
犯罪白書 平成23年版 225
犯罪白書 平成25年版 225
犯罪白書 平成26年版 225
犯罪白書のあらまし 平成2年版 225
犯罪白書のあらまし 平成10年版 225
犯罪白書のポイント 平成2年版 226
犯罪被害者白書 平成24年版 230
犯罪・非行事典 225
ハンディキャップ教育・福祉事典 1巻 ... 162
ハンディキャップ教育・福祉事典 2巻 ... 162
ハンドブック 子どもの権利条約 133
ハンドブック 子どもの人権オンブズパー
　ソン 133
ハンドブック少年法 227
ハンドブック 事例でよむ学校と家庭・地
　域 137

【ひ】

非正規雇用ハンドブック 197
非正規社員の法律実務 第2版 198
響き合う! 集落(むら)と若者 138

【ふ】

部活で選ぶ!中学高校部活進学ガイド東京
　2015 66
防げなかった死 2001 19
不登校・高校中退からの高校進学 02年
　度版 70
不登校生・親・教師のためのもうひとつ
　の進路と社会参加総ガイド '01〜'02
　全国版 135
不登校生・高校中退者のためのもうひと
　つの進路と社会参加全ガイド 135
不登校・中退生のためのスクール・ガイ

ド ……………………………………… 134
不登校の子どものための居場所探し 2004
　～2005年版 ………………………… 136
不登校の子どものための居場所探し 2005
　～2006年版 ………………………… 136
不登校の子どものための居場所探し 2006
　～2007年版 ………………………… 136
不登校・引きこもり・ニート支援団体ガ
　イド …………………………………… 136
フリーターの意識と実態 ……………… 198
フリーター労組の生存ハンドブック …… 197
ふるさと玩具（おもちゃ）図鑑 ………… 219
分類児童語彙 改訂版 …………………… 216

【へ】

平成成人 ……………………………… 172, 204
変革期の大卒採用と人的資源管理 ……… 186
ベンチャー企業白書 2006年版 ………… 178

【ほ】

保育者・教師のための障害児医学ケア相
　談事典 1 ……………………………… 14
保育者・教師のための障害児医学ケア相
　談事典 2 ……………………………… 14
保育者のための教育と福祉の事典 ……… 153
保育年報 1998‐1999 …………………… 159
放送研究と調査 NHK放送文化研究所 年
　報 2004（第48集） …………………… 222
ポスターで見る私立中学入試ガイド …… 40
ボランティアコーディネーター白書 2010-
　2012年版 ……………………………… 139
ボランティアコーディネーター白書 2014
　年版（2011‐2013年）………………… 139
ボランティア白書 2014 ………………… 139

【ま】

毎日留学年鑑 2000‐2001 6 …………… 178
マナー ………………………………………… 176
学ぶ 社会人がめざす大学ガイド 2004年
　版 …………………………………………… 121

【み】

緑のふるさと協力隊 ……………………… 138
民生委員・児童委員のための子ども・子
　育て支援実践ハンドブック ………… 154
みんなで国語辞典 3 …………………… 223

【む】

昔の子どものくらし事典 ………………… 217

【め】

明治新聞雑誌文庫所蔵雑誌目次総覧 第6
　巻（73‐78）……………………………… 1
メタボリックシンドロームディクショナ
　リー …………………………………… 232
面接・作文の実際 2003 ………………… 99
メンタルケース・ハンドブック ………… 208

【も】

盲、聾、養護学校教育の基本用語辞典 … 163
問題行動解決支援ハンドブック ………… 17

【や】

やさしい健康へのアドバイス ………… 235
やさしい指導法・療育技法 ……………… 166
やさしい予防と対応 ……………………… 17
やさしい療育Q&A ……………………… 166
やってみよう！こどもの資格＆コンクール
　ガイド 2000年度版 ……………………… 12
やってみよう！こどもの資格＆コンクール
　ガイド 2001年度版 ……………………… 13
やってみよう！こどもの資格＆コンクール
　ガイド 2002年度版 ……………………… 13
やってみよう！こどもの資格＆コンクール

ガイド 2003年度版 ･･････････････････ 13

【ゆ】

遊戯療法ハンドブック ･･････････････････ 21
有名小学校幼稚園に合格する本 2016 ･･･ 40
有名私立女子校＆共学校 2000年度用 ････ 26
有名私立女子校＆共学校 2004年度用 ････ 27
有名私立女子校＆共学校 2006年入試用
･･････････････････････････････････ 27
有名私立女子校＆共学校 2007年入試用
･･････････････････････････････････ 27
有名私立女子校＆共学校 2008年入試用
･･････････････････････････････････ 27
有名私立女子校＆共学校 2009年入試用
･･････････････････････････････････ 27
有名私立女子校＆共学校 2010年入試用
･･････････････････････････････････ 27
有名私立女子校＆共学校 2011年入試用
･･････････････････････････････････ 28
有名私立女子校＆共学校 2012年入試用
･･････････････････････････････････ 28
有名私立女子校＆共学校 2013年入試用
･･････････････････････････････････ 28
有名私立女子校＆共学校 2014年入試用
･･････････････････････････････････ 28
有名中学合格事典 2015 ････････････････ 48
有名中学 超・合格術 ･･･････････････････ 48
ゆとり世代の消費実態 ････････････････ 172

【よ】

四谷大塚完全ガイド 96年度版 ･･･････････ 123

【ら】

ライセンス＆キャンパスライフ 2000 ･････ 29
ライフデザイン白書 2006-07 ･･････････ 221

【り】

理工系のための大学院の歩き方 ･･･････ 123

【ろ】

労働白書 平成3年版 ････････････････ 178
労働白書 平成12年版 ･･･････････････ 179
労働力調査年報 平成19年 2 ････････ 180
労働力調査年報 平成17年 ･･･････････ 180
労働力調査年報 平成18年 ･･･････････ 180
6年一貫私立中学特色ガイド '94 首都圏
版 ･･･････････････････････････････ 66

【わ】

わが国の身体障害児・者の現状 ･････････ 170
若手社員のためのビジネス便利事典 新
版 ･･････････････････････････････ 176
若者遊びコトバ事典 ･･････････････････ 223
若者ことば辞典 ･････････････････････ 223
若者言葉事典 ･････････････････････ 223
若者就労支援「静岡方式」で行こう!! ･･･ 186
「若者の性」白書 ･････････････････ 230, 231
若者ライフスタイル資料集 1992 ･･････ 221
若者ライフスタイル資料集 '97 ････････ 221
若者ライフスタイル資料集 '98 ････････ 222
わたしのきょうだいは自閉症 ･････････ 17
わらべうた文献総覧解題 増補 ･･････････ 216

【ABC】

Leaving Care 改訂4版 ････････････････ 154
The otaku encyclopedia ･･･････････････ 220

著編者名索引

【あ】

相沢 雅文
  特別支援教育コーディネーター必携ハンドブック ………………… 165
青木 聡
  子どもに会いたい親のためのハンドブック ………………………… 10
青木 宏治
  生徒の権利 ………………………… 133
青野 篤子
  女性とジェンダーの心理学ハンドブック ………………………… 200
青山 和子
  知的障害児・者の生活と援助 新訂版 ‥ 165
  知的障害児・者の生活と援助 三訂版 ‥ 165
アーカイブス出版編集部
  食生活データ総合統計年報 2008 …… 238
赤堀 永子
  イラスト版食材図鑑 ………………… 239
赤堀 秀利
  ザ・願書・面接 平成10年度版 ………… 34
  ザ・願書・面接 平成12年度版 ………… 34
  ザ願書・面接 2001年度版 ……………… 34
  ザ願書・面接 2002年度版 ……………… 34
赤堀栄養専門学校
  イラスト版食材図鑑 ………………… 239
秋葉 美知子
  若者ライフスタイル資料集 '97 …… 221
秋山 胖
  こころの問題事典 ………………… 207
朝日新聞社
  カンペキ中学受験 2006 ……………… 52
  カンペキ中学受験 2007 ……………… 52
  カンペキ中学受験 2008 ……………… 52
  合格データ中学受験のすべて 2000 …… 53
朝日新聞社事典編集部
  カンペキ中学受験 2005 ……………… 51
朝日新聞出版教育ジュニア編集部
  カンペキ中学受験 2012 ……………… 52
  カンペキ中学受験 2013 ……………… 52
  カンペキ中学受験 2015 ……………… 53
浅利 篤
  原色子どもの絵診断事典 …………… 201

アジア学生文化協会
  外国人留学生のための大学院入学案内 2001-2002 ………………………… 122
  外国人留学生のための大学院入学案内 2007-2008年度版 …………………… 122
  私費外国人留学生のための大学入学案内 2006年度版 ………………………… 114
  私費外国人留学生のための大学入学案内 2007年度版 ………………………… 114
  私費外国人留学生のための大学入学案内 2015年度版 ………………………… 114
あした
  しょうがい児支援ハンドブック …… 164
あそびうた研究会
  あそびうたハンドブック …………… 216
あそび・まなびネット広島
  女性と子どもの病院ガイド 広島 …… 234
足立 己幸
  子どもの栄養と食育がわかる事典 …… 239
アダメック, クリスティン
  子ども虐待問題百科事典 ……………… 18
  詳解子ども虐待事典 …………………… 18
新しい学校の会
  こんな学校があったんだ! 2014・2015年版 ………………………………… 83
アバド, グンヴォル・ラーション
  知的障害・発達障害のある子どもの面接ハンドブック ………………………… 165
アービン, D.L.
  子どもの面接ガイドブック …………… 21
安部 計彦
  子どもを守る地域ネットワーク活動実践ハンドブック ……………………… 137
阿部 秀雄
  「自閉」の本九十九冊 増補 …………… 14
網野 武博
  児童養護 別冊 ……………………… 152
  ハイライト 子ども家庭白書 ………… 10
アメリカ自由人権協会
  生徒の権利 ………………………… 133
新井 邦二郎
  事例 発達臨床心理学事典 …………… 203
新井 英靖
  発達障害児者の防災ハンドブック ‥ 166, 236
荒川 智
  障害児教育大事典 …………………… 161

荒木 伸怡
　犯罪・非行事典 225
有本 昌剛
　こうすればできる高校の特別支援教育
　　..................................... 163
アルビン，リチャード・W.
　問題行動解決支援ハンドブック 17
アーロンズ，モーリーン
　自閉症ハンドブック 15
アンガー，ローダ・K.
　女性とジェンダーの心理学ハンドブック
　　..................................... 200
アンケート四季報編集委員会
　アンケート四季報 5 1990初夏号 212
　アンケート四季報 6 1990夏号 212
　アンケート四季報 7 1990初秋号 212
　アンケート四季報 9 1991冬号 212
　アンケート四季報 10 1991早春号 212
　アンケート四季報 第11号 1991 212
　アンケート四季報 第12号 1991 212
　アンケート四季報 第13号 1991 212
　アンケート四季報 第14号 1992 212
　アンケート四季報 第15号 1992 212
　アンケート四季報 1993 春号 212
　アンケート四季報 第18号 1997 213
安藤 隆男
　障害児発達支援基礎用語事典 161

【い】

飯田 順子
　世界の学校心理学事典 202
飯田 順三
　児童青年精神医学大事典 206
育文社編集部
　個性派学校ガイド 2015 83
医系専門予備校メディカルラボ
　全国医学部最新受験情報 2014年度用
　　..................................... 117
池田 寛
　教育コミュニティ・ハンドブック 137
池田 由紀江
　ダウン症ハンドブック 15
石井 哲夫
　自閉症ハンドブック 15

石川 功治
　現代っ子版子育て安心ハンドブック 11
石隈 利紀
　学校心理学ハンドブック 202
　スクールカウンセリング事典 20, 201
　世界の学校心理学事典 202
石嵜 信憲
　非正規社員の法律実務 第2版 198
石橋 昭夫
　遊びの本のカタログ 215
石原 壮一郎
　会社図鑑! '97 193
石部 元雄
　ハンディキャップ教育・福祉事典 1巻
　　..................................... 162
　ハンディキャップ教育・福祉事典 2巻
　　..................................... 162
いじめを考える100冊の本編集委員会
　いじめを考える100冊の本 136
石渡 嶺司
　時間と学費をムダにしない大学選び
　　2015 113
　大学進学・就活進路図鑑 2010 120
市川 昭午
　子どもの人権大辞典 132
市川 宏伸
　児童青年精神医学大事典 206
市進
　首都圏版 中学受験案内 2014年入試用
　　...................................... 56
市進学院
　神奈川・近県 高校受験ガイド 2007年入
　　試用 71
　神奈川・近県 高校受験ガイド 2008年入
　　試用 71
　神奈川・近県 高校受験ガイド 2009年入
　　試用 71
　神奈川・近県 高校受験ガイド 2010年入
　　試用 71
　神奈川・近県 高校受験ガイド 2011年入
　　試用 71
　神奈川・近県 高校受験ガイド 2013年入
　　試用 71
　神奈川・近県 高校受験ガイド 2014年入
　　試用 71
　神奈川・近県 高校受験ガイド 2015年入
　　試用 72
　神奈川・首都圏 高校受験ガイド '92年入
　　試用 72

神奈川・首都圏 高校受験ガイド '93年入試用 ……………………………… 72
神奈川・首都圏 高校受験ガイド '95年入試用 ……………………………… 72
神奈川・首都圏 高校受験ガイド 2004年入試用 …………………………… 72
神奈川・首都圏 高校受験ガイド 2005年入試用 …………………………… 72
埼玉・近県 高校受験ガイド 2008年入試用 …………………………… 76
埼玉・近県 高校受験ガイド 2009年入試用 …………………………… 76
埼玉・近県 高校受験ガイド 2010年入試用 …………………………… 77
埼玉・近県 高校受験ガイド 2011年入試用 …………………………… 77
埼玉・近県 高校受験ガイド 2013年入試用 …………………………… 77
埼玉・近県 高校受験ガイド 2014年入試用 …………………………… 77
埼玉・近県 高校受験ガイド 2015年入試用 …………………………… 77
埼玉・首都圏 高校受験ガイド '91年入試用 …………………………… 77
埼玉・首都圏 高校受験ガイド '92年入試用 …………………………… 77
埼玉・首都圏 高校受験ガイド '93年入試用 …………………………… 78
埼玉・首都圏 高校受験ガイド '95年入試用 …………………………… 78
首都圏国立・私立・公立一貫中学受験ガイド 2008年入試用 ……………… 49
首都圏国立・私立・公立一貫中学受験ガイド 2009年入試用 ……………… 49
首都圏国立・私立・公立一貫中学受験ガイド 2010年入試用 ……………… 49
首都圏国立・私立・公立一貫中学受験ガイド 2011年入試用 ……………… 49
首都圏国立・私立・公立一貫中学受験ガイド 2012年入試用 ……………… 49
首都圏国立・私立中学受験ガイド '91年入試用 …………………………… 50
首都圏国立・私立中学受験ガイド 2004年入試用 ………………………… 50
首都圏中学受験ガイド 2006年入試用 ……………………………………… 55
千葉・茨城・首都圏 高校受験ガイド '91年入試用 …………………………… 79
千葉・茨城・首都圏 高校受験ガイド '92年入試用 …………………………… 80
千葉・茨城・首都圏 高校受験ガイド '93年入試用 …………………………… 80
千葉・茨城・首都圏 高校受験ガイド '95年入試用 …………………………… 80
千葉・茨城南部・近県 高校受験ガイド 2008年入試用 …………………… 80
千葉・茨城南部・近県 高校受験ガイド 2009年入試用 …………………… 80
千葉・茨城南部・近県 高校受験ガイド 2010年入試用 …………………… 80
千葉・茨城南部・近県 高校受験ガイド 2011年入試用 …………………… 80
千葉・茨城南部・近県 高校受験ガイド 2013年入試用 …………………… 81
千葉・茨城南部・首都圏 高校受験ガイド 2004年入試用 ………………… 81
千葉・茨城南部・首都圏 高校受験ガイド 2005年入試用 ………………… 81
千葉・近県 高校受験ガイド 2014年入試用 ……………………………… 81
千葉・近県 高校受験ガイド 2015年入試用 ……………………………… 81
東京・近県 高校受験ガイド 2015年入試用 ……………………………… 82
東京・首都圏 高校受験ガイド '95年入試用 ……………………………… 82
東京・首都圏 高校受験ガイド 2003年入試用 …………………………… 82
東京・首都圏 高校受験ガイド 2005年入試用 …………………………… 82

一番ヶ瀬 康子
　児童福祉の原理と展開 ……………………… 154
　知的障害児・者の生活と援助 新訂版 ‥ 165
　知的障害児・者の生活と援助 三訂版 ‥ 165

伊藤 健次
　自閉症教育基本用語辞典 …………… 160

伊藤 崇達
　自己調整学習ハンドブック …………… 202

伊藤 善也
　子どもの病気栄養管理・栄養指導ハンドブック ……………………………………… 234

伊藤 隆二
　ハンディキャップ教育・福祉事典 1巻 ……………………………………… 162
　ハンディキャップ教育・福祉事典 2巻 ……………………………………… 162

稲垣 由子
　子どもの虐待とネグレクト …………… 19

稲村 博
　メンタルケース・ハンドブック ……… 208

犬塚 健次
　特別なニーズ教育ハンドブック ……… 165

猪野　健治
　　右翼民族派総覧 1991年版 ………… 141
井上　勝也
　　スクールカウンセリング事典 …… 20, 201
井上　重義
　　ふるさと玩具（おもちゃ）図鑑 ……… 219
井上　肇
　　子どもの教育と福祉の事典 ………… 152
　　子どもの教育と福祉の事典 改訂版 … 152
井上　雅彦
　　子育てに活かすABAハンドブック …… 15
茨木　俊夫
　　スクールカウンセリング事典 …… 20, 201
　　問題行動解決支援ハンドブック ……… 17
今塩屋　隼男
　　障害児発達支援基礎用語事典 ……… 161
今津　孝次郎
　　中高生のためのケータイ・スマホハンド
　　　ブック ……………………………… 222
岩崎　大輔
　　子どもの安全ハンドブック ………… 235
岩崎　政孝
　　教育判例ガイド ……………………… 132
岩重　佳治
　　イギリスに学ぶ子どもの貧困解決 …… 128
岩田　純一
　　発達心理学辞典 ……………………… 203
岩間　夏樹
　　新社会人白書〔2006〕 ……………… 196
　　新社会人白書 07／08 ……………… 196

【う】

ウィーナー，ジェリー
　　児童青年精神医学大事典 …………… 206
上杉　喬
　　こころの問題事典 …………………… 207
上田　勢子
　　ストーカーから身を守るハンドブック
　　　………………………………………… 236
上地　安昭
　　スクールカウンセリング事典 …… 20, 201
上野　一彦
　　特別支援教育基本用語100 ………… 161

鵜飼　奈津子
　　児童青年心理療法ハンドブック …… 200
請川　滋大
　　発達心理学用語集 …………………… 203
埋橋　玲子
　　イギリスに学ぶ子どもの貧困解決 …… 128
梅永　雄二
　　LDの人の就労ハンドブック ………… 163
　　発達障害の人の就労支援ハンドブック
　　　………………………………………… 166
ウルフ，パメラ・S.
　　自閉症百科事典 ……………………… 161

【え】

エイビ進学ナビAO入試年鑑編集部
　　全国大学・短期大学AO入試年鑑 2014年
　　　発行版 ………………………………… 29
江上　芳郎
　　戦後大学・学生問題文献目録―1945～
　　　1967§大学・学生問題文献目録―改
　　　訂・増補 1965～1971 …………… 141
NHK放送文化研究所
　　NHK放送文化研究所年報 2012（No.56）
　　　………………………………………… 222
　　放送研究と調査 NHK放送文化研究所 年
　　　報 2004（第48集） ………………… 222
江森　一郎
　　江戸時代女性生活絵図大事典 第1巻 … 170
延増　拓郎
　　非正規社員の法律実務 第2版 ……… 198

【お】

生地　新
　　児童青年精神医学大事典 …………… 206
扇田　博元
　　絵による児童診断ハンドブック …… 201
旺文社
　　旺文社版 中学校受験案内 2000年入試
　　　用 ……………………………………… 51
　　高校受験案内 2007年度入試用 ……… 73
　　高校受験案内 2009年度入試用 ……… 74
　　高校受験案内 2010年度入試用 ……… 74

高校受験案内 2015年入試用 74
高校入試首都圏版高校受験決定ガイド
　平成11年 75
小学校受験案内 2000年度入試用 36
小学校受験案内 2001年度入試用 36
小学校受験案内 2003年度入試用 36
小学校受験案内 2004年度入試用 36
小学校受験案内 2005年度入試用 37
小学校受験案内 2006年度入試用 37
私立中高一貫校中学校ガイド 首都圏版
　2001年受験用 57
私立中高6年一貫校中学受験ガイド 首都
　圏版 2000年受験用 57
進路決定オール・ガイド '99 25
全国大学小論文入試 2010年受験対策
　................................... 117
全国短大推薦・AO入試年鑑 2009年受験
　用 105
全国短大推薦・AO入試年鑑 2010年（平
　成22年）受験用 105
全国短大＆専修・各種学校受験年鑑 2004
　年入試用 29
全国短大＆専修・各種学校受験年鑑 2006
　年（平成18年）入試用 29
全国短大＆専修・各種学校受験年鑑 2007
　年（平成19年）入試用 29
全国短大＆専門学校受験年鑑 2008年（平
　成20年）入試用 29
全国短大＆専門学校受験年鑑 2009年（平
　成21年）入試用 29
全国短大学科内容案内 2004年（平成16
　年）入試用 100
全国短大学科内容案内 2006年（平成18
　年）入試用 101
全国短大受験ガイド 2011年（平成23年）
　受験用 101
全国短大受験ガイド 2012年（平成24年）
　受験用 101
全国短大受験ガイド 2014年（平成26年）
　受験用 101
全国短大受験ガイド 2015年（平成27年）
　受験用 101
全国短大受験年鑑 2010年（平成22年）受
　験用 104
全国短大進学ガイド 最新2010年受験用
　................................... 101
全国短大進学ガイド 最新2011年受験用
　................................... 101
全国短大進学ガイド 最新2012年受験用
　................................... 102
全国短大進学ガイド 2013年（平成25年）
　受験用 102

全国短大進学ガイド 2014年（平成26年）
　受験用 102
全国短大進学ガイド〔2015年（平成27
　年）受験用〕 102
全国短大推薦・AO入試年鑑 2004年入試
　用 104
全国短大推薦・AO入試年鑑 2005年（平
　成17年）入試用 104
全国短大推薦・AO入試年鑑 2006年（平
　成18年）入試用 105
全国短大推薦・AO入試年鑑 2007年（平
　成19年）入試用 105
全国短大推薦・AO入試年鑑 2008年（平
　成20年）入試用 105
中学受験案内 2004年入試用 58
中学受験案内 2006年度用 58
中学受験案内 2007年度入試用 58
中学受験案内 2008年度入試用 59
中学受験案内 2009年度入試用 59
中学受験案内 2010年度入試用 59
中学受験案内 東京・神奈川・埼玉・千
　葉・茨城・栃木 2012年度入試用 60
中学受験案内 2013年度入試用 60
中学受験案内 2014年度入試用 60
中学受験案内 2015年度入試用 60
旺文社インタラクティブ
　高校受験案内 平成11年入試用 73
近江 宣彦
　児童福祉の原理と展開 154
大石 昂
　こころの問題事典 207
大石 史博
　障害臨床学ハンドブック 第2版 164
大久保 哲夫
　障害児教育実践ハンドブック 164
大隈 紘子
　共同治療者としての親訓練ハンドブック
　　上 14
　共同治療者としての親訓練ハンドブック
　　下 14
大蔵省印刷局
　厚生白書のあらまし 平成5年版 142
　国民生活白書のあらまし 平成4年版 .. 129
　青少年白書のあらまし 平成元年版 ... 145
　青少年白書のあらまし 平成4年版 ... 145
　青少年白書のあらまし 平成5年版 ... 146
　青少年白書のあらまし 平成8年版 ... 146
　青少年白書のあらまし 平成9年版 ... 146
　青少年白書のあらまし 平成10年版 .. 146

青少年白書のあらまし 平成11年版 … 146
　　犯罪白書のあらまし 平成2年版 …… 225
　　犯罪白書のあらまし 平成10年版 …… 225
大嶋 恭二
　　保育者のための教育と福祉の事典 … 153
太田 信子
　　LD・学習障害事典 ………………… 160
太田 真弓
　　児童虐待とネグレクト対応ハンドブッ
　　ク ………………………………………… 19
太田 光洋
　　子育て支援用語集 ………………… 153
大塚 俊男
　　こころの健康百科 ………………… 206
　　こころの病気を知る事典 ………… 206
　　こころの病気を知る事典 新版 …… 206
大野 茂
　　入試突破!!医系小論文・面接ハンドブッ
　　クQ&A ……………………………… 121
　　入試突破!!看護・医療・福祉系小論文・面
　　接ハンドブックQ&A ……………… 121
大野 久
　　青年心理学事典 …………………… 204
大野 誠
　　メタボリックシンドロームディクショナ
　　リー …………………………………… 232
大場 正巳
　　看護学校受験全ガイド '99 ………… 94
　　看護学校受験全ガイド 2001年版 … 94
　　看護学校受験全ガイド 2002年版 … 94
　　看護学校受験全ガイド 2004年版 … 94
　　看護学校受験全ガイド 2005年版 … 95
　　看護学校受験全ガイド 2006年版 … 95
　　看護学校受験全ガイド 2007年版 … 95
　　看護学校受験全ガイド 2008年版 … 95
　　看護学校受験全ガイド 2009年版 … 95
　　看護学校受験全ガイド 2010年版 … 96
大橋 雄介
　　3・11被災地子ども白書 …………… 128
大堀 秀夫
　　小学校受験案内 2000年度入試用 … 36
大南 英明
　　盲、聾、養護学校教育の基本用語辞典 … 163
小笠 毅
　　ハンドブック 子どもの権利条約 … 133
岡崎 光子
　　強く賢い子に育てる食と健康大事典 … 236

丘沢 静也
　　「傷つきやすい子ども」という神話 … 202
緒方 明子
　　特別支援教育基本用語100 ………… 161
尾形 悦郎
　　新編 大活字版 百科 家庭の医学 … 232
　　新編 百科 家庭の医学 ……………… 232
岡田 俊
　　児童青年期の双極性障害 ………… 207
岡田 晴恵
　　子どもといっしょに読む新型インフルエ
　　ンザハンドブック ………………… 233
岡田 由香
　　子どもの虐待とネグレクト ………… 19
岡村 章司
　　子育てに活かすABAハンドブック … 15
岡本 富郎
　　保育者のための教育と福祉の事典 … 153
小川 真弓
　　自閉症百科事典 …………………… 161
オクムラ書店
　　総ガイド 高校新入学・転編入 03年度
　　版 ……………………………………… 69
　　高校新入学転編入総ガイド全国版 06年
　　度版 …………………………………… 68
　　小中学生・不登校生のためのフリース
　　クールガイド 第2版 ……………… 124
　　総ガイド 高校新入学・転編入 2000年度
　　版 ……………………………………… 69
　　総ガイド 高校新入学・転編入 2004年度
　　版 ……………………………………… 69
　　総ガイド 高校新入学・転編入 2005年度
　　版 ……………………………………… 69
　　総ガイド 高校新入学・転編入 全国版
　　2008年度版 …………………………… 69
オクムラ書店編集部
　　小中学生・不登校生のためのフリース
　　クールガイド 全国版 ……………… 124
　　総ガイド 高校新入学・転編入 '01年度
　　版 ……………………………………… 69
　　不登校・高校中退からの高校進学 02年
　　度版 …………………………………… 70
オークランド，トーマス・D．
　　世界の学校心理学事典 …………… 202
小沢 章友
　　女子大生ヤバイ語辞典 …………… 223
小沢 真嗣
　　子どもの面接ガイドブック ………… 21

落合 正行
 発達心理学辞典 ………………… 203
オニール，ロバート・E.
 問題行動解決支援ハンドブック …… 17
小野 次朗
 LD・学習障害事典 ………………… 160
小野 忠男
 ザ・幼稚園 平成10年度版 …………… 31
 ザ・幼稚園 2001年度版 ……………… 31
 ザ・幼稚園 2002年度版 ……………… 31
 ザ・幼稚園 2003年度 ………………… 32
小野 善郎
 詳解子ども虐待事典 ………………… 18
小野瀬 雅人
 学校心理学ハンドブック …………… 202
オバタ カズユキ
 会社図鑑! '97 ………………………… 193
 小中学生からとれる資格と検定大事典!
 …………………………………………… 12
 大学図鑑! 2015 ……………………… 107
尾原 昭夫
 日本のわらべうた 歳事・季節歌編 … 216
音楽之友社
 音楽大学・学校案内 ………………… 22
恩賜財団母子愛育会日本子ども家庭総合研究所
 日本子ども資料年鑑 第4巻 ………… 2
 日本子ども資料年鑑 第5巻 ………… 2
 日本子ども資料年鑑 第6巻 ………… 2
 日本子ども資料年鑑 2001 …………… 3
 日本子ども資料年鑑 2003 …………… 3
 日本子ども資料年鑑 2004 …………… 3
 日本子ども資料年鑑 2005 …………… 3
 日本子ども資料年鑑 2006 …………… 3
 日本子ども資料年鑑 2007 …………… 4
 日本子ども資料年鑑 2008 …………… 4
 日本子ども資料年鑑 2009 …………… 4
 日本子ども資料年鑑 2011 …………… 4
 日本子ども資料年鑑 2013 …………… 4
 日本子ども資料年鑑 2014 …………… 4

【か】

学習研究社
 芸大・美大 美術・デザイン系専門学校
 受験案内 2003年度用 …………… 111
 受験校を決める!大学入試要項 学研版
 2004年度用 ……………………… 114
 首都圏 高校入試最終情報ブック 2007年
 受験用 ……………………………… 79
 私立中学受験案内 2007年入試用 …… 46
 全国大学・短大・専門学校 看護・医療系
 受験案内 2004年度用 …………… 97
 大学受験案内 2004年度用 ………… 119
 大学受験案内 2006年度用 ………… 119
 大学受験案内 2007年度用 ………… 119
 大学受験案内 2010年度用 ………… 119
 大学受験案内 2011年度用 ………… 119
 大学受験案内 2012年度用 ………… 119
 短大受験案内 2004年度用 ………… 103
 中学受験この学校に入りたい! 2008 … 61
 有名私立女子校＆共学校 2004年度用
 …………………………………………… 27
 有名私立女子校＆共学校 2007年入試用
 …………………………………………… 27
学習研究社編集部
 芸大・美大 実技＆要項 2002年度用 … 111
 芸大・美大 進学コース VOL.2 2008年度
 用 ………………………………… 111
 芸大・美大 美術・デザイン系専門学校
 受験案内 2005年度用 …………… 112
 芸大・美大 美術・デザイン系専門学校
 受験案内 2007年度用 …………… 112
 受験校を決める!大学入試要項 2005年度
 用 ………………………………… 114
 受験校を決める!大学入試要項 2006年度
 用 ………………………………… 114
 受験校を決める!大学入試要項 2008年度
 用 ………………………………… 115
 受験のプロ5人が教える大学合格"究極
 のワザ" …………………………… 115
 短大受験案内 2007年度用 ………… 103
「かごしま子ども白書」編集委員会
 かごしま子ども白書 ……………… 140
笠木 恵司
 学費免除・奨学金で行く大学・大学院 … 22
風祭 元
 向精神薬療法ハンドブック 改訂第3版
 …………………………………………… 206
柏女 霊峰
 児童養護 別冊 …………………… 152
 ハイライト 子ども家庭白書 ………… 10
春日井 晶子
 自閉症ハンドブック ………………… 15
学研
 学研版 大学受験案内 2008年度用 … 109
 学研版 短大受験案内 2008年度用 … 100

学校が合わないときの居場所探し 2000
　〜2001年版 ･････････････････ 123, 135
看護・医療系全国大学・短大専門学校受
　験案内 2006年度用 ･････････････ 94
合格は塾選びで決まる! 2000〜2001年
　版 ･･･････････････････････････ 123
受験校を決める!大学入試要項 2007年度
　用 ･･･････････････････････････ 114
首都圏 高校入試最終情報ブック 2005年
　受験用 ･･･････････････････････ 79
首都圏 高校入試最終情報ブック 2006年
　受験用 ･･･････････････････････ 79
首都圏版 中学受験案内 2014年入試用
　････････････････････････････ 56
私立中学受験校を決める! 2004年 ･･･ 46
私立中学受験校を決める! 2006年 ･･･ 46
全国通信制高校案内 2008〜2009年版
　････････････････････････････ 85
全国大学・短大・専門学校 看護・医療系
　受験案内 2007年度用 ･････････ 97
全国大学・短大・専門学校 看護医療系
　受験案内 2008年度用 ･････････ 97
全国大学・短大・専門学校 看護医療系
　受験案内 2009年度用 ･････････ 98
全国通信制高校案内 2006〜2007年版
　････････････････････････････ 84
全国通信制高校案内 2007〜2008年版
　････････････････････････････ 84
全国版 個性派ハイスクールで学ぼう!
　2005〜2006年度 ･･･････････････ 85
全国版 個性派ハイスクールで学ぼう!
　2006〜2007年度 ･･･････････････ 85
大学文系・理系学科案内 2005年度用 ･･ 121
楽しい高校教えて!! 2005 ･･････････ 70
短大受験案内 2010年度用 ･････････ 103
短大受験案内 2011年度用 ･････････ 103
短大受験案内 2012年度用 ･････････ 103
中学受験この学校に入りたい! 2007 ･･ 61
不登校の子どものための居場所探し 2004
　〜2005年版 ･･････････････････ 136
不登校の子どものための居場所探し 2005
　〜2006年版 ･･････････････････ 136
不登校の子どものための居場所探し 2006
　〜2007年版 ･･････････････････ 136
有名私立女子校＆共学校 2006年入試用
　････････････････････････････ 27
有名私立女子校＆共学校 2008年入試用
　････････････････････････････ 27
学研教育出版
　医・歯・薬＋獣医受験案内 2013年度用
　････････････････････････････ 108
　医・歯・薬＋獣医受験案内 2015年度用

　････････････････････････････ 108
　親子で決める!大学選びの教科書 2015
　････････････････････････････ 108
　芸大・美大 受験案内 2014年度用 ･･･ 111
　芸大・美大 美術・デザイン系専門学校
　　受験案内 2015年度用 ･･････････ 113
　全国大学・短大・専門学校 看護医療系
　　受験案内 2010年度用 ･･････････ 98
　全国通信制高校案内 2015〜2016年版
　････････････････････････････ 85
　大学受験案内 2013年度用 ･･･････ 119
　大学受験案内 2014年度用 ･･･････ 120
　短大受験案内 2013年度用 ･･･････ 104
　短大受験案内 2014年度用 ･･･････ 104
　中学受験案内 2015年入試用 ･･･････ 61
　「通信制」で見つけよう! 2012〜2013年
　　版 ･･･････････････････････････ 86
　有名私立女子校＆共学校 2013年入試用
　････････････････････････････ 28
　有名私立女子校＆共学校 2014年入試用
　････････････････････････････ 28
学研辞典編集部
　若手社員のためのビジネス便利事典 新
　　版 ･･･････････････････････････ 176
学研編集部
　短大受験案内 2006年度用 ･･････ 103
家庭訪問型子育て支援研究会
　家庭訪問型子育て支援ハンドブック ･･ 153
加藤 彩
　非正規社員の法律実務 第2版 ･･･････ 198
加藤 寛
　ライフデザイン白書 2006-07 ･･････ 221
加藤 真紀子
　児童虐待とネグレクト対応ハンドブッ
　　ク ･･････････････････････････ 19
加藤 曜子
　子どもを守る地域ネットワーク活動実践
　　ハンドブック ･････････････････ 137
角谷 快彦
　博士号のとり方 ･････････････････ 123
門脇 陽子
　子ども虐待問題百科事典 ･･････････ 18
　詳解子ども虐待事典 ･･･････････････ 18
金沢 吉展
　スクールカウンセリング事典 ････ 20, 201
金田 雅代
　バランスよく食べよう!栄養がわかる絵
　　事典 ････････････････････････ 239

金丸 隆太
　発達障害児者の防災ハンドブック‥166, 236
蒲池 桂子
　メタボリックシンドロームディクショナリー 232
亀井 肇
　若者言葉事典 223
からだとこころの発見塾
　からだといのちに出会うブックガイド 229
川井 尚
　育児の事典 9
河合塾海外帰国生コース
　栄冠めざして 海外帰国生入試編 2014年度版 126
河合塾高校受験コース
　親と子の高校入試情報誌 The Green2001 2001年度入試用 66
河合塾国際教育センター
　外国人留学生のための大学入試情報 '96 109
河合塾国際教育センター海外帰国生教育相談室
　栄冠めざして 海外帰国生入試編 2005年度版 126
河合塾小学グリーンコース
　中学入試のためのチャレンジデータ 2002 48
　中学入試のためのチャレンジデータ 2003 48
　中学入試のためのチャレンジデータ 2004 48
　中学入試のためのチャレンジデータ 2007 48
河合出版編集部
　大学入試小論文問題集 全4巻 2007年度 120
川口 彰義
　生徒の権利 133
川久保 美智子
　女子大生・OLの職業意識 180
川崎 二三彦
　詳解子ども虐待事典 18
河添 恵子
　世界がわかる子ども図鑑 209
川田 学
　発達心理学用語集 203
川西市子どもの人権オンブズパーソン事務局
　ハンドブック 子どもの人権オンブズパーソン 133
河原 紀子
　発達心理学用語集 203
菅野 敦
　ダウン症ハンドブック 15
上林 靖子
　こころの健康百科 206
　こころの病気を知る事典 206
　こころの病気を知る事典 新版 206

【き】

菊地 和典
　日英対訳 少年保護事件の手引(主要法令・用語付) 228
菊池 俊諦
　少年教護事業文献目録 228
岸本 年史
　精神科研修ハンドブック 第2版 208
技術書院編集部
　高校受験ガイド 平成3年版 70
木附 千晶
　「こどもの権利条約」絵事典 132
北九州市立男女共同参画センター
　ジェンダー白書 4 129
　ジェンダー白書 7 205
北原 照久
　20世紀我楽多図鑑 219
北原 保雄
　みんなで国語辞典 3 223
喜多村 和之
　戦後大学・学生問題文献目録―1945～1967§大学・学生問題文献目録―改訂・増補 1965～1971 141
北村 享俊
　すぐに引ける子どもの病気がわかる事典 234
　すぐに引ける 子どもの病気がわかる事典 234
キッズエナジー
　難病の子ども情報ブック 235
キッズデザイン協議会
　子どものからだ図鑑 229
ギッテンズ, テッサ
　自閉症ハンドブック 15

木村 周
　スクールカウンセリング事典 ……20, 201
木村 大樹
　非正規雇用ハンドブック …………… 197
虐待防止法研究会
　児童虐待防止法等関係法令通知集 …… 20
「教育アンケート調査年鑑」編集委員会
　教育アンケート調査年鑑 1996年版 上
　　……………………………………………… 4
　教育アンケート調査年鑑 1998年版 上
　　……………………………………………… 5
　教育アンケート調査年鑑 2008年版 上
　　……………………………………………… 5
　教育アンケート調査年鑑 2008年版 下
　　……………………………………………… 5
　教育アンケート調査年鑑 2009年版 上
　　……………………………………………… 5
　教育アンケート調査年鑑 2009年版 下
　　……………………………………………… 5
　教育アンケート調査年鑑 2010年版 上
　　……………………………………………… 5
　教育アンケート調査年鑑 2010年版 下
　　……………………………………………… 5
　教育アンケート調査年鑑 2011年版 下
　　……………………………………………… 5
　教育アンケート調査年鑑 2012年版 下
　　……………………………………………… 5
教育研究所
　総ガイド 高校新入学・転編入 '01年度
　版 ……………………………………… 69
共同親権運動ネットワーク
　子どもに会いたい親のためのハンドブッ
　ク ……………………………………… 10
京都家庭文庫地域文庫連絡会
　きみには関係ないことか '90～'96 …… 141
　きみには関係ないことか '97～'03 …… 142
　きみには関係ないことか '03～'10 …… 142
金城学院中学校高等学校
　中高生のためのケータイ・スマホハンド
　ブック ………………………………… 222
金田一 秀穂
　小学校・幼稚園受験用語ハンドブック … 38

久世 敏雄
　青年心理学事典 ……………………… 204
工藤 美知尋
　学ぶ 社会人がめざす大学ガイド 2004年
　版 …………………………………… 121
熊谷 恵子
　自閉症教育基本用語辞典 …………… 160
熊沢 幸子
　子育て支援用語集 …………………… 153
クラーク，ジュディス・フリーマン
　子ども虐待問題百科事典 ……………… 18
　詳解子ども虐待事典 …………………… 18
クラーク，ロビン・E.
　子ども虐待問題百科事典 ……………… 18
　詳解子ども虐待事典 …………………… 18
倉戸 直実
　保育者のための教育と福祉の事典 …… 153
クリエイティブプレイ研究会
　遊びの指導 エンサイクロペディア 乳幼
　児編 ハンディ版 …………………… 216
クレヨンハウス『子どもの権利ネットワーキン
グ』事務局
　子どもの権利 ネットワーキング '97 … 132
黒部 信一
　原発事故と子どもたち ……………… 232
グンペルト，クラーラ・ヘルネル
　知的障害・発達障害のある子どもの面接
　ハンドブック ………………………… 165

【け】

経済企画庁国民生活局
　国民生活選好度調査 平成4年度 ……… 6
経済企画庁国民生活局国民生活調査課
　図でみる生活白書 平成4年版 ……… 130
　図でみる生活白書 平成8年版 ………… 1
経済産業省
　きっと見つかる自分未来仕事 ……… 196
刑事政策実務研究会
　犯罪白書のポイント 平成2年版 …… 226
携帯刑事少年六法編修委員会
　携帯刑事少年六法 2012年版 ……… 228
下司 昌一
　登校拒否がわかる本 ………………… 135

ケリー, D.M.
　子どもの面接ガイドブック ………… 21
健康情報棚プロジェクト
　からだといのちに出会うブックガイド
　…………………………………… 229
現代企画センター
　看護・医療系学校最新入学全ガイド 2010
　速報版 ……………………………… 91
　看護・医療系学校最新入学全ガイド 2012
　年度用 ……………………………… 91
　全国准看護・進学課程学校入学ガイド
　'97 ………………………………… 96
現代略語研究会
　KY語辞典 ………………………… 223

【こ】

小板橋 靖
　強く賢い子に育てる食と健康大事典 … 236
小出 進
　発達障害指導事典 ………………… 162
　発達障害指導事典 第二版 ………… 162
小岩 広宣
　トラブルを防ぐ! パート・アルバイト雇
　用の法律Q&A …………………… 197
纐纈 建史
　障害児教育実践ハンドブック ……… 164
高校転入編入再受験レポート編集委員会
　首都圏版 高校転入・編入・再受験レポー
　ト 2000 …………………………… 79
高校入試問題研究会
　高校入試面接必勝ガイド ……………… 68
広潤社編集部
　全国大学受験要覧 平成3年版 ……… 106
　全国大学受験要覧 平成4年版 ……… 106
　全国大学受験要覧 平成5年版 ……… 107
　全国大学受験要覧 平成6年版 ……… 107
　全国短期大学受験要覧 平成3年版 … 100
　全国短期大学受験要覧 平成4年版 … 100
　全国短期大学受験要覧 平成5年版 … 100
　全国短期大学受験要覧 平成6年版 … 100
　全国短期大学受験要覧 平成7年版 … 100
　厚生白書 平成5年版 ……………… 142
厚生省
　厚生白書 平成10年版 ……………… 129

厚生省児童家庭局
　児童福祉六法 平成3年版 ………… 155
　児童福祉六法 平成4年版 ………… 156
　児童福祉六法 平成5年版 ………… 156
　児童福祉六法 平成6年版 ………… 156
　児童福祉六法 平成7年版 ………… 156
　児童福祉六法 平成8年版 ………… 156
　児童福祉六法 平成9年版 ………… 156
厚生省児童家庭局育成環境課
　児童健全育成ハンドブック 平成10年度
　版 ………………………………… 151
厚生省児童家庭局企画課
　家庭と子育ての指標 ………………… 10
厚生省大臣官房障害保健福祉部
　日本の身体障害者・児 平成8年 …… 170
厚生労働省
　厚生労働白書 平成18年版 ………… 177
　世界の厚生労働 2004 ……………… 130
厚生労働省雇用均等・児童家庭局
　女性労働白書 平成12年版 ………… 177
　女性労働白書 平成13年版 ………… 177
厚生労働省職業安定局
　地域別雇用データ2010 ……………… 179
厚生労働省大臣官房統計情報部
　求職者の実態 平成16年 …………… 196
　21世紀出生児縦断調査 第3回 平成15
　年度 ………………………………… 9
　21世紀出生児縦断調査 第4回 平成16
　年度 ………………………………… 9
河内 まき子
　子ども計測ハンドブック …………… 229
甲本 卓司
　特別支援コーディネーターに必要な基本
　スキル小事典 ……………………… 161
高野 尚好
　学校ボランティア活動・奉仕活動の本
　6 ………………………………… 138
高齢・障害者雇用支援機構障害者職業総合セ
ンター
　就業支援ハンドブック 2011年度版 … 163
広和出版編集部
　トライ 有名専門学校ガイド 首都圏版
　('91) ……………………………… 89
声の教育社編集部
　親子でみる中学受験面接ブック 16年度
　用 ………………………………… 40
　高校受験案内 平成4年度用 ………… 73
　高校受験案内 平成7年度用 ………… 73

高校入試用合格資料集　平成10年度 ‥‥‥ 75
　高校入試用合格資料集　平成13年度 ‥‥‥ 75
　高校入試用合格資料集　平成16年度 ‥‥‥ 76
　高校入試用合格資料集　平成17年度 ‥‥‥ 76
　高校入試用合格資料集　平成18年度 ‥‥‥ 76
　高校入試用合格資料集　平成19年度 ‥‥‥ 76
　高校入試用合格資料集　平成20年度 ‥‥‥ 76
　国公立・私立高校受験用推薦入試・一般入
　　試高校受験面接ブック　20年度用 ‥‥‥ 68
　首都圏中学受験案内　平成16年度入試用
　　‥‥‥‥‥‥‥‥‥‥‥‥‥‥‥‥‥ 53
　首都圏中学受験案内　平成17年度入試用
　　‥‥‥‥‥‥‥‥‥‥‥‥‥‥‥‥‥ 54
　首都圏中学受験案内　平成18年度入試用
　　‥‥‥‥‥‥‥‥‥‥‥‥‥‥‥‥‥ 54
　首都圏中学受験案内　平成20年度入試用
　　‥‥‥‥‥‥‥‥‥‥‥‥‥‥‥‥‥ 54
　首都圏中学受験案内　平成21年度入試用
　　‥‥‥‥‥‥‥‥‥‥‥‥‥‥‥‥‥ 54
　首都圏中学受験案内　平成22年度入試用
　　‥‥‥‥‥‥‥‥‥‥‥‥‥‥‥‥‥ 55
　首都圏中学受験案内　平成23年度入試用
　　‥‥‥‥‥‥‥‥‥‥‥‥‥‥‥‥‥ 55
　首都圏中学受験案内　平成24年度入試用
　　‥‥‥‥‥‥‥‥‥‥‥‥‥‥‥‥‥ 55
　首都圏版　中学受験案内　平成14年度用
　　‥‥‥‥‥‥‥‥‥‥‥‥‥‥‥‥‥ 56
　首都圏版　中学受験案内　平成25年度用
　　‥‥‥‥‥‥‥‥‥‥‥‥‥‥‥‥‥ 56
　首都圏版　中学受験案内　平成27年度用
　　‥‥‥‥‥‥‥‥‥‥‥‥‥‥‥‥‥ 56
　進学相談会＆学校説明会 ‥‥‥‥‥‥‥ 50
　中学受験案内　平成7年度用 ‥‥‥‥‥ 58
　中学受験案内　平成11年入試用 ‥‥‥‥ 58
　中学入試用合格資料集　平成13年度 ‥‥‥ 64
　中学入試用合格資料集　平成15年度 ‥‥‥ 65
　中学入試用合格資料集　平成16年度 ‥‥‥ 65
　中学入試用合格資料集　平成17年度 ‥‥‥ 65
　中学入試用合格資料集　平成18年度 ‥‥‥ 65
　中学入試用合格資料集　平成19年度 ‥‥‥ 65
　中学入試用合格資料集　平成20年度 ‥‥‥ 65
後上　鉄夫
　言語障害 ‥‥‥‥‥‥‥‥‥‥‥‥‥ 160
子川　智
　子どもの安全ハンドブック ‥‥‥‥‥ 235
国際開発ジャーナル社編集室
　国際協力ガイド 2002 ‥‥‥‥‥‥‥‥ 140
国分　康孝
　スクールカウンセリング事典 ‥‥‥ 20, 201
国民教育文化総合研究所
　教育総研年報 2007 ‥‥‥‥‥‥ 136, 220

国立オリンピック記念青少年総合センター
　青少年教育データブック ‥‥‥‥‥‥ 139
国立社会保障・人口問題研究所
　人口問題研究　第53巻第4号（1997年）
　　‥‥‥‥‥‥‥‥‥‥‥‥‥‥‥‥ 132
　人口問題研究　第54巻第1号 1998年 ‥‥ 132
　独身青年層の結婚観と子ども観　平成9
　　年 ‥‥‥‥‥‥‥‥‥‥‥‥‥‥‥ 205
越野　和之
　仲間の中で育ちあう ‥‥‥‥‥‥‥‥ 166
梧桐書院編集部
　資格でハローワーク ‥‥‥‥‥‥‥‥ 182
　全国専門専修各種学校案内 2006年版
　　‥‥‥‥‥‥‥‥‥‥‥‥‥‥‥‥‥ 87
こどもくらぶ
　学生のためのボランティアガイド ‥‥ 138
　中学生・高校生のためのボランティアガ
　　イド ‥‥‥‥‥‥‥‥‥‥‥‥‥‥ 138
子ども性虐待防止市民ネットワーク大阪
　子ども性虐待防止白書 ‥‥‥‥‥‥‥‥ 20
子どもと自然学会大事典編集委員会
　子どもと自然大事典 ‥‥‥‥‥‥‥‥ 128
子どもの虐待防止ネットワークあいち
　防げなかった死 2001 ‥‥‥‥‥‥‥‥ 19
子どもの人権刊行委員会
　子どもの人権大辞典 ‥‥‥‥‥‥‥‥ 132
子どもの心理療法支援会
　児童青年心理療法ハンドブック ‥‥‥ 200
子どもの貧困白書編集委員会
　子どもの貧困白書 ‥‥‥‥‥‥‥‥‥ 128
子ども舞台芸術ガイド編集委員会
　子ども舞台芸術ガイド 2002 ‥‥‥‥‥ 217
　子ども舞台芸術ガイド 2003 ‥‥‥‥‥ 217
小林　重雄
　自閉症教育基本用語辞典 ‥‥‥‥‥‥ 160
小林　登
　新編　大活字版　百科　家庭の医学 ‥‥ 232
　新編　百科　家庭の医学 ‥‥‥‥‥‥ 232
小林　正明
　草花遊び図鑑 ‥‥‥‥‥‥‥‥‥‥‥ 219
小林　雅彦
　民生委員・児童委員のための子ども・子
　　育て支援実践ハンドブック ‥‥‥ 20, 154
小宮　三弥
　障害児発達支援基礎用語事典 ‥‥‥‥ 161
小柳　憲司
　学校に行けない子どもたちへの対応ハン

ドブック 135
コルター, ケビン
　児童虐待とネグレクト対応ハンドブック 19
コワッチ, ロバート・A.
　児童青年期の双極性障害 207

【さ】

西郷　泰之
　家庭訪問型子育て支援ハンドブック .. 153
最高裁判所事務総局
　司法統計年報 1997年 4 226
　司法統計年報 1998年 4 226
　司法統計年報 平成15年 4 226
　司法統計年報 平成16年 4 226
　司法統計年報 平成17年 4 227
　司法統計年報 平成20年 4 227
　司法統計年報 平成25年 4 227
斉藤　万比古
　児童青年精神医学大事典 206
斎藤　耕二
　青年心理学事典 204
斎藤　哲也
　小中学生からとれる資格と検定大事典!
　　　............................... 12
斎藤　幸江
　新社会人白書 〔2006〕 196
　新社会人白書 07／08 196
財務省印刷局
　青少年白書のあらまし 平成13年版 ... 146
　青少年白書のあらまし 平成14年版 ... 146
坂本　一也
　日本の郷土玩具 219
佐々木　正美
　自閉症児のためのTEACCHハンドブック
　　　............................... 15
佐々木　光明
　ハンドブック少年法 227
笹間　良彦
　日本こどものあそび図鑑 219
　日本こどものあそび大図鑑 219
佐藤　苑生
　日本児童図書研究文献目次総覧 1945-
　　1999 209

佐藤　久夫
　障害児教育大事典 161
佐藤　嘉倫
　社会階層調査研究資料集 別冊 2 7
佐野　豪
　子どもの活力 12
The部活!編集部
　部活で選ぶ!中学高校部活進学ガイド東
　　京 2015 66
沢登　俊雄
　犯罪・非行事典 225
産業技術総合研究所デジタルヒューマン工学研
究センター
　子どものからだ図鑑 229
三冬社
　食生活データ総合統計年報 2011年版
　　　.............................. 238
産能大学出版部ビジネス常識研究会
　現代ビジネスハンドブック 175
さんぽう
　看護・医療系学校最新入学全ガイド
　　2007 90
　The チャレンジャー 2015〜2016 23
さんぽう看護医療進学研究会
　看護・医療系学校最新入学全ガイド
　　2007 90
　看護・医療系学校最新入学全ガイド 2008
　　年度用 90
　看護・医療系学校最新入学全ガイド 2009
　　年度用 90
　看護・医療系学校最新入学全ガイド 2011
　　年度用 91
　看護・医療系学校最新入学全ガイド
　　2013 91
　看護・医療系学校推薦入試マニュアル
　　2000 92
　看護・医療系学校推薦入試マニュアル
　　2004 92
　看護・医療系学校入学全ガイド 2002（速
　　報版） 93
　看護・医療系学校入学全ガイド 2003 速
　　報版 93
　全国准看護・進学課程学校入学全ガイド
　　'99 96
　全国准看護・進学課程学校入学全ガイド
　　2000 97
　全国准看護・進学課程学校入学全ガイド
　　2001 97
　全国准看護・進学課程学校入学全ガイド
　　2002 97

【し】

ジェイ・エス・ビー
　学生下宿年鑑 '94 210
　学生下宿年鑑 2004 210
繁内 友一
　青少年教育行政史（社会教育）年表 139
私大蛍雪編集部
　奨学金制度オールカタログ '91年版 25
児童虐待防止法令編集委員会
　児童虐待防止法令ハンドブック 平成21
　　年版 20
児童虐待問題研究会
　Q&A児童虐待防止ハンドブック 18
　Q&A児童虐待防止ハンドブック 改訂
　　版 19
児童自立支援対策研究会
　子ども・家族の自立を支援するために .. 153
児童手当制度研究会
　児童健全育成ハンドブック 平成13年度
　　版 151
　児童健全育成ハンドブック 平成14年度
　　版 151
　児童健全育成ハンドブック 平成15年度
　　版 151
　児童健全育成ハンドブック 平成16年度
　　版 151
　児童健全育成ハンドブック 平成17年度
　　版 151
　児童健全育成ハンドブック 平成18年度
　　版 152
　児童健全育成ハンドブック 平成19年度
　　版 152
　児童手当関係法令通知集 平成12年版
　　.................................... 155
　児童手当関係法令通知集 平成13年版
　　.................................... 155
　児童手当関係法令通知集 平成14年版
　　.................................... 155
　児童手当関係法令通知集 平成15年版
　　.................................... 155
　児童手当関係法令通知集 平成16年版
　　.................................... 155
　児童手当関係法令通知集 平成17年版
　　.................................... 155
　児童手当関係法令通知集 平成18年版
　　.................................... 155
　児童手当関係法令通知集 平成19年版
　　.................................... 155
児童福祉法規研究会
　児童福祉六法 平成10年版 156
　児童福祉六法 平成11年版 156
　児童福祉六法 平成12年版 156
　児童福祉六法 平成13年版 156
　児童福祉六法 平成14年版 157
　児童福祉六法 平成15年版 157
　児童福祉六法 平成16年版 157
　児童福祉六法 平成17年版 157
　児童福祉六法 平成18年版 157
　児童福祉六法 平成19年版 157
　児童福祉六法 平成20年版 157
　児童福祉六法 平成21年版 157
児童福祉六法編集委員会
　児童福祉六法 平成22年版 158
篠田 信司
　食育実践ハンドブック 239
　食育実践ハンドブック 第2版 239
柴田 洋子
　メンタルケース・ハンドブック 208
渋谷 勲
　ザ・幼稚園 平成10年度版 31
ジマーソン，シェーン・R．
　世界の学校心理学事典 202
ジマーマン，バリー・J．
　自己調整学習ハンドブック 202
清水 貞夫
　特別支援教育コーディネーター必携ハン
　　ドブック 165
清水 直子
　フリーター労組の生存ハンドブック .. 197
清水 将之
　子どもの精神医学ハンドブック 207
　子どもの精神医学ハンドブック 第2版
　　.................................... 207
　子どものメンタルヘルス事典 205
下川 耿史
　近代子ども史年表 明治・大正編 1868-
　　1926 170
　近代子ども史年表 昭和・平成編 1926-
　　2000 170
下山 晴彦
　子どもと若者のための認知行動療法ガイ
　　ドブック 203
社会経済生産性本部
　「働くことの意識」調査報告書 平成19年

度新入社員 ……………………… 182
シャンク, ディル・H.
　自己調整学習ハンドブック ………… 202
就職情報研究会
　業界研究ハンドブック '95 ……… 194
　就活 こんなときどうする事典 2009年度版 …………………………………… 194
　就職活動 こんなときどうする事典 2002年度版 ……………………………… 194
　就職常識ハンドブック '99 ………… 195
　就職常識ハンドブック 2000年度版 … 195
　就職の金言 Part1 ………………… 193
　就職の金言 Part2 ………………… 193
　女子学生版 OG訪問・会社訪問ハンドブック '96 ………………………… 195
　女子学生版 OG訪問・会社訪問ハンドブック '98 ………………………… 196
　専門学校生のための新就職活動ハンドブック '99 ………………………… 196
　男子学生版 OB訪問・会社訪問ハンドブック '98 ………………………… 196
就職総合研究所
　就職の赤本 '96年度版 ……………… 195
　就職の赤本 '97年度版 ……………… 195
受験情報研究会
　中学受験絶対合格・親子の受験ハンドブック 2015年度 ……………………… 47
受験情報システム
　合格へのパスポート '99年度受験用 第3版 ……………………………………… 40
出版本部事典編集部
　カンペキ中学受験 2004 ……………… 51
主婦と生活社
　新編 大活字版 百科 家庭の医学 …… 232
　新編 百科 家庭の医学 ……………… 232
障害者福祉研究会
　障害者のための福祉 2000 ………… 168
　障害者のための福祉 2002 ………… 169
　障害者のための福祉 2004 ………… 169
　わが国の身体障害児・者の現状 …… 170
小学校受験対策研究所
　小学校受験情報 2006年度版 ……… 38
　小学校受験情報 2007年度版 ……… 38
小学校受験対策研究所バレクセル
　小学校受験事典 2010年度版 ……… 37
　小学校受験情報 2008年度版 ……… 38
庄司 一子
　事例 発達臨床心理学事典 ………… 203

庄司 順一
　子ども虐待対応ハンドブック ………… 19
晶文社学校案内編集部
　看護・医療 大学・短大・専門・各種学校ガイド 2014年度用 ……………… 23
　看護・医療 大学・短大・専門・各種学校ガイド 2015年度用 ……………… 23
　高校推薦入試ガイド 2010年度用 …… 74
　高校推薦入試ガイド 2011年度用 …… 75
　高校推薦入試ガイド 2012年度用 …… 75
　首都圏 高校推薦入試ガイド 2007年度用 ………………………………………… 78
　首都圏 高校推薦入試ガイド 2008年度用 ………………………………………… 78
　首都圏 高校推薦入試ガイド 2009年度用 ………………………………………… 78
　首都圏 高校推薦入試ガイド 2013年度用 ………………………………………… 79
　首都圏私立高校推薦・優遇入試ガイド 2014年度用 ……………………………… 79
　首都圏中学受験案内 2007年度用 …… 54
　首都圏中学受験案内 2008年度用 …… 54
　首都圏中学受験案内 2009年度用 …… 54
　首都圏中学受験案内 2013年度用 …… 55
　首都圏中学受験案内 2014年度用 …… 55
　首都圏中学受験案内 2015年度用 …… 55
　大学院受験案内 2011年度用 ……… 122
　大学院受験案内 2013年度用 ……… 123
　大学受験案内 2015年度用 ………… 120
　中学受験案内 2010年度用 ………… 59
　中学受験案内 2011年度用 ………… 59
　中学受験案内 東京 神奈川 千葉 埼玉 茨城 栃木 群馬 山梨 2012年度用 …… 60
晶文社出版編集部
　首都圏 高校推薦入試ガイド 2002年度用 ………………………………………… 78
　首都圏 高校推薦入試ガイド 2003年度用 ………………………………………… 78
　首都圏 高校推薦入試ガイド 2004年度用 ………………………………………… 78
　首都圏 小学生の英会話スクールガイド ……………………………………………… 12
　首都圏中学受験案内 2000年度用 …… 53
　首都圏中学受験案内 2004年度用 …… 53
　首都圏中学受験案内 2006年度用 …… 54
　全国大学受験案内 '98年度用 ……… 106
　全国短期大学受験案内 '98年度用 …… 99
　全国短期大学受験案内 2003年度用 … 99
　短期大学受験案内 2006年度用 …… 102

翔文社書店
　高校進学ガイド '98年度 ……………… 68
翔文社書店編集部
　高校受験資料 進学サクセス 2000年度
　　……………………………………… 67
　受験校決定最終データ 高校受験資料進
　　学サクセス 2005年度版 …………… 69
食育基本法研究会
　Q&A早わかり食育基本法 ………… 240
食生活プランニング
　たべもの・食育図鑑 ……………… 240
食品流通情報センター
　子育て・教育・子どもの暮らしのデータ
　　集 2001年版 ……………………… 6
　少子高齢社会総合統計年報 2002年版
　　…………………………………… 131
　食生活データ総合統計年報 '98～'99 ‥ 237
　食生活データ総合統計年報 '99 …… 237
　食生活データ総合統計年報 2000年版
　　…………………………………… 237
　食生活データ総合統計年報 2001 …… 237
　中学生・高校生の食生活データブック
　　2002年版 ………………………… 237
　若者ライフスタイル資料集 '98 …… 222
女子大生ヤバイ語調査会
　女子大生ヤバイ語辞典 …………… 223
女性の暮らしネット埼玉
　女性と子どもの病院ガイド 埼玉 …… 234
女性の職業研究会
　女性の職業のすべて 95年最新版 …… 183
　女性の職業のすべて 97年最新版 …… 183
　女性の職業のすべて 98年最新版 …… 183
　女性の職業のすべて 2000年版 …… 183
　女性の職業のすべて 2000年最新版 … 183
　女性の職業のすべて 2001年最新版 … 184
　女性の職業のすべて 2003年版 …… 184
　女性の職業のすべて〔2004年版〕…… 184
　女性の職業のすべて 2005年版 …… 184
　女性の職業のすべて 2006年版 …… 184
　女性の職業のすべて 2007年版 …… 184
　女性の職業のすべて 2008年版 …… 185
　女性の職業のすべて 2009年版 …… 185
　女性の職業のすべて〔2010年版〕…… 185
　女性の職業のすべて〔2011年版〕…… 185
　女性の職業のすべて 2012年版 …… 185
　女性の職業のすべて 2013年版 …… 185
　女性の職業のすべて 2014年版 …… 186
白井　利明
　青年心理学事典 …………………… 204

伸芽会教育研究所
　関西圏私立・国立小学校合格マニュアル
　　2015年度入試用 ………………… 34
　首都圏私立・国立小学校合格マニュアル
　　2015年度入試用 ………………… 35
　首都圏私立・国立小学校合格マニュアル
　　入試直前号 2015年度 …………… 35
　小学校・幼稚園受験用語ハンドブック … 38
人口学研究会
　現代人口辞典 ……………………… 129
信山社
　改正児童福祉法新旧対照条文集 …… 154
　新・児童福祉法正文 正文増補版 …… 159
駸々堂出版事業部
　私立・国立中学受験 中学入学案内 西日
　　本版 平成12年度 ………………… 44
神保　信一
　登校拒否がわかる本 ……………… 135
新保　幸男
　児童養護 別冊 …………………… 152

【す】

末岡　一伯
　障害児発達支援基礎用語事典 …… 161
杉原　一昭
　事例 発達臨床心理学事典 ………… 203
杉村　省吾
　発達障害親子支援ハンドブック …… 16
杉山　きく子
　日本児童図書研究文献目次総覧 1945-
　　1999 ……………………………… 209
スクール21入試情報センター
　有名中学 超・合格術 ……………… 48
鈴木　栄子
　発達障害児者の防災ハンドブック ‥ 166, 236
鈴木　聡志
　遊戯療法ハンドブック …………… 21
鈴木　貴子
　マナー ……………………………… 176
鈴木　純江
　遊戯療法ハンドブック …………… 21
鈴木　文子
　はじめての料理ハンドブック ……… 16

須田 諭一
　子どもと親のための心の相談室 2003年
　　度版 ………………………………… 21
スタラード, ポール
　子どもと若者のための認知行動療法ガイ
　　ドブック ……………………………… 203
ストーレイ, キース
　問題行動解決支援ハンドブック ……… 17
スプラギュー, ジェフリー・R.
　問題行動解決支援ハンドブック ……… 17
スペンス・アルマゲヤー, エミリー
　ストーカーから身を守るハンドブック
　　………………………………………… 236
住友 光男
　新社会人白書 07／08 ………………… 196
駿河台学園駿台予備学校
　大学選びの決定版!大学受験ガイド 2006
　　年度版 ………………………………… 118
　大学選びの決定版!大学受験ガイド 2007
　　年度版 ………………………………… 118
　大学受験ガイド 2010年度版 ………… 120
駿台国際教育センター
　帰国子女のための大学入試データ集 2003
　　年度版 ………………………………… 126
　帰国生入試データ集 '99 ……………… 126
駿台予備学校
　大学選びの決定版!大学受験ガイド 2005
　　年度版 ………………………………… 118
　大学選びの決定版!大学受験ガイド 2008
　　年度版 ………………………………… 118

【せ】

生活科学情報センター
　若者ライフスタイル資料集 1992 …… 221
　子育て・教育・子どもの暮らしのデータ
　　集 2002年版 …………………………… 6
　子育て・教育・子どもの暮らしのデータ
　　集 2005年版 …………………………… 6
　食生活データ総合統計年報 2002年版
　　………………………………………… 238
　食生活データ総合統計年報 2003 …… 238
　日本人の子育て・教育を読み解くデータ
　　総覧 2004 ……………………………… 13
生活情報センター編集部
　子育て・教育・子どもの暮らしのデータ
　　集 2004年版 …………………………… 6
　子育て支援データ集 2005 …………… 159
　子育て支援データ集 2006年版 ……… 159
　少子高齢社会総合統計年報 2006 …… 131
　食生活データ総合統計年報 2004 …… 238
　中学生・高校生のライフスタイルを読み
　　解くデータ総覧 2004 ………………… 221
青少年就労支援ネットワーク静岡
　若者就労支援「静岡方式」で行こう!! ‥ 186
聖進学院教育研究所
　高校再受験レポート '95年度版 ……… 66
性犯罪捜査研究会
　性犯罪被害者対応ハンドブック 再訂版
　　………………………………………… 230
成美堂出版
　医療と福祉の学校受験全ガイド 2000年
　　版 ……………………………………… 90
　就職・転職・副収入 女性の仕事全ガイ
　　ド 2001年版 ………………………… 195
　すぐに役立つ 通信教育オールガイド '99
　　年版 …………………………………… 25
成美堂出版編集部
　就職・転職・副収入 女性の仕事全ガイ
　　ド 2004年版 ………………………… 195
　全国版 医療と介護・福祉の学校ガイド
　　2005年版 ……………………………… 98
　全国版 医療と介護・福祉の学校ガイド
　　2007年版 ……………………………… 98
　全国版 医療と介護・福祉の学校ガイド
　　2008年版 ……………………………… 98
性暴力を許さない女の会
　サバイバーズ・ハンドブック ……17, 229
清話会出版
　社員ハンドブック 2001年度版 ……… 175
　社員ハンドブック 2002年度版 ……… 175
　社員ハンドブック 2008年度版 ……… 175
　社員ハンドブック 2009年度版 ……… 175
　社員ハンドブック 2010年度版 ……… 175
　社員ハンドブック 2012年度版 ……… 176
世界思想社編集部
世界保健機関
　子どもたちのための病院医療のポケット
　　ブック ………………………………… 233
関口 義
　看護・医療系学校進学ガイド 2000年最
　　新版 …………………………………… 92
Z会小学生コース
　親子で選ぶ難関大学に強い中高一貫校
　　………………………………………… 40

セーデルボリ, アン‐クリスティン
　知的障害・発達障害のある子どもの面接
　　ハンドブック ………………… 165
全共闘白書編集委員会
　全共闘白書 ………………… 141
全国学童保育連絡協議会
　新版学童保育のハンドブック ……… 220
全国情緒障害児短期治療施設協議会
　子どもの相談・治療ハンドブック …… 21
全国専修学校各種学校総連合会近畿ブロック協
　議会
　キャリアプラン読本 2005 ………… 194
全国保育協議会
　保育年報 1998・1999 ……………… 159
専修各種学校研究会
　専修・各種学校のすべて 2004年版 …… 87
　専修・各種学校のすべて 2005年版 …… 87
　専修・各種学校のすべて 2007年版 …… 88
　専修・各種学校のすべて〔2009年版〕… 88
　専修・各種学校のすべて〔2011年版〕… 88
　専修・各種学校のすべて〔2012年版〕… 88
　専修・各種学校のすべて 2013年版 …… 88
全障研八日市養護学校サークル
　仲間の中で育ちあう ……………… 166
専門・各種学校研究会
　全国専門・各種学校案内 2009 ……… 87
　労働力調査年報 平成17年 ………… 180

【そ】

総務省統計局
　労働力調査年報 平成19年 2 ………… 180
総務庁
　青少年白書 平成2年版 …………… 143
総務庁行政監察局
　いじめ・不登校問題などの現状と課題 … 134
　子供を持つ母親が安心して働くことがで
　　きるために ……………………… 153
総務庁青少年対策本部
　現代の青少年 第5回 ……………… 205
　子供と家族に関する国際比較調査報告
　　書 …………………………… 10
　情報化社会と青少年 ……………… 222
　青少年の友人関係 ………………… 205
　青少年白書 平成元年版 …………… 143

青少年白書 平成3年版 ……………… 143
青少年白書 平成4年版 ……………… 143
青少年白書 平成5年度版 …………… 143
青少年白書 平成6年度版 …………… 143
青少年白書 平成7年度版 …………… 143
青少年白書 平成8年度版 …………… 143
青少年白書 平成9年版 ……………… 144
青少年白書 平成10年度版 …………… 144
青少年白書 平成11年度版 …………… 144
世界の青年との比較からみた日本の
　青年 …………………………… 7
中学生の母親 ………………………… 11
低年齢少年の価値観等に関する調査 … 204
園 良太
　フリーター労組の生存ハンドブック … 197
薗部 澄
　日本の郷土玩具 ………………… 219
園山 繁樹
　自閉症教育基本用語辞典 ………… 160

【た】

第一生命経済研究所
　ライフデザイン白書 2006-07 ……… 221
大東文化大学文学部教育学科村山ゼミナール
　激変する日本の子ども ……………… 1
平 雅夫
　自閉症教育基本用語辞典 ………… 160
たいら めぐみ
　お人形事典 ……………………… 217
　お人形図鑑 ……………………… 218
ダヴィンチ編集部
　大就職ダ・ヴィンチ 1999 ………… 186
高木 秀明
　青年心理学事典 ………………… 204
高徳 忍
　いじめ問題ハンドブック ………… 137
高取 英
　少年少女のための傑作マンガ100 …… 220
高梨 昌
　非正規雇用ハンドブック ………… 197
高橋 幸三郎
　知的障害をもつ人の地域生活支援ハンド
　　ブック …………………… 16, 164

高橋 智
　障害児教育大事典 ………………… 161
高橋 重宏
　ハイライト 子ども家庭白書 ………… 10
高橋 真理
　看護学校受験全ガイド '11年版 ……… 96
　看護学校受験全ガイド '13年版 ……… 96
　看護学校受験全ガイド '14年版 ……… 96
高橋 弥生
　しつけ事典 ………………………… 13
田上 不二夫
　スクールカウンセリング事典 …… 20, 201
高安 美保
　非正規社員の法律実務 第2版 ……… 198
滝口 俊子
　スクールカウンセラーがすすめる112冊
　　の本 …………………………… 200
ターキントン，キャロル
　LD・学習障害事典 ………………… 160
竹井 史
　つくって遊ぼう!!伝承おもしろおもちゃ
　　事典 …………………………… 217
竹内 宏
　アンケート調査年鑑 (1990) Vol.3 …… 213
　アンケート調査年鑑 1992 ………… 213
　アンケート調査年鑑 1993 ………… 213
　アンケート調査年鑑 1994 ………… 213
　アンケート調査年鑑 1996 ………… 213
　アンケート調査年鑑 1999 ………… 213
　アンケート調査年鑑 2000年版 …… 213
　アンケート調査年鑑 2001年版 …… 213
　アンケート調査年鑑 2002年版 …… 214
　アンケート調査年鑑 2003年版 …… 214
　アンケート調査年鑑 2004年版 …… 214
　アンケート調査年鑑 2005年版 vol.18
　　……………………………………… 214
　アンケート調査年鑑 2006年版 (vol.19)
　　……………………………………… 214
　アンケート調査年鑑 2007年版 (vol.20)
　　……………………………………… 214
　アンケート調査年鑑 2008年版 (vol.21)
　　……………………………………… 214
　アンケート調査年鑑 2009年版 (vol.22)
　　……………………………………… 214
　アンケート調査年鑑 2010年版 (vol.23)
　　……………………………………… 215
　アンケート調査年鑑 2011年版 (vol.24)
　　……………………………………… 215
　アンケート調査年鑑 2012年版 …… 215

アンケート調査年鑑 2013年版 (vol.26)
　……………………………………… 215
武田 英二
　子どもの病気栄養管理・栄養指導ハンド
　　ブック ………………………… 234
竹田 契一
　LD・学習障害事典 ………………… 160
武田 利幸
　子どものための頭がよくなる読み薬 そ
　　の2 ……………………………… 12
田島 信元
　発達科学ハンドブック 1 ………… 204
多田 敏捷
　おもちゃ博物館 1 ………………… 218
　おもちゃ博物館 2 ………………… 218
　おもちゃ博物館 3 ………………… 218
　おもちゃ博物館 4 ………………… 218
　おもちゃ博物館 5 ………………… 218
　おもちゃ博物館 6 ………………… 218
　おもちゃ博物館 7 ………………… 218
　おもちゃ博物館 8 ………………… 218
　おもちゃ博物館 9 ………………… 218
　おもちゃ博物館 10 ……………… 218
　おもちゃ博物館 11 ……………… 218
　おもちゃ博物館 12 ……………… 218
　おもちゃ博物館 13 ……………… 218
　おもちゃ博物館 14 ……………… 218
　おもちゃ博物館 15 ……………… 218
　おもちゃ博物館 16 ……………… 219
　おもちゃ博物館 17 ……………… 219
　おもちゃ博物館 18 ……………… 219
　おもちゃ博物館 19 ……………… 219
　おもちゃ博物館 20 ……………… 219
　おもちゃ博物館 21 ……………… 219
　おもちゃ博物館 22 ……………… 219
　おもちゃ博物館 23 ……………… 219
　おもちゃ博物館 24 ……………… 219
辰野 千寿
　行動・性格アセスメント基本ハンドブッ
　　ク ……………………………… 203
田中 嘉寿子
　性犯罪・児童虐待捜査ハンドブック …19, 230
田中 朋斉
　非正規社員の法律実務 第2版 ……… 198
田中 ひろし
　学生のためのボランティアガイド …… 138
　中学生・高校生のためのボランティアガ
　　イド ……………………………… 138

田中 未来
　子どもの教育と福祉の事典 ………… 152
　子どもの教育と福祉の事典 改訂版 … 152
田中 慶江
　スクールカウンセラーがすすめる112冊
　　の本 ……………………………… 200
棚村 政行
　子どもと法 ……………………… 128
ダーフィー, マイケル
　児童虐待とネグレクト対応ハンドブッ
　　ク ………………………………… 19
玉井 邦夫
　ダウン症ハンドブック ………………… 15
田巻 義孝
　発達障害ハンドブック …………… 166
ダルカン, ミナ
　児童青年精神医学大事典 ………… 206
タンクス出版局
　首都圏版 学習塾ガイド '92・'93 …… 123
短大推薦入試研究会
　短大推薦入試受かる面接 ………… 104

【ち】

『地球の歩き方』編集室
　国際派就職・転職ガイド 2001・2002
　　……………………………………… 194
中央ゼミナール
　大学転部・編入ガイド 第2版 ……… 120
　大学編入・転部ガイド 2001年度版 … 121
中学受験父母の会
　中学受験 入りやすくてお得な学校
　　2008 ……………………………… 62
中京大学文化科学研究所
　愛知児童文化事典 ………………… 209
中高入試情報センター
　中高入試全資料集 平成9年度受験用 … 26
千代田アカデミー
　総ガイド大学転部・編入 '95年度版 … 118

【つ】

塚野 州一
　自己調整学習ハンドブック ………… 202
月森 久江
　発達障害がある子どもの進路選択ハンド
　　ブック …………………………… 16
柘植 雅義
　特別支援教育基本用語100 ………… 161
津下 一代
　メタボリックシンドロームディクショナ
　　リー ……………………………… 232
都筑 二郎
　生活の基本図鑑 3 ………………… 13
津富 宏
　若者就労支援「静岡方式」で行こう!! … 186
　障害者教育福祉リハビリテーション目次
　　総覧 別巻 ……………………… 167
津曲 裕次
　障害者教育福祉リハビリテーション目次
　　総覧 第1巻 …………………… 166
　障害者教育福祉リハビリテーション目次
　　総覧 第3巻 …………………… 167
　障害者教育福祉リハビリテーション目次
　　総覧 第8巻 …………………… 167
　障害者教育福祉リハビリテーション目次
　　総覧 第13巻 …………………… 167
　障害者教育福祉リハビリテーション目次
　　総覧 第16巻 …………………… 167
　障害者教育福祉リハビリテーション目次
　　総覧 第2期 別巻 ……………… 167
　障害者教育福祉リハビリテーション目次
　　総覧 続 第1巻 ………………… 167
　障害者教育福祉リハビリテーション目次
　　総覧 続 第2巻 ………………… 167
　障害者教育福祉リハビリテーション目次
　　総覧 続 第3巻 ………………… 168
　障害者教育福祉リハビリテーション目次
　　総覧 続 第4巻 ………………… 168
　障害者教育福祉リハビリテーション目次
　　総覧 続 第5巻 ………………… 168
　障害者教育福祉リハビリテーション目次
　　総覧 続 第6巻 ………………… 168
　障害者教育福祉リハビリテーション目次
　　総覧 続 別巻 …………………… 168

【て】

手塚 直樹
　知的障害児・者の生活と援助 新訂版 ‥ 165
　知的障害児・者の生活と援助 三訂版 ‥ 165
デパンフィリス，ダイアン
　子ども虐待対応ハンドブック ‥‥‥‥‥ 19

【と】

十一 元三
　児童青年期の双極性障害 ‥‥‥‥‥‥‥ 207
　児童青年精神医学大事典 ‥‥‥‥‥‥‥ 206
東京アカデミー
　看護医療技術系学校受験者のための受験
　　ガイドブック '95年度 ‥‥‥‥‥‥ 89
　看護医療技術系学校受験者のための受験
　　ガイドブック '97 ‥‥‥‥‥‥‥‥ 90
　看護医療系学校受験者のための受験ガイ
　　ドブック '99 ‥‥‥‥‥‥‥‥‥‥ 91
　看護医療系学校受験者のための受験ガイ
　　ドブック 2000年度版 ‥‥‥‥‥‥ 92
　看護医療系学校受験者のための受験ガイ
　　ドブック 2001年度版 ‥‥‥‥‥‥ 92
東京アカデミー看護医療予備校
　看護医療系学校受験者のための受験ガイ
　　ドブック '93年度 ‥‥‥‥‥‥‥‥ 91
　なんでもわかる小学校受験の本 平成14
　　年度版 ‥‥‥‥‥‥‥‥‥‥‥‥‥ 38
　なんでもわかる小学校受験の本 平成15
　　年度版 ‥‥‥‥‥‥‥‥‥‥‥‥‥ 38
桐杏学園
　なんでもわかる小学校受験の本 平成16
　　年版 ‥‥‥‥‥‥‥‥‥‥‥‥‥‥ 39
　なんでもわかる小学校受験の本 平成18
　　年度版 ‥‥‥‥‥‥‥‥‥‥‥‥‥ 39
　なんでもわかる小学校受験の本 平成20
　　年度版 ‥‥‥‥‥‥‥‥‥‥‥‥‥ 39
　なんでもわかる小学校受験の本 平成21
　　年度版 ‥‥‥‥‥‥‥‥‥‥‥‥‥ 39
　なんでもわかる小学校受験の本 平成24
　　年度版 ‥‥‥‥‥‥‥‥‥‥‥‥‥ 39
　なんでもわかる幼稚園受験の本 平成18
　　年度版 ‥‥‥‥‥‥‥‥‥‥‥‥‥ 32
　なんでもわかる幼稚園受験の本 平成19
　　年度版 ‥‥‥‥‥‥‥‥‥‥‥‥‥ 32
　なんでもわかる幼稚園受験の本 平成20
　　年度版 ‥‥‥‥‥‥‥‥‥‥‥‥‥ 32
　なんでもわかる幼稚園受験の本 平成22
　　年度版 ‥‥‥‥‥‥‥‥‥‥‥‥‥ 32
　なんでもわかる幼稚園受験の本 平成23
　　年度版 ‥‥‥‥‥‥‥‥‥‥‥‥‥ 32
　なんでもわかる幼稚園受験の本 平成24
　　年度版 ‥‥‥‥‥‥‥‥‥‥‥‥‥ 32
桐杏学園幼児教室
　国立・私立小学校入試 はらはらドキド
　　キ入試面接 第5版 ‥‥‥‥‥‥‥‥ 34
　なんでもわかる小学校受験の本 平成14
　　年度版 ‥‥‥‥‥‥‥‥‥‥‥‥‥ 38
　なんでもわかる小学校受験の本 平成15
　　年度版 ‥‥‥‥‥‥‥‥‥‥‥‥‥ 38
　なんでもわかる幼稚園受験の本 平成19
　　年度版 ‥‥‥‥‥‥‥‥‥‥‥‥‥ 32
　なんでもわかる幼稚園受験の本 平成24
　　年度版 ‥‥‥‥‥‥‥‥‥‥‥‥‥ 32
　はらはらドキドキ入試面接 ‥‥‥‥‥‥ 39
東京都社会福祉協議会児童部会従事者会給食研
究会
　食べることは生きること ‥‥‥‥‥‥‥ 240
東京都社会福祉協議会児童部会リービングケア
委員会
　Leaving Care 改訂4版 ‥‥‥‥‥‥‥‥ 154
東京図書編集部
　理工系のための大学院の歩き方 ‥‥‥‥ 123
東京都幼稚園・小・中・高・心障性教育研究会
　児童・生徒の性 1996年調査 ‥‥‥‥‥ 230
　児童・生徒の性 1999年調査 ‥‥‥‥‥ 230
東京都幼稚園・小・中・高等学校性教育研究会
　児童・生徒の性 1993年調査 最新版 ‥ 230
東進衛星予備校
　新・大学受験案内 2009年度版 ‥‥‥‥ 116
　新・大学受験案内 2010年度版 ‥‥‥‥ 116
　新・大学受験案内 2011年度版 ‥‥‥‥ 116
　新 大学受験案内 2012年度版 ‥‥‥‥ 116
　新 大学受験案内 2013年度版 ‥‥‥‥ 116
東進ハイスクール
　新・大学受験案内 2009年度版 ‥‥‥‥ 116
　新・大学受験案内 2010年度版 ‥‥‥‥ 116
　新・大学受験案内 2011年度版 ‥‥‥‥ 116
　新 大学受験案内 2012年度版 ‥‥‥‥ 116
　新 大学受験案内 2013年度版 ‥‥‥‥ 116
東進ハイスクール東進衛星予備校
　新 大学受験案内 2014年度版 ‥‥‥‥ 116

新 大学受験案内 2015年度版 ………… 117
ドゥボヴィッツ, ハワード
　子ども虐待対応ハンドブック ………… 19
東洋経済新報社
　会社四季報 '93 ……………………… 189
　会社四季報 外資系企業就職版 '99 …… 187
　会社四季報 外資系企業就職版 2001年版 …………………………………… 187
　会社四季報 学生就職版 ('91) ……… 187
　会社四季報 学生就職版 '92 ………… 187
　会社四季報 学生就職版 メーカー編 ('93) …………………………………… 187
　会社四季報 学生就職版 ノンメーカー編 ('94) ………………………………… 187
　会社四季報 学生就職版 メーカー編 ('94) …………………………………… 187
　会社四季報 学生就職版 '99 ………… 187
　会社四季報 学生就職版 2000年版 …… 187
　会社四季報 学生就職版 2001年版 …… 188
　会社四季報 採用スケジュール版 '99 … 188
　会社四季報 就職資料請求7000 2001年版 …………………………………… 188
　会社四季報 就職資料請求8000 '99 …… 188
　会社四季報 就職資料請求8000 2000年版 …………………………………… 188
　会社四季報 女子学生就職版 ('91) … 188
　会社四季報 女子学生就職版 '99 …… 189
　会社四季報 女子学生就職版 2000年版 …………………………………… 189
　会社四季報 女子学生就職版 2001年版 …………………………………… 189
　会社四季報 中堅・成長企業就職版 '99
　会社四季報 有力・成長企業就職 2000年版 …………………………………… 189
　就職エントリー10,000社 2002年版 … 189
　就職四季報 2002年版 ……………… 190
　就職四季報 2003年版 ……………… 190
　就職四季報 2004年版 ……………… 190
　就職四季報 2006年版 ……………… 190
　就職四季報 2007年版 ……………… 190
　就職四季報 2008年版 ……………… 190
　就職四季報 2009年版 ……………… 191
　就職四季報 2010年版 ……………… 191
　就職四季報 2011年版 ……………… 191
　就職四季報 2012年版 ……………… 191
　就職四季報 2013年版 ……………… 191
　就職四季報 2014年版 ……………… 191
　就職四季報 女子版 2002年版 ……… 191
　就職四季報 女子版 2003年版 ……… 192

　就職四季報 女子版 2004年版 ……… 192
　就職四季報 女子版 2006年版 ……… 192
　就職四季報 女子版 2007年版 ……… 192
　就職四季報 女子版 2008年版 ……… 192
　就職四季報 女子版 2009年版 ……… 192
　就職四季報 女子版 2010年版 ……… 192
　就職四季報 女子版 2011年版 ……… 193
　就職四季報 女子版 2012年版 ……… 193
　就職四季報 女子版 2013年版 ……… 193
　就職四季報 女子版 2016年版 ……… 193
徳永 優子
　自閉症百科事典 …………………… 161
外島 裕
　こころの問題事典 ………………… 207
飛沢 知行
　一問一答平成23年民法等改正 ……… 20
友定 賢治
　全国幼児語辞典 …………………… 216
友田 隆士
　こどもの感染症ハンドブック ……… 233

【な】

内閣府
　国民生活白書 平成13年度 …………… 6
　国民生活白書 平成15年版 ………… 198
　国民生活白書 平成17年版 …………… 7
　国民生活白書 平成18年版 ………… 177
　子ども・子育て白書 平成22年版 …… 146
　子ども・子育て白書 平成23年版 …… 146
　子ども・子育て白書 平成24年版 …… 146
　子ども・若者白書 平成23年版 …… 142
　子ども・若者白書 平成24年版 …… 142
　子ども・若者白書 平成25年版 …… 142
　子ども・若者白書 平成26年版 …… 142
　少子化社会対策白書 平成25年版 …… 129
　少子化社会対策白書 平成26年版 …… 130
　少子化社会白書 平成16年版 ……… 130
　少子化社会白書 平成17年版 ……… 130
　少子化社会白書 平成18年版 ……… 130
　少子化社会白書 平成19年版 ……… 130
　少子化社会白書 平成20年版 ……… 130
　少子化社会白書 平成21年版 ……… 130
　食育白書 平成18年版 ……………… 240
　食育白書 平成19年版 ……………… 240
　食育白書 平成20年版 ……………… 240

食育白書 平成21年版 ················ 240
食育白書 平成22年版 ················ 240
食育白書 平成23年版 ················ 241
食育白書 平成24年版 ················ 241
食育白書 平成25年版 ················ 241
青少年白書 平成13年度版 ·········· 144
青少年白書 平成14年版 ············· 144
青少年白書 平成15年版 ············· 144
青少年白書 平成16年版 ············· 145
青少年白書 平成17年版 ············· 145
青少年白書 平成18年版 ············· 145
青少年白書 平成19年版 ············· 145
青少年白書 平成20年版 ············· 145
青少年白書 平成21年版 ············· 145
犯罪被害者白書 平成24年版 ········ 230

内閣府政策統括官
　情報化社会と青少年 ·············· 223
　青少年の社会的自立と意識 ······· 200
　世界の青年との比較からみた日本の
　青年 ································· 7

仲 真紀子
　知的障害・発達障害のある子どもの面接
　ハンドブック ····················· 165
　発達科学ハンドブック 4 ·········· 204

永井 憲一
　子どもの人権大辞典 ·············· 132

長島 和子
　食育実践ハンドブック ············ 239
　食育実践ハンドブック 第2版 ····· 239

中島 常安
　発達心理学用語集 ················ 203

中嶋 哲彦
　イギリスに学ぶ子どもの貧困解決 ·· 128

中田 幸平
　江戸の子供遊び事典 ·············· 216

中根 晃
　メンタルケース・ハンドブック ··· 208

中野 光
　ハンドブック 子どもの権利条約 ·· 133

中野 善達
　障害児教育用語辞典 改訂版 ······ 161
　ハンディキャップ教育・福祉事典 1巻
　······································ 162
　ハンディキャップ教育・福祉事典 2巻
　······································ 162

中村 敬
　育児の事典 ························ 9

中村 義行
　障害臨床学ハンドブック 第2版 ··· 164

「なくそう!子どもの貧困」全国ネットワーク
　イギリスに学ぶ子どもの貧困解決 ·· 128
　大震災と子どもの貧困白書 ······· 129

名古屋市学童保育連絡協議会しょうがい児部会
　しょうがい児支援ハンドブック ··· 164

夏目 孝吉
　新社会人白書 〔2006〕 ············ 196
　新社会人白書 07／08 ············· 196

浪本 勝年
　教育判例ガイド ··················· 132

成山 治彦
　こうすればできる高校の特別支援教育
　······································ 163

【に】

西岡 有香
　LD・学習障害事典 ················ 160

西田 美奈子
　日本児童図書研究文献目次総覧 1945-
　1999 ······························· 209

西田 佳史
　子ども計測ハンドブック ········· 229

西村 春夫
　犯罪・非行事典 ··················· 225

西村 良二
　児童青年精神医学大事典 ········· 206

日外アソシエーツ
　育児・保育をめぐって ·············· 9
　いじめ・自殺問題 ················· 133
　学校・教育問題レファレンスブック ···· 7
　最新文献ガイド 荒れる10代 ······· 8
　最新文献ガイド 育児をめぐって ···· 9
　児童教育の本全情報 70-92 ········· 8
　児童教育の本全情報 1992-2005 ···· 8
　児童の賞事典 ······················ 209
　児童福祉関係図書目録 45／94 ···· 152
　児童福祉関係図書目録 1995-2004 ·· 152
　統計図表レファレンス事典 児童・青
　少年 ································· 1

日能研
　私立国立公立中学受験学校案内 関西・中
　国・四国・九州版 2009年入試用 ···· 41
　私立国立公立中学受験学校案内 関西・中

国・四国・九州版 2010年入試用 41
私立国立公立中学受験学校案内 関西・中国・四国・九州版 2011年入試用 41
私立国立公立中学受験学校案内 関西・中国・四国・九州版 2012年入試用 41
私立・国立・公立中学受験学校案内 関西・中国・四国・九州版 2014年入試用 42
私立・国立・公立中学受験学校案内 関西・中国・四国・九州版 2015年入試用 42

日能研関西
　私立・国立・公立中学受験学校案内 関西・中国・四国・九州版 2015年入試用 42
　私立・国立中学受験学校案内 関西・中国・四国・九州版 2004年入試用 42
　私立・国立中学受験学校案内 関西・中国・四国・九州版 2005年入試用 42
　私立・国立中学受験学校案内 関西・中国・四国・九州版 2006年入試用 42
　私立・国立中学受験学校案内 関西・中国・四国・九州版 2007年入試用 43
　私立・国立中学受験学校案内 関西・中国・四国・九州版 2008年入試用 43

日能研九州
　私立国立公立中学受験学校案内 関西・中国・四国・九州版 2009年入試用 41
　私立国立公立中学受験学校案内 関西・中国・四国・九州版 2010年入試用 41
　私立国立公立中学受験学校案内 関西・中国・四国・九州版 2011年入試用 41
　私立国立公立中学受験学校案内 関西・中国・四国・九州版 2012年入試用 41
　私立・国立・公立中学受験学校案内 関西・中国・四国・九州版 2014年入試用 42
　私立・国立・公立中学受験学校案内 関西・中国・四国・九州版 2015年入試用 42
　私立・国立中学受験学校案内 関西・中国・四国・九州版 2004年入試用 42
　私立・国立中学受験学校案内 関西・中国・四国・九州版 2005年入試用 42
　私立・国立中学受験学校案内 関西・中国・四国・九州版 2006年入試用 42
　私立・国立中学受験学校案内 関西・中国・四国・九州版 2008年入試用 43

日能研進学情報室
　私立国立公立中学受験学校案内 関西・中国・四国・九州版 2009年入試用 41
　私立国立公立中学受験学校案内 関西・中

国・四国・九州版 2010年入試用 41
私立国立公立中学受験学校案内 関西・中国・四国・九州版 2011年入試用 41
私立国立公立中学受験学校案内 関西・中国・四国・九州版 2012年入試用 41
私立・国立・公立中学受験学校案内 関西・中国・四国・九州版 2008年入試用 43
私立・国立中学受験学校案内 東海版 2010年入試用 43
私立・国立中学受験学校案内 東海版 2011年入試用 43
私立・国立中学受験学校案内 東海版 2012年入試用 43
私立・国立中学受験学校案内 関西・中国・四国・九州版 2004年入試用 42
私立・国立中学受験学校案内 関西・中国・四国・九州版 2005年入試用 42

日能研進学情報センター
　私立・国立中学受験学校案内 関西・中国・四国・九州版 2006年入試用 42
　私立・国立中学受験学校案内 首都圏版 2004年入試用 56

日能研東海
　私立・国立中学受験学校案内 東海版 2010年入試用 43
　私立・国立中学受験学校案内 東海版 2011年入試用 43
　私立・国立中学受験学校案内 東海版 2012年入試用 43
　私立・国立中学受験学校案内 東海版 2014年入試用 44
　私立・国立中学受験学校案内 東海版 2015年入試用 44

日本児童画研究会
　原色子どもの絵診断事典 201

二通 諭
　特別支援教育コーディネーター必携ハンドブック 165

二宮 克美
　青年心理学事典 204

日本インダストリアルデザイナー協会
　子どものからだ図鑑 229

日本LD学会
　LD・ADHD等関連用語集 第3版 160
　日本LD学会LD・ADHD等関連用語集 161
　日本LD学会LD・ADHD等関連用語集 第2版 162

日本学生支援機構
　私費外国人留学生のための大学入学案内

2006年度版 ･････････････････ 114
日本学生支援機構留学情報センター
　私費外国人留学生のための大学入学案内
　　2007年度版 ･････････････････ 114
日本学校・家庭・地域教育研究会
　ハンドブック 事例でよむ学校と家庭・地
　　域 ･････････････････････････ 137
日本学校心理学会
　学校心理学ハンドブック ･･････････ 202
日本教育心理学会
　教育心理学ハンドブック ･･････････ 202
日本グッド・トイ委員会
　おもちゃで遊ぼう ････････････････ 217
日本経済新聞社産業地域研究所
　20代若者の消費異変 ･･････････････ 174
　平成成人 ･･････････････････ 172, 204
　ゆとり世代の消費実態 ･･････････････ 172
日本経済青年協議会
　「働くことの意識」調査報告書 平成3年
　　度新入社員 ･････････････････ 180
　「働くことの意識」調査報告書 平成19年
　　度新入社員 ･････････････････ 182
日本国際教育協会
　私費外国人留学生のための大学入学案内
　　1999年度版 ･････････････････ 113
　私費外国人留学生のための大学入学案内
　　2000年度版 ･････････････････ 113
　私費外国人留学生のための大学入学案内
　　2004年度版 ･････････････････ 113
日本国際教育協会
日本子どもを守る会
　子ども白書 1990年版 ･･････････････ 147
　子ども白書 1991年版 ･･････････････ 147
　子ども白書 1992年版 ･･････････････ 147
　子ども白書 1993年版 ･･････････････ 147
　子ども白書 1994年版 ･･････････････ 147
　子ども白書 1995年版 ･･････････････ 147
　子ども白書 1996年版 ･･････････････ 147
　子ども白書 1997年版 ･･････････････ 148
　子ども白書 1998年版 ･･････････････ 148
　子ども白書 1999年版 ･･････････････ 148
　子ども白書 2000年版 ･･････････････ 148
　子ども白書 2001年版 ･･････････････ 148
　子ども白書 2002年版 ･･････････････ 148
　子ども白書 2003 ･････････････････ 149
　子ども白書 2004 ･････････････････ 149
　子ども白書 2005 ･････････････････ 149
　子ども白書 2006 ･････････････････ 149

　子ども白書 2007 ･････････････････ 149
　子ども白書 2008 ･････････････････ 150
　子ども白書 2009 ･････････････････ 150
　子ども白書 2010 ･････････････････ 150
　子ども白書 2011 ･････････････････ 150
　子ども白書 2012 ･････････････････ 150
　子ども白書 2013 ･････････････････ 150
　子ども白書 2014 ･････････････････ 151
日本子ども家庭総合研究所
　日本子ども資料年鑑 2002 ･････････ 3
　日本子ども資料年鑑 2010 ･････････ 4
日本子ども社会学会
　子ども問題事典 ･････････････････ 8
日本児童教育振興財団内日本性教育協会
　「若者の性」白書 ･････････････････ 231
日本ジャーナリスト専門学校猪野ゼミ
　若者遊びコトバ事典 ････････････ 223
日本住宅会議
　住宅白書 1994年版 ･･････････････ 11
日本小児科学会・日本小児保健協会・日本小児
科医会・日本小児科連絡協議会ワーキンググ
ループ
　子育て支援ハンドブック ････････ 153
　子育て支援ハンドブック チェック版 ･･ 153
日本心理学会ジェンダー研究会
　女性とジェンダーの心理学ハンドブッ
　　ク ･･････････････････････････ 200
日本生活指導学会
　生活指導研究 NO.24(2007) ･･････ 134
日本性教育協会
　「若者の性」白書 ･････････････････ 230
日本生産性本部
　「働くことの意識」調査報告書 平成3年
　　度新入社員 ･････････････････ 180
日本生産性本部就業力センター
　新社会人白書 2013年 ････････････ 197
日本生産性本部「職業のあり方研究会」・「履歴
書を考える会」
　新社会人白書 2009 ･････････････ 197
日本青少年育成協会
　不登校生・親・教師のためのもうひとつ
　　の進路と社会参加総ガイド '01～'02全
　　国版 ･･･････････････････････ 135
　不登校生・高校中退者のためのもうひと
　　つの進路と社会参加全ガイド ････ 135
日本精神科病院協会
　精神科研修ハンドブック 第2版 ･････ 208

日本繊維新聞社出版部
　こども服白書 2001 ………… 172
　こども服白書 2002 ………… 172
　こども服白書 2003 ………… 172
日本総合愛育研究会
　日本子ども資料年鑑 1991-92 ………… 2
　日本子ども資料年鑑 第3巻 ………… 2
日本知的障害福祉連盟
　やさしい健康へのアドバイス ……… 235
　やさしい指導法・療育技法 ………… 166
　やさしい予防と対応 ………………… 17
　やさしい療育Q&A ………………… 166
日本能率協会総合研究所
　子どもの食生活データ総覧 2006年版
　　………………………………… 236
　中学生・高校生のライフスタイル資料集
　　2006 …………………………… 221
　ニッポン人の生活時間データ総覧 2006
　　………………………………… 215
　日本人の価値観 データで見る30年間の
　　変遷 …………………………… 204
　日本の教育・学習データ総覧 2006 … 1
日本発達障害学会
　発達障害基本用語事典 ……………… 162
日本発達障害福祉連盟
　発達障害白書 2011年版 …………… 169
　発達障害白書 2013年版 …………… 169
日本発達障害連盟
　発達障害白書 2014年版 …………… 169
　発達障害白書 2015年版 …………… 169
日本発達心理学会
　発達科学ハンドブック 1 …………… 204
　発達科学ハンドブック 4 …………… 204
　発達心理学事典 ……………………… 203
日本フリースクール協会
　小中学生・不登校生のためのフリース
　　クールガイド 第2版 ……………… 124
日本弁護士連合会
　子どもの権利ガイドブック ………… 132
　ドメスティック・バイオレンス防止法律
　　ハンドブック …………………… 18
日本ボランティアコーディネーター協会
　ボランティアコーディネーター白書 2010-
　　2012年版 ………………………… 139
　ボランティアコーディネーター白書 2014
　　年版 (2011-2013年) ……………… 139
日本労働研究機構研究所
　大都市の若者の就業行動と意識 ……… 198

　変革期の大卒採用と人的資源管理 ……… 186
ニュートン，J・ステファン
　問題行動解決支援ハンドブック ……… 17
ニューメディア人権機構
　人権相談ハンドブック ……………… 133
庭野 賀津子
　特別支援教育支援員ハンドブック …… 165

【ぬ】

ヌーバー，U.
　「傷つきやすい子ども」という神話 … 202

【ね】

ネイスワース，ジョン・T.
　自閉症百科事典 ……………………… 161
根ヶ山 光一
　発達科学ハンドブック 4 …………… 204

【の】

『農山村再生・若者白書2010』編集委員会
　緑のふるさと協力隊 ………………… 138
『農山村再生・若者白書2011』編集委員会
　響き合う! 集落（むら）と若者 ……… 138
農林水産省経済局統計情報部
　新規青年就農者等緊急調査報告書 平成
　　5年 ……………………………… 186
　農家就業動向調査報告書 昭和63年 … 186
野田 敦史
　家庭訪問型子育て支援ハンドブック … 153
野村 総一郎
　こころの医学事典 …………………… 205
野呂 文行
　自閉症教育基本用語辞典 …………… 160

【は】

ハイスクールレポート編集委員会
　ハイスクールレポート 2014 ……… 70
萩原 重夫
　子ども虐待問題百科事典 ………… 18
萩原 拓
　自閉症百科事典 …………………… 161
箱田 英子
　教育判例ガイド …………………… 132
橋本 創一
　ダウン症ハンドブック …………… 15
パス・イン編集室
　PASS IN '91年度版 ……………… 122
　PASS IN '92年度版 ……………… 122
　PASS IN '93年度版 ……………… 122
蓮見 岳夫
　子どもに会いたい親のためのハンドブック
　　………………………………………… 10
畠山 寛
　発達心理学用語集 ………………… 203
畠山 美穂
　発達心理学用語集 ………………… 203
服部 朗
　ハンドブック少年法 ……………… 227
パブリックヘルスリサーチセンター
　ストレススケールガイドブック … 207
浜田 寿美男
　発達心理学辞典 …………………… 203
林 恵津子
　わたしのきょうだいは自閉症 …… 17
林 邦雄
　図解 子ども事典 ………………… 8
　図解 子ども事典 普及版 ……… 1
原 仁
　最新 子どもの発達障害事典 …… 160
原 裕視
　子ども心理辞典 …………………… 201
原 美津子
　食育実践ハンドブック …………… 239
　食育実践ハンドブック 第2版 …… 239
ハリス，ジョセフ・R．
　LD・学習障害事典 ……………… 160

【ひ】

樋口 輝彦
　こころの医学事典 ………………… 205
ピーターソン，マリリン・ストラッチェン
　児童虐待とネグレクト対応ハンドブック
　　………………………………………… 19
一ツ橋書店編集部
　女子高校生のための全国主要短大受験案内 '95年受験用 ……………… 99
　全国大学受験案内 '94年受験用 …… 106
　全国大学受験案内 '95年受験用 …… 106
人見 一彦
　こころの病がわかる事典 ………… 207
ピュー，デレック・S．
　博士号のとり方 …………………… 123
平井 正三
　児童青年心理療法ハンドブック … 200
平山 宗宏
　育児の事典 ………………………… 9
平山 祐一郎
　子育て支援用語集 ………………… 153
「広がれボランティアの輪」連絡会議
　ボランティア白書 2014 ………… 139

【ふ】

ファレル，ピーター・T．
　世界の学校心理学事典 …………… 202
ファレル，マイケル
　特別なニーズ教育ハンドブック … 165
フィリップス，エステール・M．
　博士号のとり方 …………………… 123
フィンドリング，ロバート・L．
　児童青年期の双極性障害 ………… 207
福井 一成
　大学合格マル秘裏ワザ計画表 '96 …… 118
福井 進
　こころの健康百科 ………………… 206
　こころの病気を知る事典 ………… 206
　こころの病気を知る事典 新版 …… 206

福沢 周亮
　学校心理学ハンドブック ………… 202
福島 脩美
　スクールカウンセリング事典 …… 20, 201
福田 雅章
　「こどもの権利条約」絵事典 ………… 132
福田 美恵子
　はじめての料理ハンドブック 改訂版 … 16
福田 稔
　カイシャ語 ………………………… 174
福富 護
　女性とジェンダーの心理学ハンドブック ……………………………… 200
　青年心理学事典 …………………… 204
藤川 洋子
　子どもの面接ガイドブック ………… 21
藤田 英夫
　少子化・高齢化ビジネス白書 2005年版 …………………………… 173
　少子化・高齢化ビジネス白書 2006年版 …………………………… 173
　少子化・高齢化ビジネス白書 2007年版 …………………………… 173
　少子化・高齢化ビジネス白書 2009年版 …………………………… 173
　少子化・高齢化ビジネス白書 2010年版 …………………………… 173
　少子化・高齢化ビジネス白書 2012年版 …………………………… 173
　ベンチャー企業白書 2006年版 …… 178
藤永 保
　こころの問題事典 ………………… 207
不登校情報センター
　登校拒否関係団体全国リスト '97・'98年版 ……………………………… 134
　登校拒否関係団体全国リスト '99〜2000年版 ………………………… 134
　登校拒否と医療・心理相談ガイド 1997年版 …………………………… 134
　登校拒否とカウンセリングルーム … 134
　不登校・中退生のためのスクール・ガイド ………………………………… 134
　不登校・引きこもり・ニート支援団体ガイド ………………………………… 136
船木 正文
　教育判例ガイド …………………… 132
船越 知行
　障害児早期療育ハンドブック ……… 15

ブラウン，トーマス・R.
　てんかんハンドブック 第2版 …… 235
フラゴー，R.
　子どもの面接ガイドブック ………… 21
プラットフォームプロジェクト
　全国ひきこもり・不登校援助団体レポート 宿泊型施設編 ……………… 134
ブロック，キャロライン
　わたしのきょうだいは自閉症 ……… 17
ブロドリック，R.
　子どもの面接ガイドブック ………… 21

【へ】

ベネット，フラン
　イギリスに学ぶ子どもの貧困解決 … 128
編集工房Q
　全国版 看護学校受験ガイドブック 2005年版 ……………………………… 98
　全国版 心理学を学ぶための大学・大学院受験ガイド 2004年版 ………… 117
　全国版 心理学を学ぶための大学・大学院受験ガイド 2005年版 ………… 117
　全国版 心理学を学ぶための大学・大学院受験ガイド 2006年版 ………… 117

【ほ】

法務省矯正局
　家族のきずなを考える ………… 17, 226
　現代の少年非行を考える ………… 226
法務省法務総合研究所
　犯罪白書 平成10年版 …………… 225
　犯罪白書 平成17年版 …………… 225
　犯罪白書 平成23年版 …………… 225
　犯罪白書 平成25年版 …………… 225
　犯罪白書 平成26年版 …………… 225
　犯罪白書のポイント 平成2年版 … 226
ボーグ，W.
　子どもの面接ガイドブック ………… 21
母子愛育会日本子ども家庭総合研究所
　日本子ども資料年鑑 2012 …………… 4
星野 周弘
　犯罪・非行事典 …………………… 225

星野 菜蕗子
    非正規社員の法律実務 第2版 ……… 198
ポスト, ロバート・M.
    児童青年期の双極性障害 ………… 207
ホーナー, ロバート・H.
    問題行動解決支援ハンドブック …… 17
ホームズ, グレゴリー・L.
    てんかんハンドブック 第2版 ……… 235
堀 清和
    災害に負けない防災ハンドブック … 236
    小学校低学年・家族・発達障害をもつ子・
    先生のための災害に負けない防災ハン
    ドブック 第2版 ……………… 236
ホーン, アン
    児童青年心理療法ハンドブック …… 200
本城 秀次
    児童青年精神医学大事典 …………… 206
本城屋 勝
    わらべうた文献総覧解題 増補 …… 216
本間 昇
    昔の子どものくらし事典 …………… 217

【ま】

毎日新聞社人口問題調査会
    超少子化時代の家族意識 …………… 10
毎日留学年鑑刊行会
    毎日留学年鑑 2000・2001 6 ……… 178
前川 真一
    大学入試データの解析 ……………… 120
前嶋 義大
    非正規社員の法律実務 第2版 …… 198
マクマホン, リネット
    遊戯療法ハンドブック ……………… 21
増沢 高
    詳解子ども虐待事典 ………………… 18
待井 和江
    子どもの教育と福祉の事典 ………… 152
    子どもの教育と福祉の事典 改訂版 … 152
松浦 雅人
    小児・思春期の「心の問題」診療ガイ
    ド ……………………………… 207
    てんかんハンドブック ……………… 234
    てんかんハンドブック 第2版 …… 235

松尾 雅文
    子どもたちのための病院医療のポケット
    ブック ………………………… 233
松川 秀夫
    子育て支援用語集 …………………… 153
松坂 晃
    発達障害児者の防災ハンドブック … 166, 236
松沢 哲郎
    発達心理学辞典 ……………………… 203
松田 久一
    消費社会白書 2005 ………………… 174
松村 茂治
    特別支援教育基本用語100 ………… 161
松本 治雄
    言語障害 ……………………………… 160
松本 真理子
    世界の学校心理学事典 ……………… 202
松本 峰雄
    子どもの教育と福祉の事典 ………… 152
    子どもの教育と福祉の事典 改訂版 … 152
    保育者のための教育と福祉の事典 … 153
学びリンク
    ステップアップスクールガイド 2003年
    度版 …………………………… 83
    ステップアップスクールガイド 2009
    ………………………………… 83
    全国フリースクールガイド 2003〜2004
    年版 …………………………… 124
    全国フリースクールガイド 2008〜2009
    年版 …………………………… 125
    全国フリースクールガイド 2009〜2010
    年版 …………………………… 125
学びリンク編集部
    こんな学校があったんだ! 2014・2015年
    版 ……………………………… 83
    小中高・不登校生の居場所探し 2007〜
    2008年版 ……………………… 125
    小中高・不登校生の居場所探し 2012〜
    2013年版 ……………………… 125
    ステップアップスクールガイド 2005年
    度版 …………………………… 83
    ステップアップスクールガイド 2015
    ………………………………… 84
    全国フリースクールガイド 2005〜2006
    年版 …………………………… 124
    全国フリースクールガイド 2006〜2007
    年版 …………………………… 125
    通信制高校があるじゃん 2014・2015年
    版 ……………………………… 86

丸山　浩路
　　イラスト手話辞典 2 ………………… 14
丸山　晋
　　こころの健康百科 ………………… 206
　　こころの病気を知る事典 …………… 206
　　こころの病気を知る事典 新版 ……… 206
丸山　久子
　　分類児童語彙 改訂版 ……………… 216

【み】

三浦　光哉
　　特別支援教育コーディネーター必携ハン
　　　ドブック ………………………… 165
三神　敬子
　　子どもの教育と福祉の事典 ………… 152
　　子どもの教育と福祉の事典 改訂版 … 152
　　保育者のための教育と福祉の事典 … 153
みくに出版
　　この学校に行ってみよう 2001 ……… 41
　　中学受験面接合格ガイド〔2008〕…… 48
　　ポスターで見る私立中学入試ガイド … 40
みくに出版『合格レーダー』編集部
　　中学受験面接合格ガイド 2000 ……… 47
　　中学受験面接合格ガイド 2001 ……… 47
三島　敏男
　　障害児教育実践ハンドブック ……… 164
水野　悌一
　　ハンディキャップ教育・福祉事典 1巻
　　 …………………………………… 162
　　ハンディキャップ教育・福祉事典 2巻
　　 …………………………………… 162
三田地　昭典
　　問題行動解決支援ハンドブック …… 17
三田地　真実
　　子育てに活かすABAハンドブック … 15
　　問題行動解決支援ハンドブック …… 17
南　徹弘
　　発達科学ハンドブック 1 …………… 204
三家　英治
　　こどもの世界 ……………………… 171
宮本　信也
　　自閉症教育基本用語辞典 ………… 160

【む】

向山　洋一
　　ジュニアボランティア学習小事典 …… 138
宗像　充
　　子どもに会いたい親のためのハンドブッ
　　　ク ………………………………… 10
村越　晃
　　しつけ事典 ………………………… 13
村山　士郎
　　激変する日本の子ども ……………… 1
村山　隆志
　　子どもの健康医学事典 …………… 231
室伏　君士
　　メンタルケース・ハンドブック ……… 208
ムンロ，パメラ
　　最新アメリカ学生スラング辞典 …… 223

【め】

メディアクリエイト
　　テレビゲーム流通白書 '99 ………… 222

【も】

茂木　俊彦
　　障害児教育実践ハンドブック ……… 164
　　障害児教育大事典 ………………… 161
　　特別支援教育大事典 ……………… 161
持丸　正明
　　子ども計測ハンドブック …………… 229
もっと明鏡委員会
　　みんなで国語辞典 3 ……………… 223
森　清
　　新社会人白書〔2006〕……………… 196
　　新社会人白書 07／08 ……………… 196
森　健
　　子どもの安全ハンドブック ………… 235
森上　展安
　　中学受験図鑑 ……………………… 62

中学受験図鑑 2008 ･････････････････ 62
中学受験 入りやすくてお得な学校
〔2006〕 ･･････････････････････････ 62
中学受験 入りやすくてお得な学校
2008 ･･････････････････････････････ 62
中学受験 入りやすくてお得な学校 2007
首都圏 ････････････････････････････ 62

森上教育研究所
中学受験図鑑 2008 ･･････････････････ 62
中学受験リポート 志望校研究版 2002
年 ････････････････････････････････ 51
中学受験リポート 志望校研究版 ････････ 51

森上教育研究所スキル研究会
中学受験はじめての学校ガイド 2015
････････････････････････････････････ 63

森田 由美
子ども虐待問題百科事典 ･･････････････ 18
詳解子ども虐待事典 ･････････････････ 18

森永 康子
女性とジェンダーの心理学ハンドブッ
ク ･･････････････････････････････ 200

森野 さかな
「こどもの権利条約」絵事典 ････････ 132

森山 千賀子
家庭訪問型子育て支援ハンドブック ･･ 153

文部科学省
子どもの学習費調査報告書 平成12年度
････････････････････････････････････ 30
子どもの学習費調査報告書 平成16年度
････････････････････････････････････ 30
子どもの学習費調査報告書 平成18年度
････････････････････････････････････ 31
子どもの学習費調査報告書 平成20年度
････････････････････････････････････ 31
データからみる日本の教育 2004 ･･････ 2
データからみる日本の教育 2005 ･･････ 2
データからみる日本の教育 2006 ･･････ 2

文部科学省生涯学習政策局調査企画課
子どもの学習費調査報告書 平成14年度
････････････････････････････････････ 30
子どもの学習費調査報告書 平成22年度
････････････････････････････････････ 31
子供の学習費調査報告書 平成24年度
････････････････････････････････････ 31

文部省
家庭教育手帳 ･･････････････････････ 11
家庭教育ノート ････････････････････ 11
教育の国際交流等に関する実態調査報告
書 平成3年度 ･･･････････････････ 140
子どもの学習費調査報告書 平成8年度
････････････････････････････････････ 30
子どもの学習費調査報告書 平成10年度
････････････････････････････････････ 30
登校拒否問題への取組について 小学校・
中学校編 ･････････････････････････ 135

文部省内生涯学習振興研究会
大検ガイドブック 平成8年度版 ･･････ 26

【や】

矢崎 公二
子ども手当ハンドブック 2010 ･･････ 154

やさしいまちをつくり隊
子育て応援BOOK 滋賀 ･･････ 15, 163

安吉 逸季
最新アメリカ学生スラング辞典 ･･････ 223

谷田貝 公昭
子ども心理辞典 ･･･････････････････ 201
しつけ事典 ･･･････････････････････ 13
図解 子ども事典 ････････････････････ 8
図解 子ども事典 普及版 ･････････････ 1

柳井 晴夫
大学入試データの解析 ･･･････････････ 120

柳田 国男
分類児童語彙 改訂版 ･････････････ 216

矢野 喜夫
発達心理学辞典 ･･･････････････････ 203

山内 太地
時間と学費をムダにしない大学選び
2015 ･･･････････････････････････ 113

山上 敏子
共同治療者としての親訓練ハンドブック
上 ････････････････････････････････ 14
共同治療者としての親訓練ハンドブック
下 ････････････････････････････････ 14

山崎 祥子
子どもの発音とことばのハンドブック
･･････････････････････････････････ 233

山田 勝美
児童福祉の原理と展開 ･･････････････ 154

山田 敏
遊び研究文献目録 ･･････････････････ 215

山田 典子
児童虐待とネグレクト対応ハンドブッ
ク ･･････････････････････････････ 19

児童・青少年レファレンスブック　*301*

山中　竜宏
　　子ども計測ハンドブック ………… 229
山根　知英子
　　子どもの健康医学事典 …………… 231
山野　陽子
　　トラブルを防ぐ! パート・アルバイト雇
　　用の法律Q&A ……………………… 197
山内　昭道
　　子育て支援用語集 ………………… 153
山本　恒雄
　　知的障害・発達障害のある子どもの面接
　　ハンドブック ……………………… 165

【ゆ】

ユネスコ
　　障害児教育用語辞典 改訂版 ………… 161

【よ】

横田　俊一郎
　　子ども医学館 増補改訂版 ………… 231
横浜「難病児の在宅療育」を考える会
　　医療的ケアハンドブック ………… 14
吉岡　睦子
　　教育判例ガイド …………………… 132
吉田　美樹
　　自閉症百科事典 …………………… 161
吉峯　啓晴
　　基本的な人権六法 ………………… 133
米川　明彦
　　若者ことば辞典 …………………… 223
米川　茂信
　　犯罪・非行事典 …………………… 225
代々木ゼミナール
　　大学入試難易ランキング 2002 …… 107
代々木ゼミナールバイパススクール国際教育セ
ンター
　　帰国生大学入試データリサーチ 2001
　　………………………………………… 126

【ら】

ライオン企画
　　私大進学 2001年度 ……………… 105
ラニャード，モニカ
　　児童青年心理療法ハンドブック …… 200

【り】

理英会
　　首都圏・関西圏私立・国立小学校進学ガ
　　イド 2008年度入試準備用 ………… 35
臨床発達心理士認定運営機構日本臨床発達心理
士会
　　21の実践から学ぶ臨床発達心理学の実践
　　研究ハンドブック ………………… 203
リンデル佐藤　良子
　　知的障害・発達障害のある子どもの面接
　　ハンドブック ……………………… 165

【ろ】

労働省
　　労働白書 平成3年版 ……………… 178
　　労働白書 平成12年版 …………… 179
労働省職業安定局
　　地域別雇用データ2000 …………… 179
労働省女性局
　　女性労働白書 平成10年版 ……… 177
労働省政策調査部
　　図説 労働白書 平成3年度 ……… 177
　　図説 労働白書 平成12年度 …… 178
　　勤労青少年の現状 平成元年版 …… 179
労働省労政局
　　勤労青少年の現状 平成2年版 …… 179
　　勤労青少年の現状 平成3年版 …… 179
　　勤労青少年の現状 平成4年版 …… 179
　　働く若者のデーターブック 平成9年版
　　………………………………………… 180
労働政策研究・研修機構
　　職業レファレンスブック ………… 182

労働大臣官房政策調査部
　パートタイマーの実態　平成2年 ‥‥‥‥ 198

【わ】

脇口　宏
　こどもの感染症ハンドブック ‥‥‥‥‥ 233
　こどもの感染症ハンドブック　第2版 ‥ 233
脇谷　順子
　児童青年心理療法ハンドブック ‥‥‥‥ 200
渡辺　博
　子ども医学館　増補改訂版 ‥‥‥‥‥‥ 231
渡辺　弘純
　事例　発達臨床心理学事典 ‥‥‥‥‥‥ 203
渡部　平吾
　飛び出せ!お父さん ‥‥‥‥‥‥‥‥‥‥ 12
渡辺　弥生
　子育て支援用語集 ‥‥‥‥‥‥‥‥‥‥ 153

【ABC】

Blockbuster
　KY語辞典 ‥‥‥‥‥‥‥‥‥‥‥‥‥ 223
Briesmeister,James M.
　共同治療者としての親訓練ハンドブック
　　上 ‥‥‥‥‥‥‥‥‥‥‥‥‥‥‥‥ 14
　共同治療者としての親訓練ハンドブック
　　下 ‥‥‥‥‥‥‥‥‥‥‥‥‥‥‥‥ 14
Browne,Thomas R.
　てんかんハンドブック ‥‥‥‥‥‥‥‥ 234
Dulcan,Mina K.
　小児・思春期の「心の問題」診療ガイ
　　ド ‥‥‥‥‥‥‥‥‥‥‥‥‥‥‥‥ 207
Galbraith,Patrick W.
　The otaku encyclopedia ‥‥‥‥‥‥‥ 220
Hanks,Helga G.I.
　子どもの虐待とネグレクト ‥‥‥‥‥‥ 19
Hobbs,Christopher J.
　子どもの虐待とネグレクト ‥‥‥‥‥‥ 19
Holmes,Gregory L.
　てんかんハンドブック ‥‥‥‥‥‥‥‥ 234
JEC日本入試センター
　大学入試難易ランキング　2002 ‥‥‥‥ 107

JOBAビブロス編集部
　海外・帰国生のためのスクールガイド
　　Biblos 2015年度版 ‥‥‥‥‥‥‥‥ 126
Martini,D.Richard
　小児・思春期の「心の問題」診療ガイ
　　ド ‥‥‥‥‥‥‥‥‥‥‥‥‥‥‥‥ 207
MDX東京鍼灸柔整予備校
　鍼灸・柔整専門学校入試ガイド ‥‥‥‥ 87
NPO法人21世紀教育研究所
　子どもと親のための心の相談室　2003年
　　度版 ‥‥‥‥‥‥‥‥‥‥‥‥‥‥‥ 21
PHP研究所
　新入社員ハンドブック　'92年版 ‥‥‥ 176
　新入社員ハンドブック　1993年版 ‥‥‥ 176
　新入社員ハンドブック　1997年版 ‥‥‥ 176
　やってみよう!こどもの資格&コンクー
　　ルガイド　2000年度版 ‥‥‥‥‥‥‥ 12
　やってみよう!こどもの資格&コンクー
　　ルガイド　2001年度版 ‥‥‥‥‥‥‥ 13
　やってみよう!こどもの資格&コンクー
　　ルガイド　2002年度版 ‥‥‥‥‥‥‥ 13
　やってみよう!こどもの資格&コンクー
　　ルガイド　2003年度版 ‥‥‥‥‥‥‥ 13
PHP研究所情報開発室
　新入社員ハンドブック　1994年版 ‥‥‥ 176
Schaefer,Charles E.
　共同治療者としての親訓練ハンドブック
　　上 ‥‥‥‥‥‥‥‥‥‥‥‥‥‥‥‥ 14
　共同治療者としての親訓練ハンドブック
　　下 ‥‥‥‥‥‥‥‥‥‥‥‥‥‥‥‥ 14
THE RIGHTS OF STUDENTS和訳会
　生徒の権利 ‥‥‥‥‥‥‥‥‥‥‥‥‥ 133
TOSS岡山サークルMAK
　特別支援コーディネーターに必要な基本
　　スキル小事典 ‥‥‥‥‥‥‥‥‥‥‥ 161
Wynne,Jane M.
　子どもの虐待とネグレクト ‥‥‥‥‥‥ 19
YMCA史学会編集委員会
　日本YMCA人物事典 ‥‥‥‥‥‥‥‥ 139

事項名索引

事項名索引　　けしゆ

【あ】

遊び　→子どもの文化 …………………… 215
アルバイト　→非正規雇用 ……………… 197
安全教育　→安全教育 …………………… 235
育児　→家庭一般 …………………………… 9
意識
　　→心理・意識（労働） ………………… 180
　　→心理・意識一般 …………………… 200
意識調査　→児童・青少年一般 …………… 1
いじめ
　　→いじめ ……………………………… 136
　　→子ども白書 ………………………… 146
医療　→健康 ……………………………… 231
医療・看護・福祉系の学校　→医療・看護・福祉系 ……………………………… 89
医療的ケア　→障害児の家庭教育 ……… 14
エイズ　→健康 …………………………… 231
ADHD　→障害児教育 …………………… 159
江戸時代の子ども　→児童史 …………… 170
LD　→障害児教育 ………………………… 159
OG訪問　→就職活動 …………………… 186
お受験
　　→幼稚園 ……………………………… 31
　　→小学校 ……………………………… 33
おもちゃ　→子どもの文化 ……………… 215
親子関係　→家庭環境 …………………… 10

【か】

海外帰国生　→帰国子女 ………………… 126
外国人留学生
　　→大学 ………………………………… 105
　　→大学院 ……………………………… 122
会社案内　→就職活動 …………………… 186
会社実務　→労働 ………………………… 174
会社訪問　→就職活動 …………………… 186

カウンセリング
　　→治療行動・カウンセリング ………… 20
　　→不登校・ひきこもり ……………… 134
学習塾
　　→私塾 ………………………………… 123
　　→フリースクール …………………… 123
学習障害　→障害児教育 ………………… 159
学習費　→受験・進学一般 ……………… 22
各種学校　→専修学校・各種学校 ……… 86
学生運動　→学生運動 …………………… 141
学童保育　→学童保育 …………………… 220
家族意識　→家庭一般 ……………………… 9
価値観　→価値観・人生観 ……………… 204
学校案内　→受験・進学一般 …………… 22
学校ガイド　→小学校 …………………… 33
学校心理学　→教育心理学 ……………… 202
学校問題　→児童・青少年問題 …………… 7
家庭医学　→健康 ………………………… 231
家庭一般　→家庭一般 ……………………… 9
家庭環境　→家庭環境 …………………… 10
家庭教育　→家庭教育 …………………… 11
家庭内暴力　→家庭内暴力 ……………… 18
家庭の病理　→家庭の病理 ……………… 17
看護学校　→医療・看護・福祉系 ……… 89
感染症　→健康 …………………………… 231
帰国子女
　　→帰国子女 …………………………… 126
　　→国際交流 ………………………… 140
求職者　→就職活動 ……………………… 186
教育
　　→児童・青少年一般 ………………… 1
　　→家庭教育 …………………………… 11
教育心理学　→教育心理学 ……………… 202
教育費　→受験・進学一般 ……………… 22
教育問題　→児童・青少年問題 …………… 7
業界研究　→就職活動 …………………… 186
兄弟姉妹（障害児）　→障害児の家庭教育 … 14
郷土玩具　→子どもの文化 ……………… 215
勤労青少年　→労働 ……………………… 174
経済・労働一般　→経済・労働一般 …… 171
経済　→経済 ……………………………… 171
下宿　→生活意識・実態調査 …………… 210

児童・青少年レファレンスブック　307

ケータイ →メディア・テクノロジー	222
結婚観 →対人意識・対人関係	205
健康 →健康	231
現代社会の諸問題 →現代社会の諸問題	133
原発事故と子ども →健康	231
構音障害 →健康	231
高校受験 →高校	66
高校生の生活環境 →ライフスタイル	221
厚生白書 →青少年対策	142
高卒 →労働	174
高齢化社会 →少子化	129
国際交流 →国際交流	140
国際比較調査	
→児童・青少年一般	1
→家庭環境	10
子育て	
→児童・青少年一般	1
→家庭教育	11
子育て支援 →児童福祉	152
子育て支援ビジネス →消費・市場	171
子どものからだ →保健・体育一般	229
子どもの暮らし →児童・青少年一般	1
子どもの権利	
→子どもの人権	132
→子ども白書	146
子どもの心 →子どもの心	200
子どもの人権 →子どもの人権	132
子どもの貧困 →社会環境	128
子どもの文化 →子どもの文化	215
子ども白書 →子ども白書	146
子ども服 →消費・市場	171
雇用 →労働	174

【さ】

サブカルチャー →青少年文化	220
資格 →就職	182
資格試験 →家庭教育	11
自殺問題 →現代社会の諸問題	133
私塾 →私塾	123
思春期 →精神衛生	205

市場 →消費・市場	171
しつけ →しつけ	13
実態調査 →生活意識・実態調査	210
児童・青少年一般 →児童・青少年一般	1
児童・青少年問題	
→児童・青少年問題	7
→子ども白書	146
児童画 →子どもの心	200
児童虐待	
→児童虐待	18
→地域社会	137
児童語 →子どもの文化	215
児童史 →児童史	170
児童心理学 →子どもの心	200
児童精神医学 →精神衛生	205
児童躁うつ病 →精神衛生	205
児童手当 →児童福祉	152
児童福祉	
→児童虐待	18
→子どもの人権	132
→児童福祉	152
児童福祉文化財 →子どもの文化	215
児童文学 →生活・文化一般	209
児童養護施設 →児童福祉	152
子ども・若者白書 →青少年対策	142
自閉症	
→障害児の家庭教育	14
→障害児教育	159
市民活動 →ボランティア	138
社会環境 →社会環境	128
社会参加 →社会参加	137
社会人 →労働	174
社会と児童・青少年一般 →社会と児童・青少年一般	128
若年労働者 →労働	174
若年労働力 →経済・労働一般	171
住環境 →家庭環境	10
自由教育 →フリースクール	123
就職 →就職	182
就職活動 →就職活動	186
就労支援	
→障害児教育	159

→就職 …………………………………… 182
受験・進学一般　→受験・進学一般 ……… 22
出生児縦断調査　→家庭一般 ……………… 9
首都圏の受験
　　→首都圏（中学）……………………… 49
　　→首都圏（高校）……………………… 99
障害児教育　→障害児教育 ………………… 159
障害児の家庭教育　→障害児の家庭教育 … 14
奨学金　→受験・進学一般 ………………… 22
小学校受験　→小学校 ……………………… 33
少子化
　　→少子化 ………………………………… 129
　　→子ども白書 ………………………… 146
　　→経済 ………………………………… 171
情緒障害　→治療行動・カウンセリング … 20
少年院　→少年司法 ………………………… 226
少年教護　→少年審判・少年保護事件 …… 228
少年司法　→少年司法 ……………………… 226
少年審判・少年保護事件　→少年審判・
　少年保護事件 ……………………………… 228
少年非行　→非行・犯罪一般 ……………… 225
少年法　→少年法 …………………………… 227
少年労働　→労働 …………………………… 174
消費　→消費・市場 ………………………… 171
情報化社会と青少年　→メディア・テク
　ノロジー …………………………………… 222
昭和の子ども　→児童史 …………………… 170
食育　→食育 ………………………………… 239
職業案内　→就職 …………………………… 182
食生活　→食生活 …………………………… 236
女性の職業意識　→心理・意識（労働）…… 180
女性労働　→労働 …………………………… 174
自立支援　→児童福祉 ……………………… 152
人権　→子どもの人権 ……………………… 132
人口問題　→少子化 ………………………… 129
新社会人　→労働 …………………………… 174
人生観　→価値観・人生観 ………………… 204
身体障害者　→障害児教育 ………………… 159
新入社員の意識　→心理・意識（労働）…… 180
心理
　　→心理・意識（労働）………………… 180
　　→心理・意識一般 …………………… 200
進路指導　→障害児の家庭教育 …………… 14

スクールカウンセリング　→子どもの心 … 200
ストーカー被害　→安全教育 ……………… 235
ストレス　→精神衛生 ……………………… 205
スポーツ　→体育・スポーツ ……………… 241
スマートフォン　→メディア・テクノロ
　ジー ………………………………………… 222
生活・文化一般　→生活・文化一般 ……… 209
生活意識・実態調査　→生活意識・実態
　調査 ………………………………………… 210
生活環境　→ライフスタイル ……………… 221
性虐待　→児童虐待 ………………………… 18
性差心理学　→心理・意識一般 …………… 200
青少年教育　→地域教育・青少年教育 …… 139
青少年健全育成　→青少年健全育成 ……… 151
青少年対策　→青少年対策 ………………… 142
青少年の性　→性問題 ……………………… 229
青少年白書　→青少年白書 ………………… 143
青少年文化　→青少年文化 ………………… 220
青少年問題
　　→児童・青少年問題 ………………… 7
　　→不登校・ひきこもり ……………… 134
　　→いじめ ……………………………… 136
精神衛生　→精神衛生 ……………………… 205
青年意識調査　→児童・青少年一般 ……… 1
青年運動　→青年運動 ……………………… 141
青年国際交流事業　→国際交流 …………… 140
青年心理学　→青年心理学 ………………… 204
性犯罪被害　→性問題 ……………………… 229
生物教育　→社会と児童・青少年一般 …… 128
性問題
　　→子ども白書 ………………………… 146
　　→性問題 ……………………………… 229
世界の子ども　→生活・文化一般 ………… 209
全共闘　→学生運動 ………………………… 141
専修学校・専門学校　→専修学校・各種
　学校 ………………………………………… 86
戦争文学　→反戦運動・平和運動 ………… 141
センター入試　→大学 ……………………… 105
俗語　→若者言葉 …………………………… 223

【た】

体育　→体育・スポーツ …………………… 241
大学院　→大学院 ……………………………… 122
大学受験　→大学 ……………………………… 105
大検　→受験・進学一般 …………………… 22
対人意識・対人関係　→対人意識・対人
　　関係 …………………………………………… 205
大卒採用　→就職 …………………………… 182
ダウン症候群　→障害児の家庭教育 ……… 14
短期大学　→短期大学 ……………………… 99
地域教育・青少年教育　→地域教育・青
　　少年教育 …………………………………… 139
地域社会　→地域社会 ……………………… 137
父親の子育て　→家庭教育 ………………… 11
知的障害児　→障害児教育 ………………… 159
注意欠陥多動性障害　→障害児教育 …… 159
中学受験　→中学校 ………………………… 40
中高一貫校　→中学校 ……………………… 40
治療行動　→治療行動・カウンセリング … 20
通信制高校　→通信制高校 ………………… 99
DV　→家庭内暴力 …………………………… 18
テレビゲーム　→メディア・テクノロジー … 222
てんかん　→健康 …………………………… 231
転職　→就職活動 …………………………… 186
転編入ガイド
　　→高校 ……………………………………… 66
　　→大学 ……………………………………… 105
特別支援教育　→障害児教育 …………… 159
ドメスティックバイオレンス　→家庭内
　　暴力 ………………………………………… 18

【な】

習いごと　→家庭教育 ……………………… 11
ニート　→不登校・ひきこもり …………… 134
年少労働　→労働 …………………………… 174
農業後継者　→就職 ………………………… 182
農業労働　→地域社会 ……………………… 137

【は】

博士号　→大学院 …………………………… 122
発達障害
　　→障害児の家庭教育 …………………… 14
　　→障害児教育 …………………………… 159
発達心理学　→発達心理学 ……………… 203
パート　→非正規雇用 ……………………… 197
犯罪予防　→安全教育 …………………… 235
反戦運動　→反戦運動・平和運動 ……… 141
ひきこもり　→不登校・ひきこもり ……… 134
非行・犯罪一般　→非行・犯罪一般 …… 225
ビジネスマナー　→労働 …………………… 174
非正規雇用　→非正規雇用 ……………… 197
貧困児童　→社会環境 …………………… 128
福祉学校　→医療・看護・福祉系 ……… 89
不登校
　　→高校 ……………………………………… 66
　　→フリースクール ……………………… 123
　　→不登校・ひきこもり ………………… 134
フリースクール　→フリースクール ……… 123
フリーター　→非正規雇用 ………………… 197
文化一般　→生活・文化一般 …………… 209
平和運動　→反戦運動・平和運動 ……… 141
ベンチャー企業　→労働 …………………… 174
保育　→家庭一般 ……………………………… 9
保育所　→児童福祉 ………………………… 152
防災　→安全教育 …………………………… 235
保健・体育一般　→保健・体育一般 …… 229
母子関係　→家庭環境 ……………………… 10
ボランティア
　　→地域社会 ……………………………… 137
　　→ボランティア ………………………… 138

【ま】

マーケティングリサーチ　→消費・市場 … 171

民生委員
　→児童虐待 ………………………………… 18
　→児童福祉 ……………………………… 152
メタボリックシンドローム　→健康 …… 231
メディア・テクノロジー　→メディア・
　テクノロジー ………………………… 222
メンタルヘルス　→精神衛生 …………… 205

【や】

遊戯　→子どもの文化 …………………… 215
遊戯療法　→治療行動・カウンセリング … 20
友人関係　→対人意識・対人関係 ……… 205
幼児語　→子どもの文化 ………………… 215
幼稚園受験　→幼稚園 ……………………… 31
予備校　→私塾 …………………………… 123

【ら】

ライフスタイル　→ライフスタイル …… 221
離婚　→家庭環境 ………………………… 10
留学　→受験・進学一般 ………………… 22
療育　→障害児の家庭教育 ……………… 14
労働　→労働 ……………………………… 174
労働者の意識　→心理・意識（労働）…… 180
労働白書　→労働 ………………………… 174

【わ】

YMCA　→地域教育・青少年教育 ……… 139
若者言葉　→若者言葉 …………………… 223
若者の消費者行動　→消費・市場 ……… 171
若者の性　→性問題 ……………………… 229
ワーキングホリデー　→労働 …………… 174
わらべうた　→子どもの文化 …………… 215

児童・青少年 レファレンスブック

2015年11月25日　第1刷発行

発 行 者／大高利夫
編集・発行／日外アソシエーツ株式会社
　　　　　〒143-8550 東京都大田区大森北1-23-8 第3下川ビル
　　　　　電話 (03)3763-5241(代表)　FAX(03)3764-0845
　　　　　URL http://www.nichigai.co.jp/
発 売 元／株式会社紀伊國屋書店
　　　　　〒163-8636 東京都新宿区新宿3-17-7
　　　　　電話 (03)3354-0131(代表)
　　　　　ホールセール部(営業)　電話 (03)6910-0519

　　　　　電算漢字処理／日外アソシエーツ株式会社
　　　　　印刷・製本／光写真印刷株式会社

不許複製・禁無断転載　　《中性紙H-三菱書籍用紙イエロー使用》
<落丁・乱丁本はお取り替えいたします>
ISBN978-4-8169-2571-9　　Printed in Japan,2015

本書はディジタルデータでご利用いただくことができます。詳細はお問い合わせください。

学校・教育問題 レファレンスブック
A5・400頁　定価(本体9,200円+税)　2013.9刊

1990～2012年に刊行された、学校・教育問題に関する参考図書を網羅した目録。昭和期の主要な参考図書も併載。事典、ハンドブック、法令集、年鑑、白書、統計集など2,381点を収録、目次・内容解説も掲載。

児童書 レファレンスブック
A5・430頁　定価(本体8,800円+税)　2011.11刊

1990～2010年に刊行された、児童書・児童文学の研究・指導書、児童向けの学習用参考図書の目録。児童書目録、児童文学事典、児童向けの事典、年表、地図帳、人名事典、図鑑など2,608点を主題別に収録、目次・内容解説も掲載。

統計図表レファレンス事典 児童・青少年
A5・430頁　定価(本体8,800円+税)　2014.8刊

1997～2013年に国内で刊行された白書などに、児童・青少年に関する表やグラフなどの形式の統計図表がどこにどんなタイトルで掲載されているかを、キーワードから調べられる索引。白書・年鑑・統計集496種から9,437点を収録。

日本教育史事典—トピックス1868-2010
A5・500頁　定価(本体14,200円+税)　2011.5刊

1868～2010年の、日本の教育に関するトピック3,776件を年月日順に掲載した記録事典。教育政策・制度、関連の法律、学校設立、教育現場の事件など幅広いテーマを収録。

ヤングアダルトの本
ボランティア・国際協力への理解を深める2000冊
A5・280頁　定価(本体8,200円+税)　2015.11刊

ヤングアダルト世代向けの図書目録。書誌事項と内容情報がわかる。社会貢献・国際協力・地域貢献などを学習・体験する際に参考となる、ボランティア・NPOに関する入門書・概説書から、ノンフィクション・ルポルタージュ・エッセイまで収録。

データベースカンパニー
日外アソシエーツ

〒143-8550　東京都大田区大森北1-23-8
TEL.(03)3763-5241　FAX.(03)3764-0845　http://www.nichigai.co.jp/